合同纠纷案例评析

Contract Cases Analysis

北京市律师协会　组织编写

北京大学出版社
PEKING UNIVERSITY PRESS

本书编委会

主　编

马慧娟　第十一届北京市律师协会副会长

陈　强　第十一届北京市律师协会副秘书长

执行主编

李学辉　第十一届北京市律师协会合同法专业委员会主任

执行副主编

白砚军　付希业　郭松阳　雷丹玫　李文婷

魏俊冰　谢冬飞　徐福云　赵红燕

稿件整理小组

阮国盛　马　迁　杨文茂　张晓黎　张　星

编　委

阿致刚　蔡晓波　曹现亮　陈巴特　陈德胜　陈化刚

程铁燕　程晓文　樊丽霞　范亚光　郭　超　郭　磊

郝　江　何　军　贺　竹　侯贵锁　冀旭宇　金　颖

孔令杰　雷　玲　李国强　李会清　李　娟　李　军

李瑞华　李素莉　李长浩　李志勇　梁凤杰　刘　翠

刘东海　罗　阳　吕　品　马颖秋　母树峰　彭丽萍

戚咏梅　尚丽君　邵　昉　沈田丰　孙红彦　王春艳

王克德　王　楠　王忠新　谢　罡　熊淑萍　徐　颖

延　林　严青伍　杨淑莉　杨　亭　杨　洋　杨智昌

尹淑萍　张景胜　赵浩杰　赵宏伟　赵岐龙　赵新春

赵讶利　郑　影　周　杰　庄洪勇

序　言

“法律的生命在于经验，而非逻辑。”法律案例研究对法律实务工作有着很强的指引和参考价值，对法律理论研究有着独特的借鉴意义；同时，案例研究对于社会大众来说也是最真实、生动和权威的普法方式。

秩序并非来源于自然，而是来源于共同的原始、朴素的约定。合同是现代文明社会的重要标志和工具，涉及社会生产生活的各个领域和维度，与企业经营和人民生活密切相关，合同在商事交易中发挥着重要而基础的作用。与此同时，合同纠纷案件在我国民商事审判实践和律师代理业务中也占据着重要位置。官方统计数字显示，我国法院每年审理的各类民商事纠纷案件中，合同纠纷案件就占据了半壁江山，案件数量和案件标的额都远超其他各类民商事纠纷案件，并且呈现逐年递增的趋势。因此，对合同纠纷案件裁判思维和律师代理思路进行系统化的整理和研究，将会对合同纠纷实务工作产生积极的推动作用和参考价值。

目前法律案例研究类的书籍并不少见，但大多从裁判者的视角出发，即从法院裁判文书中抽象出同类案件的裁判思维，进而对案件审判工作和律师代理工作进行实务指引。我们还缺少专门从代理律师角度就合同案例进行分析的书籍，而能从裁判者和代理律师双视角出发研究的书籍就更是凤毛麟角了。鉴于此，北京市律师协会合同法专业委员会决定从裁判者和代理律师双视角出发，编写一本合同纠纷案件的案例研究书籍，希冀能够带给律师同仁一点点启发和参考价值，希望律师同行更加了解裁判者思维，在案件代理中更加有的放矢，当然，更希望律师的代理思路更多地被裁判者所了解、所采纳。

本书中汇编的案例反映了律师一线实战经验，选取的案例都是律师们亲自承办和参与的真实而精彩的案件，这些案例很有代表性和典型性。本书在对这些案例进行归纳、总结的基础上，提炼出适用于同类或类似案件的裁判思维；同时,本书也通过收集代理律师们完整的代理意见,将每个案件的代理思路一览无余地呈现给读者,以便于律师同仁对同一案件的律师代理思路和法官裁判思维进行横向地分析和比对,全方位地了解在面临同一法律问题时律师代理思路和法官裁判思维之间的共性和差异,特别是各自的关注点和思维亮点,引导律师同仁在未来的法律实践工作中进一步整合代理思路和方向,使代理思路进一步贴合于裁判思维,同时,也引导律师同仁通过灵活而恰当的方式将代理思路亮点呈现给法庭,使合同纠纷案件的审理工作和代理工作更加高效、全面而和谐,进而为中国社会的法治进步贡献一点力量。

本书汇集了近八十位律师的精彩代理意见,非常难得。北京市律师协会合同法专业委员会希望通过本书进一步加强律师同仁之间的学习和交流,汲取其他律师案件代理中的精华和亮点,取长补短,共同进步,同时更希望能够对青年律师的业务成长产生一点点激励作用。

“徒法不足以自行。”我国虽是成文法国家,但是近年来裁判案例的指导作用显得越发重要。本书中汇编的案例,涉及经济交往和社会生活各领域的合同纠纷,编者也希望通过一个个直观而鲜活的案例,让社会大众了解相应领域的法律适用规则,指引社会活动参与主体遵守法律、尊重合同,使社会公众的契约精神和法律意识进一步加强。

需要说明的是,本书所收编案例,均为 2021 年 1 月 1 日《中华人民共和国民法典》生效前的案例,涉及法律法规可能已被《民法典》吸收或者已被修订,但这丝毫不减损本书的参考价值和研究价值,因为从中可以窥探律师的代理思路和法官的裁判思维,这是最为重要的。

成书之际,特别感谢阮国盛、马迁、杨文茂、张晓黎、张星五位合同法专业委员会秘书长所做的大量组织、筛选、校对等工作,特别感谢北京市律师协会秘书处对本书的顺利出版提供的宝贵支持。

以上是编写本书的初衷和期待,希望能够与大家共同学习和交流,不足之处欢迎批评指正。

目录

01

建设工程施工合同纠纷：合同无效的法律后果

北京市安理律师事务所　李学辉

裁判要点

在建设工程施工合同纠纷案件中，违法招投标导致合同无效的情况时常发生。根据《招标投标法》第3条之规定，本案案涉工程属于必须进行招投标的项目，其合同签订违反《招标投标法》第43条、第46条之规定，应认定无效。合同效力属于法院依职权确认范畴，不因当事人未主张而不加审理。在多份合同均无效的情形下，应以当事人真实合意并实际履行的合同作为工程价款结算依据，后签订的合同应认定为系双方协商一致对前合同内容的变更。

基本案情

2012年10月，某建筑公司（以下称甲公司）与沈阳某公司（以下称乙公司）就某建筑项目施工总承包事宜进行初步沟通，后进场临建并开始施工。

2013年7月1日，甲公司与乙公司签订了《建设工程施工合同》，约定由甲公司作为施工总承包单位承揽上述工程。

2014年8月18日，甲公司与乙公司签订了《建设工程施工合同补充协议》，约定了工程款支付形式、工期、交付标准及付款条件。

后因建设工程施工合同纠纷，甲公司于2017年4月27日向法院提起诉讼，要求解除《建设工程施工合同》及其补充协议，乙公司支付工程款本金37,918,987.49元、利息4,973,000元及损失3,690,538.8元，并要求确认甲公司就案涉工程享有工程价款优先受偿权。

代理意见

尊敬的合议庭：

北京市安理律师事务所接受上诉人甲公司(以下称上诉人)的委托，指派李学辉律师担任上诉人与乙公司(以下简称被上诉人)建设工程施工合同纠纷一案二审的代理人。现代理人发表如下代理意见，请法庭参考：

一、案涉合同应当认定为无效合同，一审法院认定合同合法有效存在错误

《招标投标法》第3条第1款第1项规定，在中华人民共和国境内进行大型基础设施、公用事业等关系社会公共利益、公众安全的项目勘察、设计、施工、监理以及与工程建设有关的重要设备、材料等的采购，必须进行招标。

据此，案涉工程属于必须招标的工程建设项目。

本案有关案涉合同签订的基本事实如下：

(1)2012年上诉人与被上诉人初步协商，就上诉人承包案涉施工工程达成一致。2012年10月，上诉人实际进场，开始进行施工。2013年2月21日，被上诉人向上诉人支付220万元工程款。

(2)2013年6月21日，上诉人参加被上诉人组织的案涉项目公开招标活动。同月28日，被上诉人向上诉人发送《中标通知书》，确认上诉人为案涉项目工程中标人。

(3)2013年7月1日，双方签订《建设工程施工合同》(以下简称《施工合同》)。

(4)2014年8月18日，双方签订《建设工程施工合同补充协议》(以下简称《补充协议》)。

由上述事实可以看出，上诉人与被上诉人在进行招投标前已达成一致意向，上诉人已实际进场施工。《招标投标法》第43条规定，在确定中标人前，招标人不得与投标人就投标价格、投标方案等实质性内容进行谈判。案涉合同的签订已违反上述规定，依据《招标投标法》第55条之规定，案涉工程中标无效。《最高人民法院关于审理建设工程施工合同纠纷案件适用法律问题的解释》第1条规定，建设工程必须进行招标而未招标或者中标无效的，建设工程施工合同无效。据此，案涉施工合同亦为无效。

综上，代理人认为，上诉人与被上诉人就案涉工程在未进行招投标时，便达成一致意向，且实际进场施工，该工程中标无效，双方据此签订的《施工合同》《补充协议》应当认定为无效合同。一审法院认定“合同内容不违反我国法律、行政法规强制性规定，合法有效”（一审判决书第15页第15、16行）存在错误，应当予以纠正。无效合同自然不存在继续履行的问题，一审判决继续履行实属错误。

二、即便合同有效，本案合同解除的条件也已成就，双方不应继续履行合同

1．被上诉人欠付工程款事实清楚

依据《补充协议》第1条第3款有关工程款支付形式的约定和第3条有关工期、交付标准及付款条件的约定，案涉工程的付款节点存在两种形式：第一种为上诉人分别完成各栋楼节点工程后，被上诉人应支付各栋楼的节点工程款（按照1#楼300万元，2#楼188万元，其他楼各144万元的标准支付）；第二种为上诉人各栋楼的节点工程均完成后，2014年12月30日前被上诉人按照协议约定的工程造价支付至已完节点工程的80%。

从上诉人一审过程中提交的证据《形象进度确认表》中可以看出，《补充协议》第3条所约定的各付款节点均已完成。该表由施工单位及监理单位签字确认，真实有效足以说明问题。

然而，被上诉人在多个付款节点均存在拖延付款甚至欠付工程款的情况。具体欠付工程款情况如下：

（1）A5#楼，上诉人于2014年10月13日完成《补充协议》第3条第2款第3点中所约定的“1—4层砌筑抹灰、屋面防水工程及外脚手架拆除”，按照合同约定，被上诉人应于节点完成后5日内，即2014年10月18日前，应向上诉人支付144万元，但被上诉人仅支付68万元，尚欠76万元。

（2）A11#楼，上诉人于2014年10月25日完成《补充协议》第3条第2款第4点中所约定的“1—5层砌筑抹灰、屋面防水工程及外脚手架拆除”，按照合同约定，被上诉人应于2014年10月30日向上诉人支付人民币144万元，但被上诉人未依约支付该笔节点款。

（3）A8#、A9#、A10#、A12#、A15#楼，上诉人分别于2014年10月30日、2014年10月19日、2014年10月29日、2014年11月2日、2014年11月4日完成上

述各楼的节点工程,被上诉人应当在完成每个单体内容之日起5日内支付上诉人每个单体人民币144万元,但被上诉人仅支付200万元,尚欠520万元。

(4)上诉人已按照协议约定在2014年12月30日前完成所有工程节点,被上诉人应在2014年12月30日前按照工程造价支付至已完工程的80%。然而,无论是按照合同约定的工程造价7872万元(7872万元×80%=6297.6万元),还是2014年12月1日上诉人申报的产值7500万元(7500万元×80%=6000万元),甚至按照2014年12月9日被上诉人已确认的产值7200万元(7200万元×80%=5760万元)计算,2014年12月30日被上诉人均未付足80%(截至2014年12月30日,被上诉人仅支付4444.1万元),截至目前,被上诉人也仅支付5174.1万元,远远未达到合同的约定。

因此,本案被上诉人欠付工程款的事实非常清晰,证据也非常充分。正因为被上诉人的这种违约行为,案涉工程数次停建,在2016年的9月底该工程彻底停止施工。

2. 依据合同约定及法律规定,案涉合同解除条件已经成就

《合同法》第93条明确规定,当事人可以约定一方解除合同的条件。解除合同的条件成就时,解除权人可以解除合同。

本案中,上诉人、被上诉人双方在《施工合同》中明确约定了合同解除的条件,具体涉及以下条款:

《施工合同》(通用条款)第44.2款:发生本通用条款第26.4款情况,停止施工超过56天,发包人仍不支付工程款(进度款),承包人有权解除合同。

《施工合同》(通用条款)第44.4款:有下列情形之一的,发包人、承包人可以解除合同:(2)因一方违约(包括因发包人原因造成工程停建或缓建)致使合同无法履行。

《施工合同》(专用条款)第17.2款:发包人有下列情况之一时,承包人可以解除合同:17.2.2发包人被认为有严重违反合同的其他违约行为。

代理人认为,被上诉人多次延付、欠付工程款导致工程数次停建,无限缓建已经构成严重违约,截至目前,该工程已停工将近两年,合同已无法继续履行,合同解除的条件已经成就。依据上述合同条款,上诉人有权要求解除合同,双方不应再继续履行合同。一审法院判决双方继续履行合同存在错误。

三、案涉地下室防水工程系甲方直接分包的工程,一审法院认定上诉人对案涉工程漏水承担责任存在错误

首先,地下室防水工程系甲方直接分包的工程。

(1)依据2013年7月1日上诉人与被上诉人签订的《施工合同》第2条“承包范围”中的第二点“发包人直接发包的专业工程”,室内精装修、地下室防水工程(底板、外墙、顶板)、幕墙工程及其他外墙饰面工程等由发包人另行直接发包。

(2)一审委托的鉴定机构在鉴定报告中亦明确表明,“依据合同第2条约定‘地下室防水’属于发包人直接发包的专业工程,我司认为平米造价中不包含该项,所以我司按设计院提供的施工方案计算该项造价”。

(3)依据上诉人、被上诉人及案外人河南省某公司(以下称河南公司)2015年8月27日签订的《地下室漏水维修协议书》(上诉人提交的证据组三第22项)中亦表明地下室防水施工为被上诉人直接发包。

上述证据能够说明,地下室防水工程属于甲方直接分包的工程,并非上诉人施工,不属于上诉人的施工范围。上诉人系基于工程总承包人的考虑,应被上诉人要求参与1号地下车库的维修事项。

《地下室漏水维修协议书》中非常明确地约定:上诉人承担10万元,丙方(河南公司)承担5万元,实际费用超出15万元的,超出部分的维修费及不可预见的费用全部由丙方自行承担;丙方承担合同范围内的维修责任以及维修后的后续责任,即如再次漏水,丙方无偿修复并承担相关责任与费用。

从被上诉人一审提交的函件中亦可以看出,在上诉人、被上诉人及案外人河南公司2015年8月27日签订《地下室漏水维修协议书》之前,被上诉人并未向上诉人发出过任何关于地下室设备间漏水的函,这也说明地下室防水工程并非上诉人负责施工,否则被上诉人不会不发任何文函,直至签订三方协议。

目前1号地库漏水问题已维修完毕,上诉人维修1号地下车库每一步的施工均经过了被上诉人的同意及验收。

综上,代理人认为,地下室防水工程系甲方直接分包的工程,依据《地下室漏水维修协议书》的约定,上诉人仅就设备间漏水维修承担10万元的责任,此外的责任均不承担。因此,上诉人不仅不应承担10万元之外的责任,上诉人因维修地下室设备间所实际支付的款项,被上诉人应向上诉人支付。被上诉人将不属于上诉人的责任强行推给上诉人,且拒不支付工程款已经构成严重违约。一审法院认定"根据往来函及合同,原告对案涉工程漏水应承担相应责任"缺乏基本证据支撑,与事实严重不符,存在严重错误,应予纠正。

四、被上诉人应当向上诉人支付工程款本金、利息及赔偿

无论是合同无效抑或合同解除,被上诉人应当向上诉人支付工程款本金及利息这一点毋庸置疑。此外,基于被上诉人的违约行为,案涉工程多次停工,产生了大量的窝工损失。因窝工所产生的损失系上诉人真实存在的损失,被上诉人应当予以赔偿。

1. 关于工程造价本金

根据上诉人的核算,案涉工程造价本金合计89,659,987.49元。本案一审过程中,上诉人已申请对双方存在争议的部分进行司法鉴定,鉴定机构已经出具《鉴定书》及《复议报告》。以双方无争议的合同价款7872万元为基础,并酌情考虑鉴定机构的鉴定报告中所涉及的增减项能够计算出本案的工程造价本金。

代理人一审过程中已对鉴定机构的鉴定结论进行详细梳理,鉴定结论中,明确应当计取的增项为3,971,744.34元;明确的减项为431,992.95元;可裁量的增项为4,682,172.18元;可裁量的减项为901,373.74元。在无争议的7872万元的基础上,参考鉴定结论进行增减,可以计算出案涉工程造价本金。代理人需重点提示合议庭的是:在可裁量的增项中,斜屋面系上诉人实际施工完成,该项不包含在合同约定的平米单价中,应当按照鉴定机构鉴定的实际工程量计算并计取造价。

2. 关于利息及资金损失

《施工合同》(协议书)第9条第4款约定工程款按同期银行贷款利率计息;同时,《补充协议》第5条第1款约定,上诉人有权要求利息及资金损失。经上诉人计算,该项金额为7,742,423.28元(从2015年1月1日起,按照年利率12%,暂计至2017年3月31日)。一审法院判决书中(第2页第6—7行)所述"被告立即支付原告……利息4,973,000.00元"存在错误,上诉人已在2017年8月14日开庭过程中当庭提出增加利息请求,上诉人主张的利息及资金损失请求为7,742,423.28元。

3. 关于因窝工所产生的损失

关于挂瓦窝工费及屋面工程窝工费,代理人认为,该两项上诉人已提供相应证据，鉴定结论中亦已进行计算（鉴定报告中的争议六第1项，挂瓦窝工费54,000元及争议六第2项屋面工程窝工费327,750元），上诉人予以认可，被上诉人应当依此进行赔偿。

关于2015年6月底分包进场延误导致工期延误人员工资，代理人认为，鉴定机构仅以"08定额"（较低）为标准计算，远远低于目前行业水平，亦低于上诉人的实际支出；同时鉴定机构所确定的费用未合理考虑管理人员的社保问题、基本福利问题，造成该项鉴定结论远远低于上诉人的实际损失。一审过程中上诉人已补充提供关于该项费用的《现场签证单》、财务明细账。代理人恳请贵院能充分考虑上诉人的实际损失，对该项费用进行酌情调整。

五、上诉人就案涉工程享有优先受偿权

依据2016年10月22日，被上诉人出具的《工期延期证明》，基于被上诉人欠付工程款，导致案涉工程存在零星工程未完工，经双方协商，被上诉人已将工程延期至2017年3月30日。

《最高人民法院关于建设工程价款优先受偿权问题的批复》中规定，建设工程承包人行使优先权的期限为6个月，自建设工程竣工之日或者建设工程合同约定的竣工之日起计算。

鉴于案涉工程已延期至2017年3月30日，而上诉人系2017年4月提起诉讼，未超过6个月，因此上诉人享有工程价款优先受偿权，有权就承建的案涉工程拍卖或折价的工程价款优先受偿。

综上，代理人认为，一审判决未查清案件基本事实，在认定合同效力、是否存在违约等重大问题上存在严重错误，依法应当予以纠正。代理人恳请贵院在查明事实的基础上依法对本案进行改判或发回重审。

代理人：李学辉律师

裁判结果

一审法院于2018年3月30日作出判决：

一、乙公司与甲公司签订的《施工合同》及《补充协议》继续履行；

二、驳回甲公司的诉讼请求；

三、驳回乙公司其他反诉请求。一审判决后，甲公司提起上诉。

二审法院于2018年11月9日作出判决：

一、撤销一审法院民事判决；

二、确认乙公司与甲公司签订的《施工合同》及《补充协议》无效；

三、乙公司于本判决生效后15日内给付甲公司工程款33,942,003.75元；

四、乙公司于本判决生效后15日内给付甲公司工程款339,420,075元的利息(以33,420,075元为基数,从2017年4月27日起至本判决确给付之日止,按中国人民银行同期同类贷款利率计付)；

五、甲公司对其承建的案涉工程在33,942,003.75元范围内享有优先受偿权；

六、驳回甲公司其他诉讼请求；

七、驳回乙公司反诉请求。

裁判理由

二审法院认为,根据各方当事人的诉辩主张,本案二审中的争议焦点为:(1)《施工合同》及《补充协议》的效力问题;(2)案涉工程总造价的确定问题;(3)乙公司给付甲公司工程款的具体数额问题;(4)案涉工程款利息如何计算;(5)甲公司对案涉工程是否享有建设工程价款优先受偿权。

一、《施工合同》及《补充协议》的效力问题

首先,根据《招标投标法》第43条关于“在确定中标人前,招标人不得与投标人就投标价格、投标方案等实质性内容进行谈判”之规定,案涉工程项目在履行法定招投标程序之前,诉讼双方已就实质性内容进行了协商,且甲公司与乙公司签订的施工合同因违反上述法律规定,应认定无效。其次,2014年8月18日,诉讼双方签订的《补充协议》将原中标合同约定的建筑平米单价由1550元每平方米上调为1640元每平方米,将暂定价格由7500万元上调至7872万元。《补充协议》的上述约定对合同价款进行了重大变更,改变了中标合同的实质性内容,违反了《招标投标法》第46条第1款关于“招标人和中标人应当自中标通知书发出之日起三十日内,按照招标文件和中标人的投标文件订立书面合同。招标人和中标人不得再行订立背离合同实质性内容的其他协议”之规定。因此,补充协议亦应认定无效。

二、关于案涉工程总造价的确定问题

虽案涉《施工合同》及《补充协议》因违反相关法律规定而无效,签订补充协议前,实际履行的是《施工合同》。《补充协议》签订后,与《施工合同》不相符的,应适用《补充协议》。因此,《施工合同》及《补充协议》是诉讼双方达成合意并实际履行的合同,均应作为诉讼双方结算工程价款的参照标准。经审查,案涉工程总造价为86,431,303.75元。

三、关于案涉工程已付款问题

双方无争议部分为51,741,000元。争议部分中,根据双方提供的证据材料,74.83万元电费应计入乙公司已付款部分,故,乙公司拖欠甲公司的案涉工程款数额为33,942,003.75元。

四、关于工程款利息问题

根据《最高人民法院关于审理建设工程施工合同纠纷案件适用法律问题的解释》第18条,利息从应付工程价款之日计付。当事人对付款时间没有约定或者约定不明的,下列时间视为应付款时间:(1)建设工程已实际交付的,为交付之日;(2)建设工程没有交付的,为提交竣工结算文件之日;(3)建设工程未交付,工程价款也未结算的,为当事人起诉之日。鉴于本案建设工程没有实际交付,甲公司亦未向乙公司提交竣工结算文件,故,应从甲公司起诉之日即2017年4月27日起,按中国人民银行同期同类贷款利率计算利息。

五、关于建设工程优先受偿权问题

《最高人民法院关于建设工程价款优先受偿权问题的批复》第4条规定,建设工程承包人行使优先权的期限为6个月,自建设工程竣工之日或者建设工程合同约定的竣工之日起计算。根据甲公司提供的工期延期证明,可以证明案涉工程工期已顺延至2017年3月30日。根据上诉法律规定,甲公司于2017年4月27日提起诉讼,并未超过法律规定的优先受偿权行使期限。故,甲公司主张案涉建设工程优先受偿权,具有事实依据,本院予以支持。

律师评析

本案主要争议焦点系合同的效力及工程结算问题。

一、关于《施工合同》效力的问题

《招标投标法》第3条第1款规定:“在中华人民共和国境内进行下列工程建设项目包括项目的勘察、设计、施工、监理以及与工程建设有关的重要设备、材料等的采购,必须进行招标:(一)大型基础设施、公用事业等关系社会公共利益、公众安全的项目……”

《招标投标法》第43条规定：“在确定中标人前，招标人不得与投标人就投标价格、投标方案等实质性内容进行谈判。”

《招标投标法》第46条第1款规定：“招标人和中标人应当自中标通知书发出之日起三十日内，按照招标文件和中标人的投标文件订立书面合同。招标人和中标人不得再行订立背离合同实质性内容的其他协议。”

本案案涉工程属于必须进行招投标的项目，在《施工合同》签订之前，双方已就工程范围、建设工期、工程质量、工程价款等实质性内容进行初步协商并实际进场施工，属于明招暗定行为，违反上述法律之规定，《施工合同》及《补充协议》应认定为无效。无效合同自始无效、绝对无效、当然无效，故不存在继续履行的可能性。

需要说明的是，合同效力属于法院依职权确认范畴，不因当事人未主张而不加审理。甲公司起诉时，主张解除合同并支付工程款，一审法院认定《施工合同》及《补充协议》合法有效，属于适用法律错误，并驳回甲公司包括解除合同在内的全部诉讼请求。律师在二审中改变了诉讼策略，在要求支付工程款的前提下增加请求法院确认合同无效，无效合同自然无从谈起继续履行，经过律师努力，终使二审改判，维护了甲公司合法权益。

二、关于工程结算问题

建设工程施工合同纠纷中，当事人双方就同一建设工程分别签订的多份施工合同均被认定无效后，应综合缔约时建筑市场行情、利于当事人接受、诉讼经济等因素，参照双方当事人达成合意并实际履行的合同结算工程价款。本案中，《补充协议》签订之前，实际履行的是《施工合同》。《补充协议》签订之后，与《施工合同》不相符的，适用《补充协议》。《施工合同》及《补充协议》是诉讼双方达成合意并实际履行的合同，均应作为诉讼双方结算工程价款的参照标准。

三、关于建设工程价款优先受偿权的问题

建设工程价款优先权的立法目的在于解决工程款拖欠问题，进而确保建设工人工资实现，以保障其基本的生存权。

《最高人民法院关于建设工程价款优先受偿权问题的批复》中规定，建设工程承包人行使优先权的期限为6个月，自建设工程竣工之日或者建设工程合同约定的竣工之日起计算。

本案,工程已延期至 2017 年 3 月 30 日,而甲公司系 2017 年 4 月提起诉讼,未超过 6 个月,因此甲公司享有工程价款优先受偿权,有权就承建工程拍卖或折价价款优先受偿案涉工程款。

另外,根据《最高人民法院关于审理建设工程施工合同纠纷案件适用法律问题的解释(二)》第 22 条"承包人行使建设工程价款优先受偿权的期限为六个月,自发包人应当给付建设工程价款之日起算"之规定,本案中甲公司亦享有工程价款优先受偿权。

02

合资、合作开发房地产合同纠纷：应根据案件基础法律关系确定案由并适用法律

北京金盈律师事务所　白砚军

裁判要点

合伙协议中当事人的意思表示真实、明确，即约定成立房地产公司以运作房地产项目，协议约定的内容并不违反法律、行政法规的强制性规定，合法有效。《建筑法》《城市房地产管理法》及《最高人民法院关于审理涉及国有土地使用权合同纠纷案件适用法律问题的解释》等均是对已成立的企业从事房地产开发和建设的资质和准入进行规制，而不是对如何设立房地产公司进行规制，故不能适用于本案对合伙协议的效力认定上。

基本案情

2007年9月5日，任××（甲方）、王××（乙方）、李××（丙方）签订《合伙协议》，约定："甲方出资30万元，乙方出资15.5万元，丙方出资15.5万元，三方共同出资61万元开办房地产公司，甲方占公司股份51%，乙、丙各占公司股份24.5%。在经营期间的利润分配比例为1:1:1（即平均分配）……"2007年9月23日，任××（甲方）、王××（乙方）、李××（丙方）再次签订《合伙协议》，约定："经甲、乙、丙协商，决定在一线路以东、公园南路以南，共同开发建设住宅小区（占地约160亩）。甲方任××协同原土地所有人侯××负责处理和办理土地的所有事务及相关手续……"

2008年11月17日，某房地产公司与国土资源分局签订成交确认书，确认

书内容:在2008年11月3日国土资源分局举办的国有建设用地使用权挂牌出让活动中房地产公司竞得编号为××××地块的国有建设用地使用权,该地块位于××街,四至界限为:东至……南至……西至……北至……出让面积60,146.24平方米,规划用途住宅,出让年限70年。该地块成交价11,542,700元。

任××在项目实施过程中于2009年3月2日以项目部的名义与房地产公司签订《协议书》一份,《协议书》第6条明确约定:房地产公司不参与项目部所开发小区的施工及销售,出现法律责任由项目部承担。

住房和城乡建设局、房地产管理局分别于2012年10月31日、2012年11月5日共同出具证明,证实该住宅小区建设工程到该时间为止,仍未完成,按规划应建21栋楼,但到目前为止,只完成19栋楼的工程,拆迁部分有2栋楼仍未完工。因此,该住宅小区目前不具备交工条件。

《合伙协议》签订后,李××、王××先后投入资金5,106,000元。

××××中级人民法院根据李××、王××的申请,委托会计师事务所进行了审计鉴定,并作出李××、王××、任××合伙清算司法鉴定报告,鉴定结论为:经初步测算,利润总额为33,303,185.40元。

李××、王××认为,根据三方签订的合伙协议,李××、王××共占49%,任××占51%。在小区开发过程中,三方以房地产公司办理的所有政府审批手续。现小区已基本完工,大部分业主已经入住,还有一部分房没有卖完,李××、王××发现任××以造假账或重复下账等手段套走售房款1000万元之多,损害了作为合伙人李××和王××的合法权益。为此,李××、王××诉至法院,请求法院判令:1.解除三方于2007年9月5日、23日签订的《合伙协议》,并进行合伙清算;2.任××支付李××、王××合伙经营利润500万元(以实际清算结果为准);3.案件诉讼费由任××承担。

任××答辩称:2007年9月23日,三方签订《合伙协议》时,三方均不具备开发房地产的资质,严重违反了法律、法规的强制性规定,该协议是无效协议。由于三方均不具备开发房地产的资质进而才挂靠了房地产公司,但实际开发人是三方个人,挂靠房地产公司进行房地产开发亦违反法律规定。2007年12月20日三方共同形成了会议纪要,纪要规定任何一方中途退股,只退本金,不退利息,不分红利。现任××同意退还李××、王××投资的本金。

××××中级人民法院经审理认为，房地产开发经营主体应当是经工商行政管理部门核准登记，并持有企业法人营业执照的房地产开发企业。从事房地产开发和经营的企业，同时应当具备国家建设行政主管部门颁发的资质证书，并经工商行政主管部门注册登记发给《营业执照》，不具备上述条件的企业与他人签订以房地产开发经营为内容的合同，为无效合同。李××、王××与任××作为自然人在没有依法成立房地产开发企业的情况下，双方签订两份《合伙协议》，约定合伙开发房地产项目，且未办理联建审批手续和土地使用权变更登记手续，两份《合伙协议》违反国家法律、行政法规的禁止性规定，为无效协议。任××在项目实施过程中以项目部的名义挂靠房地产公司进行房地产开发，但项目部同样不具备房地产经营、开发的资格，并且房地产公司与项目部于2009年3月2日所签订的《协议书》第6条明确约定："房地产公司不参与项目部所开发小区的施工及销售，出现法律责任由项目部自己承担。该协议书反映房地产公司并没有与任××实际合作开发经营房地产，实质上是任××成立地项目部挂靠该房地产开发企业，房地产开发企业向其出租、出借或转让营业执照和房地产开发资质证书。《企业法人登记管理条例》《公司登记管理条例》均规定禁止出租、出借、转让营业执照，任××挂靠经营房地产的行为违反国家法律、行政法规的禁止性规定，故房地产公司与项目部签订的协议书亦为无效协议。李××、王××和任××对造成合同无效均有过错，应各自承担相应的责任。李××、王××虽然陆续投入资金5,106,000元，其依据无效合同要求分得经营利润的主张缺乏法律依据，任××应返还李××、王××投资款5,106,000元，并承担相应的利息损失。据此作出一审判决：（一）由任××返还李××、王××投资款5,106,000元；（二）由任××给付李××、王××投资款5,106,000元的利息损失（自任××分别收到5,106,000元时起分段算至返还完毕时止，按中国人民银行同期同类贷款利率计算）。（三）驳回李××、王××的其他诉讼请求。案件受理费46,800元，保全费5000元，共计51,800元，由任××承担。鉴定费20万元，由李××、王××承担。

李××、王××不服一审判决，向×××高级人民法院提起二审，二审判决驳回上诉，维持原判。裁判理由基本同一审判决。

李××、王××仍不服一、二审判决，委托笔者向最高人民法院提起再审申请，后被最高人民法院裁定提审本案，经审理最终裁定撤销上述一、二审判决，将该案发回一审法院重审，有效维护了当事人的合法权益。

民事代理词

致最高人民法院：

就贵院受理的再审申请人李××、王××与被申请人任××合资、合作开发房地产合同纠纷一案（以下简称本案），我们是再审申请人李××、王××的代理人，结合本案庭审情况，围绕本案争议焦点发表如下代理意见：

一、案涉两份合伙协议，是当事人的真实意思表示，协议约定的内容并不违反法律、行政法规的强制性规定，应合法有效

从案涉两份合伙协议的内容来看，第一份《合伙协议》主要约定了各方在拟成立的房地产公司中的出资和利润分配比例，第二份《合伙协议》则主要就房地产项目开发的具体事宜进行了约定。合伙协议中当事人的意思表示真实、明确，即约定成立房地产公司以运作房地产项目，协议约定的内容并不违反法律、行政法规的强制性规定，合法有效。《建筑法》《城市房地产管理法》及《最高人民法院关于审理涉及国有土地使用权合同纠纷案件适用法律问题的解释》等均是对已成立的企业从事房地产开发和建设的资质和准入进行规制，而不是对如何设立房地产公司进行规制，故不能适用于本案对《合伙协议》的效力认定上。而且，两份《合伙协议》拟设立的企业是否成立、是否办理工商登记或能否取得房地产开发资质等，均属于协议履行中的问题，与设立企业协议本身的效力无关。至于任××成立的项目部与挂靠房地产公司借用资质而签订的《协议书》的效力问题，也不能影响案涉《合伙协议》的效力，二者属于不同的法律关系。本案中，一、二审法院以李××、王××和任××未办理工商登记、未取得房地产开发经营资质，依据《最高人民法院关于审理涉及国有土地使用权合同纠纷案件适用法律问题的解释》第15条关于当事人双方均不具有房地产开发资质的，认定合同无效的规定，判决认定案涉两份《合伙协议》无效，属于适用法律错误。

二、任××的严重违约行为，致使案涉合伙项目无法进行下去，案涉合伙协议应予以解除

在案涉房地产项目开发期间，任××利用其主管案涉项目财务及销售便利，伙同财务人员做假账，擅自将合伙开发之房产抵顶自己或他人之债务，恶意转移、侵吞巨额合伙财产，严重违反了案涉《合伙协议》的约定，对申请人已构成严重违约，致使申请人重大利益损失，双方合伙基础丧失，合伙事务已陷入僵局，已无法继续合伙下去，申请人有权行使法定解除权，法院应予以解除案涉合伙协议。

三、案涉合伙协议解除后，申请人即有权请求对案涉项目开发合伙期间所产生的利润进行分配

根据《合同法》第 97 条的规定："合同解除后，尚未履行的，终止履行；已经履行的，根据履行情况和合同性质，当事人可以要求恢复原状、采取其他补救措施，并有权要求赔偿损失。"故，案涉合伙协议解除后，尚未履行的终止履行，已经履行的，并产生合伙利润的，双方应依照《合伙协议》的约定进行合伙清算予以分配。被申请人任××主张的"项目未完工，后续还有费用支出"的抗辩理由，于法无据。

本案中，申请人自提起原一审诉讼之日起，即提出了"解除合伙协议"的诉讼主张，故案涉合伙协议应于原一审期间既已解除。

本案一审法院根据当事人申请，委托了具有相应鉴定资质的内蒙古某会计师事务所对本案合伙清算进行了司法审计鉴定，作出《司法鉴定报告》。该司法鉴定报告鉴定结论为：现金利润为 3330.3185 万元、存量房利润为 1336.6191 万元。故，申请人即有权请求对案涉项目开发合伙期间所产生的利润依照《合伙协议》的约定（利润总额的 49%）进行分配，申请人可分得的利润为 2286.7994 万元，即被申请人任××支付申请人利润 2286.7994 万元。

四、本案原一审中，法院委托专门机构作出司法鉴定报告是合法的、有效的

上述鉴定报告，委托程序合法，所依据的材料均由本案当事人双方共同提供（鉴定报告有说明），采取的鉴定方法符合法律规定，在原一审、二审中均已经过庭审质证，应为有效司法鉴定文件。根据《最高人民法院关于民事诉讼证据的若干规定》第 71 条的规定："人民法院委托鉴定部门作出的鉴定结论，当事人没有足以反驳的相反证据和理由，可以认定其证明力。"被申请人任××在原一审中所提异议也并未被鉴定报告所吸纳，不能由此推翻该鉴定报告。

本案原一、二审判决，之所以没有依据该鉴定报告予以分配合伙利润，是因为其错误认定了案涉合伙协议无效，失去了依据该鉴定报告分配利润的基础。

由上，案涉合伙清算审计《司法鉴定报告》，应当成为当事人合伙期间形成债权债务、资产清算的有效依据，成为司法机关依法公正裁决的依据。

以上代理意见，请合议庭充分考虑，望予以采纳。

再审申请人：李××、王××

代理人：白砚军　张昌胜　律师

裁判结果

最高人民法院提审本案，作出裁定：一、撤销×××高级人民法院民事判决；二、撤销××××中级人民法院民事判决；三、本案发回××××中级人民法院重审。

裁判理由

最高人民法院归纳本案的争议焦点为：一、李××、王××与任××签订的两份合伙协议的效力问题；二、案涉房地产项目经营利润的分配问题。

从案涉两份合伙协议的内容来看，第一份《合伙协议》主要约定了各方在拟成立的房地产公司中的出资和利润分配比例，第二份《合伙协议》则主要就房地产项目开发的具体事宜进行了约定。合伙协议中当事人的意思表示真实、明确，即约定成立房地产公司以运作房地产项目，协议约定的内容并不违反法律、行政法规的强制性规定，合法有效。《建筑法》《城市房地产管理法》及《最高人民法院关于审理涉及国有土地使用权合同纠纷案件适用法律问题的解释》等均是对已成立的企业从事房地产开发和建设的资质和准入进行规制，而不是对如何设立房地产公司进行规制，故不能适用于本案对《合伙协议》的效力认定上。而且，两份《合伙协议》拟设立的企业是否成立、是否办理工商登记或能否取得房地产开发资质等，均属于协议履行中的问题，与设立企业协议本身的效力无关。至于任××成立的项目部与挂靠房地产公司借用资质而签订的《协议书》的效力问题，也不能影响案涉《合伙协议》的效力，二者属于不同的法律关系。本案中，一、二审法院以李××、王××和任××未办理工商登记、未取得房地产开发经营资质，依据《最高人民法院关于审理涉及国有土地使用权合同纠纷案件适用法律问题的解释》第15条关于当事人双方均不具有房地产开发资质的，认定合同无效的规定，判决认定案涉两份《合伙协议》无效属于适用法律错误，应予纠正。

李××、王××在诉讼中明确请求“合伙清算,任××支付李××、王××经营利润500万元(以实际清算结果为准)”,既然两份《合伙协议》均合法有效,则二人有权依约分取案涉项目的经营利润。而且,在运作房地产项目期间,李××、王××作为实际开发经营者,投入了巨额资金,有权请求对案涉项目开发所产生的利润进行分配。××××中级人民法院、×××高级人民法院以《合伙协议》无效为由,驳回李××、王××分配利润的请求,由任××独占项目开发的全部利润,不仅违背了各方在《合伙协议》中的约定,也有悖公平公正的基本原则,损害了李××、王××依法享有的实体权利。

至于任××答辩所称双方当事人之间是借贷关系、已明确约定中途退股只退本金,而且一审法院委托作出的鉴定报告在最终的利润计算上不具备客观性等主张。首先,李××是否借钱出资并不影响出资的定性,且该借贷关系已另案处理,不影响任××合法权利的实现。其次,即使会议纪要关于中途退股只退本金的约定真实有效,也限于合同正常履行的情形。在一方明显违约、双方合伙基础丧失的前提下,对方有权行使法定解除权,要求进行清算,这显然不同于退股。最后,一审法院委托作出的鉴定报告是否客观,涉及的是具体利润分配多少合适的问题,并不能以此否定李××、王××依法享有的分配利润的权利。但鉴于目前案涉房地产项目尚未全部开发完毕,客观上确实不具备清算的条件,而且实际上李××、王××与任××也没有进行合伙解散清算,债权债务、经营利润状况尚不明确,因此,李××、王××应与任××在进行合伙解散清算后再行主张利润分配。鉴于一审、二审判决认定《合伙协议》无效,在一审、二审程序中也没有组织当事人进行清算,再审程序中不能直接对李××、王××提出的分配利润的诉讼请求进行认定处理,应发回一审法院××××中级人民法院,在一审重审程序中在认定《合伙协议》合法有效的基础上进行合伙解散清算,再行确定合伙债权债务的分配方案。

另,根据当事人提起诉讼的请求权基础法律关系来看,李××、王××与任××之间应当是合伙纠纷,而非合资、合作开发房地产合同纠纷,××××中级人民法院和×××高级人民法院将本案案由确定为合资、合作开发房地产合同纠纷不当,重审中应予纠正。

律师评析

民商事案件案由的确定，关乎案件法律适用，乃至影响当事人重大财产利益。故当事人或法院在确定案件案由、判别案件核心法律关系时，一定要慎重处理。

司法实践中，一个案件应为何种案由，往往是根据当事人提起诉讼的请求权基础法律关系来予以确定。具体到本案，一、二审法院以“合资、合作开发房地产合同纠纷”为案由，错误适用《最高人民法院关于审理涉及国有土地使用权合同纠纷案件适用法律问题的解释》第15条的规定，作出案涉两份《合伙协议》无效地认定，只是返还出资本金及利息。而最高人民法院再审，将本案案由更正为“合伙纠纷”，并认定案涉两份《合伙协议》中当事人的意思表示真实、明确，即约定成立房地产公司以运作房地产项目，协议约定的内容并不违反法律、行政法规的强制性规定，合法有效。在运作房地产项目期间，当事人作为实际开发经营者，投入了巨额资金，有权请求对案涉项目开发所产生的利润进行分配。前述两种不同裁判结果，对当事人来说，其得到的利益相距甚远。

在此，我们提出以下建议：

1. 当事人间合资、合作开发房地产时，对各方投资及利润分配等条款进行书面的明确约定，并依法成立有开发资质的公司进行房地产开发经营。

2. 在房地产开发经营过程中，做好开发经营的法律风险管控和财务管理，以避免不必要的纷争。

03

债权转让合同纠纷：原合同约定的仲裁协议对合同债权受让人的约束力

北京德和衡律师事务所　付希业

裁判要点

仲裁协议是合同双方当事人对于争议解决方式的一种自愿约定。这种存在于双方当事人之间的意思自治，使得第三人是否受到仲裁协议约束这一问题常成为实践中争议的焦点。

在原合同有仲裁协议，且原合同当事人约定未经对方同意一方不得将合同的权利和义务转让给第三方的情况下，一方当事人将合同债权转让给第三人，就第三人是否受仲裁协议约定这一问题，在第三人同意仲裁的情况下，取决于原合同当事人是否在仲裁协议中对这一问题有明确约定，而非取决于原合同当事人对于实体权利义务的约定。本案中，根据仲裁庭的观点，一方当事人将合同债权转让后，受让人依照合同约定选择仲裁方式解决争议，不违反案涉合同签订时原双方当事人通过仲裁方式解决纠纷的初衷，仲裁委对此争议有管辖权。

合同约定未经对方同意，一方不得将合同的权利和义务转让给第三方，应当认定为合同限制的是权利和义务的概括转让，并不影响合同权利单独转让的效力。

基本案情

2014 年 3 月，电力公司作为买方，风电公司作为卖方共同签订了《风电设备采购合同》一份，合同就标的物、价格、交货、安装、调试及验收、仲裁（由项目所在地经济合同仲裁委员会仲裁)、合同的生效、终止及其他(在未得到其他方同意的情况下,合同任何一方不得将本合同的权利和义务转租、让与或转移给第三方)等内容进行了约定。

2018 年 6 月,风电公司向装备制造公司出具《债权转让承诺书》一份,确认风电公司及其子公司对装备制造公司的欠款数额,并承诺债务由风电公司统一偿还。其承诺在《债权转让承诺书》出具后一个月内,以《债权转让通知书》的形式将其拥有的部分债权转让给装备制造公司,用以抵销对装备制造公司的全部欠款。

2018 年 7 月,风电公司向电力公司出具了一份《债权转让通知书》,将风电公司对电力公司的债权转让给装备制造公司,用以抵销风电公司对装备制造公司的相应债务。电力公司到期未按照《债权转让通知书》的要求向装备制造公司偿还合同项下的债权金额,装备制造公司向仲裁委员会提出申请,请求裁决确认装备制造公司与风电公司的债权转让行为对电力公司有效;电力公司立即给付装备制造公司上述债权金额。

代理意见

尊敬的仲裁庭:

北京德和衡律师事务所接受本案申请人装备制造公司的委托,指派本所律师付希业担任申请人与被申请人电力公司债权转让合同纠纷一案的代理人,依法出庭参加本次仲裁,现发表如下代理意见,请仲裁庭予以采纳:

一、申请人作为债权受让人有权向贵仲裁委员会提出仲裁申请,贵仲裁委员会有管辖权

《合同法》第 79 条规定:“债权人可以将合同的权利全部或者部分转让给第三人,但有下列情形之一的除外:(一)根据合同性质不得转让;(二)按照当事人约定不得转让;(三)依照法律规定不得转让。”第 80 条规定:“债权人转让权利的,应当通知债务人。未经通知,该转让对债务人不发生效力……”本案中,2018 年 6 月,风电公司向申请人出具《债权转让承诺书》,承诺将其拥有的债权转让给申请人,用以抵销其对申请人的全部欠款。上述风电公司向装备制造公司转让的债权为金钱债权,不属于根据合同性质或法律规定不得转让的情况,且风电公司与电力公司之间并没有债权不得转让的约定,故此项债权转让不属于上述法条规定的除外条款。2018 年 9 月,申请人以 EMS 邮件的形式向被申请人送达了风电公司出具的《债权转让通知书》,通知明确将风电公司对被申请人享有的债权转让给申请人。因此本案中既存在装备制造公司与风电公司的债权转让合意,亦履行了对债务人的通知义务,上述行为符合《合同法》关于债权转让的规定,风电公司已将其对被申请人享有的债权转让给申请人。申请人对诉争债权转让合同纠纷有直接的利益关系,是适格的当事人。

风电公司与被申请人之间的《风电设备采购合同》约定有仲裁条款。其中第 14.1 条及第 14.2 条约定,"所有与本合同有关的或在执行本合同时产生的纠纷,如通过协商不能解决,则需提交仲裁解决。仲裁应由项目所在地经济合同仲裁委员会按其仲裁规则和程序进行仲裁"。因该合同的项目所在地仅有一家仲裁机构,因此可以确定该合同约定的仲裁机构为贵仲裁委员会。《最高人民法院关于适用〈中华人民共和国仲裁法〉若干问题的解释》(以下简称《仲裁法司法解释》)第 9 条规定:"债权债务全部或者部分转让的,仲裁协议对受让人有效……"据此,申请人作为债权受让人有权依合同约定的仲裁条款向贵仲裁委提出仲裁申请。

二、债权转让有效,且这一问题属于实体问题,需在案件实体审理中查明解决

被申请人认为因合同约定有债权非经其同意不得转让的条款,且债权转让未获得其同意,应属无效。其所指的是合同第 16.8 条的规定,即"在未得到其他方同意的情况下,合同任何一方不得将本合同的权利和义务转租、让与或转移给第三方"。而申请人认为此条是对合同项下债权债务概括转让的约定,债权债务概括转让不同于债权单独转让。换言之,风电公司与电力公司之间的合同并无关于债权转让的限制。本案中风电公司已经履行了自身的合同义务,《债权转让通知书》仅涉及债权转让,仅需符合《合同法》的规定即可(已在第一点中予以论证)。此外,关于债权转让的效力问题系实体争议,被申请人不应在管辖权异议中提出。

三、合同约定的第 16.8 条系概括转让条款,是对《合同法》第 88 条的援引和照搬,并非转让债权的特别约定

(1)风电公司与电力公司签订的《风电设备采购合同》第 16.8 条规定"在未

得到其他方同意的情况下,合同任何一方不得将本合同的权利和义务转租、让与或转移给第三方”;《合同法》第88条规定:“当事人一方经对方同意,可以将自己在合同中的权利和义务一并转让给第三人。”根据全国人大常委会法工委编撰的《中华人民共和国合同法释义》对第88条的解释,合同权利义务一并转移的,包括法定的和约定的两种情形,本条规定应理解为约定的概括转让,因约定的概括转让涉及合同权利与合同义务两方面的转让,因而应分别适用合同权利转让与合同义务转移的规定,对于前者仅需通知债务人即可,对于后者则需经合同债权人的同意。合同第16.8条与《合同法》第88条虽在语言表述上略有差异,但表述内容一致,实际上是对《合同法》第88条的援引和照搬,即只有经过对方同意,才能将合同转让,约定的是权利和义务的一并转让。

(2)合同转让是指合同法律关系主体的改变,根据转让内容的不同,包括合同权利的转让、合同义务的转让以及合同权利和义务的概括转让三种类型。本案所涉第16.8条便是对合同概括转让的约定,即经对方同意,合同权利和义务方可一并转让。所以,第16.8条仅约定了合同转让的其中一种情形,并非禁止债权转让的特别约定。

四、《债权转让通知书》系风电公司对合同债权的转让,该转让行为并不涉及合同义务的转让,应为合法有效,电力公司理应向装备制造公司承担还款义务

《风电设备采购合同》签订后,风电公司已依约履行了供货义务,依法享有对电力公司的相应债权并有权处分该债权。2018年6月,风电公司向装备制造公司出具《债权转让承诺书》,将其享有的债权转让给装备制造公司并以EMS邮件的形式向电力公司送达了《债权转让通知书》,履行了对债务人的通知义务。该债权转让行为系风电公司对自身权利的合法处分,且风电公司与电力公司之间并不存在禁止债权转让的特别约定,根据《合同法》第80条的规定,风电公司的债权转让行为合法有效,电力公司应向装备制造公司承担还款义务。

综上所述,首先,贵仲裁委对本案享有管辖权。其次,风电公司与电力公司虽对概括转让的情形进行了约定,但该约定不能限制其中一方在已经履行合同义务情形下,对其合同权利的合法转让。风电公司与装备制造公司之间的债权转让合法有效,装备制造公司有权向电力公司主张相应权利。即使上述债权转让行为存在瑕疵,依据善意取得原则,装备制造公司的权益也应受到保护。

以上代理意见,敬请仲裁庭予以采纳。

申请人:装备制造公司

代理人:付希业　律师

裁判结果

仲裁委员会于2019年7月作出如下裁决:一、确认申请人装备制造公司与风电公司的债权转让行为对被申请人电力公司有效,申请人装备制造公司对被申请人电力公司享有上述债权;二、被申请人电力公司于本裁决书生效之日起十五日内向申请人装备制造公司支付上述债权金额。

裁判理由

仲裁委员会的裁决书认为:案涉合同合法有效,合同中的仲裁条款明确约定通过仲裁方式解决纠纷,即对于管辖有着清晰明确的规定,依法具有法律效力。案涉合同并没有在债权全部或部分转让时限制受让人不适用仲裁条款的特别约定。根据《仲裁法》第19条的规定,仲裁协议独立存在,被申请人当然地受该仲裁条款的约束。申请人作为债权转让的受让人,根据《仲裁法司法解释》第9条的规定,仲裁条款对受让人有效。如申请人不认可仲裁条款,可直接通过诉讼途径解决纠纷,则该仲裁条款对申请人当然不具有约束力。《仲裁法司法解释》第9条也没有规定仲裁协议不适用于第三人。申请人知道有仲裁条款,而后又自动选择通过仲裁的途径解决纠纷,不违反案涉合同签订时双方当事人通过仲裁方式解决纠纷的初衷,符合当事人的意思自治原则,即应当视为认可仲裁管辖。

关于案涉合同第16.8条的问题。案涉合同第16.8条"未经对方同意,不得将合同的权利和义务转租、让与或转移给第三方"的内容中,明确约定不得转租、让与或转移给第三方的是合同的"权利'和'义务",而非"权利'或'义务",应当认定为案涉合同第16.8条限制的是权利和义务的概括转让,对于合同权利的单独转让,案涉合同并未予以禁止。

律师评析

仲裁协议对第三人的效力问题,在实务中常常成为双方当事人就仲裁委是否有权主管案件这一问题进行的第一次交锋;也往往是仲裁裁决作出后，申请法院撤销仲裁裁决这一最后救济路径中常用的理由。实务中多见第三人不认可仲裁协议效力的案例，本案则相反，第三人主动适用原合同中约定的仲裁协议，原合同相对方却不予认可。

在本案确定仲裁委能否管辖本案的问题上，代理律师采用体系解释的方法，比较了《仲裁法司法解释》第 8 条和第 9 条规定的异同，对两条文中“另有约定”这一说法进行了详细研究，得出了条文中“约定”是对仲裁协议本身是否约束受让人（继受人）这一问题作出规定，系程序性条款；而合同对债权债务是否可以概括转让这一问题的规定，系实体性条款，不属于《仲裁法司法解释》第 9 条的除外规定。这一结论得到了仲裁庭和后续审理撤销仲裁裁决一案管辖法院的认可。

此外，对于原合同第 16.8 条“在未得到其他方同意的情况下，合同任何一方不得将本合同的权利和义务转租、让与或转移给第三方”的约定，我们将其视为对《合同法》第 88 条的援引和照搬，并不影响债权转让的效力，这一观点同样获得了仲裁庭的认可。

04

多方主体合同纠纷案中违约责任的归属

北京市京师律师事务所　郭松阳

裁判要点

多方主体签订的合同中,权利义务相互交错。一方当事人受到了损失不能简单锁定某一相对方,而应当根据合同约定的条款和几方履行的具体情况确定真正的违约方,继而锁定违约责任承担方。

本案二审法院撤销一审判决,予以改判。一审认为在三方主体合同中,丙方向乙方支付了部分钱款,因合同未能继续履行,乙方应当返还已支付的合同款项。二审法院认为乙方未能完全履行合同,是因为合同中的甲方违约未能提供履行条件所致。因丙方未向甲方主张违约责任,且乙方已经履行了部分合同义务,因此驳回丙方返还已付300万元的诉讼请求。

基本案情

合同主体为三方。甲方为镇政府,乙方为演艺公司,丙方为游艇会公司。

一、基本情况

(1)乙方为筹拍电影,寻找外景场地,并筹建某名人纪念馆。

(2)丙方同意投资建设电影外景地,以及名人纪念馆。

(3)甲方为发展经济,同意出让特定区域给丙方,以其1/10部分由丙方出资建设电影外景地和名人纪念馆,其余土地由丙方建设特色旅游小镇。

(4)三方签订合同,但甲方此后未能向现有实际使用特定区域土地使用人收回该场地。

(5)丙方支付给乙方300万元进行外景制作。

(6)因甲方无法交付特定区域土地,乙方无法进驻搭设外景场地。

(7)丙方起诉解除合同,要求乙方返还已支付的300万元。

二、合同纠纷案件当事人简介

(1)演艺公司,影视制作民营企业。

该公司自2012年由投资人写出剧本大纲,请业内著名某导演完成剧本创作,寻找投资方,并就“商埠文化旅游项目”召开研讨会,省政府明确表示支持。

(2)镇政府。鉴于历史电影需要在港口码头水边搭建外景地,重新还原历史建筑,最终确定在该镇某河流码头搭建外景。经与镇政府领导沟通,镇政府引荐当地游艇会公司与演艺公司进行合作。

(3)游艇会公司,民营企业。该公司控制人接触并了解到演艺公司的目的和计划后,为实现自身的商业利益,制订了策划方案,经过多次谈判,最终与演艺公司、镇政府签订三方协议,即本案纠纷争议的协议。

三、合作三方协议约定情况

(1)根据丙方游艇会公司的商业方案,与甲方镇政府达成合意,即甲方提供建设用地480亩(招拍挂定向取得);丙方游艇会公司出资,由乙方搭建“爱国主义展览馆”和电影外景地;乙方演艺公司承制电影;电影拍摄结束后,丙方再出资10亿元人民币在该480亩土地重建商埠文旅地产项目,形成具有历史商业文化背景的商埠旅游小镇。

(2)演艺公司投资拍摄的电影,外景场地选在该镇磨刀岛,根据现场地形搭建拍摄场景,实际只需要100亩土地即可,根本无需480亩之多;游艇会公司希望借电影拍摄取得神湾镇的480亩土地,建设文旅小镇项目,愿意投资搭建电影外景地,而镇政府也希望借此电影拍摄机会,出让土地给游艇会公司进行文旅小镇的建设。

(3)电影内容厚重特别,镇政府同意游艇会公司投资电影外景搭建,进而建设符合历史风貌的永久商埠文旅小镇,借此奠定神湾镇建设国际旅游小镇的坚实基础,并向市委请求支持电影新闻发布会事宜,以及请市政府解决借拍摄电影需要,而实为发展重建具有时代风格的旅游房地产主题景区的487亩建设用地指标。

此协议三方合作,各取所需。

四、《三方协议》履行情况

(1)《三方协议》主要条款:第4条、第5条明确:镇政府负责文旅项目建设用地480亩的出让;游艇会公司负责向演艺公司支付外景搭建费用5885万元,且在签约后15个工作日内支付300万元的一期预结算款;演艺公司收款后向其他两方提供搭建场景的具体规划图、制作图、搭建拍摄策划方案、实施日程等内容。

(2)《合作协议》签订后,游艇会公司逾期支付了第一笔300万元,演艺公司提供了搭建场景的图纸和实施方案。但是承诺出地的镇政府,迟迟不能启动三方约定好的地块予以挂牌出让的工作。自2013年11月三方签订《合作协议》以后,2014年演艺公司不断要求镇政府提供土地,进驻外景场地开始搭建外景拍摄的构筑物,合作三方多次开会讨论,最后到本案一审起诉,再到一审判决作出,镇政府也没有提供可以搭建、拍摄电影外景的场地。

(3)在《三方协议》签订后三年多时间里,镇政府都没有解决拍摄影片的外景场地问题,2017年8月,游艇会公司提起诉讼,以另两方为被告,要求演艺公司返还300万元合同款,并支付相应的利息损失。但未向镇政府主张权利。

五、本案诉讼情况简介

(1)一审法院审理后认为演艺公司的抗辩缺乏事实和法律依据,不予支持,判决演艺公司返还预结算费用300万元及利息。

(2)上诉期间,演艺公司紧急更换代理人,本人介入后,重新起草民事上诉状,在二审期间补充大量证据。二审法院开庭后认为演艺公司已经按照协议内容履行了相应的部分合同义务,无法实现继续履行进而导致协议解除的原因不在演艺公司,演艺公司不具有返还300万元预付款的义务,游艇会公司请求演艺公司返还300万元预付款,理据不足,不予支持。鉴于游艇会公司未请求镇政府赔偿其产生的300万元损失,故依法驳回游艇会公司的全部诉讼请求。

二审代理意见

致×××中级人民法院:

就贵院受理的被上诉人(一审原告)游艇会公司诉上诉人(一审被告)演艺公司、被上诉人(一审被告)镇政府合同纠纷一案(以下简称本案),我是本案上诉人××公司的代理人，结合本案庭审情况，发表如下代理意见：

一、三方当事人的真实合同目的

如欲公平公正审理此案，就不能孤立简单地看待三方签订的《商埠文化旅游项目合作协议》（以下简称《合作协议》），而应当全方位、立体的，以历史的角度分析三方当事人的合同权利义务，并考察三方当事人的合同目的。

第一，合作基础。首先，《合作协议》是建立在历史电影拍摄基础上的。作为电影的投资和拍摄主体，演艺公司不仅本身进行投资，同时还有建设"爱国主义展览馆"的要求。

其次，演艺公司拍摄此部电影，是计划与某电影集团有限公司合作完成的，并以某电影集团有限公司的名义取得拍摄许可证。

再次，电影的制片人、导演、编剧均已确定。

第二，三方当事人的合同目的。

(1)电影的背景。该部电影展现的是清代的商业图卷，具有历史和现实的重大意义。为在电影里重建几百年前的逼真景象，编剧兼导演精心考察选定了该镇的一处场地。

(2)镇政府需要的是发展经济建设，为打造整体衔接的旅游联合体市场，同意提供土地作为电影的实景拍摄场地，并且愿意让游艇会公司按照电影设计建筑和环境场景，在电影拍摄完成后，进行永久性的房地产项目建设。镇政府如果顺利履行《合作协议》，不仅取得了土地出让金，并且完成一个复原历史的地产区域，而且获得了爱国主义展览馆，可谓经济收入和政绩收入兼得。

(3)演艺公司是拍摄电影的主体单位，根据协议约定，演艺公司仅负责电影拍摄的全部制作工作，其有义务在电影和宣传活动中对该镇的品牌和游艇会公司的企业形象进行正面宣传。

(4)游艇会公司的合同义务是：为演艺公司的爱国主义展览馆和电影外景地搭建项目，提供搭建费用和场地费用。并应当在电影拍摄完成后，再投资10亿元按其设计风格实景重建商埠文化旅游房地产项目，同时拥有电影场景知识产权的唯一使用权和实景重建的所有权。即按照规划设计图纸进行房地产仿古项目建设，销售房产取得收益。

假如镇政府正常履约提供约定的土地给游艇会公司，游艇会公司通过挂牌出让的方式取得了480亩的商业用地，进行商业住宅的大规模建设，其将是获利最丰厚的一方。

因此综合分析来看,通过三方的协商一致,镇政府同意游艇会公司的房地产项目开发,虽然形式上要挂牌竞拍,但是都明白游艇会公司是志在必得。因为一块土地的公开出让之前,必须有竞拍者提交地块的规划设计图纸,游艇会公司也是拿着规划设计的复原设计图纸向国土部门进行申请汇报的。除了满足演艺公司拍摄电影的需求和要求建设爱国主义展览馆的目的外,镇政府和游艇会公司的真实合同目的既是清晰的,又是复杂的。

第三,谁向谁违约的问题。表面上看镇政府未能提供土地供演艺公司进行电影拍摄,是镇政府违约导致的,但深层次的违约行为是镇政府对游艇会公司进行的。

根据三方协议的内容,首先镇政府提供土地进行招拍挂,游艇会公司缴纳保证金及进行竞拍,成功后才能允许演艺公司进行电影场景的施工建设。游艇会公司虽然支付了第一笔场景搭建费用,但因为没能取得土地,应该向真正的违约方镇政府主张损害赔偿,而不是演艺公司。

第四,关于违约责任的约定。《合作协议》第 6 条第 1 款明确约定,"如因甲方(镇政府)不按本合同规定办理土地挂牌出让手续,甲方应赔偿由此给乙丙两方造成的经济损失"。现在甲方镇政府违约事实清楚,游艇会公司实际支付了 300 万元场景搭建费用,损失也清楚,按照此条款应当向甲方镇政府主张赔偿损失,其向乙方演艺公司主张返还投资款没有事实依据,也没有法律依据,因为这个复杂的三方合同关系,现在并不是解除合同、恢复原状、返还财产那么简单。

退一步讲,第 6 条第 2 款约定,"如因乙方不能按本合同规定承办本片,乙方应赔偿由此给甲、丙两方造成的经济损失",其基本文义是指乙方演艺公司因其主观原因,不予拍摄电影。且不说演艺公司多次催促镇政府提供拍摄场地,没有主观违约的行为,就算是违约行为,也是因为甲方镇政府无法提供可供拍摄的场地所致,最多算是连环违约,根源就在于甲方无法履行合同的承诺。

二、演艺公司的电影拍摄情况分析

众所周知,拍摄一部电影电视剧作品,是一项复杂的、需要多头任务处理的综合协调项目,很多事情都需要同时进行,而不是简单的单线程任务处理,譬如说等拍摄场地交付了,再进行场景图纸设计、搭建工作,这是根本不可能的。

第一,电影剧组的繁杂性。一部电影的诞生之初是有了一个故事大纲或者脚本,然后组织人员丰富故事情节,设计人物冲突,即编剧。然后再物色确定导演,导演(也可能参与编剧工作)按照自己的理解和艺术创作风格进行精细加工,物色符合自己要求的演员。在这个过程中影片制作主体单位是需要不断地融资,以及商业宣传。既要找融资,又要不断花钱。导演和制片方在这个过程中还要反复研究确定拍摄地点、场景的设计搭建,选聘美术、剧务、化妆师等各种剧组人员。

第二,演艺公司的付出。演艺公司早在2012年就完成了故事大纲的工作,并紧锣密鼓地完成各项任务,以及为即将拍摄的影片进行宣传。因此演艺公司为此付出了大量的资金成本,包括签约导演、编剧、美术指导、主要演员,并邀请媒体,召开新闻发布会,为电影宣传推广造势等。

第三,如上所述,电影不是一部普通的商业电影,其作品背景不是完全虚构的,而是在中国历史上有浓墨重彩一笔的真实背景,即使虚构的人物也是有历史原型的,虚构的只是人物之间的故事。其表现的商行在特定历史时期的真实面貌,在如今以“一带一路”倡议为核心发展的中国大经济形势下,具有宣传推广商业中国、对外贸易、追根究底、重建大国经济自信的重要作用。

因此电影拍摄场地落户该镇不仅是搭建一个临时拍摄场景,拍完拆掉恢复原状那么简单。正是历史上浓重的商业背景文化吸引了游艇会公司和镇政府。

第四,关于电影外景搭建费用的问题

(1) 演艺公司与游艇会公司和镇政府签订的《合作协议》中的附件四,即《电影外景设计制作预算书》中,明确包含1622.2万元的设计费。演艺公司作为电影的出品拍摄制作公司,聘请某导演作为美术指导,共同进行外景地场景的设计制作工作。并且完成了电影拍摄场地规划图、平面布置图、场景设计图等,交付给游艇会公司和镇政府,既是履行合同交付设计成果,也是给游艇会公司和镇政府进行申请土地出让的规划方案。

(2)演艺公司于2012年9月1日与某导演签订了《电影美术指导合约》,约定甲方聘用某导演担任电影的美术指导,从2012年9月1日开始生效至电影拍摄完毕止,简称合约期。

双方约定在合约期内,甲方提供服务及履行本合约中的电影美术指导,甲方每月支付乙方酬金人民币30万元整(税后款)。

演艺公司制作的电影场景计划中,自2013年11月外景地签约开始,至2015

年4月完成后期制作，计划历时17个月，共应支付美术指导酬金税后510万元。

本片中电影美术指导工作中最核心的就是电影场景的设计工作，是某导演根据自己对历史资料的充分研究后，为重现历史中的真实场景，制作的设计图、布景图、平面图。因此，演艺公司据此支付给某导演500万元是合理并有合同根据的，并且上述酬金中还包括另外的设计和制作费用。

(3)演艺公司在2014年2月25日与艺术剧院公司签订了《联合制作电影外景地合同》，约定双方联合组建电影布景制作的工艺美术组，甲方演艺公司将独立雕塑成员、独立美术成员、工作室成员的劳务费共计260万元直接支付给团队成员个人。此合同中约定的“搭建外景地场景、工艺美术、布景制作”等工作即是整个电影外景地场景的一部分。演艺公司转给某导演500万元酬金后，某导演即向艺术剧院公司中的上述工作组成员支付了260万元的劳务酬金。某导演支付清单中最后的张某即是艺术剧院公司原持股21%的股东，也是工作组的重要成员。

(4)没有场景布置的设计图纸，就没有搭建拍摄场景的可能。《合作协议》中明确一期搭建的场景必须是根据乙方电影镜头的要求搭建码头、同文会馆、镇海楼、靖远街、荔湾人家等场景，预结算费用是2000万元。并约定演艺公司收到第一笔300万元后，向游艇会公司和镇政府提供搭建场景的具体规划图、制作图、搭建拍摄的策划方案、实施日程等内容。

这些复古建筑的设计费用已经明确包含在游艇会应当支付的外景搭建费用和场地费用里面。影片中的场景和建筑不是普通的现代建筑，是需要编剧导演在查阅大量历史资料、深刻理解时代背景下进行独立设计的，没有场景和建筑设计图纸，不可能搭建出符合电影拍摄要求的布景。因此游艇会公司支付了第一笔款项，演艺公司已经实际履行了相应的准备义务。

据此，游艇会公司支付的首期300万元费用，根本不够全部场景的设计费用，就已经取得了演艺公司的全部设计成果，而事实上演艺公司已经将这笔费用全部用尽尚还不够，为电影的前期准备工作早已支出不止3000万元，游艇会公司根本没有要求演艺公司返还的事实和法律根据。

三、爱国主义展览馆的事实

2013年9月27日，演艺公司在充分运用自身资源的情况下，拟同时建设名人展览馆，与游艇会公司签订了《关于引进名人展馆的框架协议》，约定该展览馆项目与商埠文化旅游项目落户小镇,因此才有了2013年10月17日四方参加的会谈,并形成《会谈备忘录》。除本案的三方当事人,还有一方是美国国际合作委员会。正是在演艺公司深度挖掘对接的前提下,才能形成四方共同组建具有历史意义的爱国主义展览馆项目,并作为电影商埠文化旅游项目合作协议的备忘文件。

因此本案中演艺公司为主策划建设爱国主义展览馆和电影的拍摄,吸引了镇政府和游艇会公司拟投资10亿元人民币的文旅地产建设项目,带动地方的经济发展,获得地产项目的丰厚收益才是另外两方的真正目的所在。

在筹备爱国主义展览馆落户预备会议暨电影商埠文化旅游价值研讨会上,多位各个领域的领导、专家、学者、名人发表讲话,阐述这两个项目落户中山的积极意义,省委副秘书长作为政府代表出席讲话,明确指出建设这两个项目的现实意义和历史意义。可见演艺公司为此付出了大量的心血努力和资金。

而镇政府违约交付土地,既是对演艺公司的伤害,导致演艺公司无法如期拍摄,也最终致使影片的拍摄许可证过期,前期宣传推广的社会效果化为乌有,付出的资金和努力付之东流。同时镇政府的违约行为导致游艇会公司无法取得项目土地进行施工建设,原来的10亿元的投资项目无法实施。更直观的是游艇会公司支付给演艺公司的第一期300万元费用,已经被演艺公司用于该电影项目美术设计和场景制作的初步费用,作为支付给整个剧组的灵魂——某导演的设计布置拍摄场景的智力成果的费用。

四、解除合同的效力问题

根据《合同法》中合同相对性原则,非违约方有权利在符合条件的情况下,与违约方解除合同,要求赔偿损失。但这样的法律规定仅适用在简单的两方合同主体之间,因为两方主体权利义务清晰明确。本案中涉及三方主体,权利义务交错复杂,没有适用《合同法》中因合同目的无法实现,一方通知对方予以解除的可能。所以游艇会公司单方发函给演艺公司要求解除合同,是没有法律效力的。

如上所述,演艺公司于2017年6月30日致函给游艇会公司和镇政府,约另两方一同开会研究签订补充协议,就是为了能够顺利拍摄下去,而这需要三方达成一致意见的意思表示。本案中即便需要解除合同,也只能通过三方协商一致的方式进行解除。

但游艇会公司以解除合同为诉讼请求诉至人民法院，在一审判决尚未生效之时，《合作协议》并未解除，只有到终审判决发生法律效力，且终审判决《合作协议》予以解除之日才算是真正意义上的解除。

总结：本案三方主体签订合同的目的各不相同，权利义务错综复杂，不能用简单的合同条款给予处理，否则将导致实质上的不公平；必须从历史意义和现实意义，全方位进行宏观考量，才能判断出镇政府导致本案项目的推演和计划完全失败，是这个案件的起源和最终法律结果承受者。演艺公司付出大量的时间、精力，以及远超过300万元的资金付出，才是本案中的最大受害者，一审判决演艺公司返还300万元缺乏对项目的宏观认识和判断，是对法律条文的机械执行。

众所周知，合同具有相对性。在当事人只有两方的情形下，一方当事人的权利即是对方的义务，一方当事人的义务即是对方的权利。因对方当事人不履行合同义务，必然导致一方的损失，因此，由违约方向非违约方承担违约责任，是法律和现实的必然要求。

但是在三方或者三方以上当事人签订的复杂合同里，因各方的利益交织交错在一起，各方的权利和义务也混杂在一起，需要根据各方的实际利益需求，厘清当初签订合同的目的，确定真正的违约方和守约方。

合同争议也必须从生活常识的合情合理角度进行分析，虽然协议中没有明确游艇会公司投入搭建外景场地的资金包括外景场地的房屋、楼宇、街道的设计图。但是常识告诉我们，这样一部还原历史场景的电影外景地必然要根据历史真实情景来设计特定的房屋、街道图纸。没有独特的符合导演意图的建筑图纸，何来建筑？因此游艇会公司的外景搭建投资必然包含着设计成本。

综上，请求二审人民法院厘清所有背景，公正判决，认定真正的违约方，驳回游艇会公司对演艺公司的诉讼请求。

代理人：郭松阳　律师

裁判结果

一审判决：被告演艺公司于本判决发生法律效力之日起10日内向原告游艇会公司返还预结算费用300万元及其逾期付款利息。

二审判决：驳回游艇会公司的诉讼请求。

裁判理由

本院认为,本案为合同纠纷,案涉的《合作协议》是演艺公司、游艇会公司、镇政府三方在自愿、平等、合法的基础上签订,内容并未违反法律法规强制性的规定,合法、有效,本院予以认定,各方均应依照合同约定全面履行自己的义务。综合各方当事人的诉辩意见,本案争议的主要焦点是游艇会公司主张演艺公司返还300万元预付款理据是否充分。对此,本院认为,首先,关于案涉的《合作协议》是否已经解除问题。根据已查明的事实,案涉的《合作协议》由于镇政府至今不能提供土地挂牌转让,导致搭建工作不能进场实施,合同无法继续履行,合同目的无法实现。作为投资方的游艇会公司因此分别向演艺公司和镇政府发出解除协议通知书,其解除行为符合《合同法》第90条第4项之规定,合法有效。故,一审认定三方的《合作协议》已经解除符合法律规定,本院予以确认。其次,关于演艺公司是否应当返还已收取的300万元预付款问题。虽然案涉的《合作协议》已经解除,但根据《合作协议》第4条第2款"乙方(即演艺公司)为本片的唯一承制机构,负责本片所有与制作有关的工作,宣传及场景植入制作工作,包括前期筹备工作、场景的规划设计工作、前期制作和后期制作工作"及第5条第2款"一期搭建场景预算费用在签订协议后15个工作日内丙方向乙方支付本协议一期预算结算款的15%即300万元。乙方在收到第一笔款后向甲、丙双方提供搭建场景的具体规划图、制作图、搭建拍摄的策划方案、实施日程等相关内容"的约定,认定演艺公司是否应当返还300万元主要看其是否履行《合作协议》约定的上述义务,即演艺公司是否在收到第一笔款后向甲、丙双方提供搭建场景的具体规划图、制作图、搭建拍摄的策划方案、实施日程等相关内容。本案中,虽然演艺公司一审中提交的录音视频及截图、案涉图纸、报价单及外景施工图等证据游艇会公司均不予确认,但从演艺公司在2014年多次发函致镇政府要求进场搭建以及镇政府2014年6月18日的复函、2014年7月16日再次发函要求演艺公司派员协商搭建场景事宜等事实来看,演艺公司已经履行了《合作协议》第5条第2款约定的义务,故,演艺公司并非导致案涉《合作协议》解除的违约方,演艺公司按照案涉《合作协议》履行了部分义务并收取相应的报酬,依法不负有返还义务。因此,游艇会公司请求演艺公司返还300万元预付款,理据不足,本院不予支持。鉴于游艇会公司在本案中并未请求镇政府赔偿其已经产生的 300 万元合同损失,本院对游艇会公司的全部诉讼请求予以驳回。一审对此认定有误,本院予以纠正。

综上所述,演艺公司的上诉请求,理据充足,本院予以支持。一审认定部分事实不清,适用法律错误,实体处理欠妥,本院予以改判。依照《合同法》第 60 条第 1 款、第 94 条第 4 项、第 96 条、第 97 条、第 107 条,《民事诉讼法》第 64 条、第 170 条第 1 款第 2 项规定,判决如下:

一、撤销 × × 第一人民法院民事判决;

二、驳回被上诉人游艇会公司的全部诉讼请求。

律师评析

《民法典》第 577 条规定,当事人一方不履行合同义务或者履行合同义务不符合约定的,应当承担继续履行、采取补救措施或者赔偿损失等违约责任。本案中,三方主体的权利义务相互交织,游艇会公司向演艺公司支付了前期制作费的很小一部分,演艺公司进行了外景地材料和设计等方面的准备,也花费了游艇会公司支付的费用。但电影外景地的场地需要作为镇政府的甲方予以提供才行。甲方未能按照约定提供外景地进行外景搭设,真正的违约方是甲方,而非制作方演艺公司。因此,游艇会公司的损失应当向甲方主张才对,不能简单地认为合同款项支付给谁就向谁索要。合同中一方当事人的损失需要向真正的违约方主张。

05

建设工程施工合同纠纷：工程造价认定问题

北京市炜衡律师事务所　雷丹玫

裁判要点

建设工程施工合同是指发包方(建设单位)和承包方(施工人)为完成商定的施工工程,明确相互权利、义务的协议。本案中,合同双方就工程造价的认定产生了争议。

1. 合同双方对工程造价的结算依据产生分歧,是按备案合同的条款还是按照补充协议的条款执行?在司法解释和地方部门规章规定不一的情况下,应当适用效力更高的司法解释,按照备案合同的条款执行。

2. 工程造价的鉴定报告在程序上存在问题,不应由鉴定机构直接补正后,作为定案的依据。

3. 工程造价严重低估,违反了一般建筑常识,在有证据证明的情况下,可以不为法院所采信。

4. 被告没有提出反诉,法院主动审理原告违约的问题,并在判决中判决违约金直接抵销被告应付的工程款,不符合法定程序,并不合理。

基本案情

2006 年 4 月,建设公司与房地产开发公司的法定代表人谈妥了承建房地产开发公司在广西柳州的一处建筑工程。双方合同意愿很快达成,于 2006 年 4 月 30 日签订了一份《工程发包补充协议书》,其中价格严重低估。之后建设公司向房地产开发公司交纳了 500 万元工程保证金。八个月之后房地产开发公司进行了招投标。此时建筑材料和人工费大幅上涨,双方同意调整合同价款、工期等内容,并对权利义务做了新的约定。双方于12月25日按照正常招投标程序,就该项目签订了《3#、6#、11#及一期地下室工程施工合同》(以下简称《施工合同》),该合同上明确注明"无补充协议",并经××市建设行政主管部门备案。

两年之后的2009年9月15日,该工程通过竣工验收,交付房地产开发公司使用,但双方就结算依据是按照补充协议书还是按照备案的施工合同的造价执行产生了纠纷。2009年9月10日,建设公司向房地产开发公司提交结算书,房地产开发公司收到结算书后未在约定时间28天内作出答复,建设公司以房地产开发公司尚欠其工程款为由,向一审法院提起诉讼,请求:判令房地产开发公司支付工程款15,638,138.7元(房地产开发公司在合同履行期间向建设公司已支付工程款3059万元)及利息542,056.96元。庭审中,建设公司增加了诉讼请求:(1)支付劳保费88万元;(2)按合同约定支付配合费。

一审期间,根据房地产开发公司的申请,一审法院委托××某工程造价咨询公司,对本案讼争工程造价进行了鉴定。××某工程造价咨询公司出具了×众造价(2011)1421号工程造价鉴定报告,鉴定结论为:本案工程造价按《补充协议》计算为25,015,189.07元(已扣除工期逾期罚金593万元);按《施工合同》计算为36,004,672.02元。

一审法院认为,根据×众造价(2011)1421号工程造价鉴定报告结论,本案工程造价按《补充协议》计算为25,015,189.07元,因双方在《补充协议》中已约定总工期超过360天,每逾期一天罚1万元,故建设公司施工工期逾期593天,应承担逾期违约责任。房地产开发公司已支付工程款总额为30,590,900元,并未实际拖欠建设公司的工程款。建设公司主张房地产开发公司拖欠工程款事实依据不足,故判决:驳回原告建设公司的诉讼请求。一审案件受理费140,685元,财产保全费5000元,由建设公司负担。

建设公司不服一审判决,上诉称,一审判决依照×众造价(2011)1421号工程造价鉴定报告认定的工程造价违反了基本常识,请求二审法院重新鉴定,依法改判。(1)该鉴定报告认定该工程造价为每平方米478.64元,违反了基本常识,该造价根本不可能建房。(2)该鉴定报告对工程量、工程价款结算均存在错算、漏算和主观臆断情况。(3)该鉴定报告中有关"工期逾期罚金"内容超出了一审法院委托鉴定范围,系无权鉴定,该部分内容应属无效。

二审法院××××高级人民法院查明,2013年3月3日,××某工程造价咨询公司向本院出具了《情况说明》,写明“我司因工作失误导致×众造价(2011)1421号《房地产开发公司某地下室、3#、6#、11#楼工程造价鉴定报告》上漏盖一名造价师的签章,现予以更正”,并补寄了三份有鉴定人签名的×众造价(2011)1421号工程造价鉴定报告给本院。经本院组织质证,房地产开发公司和建设公司在发表质证意见时对《情况说明》和补正后的×众造价(2011)1421号工程造价鉴定报告的真实性均没有提出异议,本院二审予以确认。

二审法院认为,关于×众造价(2011)1421号工程造价鉴定报告能否作为本案定案依据问题。×众造价(2011)1421号工程造价鉴定报告第一页已明确写明“组织了相关专业技术人员对房地产开发公司某地下室、3#、6#、11#楼工程造价进行了工程造价鉴定”,而不是只有一个鉴定人进行工程造价鉴定,××某工程造价咨询公司另外出具的《情况说明》也明确写明因该公司工作失误,导致×众造价(2011)1421号工程造价鉴定报告上漏盖一名造价师的签章,并补寄了三份有鉴定人签名的×众造价(2011)1421号工程造价鉴定报告。应认定×众造价(2011)1421号工程造价鉴定报告存在的程序瑕疵,且已被补正。建设公司又主张×众造价(2011)1421号工程造价鉴定报告在工程量、工程价款结算等方面存在错算、漏算和主观臆断情况,其认定工程造价违反了基本常识,不能作为本案定案依据,但却不能举出充分证据证明其主张,不予采信。×众造价(2011)1421号工程造价鉴定报告直接从工程造价30,945,189.07元中扣除工期逾期罚金593万元,超出了鉴定机构职权范围,对该部分内容,不予采信。某地下室、3#、6#、11#楼工程造价按《补充协议》计算应为30,945,189.07元。二审判决:驳回上诉,维持原判。

建设公司不服原一、二审判决,委托北京市炜衡律师事务所雷丹玫律师向最高人民法院申请再审,申请再审的理由是本案事实不清,证据不足,鉴定结论不能作为定案依据,如果按照该鉴定报告478.64元/m^2的造价来判决支付工程款,不合情理且显失公平;原审法院适用法律不当,应当适用最高人民法院的司法解释;原审法院程序不当,在被告没有提起反诉的情况下主动在应付工程款中扣减违约金。

代理词

代 理 词

致最高人民法院：

就贵院受理的申请人建设公司与房地产开发公司建筑工程合同纠纷申请再审一案(以下简称本案)，我是建设公司的代理人，结合本案庭审情况，发表如下代理意见：

一、本案事实不清、证据不足，原审法院采信的×众造价(2011)1421号工程造价鉴定报告(以下简称鉴定报告)因鉴定程序违法，内容失当，鉴定造价畸低，不能作为本案定案的依据

1. 鉴定程序违法

根据《司法鉴定程序通则》第19条规定，“司法鉴定机构对同一鉴定事项，应当指定或者选择两名司法鉴定人共同进行鉴定”，第35条规定，“司法鉴定文书应当由司法鉴定人签名或者盖章……司法鉴定文书应当加盖司法鉴定机构的司法鉴定专用章”。但该鉴定报告只有一名造价工程师盖章，不符合《司法鉴定程序通则》关于最少司法鉴定人数的规定，申请人认为该报告违反了法定程序，应当重新鉴定。

《最高人民法院关于民事诉讼证据的若干规定》并没有赋予鉴定机构对鉴定的缺陷有补正的权力，鉴定机构在鉴定报告出具后又出具了一份“情况说明”和补正鉴定报告，法院均认定了其效力，无法律依据。

而且在本案中，鉴定机构提交的《情况说明》(2013年3月3日出具)和更正过的鉴定报告系本案二审庭审结束后才以补寄方式提交法院，不符合法律程序。该两份证据法院虽组织质证，但申请人对鉴定报告的合法性提出了质疑，在无法确定证据“三性”的情况下，原审法院不应当采信。

2. 鉴定报告鉴定的工程造价过低，违背了一般的建筑常识

鉴定报告鉴定该工程的建筑面积为52,263平方米，鉴定结果为：土建及安装工程合计，按照补充协议价为3094万余元，扣除逾期的罚金593万元之后的价款为2501万元(即土建造价为每平方米478元左右)；按施工合同价为3600万元(即土建造价为每平方米689元左右)。这个价格在××市的2007—2009

年时间段内是不可能建房的,造价过低。何况本案讼争的工程是框架剪力墙结构的高层住宅,还带地下室,这个造价完全背离了建筑业一般价值规律,违反了基本的建筑常识。

3. 鉴定机构超范围进行鉴定,法院不应当认可

鉴定机构在司法机关未审理本案建设工程当事人违约行为的情况下,擅自作出关于申请人逾期违约的认定,直接将逾期违约金从工程款中扣除,明显超过法院的委托范围,该鉴定报告不具有法定的证据效力,不应当作为定案的依据。

二、申请人向最高人民法院提交了新证据(庭审中被申请人也同意质证),新证据证明按照该鉴定报告478.64元/m^2的造价来支付工程款造价畸低、显失公平

(1)申请人提交了《××市建设工程造价信息》,证明案涉工程施工期间,××市与案涉工程同期同类型的商业住宅的工程造价均价为1300元/m^2左右,远高于该鉴定报告认定的478.64元/m^2。如果按照该鉴定报告的造价,案涉工程只会成为“豆腐渣工程”,不可能通过工程竣工验收。

(2)申请人还提交了××××高级人民法院民事判决书,用以证明与本案同一鉴定机构的××某工程造价咨询公司认定××市在建工程早在2006年的造价就在1800元/m^2。鉴定报告在工程量、工程价款结算均存在错算、漏算及主观臆断的情况,如商品混凝土未按施工期间的平均信息价补差并计取泵送费;对甲供材料未计取采购保管费;综合费率未按定额规定费率计取,材料补差应按施工期间信息价减“98定额材料价”调整等问题,导致了鉴定结论严重偏离了客观现实。

三、在法律适用的问题上,请求法院适用最高人民法院的司法解释,依据备案的合同内容执行

庭审中双方对《补充协议》签订的时间产生争议(补充合同没有落款年月日),房地产开发公司一审时称《补充协议》的时间是在《施工协议》签订之后,二审时又称是在《施工协议》同日签订,陈述前后矛盾,而事实上《补充协议》是在《施工协议》之前签订的,为了拿下这个工程,双方提前签订了《补充协议》,建设公司还提前支付了保证金。

法院在审查《补充协议》的效力时,应当看《补充协议》是否改变了原合同实质性的内容,即主要的合同价款,工期、质量标准等内容是否改变,如果价款变更

较大，会导致双方当事人利益失衡，如果有关工期、保证金收取的约定违反了建筑行业相关的法律法规，应当认定《补充协议》部分条款无效。本案的《补充协议》与《施工协议》的结算差价非常大，按照一审的鉴定报告二者相差1100万元之多，《补充协议》约定的取费、结算、分包、让利、违约责任等内容也与《施工合同》不同，完全改变了双方施工合同的重要条款，导致了当事人利益失衡，对双方的权利义务做了颠覆性的改变和重大影响，因此双方应当遵循已经备案的《施工合同》，《施工协议》明确注明无补充协议，应当视为《施工合同》已经取代了之前的《补充协议》。

四、原审法院适用法律不当，不应依据地方政府的部门相关规定，应当依据最高人民法院的司法解释

(1)《最高人民法院关于审理建设工程施工合同纠纷案件适用法律问题的解释》第21条明确规定，"当事人就同一建筑工程另行订立的建设工程施工合同与经过备案的中标合同实质性内容不一致的，应当以备案的中标合同作为结算工程价款的根据"。但是原审法院在适用法律上根据的却是××市发改委的《关于××市市区内工程建设项目招投标项目管理有关问题的通知》(以下简称《通知》)，内容是：发包方式由投资者自行决定，本案争议的建设工程不宜界定为法律、行政法规规定必须招标的工程，不适用《最高人民法院关于审理建设工程施工合同纠纷案件适用法律问题的解释》第21条。

退一步讲，即使按照该《通知》的内容执行，也只是说明投资者可以自行决定是否采取招投标方式，但并不是说建筑施工合同可以不备案。因此没有备案的补充协议一样不能代替备案的《施工合同》。

(2)一审法院就本案工程合同向××市住房和城乡建设委员会进行了咨询，该委答复："该工程是邀请招标方式进行的，属于我国《招标投标法》调整的范围，本案备案的合同属于中标的合同，程序合法，并有合理、客观的理由，且没有违反国家、地方相关法律法规，应予以认可，对是否适用司法解释第21条由法院考虑。"但这个答复一审法院并未采信，反而采信了法院同时向××市房地产业协议咨询的答复，即《关于建设工程施工合同纠纷中补充协议有效性的行业意见书》："《补充协议》符合法律规定，是《施工合同》不可缺少的组成部分，《补充协议》确实是双方经过协商对合同的变更，而不是另行签订《施工合同》。"申请人有理由认为该协会的意见书明显带有保护地方企业的特色，不应该被采信。

五、根据民事诉讼“不告不理”的原则,法院不应主动追究原告的违约责任,程序不符合法律规定

一审法院只能针对原告的诉讼请求审理案件,在被告没有提起反诉的情况下,不应主动追究原告的违约责任。双方在履行合同的过程中是否存在违约、谁违约、违约证据、是否承担违约责任,怎样承担违约责任,这些都应该在被告提出反诉后成为法院需要审理的内容,不属于被告抗辩的内容。一审法院根据《补充协议》认定上诉人施工工期逾期593天应当承担违约责任,并作出了直接在工程款中扣减违约金的判决是不符合法定程序的。

综上所述,原审判决证据不足,采信的工程造价鉴定报告的造价严重偏低,违反了基本建筑常识,影响了公平公正;本案原审法院适用法律错误,不应当依据《补充协议》的约定,请求予以改判。

再审申请人(一审原告、二审上诉人):建设公司

代理人:雷丹玫　律师

裁判结果

最高人民法院民事裁定书裁定:依照《民事诉讼法》第204条、第206条之规定,裁定如下:

一、指令××××高级人民法院再审本案;

二、再审期间,中止原判决的执行。

裁判理由

最高人民法院指令再审的理由认为,建设公司的再审申请符合《民事诉讼法》第200条第2项、第6项规定的情形,即当事人的申请符合下列情形之一的,人民法院应当再审:“……(二)原判决、裁定认定的基本事实缺乏证据证明的;(六)原判决、裁定适用法律确有错误的……”

律师评析

建设工程施工合同属于建设工程合同的一类,它具有多个其他民法上的合同不具有的特点,包括四个方面。

第一个方面,合同主体具有限定性。建设工程施工合同的主体为发包

人和承包人，其中发包人为投资建设工程的建设单位，承包人只能是具有施工资格的法人，且只能在其资质等级许可范围内承包相应工程。

第二个方面，合同标的同样具有限定性。合同标的必须属于“工程”的范畴，也就是必须是不动产，并且具有价值大、结构复杂等特点。合同标的的特点，使得建设工程施工合同和一般的承揽合同相区分。

第三个方面，合同订立的计划性和程序性。建设工程施工合同在订立的过程中，不同于一般的合同，它要受到国家计划控制。虽然如今计划控制不如过去那么严格，但是进行建设工程前仍然需要经过相关部门的行政审批，并且受到了如《合同法》《建筑法》等部门法以及一系列地方性法规的调整。在程序性上，由于建设工程结构复杂，施工周期长，因此在签订合同前必须要有先行勘察、设计等一系列程序。

第四个方面，合同形式上的要式性。根据《合同法》第 270 条规定，建设工程合同应当采用书面形式。由于建设工程施工合同中当事人双方权利义务往往纷繁复杂，履行期限长，因此只有采用书面形式，才能便于国家监管以及后续的争议解决。

也正是因为建设工程施工合同的这些特点，导致在实务中出现了大量纠纷，本案的工程造价认定争议，就是一个典型的纠纷类型。以本案为例，在这类诉讼中，应当特别注意三个问题。

第一，关于合同效力问题。本案中出现了两份合同，一份是先行签订的《补充协议》，另一份是后签订且经行政部门备案的《施工合同》，两份合同的工程造价认定不同，因此在合同的效力上就产生了争议。从《合同法》的原理上看，只要双方的意思表示真实一致，就应当认为合同成立。本案《施工合同》成立时间晚于《补充协议》，应当认为《施工合同》的内容是双方当事人新的意思表示内容，因此以《施工合同》为准。另外，根据《最高人民法院关于审理建设工程施工合同纠纷案件适用法律问题的解释》第 21 条规定：“当事人就同一建设工程另行订立的建设工程施工合同与经过备案的中标合同实质性内容不一致的，应当以备案的中标合同作为结算工程价款的根据。”本案经过了招投标程序，符合该司法解释的规定，因此应当以备案的《施工合同》为结算工程价款的依据。除此之外，还可以主张《补充协议》的内容显失公平，因为该协议中约定的工程造价明显低于该年度××

普通建设工程的价格，按照该协议内的造价根本无法施工。

第二，关于诉讼过程中的程序问题。本案涉及的程序问题是工程造价的鉴定问题。本案的鉴定机构出具的鉴定意见存在鉴定错误的问题：(1)鉴定意见缺少鉴定人的盖章；(2)鉴定意见对工程量、工程造价单价有错算、漏算的嫌疑，得出的结论明显违背常识；(3)该鉴定意见还擅自将违约金从工程造价中扣除。需要说明的是，鉴定意见缺少盖章不应属于鉴定瑕疵的范畴，因为实务中存在着鉴定机构因人少而采取"挂名"鉴定的方式，因此不能以简单的补正来完善鉴定意见的效力；同时，相关法律法规并未赋予鉴定机构补正鉴定意见的权力，据此补正行为于法无依。即便不重新进行鉴定，根据《民事诉讼法》第 78 条规定，鉴定人也应当出庭进行质证。

第三，关于诉讼过程中的实体问题。本案法院判决认为，建设公司由于工程逾期，工程造价的总数应当扣除违约金。然而在被告房地产开发公司未提起反诉、向建设公司主张违约责任的情况下，法院超出诉讼请求，要求原告承担违约责任，并直接以扣除违约金的形式进行工程造价的抵销，违反了民事诉讼中的处分原则。如果要主张违约责任，房地产开发公司应当向法院提起新的诉求，另案审理。

建设工程施工合同纠纷中的许多问题值得研究，随着《民法典》的颁布，这一类型的诉讼纠纷也给律师带来了更多的挑战。值得一提的是，关于合同效力问题，《民法典》的规定作出了更新。第 793 条规定："建设工程施工合同无效，但是建设工程经验收合格的，可以参照合同关于工程价款的约定折价补偿承包人……"与先前《最高人民法院关于审理建设工程施工合同纠纷案件适用法律问题的解释》相关规定有一定的变化。主要的变化在于先前规定是"承包人请求参照合同约定支付工程价款的，应予支持"，以后将变成"参照合同关于工程价款的约定折价补偿承包人"。这一变化有两个意义：第一，从法律上规定了发包人和承包人在适用该条法律时具有同等的请求权，过去在实务中，针对发包人是否有基于该法律条款的请求权存在着很大的争议，《民法典》颁布后这个争议将平息；第二，确立了合同无效时的折价补偿原则，而不是无效合同按有效处理，这样的规定也维持了法律的稳定性。

06

买卖合同纠纷：买卖合同瑕疵担保责任

北京市浩天信和律师事务所　李文婷

裁判要点

按照中国法律，买卖合同中，物的瑕疵担保责任属于债务不履行的范畴，卖方应承担违约责任。在本案中，卖方因其上游零部件供应商提供的产品质量问题而导致其销售的商品被退货，卖方是否实际向最终购买方退款并不影响卖方的退款责任，卖方可以向其上游零部件供应商主张因退货造成的损失。商品的某一零部件存在质量问题，买方是否能就整个商品的损失向零部件供应商主张赔偿责任，取决于是否能用其他供应商生产的产品替代该零部件以及在法律上、事实层面上除该零部件外的其他部分是否能继续使用。

基本案情

2011年×月，汽车公司与电池公司签订《汽车零部件和原材料采购通则》，约定汽车公司向电池公司采购汽车零部件。《汽车零部件和原材料采购通则》约定在零件有问题时，供货商需要赔偿汽车公司因货物缺陷引起的任何损害和损失。2014年×月×日，汽车公司与电池公司签订《2014年合作框架协议》，约定电池公司为汽车公司的电池供应商，汽车公司采取采购订单的形式向电池公司采购电池，合作期间为2014年1月×日至2014年12月×日。2014年2月×日、2014年2月×日、2014年9月×日，汽车公司向电池公司发出三份订单，采购电池系统总成××台，电池公司实际交货××台。

汽车公司在收到电池公司交付的电池系统总成后组装成动力模块，交付给其他汽车厂商组装成电动轿车进行出售。然而,该型号电动轿车在客户使用过程中先后发生数起冒烟、起火自燃等现象。2015 年 5 月 × 日,汽车公司委托司法鉴定机构对自燃车辆的起火原因进行鉴定,最终鉴定意见为该车辆使用的动力电池故障引发的起火燃烧。

2015 年 7 月,汽车公司及电池公司召开会议,并在会议纪要中明确,自 7 月 × 日开始,由电池公司陆续拉回前期由其提供的、现确认存在批量质量问题的电池返厂修复。此后,汽车公司分别于 2015 年 7 月 × 日至 × 日退回案涉动力电池。但问题电池退回电池公司处后,电池公司一直未向汽车公司交付修复后的电池,汽车公司于 2016 年 8 月向 × × 仲裁委员会提起仲裁,要求电池公司返还汽车公司已经支付的动力电池货款。× × 仲裁委员会于 2017 年 2 月 × 日作出裁决,支持了汽车公司的仲裁请求,认定电池公司交付的动力电池存在质量问题。

本案中,汽车公司认为,电池公司提供的动力电池存在严重质量问题,且电池公司也未按照约定及时修理电池,使案涉车辆全部报废,电池公司应当赔偿其因此给汽车公司造成的损失,故汽车公司向 × × 仲裁委员会提起仲裁申请,请求:(1)裁决电池公司赔偿因动力电池质量问题给汽车公司造成的动力模块损失 1500 余万元;(2)裁决由电池公司承担汽车公司的律师费、保全所造成的损失及案件仲裁费。

在汽车公司与电池公司的交易中,共涉不同合同订单所购买的 × × 块电池所生产的动力模块,因合同不同,汽车公司提起了三个仲裁案,其余两案基本事实与本案大体相同,汽车公司向电池公司分别主张 × × 台电池动力模块损失 1000 余万元及 × × 台电池动力模块损失 1200 余万元。

代理意见

仲裁委员会:

就汽车公司与电池公司之间 × × 号仲裁案件(以下称本案),我们作为汽车公司的代理人,现根据事实及法律,发表如下代理意见,供贵委参考:

一、电池公司出售的电池存在质量问题，给汽车公司造成损失，按照法律规定及合同约定应当承担赔偿汽车公司损失的责任

（一）电池公司提供的电池存在质量问题是事实，已经由××仲裁委员会××号裁决书、××号裁决书确认

××仲裁委员会××号裁决书、××号裁决书第×页及第×页已经充分说明了电池公司所提供的电池存在质量问题，在××号裁决书第×页第×行、××号裁决书第×页第×行中，仲裁庭已经确认电池公司交付的案涉电池存在质量问题，电池公司应当承担违约责任。

（二）按照法律规定及合同约定，电池公司应当承担赔偿责任

汽车公司、电池公司签订的《汽车零部件和原材料采购通则》（以下简称《采购通则》）规定了电池公司应当保证提供的货物符合国家相关技术标准，不发生设计、材料及工艺上的缺陷。《采购通则》同时约定了当货物存在缺陷时，电池公司应当承担责任，除承担退回货款的相应责任外，对于货物缺陷所引起的任何损坏和损失以及第三方索赔，电池公司应承担赔偿责任。《采购通则》还约定了凡因电池公司提供的货物的质量问题引起的汽车公司及/或其所属子/分公司的纠纷，电池公司应无条件地对任何具有法律效力的法律文书中认定的属于供应商提供的货物质量缺陷承担责任，补偿汽车公司由此而受到的损失。汽车公司、电池公司签订的《质量保证协议》第4条第6款约定了因电池公司提供的产品的质量问题造成了最终用户的强烈抱怨的，汽车公司有权要求电池公司承担违约责任，如发生对最终用户的额外赔偿，电池公司必须承担此额外赔偿及汽车公司因此而支出的费用。依据上述约定，电池公司应当承担因质量问题给汽车公司造成的全部损失。

依据《合同法》第112条的规定：“当事人一方不履行合同义务或者履行合同义务不符合约定的，在履行义务或者采取补救措施后，对方还有其他损失的，应当赔偿损失。”电池公司虽然已经返还了货款，但是因为其提供的电池的质量问题，给汽车公司造成了诸多其他损失，按照《合同法》的规定，电池公司还需承担赔偿损失的责任。

二、案涉电池在当时的情况下无法替换其他厂商的电池,汽车公司将案涉车报废具有合理性

(一)根据法律法规规定,车辆的技术参数应当始终与公告的技术参数保持一致性,包括在生产、销售及销售以后的使用环节都需要与公告保持一致性,案涉车辆已经出售,不能擅自更换不同参数的电池

相关法律法规在机动车生产、认证、销售、注册登记、补贴及其他核查等环节均规定了机动车的有关参数、技术数据应与主管部门公告的数据一致,未经批准不得擅自更换动力电池。

首先,根据《机动车登记规定》第 9 条第 5 项、第 15 条第 2 项的规定,机动车的有关技术数据与国务院机动车主管部门公告的数据不符的,不予办理注册登记;改变已登记的机动车外形及有关技术数据的,不予办理变更登记。依据《机动车登记规定》第 11 条的规定,申请机动车变更登记的,需要机动车所有人填写申请表,由机动车所有人向车辆管理所申请变更登记。《道路交通安全法》第 16 条规定,任何单位和个人都不得擅自改变机动车已登记的结构、构造或者特征。未经允许,擅自改装机动车底盘、电池、变速系统、方向系统、车灯、车身颜色喷涂和外观结构,以及机动车的有关技术数据与国务院机动车产品主管部门公告数据不符的都属于改装行为,都是违法的,按照《机动车登记规定》第 57 条的规定,交通管理部门将会责令恢复原状并处以罚款等。因此,从消费者的角度来说,案涉车辆全部为已经出售并已经登记的车辆,其作为车辆使用者,不能擅自改变车辆的有关技术参数,也不能驾驶不符合公告参数的车辆。

其次,《车辆生产企业及产品生产一致性监督管理办法》第 3 条、第 5 条、第 10 条均规定车辆生产企业应当保证车辆产品的一致性,即实际生产销售的车辆产品的有关技术参数、配置和性能指标,与《公告》批准的车辆产品、用于试验的车辆样品、产品《合格证》及出厂车辆上传信息中的有关技术参数、配置和性能指标一致,工信部等国家部门将在车辆生产、销售、注册登记等环节对生产一致性进行监督检查,对于不能保证生产一致性的企业,工信部将采取通报、限期整改、暂停或者撤销“免于安全技术检验”备案、暂停或撤销相关产品《公告》等措施。

此外,《强制性产品认证管理规定》第 17 条、第 28 条;《关于 2016—2020 年×××汽车推广应用财政支持政策的通知》第 4 条;《××市示范应用×××小

客车生产企业及产品备案管理细则》第6条等规定中规定了在生产、认证、销售、补贴核查等环节对汽车产品的生产一致性、产品的配置与技术状态与《公告》是否一致进行核查和监督,对于违反规定的将会产生注入撤销认证证书、扣减补助金、取消补贴申请资格、取消车辆生产企业或者产品《公告》等处罚。

综上,对于未销售和已经销售的车辆,违反相关规定,更换与《公告》不符的电池均是违法的,若汽车公司擅自更换,将会产生非常严重的后果。更何况电池作为×××汽车最重要、最核心的组成部分,如果擅自更换或者出现任何质量或者人身安全问题,都是汽车公司或者任何电池供应商所不能承受的。

(二)从实践的角度来看,无法在可承受的成本下提供相同技术参数的电池

1. 电池公司迟迟未将案涉电池修理好并拉回,也未提供相同技术参数的质量合格的电池

2015年7月×日至×日,案涉电池全部拉回电池公司处维修,直至2016年8月×日汽车公司提起××号案、××号案的仲裁申请,电池公司一直未向汽车公司提供修理好的电池,也一直未向汽车公司提供新的质量合格的电池。

2. 在控制损失不进一步扩大的前提下,其他电池厂商不能提供可替换的电池

(1)市场上没有参数一样的电池能直接替换在案涉车辆上。

电池公司认为××型号的五款车型公告的参数大致一样,在电池公司长期未拉回电池的情况下,汽车公司可以由其他车型的电池供应商A科技公司、B电池公司提供与案涉车型相同的电池。

而事实情况是,案涉车型公告的参数与其他车型的公告参数有着巨大的差别,汽车公司所列举的参数仅为《公告》的很小一部分参数。

根据《国家经济贸易委员会、公安部关于进一步加强车辆公告管理和注册登记有关事项的通知》第1条的规定,《公告》包括文本和光盘两部分,文本和光盘配合使用,公安交通管理部门要严格依据最新一批《公告》文本和配套光盘的汇总产品数据库办理车辆注册登记。

××车型的参数除了电池公司列举的极小部分数据外,还包括光盘中的参数,而案涉车型与其他车型的电池在储能装置单体外形尺寸、储能装置单体标称电压、储能装置单体质量、储能装置单体数量、电动汽车整车控制器型号、车载能源管理系统型号(包括软件和硬件)等方面都有巨大的差别(见部分参数对比

表)。这意味着不仅电池的硬件因存在巨大差异不可能直接替换，电池及车辆的软件系统：电池管理系统(BMS)和整车控制系统(VCU)也存在巨大差异，导致高压系统、线束系统等与电池对接的所有系统都会不一样。即使不考虑其他软硬件的众多不同，仅就不同BMS和VCU的车型而言，电池就不可能直接进行更换，否则将导致电池与车辆本身无法进行任何连接，电池根本无法使用，车辆也根本无法使用的后果。

案涉车型与其他车型部分参数对比表：略

因此，综合××型号五款车型的参数情况，在车身不变的情况下，不可能直接更换市场上现有的电池。而若依汽车公司的逻辑，可以直接更换不同的电池，在××车型项下，由电池公司直接供应的三款车型再做三次验证、认证、公告就根本没有任何必要，也就是说电池公司不需要开发生产三款不同电池，也不会存在三款不同车型。

(2)若动力模块其他部分基本不变，由其他电池厂商重新研发参数一样的电池，也需要经过电池研发、车辆验证、认证、公告等国家有关机关批准、量产电池、更换电池等一系列流程，所需时间很长、费用非常高。

①电池研发

电池研发包括硬件的研发及为匹配整车控制器(VCU)而进行的电池管理系统(BMS)软件的研发。依据C科技公司的说明，由于电池的技术路线不一样，如果重新设计开发，周期需要至少1年，费用至少数千万元，而案涉为两款车型，费用翻番，且仅为××台车研发，费用则更高。以××车型为例，A科技公司研发××车型时花费时间约为24个月，研发费用约为××万元，B电池公司研发××车型时花费时间约为18个月，研发费用约为××万元。

②验证

在车辆提交国家强制性检验前，车辆生产企业需要进行自行验证，在通过企业验证之后才提交国家强制验证。而在验证过程中，需要符合汽车的各项国家、企业标准，就需要进行各项试验验证，包括可靠性试验、三高试验、海水浸泡试验、充电试验等(GB/T 31484－2015、GB/T 31485－2015、GB/T 31486－2015)。

按照国家对汽车可靠性试验的标准GT/T 28382－2012 4.9.1里程分配：可靠性行驶试验的总里程为15,000km，其中强化坏路2000km，平坦公路6000km，高速路2000km，工况行驶5000km。而汽车公司的企业标准要求车辆进行可靠性试验,完成高环变速试验约13,200km,强化路面7900km,普通公路4300km,山路试验5000km,整车可靠性试验共计路程3万余公里。即便其他电池厂家能研发提供相同参数的电池,按案涉的××台车辆的续航里程170公里计算,充满一次电需约8个小时,仅仅完成车辆的可靠性试验就需要至少6个月的时间。此外,车辆的三高(高温、高寒、高原)试验需要在特定的极端苛刻的环境中对汽车的性能、寿命进行检验,以排除整车故障。如高温试验需要7月、8月在吐鲁番,白天气温需在40℃以上进行试验,高寒试验需要在-20℃至-30℃条件下进行试验,需要跨越冬夏两季。

一个车型进行车辆验证时需要消耗电池样件约15台、样车约11台,并消耗其他巨大的人力、物力成本。

③强制认证、公告等国家规定的程序

强制性认证:根据《强制性产品认证管理规定》第2条、第4条的规定,相关产品经强制性产品认证,取得认证标志后,才能出厂、销售和使用。而根据国家认监委发布的《强制性产品认证目录产品》,汽车属于需要进行强制性认证的产品,必须进行强制性认证。根据国家质量认证中心2015年1月1日开始实施的《强制性产品认证实施细则(汽车)》第6.2条,强制性认证需要的认证时限需要至少90天(不包括汽车公司准备资料、试验样品整改及重新送检的时间)。强制性认证的费用包括认证申请费、产品检测费、工厂审查费、批准与注册费、监督复查费、证书年金等收费项目,仅以认证的产品检测费而言,就需要花费××余万元,而每个车型强制检验的过程中也需要消耗4—5台样车。

公告:根据《×××汽车生产企业及产品准入管理规则》(2009年7月1日生效,2017年7月1日失效)、《×××汽车生产企业及产品准入管理规定》(2017年7月1日起施行)、《国家经济贸易委员会、公安部关于进一步加强车辆公告管理和注册登记有关事项的通知》的规定,汽车产品必须获得《道路机动车辆生产企业及产品公告》才能获得市场准入,未登公告的车辆产品或与公告公布的参数不符的车辆产品不得办理注册登记。而依据《×××汽车生产企业及产品准入管理规定》第10条、第11条的规定,办理产品公告工信部至少需要20个工作日的时间来进行审批(不包括准备资料、资料补正、第三方技术服务机构进行技术审查的时间)。

推荐目录:根据《关于2016—2020年×××汽车推广应用财政支持政策的

通知》第1条第2款的规定,只有纳入“×××汽车推广应用工程推荐车型目录”的产品才能获得中央财政补助,而依据中机车辆技术服务中心发布的《关于开展2016—2020年〈×××汽车推广应用工程推荐车型目录〉申报工作的通知》,进入推荐目录需要进行申请、进行产品的相关技术审查。

免税:依据《关于免征×××汽车车辆购置税的公告》第2条的规定,×××汽车要获得免税资格,需要汽车生产企业向工信部进行申请,由工信部审批。

地方准入:根据《北京市示范应用×××小客车管理办法》第7条、第13条及《××市示范应用×××小客车生产企业及产品备案管理细则》的规定,×××汽车要获得地方财政补贴必须申请北京市示范应用×××小客车范围,完成北京市×××小客车产品备案。

除上述程序外,车辆进入市场还需要办理合格证、被纳入环保目录等手续,需要花费较长时间。汽车公司提交的证据也能充分证明在电池完成研发、整车验证后进入市场前需要进行的国家规定的强制性的程序所需要花费的时间很长。如案涉车型完成强制认证到获得产品公告的时间花费了十余个月的时间,汽车公司提供的其他车型从汽车产品定型检验到获得产品公告、免税环保目录、北京市示范应用纯电动小客车备案需要花费约16个月的时间,这还不包括电池研发及车辆生产企业自行验证的时间。

而从费用上而言,除上述所述的研发费、验证、强制认证等费用外,还需要:

①支付新的电池采购费用:在案涉车辆车身上替换新的电池,需要支付电池货款,以汽车公司购买案涉的××块电池为例,总价款为××元。

②保养及人工安装费用:在电池研发、整车验证、认证等程序过程中,案涉车辆车身需要得到较好的保养才能保证电池的研发、验证、公告等程序结束后,车身还能继续使用,因此需要支付租厂房、聘请专业人员保养的费用。案涉车辆为旧车返工,不能在生产线上进行工作,只能聘请专业人员进行人工操作,需要支付费用。

③给终端客户租赁代步车的费用:在电池研发、整车验证、认证、电池安装等程序过程中,因终端客户本已经购买的车辆无法使用,还需要继续给终端客户租赁代步车使用。

④拖车运车、安抚客户等费用:案涉车辆需要进行保管、安装电池并交付给客户都需要花费一定的拖车运车的运输费用;因电池质量问题使客户产生抱怨,

还需支付一定的安抚客户的费用。

综上,从费用及时间成本上均可以推出,由其他电池厂商重新研发参数一样的电池进行替换均不是最经济的办法,所造成的损失只会比报废案涉车辆更高,且花费的时间太长。

3. 终端客户不同意继续等待这么长时间,且换回一辆更换了电池动力模块的旧车

(1)终端客户等待电池公司修理电池已经等待了很长时间,终端客户要求换车。

从发生电池爆炸起火事件,到电池公司于2015年7月×日至×日拉回全部案涉电池修理,到2016年×月终端客户将车辆报废。终端客户已经等待了×个多月时间,纷纷要求更换新车。

(2)继续等待需要很长时间。

如上所述,如果要更换电池,需要重新研发、验证、认证、公告,此外还需要生产、手工安装直至案涉车辆整车可以交付给终端用户,并办理变更登记,其中的程序都需要花费很长的时间。而电池公司修理电池的过程中终端客户已经等待了较长时间,终端客户不同意继续等待如此长的时间。

(3)根据法律规定修理超过35天的消费者可要求更换新车。

根据《家用汽车产品修理、更换、退货责任规定》第21条第1款的规定,因产品质量问题修理时间累计超过35日的,消费者可以凭三包凭证、购车发票,由销售者负责更换。而案涉车辆的终端消费者已经要求更换新车。

(4)只有报废了旧车,终端客户才能更新车辆指标。

××市汽车(含×××车辆)施行数量调控制度,而案涉车辆的车辆所有人基本上是该号牌,依据《〈××市小客车数量调控暂行规定〉实施细则》第27条的规定,只有出售或报废了车辆后,终端客户才能更新指标,而本案的车辆不可能出售,只能报废。

综上,由于市场上没有同样参数的电池可以直接替换,在考虑到进行电池研发、车辆验证、认证、公告等程序及购买电池、电池安装等所需要花费的时间及费用都更高的情况下,从消费者的角度及要求出发,汽车公司将案涉车辆报废具有充分的合理性,也只有将车辆报废才能解决问题并达到防止损失继续扩大的目的。

三、汽车公司要求电池公司承担损失依据充分

（一）汽车公司主张动力模块的损失已实际发生

1. 汽车公司的损失切实存在

因为电池公司提供的电池存在质量问题，且其将电池拉回后一直不提供修理好的电池，也没有提供新的合格的电池，导致汽车公司为解决售后事宜，只能将案涉车辆报废，案涉车辆已经不能使用，损失已经实际发生。

根据汽车公司与××公司、××公司、××公司签署的《协议书》，由汽车公司负责解决电池质量问题的后续事务，包括为终端客户置换新车、提供代步车等。终端客户将整车退还汽车公司，由于整车报废，整车均是汽车公司的损失，其中即包括动力模块的损失。

2. 除动力模块损失外，汽车公司还实际承担很多其他损失

发生电池质量问题后，根据四方《协议书》，汽车公司为解决售后事宜，在车辆退回汽车公司处，电池由电池公司拉回后，汽车公司给终端客户提供了代步车，最终更换了新车。在此过程中，又产生了动力模块以外的车身费用、租车费、客户安抚费、替换的车辆购买费用、运输费、保险费等损失。

综上，由于电池质量问题，案涉车辆最终只能报废无法继续使用，汽车公司还承担了租赁代步车、置换车辆等费用，汽车公司的损失切实存在，电池公司应当赔偿。

（二）动力模块损失计算方式合理

本案中，动力模块的价值即为汽车公司所主张的动力模块损失，而由于动力模块价值中包含了由电池公司所提供的电池，对于电池公司提供的电池，对于已收取货款的部分其已经返还给电池公司，故汽车公司在主张的动力模块损失中扣减了电池的货款。而动力模块的价值金额参照汽车公司销售动力模块的价格来计算，一方面，因为动力模块中包含了约3万个零部件无法依据零部件的成本计算；另一方面，汽车公司销售动力模块的价格也基本没有利润。此外，汽车公司扣减的电池的价款也是电池公司向汽车公司销售电池的价格。因此，综合上述因素，汽车公司认为动力模块的损失的计算方式合理、科学。

而电池公司主张汽车公司出售动力模块的价格过高、不合理没有任何依据，其也未提供任何证据证明汽车公司动力模块的销售价格不合理。首先，汽车公司出售动力模块的价格是依据市场来进行的定价，至于案涉车辆的整车生产和

销售企业出售车辆的价格由其自行决定,汽车公司无法控制及给予意见;其次,按照《关于2016—2020年×××汽车推广应用财政支持政策的通知》第1条第1款、《××市示范应用×××小客车管理办法》第11条的规定,车辆生产企业可以领取国家及地方补贴,其按照扣减后的价格与消费者进行结算,而销售企业出售车辆的价格低于动力模块的购买价格,一方面是由于在销售价格之外,其依据国家政策能获得国家及地方的补贴,车辆的销售价格加上补贴之后,其基本能覆盖成本。而汽车公司在案涉车辆中,仅作为动力模块的供应商,是无法获得任何国家补贴和地方补贴的,汽车公司不可能以远低于成本的价格出售动力模块。电池公司仅以销售企业及置换车开具发票的销售价格而认为汽车公司动力模块的销售价格过高是片面的看法,没有证据予以支持,汽车公司销售动力模块的价格是完全合理的。汽车公司承担的实际损失金额远远高于本案仲裁申请所主张的金额。

(三)对于报废的车辆的其他零部件,按照法律规定,汽车公司无法进行再利用

首先,《报废汽车回收管理办法》第15条明确规定:禁止任何单位或者个人利用报废汽车“五大总成”以及其他零配件拼装汽车。禁止报废汽车整车、“五大总成”和拼装车进入市场交易或者以其他任何方式交易。禁止拼装车和报废汽车上路行驶。因此,汽车公司不能也不得将报废汽车的总成及零配件用于生产、销售。

其次,《汽车零部件再制造试点管理办法》第7条规定:“开展汽车零部件再制造试点的整车(机)企业和零部件再制造企业由国家发展改革委按照有关程序确定……”第8条规定:“列入试点的零部件再制造企业,应在工商行政主管部门注册登记,领取营业执照或变更经营业务范围后,方可从事汽车零部件再制造业务。”第13条规定:“再制造产品不得用于新车生产。”汽车公司不是汽车零部件再制造试点企业,不具备汽车零部件再制造的企业的资质,汽车公司不可能将已经报废的零部件在生产、销售过程中再利用。此外,再制造的产品也不得用于新车生产,而汽车公司作为车辆生产企业,只能生产新车,对于报废汽车的零部件,汽车公司没有办法再利用。

(四)要求电池公司承担的损失未超过合同签订时电池公司能预见的范围

首先,电池公司作为一家专业的生产×××动力电池的企业,其在行业具备一定经验,其应当能理解电池对×××汽车的重要性和关键性,其应当具备足够的能力来判断当其提供的电池存在质量问题时,可能产生的后果及其应当承担的经济责任。

其次,汽车公司与电池公司签署的协议中也明确约定了电池公司应当承担给汽车公司造成损失的全部责任,而不仅仅局限于其所提供的电池本身。

四、汽车公司提起本案仲裁不属于重复仲裁

电池公司主张,其已经就电池质量问题向汽车公司承担了赔偿货款的责任,汽车公司现就同一事实另行提起仲裁要求赔偿动力模块的损失,属于重复仲裁的行为。

汽车公司认为,《最高人民法院关于适用〈中华人民共和国民事诉讼法〉的解释》第247条规定:“当事人就已经提起诉讼的事项在诉讼过程中或者裁判生效后再次起诉,同时符合下列条件的,构成重复起诉:(一)后诉与前诉的当事人相同;(二)后诉与前诉的诉讼标的相同;(三)后诉与前诉的诉讼请求相同,或者后诉的诉讼请求实质上否定前诉裁判结果。”依据上述规定,如果一个案件的裁决生效后再次申请仲裁,且后提起的仲裁的当事人相同、诉讼标的相同以及前后两次仲裁的仲裁请求相同,或者后仲裁请求实质上否定前仲裁结果的,便构成重复仲裁。而在本案中,诉讼标的、仲裁请求等均不同,××号案、××号案的仲裁请求是返还货款,而本案的仲裁请求是要求电池公司赔偿损失;××号案、××号案的诉讼标的分别是××、××元,而本案的诉讼标的是××元。

综上,汽车公司认为,本案不属于法律规定的重复起诉的情形,不属于重复仲裁。

五、本案未超过诉讼时效

电池公司认为,《民法通则》规定出售质量不合格的商品未声明的,诉讼时效为一年。2015年7月×日,双方达成《会议纪要》时,汽车公司已经知道电池存在质量问题。2016年8月×日,汽车公司提起仲裁仅要求返还货款并未要求赔偿损失。2017年6月×日,再次提起仲裁要求赔偿因电池问题导致的动力模块损失的请求已经超过了一年的诉讼时效。

汽车公司认为,根据《最高人民法院经济审判庭关于诉讼时效期间问题的复函》,“因出售质量不合格的商品而未声明引起的损害消费者利益的侵权诉讼和因产品质量不合格造成他人人身、财产损害引起的追究产品责任的侵权诉讼,适用民法通则第一百三十六条规定的1年的诉讼时效期间;至于购销、加工承揽等经济合同因质量纠纷引起的追究违约责任的合同诉讼,应当适用民法通则第一百三十五条规定的二年的诉讼时效期间”。

2015年7月×日,汽车公司及电池公司双方通过《会议纪要》对电池质量问题进行处理,双方在《会议纪要》中第3条约定“现双方确认批量质量问题的电池返厂维修,总计数量××台,电池返回供货厂家修复,由×××公司认可质量状态后,双方再行协商处理方式”。因在《会议纪要》中,电池公司同意对电池质量问题进行修复,诉讼时效中断。本案汽车公司于2017年6月×日向北京仲裁委提起仲裁申请,故未超过诉讼时效。

综上,因电池公司所供应的电池的质量问题,给汽车公司造成了巨大的损失,电池公司应当按照法律规定及合同约定赔偿汽车公司所遭受的损失。汽车公司在充分考虑了法律法规的规范、终端客户需求、技术、时间及费用等成本的因素下,所采取的报废的措施是十分合理且必要的,汽车公司不存在任何放任损失扩大的行为,相反,是及时将车辆报废以止损,减少了汽车公司应承担的损失。恳请仲裁庭支持汽车公司的仲裁请求,维护汽车公司的合法权益。

此致

仲裁委员会

申请人:×××

代理人:李文婷　律师

裁判结果

仲裁委员会于2018年4月3日作出仲裁裁决:一、电池公司向汽车公司赔偿损失××元;二、电池公司向汽车公司赔偿因本案支出的律师代理费××元;三、电池公司向汽车公司赔偿保全费用××元;四、本案仲裁费用××元由汽车公司承担20%,由电池公司承担80%。其余两案中,仲裁委员会裁决电池公司向汽车公司分别赔偿损失××元、××元。

裁判理由

仲裁委员会裁决认为:本案中,双方对案涉电池存在质量缺陷,电池公司未按照合同履行义务这一事实并无争议,双方争议的焦点在于损害是否发生、违约行为与损害之间的因果关系以及损害数额的具体计算上。

一、汽车公司是否受到损害

汽车公司主张，案涉电池存在严重质量缺陷，且电池公司未按照约定及时修理电池，使得案涉车辆全部报废，令汽车公司产生了巨额损失，其中，动力模块是主要损失。电池公司则认为，汽车公司既未提供案涉动力模块的退款凭证，亦未提供相关的转账流水。

仲裁庭认为，电池公司关于汽车公司未提供有关退款凭证或其他退款证明，进而未受到损失的主张不能成立。从本案的证据来看，汽车公司已经向××汽车销售公司开具了增值税发票，表明汽车公司取得了针对汽车销售公司的合同债权。另外，从本案汽车公司来看，汽车销售公司已就××套动力模块支付了价款，故应当认为汽车公司已取得相应价款，同时，其尚未销售的动力模块亦可按相同价格销售。至于汽车公司是否实际向汽车销售公司退款，并不影响汽车公司在有关动力模块退货后的退款责任。

另外，结合汽车公司提交的一系列证据来看，汽车公司确因电池质量缺陷而遭受了因车辆置换、车辆报废等引起的动力模块的损失。消费者购买的××辆案涉型号的×××车已经报废并办理了机动车注销登记。而机动车在报废之后，动力模块上的其他部件只能报废，无法被挪作他用。

综上所述，仲裁庭认为，汽车公司发生了动力模块的损失。

二、电池公司的违约行为与汽车公司的损害之间是否具有因果关系

汽车公司认为，案涉电池在当时情况下无法替换其他厂商的电池，因而电池质量故障导致案涉车辆报废。电池公司则认为，案涉电池具有可替代性，事故发生之后，汽车公司可以更换其他型号的电池安装在案涉车辆上或者找到其他电池生产厂商生产案涉电池，以避免包括动力模块在内的整车报废。

仲裁庭认为，判断案涉电池质量缺陷与汽车公司所受损失之间是否具有因果关系的关键在于案涉电池是否具有可替代性。仲裁庭认为，结合我国关于道路交通管理及车辆生产的规则，汽车公司生产的拟适用电池公司电池的动力模块的电池以外部分无法被替代使用到其他车型，该动力模块所需电池也无法以其他电池加以替代。

具体而言，在法律层面上，车辆的技术参数应当与公告参数保持一致，擅自更换与公告内容不一致的电池是违法行为。《道路交通安全法》第16条、《车辆生产企业及产品生产一致性监督管理办法》第 3 条对此作出了明确规定。本案中,案涉电池在经由汽车公司组装成动力模块之后,销售给汽车销售公司用于××型纯电动轿车的组装。该车型的《汽车产品技术参数》中载明"车载储能装置使用电池公司生产的混合三元镍酸锂电池"。在事故发生之后,若汽车公司擅自使用其他电池来替代案涉电池,将违反上述规定。另外,本案所涉车型与其他车型在储能装置单体外形尺寸、储能装置单体标称电压、储能装置单体质量、储能装置单体数量、电动汽车整车控制器型号、车载能源管理系统型号等多个参数上都存在差异。若将其他型号的电池安装在案涉车辆上,也将违反《国家经济贸易委员会、公安部关于进一步加强车辆公告管理和注册登记有关事项的通知》,导致车辆无法注册登记和使用。

仲裁庭认为,与其他广泛适用的汽车零部件不同,汽车电池为新生产品,迭代更新迅速,难以在短时间内寻找到替代产品,故对汽车公司主张的"寻找电池公司之外的其他厂家生产与案涉电池相同型号的电池需完成多道审批手续,所需时间长、支出费用高,故经济上并不可行"予以确认。

综上所述,案涉电池质量缺陷与动力模块的损失之间存在因果关系,本案所涉动力模块的电池难以在短时间内以合理的价格寻找到相应之替代产品,而动力模块的其他部分在报废后,也难以应用于其他型号的动力模块的生产。

三、关于损害的计算

电池公司对于汽车公司所主张的损失认为:第一,该损失不在电池公司订立合同时所能预见到的范围内;第二,动力模块的销售价格过高。电池公司认为,根据汽车销售公司出具的说明函以及汽车公司向汽车销售公司开具的发票,可以得知:动力模块的价格高于整车的销售价格,不符合常识;第三,动力模块的销售对象是汽车公司的关联公司,故动力模块的销售价格高于市场价格;第四,因发生退货,故应将增值税税费从销售价格中扣除。

仲裁庭认为,电池是动力模块的核心部件,电池出现故障,整个动力模块都将无法使用。电池公司作为专业的生产×××电池的企业,具备一定的知识和经验,应该能够理解电池存在质量缺陷时所可能带来的后果。因而,动力模块的损失应该在电池公司在签订合同时能够预见到的范围之内。

动力模块的损失包括"所受损害"和"所失利益"两部分。其中,所受损害为汽车公司生产动力模块的成本,包括电池、电机、电控等零部件的价格以及加工费用等;所失利益为汽车公司正常出卖动力模块后可以获得的净利润,即动力模块的销售价格减去必要的交易成本(生产动力模块的成本 + 税费等)。据此,动力模块的损失为动力模块的销售价格 - 包含在该销售价格中的税费(本案中主要体现为增值税)。由于电池公司已经向汽车公司返还了货款,因此动力模块的损失为:动力模块的销售价格 - 增值税 - 电池货款。

仲裁庭认为,动力模块的平均销售价格为 × ×余万元并非不公允:其一,汽车公司与 × ×汽车销售公司并非同一主体,虽具有关联关系,但仍独立结算,故不能简单地等同对待,本案中,汽车公司并未取得相关的补贴;其二,汽车生产企业恰恰因为有国家补贴,可以根据市场竞争的情况采取折价销售的策略,在这个意义上整车销售价格低于动力模块的价格,亦非不合理现象。

律师评析

买卖合同纠纷中,当供应商提供的某一重要零部件存在质量瑕疵,生产商主动将该类商品从市场召回的,生产商因该零部件质量瑕疵所造成的损失不仅仅包括该零部件的价款,还包括生产该类商品的众多成本。若生产商向零部件供应商主张承担除零部件价款外的其他损失的,除需要证明损失事实存在外,更重要的是证明该等损失与供应商提供的零部件质量瑕疵之间是否具有因果关系,或者说是生产商是否可以采取其他方式防止损失的发生。本案中,申请人就从法律规定和事实的角度出发,说明了不可以用其他厂商生产的零部件替代该存在质量瑕疵的零部件以使商品的其他组件能继续使用,组成该商品的其他零部件亦不可以在其他商品上继续使用,最终证明损失与质量瑕疵的因果关系,从而获得了仲裁庭的支持。

07

合同继续履行问题

北京市信凯律师事务所　魏俊冰

裁判要点

依法成立的有效合同,对各方当事人具有法律约束力,只要约定的履行条件已经具备,并且没有任何履行障碍的,依法签订的合同都应当继续履行,一般情况下,法院不会轻易判决解除双方之间有效的合同,以彰显有效合同的法律约束力,进而确保市场交易的稳定性。对合同继续履行的各个关键环节,法院都要仔细审查核实,以免判决生效后无法实际履行。

违约金的承担,适用过错责任原则。合同无法履行不可归责于任何一方当事人的,不承担违约责任。

基本案情

2009年9月6日,程×(乙方)与肖×(甲方)通过房地产经纪公司提供居间服务签订了存量房屋买卖合同,约定肖×将××市甲区2010号房屋出售给程×,房屋总价款为93万元。合同签订当日,程×向肖×支付了购房定金2万元。程×于2009年9月7日向肖×支付了购房首付款30万元,2009年10月19日程×又向肖×支付了后续购房款61万元。至此,程×已向肖×支付了全部购房款93万元。

双方于2009年10月19日签订了补充协议,其中第3条约定:"甲方保证在产权符合办理上市转让时20个工作日内办理产权转移手续",如违反本协议的约定,"则甲乙双方中的违约方应承担合同金额150%的违约金支付守约方"。

肖×在2009年11月16日已将本案涉诉的房屋交付给程×。

肖×交付房屋后，程×对房屋进行了装修，并实际居住、使用至今。在居住使用涉诉房屋期间，所有的水电费、暖气费及相关费用均由程×负担。涉诉房屋已于2009年9月22日进行了权属登记，所有权人为肖×，房屋性质为经济适用房。按北京市的相关政策规定，自房屋权属登记满五年后，经济适用房即可上市交易。按上述政策规定，本案涉诉房屋在2014年9月22日后即可上市交易。因办理涉诉房屋产权变更的条件已经具备，程×多次找肖×商量产权变更事宜，但肖×向程×提出要求增加购房款，单方面要求变更合同，拒绝配合程×办理产权变更手续。

程×认为，肖×拒绝配合程×办理涉诉房屋产权变更手续，已经违反了合同及补充协议的约定，构成违约。为此，程×向法院提起诉讼，要求肖×继续履行合同，办理房屋的过户手续，并支付违约金。

一审诉讼过程中，肖×提起反诉，要求解除与程×签订的《存量房屋买卖合同》及《补充协议》、将房屋腾空并返还、赔偿经济损失20万元、返还当时交付的房屋的产权证原件、公共维修基金发票、买房时的销售发票及经济适用住房预售合同原件等。

肖×认为，首先，其已按正当法律程序履行了与程×签订的相关合同的手续，包括双方就房屋买卖合同事宜进行积极协商和提出有效合理化建议等。由于政府优先回购的不可抗力原因，造成合同无法继续履行，其并不存在违约情形，不应由其承担违约责任。其次，由于双方签订的房屋买卖价格低于甲区住房保障管理部门明确对案涉房屋所属小区经济适用房政府优先回购价的23,160元，造成双方目前无法进行产权转让，属不可抗力造成，致使不能实现本合同目的。为避免日后由于北京市政府对经济适用房的相关政策持续不松动，以致合同无限期拖延下去，不能履行，给双方造成经济损失，应解除双方于2009年9月6日签订的《存量房屋买卖合同》及相关《补充协议》。最后，由于双方于2009年9月6日签订了《存量房屋买卖合同》及相关《补充协议》，其自2011年2月16日(“国八条”颁布)始，相对失去了二套房购房资格；以及程×后期不同意其修改合同的合理化建议，不配合房屋产权变更手续的办理，造成无法进行房屋产权变更，致使其购买第二套住房权利持续受限，造成一定的利益损失，这等同于程×违背合同，属违约行为，应对其进行经济赔偿。

代理意见

致尊敬的审判长:

就贵院受理的原告程×诉被告肖×房屋买卖合同纠纷一案(以下简称本案),我是本案原告的代理人,结合本案庭审情况,发表如下代理意见:

一、双方签订的合同合法有效,合同履行的各项条件已经具备,合同应当继续履行,被告应当按照合同约定将涉诉房屋过户到原告名下

1. 双方签订的《存量房屋买卖合同》及《补充协议》合法有效,应当按约定继续履行。《补充协议》第3条约定:被告保证在产权符合办理上市转让时20个工作日之内办理产权转移手续。被告的房屋性质为经济适用房,权属登记日期为2009年9月22日,按国家政策规定,经济适用房满五年后,即可办理上市交易,该房屋在2014年9月22日后即可办理上市转让登记,按约定被告应当配合原告在2014年10月20日之前将该房过户到原告名下。

2. 原告已经履行完全部义务,支付了93万元的购房款,原告已向北京市甲区房屋管理局核实,原告购房人的资格已通过核验,可以将涉诉房屋过户到原告名下。

3. 不存在因不可抗力导致合同无法继续履行的情形。根据××市建设委员会《关于已购经济适用住房上市出售有关问题的通知》第3条第2款规定,已购经济适用住房家庭取得契税完税凭证和房屋所有权证满5年以后,可以按市场价格出售,出售价格低于指导价的,应按指导价格作为土地收益等价款的基数。国家对双方的成交价格不予干涉,尊重双方的意思自治,诉争房屋产权证在2014年9月22日已满五年,过户条件已经具备,不存在政府回购问题。甲区房屋管理局规定只要双方签订了房屋买卖合同、取得房屋所有权证满五年、补交土地出让金或综合地价款,只要具备上述三项条件,即可办理权属转移登记,因此只要被告配合原告即可办理产权转移登记。本案既不存在不可抗力导致的无法办理过户的情形,更不可能由此导致合同目的不能实现,肖×要求解除合同及补充协议与事实不符,没有法律依据,双方的合同应继续履行,肖×应配合程×办理权属过户手续。

4. 合同和补充协议签订后,诉争房屋已由程×实际使用,且程×已为使用房屋支出相关费用。双方均认可合同及补充协议合法有效,双方履行了各自的义务,程×已经支付了全部购房款,肖×也将诉争房屋在2009年11月16日交付给程×。程×对诉争房屋进行了装修,实际居住使用至今,水电费、暖气费、物业费等相关费用均由程×交纳,诉争房屋在事实上已经归程×所有,现在只需肖×配合程×办理过户手续,亦不存在肖×所述返还原始资料的问题。

二、被告拒不配合原告办理产权转移手续已构成违约,应当向原告支付违约金

(1)肖×配合程×办理过户的履约条件已成就,肖×应积极履行合同义务。被告的房屋性质为经济适用房,权属登记日期为2009年9月22日,经济适用房满五年后即可办理上市交易,该房屋在2014年9月22日后即可办理上市转让登记,按《补充协议》第3条约定,被告应当配合原告在2014年10月20日之前将该房过户到原告名下。

(2)被告肖×拒不履行合同约定义务,应承担违约责任。

在房屋产权转让条件已经具备的情况下,原告提前7天就与被告联系过户的事宜,从2014年9月22日到10月22日,原告、被告及房产中介公司经过多次协商,但被告始终坚持要求增加购房款,拒不配合原告办理过户手续。

《补充协议》第3条约定,三方在执行合同的过程中,如有任一方提出与《存量房屋买卖合同》《补充协议》等与书面约定不符的要求,合同另外两方有权拒绝配合,如提出要求方因所提条件未被配合而拒绝继续履行合同,则视为违约,原、被告双方中的违约方应承担合同金额150%的违约金支付守约方。

违约金的约定对合同各方均适用,肖×同意签订载有合同金额150%违约金的补充协议,表明肖×将房屋出售给程×的真实意思,应严格按照合同及补充协议履行其义务,不会有任何更改,更不应有任何违约行为。现被告单方要求增加房款与《存量房屋买卖合同》《补充协议》约定不符,被告进而拒绝配合原告办理过户,并且已经超过了约定的过户期限,肖×拒绝履行合同约定义务的行为已违反诚实信用原则及补充协议的约定,构成严重违约,应当承担违约责任,向程×支付违约金。

综上所述,被告肖×的行为已构成严重违约,并给原告造成了严重的经济损失,肖×应按照法律规定与合同约定赔偿原告程×所遭受的损失,望法院依据事实和法律支持程×的诉讼请求,维护其合法权益。

此致

××人民法院

原　告:程　×

代理人:魏俊冰　律师

裁判结果

肖×于判决生效后十五日内配合程×办理位于××市甲区2010号房屋的过户手续,将该房屋过户至程×名下。

一审判决后,肖×不服提起上诉。二审法院驳回了肖×的上诉,维持原判。

裁判理由

一审法院:

1. 双方签订的合同合法有效

签订的合同,是双方的真实意思表示,房屋所有权的转移登记虽然受到经济适用房上市时间上的限制,但双方约定在上市条件具备的时候办理过户手续,这种约定并不违反法律、法规的强制性规定,即国家允许经济适用房上市交易,并且涉诉房屋上市交易的条件已经具备,双方签订的合同应为合法有效,双方均应依约履行合同义务。

合同有效是继续履行的前提,合同约定的过户条件已经具备是继续履行的基础。

2. 对已销售的经济适用房,国家政策未规定政府的回购权,并且在一定年限后政策允许上市交易,国家政策不构成合同履行的障碍,合同应当继续履行

2007年11月19日颁布的《经济适用住房管理办法》第48条规定:“本办法下发后尚未销售的经济适用住房,执行本办法有关准入和退出管理、价格管理、监督管理等规定;已销售的经济适用住房仍按原有规定执行。”而原《经济适用住房管理办法》(2004年5月13日颁布,已废止)第26条规定:“经济适用住房在取得房屋所有权证和土地使用证一定年限后,方可按市场价上市出售;出售时,应当按照届时同地段普通商品住房与经济适用住房差价的一定比例向政府交纳收益。具体年限和比例由市、县人民政府确定。”并未规定区县住房保障管理部门的回购权。因本案中经济适用房的原销售时间为2000年12月30日,应

当按照2004年5月13日颁布的《经济适用住房管理办法》执行，2007年11月19日颁布的新《经济适用住房管理办法》对于诉争房屋的上市交易无规制的溯及力。故法院认为回购问题不应构成合同履行的障碍，双方的约定并未与国家政策法规相冲突。

3. 房屋过户所涉及的相关的各种税费及其他费用的负担

审理过程中，经法官询问，程×同意承担按现有政策该房屋过户过程中的包括卖方个人所得税在内的买卖双方全部应纳税费，费用负担的问题已经解决。

综合本案之情况，法院基于以上理由，判决肖×作为房屋所有权人应依约承担配合程×办理诉争房屋的过户手续的合同义务。

4. 法院未支持程×违约金的诉讼请求

双方签订《存量房屋买卖合同》时明知诉争房屋系经济适用房，尚不符合上市条件。现因双方对政府回购权的问题产生争议，无法履行的责任不可归责于任何一方当事人，程×要求肖×支付违约金的请求，不应支持。

二审法院：

因肖×不服一审判决提起上诉，二审法院经审理驳回其上诉请求，维持原判，理由如下：

1. 依法成立的合同，对当事人具有法律约束力

程×与肖×签订的《存量房屋买卖合同》及《补充协议》系双方当事人真实意思表示，并未违反法律、行政法规的强制性规定，该合同合法有效，双方应当按照合同履行各自义务。合同约定在限制交易届满后再办理房屋所有权转移登记手续，现房屋已具备上市交易条件，肖×应配合程×办理房屋过户。

2. 办理过户条件已成就，合同履行已无政策障碍

肖×称因合同签订的交易价格低于市场指导价，因此政府行使优先回购权，根据经济适用房办理过户的相关条件，且程×同意承担房屋过户所需的各种税费和其他费用，办理房屋过户已不存在现实障碍，肖×所述政府行使优先回购权没有事实依据。

律师评析

经济适用房属国家保障性住房，《经济适用住房管理办法》对经济适用房上市交易作出了严格限制，除对经济适用住房购房人产权进行限制外，还

明确购买经济适用房不满五年不得上市交易,购房人因特殊原因转让经济适用房的,由政府按照原价格并考虑折旧和物价水平等因素进行回购。因此,购买未满五年的经济适用房风险较大,如确需购买,应全面、审慎制定合同条款,明确房款交付、房屋过户、违约责任承担等重要事项,避免因经济适用住房的特殊性质造成各种问题。

08

房屋买卖合同中的格式条款如何认定

北京安翔律师事务所　谢冬飞

裁判要点

提供格式条款的一方免除其责任、加重对方责任、排除对方主要权利的，该条款无效。

当事人一方不履行合同义务或者履行合同义务不符合约定的，应当承担继续履行、采取补救措施或者赔偿损失等违约责任。当事人可以约定一方违约时应当根据违约情况向对方支付一定数额的违约金，也可以约定因违约产生的损失赔偿额的计算方法。

基本案情

原告孙×与被告房地产公司于2009年8月14日签订《商品房预售合同》，约定原告购买被告预售的住宅。合同签订后原告如约向被告支付了全部房款，但被告实际交付房屋时间晚于合同约定的交付房屋时间达1280天。为此原告多次要求被告按合同约定承担违约责任，但被告一直以各种理由予以搪塞。为此原告特向人民法院提起诉讼，要求：(1)判令被告支付原告逾期交房违约金1,231,919.36元。(2)判令被告向原告支付违约金迟延支付利息，按银行同期贷款利率计算，自2014年6月3日起至实际付清之日止。(3)诉讼费用由被告承担。

被告房地产公司辩称，不同意原告的诉讼请求。首先，被告认为原告的诉讼请求已经超过诉讼时效，在房屋具备交付条件后被告通知原告办理收楼手续并送达原告,通知时间为2014年5月3日,且原告已经于2014年5月3日实际领取钥匙并入住,距离起诉时间已经超过2年时效。其次,即使原告诉讼请求要求被告支付违约金,其计算金额不符合合同约定,按照合同附件8第7条约定,出卖人向买受人支付迟延交房违约金不超过2%,即使要求支付违约金,金额也不应该超过此金额。最后,原告在履行合同过程中存在逾期交付房款行为,应承担相应违约金。被告并提出了反诉,要求法院判令孙×支付房地产公司逾期支付首期房款的违约金338,835.37元(应付款6,453,269元每日按逾期应付款千分之二计算违约金自2009年7月9日起至2009年7月28日,为245,224.22元;应付款2,753,269元每日按逾期应付款2‰计算违约金自2009年7月28日至2009年8月14日,为93,611.15元)。

代理意见

一、关于上诉人认为的"一审法院认定双方签署《面积确认协议书》才正式办理收房手续事实有误"

双方签订的《商品房预售合同》第11条和第14条都有关于交房时对于面积确认的约定。第14条"面积差异处理"明确约定:"该商品房交付时,出卖人应当向买受人公示其委托的有资质的房产测绘机构出具的商品房面积实测技术报告书,并向买受人提供该商品房的面积实测数据……"

但事实上,上诉人在2014年5月3日交房时提供的房屋面积测算技术报告书是2012年1月16日即制作完成,且有效期只延续到2012年3月31日,因此上诉人在2014年5月3日没有完全按照合同约定交房。关于上述约定的"面积差异处理"问题,双方直到2015年2月27日才签署《面积确认协议书》,确认案涉房屋的最终面积以及面积差额款问题。

因此,一审法院认为双方签署《面积确认协议书》才正式办理收房手续并无错误。

二、关于上诉人认为的"一审法院关于上诉人诉讼时效抗辩的认定事实有误"

由于双方直到2015年2月27日才签署《面积确认协议书》,确认案涉房屋的最终面积以及面积差额款问题,房屋的实际交付时间为2015年2月27日。上诉人应按照《商品房预售合同》第13条的约定,于2015年2月27日起30日内向答辩人支付违约金。

另外,被上诉人提交的录音证据以及名片均清楚表明被上诉人就延期交房应付的违约金事宜曾反复多次与上诉人的工作人员进行沟通。在一审诉讼期间,上诉人的代理人虽然否认了录音证据中的徐×系上诉人的工作人员,但在被上诉人要求用上诉人代理人的手机与徐×联系时却遭到拒绝,也能表明徐×与被上诉人之间以及其代理人之间均存在实际联系。且上诉人在一审中对于违约金的处理意见与徐×在录音中提到的公司对于违约金的处理意见均高度一致,都可以充分说明徐×与上诉人之间存在关系。

因此,一审法院关于上诉人诉讼时效抗辩的认定事实并无错误。

三、关于上诉人认为的"一审法院认定被上诉人已按照约定支付全部购房款事实有误"

答辩人同意一审法院的意见。答辩人向上诉人支付首付款时,上诉人并未提出异议,故答辩人不存在逾期付款情形,不构成违约。且有关违约责任的约定是明确于2009年8月14日签订的合同之中,但被上诉人已于签订合同当日就履行完毕了付款义务,因此就商品房预售合同而言,不可能存在被上诉人逾期付款的情形。且在答辩人与上诉人多次沟通延期交房违约金时,上诉人从未提出过答辩人违约的主张。

四、关于上诉人认为的"一审法院适用法律有误"

从双方签署的《补充协议》来看,上诉人既没有就涉诉格式条款对答辩人进行提示,也没有就涉诉格式条款对答辩人进行说明。因此,涉诉条款不对答辩人发生法律效力。

其次,《合同法》第40条规定:"格式条款具有本法第五十二条和第五十三条规定的情形的,或者提供格式条款的一方免除其责任、加重对方责任、排除对方主要权利的,该条款无效。"案涉格式条款免除上诉人自身责任、加重答辩人责任、排除答辩人主要权利,该条款属显失公平,理应无效。

此致

××××中级人民法院

被上诉人:孙　×

代理人:谢冬飞　律师

判决结果

一审判决：

一、被告房地产公司于本判决生效后 7 日内给付原告孙×违约金 1,231,919.36 元及利息（以 1,231,919.36 元为基数，按照中国人民银行同期贷款利率自 2014 年 6 月 3 日起至实际给付之日止计算）。

二、驳回反诉原告房地产公司的反诉请求。

如果未按本判决指定的期间履行给付金钱义务，应当依照《民事诉讼法》第 253 条之规定，加倍支付迟延履行期间的债务利息。

本诉案件受理费 15,888 元，由被告房地产公司负担，于本判决生效后十日内缴纳。反诉案件受理费 3192 元，由反诉原告房地产公司负担，已缴纳。

二审驳回上诉，维持原判。

裁判理由

法院认为，依法成立的合同，对当事人具有法律约束力。当事人一方不履行合同义务或者履行合同义务不符合约定的，应当承担继续履行、采取补救措施或者赔偿损失等违约责任。当事人可以约定一方违约时应当根据违约情况向对方支付一定数额的违约金，也可以约定因违约产生的损失赔偿额的计算方法。本案中，孙×与房地产公司签订的《商品房预售合同》合法有效，双方均应依约履行合同义务。孙×已按照约定支付全部购房款，故房地产公司应承担相应的违约责任。

双方对于逾期交房违约责任的合同依据及计算方法存在争议。孙×主张按照《商品房预售合同》第 13 条约定的标准计算违约金数额，即自合同约定的交付期限届满之次日起至实际交付之日止，房地产公司按日计算向孙×支付全部已付款万分之一的违约金，即出卖人延期交房超过 120 日，买受人不退房的，出卖人向买受人支付延期交房违约金最高不超过买受人全部已付款的 2%。根据《合同法》的规定，提供格式条款的一方免除其责任、加重对方责任、排除对方主要权利的，该条款无效。《商品房预售合同》第 10 条逾期付款责任与第 13 条逾期交房责任均约定了日万分之一的违约金计算标准，双方权利义务对等，而附件 8《补充协议》第 7 条的内容不合理地减轻了出卖人房地产公司承担的责任、排除了买受人孙×一部分主要权利,故该条款应属无效。双方在合同中明确约定房地产公司应于房屋交付之日起30日内支付违约金,鉴于房地产公司迟延支付违约金,故其应当按照同期银行贷款利率自2014年6月3日起至实际给付之日止支付孙×相应的利息。

律师评析

本案中房地产公司逾期交房的事实是清楚的,房地产公司未按合同约定时间交房,逾期达1280天。但本案的难点在于《商品房预售合同》第13条逾期交房责任,约定:"除不可抗力外,出卖人未按照第十一条约定的期限和条件将该商品房交付买受人的,按照下列第1种方式处理:1.按照逾期时间,分别处理[(1)和(2)不作累加]。(1)逾期在120日之内……(2)逾期超过120日[该日期应当与第(1)项中的日期相同]后,买受人有权退房。买受人退房的,出卖人应当自退房通知送达之日起30日内退还全部已付款,并按照买受人全部已付款的1%向买受人支付违约金。买受人要求继续履行合同的,合同继续履行,自第十一条约定的交付期限届满之次日起至实际交付之日止,出卖人按日计算向买受人支付全部已付款万分之一[该比率应当不小于第(1)项中的比率]的违约金,并于该商品房实际交付之日起30日内向买受人支付违约金。"而在《商品房预售合同》签订当日,双方签订附件8《补充协议》,该附件约定:"买受人购买出卖人开发的壹千栋项目商品房,经平等协商,现就双方所签订的《商品房预售合同》(以下简称"合同"),达成如下补充协议,在本补充协议签订前,出卖人已将预售合同、附件及本补充协议提示买受人详细阅读,并按买受人要求作出必要的解释,买受人在完全清楚、理解预售合同、附件及本补充协议条款内容的基础上与出卖人签订预售合同、附件及本补充协议……七、按照合同约定,买受人有权退房的事由发生后,买受人应在该事由发生之日起30日内提出书面退房申请,买受人在此期间不提出的,视为不退房。合同对此期限另有约定的除外。出卖人延期交房超过120日,买受人不退房的,出卖人向买受人支付的延期交房违约金最高不超过买受人全部已付款的2%……十八、本补充协议和附件经双方协商一致,是双方真实意思的表示,出卖人与买受人同意本补充协议和附件与预售合同约定不一致的,以本补充协议和附件的约定为准,不受预售合同第二十七条的限制,并自双方签字(盖章)之日起生效。"

也就是说,如果按照《补充协议》的约定,房地产公司至多承担200天的违约责任,200天之后无论延期多久,都不再承担违约责任。而本案中房地产公司实际延期交房1280天,补充协议的约定明显降低了房地产公司的违约责任,不利于维护委托人的利益。于是谢律师从格式合同的角度和合同公平性原则的角度详细阐述了该补充条款的无效性:根据《合同法》的规定,提供格式条款的一方免除其责任、加重对方责任、排除对方主要权利的,该条款无效。《商品房预售合同》第10条逾期付款责任与第13条逾期交房责任均约定了日万分之一的违约金计算标准,双方权利义务对等,而附件8《补充协议》第7条的内容不合理地减轻了出卖人承担的责任、排除了买受人一部分主要权利,故该条款应属无效。

09

融资租赁合同中出租人对租赁物的所有权

北京尚勤律师事务所　徐福云

裁判要点

融资租赁合同履行完毕前出租人对租赁物享有所有权。

基本案情

2015年5月13日，租赁公司（出租人）与管道公司（承租人）签订《融资租赁合同（售后回租）》，出租人向承租人支付20,000万元购买其拥有完全所有权的租赁物，再由出租人出租给承租人使用，承租人向出租人支付租金。《融资租赁合同》载明了租赁本金、租赁期限、年租赁利率以及违约条款等，同时特别约定："在承租人履行完毕本合同项下的所有义务之前，租赁物所有权属于出租人。"

为保证《融资租赁合同》的履行，2015年5月13日，租赁公司与管道公司签订了租赁物的《抵押合同》，并办理了抵押登记手续，双方以动产抵押的方式对租赁公司所有的租赁物做了排他限制。同日，某公司、陈某强作为保证人与租赁公司签订了《保证合同》，约定保证人对管道公司在《融资租赁合同》项下所负的全部债务提供连带共同保证责任。同日，中药科技园公司与租赁公司签订了土地使用权《抵押合同》，但是土地他项权利证书涉嫌伪造，租赁公司已刑事报案另案处理。同日，管道公司与租赁公司签订了《股权质押合同》，并办理了股权出质设立登记。

上述协议签订后，租赁公司按照合同约定履行了全部义务，管道公司未按约定支付租金，至起诉时拖欠租金及逾期利息达2.6亿元。

代 理 词

尊敬的审判长、审判员：

北京尚勤律师事务所依法接受原告租赁公司的委托，指派徐福云律师和陈桂萍律师担任租赁公司诉管道公司、某公司、陈某强及中药科技园公司融资租赁合同纠纷一审的诉讼代理人，出庭参与诉讼活动。现就原告的诉讼请求及事实理由以及本案争议事实，代理意见如下，望合议庭予以采纳：

一、租赁公司（出租人）与管道公司（承租人）签订《融资租赁合同》，系双方真实意思表示，且不违反法律、行政法规的强制性规定，属有效的融资租赁合同

二、管道公司未按合同约定履行，已构成严重违约，管道公司应向租赁公司支付合同项下全部租金及逾期利息等应付款项

1. 管道公司应向租赁公司支付12期全部租金共计221,405,919.68元。

依照合同附件四《租金支付表》，管道公司应向租赁公司支付全部租金共计223,371,083.04元；其中租赁本金13,000万元部分，管道公司应付租赁本金和利息（以下简称应付租金总额）为145,191,204.00元；租赁本金7000万元部分，管道公司应付租金总额为78,179,879.04元。

但是，根据合同约定，如遇人民银行调整贷款基准利率，本合同租赁年利率则相应调整。故，第二期利率调整为6.625%、第三期至第十二期利率均调整为6.125%。根据合同约定及利率调整后的租金支付表（租赁公司提供），管道公司应向租赁公司支付12期租金调整为221,405,919.68元。其中，第一期租金18,614,256.92元，第二期租金18,548,111.96元，第三期至第十二期每期均为18,424,355.08元。

2. 管道公司已向租赁公司支付租金21,721,052.36元。

2015年8月25日及8月28日，管道公司向租赁公司按期支付第一期2笔租金18,614,256.92元（其中就租赁本金13,000万元部分，支付租金12,099,267.00元；就租赁本金7000万元部分，支付租金6,514,989.92元）。2015年11月25日，管道公司违反合同约定，拒绝支付到期应付租金。之后，经多次催要，管道公司于2016年2月19日向租赁公司支付第二期租金利息合计3,106,795.44元（其中就租赁本金13,000万元部分，支付利息2,019,417.03元；

就租赁本金7000万元部分,支付利息1,087,378.41元),尚欠第二期租赁本金合计15,441,316.52元。

3. 管道公司欠付租赁公司租金199,684,867.32元,且均已于2018年5月25日及5月28日到期应付。

合同第12条第3款第1项约定:管道公司达到一期(或月付两期)未按合同约定的时间、金额支付租金的构成严重违约;第6项约定:管道公司财务状况发生恶化的构成严重违约。目前管道公司仅完整支付第一期租金、第二期租金利息,剩余11期租金均未按期足额支付。另外,在中国执行信息公开网查询,管道公司自2016年3月30日至今,已经14次被列入失信被执行人名单,累计拖欠金额已达数十亿元。租赁公司有理由相信管道公司财务状况发生恶化、丧失履行债务能力。

《合同法》第248条规定:"承租人应当按照约定支付租金。承租人经催告后在合理期限内仍不支付租金的,出租人可以要求支付全部租金;也可以解除合同,收回租赁物。"

合同第12条第4款第1项约定:管道公司发生第12条第3款列举的严重违约行为之一,租赁公司有权采取必要措施控制租赁物的使用和处置,有权宣布合同全部到期,要求管道公司一次性支付本合同项下的到期未付租金及逾期利息、未到期租金、留购价等应付款项,并有权处置租赁物(包括但不限于租赁公司委托有销售资质的公司代为销售,委托公开拍卖等),处置费用由管道公司承担。

自2015年11月28日之后,租赁公司多次依据合同约定向管道公司主张加速到期权利,另外本案业已于2018年1月2日通过起诉立案的形式向各被告方主张加速到期支付权利并无不当。

此外,鉴于合同项下的全部未付租金支付期限于2018年5月25日、5月28日均已到期,租赁公司主张全部到期未付租金199,684,867.32元应依法予以支持。

三、管道公司应付租赁公司截至2017年12月18日全部未付租金的逾期利息61,643,702.95元,以及自2017年12月18日至实际清偿之日的逾期利息(逾期利息计算方式以199,684,867.32元为基数,按照日0.1%为标准,以实际逾期天数计算)

根据合同第12条第2款约定,若管道公司逾期支付合同项下的租金,则管道公司应按合同附件中约定的逾期利率标准向租赁公司支付逾期利息,逾期利息从管道公司支付的款项中优先扣除。合同附件二:“承租人逾期支付的,则应以逾期金额为基数,按每日千分之一的标准向出租人支付逾期利息。”

具体计算公式:逾期利息 = 到期未付租金额 ×0.1%/日 ×逾期天数。

根据租赁公司提供的《某管道逾期利息计算表》,截至 2017 年 12 月 18 日,管道公司应付逾期利息 62,273,702.95 元。另外,扣除管道公司分三笔向租赁公司支付的 630,000.00 元逾期利息,管道公司欠付逾期利息 61,643,702.95 元。

四、租赁公司于 2015 年 5 月 25 日、5 月 28 日分别支付租赁物价款 13,000 万元及 7000 万元,合计 20,000 万元时,即享有租赁物所有权,并有权处置租赁物

合同第 1 条第 3 款:租赁公司向管道公司或管道公司指定的收款人支付租赁物转让价款之时,租赁物的所有权即转移至租赁公司。

合同第 5 条第 1 款:在管道公司履行完毕本合同项下的所有义务前,租赁物所有权属于租赁公司。

合同附件一《租赁物转让协议(售后回租)》第 3 条约定,本协议项下租赁物所有权于本协议生效当日(2015 年 5 月 13 日)即转移给租赁公司。

合同附件五《租赁物所有权转移证明》约定,在租赁公司支付转让款当日(2015 年 5 月 25 日),租赁物的所有权已转移给租赁公司。

合同签订后,租赁公司按合同约定于 2015 年 5 月 25 日分三笔向管道公司支付 13,000 万元;于 5 月 28 日向管道公司支付 7000 万元;上述价款共计 20,000 万元整。即租赁公司自支付租赁物价款时即享有租赁物所有权。

合同第 12 条第 4 款第 1 项:管道公司发生本条第 3 款所列举的严重违约行为之一,租赁公司有权采取必要措施控制租赁物的使用及处置……有权处置租赁物(包括但不限于租赁公司委托有销售资质的公司代为销售,委托公开拍卖等),处置费用由管道公司承担。

合同第 14 条约定了所有权发生转移的情况及要求,就目前的履约情况看。管道公司无法达到所有权转移的条件。

2015 年 5 月 13 日,租赁公司与管道公司签订的《抵押合同》中,双方对租赁设备办理了抵押,实际上这是租赁公司为自己所做的一份排他性物权保护。合同第 8 条第 3 款:双方再次确认,即使租赁物登记在管道公司名下,本合同履行完毕以前租赁物所有权属于租赁公司，管道公司不得以登记来对抗租赁公司的所有权及收取租金的权利。

双方认可租赁物所有权归租赁公司，而且在认可租赁公司对于已设定抵押的租赁物有处分的权利。处分权是建立在所有权基础之上的，《合同法》第250条规定："对于租赁物归属有争议的，租赁物所有权归出租人。"

此外，各被告互为关联关系，而且名下被诉案件居多，唯一有价值的抵押土地存疑，违约违法事实非常严重，如果不能赋予租赁公司对租赁物的支配及处分权，守约方租赁公司的利益无法受到保护。

五、信阳某公司、陈某强的抗辩意见违反《物权法》法律规定，抗辩意见不能成立

(1)某公司及陈某强承担不可撤销连带保证责任。

根据《担保法》第12条规定："同一债务有两个以上保证人的，保证人应当按照保证合同约定的保证份额，承担保证责任……"第18条规定："……连带责任保证的债务人在主合同规定的债务履行期届满没有履行债务的，债权人可以要求债务人履行债务，也可以要求保证人在其保证范围内承担保证责任。"《最高人民法院关于适用〈中华人民共和国担保法〉若干问题的解释》第20条规定："连带共同保证的债务人在主合同规定的债务履行期届满没有履行债务的，债权人可以要求债务人履行债务，也可以要求任何一个保证人承担全部保证责任。"

2015年5月13日，租赁公司与管道公司、某公司、陈某强签订《保证合同》，该合同第2条：保证方式是为主合同项下全部义务和债务承担不可撤销连带责任保证……各保证人为连带共同保证人，承担连带共同保证责任。

综上，某公司及陈某强应为管道公司承担不可撤销连带责任保证。租赁公司有权要求任何一个保证人承担全部保证责任。

(2)保证人主张物保及人保并存前提下，应先就债务人提供的物保优先受偿，保证人只承担补充保证责任的抗辩意见违反《物权法》规定。保证人已经与租赁公司明确约定，其他任何担保并不减轻保证人的保证责任。有约定，从约定。无约定，债务人的物保优先受偿。

《保证合同》第4条：本保证系不可撤销、持续性的担保，并且独立于租赁公司就主合同所能享有的任何其他抵押或保证或任何形式的担保。租赁公司所享有的其他担保并不减轻或免除保证人在本合同项下的保证责任。

《物权法》第 176 条规定,被担保的债权既有物的担保又有人的担保的,债务人不履行到期债务或者发生当事人约定的实现担保物权的情形,债权人应当按照约定实现债权;没有约定或者约定不明确,债务人自己提供物的担保的,债权人应当先就该物的担保实现债权……

《物权法》第 178 条规定,担保法与本法的规定不一致的,适用本法。

保证人主张,根据《担保法》第 28 条规定:同一债权既有保证又有物的担保的,保证人对物的担保以外的债权承担保证责任。债权人放弃物的担保的,保证人在债权人放弃权利的范围内免除保证责任。上述约定与《物权法》规定并不一致。《物权法》规定:被担保的债权既有物的担保又有人的担保的,债务人不履行到期债务或者发生当事人约定的实现担保物权的情形,债权人应当按照约定实现债权;没有约定或者约定不明确,债务人自己提供物的担保的,债权人应当先就该物的担保实现债权。

综上,在债务人提供物保及保证人提供人保并存前提下,债权人应当按照约定实现债权。租赁公司与保证人约定,租赁公司所享有的其他担保并不减轻或免除保证人在本合同项下的保证责任。故,债务人物保及保证人保证并不存在顺位之分。租赁公司无须先就管道公司提供的管网资产实现抵押权后,再向保证人主张保证责任。保证人答辩意见不成立。

六、其他担保问题

(1)2015 年 5 月 13 日,租赁公司与中药科技园公司签订《抵押合同》,中药科技园公司以自有的 A 号土地使用权为《融资租赁合同》项下的租金(租赁本金及利息)、逾期利息、违约金等费用提供担保。中药科技园公司对抵押土地评估价值为 27,999.9300 万元,中药科技园公司办理了土地他项权利证书。作为抵押权人,租赁公司享有对该土地的抵押权。在案件办理过程中代理人发现,土地他项权利证书存在伪造嫌疑,已刑事立案,该项抵押问题保留诉权另行处理。

(2)2015 年 5 月 13 日,管道公司与租赁公司签订了《股权质押合同》,管道公司将其持有的某燃气有限责任公司 100% 的股权(出资金额 5000 万元)质押给租赁公司,并办理了质押登记。租赁公司有权对质押财产的拍卖、变卖价款优先受偿。

七、保证金1000万元、融资顾问费900万元、公证费5000元与支付租金无关,不能折抵应付租赁公司租金及其他费用

(1)保证金不应被扣减。

合同第2条第4款约定:“在租赁期内,若因管道公司违约而导致本合同提前终止,则租赁保证金不予退还。”

管道公司除向租赁公司支付了首期租金和第二期租金利息以外,后续11期的租金均未如期支付,其行为已经远超出合同第12条第3款对严重违约行为的认定标准,构成了严重违约。租赁公司根据合同第12条第4款的约定要求提前终止合同,根据合同第12条第4款的约定,租赁保证金不予退还。

双方在合同后约定了管道公司违约后保证金不予退还的情形,该款应该遵从合同约定。

(2)《融资顾问协议书》并没有包含在《融资租赁合同》内,而且融资顾问费与管道公司应付租赁公司的租金相互独立,与本案无关,不应在本案中从应付租赁公司的租金中予以扣减。

(3)5000元在合同附件二中已明确约定为公证费,管道公司并未提出异议,该笔费用也不应在本案中予以扣减。

八、留购价能否判定所有权归属

留购价款为附条件条款,根据条件成就与否判断租赁物归属,《融资租赁合同》中约定的留购价款规则,附条件取得租赁物所有权的情形,因条件未成就,管道公司未取得租赁物所有权。

本案中,管道公司未按期支付租金已构成违约,且该违约行为至今未得到救济,管道公司亦未向租赁公司支付留购款,因此管道公司并未取得租赁物所有权,租赁公司仍为租赁物的唯一所有权人。

九、本案不存在违约金过高的问题,管道公司主张调低逾期利息不应得到支持

融资租赁合同区别于一般的商事合同,合同是基于意思自治及契约自由原则,应尊重双方的合同约定。

租赁公司认为,管道公司的主张不具有事实依据和法律依据,现具体阐述如下:

(1)本案的性质是融资租赁合同纠纷,管道公司援引的不超过年利率24%

的利息计算标准是民间借贷纠纷的司法解释,不应被支持。

管道公司援引的利息计算标准是源自最高人民法院于2015年发布的《最高人民法院关于审理民间借贷案件适用法律若干问题的规定》第30条的规定,这一司法解释所调整的是民间借贷纠纷案件审理过程中的法律适用问题。而本案的性质租赁公司与管道公司一致认同为融资租赁合同纠纷,法院也予以支持,且逾期利息是基于管道公司欠付的融资租赁租金所产生的,融资租赁合同的双方当事人均为公司类商事主体,并非民间借贷关系,其审理过程中的法律适用问题不应该适用民间借贷纠纷的相关规定。管道公司主张的计算标准没有依据。

(2)《最高人民法院关于适用〈中华人民共和国合同法〉若干问题的解释(二)》(以下简称《合同法解释二》)第29条第2款降低违约金的标准不应被"一刀切"地简单适用。

首先,《合同法解释二》第29条的发布具有特殊的时代背景。2008年国际金融危机后,市场遭受经济冲击,大批企业面临违约风险,为防止高额的违约金导致的债务负担影响市场经营,《合同法解释二》第29条对违约金的数额进行了合理的限制。其中,第29条第1款属于对违约金限制规则的规定,第2款是对违约金限制的参照指引。

其次,在实际法律适用中应当结合案件的事实情况,根据《合同法》第114条、《合同法解释二》第29条第1款的规则、合同约定以及相关法律原则及交易规则习惯确定违约金的金额是否属于过分高于损失的情形,并对过高违约金进行调整。《合同法解释二》第29条第2款仅仅是在根据现有资料难以认定违约金是否高于损失时的参照性适用条款,而不应采取"一刀切"的方式简单适用《合同法解释二》第29条第2款。

(3)租赁公司主张的逾期利息等款项是依据双方合同的约定,管道公司明知违约行为会导致支付逾期利息等费用仍长期拖欠合同项下大部分租金,应承担相应的违约责任。

租赁公司所主张的逾期利息等款项的赔偿及其计算方法是根据双方签订的《融资租赁合同》确定,该合同是租赁公司与管道公司经过多次谈判论证确定的内容,是双方的真实意思表示,且不存在违法情形,根据《合同法》第4条规定的契约自由原则,合同真实有效。因此,根据《合同法》第8条规定的契约神圣原则,该合同对租赁公司和管道公司均具有约束力,在租赁公司依约交付租赁的标的物后，管道公司仅支付了12期租金中的第一期租金和第二期利息，实际履行比例不到租金总额的10%，租金拖欠时间将近3年。管道公司在明知拖欠租金会招致支付逾期利息等众多费用的情况下，依然选择实施违约行为，且在违约期间从未与租赁公司沟通解决履约问题，其主观上具有违约的恶意，承担相应的违约责任支付逾期利息等款项是管道公司应当承担的合同义务。

(4)管道公司恶意违约长期拖欠租金，给租赁公司造成了大量损失，应对租赁公司损失进行赔偿。

管道公司恶意违约长期拖欠租赁合同项下租金，导致租赁公司存在近2亿元的资金亏空，租赁公司的主要经营范围又是需要大量流动现金的融资租赁业务，致使租赁公司流动现金数额受限，严重影响租赁公司经营状况，给租赁公司造成了大量的经济损失，同时由于现金流缺乏，导致融资租赁业务无法开展，管道公司的恶意违约行为也给租赁公司的可得利益造成了巨大损害。因此，综合衡量各方面利益，租赁公司认为，管道公司的恶意违约行为给租赁公司造成了近2亿元的资金亏空损失，而租赁公司根据合同主张的逾期利息等款项金额仅为：61,643,702.95元，并未过分高于租赁公司所受损失。

十、强化租赁物的所有权对于保障债权的实现尤为重要

此外，强化租赁物所有权的意义还在于，本案办理过程中，经办律师了解了各被告以及抵押、质押财产状况以及资信状况，管道公司因资不抵债债台高筑，股权被多家法院轮候查封；中药科技园公司所谓抵押土地的他项权利证书涉嫌造假(另案处理)；某公司、陈某强以及上述各公司名下涉诉案件很多，已生效判决尚未执行。租赁物作为当地城市唯一地下管网稀缺资源，负责整个城市的天然气输送。强化租赁物的所有权对于保障债权的实现尤为重要，租赁公司可以通过多种形式的控制经营、转让等方式实现财产权益。

首先，根据《融资租赁合同》约定，自租赁公司向管道公司支付租赁物转让价款之时，租赁物的所有权即转移至租赁公司。其次，由于本案中租赁物为地下管网资产，难以通过增设标识等常规手段明确权属，为了保障租赁公司的所有权实现，租赁公司与管道公司又另行签订了《抵押合同》，双方就租赁物在融资租赁合同履行地的工商机关办理了抵押登记，为租赁物提供了一份排他性物权保护措施。再次，租赁公司针对租赁期间管道公司发生严重违约行为时的处置方法进行了明确约定，在管道公司履行全部付款义务之前，租赁物的所有权属于租赁公司,租赁公司有权在管道公司完全履行支付义务之前(包括但不限于租赁公司委托有销售资质的公司代为销售,委托公开拍卖等)处置租赁物。最后,《融资租赁合同》对租赁物所有权转移给管道公司设置了先决条件,只有在管道公司支付完全部款项并履行完全部义务后,才有权主张租赁物的所有权。管道公司在主张租赁物所有权后,还需要向租赁公司支付留购价款并办理完相关手续后,才能取得租赁物的所有权。

因此,根据《合同法》及《融资租赁合同》的规定,租赁公司在向管道公司支付租赁物转让价款之时,已经获得了租赁物的所有权。目前《融资租赁合同》期限已经届满,租赁公司已经完全履行了融资租赁期间的所有义务,而管道公司仅支付了十二期租金中的首期租金及部分第二期租金,后期租金未予支付,存在严重的违约行为。因此,请求法院根据《融资租赁合同》约定作出确认租赁物在租金债权未全部实现的情况下所有权归出租人所有的判决,既是尊重当事人意思自治的表现,又是对管道公司存在严重的违约行为的惩罚,借此更好地维护守约方租赁公司的利益。

鉴于上述被告的资信状况以及租赁公司最终诉讼目的的实现,请求法院判令在管道公司、某公司、陈某强、中药科技园公司履行全部付款义务之前,确认租赁公司保留对租赁物的所有权,并有权处置租赁物。

综上所述,租赁公司向管道公司主张的逾期利息等款项的数额是根据租赁公司与管道公司签订的《融资租赁合同》的约定主张,该数额符合以租赁公司因管道公司违约行为所遭受的损失为基础,综合考虑合同的履行状况、管道公司履约的主观恶性,对各方面利益进行考量判断的结果,具有充分的事实依据与法律法规基础,应依法予以支持。

原　告:租赁公司

代理人:徐福云　陈桂萍　律师

裁判结果

一、管道公司于本判决生效后十日内向租赁公司支付租金199,684,867.32元及逾期利息(截至2017年12月18日的逾期利息为61,643,702.95元,自2017年12月19日起至款项实际清偿之日止,以199,684,867.32元为基数,按照每日0.1%的标准计算),保证金1000万元从上述应付款项中按照逾期利息、租金的顺序予以冲抵；

二、管道公司于本判决生效后十日内赔偿租赁公司诉讼财产保全责任保险保费247,150.23元、法律服务费8万元、诉前财产保全申请费5000元；

三、租赁公司有权以其与管道公司2015年5月13日签订的《抵押合同》附件《抵押物清单》中的全部抵押物折价或者以拍卖、变卖所得的价款在上述第1项、第2项确定的债权范围内优先受偿；

四、租赁公司有权以工商行政管理局出具的《股权出质设立登记通知书》项下管道公司出质的股权折价或者以拍卖、变卖所得的价款在上述第1项、第2项确定的债权范围内优先受偿；

五、某公司、陈某强对上述第1项、第2项确定的管道公司的债务承担连带清偿责任，某公司、陈某强承担连带清偿责任后，有权向管道公司追偿；

六、在管道公司履行完毕上述第1项、第2项确定的债务前，《融资租赁合同(售后回租)》附件三《租赁物清单》中的全部租赁物的所有权归租赁公司所有；

七、驳回租赁公司的其他诉讼请求。

如果管道公司、某公司、陈某强未按照本判决指定的期间履行给付金钱义务，应当依照《民事诉讼法》第253条之规定，加倍支付迟延履行期间的债务利息。

案件受理费1,351,593元，由管道公司、某公司、陈某强负担。

裁判理由

法院生效裁判认为，租赁公司与管道公司签订的《融资租赁合同》属于售后回租形式的融资租赁。

管道公司支付的费用扣除《融资租赁合同》约定的保证金、融资顾问费以及公证费，尚欠租金金额为199,684,867.32元。

再者，根据《融资合同》约定，若承租人逾期支付租金，应以逾期金额为基数，按每日0.1%的标准向出租人支付逾期利息。根据《最高人民法院关于审理融资租赁合同纠纷案件适用法律问题的解释》第20条规定："承租人逾期履行支付租金义务或者迟延履行其他付款义务，出租人按照融资租赁合同的约定要求承租人支付逾期利息、相应违约金的，人民法院应予支持。"租赁公司主张其按照每日0.1%标准支付逾期利息，具有事实及法律依据。同时，《融资租赁合同》及其附件《合同主要成交条件明细表》中约定的逾期利息的性质为违约金，违约金兼具补偿性和惩罚性，判断违约金数额是否过高应当根据守约方的实际损失、合同履行情况、违约方的过错程度以及预期利益等因素综合考量，商事合同通常情况下属于有偿、诺成性合同，系以营利为目的所发生的合同关系，当事人关于违约金条款的约定属于商事合同当事人意思自治范畴，且管道公司也未就违约金过分高于造成的损失举证予以证明，对减少违约金的抗辩意见不予采信。

另外，根据《融资租赁合同》的约定，在管道公司违约的情况下，管道公司应赔偿租赁公司采取补救措施而产生的各项费用，包括但不限于律师费用、诉讼费等。因此该部分费用应由管道公司予以赔偿。

因此，法院认定管道公司应向租赁公司支付尚欠租金、租金利息以及律师费用、诉讼费等其他费用。

此外，法院认为，在本案中，根据《融资租赁合同》的约定，在管道公司履行完毕本合同项下所有义务前，租赁物所有权属于租赁公司。2015 年 5 月 28 日，管道公司亦确认租赁物的所有权转移至租赁公司，故应确认租赁公司享有对租赁物的所有权。若管道公司履行完毕《融资租赁合同》项下义务且租赁公司未实际处置租赁物，此时租赁公司仍应按约定配合转移租赁物的所有权给管道公司。

律师评析

今年是我国融资租赁行业迎来发展的第 40 年，而从融资租赁行业逐渐开始有起色到今天的蓬勃发展，累计达 7 万亿的规模也仅用了短暂的 13 年时间，这足以看出我国融资租赁市场的庞大活力。不过，随之而来的诉讼纠纷亦大量产生。

融资租赁按照学理分类原则上有三种，但在实践中已经随着融资租赁行业的各种模式而随之催生出了不同模式的融资租赁运作模式，当然最为主要的依旧是直接融资租赁、售后回租（返还式租赁）、转租赁这几种常见的业务模式，而不论是何种形式的融资租赁，均建立在《合同法》《物权法》的基础之上，纵使涵盖不同的法律关系，亦在融资租赁合同纠纷范围之内。

融资租赁合同诉讼案件诉争最多的为承租人违约未按期支付租金的情

况。租赁物本身承载着形式上的所有权与实质上的价值担保之作用，出租人往往想要在发生诉争之时，最大限度地挽回损失。因此，围绕着承租人未按期支付租金，出租人在主张回收租赁物所有权的同时，往往还想要求承租人支付租金债权。但根据《合同法》第 248 条的规定，如果承租人拒付租金责任，出租人可以要求支付全部租金；也可以解除合同，收回租赁物。对于本条规定，在实务中存在较大争议，对于立法所使用的“可以……也可以”的表述，其含义是“和”的关系，还是“或”的关系，亦即可选择适用还是可同时适用，评判不一。2014 年颁布的《最高人民法院关于审理融资租赁合同纠纷案件适用法律问题的解释》(法释〔2014〕3 号)第 21 条作了细化规定，对于出租人既诉请给付全部未付租金，又请求解除合同的情况，法院应当告知其作出选择。若未进行选择，则属于无明确的诉讼请求，应当予以驳回；若出租人作出选择后有了明确的诉讼请求，再行起诉，法院应予受理。虽然该司法解释对出租人的诉请作了明确的规定，但是面对实务中承租人无力支付租金且租赁物因混同或折旧等价值减损严重的情形，该司法解释的规定可能造成出租人的权益无法实现，仅能得到一纸判决的窘境。

本律师拟借鉴国外的“备位之诉”的理论来进行诉讼请求的主张，以期实现租金债权和租赁物物权的双重保障。在诉讼中第一项先请求承租人支付租金债权，之后第二项提出如承租人未能履行第一项诉讼请求的，则请求解除合同并返还租赁物。作此诉求的首要目的是实现租金债权，在租金债权无法实现，则退而求其次希望收回租赁物所有权，使得融资租赁合同存在继续履行合同支付租赁款项或解除合同，取回设备的两难，最终在一个案件中得以实现。虽然在我国的法律与司法解释中未明确赋予原告提出“备位之诉”的权利，但是仔细查找地方高院的意见，能够窥探到关于“备位之诉”的观点，且在一定条件下，对“备位之诉”持肯定的态度。

当然，最好的结果是对《合同法》第 248 条进行进一步的修改，或者出现新的更加完善的司法解释，能够对出租人的权益进行充分考量，才是更好地解决融资租赁合同纠纷的根本之道。略显遗憾的是，在 2020 年 1 月 1 日正式实施的《民法典》第 752 条依然延用了《合同法》第 248 条之规定，并未作出相应的调整。同时,多数学者也表明“备位之诉”能够更好地保护当事人的诉权,有利于提高诉讼效率、节约司法成本、防止产生矛盾裁判等。也期待今后在民事诉讼立法或相关司法解释中能对“备位之诉”作出更确切的规定。

10

农村房屋买卖合同纠纷：非合同相对人对合同无效不承担责任

北京市盈科律师事务所　赵红燕

裁判要点

我国《土地管理法》第 62 条规定,明确了农村房屋可以买卖,但是法律对宅基地使用权流转进行了限制性规定,受让人是城镇居民的和非本村村民的,房屋买卖合同无效。我国《合同法》第 8 条规定,依法成立的合同,对当事人具有法律约束力。当事人应当按照约定履行自己的义务,不得擅自变更或者解除。非合同相对人,对合同无效不承担责任。

基本案情

2003 年 7 月 × × 日,王 × 将位于 × × 市的木结构正房 × 间、亚房 × 间,包括房前使用院落和房前房后树木(以下简称案涉房屋),卖给案外人张 ×。2003 年 × × 月 × × 日,张 × 以 × 万元的价格将该房屋卖给了李 ×。2009 年,王 × 向 × × 人民法院提起诉讼,要求确认案涉房屋买卖合同无效,× × × 人民法院作出了民事调解书,由王 × 支付张 × × 万元,张 × 将案涉房屋及院落返还给王 ×。2010 年,李 × 就调解书向 × × × × 中级人民法院申请再审,× × × × 中级人民法院撤销 × × × 人民法院作出的民事调解书,将案件发回重审。重审过程中,王 × 追加李 × 为第三人,诉讼请求变更为:(1)确认王 × 与张 × 签订的《房屋买卖协议》无效;(2)张 × 和李 × 签订的案涉房屋买卖合同无效;(3)案涉房屋所有权及宅基地使用权归王 × 所有;判令张 × 返还王 × 基于 × × × 法院的调解书向其支付的补偿款×万元。经法院审理后认为,张×非案涉房屋所在村村民,无权使用案涉房屋的宅基地,故王×与张×签署的农村房屋买卖合同无效,张×与城镇居民李×签订的案涉房屋买卖合同亦无效;宅基地使用权归属不属于法院主管。×××人民法院于2011年×月×日作出了民事判决书,判决王×与张×签订的《房屋买卖协议书》无效;张×与李×签订的案涉房屋买卖协议无效。

王×与曹××系夫妻,二人育有一子一女,王×镇和王×余。2015年,机场公司对案涉房屋及院落进行拆迁。案涉院落被分为2个院落进行拆迁,被拆迁人王×镇和曹××分别与机场公司签订《住宅房屋拆迁安置补偿协议》及《住宅房屋拆迁补偿协议》,其中王×镇选购定向安置房五套,购房款在拆迁补偿款中扣除后支付王×镇×××××元,曹××获得拆迁补偿款×××××元。2015年、2017年,李×又先后两次向×××法院提起诉讼,之后又撤诉。

2018年×月××日,李×第三次向法院提起诉讼,要求王×、王×镇、曹××给付李×拆迁款×××万元,曹××、王×镇拆迁所得的三套房屋归李×所有。

代理意见

×××人民法院:

就原告李×诉被告王×、王×镇、曹××之间农村房屋合同纠纷一案(以下简称本案),我作为本案三被告的代理人,现根据事实和法律,并结合本案庭审情况,发表如下代理意见,供贵院参考:

我认为,本案系农村房屋买卖合同纠纷,主要争议焦点为原告李×是否有权直接向三被告主张合同无效后的相关权利。具体而言,包括:(1)三被告不是本案适格当事人;(2)王×与张×之间签订的农村房屋买卖合同无效,李×系城镇居民无权购买案涉房屋,李×与张×之间签订的农村房屋买卖合同无效;(3)李×无权直接向三被告主张合同无效后的相关权利。

1. 三被告不是本案适格当事人。

2003年7月××日,王×将案涉房产及院落卖给张×,王×与张×之间存在农村房屋买卖合同关系。2003年××月××日,张×将案涉房屋及院落卖给了李×,张×与李×之间存在案涉房屋买卖关系。根据合同的相对性,王×与李

×之间不存在任何关联性，即王×与李×之间不存在合同关系，李×与王×镇、曹××之间更不存在任何法律关系，李×直接将王×、王×镇、曹××列为共同被告，要求三被告给付李×拆迁款×××万元，曹××、王×镇因拆迁所得的三套房产归李×所有，无任何事实和法律依据，王×、王×镇和曹××不是本案适格被告，不应当向李×承担任何责任和义务。

2. 王×与张×之间签订的农村房屋买卖合同无效，李×系城镇居民无权购买案涉房屋，李×与张×之间签订的农村房屋买卖合同无效。

案涉房屋的土地使用权系王×所在××区××村的宅基地，张×系××区××镇××村村民，李×是城镇居民。虽然《土地管理法》第62条承认了农村房屋可以买卖，但是由于法律对于宅基地使用权流转的限制，农村房屋买卖中受让人的身份将影响房屋买卖合同的效力，有三种情况：(1)受让人是城镇居民，根据《关于加强土地转让管理严禁炒卖土地的通知》第2条第2款规定："农民的住宅不得向城市居民出售，也不得批准城市居民占用农民集体土地建住宅，有关部门不得为违法建造和购买的住宅发放土地使用证和房产证"及国家禁止城市居民购买农民住宅，这种情况下房屋买卖是无效的。(2)受让人是本村村民，在这种情况下，只要该受让人具备申请建房的条件，不仅房屋所有权转让是有效的，而且其占用范围内的宅基地使用权也可以一并转移。根据《关于加强农村村民建房用地管理若干规定》第9条的规定，村民全家迁出本村或由农业户口转为非农业户口后另有住房的，可经乡人民政府批准，按照规定的价格出售给符合申请建房用地条件的村民。(3)受让人是非本村的农民，对于这种情况，法律没有作明确规定，但是《关于印发农村私有房屋买卖纠纷合同效力认定及处理原则研讨会会议纪要的通知》认为，"此类合同的效力以认定无效为原则，以认定有效为例外，如买卖双方都是同一集体经济组织的成员，经过了宅基地审批手续的，可以认定合同有效"。理由有四：(1)房屋买卖必然涉及宅基地买卖，而宅基地买卖是我国法律、法规所禁止的。(2)宅基地使用权是集体经济组织成员享有的权利，与特定的身份关系相联系，不允许转让。(3)农村房屋买卖无法办理产权证书变更登记，故买卖虽然完成，但是买受人无法获得所有权人的保护。(4)认定买卖合同有效不利于保护出卖人的利益，出卖人处于弱势地位。

就本案而言，张×与王×非同一集体经济组织的成员，其依法不享有案涉房屋宅基地使用权，根据上述规定其与王×签订的农村房屋买卖合同无效。李×

是北京市城市居民,其与张×签订的房屋买卖合同违反了国家禁止性法律规定,因此李×与张×签订的合同无效。

3. 李×无权直接向三被告主张合同无效后的相关权利。

根据《合同法》第58条之规定,合同无效或者被撤销后,因该合同取得的财产,应当予以返还;不能返还或者没有必要返还的,应当折价补偿。有过错的一方应当赔偿对方因此所受到的损失,双方都有过错的,应当各自承担相应的责任。本案中,李×与王×之间没有买卖合同关系,因此李×不能据此向王×、王×镇、曹××直接主张合同无效后的相关权利。另外,李×如想主张权利,只能向与其签订房屋买卖合同的相对方张×主张权利。

以上代理意见,敬请合议庭予以支持。

此致

×××人民法院

被　告:王　×
被　告:王×镇
被　告:曹××
代理人:赵红燕　律师

裁判结果

法院判决驳回李×的全部诉讼请求。

裁判理由

法院认为本案争议焦点为:李×是否有权直接向三被告主张合同无效后的相关权利。

首先,根据本案查明的事实及双方当事人的陈述,案涉院落及房屋在拆迁评估时由王×及其家人占有使用,无论王×一家基于何种原因占用案涉院落及房屋,因本案涉及房屋买卖合同已被确认无效,讼争房屋所享有的物权业已恢复到合同订立之前的状态,李×基于物权请求权向王×主张相关权利无相关法律依据。

其次,李×与王×之间无房屋买卖合同关系,李×基于合同无效后的返还问题,李×亦应向合同相对方张×主张权利。综上所述,李×要求王×、王×镇、曹

××给付拆迁利益的诉讼请求，无相关事实及法律依据，本院不予支持。判决驳回李×的诉讼请求。

律师评析

第一，农村房屋买卖问题必然涉及宅基地使用权买卖问题，法律禁止宅基地买卖是否构成农村房屋买卖无效？

农村房屋买卖合同的标的物虽然是房屋，但是房屋是坐落在宅基地上的，农民合法取得宅基地使用权是依据《宅基地使用权证》和《集体土地建设用地使用权证》。因买卖房屋必然会发生宅基地转移，依照《土地管理法》《土地管理法实施条例》以及其他相关规定履行审查、批准手续，并完成相应权利主体的变更登记的，方可实现农村房屋所有权与宅基地使用权的同时转移。

我国《土地管理法》第62条规定，农村村民一户只能拥有一处宅基地，农村村民出卖、出租房屋后，再申请宅基地的，不予批准。农民集体所有的土地使用权不得出让、转让或者出租用于非农业建设；但是，符合土地利用总体规划并依法取得建设用地的企业，因破产、兼并等情形致使土地使用权发生转移的除外。可见，我国《土地管理法》第62条的规定，明确了农村房屋可以买卖，但是法律对宅基地使用权流转进行了限制性规定，受让人是城镇居民的和非本村村民的，房屋买卖合同无效。就本案而言，张×与房屋出卖人王×不是同一村的村民，因此其与王×签订的房屋买卖合同无效；李×是城镇居民，其与张×签订的农村房屋买卖合同显然也是无效的。但是，对于房屋买卖双方均系同一村的村民，房屋买卖合同是有效的。

第二，法院确认王×与张×之间签订的房屋买卖合同及李×与张×之间签订的房屋买卖合同均无效后，李×是否有权直接向王×、王×镇、曹××三人主张合同无效后的相关权利？

合同主要在特定的合同当事人之间发生法律约束力，只有当事人一方能基于合同向合同相对方提出请求或者提起诉讼，而不能向与其无合同关系的第三人提出请求，也不能擅自为第三人设定合同上的义务，合同债权主要受《合同法》的保护，这就是合同的相对性原则。合同的相对性主要体现在如下三个方面：(1)主体的相对性。由于合同关系是仅在特定人之间发生的法律关系，因此只有合同关系当事人之间才能相互提出请求，非合同关系当事人，没有发生合同上的权利义务的第三人不能依据合同向合同当事人提出请求或者提起诉讼。另外，合同一方当事人只能向另一方当事人提出合同上的请求和提起诉讼，而不能向与合同无关的第三人提出合同上的请求及诉讼。(2)内容的相对性：一是合同赋予当事人享有的权利，原则上并不及于第三人，合同规定由当事人承担的义务，一般也不能对第三人产生约束力。二是合同当事人无权为他人设定合同上的义务。三是合同权利与义务主要对合同当事人产生约束力，法律的特殊规定即为合同的相对性原则的例外。(3)责任的相对性。即指违约责任只能在特定的合同关系当事人之间发生，合同关系以外的人不负违约责任，合同当事人也不对其承担违约责任。

结合本案案情，王×与张×之间签订过房屋买卖合同，李×与张×之间签订过一份房屋买卖合同，但是王×与李×之间从没有签订过任何协议或合同。根据上述合同相对性原则，李×与王×之间不存在任何合同权利义务关系，王×与张×、张×与李×之间的房屋买卖合同均被确认无效后，李×无权直接向王×、王×镇、曹××主张合同无效后的相关权利即案涉房屋拆迁安置赔偿权利，法院作出驳回李×的全部诉讼请求是正确的。

最后，本案涵盖了《合同法》第8条“依法成立的合同，对当事人具有法律约束力。当事人应当按照约定履行自己的义务，不得擅自变更或者解除合同”中关于合同相对性原则的规定和《土地管理法》第62条以及《关于印发农村私有房屋买卖纠纷合同效力认定及处理原则研讨会会议纪要的通知》中关于农村房屋买卖合同无效情形的规定。

合同无效后的相关权利，谁有权利主张？这是本案的一个关键性争议焦点，也是合同相对性原则的一个延伸性法律问题，如何把握好此原则及解决问题的方式方法，对合同的各方当事人利益的保护具有重大意义。同时，建议买方在购买农村房屋时，注意向专业律师了解咨询各方面的法律和政策性规定，以免花钱买纠纷事件的发生。

11

股权转让合同纠纷：转让还是增资

北京市君永律师事务所　阮国盛

裁判要点

按照我国《合同法》的规定，依法成立的合同，受法律保护，对各方当事人具有约束力，当事人应当按照约定履行自己的义务。在本案中，双方当事人于同一日签订《股权转让合同》后又签署《增资扩股协议》，受让方究竟是向原股东购买股份还是向目标公司增资获得股份？应当结合合同内容和案件的具体情况来确定。由于双方签订《增资扩股协议》后，A 公司的注册资本并没有任何新的增加，因此，双方的股权转让法律关系明确，出让方未能在约定的时间为受让方作出股权变更过户，故应当承担违约责任。

基本案情

林×与史×于 2015 年 6 月签订《协议书》，约定史×于 2015 年 12 月向林×转让 A 公司 3.5%的股权，林×向史×支付 500 万元人民币作为对价。林×于 2015 年 6 月按照约定支付了 500 万元，史×出具了《收款凭证》，确认收到了该笔款项，但史×一直未按协议要求将公司的 3.5% 的股权过户到林×名下。后林×向北京仲裁委员会申请仲裁，要求解除合同返还投资本金 500 万元，并赔偿相应的损失。史×不同意林×的仲裁请求，认为林×实际上是向 A 公司增资，应当由 A 公司承担责任，并提起反请求，要求林×赔偿其律师费 25 万元，并承担本案全部仲裁费用。

代理意见

仲裁委员会:

申请人林×与被申请人史×之间因《协议书》引起的争议仲裁案已经于2018年5月14日经过正式开庭审理,现申请人林×委托的仲裁代理人北京大成律师事务所金平律师和北京市君永律师事务所阮国盛律师在审阅双方提供的证据以及参加开庭的基础上针对本案争议焦点问题发表如下代理意见,供贵委参考采纳。

一、本案申请人林×与被申请人史×于2015年6月11日所签署的《协议书》真实合法有效,双方所签订的《协议书》本质上就是股权转让协议,双方为股权转让的法律关系。因该《协议书》所约定的内容为股权转让,林×是从史×名下受让的股权,而非被申请人史×代理人所说的,林×是通过A公司的增资扩股拥有股权。故双方应按照《协议书》的约定来履行。

(1)申请人林×与被申请人史×于2015年6月11日签署的《协议书》中首段文字即:"丁方(为被申请人史×)于2015年1月22日与甲方B公司,乙方C公司,丙方A公司签订了《增资扩股协议》,现丁方同意转让《增资扩股协议》中A公司3.5%股权给丁方(为申请人林×)作价500万元人民币。"该《协议书》首段的内容清楚明确,即被申请人史×已经于2015年1月22日签署了增资扩股协议,获得A公司15%的股份,现与申请人林×签署本《协议书》,将3.5%股权转让给申请人林×,对价为500万元人民币。该《协议书》的内容即股权转让内容,申请人林×向被申请人史×支付500万元人民币整股权转让款,被申请人史×将A公司3.5%股权转让给申请人林×。

同时该《协议书》还约定申请人林×将500万元打入被申请人史×在中国建设银行北京朝阳门支行的账户内,并约定被申请人史×须于2015年12月31日之前,将A公司3.5%股权过户到申请人林×名下。该《协议书》的内容符合股权转让的全部构成要件,双方之间关于股权转让的权利义务约定明确。林×已按照双方所签订的协议,当日将3.5%的股权的对价款500万元人民币汇给史×,履行完毕自己的义务。史×应按照约定在2015年12月31日之前将3.5%的股权转让给林×。

(2)有关林×与史×、A公司、B公司、C公司签订的《增资扩股协议》,实质上该《增资扩股协议》是史×为了履行双方签订的《协议书》约定的,即股权转让需要经过A公司其他股东的同意以及将来林×享有与史×有关业绩承诺、对赌条款、股权回购等权利而签订的,并不是A公司真正的增资扩股。

申请人林×与被申请人史×于2015年6月11日当天先签订了《协议书》,后签署《增资扩股协议》,实际上2015年6月11日所签署的《增资扩股协议》是为履行《协议书》中所约定的股权转让行为而要求其他股东书面同意并认可的一种保证形式。因根据《公司法》第71条之规定:“股东向股东以外的人转让股权,应当经其他股东过半数同意。”该《增资扩股协议》实质上就是A公司其他两名股东对被申请人史×转让股权行为的一种认可,并非真实增资扩股。从以下几个方面也可以看出,第一,500万元转让款是由申请人林×直接支付给被申请人史×,并由被申请人史×亲笔书写《收款凭证》确认收到500万元股权转让款(见申请人提供的证据三《收款凭证》),若为增资扩股行为则增资款项应该打入公司账户而非股东个人账户。第二,A公司股东除被申请人史×外,其他股东持股比例均未产生变化。若为增资扩股行为,由于资金的加入,则全体股东的持股比例均发生改变,这也是判断该行为是股权转让而非增资扩股的本质区别。第三,A公司注册资金不因申请人林×与被申请人史×履行《协议书》转让3.5%股权后而产生变化,故并没有增资行为。第四,申请人林×与被申请人史×于2015年6月11日所签署《增资扩股协议》与2015年1月22日被申请人史×与B公司、C公司、A公司所签署的《增资扩股协议》内容上几乎一样,除首页加上了申请人林×的名字,尾页有申请人林×签字,第三页增加了一项申请人林×拥有3.5%股权之外,其他所有内容中均未出现申请人林×的任何权利义务之约定,完全抄袭了2015年1月22日的《增资扩股协议》,故2015年1月22日的《增资扩股协议》才是真实有效的,并且已经实际履行。2015年6月11日所签署《增资扩股协议》本质上只是为被申请人史×对向股东以外的人转让股权所要求其他股东同意的书面证明文件。

二、申请人林×与被申请人史×于2015年6月11日所签署的《协议书》已经因为被申请人史×的根本违约造成了合同目的无法实现的结果,双方所签署的《协议书》应该解除,史×应将收到的股权转让价款500万元人民币返还林×。

林×与史×签订的《协议书》明确约定，史×应在2015年12月31日前将转让的3.5%股权过户至林×名下。但史×违反约定，没有在约定的时间内将相应的股权过户至林×名下。史×不但没有过户股权，同时在A公司与D公司、E公司进行股权转让。实质上本次股权转让为股权置换，即A公司的股东将总计19%的股权转让给D公司、E公司，D公司、E公司将持有的F公司19%的股权转让给A公司。史×通过置换成为D公司、E公司的股东。史×为了套现，将其持有的D公司、E公司股权予以转让，获取200多万元现金。A公司在2015年9月将公司的有价值的资产全部出卖。

史×没有按时将出让给林×的3.5%股权过户至林×名下，属于根本性违约，其违约行为导致林×的合同目的无法实现。应予以解除，并将股权转让价款本金返还林×。

三、史×应按照年利率的20%给付林×利息。

虽然双方在2015年6月15日所签订的《协议书》中，并没有明确约定20%的利息。但综观史×在2015年1月22日与A公司签订的《增资扩股协议》的退出机制中约定退还本金以及按照年利率的20%给付利息以及双方所签订《协议书》约定史×保证林×在退出机制中优先退出500万元本金以及按照年利率的20%给付利息，加之史×没有按照约定转让股权，给林×造成了巨大损失，同时史×将置换的股权部分转让获利综合因素的考虑，应按照年利率的20%计算利息。

四、有关律师费用的承担，此费用属于林×为维护其合法权益，而支出的合理的费用。

按照相关规则的规定，胜诉方的律师费可以由败诉方承担。

综上，为代理人的代理意见，请求仲裁庭予以采纳，支持申请人林×的仲裁请求。

此致

仲裁委员会

申请人：林　×

代理人：阮国盛　律师

裁判结果

仲裁委员会于2018年5月24日作出仲裁裁决：

一、解除林×与史×签订的本案合同；

二、史×向林×返还投资本金500万元；

三、史×向林×支付自2015年6月12日起至实际支付之日止，以500万元为基数，按中国人民银行同期贷款利率计算的利息，暂计算至2017年12月22日的利息为618,055.55元；

四、史×向林×支付因本案产生的律师费24万元；

五、驳回史×的仲裁反请求；

六、本案请求的仲裁费79,314元，由史×承担63,451.2元，林×承担15,862.8元；本案反仲裁费14,550元由史×自行承担。

上述各项中史×应当向林×支付的款项，史×应当于本仲裁裁决送达之日起十日内支付完毕，逾期支付的按照《民事诉讼法》第253条之规定，加倍支付迟延履行期间的债务利息。

本裁决为终局裁决，至作出之日起生效。

裁判理由

仲裁委员会认为，双方于2015年6月签订了《股权转让协议》和《增资扩股协议》，后A公司的注册资本并没有任何新的增加，而林×将500万元打入史×账户，因此，双方的股权转让法律关系明确，出让方未能在约定的时间为受让方作出股权变更过户，故应当承担违约责任。

（一）关于本案合同效力

本案合同是林×与史×基于双方真实意思表示而订立，符合《股权转让协议》的基本规定，不存在法律规定的无效或者可撤销的情形，因此本案的合同合法有效，对林×和史×双方具有法律约束力，双方应依约履行。

（二）关于解除本案合同及被申请人返还申请人投资本金500万元

就本案而言，林×依据本案合同的约定如期支付了股权转让款500万元，作为对价，史×应当向林×于2015年12月31日之前将其持有的3.5%的公司股权过户到林×名下，但是史×违反合同约定，至今未将该部分股权过户到林×名下,一直登记在史×名下,致使林×受让公司3.5%股权的合同目的无法实现,不能成为该公司股东,享有该公司的股东权利,此行为违反《合同法》第94条第4款规定的情形,林×有权主张解除本合同,本案合同因史×的违约行为解除后,史×应返还林×全部500万元的股权转让款。

(三)关于史×向林×支付利息实际支付之日止的仲裁请求

违约金的实质是补偿性的,是对应因违约而受损失的当事人以足额补偿,故仲裁庭依据公平与诚实信用原则,考虑到本案实际情况,酌定利息损失的计算标准为中国人民银行三年期同期贷款基准利率(每年按照360天)计算的利息。

(四)关于双方律师费

根据《仲裁规则》第51条第4款,结合本案实际审理情况,史×应当向林×支付24万元。

(五)关于本案仲裁费用

根据本案具体案情,依据《仲裁规则》第51条第2款,仲裁庭认为,本案仲裁费用双方应当按照以下比例承担:由申请人林×承担20%,被申请人史×承担80%;反请求仲裁费全部由被申请人史×承担。

律师评析

本案主要分歧在于林×与史×于同一天签署了两份协议书,该意思表示究竟是股权转让还是增资扩股双方说法不一。根据两份协议书的内容以及A公司注册资本并未增加可以看出,其实际为史×向林×转让股份,即双方真实目的为林×受让史×的股份,成为A公司新的股东。但由于史×取得了500万元的股权转让款后并未去工商局给林×办理股权变更手续,且后来A公司的资产被掏空,导致林×再成为该公司股东已无实际意义,故林×申请解除协议并退还500万元的股权转让款并赔偿相应的损失。

仲裁委员会结合双方所签订的两份合同的真实目的,以及履行情况,作出裁决,完全支持了申请人一方的仲裁请求,申请人的权益得到了保障。但应当注意在签订合同中,需要认真审查合同,明确各方的权利义务,责任主体清楚,文字表述准确,避免合同内容出现歧义,从而造成不必要的损失。

12

房屋拆迁安置补偿合同纠纷：无资质挂靠导致的连带责任承担

北京市鑫诺律师事务所　马　迁

裁判要点

为了适应经济的发展，实现城乡一体化，各地拆迁如火如荼，然而在实际中，面临拆迁，真的是几家欢喜几家忧，有的老百姓由于拆迁而过上了窗明几净的幸福生活；然而也有些老百姓房屋被拆，却因未得到应得的补偿导致无家可归。本案中的房屋拆迁安置补偿合同纠纷就是因为原告个人的房屋被拆迁，实施拆迁的公司无拆迁资质，无资金，无法支付拆迁补偿，而被挂靠企业具有资质与资金，却以“未在拆迁安置补偿协议上签字”为由拒绝承担责任。最终法院认定，没有资质的公司不能单独参与拆迁工作，其被挂靠公司，无论是否在拆迁安置补偿协议上盖章或签字，均因其允许无资质公司的挂靠而导致其与挂靠公司一起承担连带责任。

基本案情

上诉人郝××在C村有宅基地、祖宅、房屋树木等地上附着物。2014年C村村支部书记王×、村民王××、屈××上门通知上诉人：周×和辛××要对该村进行拆迁，并新建设楼房。周×为被上诉人A公司法定代表人，辛××为被上诉人B公司法定代表人，A公司成立于1992年9月4日，注册资本3000万元，营业范围为房地产开发和经营，B公司成立于2009年3月10日，注册资本10万元，经营范围为地质勘探咨询、服务。

2015年4月21日，上诉人与被上诉人B公司、被上诉人C村村委会、被上诉人王××、屈××签订《拆迁补偿协议》书，约定：由B公司对郝××的原有宅基地进行合理拆迁，B公司对郝××做出如下拆迁补偿：B公司给予郝××补偿款520万元，B公司给郝××两套住宅楼，面积约定为230平方米，价格按每平方米2300元，总额为529,000元，车库一间，地下室一间，作为对郝××的补偿不做核算。住房的面积按现房面积多退少补。两项总额为529,000元，从郝××的总额补偿款中扣除住宅楼529,000元，剩余实际余额为4,671,000元，对于这笔款项，B公司分为五次付款：拆迁协议签订后，郝××在三日内搬清所有财物，B公司拆迁前，支付郝××补偿款80万元；第二批款项B公司在2015年8月21日付给郝××671,000元整；第三批款项B公司在2015年12月21日付给郝××60万元整；第四批款项B公司在2016年4月21日付给郝××60万元整；第五批款项B公司在2016年11月21日付给郝××200万元整。郝××可享受正常的装修补贴5万元整，搬家补偿5000元整。协议由甲方：B公司盖章，委托代理人：王××、屈××签字，乙方：郝××签字，丙方：C村村委会盖章。

当日，上述四方又签订《附加条款及违约责任》，约定：B公司给郝××分期支付的款项，B公司按照协议上的付款时间按时付给郝××，不得违约，否则B公司给付郝××相应的违约金及其他有关的费用。B公司给郝××住宅楼两套，B公司承诺在2016年8月中旬安排郝××入住；B公司给郝××补偿的车库一间为3.5×6米，约21平方米，地下室一间为12平方米。

协议签订后，由于B公司、C村村委会、王××、屈××无拆迁另建的经营资质，该拆迁及后续的开发工作挂靠在A公司名下，但实际由五被上诉人共同负责拆迁及新建工作。

2016年11月中旬B公司交付郝××住宅楼两套，面积共计217平方米，不足《拆迁补偿协议书》约定的230平方米，被上诉人应退给上诉人补偿款29,900元；2015年4月21日至今，被上诉人共支付上诉人搬迁款5000元，拆迁补偿款1,150,000元，剩余补偿款3,521,000元未支付，同时，对于约定的21平方米车库一间，12平方米地下室一间、装修补贴5万元均未按照双方约定的期限履行给付义务。

因五被上诉人拒不承担责任，上诉人只能起诉至一审法院，要求：A公司、B公司、C村村委会、王××、屈××连带支付拆迁补偿款及逾期利息、装修补偿款及逾期利息、违约金,交付车库与地下室,然而,一审法院经审理作出判决:(1)B公司支付郝××拆迁补偿款3,548,600元,并承担逾期利息224,745元(自2016年8月22日起至2017年12月22日止,按照年利率4.75%计算),共计3,773,345元,均限于本判决生效后30日内付清;(2)B公司向郝××交付某小区车库一间(面积为21平方米)、地下室一间(面积为12平方米),限于本判决生效后30日内交付,A公司对此义务承担连带责任;(3)B公司支付郝××装修补偿款5万元,并承担逾期利息2514元(自2016年12月1日起至2017年12月22日止,按照年利率4.75%计算),共计52,514元,限于本判决生效后30日内付清;(4)C村村委会、王××、屈××对此不承担连带责任;(5)驳回郝××的其他诉讼请求。

因B公司无任何资产,仅为一个空壳公司,因此一审判决如果生效了,将来也难以执行,基于此,郝××决定上诉,要求二审法院支持郝××的全部诉讼请求。

代理意见/代理词

致××市中级人民法院:

就贵院受理的上诉人郝××诉被上诉人A公司、被上诉人B公司、被上诉人C村村委会、被上诉人王××、被上诉人屈××房屋拆迁安置补偿合同纠纷一案(以下简称本案),我是上诉人的代理人,结合本案庭审情况,发表如下代理意见:

各被上诉人对本案基本事实和赔偿数额不持异议,对此代理人不予赘述。

本代理意见将围绕本案的争议焦点展开,焦点有三:(1)五名被上诉人之间是否需要承担连带责任;(2)五名被上诉人是否应支付上诉人违约金;(3)关于利息计算的截止时间。

一、五名被上诉人之间是否需要承担连带责任

1. 被上诉人A公司与被上诉人B公司之间应承担连带责任

(1)被上诉人A公司主张与被上诉人B公司之间系挂靠关系,被上诉人B公司主张与被上诉人A公司之间系借用资质关系。不论两者之间是挂靠关系还是借用资质关系,上诉人宅基地及地上附着物补偿的拆迁及后期案涉小区的建设由被上诉人B公司与被上诉人A公司双方合作完成的事实毋庸置疑,案涉的小区实则以被上诉人A公司的名义完成也是不争的事实。

《拆迁补偿协议书》虽无被上诉人A公司盖章,但是实质却由被上诉人A公司完成拆迁及新建的工作。被上诉人B公司无相关资质,×县人民政府及国土资源局不会批准无拆迁及建设资质的公司进行拆迁及建设。被上诉人A公司明知被上诉人B公司无建设资质,却让其挂靠或者借用资质给其使用,因此,当《拆迁补偿协议书》无法履行时,被上诉人A公司均应承担连带责任。

(2)被上诉人A公司与被上诉人B公司均主张两者之间没有任何书面协议,均为口头约定,且两者之间建立关系发生于被上诉人B公司与上诉人之间签订书面《拆迁补偿协议书》之后。这与事实不符。

在一审法院×县人民法院于2017年9月5日案件第一次开庭审理过程中,被上诉人A公司未出庭,提交说明,该说明记载:A公司取得的案涉土地是由甲号文件合理合法合规竞得,其公司从未参与过该地块的土地征用拆迁工作也从未与申请人签订任何拆迁协议。根据一审法院调取的证据:2014年11月10日×县人民政府作出甲号文件:在×县国土资源局组织向社会公开挂牌出让位于×县乙号宗地国有建设用地使用权的活动中,A公司最终以1013.23万元竞得该宗地的国有建设用地使用权。这与被上诉人A公司提交的说明相吻合,只不过根据该文件被上诉人A公司2014年11月10日通过土地出让方式取得了国有建设用地使用权,而本案案涉的《拆迁补偿协议书》于2015年4月21日签订,可见,自2014年被上诉人A公司与被上诉人B公司之间就建立了他们所谓的挂靠关系或是借用资质关系,早于《拆迁补偿协议书》的签订时间。

(3)同一份《拆迁补偿协议书》约定了支付补偿款和交付安置住宅楼、车库、地下室两项义务,同一份协议,同样的合同主体,同样的义务主体,但是一审法院却作出了两项完全一样的判决,一审法院判决:对于车库和地下室,A公司与B公司承担连带责任,但是对于拆迁补偿款,却只有B公司承担责任A公司无需承担连带责任。可见一审判决完全是帮助被上诉人逃避法律责任的错误之判。

(4)我们国家虽并非判例法国家,但是同案亦不能不同判。××市中级人民法院(2017)××07民终××号案件,法院判决A公司与尚××承担连带责任,在该案中:A公司与尚××系挂靠关系,尚××与被拆迁人签订的《房屋拆迁补偿协议书》仅有尚××签字,无A公司盖章,一审法院认为:该住宅小区实际由被告尚××开发建设,与该公司(A公司)系挂靠关系,故原、被告双方均应按约全面履行协议内容,二被告应承担连带责任,虽A公司与尚××提起上诉,但二审法院作出了维持原判的判决。××省×县人民法院(2016)××民初××号案件,邹×与被拆迁户签订《旧房改造拆迁补偿协议》,A公司未盖章,但×县人民法院认为:原告(被拆迁户)提交的《旧房改造拆迁补偿协议》虽没有加盖被告(A公司)的印章,仅邹×在该协议甲方代表处签名,但原告所提供的某县仓房街民主巷的原有住宅就是被告A公司开发的,被告与邹×是合作开发关系……邹×本人无开发资质,故A公司主体适格。最终法院判决A公司支付被拆迁户补偿款,交付车库。

本案中,被上诉人B公司无建设资质,与被上诉人A公司系挂靠关系,协议书上虽无A公司的盖章,但被上诉人B公司与被上诉人A公司双方均应按约全面履行协议内容,且现在《拆迁补偿协议书》已部分履行,尤其关于交付安置住宅楼的义务,已由被上诉人A公司履行,因此对于未支付的拆迁补偿款以及未交付车库、地下室等义务均应由被上诉人A公司与被上诉人B公司承担连带责任。

(5)被上诉人B公司答辩称其无拆迁资质,协议应无效,如果被上诉人B公司与上诉人签订的《拆迁补偿协议书》无效,那么造成的法律后果为:合同无效,双方恢复原状;则被上诉人B公司需要返还上诉人的宅基地及地上附着物,×县人民政府收回上诉人集体土地使用权的行为亦无效,则×县人民政府将土地出让给被上诉人A公司的行为违法。但是现在上诉人的房屋已经被拆迁,安置住宅楼已经交付,协议的履行已经不可逆。上诉人认为协议的实施与履行由被上诉人A公司完成,该公司具有相关资质,《拆迁补偿协议书》从履行的角度看,实际的合同主体是被上诉人A公司,因此协议应由被上诉人A公司承担义务。

被上诉人B公司、被上诉人屈××、被上诉人王××、被上诉人C村村委会明知自己无拆迁资质,却与上诉人等村民签订《拆迁补偿协议书》,其目的不言而喻,五被上诉人联合坑蒙不懂法律的老百姓,五被上诉人安排由无资质无资产的被上诉人B公司、被上诉人屈××、被上诉人王××、被上诉人C村村委会与被拆迁人签订履行义务的《拆迁补偿协议书》,一旦发生争议,就如本案,以无资质、无资产来逃避责任。有资质的,且掌握资产的被上诉人A公司却以未在《拆迁补偿协议书》上签字为由拒绝承担责任。

(6)被上诉人B公司在二审期间已经变更了法定代表人,已经为逃避法律责任做好了预谋,如果不判决A公司承担连带责任,上诉人的权益很难得到保障,最终难以化解社会矛盾。

2. 被上诉人C村村委会、被上诉人王××、被上诉人屈××亦应承担连带责任

五被上诉人在×县住房和城乡建设局备案的《拆迁补偿协议书》为虚假协议书,《拆迁补偿协议书》上郝××签字由他人伪造,《拆迁补偿协议书》内容全系伪造,与事实相距甚远,由此可见,五被上诉人为达到不承担责任或是少承担责任的目的早有预谋,为达目的无所不用其极。在一审庭审中,各被上诉人均答辩协议虽然系伪造,但是不产生任何影响,其实不然,在集体土地的征收中经常见到弱势地位的农民一方不掌握《拆迁补偿协议书》而难以维权,值得庆幸的是,本案上诉人在签订协议书时多次找被上诉人索要协议书并掌握了《拆迁补偿协议书》,否则现在也面临无书面《拆迁补偿协议书》的困境,赔偿数额将按照伪造的《拆迁补偿协议书》确定。被上诉人王××与被上诉人屈××反复强调其仅仅是职务行为,试想两者如果仅仅是职务行为,没有利益获得,两人岂会参与伪造《拆迁补偿协议书》。同理,被上诉人C村村委会在庭审中答辩村委会未参与利益分配,仅仅是协调、协助本村村民签订协议书,但是如果没有利益,其也不会配合其他被上诉人的造假行为,而且从其提交的与辛××签订的《拆迁补偿协议书》可知,被上诉人C村村委会也参加了拆迁工作并获得了利益。

二、五名被上诉人是否应支付上诉人违约金

五名被上诉人应支付上诉人违约金。

B公司、C村村委会、王××、屈××与上诉人签订《附加条款及违约责任》约定:被上诉人B公司给上诉人分期支付的款项,被上诉人B公司按照协议上的付款时间按时付给上诉人,不得违约,否则被上诉人B公司给付上诉人相应的违约金及其他有关的费用。法院依法调取的《拆迁补偿协议书》之附件《附加条款及违约责任》亦证明了该事实。虽然《附加条款及违约责任》中并未明确约定违约金的计算方法或计算标准,但是被上诉人的违约行为已经被法院认定。如果契约不能被尊重、被履行,那么极大地侵害了契约的尊严,因此法院应对被上诉人的违约行为酌定违约金。

三、利息计算的截止时间

拆迁补偿款、装修补贴款的利息截止时间应为被上诉人实际支付之日。

(1)根据《合同法》《民事诉讼法》《最高人民法院关于执行程序中计算迟延履行期间的债务利息适用法律若干问题的解释》等法律的规定:逾期付款一般债务利息的起止期限,应为自结算之次日(起息之日、借款之日)至履行完毕之日。

(2)计算利息的时间链条不应出现断缺。司法程序应全面地保护债权人的合法权益,如果在司法程序中免去债务人全部诉讼过程或某个诉讼阶段支付逾期付款利息的义务(诉讼程序或某个诉讼阶段有时长达数年),就会导致债权的部分利息无法纳入司法审查和判决,有时造成债务人无偿使用巨额资金、债权人承受巨大利息损失的后果。债权人的合法利益因此得不到法律保护,债务人相反无须对其部分违约行为承担法律后果,这显然违反了法律的基本原则和法律规定。本案中如果利息仅仅支付至2017年12月22日,那么自2017年12月22日起至生效判决执行之日期间的利息,出现空档期,这对上诉人而言不公平,侵害了上诉人的权利。

以上代理意见,望能得到合议庭的重视和采纳!

上诉人:郝××

代理人:马 迁 律师

裁判结果

依照《民事诉讼法》第144条,第170条第1款第1、2项,第175条之规定,法院判决如下:

一、维持××省×县人民法院(2017)××民初××号民事判决第2、4、5项;

二、变更××省×县人民法院(2017)××民初××号民事判决第1项为:B公司向郝××支付拆迁补偿款3,521,000元(4,671,000元-1,150,000元=3,521,000元)、置换房屋减少面积补差价款27,600元(230平方米-218平方米=12平方米×2300元/平方米=27,600元),合计3,548,600元,并承担逾期利息(自2016年11月22日起至拆迁补偿款实际支付之日止,按照年利率4.75%计算),限于本判决生效后30日内付清。A公司对此义务负连带责任;

三、变更××省×县人民法院(2017)××民初××号民事判决第3项为:B

公司向郝××支付装修补贴款50,000元,并承担逾期利息(自2016年12月1日起至装修补贴款实际支付之日止,按照年利率4.75%计算),限于本判决生效后30日内付清。A公司对此义务负连带责任。

一审案件受理费38,214元,由郝××负担2433元,B公司负担35,781元。

二审案件受理费38,214元,由郝××负担2433元,B公司负担35,781元。

本判决为终审判决。

裁判理由

××市中级人民法院认为,围绕郝××的上诉请求,本案二审中双方当事人争议的焦点问题主要有四点:无资质的B公司与有资质但是未盖章的A公司是否应承担连带责任;在协议上盖章的房屋所在地的村委会及在协议上签字的个人是否应与A公司、B公司承担连带责任;违约金应该如何计算;利息应如何确定起止时间。

一是关于A公司应否与B公司承担连带责任的问题。首先,B公司无房地产开发资质,在二审庭审中,B公司和A公司均认可双方之间的关系是B公司借用A公司的资质以A公司的名义进行房地产开发。虽然A公司在《拆迁补偿协议书》中未盖章签字,但B公司拆迁案涉土地的目的就是以A公司的名义进行房地产开发,征地拆迁与房地产开发建设是一个连续的完整的过程,不能割裂开来。其次,在B公司以A公司的名义取得国有建设用地使用权时分两次取得,第一次是2014年11月10日取得乙号宗地,面积32,620.27平方米,第二次是2015年7月27日取得丙号宗地,面积2306.28平方米,郝××的宅基地是在第二次取得范围。在B公司与郝××签订《拆迁补偿协议书》之前,B公司已经以A公司的名义取得第一宗土地。在二审庭审中,B公司与A公司均认可土地出让金由B公司以A公司名义交纳。在B公司以A公司的名义取得国有建设用地使用权后,B公司以A公司的名义进行规划审批、开发建设、房产销售。上述行为,足以使郝××对A公司产生合理信赖。最后,B公司以A公司的名义开发的房产,由B公司以A公司的名义销售,销售的价款通过A公司转交B公司,A公司可以对房屋销售价款予以控制。因此,根据本案实际情况,为了妥善化解纠纷,减少当事人的诉累,对于B公司向郝××支付拆迁补偿款、装修补贴款及交付置换房屋的义务,A公司均应当承担连带责任。一审法院仅判决A公司对交付车库和地下室承担连带责任不当，二审法院予以纠正。

二是关于王××、屈××及C村村委会是否与B公司承担连带责任的问题。根据B公司与郝××及C村村委会签订的《拆迁补偿协议书》，B公司作为甲方加盖了公司印章和其法定代表人辛××的印章，而王××、屈××仅是在委托代理人一栏内签名，其行为系职务行为，相应责任应由B公司承担，王××、屈××个人在本案中不应承担责任。对于C村村委会，正如一审判决所述，C村村委会既非拆迁单位，也非房地产开发的具体实施单位，其作为村民自治组织在拆迁和开发建设中仅仅起到了动员、协调、监督等作用，并不对房屋拆迁和安置补偿享有实体的权利和义务，故在本案中也不应承担责任。一审对此判决正确，予以维持。

三是关于应否承担违约金的问题。在B公司与郝××签订的《拆迁补偿协议书》中，双方虽约定违约应承担相应的违约金，但没有明确约定违约金的数额或因违约产生的损失赔偿额的计算方法。我国《合同法》中的违约金其法律性质以补偿性为主，惩罚性为辅，确定违约金时应以实际损失为基础，兼顾合同的履行情况、当事人的过错程度以及预期利益等综合因素，根据公平原则和诚实信用原则予以衡量。本案中，郝××并未提交证据证明因B公司的违约行为给其造成损失的事实，一审法院在已经判处B公司对拆迁补偿款和装修补贴款按照同期银行贷款利率承担逾期利息的前提下，故对郝××要求B公司支付违约金的诉讼请求不予支持，并无不当。

四是关于利息计算的起止时间问题。在《拆迁补偿协议书》中明确约定剩余的拆迁补偿款分五次支付，同时支付装修补贴款，由于B公司并未按照约定的时间向郝××支付拆迁补偿款和装修补贴款，故一审判决对郝××要求B公司按照银行同期贷款利率支付逾期利息的诉讼请求予以支持是正确的。但是，一审法院对利息计算的起止时间确定不当，二审法院予以纠正。对于利息起算日期，协议约定的拆迁补偿款最后一期付款时间为2016年11月21日，故拆迁补偿款利息的起算日期应为2016年11月22日，郝××主张自2016年8月22日起算没有依据，装修补贴款利息的起算日期郝××主张自2016年12月1日起算，予以准许。对于利息截止日期，应为拆迁补偿款和装修补贴款实际支付之日，一审法院确定为判决作出之日，将造成郝××利息损失，不能连续保护，有违公平。

律师评析

拆迁貌似是关乎个人家庭的经济行为,其实不然,合理合法的拆迁会促进经济的发展,违法的、不当的拆迁侵犯的不仅仅是个体的权益,还将影响社会的稳定与和谐,最终反作用于经济的发展,故而,我们应该重视合法拆迁利益的实现。2021 年 1 月 1 日开始实施的《民法典》对规范拆迁征收行为尤为重视,不仅给征收行为提供了法律依据,而且在救济手段、被征收人权利保障方面亦提供了新的法律依据,这对于规范拆迁征收行为,保障被拆迁人、被征收人合法权益均起到了积极的促进作用。

13

合同纠纷：一宗宅基地涉及分家和房屋买卖的拆迁利益分割

北京市荣博律师事务所　杨文茂

裁判要点

本案是有关农村宅基地拆迁引发的利益诉讼,涉及分家析产和房屋买卖两个法律关系。通过分家得到农村房屋所有权,根据地随房走的原则,相应的宅基地使用权也属于房屋所有权人并享受由于房屋拆迁所获得的拆迁利益。对于农村房屋买卖无效后,房屋还未返还就遇到拆迁,关于拆迁利益的划分,需要根据诚实信用原则对双方在房屋买卖无效中的过错进行比例划分,以此平衡双方的利益。

基本案情

张小和张大系亲兄弟关系。案涉房屋位于农村,现已经拆迁,拆迁之前院内有正房七间、西厢房一间。

案涉房屋原本是张小和张大父母所建。1973 年和 1985 年,在父母主持见证下张小和张大历经两次分家,最终将院内正房七间中的西数三间及西厢房一间分给了张小,院内正房七间中的东数四间分给了张大。

分家后两兄弟就在同一个院内居住使用。后张小因工作原因将户籍转为非农户籍,张大一直是本村农业户籍,并且登记在案涉院内。

1993 年,农村宅基地实行登记确权,因张小当时不在家,案涉院内的《集体土地建设用地使用权证》登记在了张大名下。

2001 年张小与张大签订《协议书》一份，载明：经过协商，双方同意，张大将分家所得的东数四间正房以 11,500 元的价格卖给张小，房前屋后一切树木都归张小所有，与张大无关，以后大队对村内房屋管理拆迁有所变化，与张大无关，永不反悔。张大、张小在协议上签字，并按协议要求履行了各自义务。

后张大、张小因案涉院内房屋权属问题进行过多次诉讼：

一是张小起诉张大的分家析产纠纷，要求确认 1973 年和 1985 年的分家单有效，并要求确认院内北房七间中的西数三间及西厢房一间归张小享有，张大不同意其诉求并提出各种抗辩，但最终法院确认了分家单有效并支持了张小的诉求。

二是张大起诉张小的房屋买卖无效纠纷，要求确认张大卖与张小四间正房的协议无效并将四间正房交还给张大，理由是张小已经不是本村农业户籍，不具备农村房屋的购买资格，经法院审理查明后作出判决，支持张大的诉求，判决双方买卖协议无效并要求张小将北房东数四间腾退交还给张大。

三是张小起诉张大农村房屋买卖合同纠纷，要求张大赔偿购房款、因北房四间房屋买卖协议无效产生的损失等诉求，法院经受理后对四间北房价值进行了评估，并结合双方在买卖中的过错程度，最终作出判决：(1) 张大给付张小房屋及地上物补偿 × × 元；(2) 张大赔偿张小因合同无效产生的损失 × × 元。该判决作出后，张小不服提出上诉。在二审审理期间，因案涉房屋即将面临拆迁，一审所依据的评估标准依据已经被撤销，于是二审经审理后判决撤销一审判决，发回重审。因案涉四间房屋价值无法评估，张小的赔偿诉求已无法支持，于是张小撤诉。后张大没有赔偿张小损失，也没有给付补偿，张小也没有返还张大房屋，案涉房屋继续由张小一家居住使用。

2019 年案涉房屋因涉及政府规划进行拆迁，因张大是房本产权人遂以被拆迁人的身份与拆迁方签订拆迁协议，院内共有三名安置人：张大（农业）、张小（非农）、张小配偶（非农）。拆迁获得的利益包括货币补偿和安置房补偿两部分，货币补偿包括村级补助在内共 × × 万余元，扣除安置房购房款后剩 × × 万余元；安置房采用的按宅基地面积 70% 置换，获得安置房三套，一套三居和两套两居。

拆迁后因利益分配无法达成一致，张小以合同纠纷为由起诉张大，要求分割拆迁利益，案涉房屋涉及分家析产和房屋买卖两个法律关系，但因是同一个标的物，一审法院审理查明后将两个法律关系项下的拆迁利益一并处理。

代理意见

尊敬的合议庭：

贵院受理的原告张小诉被告张大、第三人王×合同纠纷一案，北京市荣博律师事务所接受原告张小的委托，指派杨文茂律师担任原告张小的本案代理人。结合庭审的实际情况，代理人发表如下代理意见：

一、关于拆迁房屋货币补偿分配

（一）宅基地区位补偿价1,653,900元中，1,379,518元属于原告，274,382元属于被告

（1）被告的计算标准：北房七间总长度为19.7米，东边四间房长度为10.9米，占总长比例为55.3%，基于过错原则，被告只能拿到55.3%中的30%，所以1,653,900元×55.3%×30%=274,382元；

（2）原告的计算标准：1,653,900元-274,382元=1,379,518元。

代理人认为宅基地区位补偿价如上划分的理由是原告与配偶一直在案涉院内居住使用，是宅基地的实际使用人，对宅基地区位补偿价享有权益。对于西边北房三间享有完全权益，在东边北房四间买卖无效后的利益划分中，被告应承担70%的过错。

（二）房屋重置成新价、装修及附属物补偿均属于原告享有，理由

（1）西边三间正房及西厢房是法院判决给原告的，补偿价理应属于原告享有；

（2）东边四间正房是原告花11,500元买的，虽然合同无效，但被告也没有返还原告购房款及相应的赔偿，四间正房仍然属于原告所有。

（三）其他的各项补助费和奖励费也应属于原告所有

其他的各项补助费和奖励费是基于宅基地使用人的补助和奖励而来，原告一家一直在案涉房屋内居住使用，是正当的合法使用人，而被告自卖房以后一直就不在院内居住使用，代理人认为其无权享有相关的补助费和奖励费。

二、关于安置房及周转费的分配

（1）原告首先认为被告除了拿宅基地区位补偿款的30%以外，所有的钱和房都应属于原告所有；

(2)退一步讲，基于公平原则和安置房属于“三定三限”定向安置的性质，案涉房屋获得的一共270平方米的安置房面积应该由三人均分，因为如果按人口安置，案涉院内三个安置人应获得150平方米的安置房，但现在被告以利益最大化的标准按宅基地面积70%的标准置换安置房，最终获得270平方米安置房，远超150平方米按人口安置的标准，多出的部分如果全部由被告享有，对原告显然不公平，因此原告和配偶应获得一套两居和一套三居的安置房，对于原告与配偶多出的面积，原告愿意以货币补偿被告。

(3)基于原告获得一套三居和一套两居两套安置房的主张，原告可享有该两套房屋的周转补助费。

三、关于村补的分配

(1)原告首先认为村补也是给予合法宅基地使用人的，而拆迁时在院内居住使用的也是原告一家，该补助理应属于原告；

(2)退一步讲，就算有被告的份额，也应三人均分，原告和第三人应分得60万元。

四、被告不应享有案涉房屋的拆迁利益

(1)被告在1995年的时候取得××村建设的楼房，但前提是放弃案涉房屋的宅基地；

(2)被告在此次拆迁中，通过楼房的拆迁已经分得两套安置房，无权再分案涉房屋的拆迁利益。

综上所述，虽然原、被告双方第二部分的房屋买卖合同被认定为无效，但是被告并未履行相关的返还原告财产的义务，且以合同无效为借口而想要恶意占有原告的财产以及拆迁过程中所享有的相关权益的行为既不合法也是不道德的。除了在法律上理应承担相应的责任外，在道德上也应当受到相应的谴责。

为维护原告的合法权益，维护社会的公平正义，请法院支持原告张小的诉讼请求。

此致

××区人民法院

原　告：张　小

代理人：杨文茂　律师

裁判结果

一、院内拆迁获得的补偿款123万余元归原告张小所有；

二、院内拆迁获得的安置房周转补助费25万余元归原告张小所有；

三、院内拆迁获得的村级补贴40万余元归原告张小所有；

四、院内拆迁所得安置房中的二居室房屋全部权益归原告张小所有；

五、院内拆迁所得安置房中的三居室房屋全部权益归原告张小所有；

六、原告张小向被告张大支付安置房面积差补偿款人民币45万元。

裁判理由

一、关于拆迁货币补偿款的分配

根据查明的事实，案涉院落包括两部分房屋：第一部分为张小的房屋，第二部分为张大后来卖给张小的房屋。拆迁评估测绘资料显示，张小房屋占比为45%，张大房屋占比为55%。双方对于第二部分的房屋买卖合同被依法确定无效、对于合同无效后的后续事宜并未实际处理，故原告张小对拆迁货币补偿款享有权利，结合双方过错程度，对于宅基地区位补偿款，张小享有45%的比例加上55%比例中的70%，对于创业综合补贴费、搬迁补助费、提前搬家奖励、合法利用土地奖励费、宅基地少建房奖励等款项也按45%和55%的比例分配，对于安家补助费一人一半。

二、关于村级补贴的分配

根据查明的事实，结合村级补贴的性质，该款项的分割亦应按照原被告双方房屋占比进行分配，即张小45%，张大55%。

三、关于安置房和安置房周转费

根据查明的事实，案涉院落的被安置人为3人，分别为张大、张小和张小配偶，获得安置房三套共计270平方米，分别为两套两居和一套三居。考虑到安置房产性质为参照“三定三限”定向安置房，故上述安置房面积应该由3名被安置人均分为宜。结合本案安置房的具体面积和坐落位置，一套两居和一套三居安置房及相应的周转补助费归原告张小所有，另外一套两居及相应的周转补助费归张大所有。对于张小及配偶获得两套安置房屋中多出的面积应给予张大补偿，结合安置房的权属性质及本案案情，将补偿金额酌定为45万元（3万元×15

平方米)。

对于被告张大辩称安置房屋系由宅基地置换而来,且张大为宅基地使用权人,故安置房与张小和张小配偶无关,按照案涉房屋拆迁补偿安置方案,张小和配偶获得的安置房面积不超过100平方米。对此一审法院认为,根据案涉房屋拆迁补偿安置方案,拆迁安置面积有两个确定方式,第一种方式为按照安置人口人均50平方米控制标准,第二种方式为按照合法宅基地面积的70%计算安置房面积。涉诉房屋拆迁确定的被安置人口有3人,如果按照人均50平方米的标准进行安置,则安置指标范围内的安置房面积为150平方米。张大选择按照宅基地认定面积确定安置房面积,最终安置房指标范围内购买的安置房面积为270平方米。可见,在选择安置房确定标准时,张大从利益最大化的角度出发,选择了最有利的安置房确定方式,这种选择所获得的利益大于按照安置人口标准确定的安置房面积。对于张小和配偶而言,在按照安置人口确定安置房面积的情况下尚具有50平方米的安置面积,现在在按照宅基地认定面积确定安置房面积,获得的安置房屋面积又多于按照被安置人口标准确定的情况下,张小和配偶却无权主张被安置房屋的权利的话,显然违反了公平原则,也不符合拆迁安置政策和安置房定向安置被安置人的初衷,案涉安置房的权属性质为参照“三定三限”定向安置房,仅针对被安置人。故从平衡双方当事人利益及公平的角度出发,安置房应该由3名被安置人均分,故对于张大的上述抗辩意见,法院不予采信。

律师评析

本案涉及的争议内容其实在农村宅基地拆迁过程中非常普遍,但是因为关于农村宅基地方面的法律法规相对较少,还涉及比较多的亲情关系,处理起来就更为复杂,导致在实践中判罚尺度很难统一,具体到本案主要涉及三个问题:

(1)一宗宅基地涉及分家析产和房屋买卖合同两种法律关系是否能在一个案子中处理?虽然被告方没有就此问题提出异议,但个人认为是可以的,而且一审也确实是这么处理的。主要是因为它涉及的是一宗宅基地,如果把两个法律关系分开处理,两个不同类型的关系有可能是两个不同的审判人员处理,不论是对审判人员还是对当事人,都只会徒增诉累,浪费司法资源。

(2)针对本案涉及的院落西边三间正房及厢房分家析产纠纷的拆迁利益分配，因为案涉宅基地的产权证登记只在1993年前后登记过一次，导致很多登记错误的无法更正，父子、兄弟之间分家后共用一个产权的现象比比皆是，不能因为产权登记在一方名下就否认另一方的权益。具体到本案，不能因为产权证登记在张大名下，就认为张小就不能享受除房屋之外的其他任何拆迁权益，如果这种主张成立就会出现如下后果：一是这违背《物权法》中关于房地一体的原则，二是违背民事活动中应予考虑的公平原则，三是会让更多共用一个产权证的父子、兄弟效仿这种行为，从而导致为了争夺利益而置亲情于不顾、升级扩大矛盾，破坏农村的道德秩序的后果。

(3)针对本案涉及的东边四间正房买卖无效后拆迁利益的分配，被告卖房后反悔的行为本身就是属于极不诚信的行为，现被告辩称原告不能享受除房屋之外的其他任何拆迁权益，如果这种主张成立，会出现一个极其严重的后果：农村中买卖宅基地的行为非常普遍，这会让其他的卖房人效仿被告的行径，通过卖房反悔的不诚信行为来谋取极大的私利，导致《合同法》中有关诚实信用原则的立法本意在此领域歪曲，破坏社会经济秩序活动。

因此，本人认为一审法院的处理结果是很恰当的。

14

房屋租赁合同纠纷：提前解约的损失承担

北京市兰台律师事务所　张晓黎

裁判要点

房屋租赁合同，是指房屋出租人将房屋提供给承租人使用，承租人定期给付约定租金，并于合同终止时将房屋完好地归还出租人的合同。房屋租赁主要包括居住用房的租赁和经营用房的租赁。

租赁合同是转移财产使用权的合同，承租人可以对租赁物占有、使用、收益，但不能任意处分租赁物。对于经营用房的租赁，经出租人同意，可以对租赁物进行一定的改造、改建。

本案中，由于军队产权的房屋遇到政策原因，需要全部停止有偿对外使用，故双方的合同客观上无法继续履行，只能解除。但解除合同后，承租人在租赁合同期间所投入的相关改建、扩建、装饰装修及不可移动设备设施等损失如何处理是非常重要的。结合案情，应认为，因不可归责于双方的事由导致合同解除，剩余租赁期限内的相关损失，应由双方按照公平原则分担，不能仅由一方全部承担。

对于租赁合同期内，一方投资对租赁物改建、扩建和装饰装修及不可移动设备设施的损失，合同解除后，应按照过错比例和公平原则进行分担。

基本案情

A 厂是一家军工性质的企业，B 公司是一家有限责任公司，一家普通的民企。由于 B 公司想经营快捷酒店，但苦于没有合适的房源，自己也没有自有产权的房屋,经人牵线,得知A厂有闲置的单位厂房,于是两个单位于2010年7月就房屋签订了《军队房地产租赁合同》,约定租赁期限自2010年8月1日至2015年7月31日。

由于合同目的是经营快捷酒店,为更好地开展经营管理与相关费用结算,B公司又特意成立了两家子公司,分别加盟“如家”“7天”连锁酒店经营。两家子公司分别为C公司、D公司。

2010年8月18日,A厂(甲方)与B公司(乙方)、C公司(丙方)、D公司(丁方)就上述《军队房地产租赁合同》签订了《补充协议》,合同约定了相关内容,其中专门提到,现因乙方加盟如家快捷酒店和7天快捷酒店,又成立了新公司,新公司需独立核算,原由乙方签订的合同会引发房租支出及发票问题无法解决的问题,经四方友好协商,由丙方和丁方行使乙方相应的权利和义务;另外,几方在协议中均认可,该《补充协议》为甲乙双方签订的《军队房地产租赁合同》的补充协议,与《军队房地产租赁合同》有同等法律效力,不一致的,以该《补充协议》为准。

同日,A厂(甲方)与B公司(乙方)另行就承租合同的投入与续约时间还签订了一份《补充协议》,该协议约定:一、因部队制式合同5年签订,乙方投资了大量的人力和物力,建成快捷酒店,酒店投资大,回报慢的特点,经双方友好协商,甲方给予乙方15年的优先承租权。由于军队政策的限制,只能每5年签订一次合同,续签合同时根据市场行情租金在5%以内调整;该补充协议同时声明,补充协议的内容视为对上述《军队房地产租赁合同》等内容的补充,有同等效力,不一致的,以本补充协议内容为准。

第一个5年期满后,甲乙双方再次签订新的《军队房地产租赁合同》,同时约定了租赁房屋的面积、租金多少及支付方式、租赁用途,租赁期限自2015年8月1日起至2020年7月31日止。同时,该合同第9条第4项约定,因不可抗力(含政府行为,国家和军队政策法规重大调整等)造成合同无法履行的,双方均不承担责任。

2016年2月26日,原告A厂向其出租房屋的各房地产租赁单位发送了《通知》,内容大致是该厂收到上级《关于军队和武警部队全面停止有偿服务活动的通知》,要认真彻底贯彻执行该决策指示,要求停止租赁项目。通知发出后,被告B公司签收了通知。

2018 年 1 月 29 日，A 厂向 B 公司又发出《解除合同通知书》，称自本通知到达时，即时解除双方的《军队房地产租赁合同》，并由 B 公司告知次承租人解除租赁关系；限 30 日内腾空并返还房屋。B 公司于 2018 年 1 月 30 日签收该通知书。

后，A 厂作为原告将 B 公司、C 公司、D 公司诉至法院，要求确认双方合同已解除，判令三公司限时腾空房屋并返还，判令三公司支付自 2018 年 2 月 1 日起至腾空之日的房屋占有使用费。

B 公司、C 公司、D 公司提起反诉，要求确认租赁合同未解除，并要求 A 厂继续履行租赁合同；同时提出，如经法庭查明确因客观原因无法继续履行该租赁合同，A 厂依法应赔偿各项损失，其中主要损失为房屋的改建扩建以及全部装修现残值的损失。

裁判结果

一、判决 A 厂与 B 公司于 2015 年 7 月 28 日签订的《军队房地产租赁合同》于 2018 年 1 月 30 日解除；

二、B 公司、C 公司、D 公司于判决生效后十五日内将案涉房屋院内可移动物品搬离，将房屋腾空交还给 A 厂；

三、B 公司、C 公司、D 公司于判决生效后十五日内向 A 厂交纳自 2018 年 2 月 1 日至实际腾房之日止的房屋占有使用费，按照合同约定的租赁费标准计算；

四、A 厂于判决生效后十五日内补偿 B 公司改建、扩建房屋、装修及不可移动设备设施的损失 890 万元；

五、驳回 B 公司的其他反诉请求；

六、租赁合同因无法继续履行解除；限期腾空并返还房屋，同时对于本案诉求的重点，即 B 公司在租赁房屋院落里为改建成快捷酒店而前期大量的改建及装修投入，现因合同无法继续履行给投入人造成的损失应由双方负担。

裁判理由

法院经审理认为，双方签订的《军队房地产租赁合同》系双方当事人真实意思表示，且未违反法律及行政法规的强制性规定，应属合法有效，双方均应遵守履行。合同履行过程中，因部队下发《关于军队和武警部队全面停止有偿服务活动的通知》,合同无法继续履行。原告依通知发出解除合同通知,被告也签收,依法应认为合同解除。

对于承租人经出租人同意装饰装修,合同解除时,双方对已形成的装饰装修物的处理没有约定的,因不可归责于双方的事由导致合同解除的,剩余租赁期限内的装饰装修残值损失,由双方按照公平原则分担。法律另有规定的,适用其规定。承租人经出租人同意扩建,但双方对扩建费用的处理没有约定的,未办理合法建设手续的,扩建造价费用由双方按照过错分担。

价格评估报告显示,案涉改建、扩建房屋、装修及不可移动设备设施在 2018 年 6 月 15 日造价为 33,670,890.8 元。法院以该造价作为基础计算装饰装修、不可移动设备残值及改建、扩建费用。根据双方签订的合同及补充协议,由于 A 厂承诺给予 15 年的优先承租权,法院根据 A 厂承诺的使用期限,将各项费用进行分摊,计算房屋租赁合同剩余期限的价值,由双方按照过错比例、公平原则进行分担后,认定 A 厂应补偿 B 公司改建、扩建房屋、装饰装修及不可移动设备设施的损失为 890 万元。

代理意见

尊敬的审判长、审判员:

受当事人 B 公司、C 公司、D 公司的委托,北京某某律师事务所指派我担任 A 厂诉其一案中被告及第三人的诉讼代理人,经过法庭调查,结合本案证据,现就本案发表如下代理意见:

一、本案租赁合同并未依法解除,原告的解除通知不符合法定或者约定的条件。

法律规定,合同通知解除,必须符合法定或约定解除条件。原告 A 厂解除合同的理由,不符合双方合同关于解约条件的约定,亦不属于《合同法》第 94 条可行使法定解除权的情形,其通知解除的行为,不发生解除合同的效力。

原告 A 厂所述依照双方签订的《军队房地产租赁合同》第 9 条第 1 款约定的合同解除的条件行使解除权,但原告并未提供其解除所依据的合同第 9 条第 1 款提到的“因军事及地方城市规划建设需要提前终止合同”的任何证据。也未提供其所依据该第 1 款所必须提供的“经军队房地产管理部门核实并出具书面意见”的任何证据。而仅仅由原告向被告发送一张《解除合同通知书》，从法律上来说，根本不产生解除合同的效力。

根据被告B公司在网上查阅的相关军队停止有偿服务的信息以及A厂发送的相关解除通知内容来看，仅显示他们是“按步骤”“逐步”停止房地产项目，并不是“一刀切”完成的。被上诉人没有完成举证责任，无法证明其诉讼目的。

其次，根据合同约定，如果因为军事以及地方城市规划建设需要终止合同的，可以终止，但需提供军队房地产部门核实并出具的书面意见，才可以解除。被上诉人没有按照合同约定，提出合同解除的有效资料，故本案合同并未解除，仍在履行期内。

当然，如果确因军队文件导致本案租赁合同不能继续履行，代理人认为，因为案涉相关文件和内容我方无法自行得到，而原告又未提供，我方认为其举证不能，故法庭应本着查清事实的态度，进一步核实案涉房屋是否属于《关于军队和武警部队全面停止有偿服务活动的通知》中的相关标的物，以进一步确定案涉合同履行的可行性。

此外，被告多次要求支付自2018年2月起的房屋租金，但原告一直拒绝，认为合同无法履行或者已经解除，双方意见相持不下，被告也欲起诉时，发现原告已先行起诉，故双方纠纷交由法院依法处理解决。

二、被告B公司签约后，一直按约履行合同，并且因特定用途快捷酒店的经营管理问题，特意成立了两家公司C公司、D公司，并由该两家公司与原告也签订了就案涉房屋的补充协议。该补充协议约定，本案第三人行使被告相应的权利和义务，故本案第三人依法应作为本案被告，原告所诉第三人主体有误。

三、如经法庭审理查明，案涉租赁合同确系军队政策无法继续履行，对于被告B公司在租赁合同剩余期限内的损失以及被告B公司对案涉租赁房屋已投入的改建、扩建和装修的残值损失，应由对方负担或者双方分担，而非原告A厂诉称的风险由被告B公司自担。

2010年8月1日，双方签订了《军队房地产租赁合同》，约定将案涉房屋出租给B公司使用，租赁用途为快捷酒店。合同约定了双方的权利义务、租金及支付方式和合同期限。同时，由于该租赁合同系部队制式合同，B公司为了更好地实现合同目的，即租赁用于快捷酒店之用途，而快捷酒店的正常使用和运营需投入大量的人力和物力，A厂也明知，故双方于2010年8月18日又签订了《补充协议》,明确约定给予B公司15年的优先承租权,每5年签订一次制式合同。

由于需要加盟如家快捷酒店和7天连锁酒店,B公司又成立了新公司即本案第三人,A厂也于同日即2010年8月18日与B公司、C公司、D公司共同签订了《补充协议》,约定由本案第三人行使承租人的权利和义务。

由于A厂承诺,未来15年内,B公司均有优先承租权,故B公司为了满足租赁合同的指定目的,即快捷酒店用途的实现,对案涉房屋及相关线路进行了大规模改造,投入了大量的人力、物力和财力,还支付了酒店的高额加盟费,并对案涉房屋原承租户支付了高额补偿以及对被反诉人印刷厂职工外租房进行补贴。

第一个5年期租赁合同期满后,双方依照《补充协议》,再次签订了《军队房地产租赁合同》,依约定租赁期限再次为5年,至2020年7月31日到期。

无论第一个5年期租赁合同,还是第二个5年期租赁合同,在合同履行期内,B公司、C公司、D公司均一直按约履行合同,不存在任何违约行为。

现A厂轻描淡写地以军队的相关政策为借口,在不提供任何具体书面文件内容的情况下,就强势地、不平等地要求立即解除合同,严重地违反了合同的约定。如经法院审理查明,确因客观原因不能继续履行合同,A厂应依法赔偿B公司的各项损失。

对于案涉租赁物的改建、扩建,原告A厂明知且同意,现如因军队政策原因无法继续履行,应根据原告A厂承诺的15年使用期限,由原告赔偿剩余承诺租赁期限内的损失,而非现有的书面租赁合同约定的租赁期限至2020年7月31日,而应计算至2025年7月31日止。

经过法庭调查,如确因军队及武警部队发布相关政策原因,双方租赁合同客观上无法履行,依法应予解除;合同解除后,对于合同未约定的相关损失,应按照过错比例、公平原则进行处理,A厂应依法赔偿B公司的相关损失。

对于解除合同后损失的承担,代理人认为,应由双方分担,而非仅由被告一方自行承担。首先,合同的解除非双方原因,更非被告过错。虽然合同约定因政策等原因合同解除,损失自担,但由于被告在合同解除中并无任何过错,且在合同履行期间一直谨守合约,如期、足额、全面履行了自己的合同义务,如果合同解除的损失由一方承担,显然不符合公平原则;其次,损失的具体计算方法:关于案涉房屋改建、扩建、装饰装修及不可移动设施设备的损失,法院应按原告承诺的15年承租期限进行计算,而非合同单期约定的5年期计算;最后,具体损失数额，应根据评估报告的评估数额进行相应的折算，并且根据过错比例和公平原则，判令原告 A 厂赔偿 B 公司的改建、扩建、装饰装修及不可移动设备设施的损失。

此外，B 公司除投入大量的财力进行相关建设和装修外，还为履行案涉租赁合同之特定目的，加盟快捷酒店支付了高额的加盟费，并为了保证租赁合同正常、顺利、如期履行，还额外对位于案涉院落的原租户支付了高额的补偿费，以及对原居住在案涉院落的 A 厂的职工在外租房进行了补贴。对于此部分损失，A 厂也应进行赔偿。

以上代理意见，恳请合议庭予以重视并采纳。

被告及反诉人代理律师：张晓黎　律师

律师评析

本案因涉及军队房产，诉讼的难度很大。

通过双方的举证质证，一、二审法院经审理查明了相关的事实，最后均认为：出租方与承租方签订的案涉《军队房地产租赁合同》系双方当事人真实意思表示，且未违反法律及行政法规的强制性规定，应属合法有效，双方均应遵守履行。

一审中，我方作为 B 公司提出反诉，认为 A 厂的解除不符合法定，也不符合合同约定的条件，并提出明确的意见：法律规定，合同通知解除，必须符合法定或约定解除条件。当事人一方解除合同的理由，不符合双方合同关于解约条件的约定，亦不属于《合同法》第 94 条可行使法定解除权的情形，其通知解除的行为，应不发生解除合同的效力。

庭审中，A 厂作为原告称其依照双方签订的《军队房地产租赁合同》第 9 条第 1 款约定的合同解除的条件行使解除权，但该原告并未提供其解除所依据的合同第 9 条第 1 款提到的"因军事及地方城市规划建设需要提前终止合同"的任何证据。也未提供其所依据该第 1 款所必须提供的"经军队房地产管理部门核实并出具书面意见"的任何证据。

故，针对原告 A 厂仅向被告发送一张解除租赁合同通知书的行为，从法律上来说，根本不产生解除合同的效力。

对于此，法院经过 B 公司的要求，经进一步调查核实，查明了 A 厂出租的案涉房屋确实属于《关于军队和武警部队全面停止有偿服务活动的通知》中涉及的相关标的物。

针对此情况，被告B公司也当庭表态，如果法院经审查认为，案涉房屋如确系应全面停止有偿服务的范畴，则可以解除合同。故法院经审理认为，在合同履行过程中，因部队下发了《关于军队和武警部队全面停止有偿服务活动的通知》，导致租赁合同无法继续履行，这个属于不可归责于双方的事由，所以判决双方的租赁合同自被告签收《解除合同通知书》日期为合同解除日期。

针对合同解除的后果如何处理，需要根据个案情况具体分析。由于A厂承诺，未来15年内，B公司均有优先承租权，故B公司为了满足租赁合同的指定目的，即快捷酒店用途的实现，对案涉房屋及相关线路进行了大规模改造，投入了大量的人力、物力和财力，还支付了酒店的高额加盟费，并对案涉房屋原承租户支付了高额补偿以及对被反诉人国某印刷厂职工外租房进行补贴。

第一个5年期租赁合同期满后，双方依照《补充协议》，再次签订了《军队房地产租赁合同》，依约定租赁期限再次为5年，至2020年7月31日到期。

无论第一个5年期租赁合同，还是第二个5年期租赁合同，在合同履行期内，B公司、C公司、D公司均一直按约履行合同，不存在任何违约行为。

经法院审理查明，现确因军队及武警部队发布相关政策原因，双方租赁合同客观上无法履行，依法应予解除；合同解除后，对于合同未约定的相关损失，应按照过错比例、公平原则进行处理，A厂应依法补偿B公司的相关损失，具体关于案涉房屋改建、扩建、装饰装修及不可移动设施设备的损失，法院按其承诺的15年承租期限进行计算；对于损失负担，判决由双方分担，而非一方自行承担，极大地保护了承租人的合法利益。

2021年实施的《民法典》关于房屋租赁合同的规定，不仅继续保证了承租人的“优先购买权”，也以法律的形式确立了承租人的“优先承租权”，这是对承租人权利实实在在地保护，尤其对于经营用房的承租人权利保护显得尤为及时和切实，值得称赞。

15

租赁合同纠纷：合同约定不明或者双方理解不一致时应如何处理

北京市金台律师事务所　张　星

裁判要点

租赁合同和融资租赁合同属于并列的有名合同。本案中，合同期满终止后，原告要求被告返还设备，但是根据案涉合同约定及结合法律规定综合判断，双方签订的合同性质应为融资租赁合同，应适用融资租赁合同的有关规定及行业交易习惯。双方在交接清单中将合同约定“合同期满后被告返还设备”的条款删除，改为双方按合同约定执行，交接清单的上述条款可视为双方将合同终止后设备的归属进行了统一约定。因此，在案涉合同期满后，设备所有权转移至被告，原告无权要求被告返还设备。

基本案情

2010年9月16日，原告与被告签订《技术服务合同》（以下简称合同）和《共建合作协议》（以下简称协议）。合同约定：(1)原告按照被告所确定的设备生产厂家、型号、技术参数等要求，在本合同签订后90天内提供相应的设备，双方在交接设备时应共同签署交接清单，在本合同终止时被告按照交接清单返还设备；(2)被告有偿使用期限从原告提供设备并调试完成之日起算，共7年；(3)本合同期满，在国家政策允许的情况下，原告同意将合同金额中固定资产项下的设备按照原值的5%，将设备所有权转给被告。协议约定：“本协议书并附以《技术服务合同》期限为7年，到期自动终止。如若继续合作，双方再行协商，重新签署合作协议。”

2011年1月1日,原告向被告提供相关设备,双方按照合同约定签订了《交接清单》。在清单中,双方将“乙方按此交接清单及附表仪器和配套物品(消耗品除外)返还给甲方”修改为“甲乙双方按合同约定执行”。合同履行期间,被告已经按照合同约定向原告支付了全部款项。

2017年12月31日,合同期满终止后,原告要求被告返还设备,被告不同意,原告遂将被告诉至法院,请求判令:(1)被告返还合同项下设备清单中的125件(套)设备;(2)被告支付自2018年1月1日至实际返还125件(套)设备之日的设备使用费及相应的违约金。

代理意见

致×××人民法院:

就贵院受理的原告某科技有限公司(以下简称原告)诉被告某技术有限公司(以下简称被告)融资租赁合同纠纷一案(以下简称本案),结合本案庭审情况,发表如下代理意见:

一、《技术服务合同》的性质为融资租赁合同,应当适用《合同法》关于融资租赁合同的规定,而不适用《合同法》关于租赁合同的规定

(一)案涉《技术服务合同》符合《合同法》关于融资租赁合同定义的规定

《合同法》第237条规定,融资租赁合同是出租人根据承租人对出卖人、租赁物的选择,向出卖人购买租赁物,提供给承租人使用,承租人支付租金的合同。

2010年9月16日,案涉双方签订《共建合作协议》(以下简称协议),协议第1条第1款约定,原告按照被告的清单要求,在双方商定的额度内自费采购其业务发展需要的仪器设备……协议第2条第1款约定,被告向原告提供其需要的设备清单,并要求原告按照相应的规格予以采购。同日,案涉双方在合作协议的基础上签订了《技术服务合同》(以下简称合同),合同第1条约定,原告按照被告所确定的设备生产厂家、型号、技术参数等要求,在本合同签订后90天内提供相应的设备。合同第5条约定,被告有偿使用期限从原告提供设备并调试完成之日起算,共7年。上述约定符合《合同法》关于融资租赁合同的相关规定,故双方签订的合同性质为融资租赁合同,应适用融资租赁合同的有关规定及行业交易习惯。

(二)被告已经按照原告购买租赁物的全部成本标准向原告支付了租金,符合融资租赁合同关于租金的规定

《合同法》第243条规定,融资租赁合同的租金,除当事人另有约定的以外,应当根据购买租赁物的大部分或者全部成本以及出租人的合理利润确定。案涉合同第11条约定,原告原则上提供不超过450万元人民币的仪器设备和耗材试剂,具体金额以实际购买后的总金额为准;第14条约定,原告合计7年共收取被告履约金和技术服务费540万元人民币。而根据双方签署的《交接清单》,原告为被告采购的仪器设备共计4,108,271.36元,也就是说,原告向被告收取的租金比实际购买的金额还高出391,728.64元。

综上,租赁合同和融资租赁合同属于并列的有名合同,案涉合同属于融资租赁合同,不适用租赁合同部分的相关规定。

二、合同已于2017年12月31日因期限届满而自动终止,不需要确认解除

协议第5条第2款约定,本协议书并附以《技术服务合同》期限为7年,到期自动终止。如继续合作,双方再行协商,重新签署合作协议。根据《合同法》第91条第2款第7项规定,有法律规定或者当事人约定终止的其他情形的,合同的权利义务终止。

根据双方签署的协议、合同,被告有偿使用期限自2011年1月1日至2017年12月31日已届满7年,并且双方未另行签署合作协议。因此,合同已于2017年12月31日按照当事人约定的情形到期自动终止,不需要另行确认解除。

三、案涉双方明确约定租赁期间届满租赁物归承租人也就是被告所有,设备的所有权已于合同期满转移至被告,原告要求被告返还设备没有事实和法律的依据

(1)案涉合同明确约定,原告同意在合同期满时,将设备的所有权转移给乙方。

协议第2条第4款及合同第21条均约定,合同期满,在国家政策允许的情况下,原告同意将合同金额中固定资产项下的设备按照原值的5%,将设备的所有权转给被告。根据《合同法》第250条规定,出租人和承租人可以约定租赁期间届满租赁物的归属。因此,依法、依双方当事人的约定,设备在租赁期间届满时归被告所有。

(2)合同第1条关于在合同终止时乙方按照交接清单返还设备的约定已经被修改,无须履行。

从合同签署的过程和形式上看,合同是案涉双方在原告提供的格式合同上做了相关修改而最终签署的。尽管合同第1条末尾处有“在本合同终止时乙方按照交接清单返还设备”的字样,但是该条款仅仅是对合同事项的笼统概括,关于返还的细节并无具体约定。而在后面则用了单独的一个条款即第21条明确约定了“合同期满后设备所有权转给被告”的内容,也就是说双方以明确具体的意思表示修改了第1条的模糊约定,约定合同期满后设备所有权转移至被告。

尤其是在合同附件《交接清单》上清晰地显示,双方将“合同期满,乙方按此交接清单及附表将仪器和配套物(消耗品除外)返还给甲方。”部分内容删除,重新约定为“合同期满,甲乙双方按合同约定执行”。也就是说,原告在清单中再次否定了期满时要甲方返还设备的意思表示,更加明确了被告在合同期满后无需返还清单中设备的意思表示。

合同第1条关于“在本合同终止时乙方按照交接清单返还设备”的字样至今仍然存在于合同之中的唯一理由便是因为原告提供的格式合同,双方签署时因没有留意到该字样的存在而遗漏了,但是这并不影响合同的整体解读。而且根据《合同法》第41条规定,对格式条款有两种以上解释的,应当作出不利于提供格式条款一方的解释。因此,合同应当作出不利于格式条款提供方也就是原告的解释,即在融资租赁期满后,按照合同第21条执行,将设备所有权转给被告。

(3)退一万步讲,即便根据《合同法》第61条规定,设备也应当在期满后归被告所有。

从合同有关条款来看,合同多个条款都印证了双方关于融资租赁期满后租赁物的所有权归被告的约定。根据合同第4条约定,在合同期内,甲方对设备享有所有权,乙方享有设备的使用权。换言之,合同期满后,甲方将不再享有所有权。第5条约定,乙方有偿使用期限从甲方提供设备并调试之日起算,共7年。从该条约定可以看出,第一,融资租赁期间,被告是有偿使用,期满后便无需再付费。第二,期满后无需再付费是因为根据合同约定,期满后设备所有权转移至乙方也就是被告处,被告当然可以无偿使用。第22条约定,乙方有权提前还款,并提前完成此协议,提前解除此合同。从该条款可以明显看出,该融资租赁协议签署的目的,完全是被告为了缓解资金压力而向原告借款购买设备,而非向原告租赁设备。

从交易习惯来看,融资租赁合同的重点是融资而非租赁,承租人签署融资租赁协议的目的是缓解资金的压力而进行融资,其与租赁合同的本质区别在于融资,承租人选择签署融资租赁协议而非租赁协议的根本目的是最终获取租赁物的所有权,而不是租赁物的使用权。租期届满后,承租人向出租人支付一定的对价从而获得租赁物的所有权已成为融资租赁行业的交易习惯。

从公平原则来看,被告已经按照高于购买租赁物的标准向原告支付了融资租赁费用,合同也明确约定了租期届满时租赁物归被告所有,在这种情况下原告仍然要求返还设备,不仅没有法律和事实的依据,更加损害了交易的公平原则。

因此,在案涉合同期满后,设备所有权转移至被告,原告无权要求被告返还设备。

四、设备所有权已于案涉合同期满后归被告,原告要求被告支付期满后的使用费没有事实和法律的依据

设备所有权在合同期满后归被告,无需另行征得原告同意。该等设备在合同期满前已由被告实际占有,根据《物权法》第25条的规定,动产物权设立和转让前,权利人已经依法占有该动产的,物权自法律行为生效时发生效力。结合案涉合同第21条约定,双方当事人对合同期满后租赁物所有权归属已经达成合意,该合意约定附期限、附条件生效,即租期届满后,在国家政策允许的情况下,该转让合意生效。在2017年12月31日合同期满,且不存在国家政策不允许的情况,设备转让条件成就。融资租赁关系结束,被告自2018年1月1日起开始合法享有设备的所有权。被告使用自己所有的设备,自然无需向原告支付使用费。

五、原告无权要求被告支付逾期付款违约金

基于上述分析,自2018年1月1日起,被告无需继续向原告支付租金,自然也不存在逾期付款的情形。原告要求被告支付违约金的主张无任何事实和法律依据,不应支持。

六、原告无权要求被告支付违约罚金

首先,被告未将设备转借也不存在任何违约行为,无需承担违约责任。

合同签订生效后,被告全面、积极履行自己的权利义务,已按照合同约定全额缴纳租金及技术服务费，不存在原告所述的转借设备行为。案涉设备系被告研发与销售主营产品所必须使用并提供给客户的配置，案涉设备由被告的订单客户使用是被告销售产品的经营模式。并且，根据协议第1条第1款第2项约定，在本协议有效期内，原告对仪器设备享有完整、充分的所有权，被告及其订单客户享有使用权。也就是说，原告允许被告的订单客户享有仪器设备的使用权。因此，原告明确同意被告的订单客户使用案涉设备，且该等行为并非转借给他人，被告没有将设备转借给其他单位的行为。故原告要求被告支付违约罚金的主张无任何事实和法律依据，不应支持。

其次，原告未举证证明被告违约，应承担举证不能的责任。

按照《民事诉讼法》第64条的规定，当事人对自己提出的主张，有责任提供证据。原告并未提供相应的证据证明被告违约，因此应认定原告主张的事实不成立，原告应承担举证不能的责任。

以上答辩意见敬请合议庭充分考虑，依法作出公正判决。

此致

×××人民法院

被　告：某技术有限公司

代理人：张　星　律师

裁判结果

×××人民法院于2019年10月18日作出判决如下：

驳回原告的诉讼请求。

裁判理由

法院判决认为：本案中，两份合同均约定，合同期满后，在国家政策允许的情况下，原告同意将合同金额中固定资产项下的设备按照原值的5%转让给被告。原告主张合同约定了期满后被告应当返还设备，但是双方在交接清单中将合同期满后被告返还设备的条款删除，改为双方按合同约定执行。交接清单的上述条款可视为双方将合同终止后设备的归属进行了统一约定，即在国家政策允许的情况下，原告将合同金额中固定资产项下的设备按照原值的5%转让给被告。现合同已经终止，双方应按照合同的约定履行设备转让手续。

律师评析

租赁合同和融资租赁合同属于并列的有名合同，本案中，从案涉合同约定来看，双方签订的合同性质应为融资租赁合同，应适用融资租赁合同的有关规定及行业交易习惯。

首先，从合同签署的过程和形式上看，合同是案涉双方在原告提供的格式合同上做了相关修改而最终签署的。尽管合同第 1 条末尾处有“在本合同终止时乙方按照交接清单返还设备”的字样，但是该条款仅仅是对合同事项的笼统概括，关于返还的细节并无具体约定，而在后面则用了单独的一个条款即第 21 条明确约定了“合同期满后设备所有权转给被告”的内容，也就是说双方以明确具体的意思表示修改了第 1 条的模糊约定，约定合同期满后设备所有权转移至被告。

其次，尤其是在合同附件《交接清单》上清晰地显示，双方将“合同期满，乙方按此交接清单及附表将仪器和配套物(消耗品除外)返还给甲方”。部分内容删除，重新约定为“合同期满，甲乙双方按合同约定执行”。也就是说，原告在清单中再次否定了期满时要甲方返还设备的意思表示，更加明确了被告在合同期满后无需返还清单中设备的意思表示。

最后，合同第 1 条关于“在本合同终止时乙方按照交接清单返还设备”的字样至今仍然存在于合同之中的唯一理由便是因为原告提供的格式合同，双方签署时因没有留意到该字样的存在而遗漏了，但是这并不影响合同的整体解读。而且根据《合同法》第 41 条规定，对格式条款有两种以上解释的，应当作出不利于提供格式条款一方的解释。因此，合同应当作出不利于格式条款提供方也就是原告的解释，即在融资租赁期满后，按照合同第 21 条执行，将设备所有权转给被告。

因此，依据融资租赁合同的相关规定，在案涉合同期满后，设备所有权转移至被告，原告无权要求被告返还设备。

16

农村房屋买卖合同纠纷：未签订书面房屋买卖合同的合同效力以及拆迁补偿归属

北京诵盈律师事务所　阿致刚

裁判要点

即使没有签订书面房屋买卖合同，法院结合案件事实、证言内容、逻辑推理、日常生活经验综合判断，确信原告刘×主张的待证事实的存在具有高度可能性，认定刘×与单××就案涉院落存在房屋买卖合同关系；又因刘×与单××存在有效的房屋买卖合同，且拆迁时院内房屋都是刘×建造，案涉院落拆迁所得的腾退补偿款扣除专门针对单××及第三人的部分，剩余补偿款单××应当返还刘×。

基本案情

刘×与单××系同胞姐弟，刘×排行老四，单××系刘×的大姐，刘×还有两位姐姐，单××从小被过继给舅舅单×、舅妈郭××，并跟随了舅舅姓单。第三人闫××与单××系夫妻关系。单××从养母（舅妈）郭××处继承了位于××村的宅院，该宅院当时有土坯房三间，面积约 90 平方米，宅基地面积约为 310.5 平方米。

1992 年春节，因单××和其爱人闫××一直在闫××位于×总医院的宿舍居住，该宅院闲置，于是单××与刘×姐弟二人协商后，单××以人民币 3000 元的价格将该宅院出售给了刘×，款项分两次支付，由刘×二姐夫（单××妹夫）王××交给单××。刘×认为其与单××系同胞姐弟，不是外人，基于亲情的天然信任就没有按照正常程序办理变更登记手续，宅基地使用权的登记人仍然是单××。单××将该宅院出售给刘×后，刘×新办理了该宅院的门牌号，该宅院新门牌号办在刘×所有的门牌号××村94号项下即××村94号内2号院，刘×女儿所有的宅院为××村94号内1号院。

1993年至2005年，刘×将该宅院原有的三间土坯房拆除，全部盖满砖房，一共26间，刘×一直用于对外出租收取租金。

2009年8月25日，刘×帮助单××将户口迁至该宅院。2017年该宅院面临拆迁，单××作为被拆迁人与拆迁人签订了拆迁安置补偿协议，接受了安置补偿，获得货币补偿约390万元，另有一套成本价购买的安置房约150多平方米。单××获得补偿安置后，通过银行转账方式支付给刘×40万元。刘×当即明确表示反对，认为拆迁安置补偿应当归宅院的实际所有权人刘×，但单××对刘×的主张不予理睬，亲朋好友多次进行劝解均未果。

刘×认为，刘×系诉争房屋所在地农村集体成员（单××当时反而不是），依法对该宅院有购买权，虽然双方没有签订书面的房屋买卖合同，但是刘×通过中间人王××向单××支付了购房款3000元，而且已经交付了宅院，双方之间的农村房屋买卖合同应为有效。而且刘×管理经营达25年之久，并翻盖了房屋长期对外出租，单××获得的拆迁安置补偿款应当归刘×所有。为此，刘×委托阿致刚律师诉至北京市××区人民法院，请求判令：1. 要求确认刘×与单××之间的农村房屋买卖合同有效；2. 要求单××给付刘×拆迁腾退补偿款300万元。

单××答辩称，不同意刘×所有诉讼请求。第一，刘×确认合同有效和要求给付补偿款的两项诉讼请求分属不同案由；第二，单××从未要卖案涉院落，从未签订买卖合同，也没有收到购房款。根据《土地管理法》，农村宅基地实行一户一宅，单××不会出售。刘×擅自改建并出租房屋，单××从未同意，因长期居住在东城区配偶处，很少回家，口头委托刘×代为管理，但未授权改建房屋和对外出租；第三，签订拆迁补偿协议的系唯一的户籍登记人和土地使用权人单××，刘×在拆迁过程中明知却未提出过异议；第四，基于刘×长期代管房屋，将手中空闲资金无偿赠与刘×是对其照顾老人及房屋的补偿；第五，根据《合同法》规定，合同自被要约人承诺时成立，单××从未同意出售房屋，刘×编造房屋买卖的事实，买卖合同未成立。另外，根据《土地管理法》，农村宅基地不得出售，违反法律强制性规定属于无效，本案房屋买卖合同既不成立，也不生效；第六，不管房屋买卖合同是否成立，拆迁权益也属于被告。

作为单××丈夫的第三人述称，其对房屋是否发生买卖不清楚。即便有房屋买卖也没有征求第三人的意见，如果单××出售房屋，第三人表示反对。

代理词

致×××人民法院：

北京诵盈律师事务所阿致刚律师，依法受刘×委托作为刘×诉单××农村房屋买卖合同纠纷一案的代理人。代理人在听取了刘×有关案件陈述，查看了本案有关的案件材料并参加了两次庭审后，就刘×诉单××农村房屋买卖合同纠纷一案发表代理意见如下：

代理人认为刘×购买单××位于××区××乡×地房屋的房屋买卖合同有效，单××应将该房屋拆迁获得的安置补偿款人民币300万元支付给刘×。

代理人认为本案的关键点为：

一、刘×与单××的房屋买卖合同是否存在

1. 刘×与单××没有书面房屋买卖合同符合交易习惯

众所周知，20世纪90年代，甚至现在，很多农村的兄弟姐妹甚至朋友、同事之间借钱、买卖宅院等交易都是不签合同的，依靠的是感情和彼此的信任，只是随着社会诚信体系崩溃和法治意识的增强才逐步书面化、规范化。

2. 单××当时出卖房屋的决策符合其历史背景

单××一不居住，二不是村里户口，出售房屋合理。单××爱人是×总医院的职工，在×总医院宿舍区居住，全家除了过年过节偶尔回××村探亲外，是不在××村居住和生活的。而且该房屋是单××养母郭××的遗产，房屋破旧，综合开庭情况单××的两位代理人甚至连当时的房屋材质、间数都说不清楚，就可以看到对该房屋的不重视，甚至连单××的户口都是后来在刘×和王××帮助下才迁过来的。

3. 诉争房屋的门牌号都在刘×房产项下能够证明归刘×所有

从双方提交证据上看，诉争房屋的地址为：××区××乡×地；而刘×的户籍地址是××区××乡××村94号内2号院；刘×的女儿刘×　×户籍地址是××区××乡××村94号内1号院。如果诉争房屋不是刘×所有，这个户籍和

房屋地址是如何变更得来的，又是如何在刘×项下的？如果单××没把房屋出售给刘×，那么房屋变更门牌地址等重要信息为何不亲自回来办理，不跟原房屋地址一样单独立户？事实是刘×购买了诉争房屋，并持有所有房屋相关的证件和收据，除了当庭刘×出示的证据，单××持有的所有跟房屋有关的证据全是因为房屋买卖后没有变更登记人，拆迁人只对登记人进行安置，刘×基于亲情信任单××而提供的。

二、刘×是否支付了单××房屋买卖费用

1. 符合历史交易习惯

跟房屋买卖合同没有签署一样，亲兄弟姐妹之间有天然信任关系，又有姐夫王××作为中间人，连3000元购房款现金也是王××交付且没有打收条。只要是从20世纪90年代过来的人都知道当时历史交易习惯就是如此，人与人之间，尤其是亲属之间的感情和信任是现今社会无法比拟的。当前社会房屋买卖所出现的问题大多是因为经济发展，房价暴涨，巨额拆迁补偿引发的。

2. 刘×支付过程符合历史背景

无论是刘×当庭陈述还是王××等证人当庭作证，均明确说明了3000元购房款在当时是不小的数字，刘×也不是一次凑齐的，而是分次、包括借钱等才向单××凑够付清的。

三、被拆迁前的房屋是谁建设的

很明确，拆迁前的房屋是刘×建设和管理的。单××方当庭无论是老房子还是拆迁前的房屋数量、材质，要么含糊其辞说不清楚，要么说的是错误的。而且，单××方当庭承认不是自己建设和管理，明确是刘×自己建设和管理的。

四、拆迁安置补偿应归谁拥有

1. 单××方已付刘×40万元的性质

单××方如果不是理亏为何主动支付刘×40万元？单××方主张是刘×代为管理房产、照顾老人支付的费用，这个理由十分牵强，如果要支付照顾老人的费用为何不在老人去世时支付？都是兄弟姐妹，照顾老人需要支付40万元？如果是长期代管房产的费用，单××对刘×25年前拆房、建房、出租收租都没提出异议，为何却还要支付代管房产的费用？明显有悖常理，逻辑不通，不能自圆其说。

2. 拆迁安置的绝大部分补偿，尤其是房屋面积这部分应当给予刘×

即使抛开老房屋是否存在买卖的问题，经过庭审，房屋是刘×出资建设和管理这一点事实是双方确认的,对应房屋部分的拆迁安置补偿受益人应是刘×。

3. 单××没有建设管理房屋,当然不应拥有房屋部分的补偿

单××的补偿只应对应其户口在诉争房屋处的补偿,也就是人头补偿。就是这个人头补偿还是刘×出于对亲姐姐的好心,为让其户口落在此地得一套房屋办理的。只是刘×没有想到好心为单××落户,反而为其今日六亲不认,不承认房屋买卖,不支付拆迁安置补偿提供了帮助。

4. 刘×为何在拆迁时未向拆迁人提出异议

拆迁时刘×本要提出异议,购房时中介人王××劝刘×都是兄弟姐妹不会有事儿,该点庭审时王××当庭详细陈述了。

五、单××主张的房屋占用费问题

1. 老房已出售给刘×且拆除,拆迁前的房屋不是单××建设,不存在房屋占用费的基础

上述陈述已经明确说明,老房已出售给刘×且已拆除,而拆迁前的房屋不是单××建设也不是其管理,连房屋部分拆迁安置补偿其都不应当占有,房屋使用费更不应当存在。刘×出租自己建设的房屋不需要支付给别人房屋使(占)用费。

2. 单××在长达25年里没有就刘×使用、管理房屋提出过任何的异议

单××在刘×建设、使用、管理的长达25年里,没有向刘×提出过任何的异议,更没有主张过租金、保管费,等等。单××只在刘×起诉了本案后才策略性地提出反诉,主张房屋占用费,明显有悖常理,只有刘×主张的房屋已出售给刘×才能在逻辑上说得通。因此,无论单××抗辩还是另诉都不应当予以支持。

六、关于证人证言等证据的有效性

双方的共同亲戚王××、刘××,邻居张××等勇于到庭作证的证人、证言、诉争房屋有关历史资料等,能够有效证明单××出售房屋的过程和前因后果,村委会也出具了证明,证明争议房屋一直是刘×建设、使用、管理。

如果不是客观事实,如此多的证人和村委会不会冒险来进行作证,尤其证人中有刘×与单××共同的亲兄弟姐妹、姐夫。反而是单××一方,单××本人从未亲自到过庭,而且在法院同意了证人出庭作证申请,确定了出庭作证时间后专门打电话给证人,要求不要到庭,这是明显的妨害作证行为。

另外,人民法院在必要的情况下也可以主动找原××村的其他村民了解情

况予以核实。

综上所述,刘×的诉讼请求均有有效的证据予以支持,对单××一方为了非法占有本属于刘×的拆迁安置补偿款,六亲不认,反咬一口的抗辩和主张除了法律上不应予以支持外,更应在道义上进行谴责。社会诚信体系的崩溃就是这类案件一再发生所导致的。

恳请人民法院依法支持刘×的诉讼请求,维护刘×的合法权益,使正义能得到伸张,判决能够经受住历史的检验。

此致

×××人民法院

原　告:刘　×

代理人:阿致刚　律师

裁判结果

×××人民法院一审判决:

一、确认刘×与单××就位于北京市××区×地的农村房屋买卖合同有效;

二、单××于本判决生效后七日内给付刘×腾退补偿款2,960,514元;

三、驳回刘×的其他诉讼请求。

×××中级人民法院二审判决:

驳回上诉,维持原判。

裁判理由

×××人民法院认为,依法成立的合同,对双方当事人具有法律约束力,当事人应当按照合同的约定全面履行各自的义务。本案中,刘×与单××双方虽未签订书面合同,但根据案涉院落房屋建造、使用、收益等管理控制的客观事实、证人王×证言及当事人庭审陈述可以认定刘×与单××就案涉院落存在房屋买卖合同关系。因刘×系本村集体经济组织成员,刘×与单××之间的房屋买卖不具有法律规定的无效情形。此外,第三人提出的对出售房屋不知情,第三人反对被告出售房屋的意见,第三人未举证,法院不予采信。所以,刘×与单××之间的房屋买卖合同有效。对刘×要求确认农村房屋买卖合同有效的诉讼请求予以支持。

关于刘×要求单××给付腾退补偿款300万元的诉讼请求，因刘×与单××存在有效的房屋买卖合同，且拆迁时院内房屋都是刘×建造，案涉院落拆迁所得的腾退补偿款扣除专门针对单××及第三人的部分，剩余补偿款单××应当返还刘×。

律师评析

本案的焦点主要集中在双方是否存在农村房屋买卖合同、是否有效？以及拆迁安置补偿应归谁所有两个方面。

一、双方是否存在农村房屋买卖合同及该合同是否有效

1. 双方是否存在农村房屋买卖合同

本律师在代理词中已经阐述过，包括北京农村在内的广大农村，在20世纪90年代甚至更早以前，很多农村的兄弟姐妹甚至朋友、同事之间借钱、买卖宅院等交易都是不签合同的，依靠的是彼此之间的感情和信任，只是随着社会诚信体系崩溃和法治意识的增强才逐步书面化、规范化。

虽然刘×与单××未签订书面的房屋买卖合同，但是本案中多个跟刘×和单××双方均系亲属关系的证人能够证明发生了房屋买卖行为，而且刘×在长达25年的时间里对房屋翻建、扩建、出租盈利，单××从来没有向刘×提出过任何的异议，更没有主张过租金、保管费等。单××只在刘×起诉了本案后才策略性地提出反诉，主张房屋占用费，明显有悖常理。结合刘×的几位证人证言、单××在拆迁后转账支付刘×40万元等，法院综合认定双方存在事实上的房屋买卖合同关系是正确的。

而单××一方主张的单××户口迁到了诉争房屋以及刘×在拆迁时未向拆迁人提出异议的问题，刘×和证人均对此进行了解释，还是基于亲情考虑，迁户口是为了给作为刘×姐姐的单××在拆迁时按户口得一套房。而在没有办理房屋和宅基地使用权变更登记的情况下拆迁人认定的被拆迁人只能是宅基地使用权登记人单××，单××作为姐姐肯定不会跟刘×赖账并在证人的劝说下才没有提出异议。也正因如此为本案的争议埋下了隐患。

2. 该农村房屋买卖合同是否有效

房屋买卖合同作为一种特殊的买卖合同，它是指出卖人将房屋交付并转移所有权与买受人，买受人支付价款的合同。而农村房屋买卖合同较城市二手房（存量房）房屋买卖合同、商品房预售（现房）买卖合同有明显区别，那就是在我国现行的土地管理法律规定、政策条件下，考虑到保护耕地、城乡差距等复杂因素，农村的房屋买卖受到严格限制，尤其《国务院办公厅关于加强土地转让管理严禁炒卖土地的通知》（国办发〔1999〕39 号）明确规定："农民的住宅不得向城市居民出售，也不得批准城市居民占用农民集体土地建宅，有关部门不得为违法建造和购买的住宅发放土地证和房地产证。"农村房屋只能在农村集体成员之间转让。本案中，刘 × 作为诉争房屋所在村集体的成员，因此，购买主体是符合法律规定条件的。在该房屋买卖过程中没有其他的无效和可撤销情形的情况下，人民法院认定刘 × 和单 × × 之间的房屋买卖合同有效是正确的。

二、本案拆迁安置补偿应当归谁所有

1．拆迁前的所有房屋均是刘 × 出资建设和管理，双方对此没有异议

2．即使本案的房屋买卖合同关系不予认定，也不影响诉争房屋对应的拆迁补偿款归属刘 ×

根据《关于印发农村私有房屋买卖纠纷合同效力认定及处理原则研讨会会议纪要的通知》《民事审判实务疑难问题研讨会会议纪要》，两份文件中明确提到"处理农村私有房屋买卖纠纷案件的原则：第一，要尊重历史，照顾现实。第二，要注重判决的法律效果和社会效果。第三，要综合权衡买卖双方的利益。对于买受人已经翻建、扩建房屋的情况，应对其添附价值进行补偿。

3．将诉争房屋对应的拆迁补偿款返还刘 × 符合公平原则

公平原则是民法的一项基本原则，无论是在《民法通则》《民法总则》还是在《民法典》中都规定了该项基本原则。刘 × 作为没有争议的被拆迁之前所有房屋的建设和管理人，该部分房屋拆迁所得价款应支付给刘 ×，人民法院该判决是正确的，符合公平原则。

三、通过本案想到的几点建议

1．发生房屋、借款等交易时建议签订正式有效的书面合同

本案如果当时买卖房屋时能够签订一份书面合同，哪怕是最简单的约定，也会将本案刘 × 维权的难度大大降低，甚至单 × × 一方不会否认存在房

屋交易的真实性。

2. 支付价款尽量通过银行转账方式并备注用途

作为房屋买受人的主要合同义务就是交付购房款，而向约定账户转账并加备注，能够清晰证明履行了相应的交付价款义务，即使后续收款凭证丢失也可以通过银行查询转账记录予以证明。

3. 合同履行应办理好相应的交接手续，签署交接单

作为房屋买受人的主要合同权利是接收购买的合同标的物——房屋，交接单能够证明已实际占有该房屋，能够排除房屋出卖人对出售房屋后新发生的装修、翻建、添附等提出主张。

4. 有异议应及时提出，并尽可能书面提出，避免错过最佳机会，导致后续维权成本高涨，效果还不一定理想

本案单××一再主张刘×在拆迁时未提出异议，并以拆迁人的经办人员的证人证言作为申请再审的主要理由。虽然本律师坚持认为这一点并不具备再审的条件，但××市高级人民法院仍然以此为由裁定再审。可见，如果刘×如果能在拆迁时提出异议，一方面能在拆迁前与单××就房屋拆迁补偿协商好，另一方面即使协商不成，拆迁人会暂扣拆迁补偿款，待双方争议解决后再发放，避免出现胜诉后刘×获取拆迁补偿困难的情形。司法实践中被执行人转移财产，逃避履行判决义务的情形并不少见。

综上所述，本案是一个十分典型的农村房屋买卖合同纠纷案例，其中关于亲情、利益、传统交易习惯和法律之间的选择和冲突带来很多思考，本律师曾多次试图做调解工作均未果。起初，本律师根本没有想到这个诉讼需要走几年，甚至还发生了再审。

四、结语

在目前这样一个经济飞速发展，一线城市房价暴涨的背景下，亲情往往无法对抗巨额经济利益的诱惑。兄弟姐妹之间因继承、夫妻之间因离婚产生的房产类纠纷越来越多。在考虑亲情、感情的情况下，还是要依法行事，即使是亲友之间发生的交易行为，也应当按照法律的要求来进行，签订相应的合同并保留好履行合同的相关证据，不要因为亲情而忽略法律规则，从而使个人权益受损，也最终伤害了亲情。

17

建设工程施工合同纠纷：分包方中途撤场前已完工程量、工程质量成因及责任、工程索赔等问题的认定

北京市建诚律师事务所　蔡晓波

裁判要点

在建设工程施工合同纠纷中，常出现因分包方原因中途撤场等现象，但如何认定撤场前分包方已完工程量、工程质量成因及责任、工程索赔等问题一直是法院处理此类案件的难点。在本案中，结合法院的判决，应当认为总包单位应当支付的工程款数额、分包方施工工程质量责任及成因、索赔金额，如双方不能达成一致意见，且现有证据不能确定上述争议问题，则应结合合同约定及履行情况、鉴定结论等认定上述争议问题。

基本案情

2013 年，A 公司与 B 公司就 A 公司开发建设的 ××× 项目（以下简称该项目）签订《建设工程施工总承包合同》。2014 年 3 月 5 日，B 公司与 C 公司就该项目的精装工程签订了《精装工程分包合同》，C 公司承接其中 180 栋小独栋的室内精装工程，合同金额为 81, 433, 168 元。2014 年 3 月，C 公司进场施工，由于施工能力等原因造成工期拖延。同时，在施工过程中，C 公司已施工的厨卫墙面瓷砖及石材空鼓并大面积脱落，在质量责任不明的情况下，C 公司对已施工的厨卫墙面进行拆除并重新施工。2014 年年底，C 公司因施工能力以及资金等因素中途撤场。撤场时 B 公司与 C 公司没有对 C 公司已完工程量进行书面确认，B

公司就C公司已完工程仅进行了部分视频拍摄。该项目后期工程由其他分包方接手继续施工。后C公司要求B公司支付拖欠的已完工程价款(含索赔以及上述返工二次施工费用)共计约5000万元,但B公司通过单方审核,确认C公司已完工程结算价款仅为3800多万元,而B公司已经支付C公司工程款为4905.5万元,已经超付,不存在拖欠,双方就C公司已完工程价款分歧较大。为此,C公司依据《最高人民法院关于审理建设工程施工合同纠纷案件适用法律问题的解释》第26条规定,以实际施工人身份起诉A公司,请求A公司支付C公司以下款项:(1)支付欠付C公司的工程款17,339,938.45元;(2)支付C公司因材料及劳务费上涨造成的差额共计7,084,859.84元;(3)赔偿C公司瓷砖、石材二次返工费等损失共计12,773,186.83元;(4)支付C公司工程开办费11,047,481.68元。

诉讼中,A公司以其并非适格被告、C公司并非法律上的实际施工人、C公司的诉讼请求无事实和法律依据以及A公司按照合同约定支付工程款,不存在拖欠工程款等原因请求法院依法驳回C公司的诉讼请求。

诉讼中,法院追加B公司作为被告参加诉讼。B公司认为,C公司的诉讼请求没有法律依据。首先,通过B公司对C公司撤场完成工程量进行结算审核确认,C公司施工的工程价款是38,854,743.71元,B公司已支付4905.5万元工程款,已经超额支付,多余的部分C公司应退还;其次,C公司与B公司之间签订的精装修分包合同确定的合同价款为固定总价合同,由于C公司施工能力等原因造成的材料及劳务费上涨等的相关费用应由C公司自行承担;最后,C公司要求B公司赔偿其他损失没有法律依据,且C公司也未提供证据证明,应承担举证不能的法律后果,关于厨房卫生间瓷砖及石材空鼓脱落现象原因不明,需要委托权威的鉴定机构就此原因进行鉴定,以明确责任方。因此,应依法予以驳回C公司的全部诉讼请求。

代理意见

×××区人民法院:

本律师接受B公司的委托,出庭担任B公司的委托代理人,参加C公司诉A公司、B公司建设工程施工合同纠纷一案的庭审。通过庭审调查,以及各方的举证质证，本律师现就本案发表如下代理意见，以供法庭参考：

代理人认为C公司的诉讼请求没有法律依据，应当依法予以驳回。

一、关于《精装工程分包合同》效力问题

B公司与C公司签订的精装工程分包合同，是双方当事人真实意思表示，内容不违反法律法规强制性规定，合同合法有效，应作为双方结算工程价款的依据。

二、C公司已完工程量的确认问题

通过B公司对C公司撤场前已完成工程量进行结算审核确认，C公司施工的工程价款为38,854,743.71元，B公司已支付C公司工程款4905.5万元，实际已经超额支付，但C公司对此不予认可。鉴于双方之间亦无完整的交接手续能够确定C公司撤场前已完成工程量，且C公司施工的现场因后续施工的介入不具有再现可能，故双方申请鉴定机构对C公司已完成工程量进行造价鉴定。鉴定机构根据双方的观点，按照两种方案确认C公司已完成工程量，并出具了鉴定报告。根据鉴定报告按照两种方案作出的造价结论：按照方案一的汇总加减，C公司施工的工程价款为44,224,441.88元；按照方案二的汇总，C公司施工的工程价款为48,599,310.59元。结合B公司已付C公司款项为4905.5万元，按照分包合同约定，B公司应计取总包管理费5,699,995元，也即C公司完成的工程量超过54,754,995元时，才能再向B公司主张相应款项。而无论按照方案一还是方案二确认工程价款，B公司都已经超付C公司工程款，因此，法院无需对C公司已完成工程量的确认方案进行确认就可以得出B公司超付的结论。

三、关于该项目工程质量责任及成因问题

鉴定机构于2017年11月16日就该项目工程质量责任及成因出具了鉴定检验报告书，该鉴定检验报告书认为该项目内墙粘贴的饰面砖曾经普遍有空鼓问题，抹灰层的黏结强度与材料、施工过程控制相关，M5预拌抹灰砂浆与平层上粘贴饰面砖不满足相关规范要求，加上抹灰层存在施工质量缺陷，是导致该项目卫生间和厨房墙面瓷砖、石材发生空鼓脱落的重要原因。依据上述鉴定结果，该项目工程质量原因非C公司施工造成，质量返工的费用应当由责任方承担。根据造价鉴定报告，无论质量责任是否应当由B公司承担，B公司都已经超付C公司工程款。

四、关于工程索赔问题

根据造价鉴定报告,工程索赔的鉴定结果为:确定项所涉工程造价金额仅为208,578.77元,待定项所涉工程造价金额为6,519,705.33元,待定项(C公司主张人工单价差价)为12,874,493.22元。

鉴于鉴定机构对C公司单方主张的人工差额费用等一系列索赔内容作出的系待定项的鉴定结论,因此最终应由法院根据相关证据进行认定。由于C公司向B公司进行索赔,根据“谁主张,谁举证”原则,对于上述待定项C公司应承担举证责任,但C公司提供的证据无法证明应由B公司承担,因此,C公司应承担举证不利的法律后果,其索赔主张不应得到贵院支持。

综上所述,代理人认为,C公司的诉讼主张没有任何法律依据,应当依法驳回C公司的全部诉讼请求。

此致

×××区人民法院

被　告:B公司

代理人:蔡晓波　律师

裁判结果

×××区人民法院一审判决:

驳回C公司的全部诉讼请求。

×××中级人民法院二审判决:

驳回上诉,维持原判。

裁判理由

法院生效裁判认为:根据双方诉辩意见及证据,本案争议焦点主要包括B公司应当支付C公司的工程款数额、质量责任及成因、索赔金额。

首先,根据已经查明的事实,案涉《精装工程分包合同》是双方真实意思表示,并未违反法律法规的强制性规定,双方当事人签订的《精装工程分包合同》合法有效,双方应当按照约定,全面履行各自义务。

其次,关于工程价款问题,根据双方合同约定,如分包合同顺利履行完毕,C公司应得到的全部款项为扣减总包管理费部分后的款项,即72,955,975.21元。

在实际履行过程中,因C公司在合同并未履行完毕即撤场,双方之间亦无完整的交接手续能够确定C公司的已完工程量,且存在因空鼓脱落等引起的返工损失无法确定。因此,原审法院通过先后启动鉴定确定空鼓脱落原因、工程造价等,根据鉴定的结果,空鼓脱落的质量责任与C公司无关,包括返工费用在内的C公司已完工程价款的造价鉴定结果仅为4000多万元,并未超出B公司已经支付的工程价款总额与B公司应计取的总包管理费之和。根据《最高人民法院关于适用〈中华人民共和国民事诉讼法〉的解释》第90条规定,当事人对自己提出的诉讼请求所依据的事实或者反驳对方诉讼请求所依据的事实,应当提供证据加以证明,但法律另有规定的除外。在作出判决前,C公司提供的证据无法证明其索赔的事项应当由B公司承担,综合现有证据不能确定C公司的工程价款和索赔金额已经超过了B公司已付款项及总包管理费之和,因此,C公司应承担举证不能的法律后果。

综上所述,结合本案案情、双方合同约定及履行情况、鉴定结论等,在现有证据不能确定C公司的工程价款和索赔金额已经超过B公司已付款项及总包管理费之和的情况下,判令驳回C公司的全部诉讼请求。

律师评析

本案中最大的争议点在于对C公司撤场前已完工程量。通常情况下未施工完毕的工程项目,当事人就已完工程的工程量存有争议的,应当根据双方在撤场交接时签订的会议纪要、交接记录以及监理材料、后续施工资料等文件予以确定;不能确定的应根据工程撤场时未能办理交接及工程未能完工的原因等因素合理分配举证责任。

因此,无论是总包单位还是分包单位都有可能就撤场前已完成工程量承担举证责任,这就需要当事人双方在撤场交接前,应尽可能达成书面协议明确已完工程量,或者形成其他确认已完工程量的相关文件,保留分包方中途撤场会议纪要、交接记录以及监理材料、后续施工资料等文件,从而避免后续因撤场前已完工程量产生争议。

18

数据服务合同纠纷：自动续期约定的效力及履行

北京市隆安律师事务所　曹现亮

裁判要点

1. 双方约定协议所载明的是初始订购期，订购期将自动续期，并赋予任意一方在合同届满90日前书面通知对方终止的权利。仲裁庭认为"自动续期"约定不存在文字和理解上的歧义，合同期内被申请人未就协议的终止向申请人发出任何书面通知，并在自动续期期间接受服务且未提异议。因此，仲裁庭认为初始订购期届满后自动续期至20××年××月××日；续期内被申请人无单方终止当期协议的权利。

2. 实践中事业单位对外采购及其实施与对应财政预算的审批、拨付存在不同步，及采购与预算不完全对应问题。作为对外采购合同的服务提供商，尤其是持续服务的提供商，存在暂停服务等待事业单位内部审批还是基于信赖利益继续履行的问题。仲裁庭认为被申请人作为全额财政拨款的事业单位在对外采购上受《预算法》《政府采购法》等政府采购行政监督法律法规的约束，但政府采购合同适用《合同法》，争议协议是被申请人作为普通民事主体签署的一般民商事合同，应当严格履行协议约定。在争议协议已经履行必要专家论证、审核前公示等政府采购程序的背景下，申请人对在被申请人未发送书面终止通知情况下的合同自动续期以及继续履行具有信赖利益，该等信赖利益不应因被申请人是否已就合同续期履行内部程序及被申请人的资金来源等问题受到损害。被申请人应当依照合同约定支付续约期间的订购费。

基本案情

20××年（以下称N年）双方签订《××协议》，约定申请人向被申请人提供×服务，约定服务/账单周期为每年。其中约定服务期自动续期，但任何一方可在届满90日前向另一方发出书面通知终止。第一年期限即将届满时，申请人向被申请人约定联系人提示续交次年费用；且在N+1年×月，因产品升级，申请人到被申请人处进行升级、培训，用户继续使用。N+2年，被申请人联系人离职，申请人与被申请人沟通付款，被申请人回复合同已到期终止，后续未续签、没有拨款，申请人也没有书面通知续签、提前提示付款，所以拒绝付款并要求停止提供服务。协商无果，申请人依仲裁条款申请仲裁。

裁判结果

一、支付欠付的2年服务费；

二、以欠付费用为基数，按年利率24%的标准，计算逾期付款违约金；

三、承担仲裁费及申请人已付律师费；

上述款项自裁决作出之日起15日内支付完毕。

裁判理由

1. 关于协议的续期问题

仲裁庭认为，根据上述条款的文义，“自动续期”的约定并不存在文字和理解上的歧义，即除非任何一方在有效期届满前至少90日向另一方发出书面终止通知，否则《××协议》项下的每一个订购期将自动续期。

在本案中，经仲裁庭查明，在20××年××月申请人向被申请人发出催款通知之前，被申请人并未就《××协议》的终止向申请人发出任何书面通知。

而且，根据申请人和被申请人的往来电子邮件，被申请人的指定用户至少在N+1年接受了申请人提供的软件升级及培训服务，且被申请人彼时的联系人C也并未在收到申请人发送的汇报邮件后就申请人提供的前述服务提出任何异议或反对。

因此，仲裁庭认为，《××协议》在初始订购期届满后已自动续期至20××年××月××日。同时，鉴于《××协议》项下亦未赋予被申请人在协议续期期间单方提前终止当年度订购服务的权利,被申请人在其20××年××月××日向申请人发出的电子邮件中要求申请人立即停止提供服务没有合同依据,不能产生提前终止《××协议》的法律效果。

2. 关于被申请人的付款义务

仲裁庭认为,根据《政府采购法》第43条第1款的规定,"政府采购合同适用合同法。采购人和供应商之间的权利和义务,应按照平等、自愿的原则以合同方式约定"。因此,尽管本案的被申请人是全额拨款的事业单位,其对外采购商品或服务的活动亦受《预算法》《政府采购法》等政府采购行政监督法律法规的约束,但就本案争议的《××协议》而言,应当认为是被申请人作为普通民事主体与申请人签署的一般民商事合同,双方当事人应当严格履行协议的约定。

并且,仲裁庭注意到,根据《政府采购法》第47条的规定,"政府采购项目的采购合同自签订之日起七个工作日内,采购人应当将合同副本报同级政府采购监督管理部门和有关部门备案"。因此,仲裁庭认为,在案涉《××协议》的签署已经履行了必要的专家论证、审核前公示等政府采购程序的背景下,申请人对被申请人未发送书面通知的情况下的合同自动续期以及继续履行具有信赖利益,该等信赖利益不应因被申请人是否已就合同续期履行内部程序以及被申请人的资金来源等问题受到损害。被申请人应当依照合同约定向申请人支付续约期间的订购费。

至于被申请人提出的申请人没有按时开具发票导致其不能第一时间通知申请人终止协议的主张,仲裁庭认为,根据《××协议》关于发票开具的约定及关于自动续期的约定,申请人是否依照合同约定按时开具发票并不影响合同期限的延展,不构成申请人拒绝支付订购费的理由。

综上,仲裁庭认为,被申请人关于其不存在订购费付款义务的抗辩理由不成立,对申请人要求被申请人支付20××年及20××年订购费的仲裁请求予以支持。

代理意见

尊敬的仲裁员:

律师事务所接受本案申请人A公司委托,指派本人担任其与B中心×争议

案的代理人。现根据双方提交证据材料及相关法律法规发表代理意见如下:

一、《××协议》真实、合法、有效,双方均应依约履行

根据双方提交的证据,双方当庭一致确认双方签订的《××协议》履行了政府采购论证、公示程序,且双方所交协议内容一致。证明协议真实、合法、有效,双方应严格按照协议约定履行各方义务。

二、《××协议》按约自动续期至20××年××月,且已实际履行

首先,自动续期约定明确、无歧义。协议第4.a条约定:订购方获许可使用的服务的初始订购期如本协议所载。每个订购期将自动续期,但前提是任何一方可在适用的初始有效期或任何随后的续期有效期届满前至少九十(90)日向另一方发出书面通知,以终止本协议中的任何许可权。在任何许可权的订购期有效期内,本协议所有条款和条件应维持十足效力和效用。上述约定的字面意思明确、无歧义,协议订购期自动续期,如要终止,应提前90日向另一方发出书面通知。即续约不需要书面通知对方,是自动续约;但终止须提前90日书面通知对方。被申请人将该条解释为续期要书面通知对方,显然不符合约定条款字面意思,属错误或歪曲解读,依法不能成立。

其次,申请人未接到终止通知,协议自动续期×期至20××年××月。双方协议初始订购期届满(20××年××月××日)90日前申请人未收到被申请人任何终止协议的书面通知;同样在第一个续期有效期届满(20××年××月××日)90日前申请人也未收到被申请人任何终止协议的书面通知。因此,依约双方《××协议》自动续期至20××年××月××日,目前20××年度已履行完毕,20××年度还有十几天即履行完毕。

三、申请人按约履行全部合同义务,不存在瑕疵或扩大损失过失

首先,从签约过程看:20××年××月专家评议后,双方于20××年××月××日正式签订《××协议》,20××年××月××日应被申请人要求重新签定《××协议》,前后两份协议内容条款一致,其自动续期条款×.×约定一致。因此,前后两次协议对同一事项作出完全一致约定,代理人有理由认为双方对于自动续期条款的约定无争议,该约定依法具有约束力。

其次,从上述两份协议签订及其关于初始订购期的约定、提示付款时间看:一次协议约定服务开始日期为20××年××月××日,后补充修改为20××年××月××日;二次协议约定服务开始日期为20××年××月××日,但签订日为20××年××月××日，提示付款为同日。即均存在先提供服务，后补签协议，且补签协议的同时提示付款的客观事实。

基于双方存在前述先服务后签约的客观情形，且基于申请人对被申请人事业单位的信任，申请人按照之前双方交易惯例产生先提供服务、待被申请人通知后再开票提示付款的合同信赖。所以，申请人在续期合同履行及提示付款上不存在履行瑕疵。

再次，申请人一直就续期合同履行事宜与协议中约定被申请人联系人C保持联系。在20××年××月对客户进行上门升级、培训，20××年××月××日向C发送20××年回访记录。上述履行事实及相关证据表明申请人履行了恰当告知义务，C为职务行为，被申请人对合同续期及履行明知。

最后，争议期间申请人继续提供服务符合约定，是应受肯定的守约行为，不属扩大损失。双方自20××年××月发生争议，××月提交仲裁，但协议×.×末尾约定“在任何许可权的订购期有效期内，本协议所有条款和条件应维持十足效力和效用”，因此，争议期间各方仍应按约履行，申请人据此继续提供服务至20××年××月××日（将届满），且被申请人方用户事实上也一直在大量使用申请人提供的数据服务，申请人在协议履行上不存在瑕疵，诉争期间履行不属扩大损失。

四、资金来源不能成为被申请人拒绝付款的合理抗辩理由

首先，协议未约定被申请人支付款项来源，作为一个普通商事交易主体，申请人无义务核实被申请人是否有专门款项来支付协议款项。

其次，被申请人提交的项目资料不能证明概算总投资××元中含多少××服务采购费用，即不能证明总投资中只有××元的××采购费，事实上被申请人也提交了数份××服务采购合同。即被申请人提交项目资料无法证明项目费用与××采购费用的完整对应关系。

最后，被申请人无法证明除其提交项目外不存在其他项目或日常研究工作中也需要采购申请人××服务的可能。

被申请人采购的××服务由指定关联单位下属××部、××所等×个部门使用，从费用上不排除实际使用部门与被申请人之间另行结算费用的可能。

据上，在民事合同法律关系中，存在以数量、质量、逾期、违约抗辩付款，不存在欠缺资金来源的抗辩。即使政府行政部门采购产品或服务，难道可以财政拨款不足或没有该笔财政费用而免除付款责任吗？如果可以这样，那政府就可以赖账，政府就可以不受国家法律约束，这显然是荒谬而不成立的。

综上所述，代理人认为双方协议真实、合法、有效，被申请人在20××年××月到20××年××月事实上接受了申请人提供的数据服务，该延续服务符合双方协议中关于自动续期的约定。申请人在续期服务的履行及提示上不存在瑕疵或单方扩大损失过失。被申请人以无相关资金安排抗辩不符合法律规定，违反公平、诚信原则，被申请人至今一直在接受申请人提供的数据服务，应依法支付服务费并承担迟延付款的违约责任。因此，请依法保护作为协议信赖守约方的申请人的合法利益，支持申请人的仲裁请求。以上代理意见请依法采纳。

代理人：曹现亮　律师

律师评析

实务中如约定期满自动续期，存在无需再签合同而续期履行问题。自动续期条款一般约定对方未作出终止意思表示即自动续期，有的还附加限定作出终止意思表示并通知对方的期限。作为需方需注意自动续期约定条款，做到提前通知。作为供方在自动续期履行期间，在提供好服务的同时，也要履行恰当提示义务，并保留好相关证据。

另合同签署、履行及付款存在不同步或次序颠倒问题，法律要维护市场交易秩序，保护诚信履约方的合同信赖利益。如无特别约定，单方内部审批程序及资金安排一般不能成为不履行己方合同义务的抗辩理由。

19

确认合同无效纠纷：非法期货交易因违反行政法规的强制性规定而无效

北京市铭盾律师事务所 陈巴特

裁判要点

《期货交易管理条例》第 4 条“禁止在前款规定的期货交易场所之外进行期货交易”，以及第 6 条“未经国务院批准或者国务院期货监督管理机构批准，任何单位或个人不得设立期货交易场所或者以任何形式组织期货交易及其相关活动”的规定，属于行政法规的效力性强制性规定，违反该规定的合同无效。以“现货交易”之名，行非法期货交易之实，全部交易无效，交易双方应返还取得的财产，有过错的一方应当赔偿对方因此所受到的损失。双方都有过错的，应当各自承担相应的责任。

基本案情

2010 年以来，随着互联网的飞速发展，大宗商品现货交易平台也如雨后春笋，在全国各地涌现。在此大背景下，A 公司经市商务局批复，于 2012 年 11 月 19 日成立。起初主营业务为贵金属现货的销售、贸易及其电子商务服务，后增加原油、沥青等交易品种。

A 公司成立后，一方面未经批准开设电子盘交易系统，另一方面招揽经纪会员公司与其合作，并通过经纪会员公司招募投资者在交易系统开户交易。在这些经纪会员公司“高收益，低风险”的肆意宣传诱惑下，付 × × 等 32 名当事人及其他投资者先后开户，并向 A 公司交易资金结算账户注入大量资金。日常交易，均有经纪会员公司提供的“指导老师”通过网络对32名当事人进行“指导”，进行原油、白银、沥青等现货合约交易操作。

“指导老师”对广大投资者的心理非常了解，并大多准备好引诱投资者不断入金的书面沟通预案。交易期间如有盈利，却也极少，“指导老师”就指导当事人投入更大资金，以图更大盈利；期间大部分交易亏损，并且亏损额比盈利额大得多，此时“指导老师”就会非常耐心地分析价格走势，言之凿凿地向各当事人保证继续入金交易定会“翻盘”。在“指导老师”的“循循善诱”下，各当事人出入金多次，买卖多手，在短短一段时间内，均出现巨额亏损。其中，付××自2015年11月25日入金至2016年4月1日最后出金，短短128天亏损654,725元，平均每天亏损达5115元。

2016年3月18日，同样是现货交易平台的B公司，因以“现货交易”之名行非法期货交易之实并伴随诈骗行为，被中央电视台《焦点访谈》节目“‘平台’下面有陷阱”曝光。节目最后也提及A公司。节目的播出，如同石破天惊。各现货交易平台的投资者维权行动此起彼伏。在维权过程中，投资者们在交流中发现，大凡进行现货投资的人，没有盈利，只有亏损，有的投资者亏损数千万元。

本案32名当事人及其他A公司投资者也恍然大悟，纷纷采取各种方式集体维权。部分当事人通过A公司“协调”，与经纪会员公司签订《调解协议书》，并出具《息诉罢访承诺书》，获得少量交易资金返还。其中付××从经纪会员公司获得返还资金24万元，剩余414,725元，A公司及其经纪会员公司拒不返还，亦不赔偿损失。

在此情形下，32名当事人委托北京市铭盾律师事务所，对A公司依法提起民事诉讼，请求确认在A公司交易系统中的开户及全部交易无效，判令A公司返还全部剩余交易资金。

A公司答辩称32名当事人交易的对象是经纪会员公司，其不是本案适格被告；经纪会员公司已和当事人签订《调解协议书》并支付了调解款，当事人出具了《息诉罢访承诺书》，现要求返还剩余交易资金没有法律依据。A公司认可双方交易系标准化合约交易、保证金交易，在保证金不足的情况下可以强行平仓，可以反向操作，并未发生实物交割。

一审法院向中国证券监督管理委员会青岛监管局问询，A公司平台开展的交易是否构成非法期货交易，该局答复：“被告A公司未经国务院期货监督管理机构批准，不具备组织期货交易及其相关活动的业务资格。根据贵法院描述的情形，结合我局在前期工作中了解的情况，答复意见如下：A公司以标准化产品合约为交易对象，采取保证金制度、集中交易方式，允许交易者不发生实际交割，以对冲平仓的方式了结交易，违反了《期货交易管理条例》、《国务院关于清理整顿各类交易场所切实防范金融风险的决定》（国发〔2011〕38号）、《国务院办公厅关于清理整顿各类交易场所的实施意见》（国办发〔2012〕37号）之规定，其行为构成非法组织期货交易活动。"

一审法院向市商务局问询，A公司的交易平台因何关闭。该局答复："A公司因涉嫌的违法违规交易活动引发投资人上访，其自行停止其业务。"

部分当事人与经纪会员公司签署《调解协议书》和《息诉罢访承诺书》，承诺放弃其他请求，不再上诉上访。当事人收到调解款。

代　理　词

尊敬的审判长、审判员：

北京市铭盾律师事务所依法接受付××等32名原告（以下统称"原告"，名单见附件）的委托，指派我担任原告的代理人，参加他们与被告青岛鲁×商品现货交易中心有限公司合同纠纷案件（以下简称本案）的诉讼。接受委托前，我已成功办理了数批类似所谓的"现货"纠纷案件，对国内"大宗商品""现货交易"有详细的了解。接受委托后，我仔细询问了各位原告，进行了必要的调查，收集了相关证据，又参加了这些案件的开庭审理，对案件有了一个全面清楚的认识。下面就这些案件的相关事实和法律适用的焦点问题发表如下代理意见：

一、原告交易的对象是被告，原、被告系买卖合同关系。被告所称的"会员单位"只是被告的"代理人"或"经纪人"。被告辩称原告交易的对象为其"会员单位"，原、被告之间仅构成服务合同关系，没有任何事实和法律依据，其也没有提供任何证据予以证明

（一）"会员单位"在交易中的法律地位

被告陈述在这些案件中还存在不同的"会员单位"。但"会员单位"并非法律意义上的概念。通常来讲，"会员单位"的概念和"社会团体"相对应。除依法不需办理法人登记的情形外，一般社会团体必须经国家有关部门核准登记方能取得社会团体法人资格。会员单位需向该社会团体缴纳会费,该社会团体定期或不定期组织相关活动。二者之间的法律关系非常松散,不像母子公司之间或委托人与代理人之间有着紧密的联系。

本案中,被告作为有限责任公司,通常不应该存在"会员单位","会员单位"的存在本身就不合常理,但如果"会员单位"能在关键时刻被被告作为其"替罪羊",倒也合乎逻辑。被告主张"会员单位"为原告的交易对象,其逃避责任、将"会员单位"作为"替罪羊"的企图昭然若揭。

但是,从"会员单位"的含义和作用等各方面以及被告法庭陈述及举证情况、原告提交的证据等分析,代理人认为,"会员单位"只能是被告的"代理人"或者"经纪人",不可能是原告的交易对象。被告主张"会员单位"为原告的交易对象没有事实依据。

1. 被告必然持有其与所称"会员单位"法律关系的证据但无正当理由拒不提供

毫无疑问,被告所称"会员单位",是被告的"会员单位",是被告招募而来。一方面,在当前我国法律制度下,一方要成为另一方的"会员",必然要通过协议明确双方法律关系和权利义务;另一方面,"会员单位"既然由被告招募,那么从防范自身法律风险考虑,被告也不可能在未签协议的情形下允许"会员单位"进入其交易系统,"会员单位"自身也不可能在未签协议、没确定报酬的情形下为被告所利用。正如原告进入被告交易系统必须履行法律手续一样。因此,被告必然与其会员单位签订有包含双方法律关系和权利义务内容的协议书。也就是说,被告必然持有其与"会员单位"法律关系的证据。

但在庭审中,被告既未能明确指出其主张与原告交易的"会员单位"的名称,也拒不提交其与"会员单位"签订的协议书。根据《最高人民法院关于民事诉讼证据的若干规定》第 75 条"有证据证明一方当事人持有证据无正当理由拒不提供,如果对方当事人主张该证据的内容不利于证据持有人,可以推定该主张成立"之规定,可以推定"被告与其所称会员单位之间建立的是委托代理合同关系,会员单位是被告的代理人"这一原告主张成立。

2. 被告主张原告的交易对象是"会员单位",但没有提交任何证据证明。其也没有举证证明自身不是原告的交易对象

在原告提交了基本证据(银行交易明细、客户协议书等)证明其交易对象为

被告的情形下，被告欲推翻原告的主张，另主张交易对象为“会员单位”，应当提供充分证据予以证明。否则，仅凭被告的口头抗辩，是无法推翻原告的主张的。被告不能提交这方面的证据，应当承担不利责任。

3. 被告法庭陈述表明原告的交易对象不是“会员单位”，而是被告自身

在2018年11月1日和2日的法庭审理中，被告代理人亲口陈述“前期招商，会员单位有经纪功能，但不排除会员单位作为客户（指原告等投资者）的交易对象”。

被告的这一陈述，充分表明：

（1）“会员单位”既然“有经纪功能”，当然就是“经纪人”。经纪是居间法律行为。那么，“会员单位”为谁提供居间服务？在整个交易过程中，存在三方当事人：原告、被告和“会员单位”。既然“会员单位”为居间人，那么其当然是原被告的居间人，为原、被告的交易提供居间服务。再则，任何一项交易中，一方当事人不可能同时既是“经纪人”又是交易的一方。根据法律规定，即便形式上是这样，本质上，该方当事人实为交易一方。

（2）“经纪功能”是在“前期招商”阶段，难道在一个合同法律关系中，一个当事人在不同的阶段可以作为不同的法律关系主体而存在吗？按照被告的陈述，在前期，“会员单位”介绍原被告交易，是居间人；在后期，“会员单位”将被告“踢出”，自己在被告的交易系统里与原告交易着与前期交易的“商品”完全相同的“商品”，是交易的一方，并且自己分文不收，交易资金全部由原告交给被“踢出”的被告。如果这样，岂不是“滑天下之大稽”！因此，无论前期后期，“会员单位”均是作为有经纪功能的居间人存在。被告特意强调“前期招商”阶段，毫无疑问是混淆视听、逃避责任之举。

（3）“不排除会员单位作为客户的交易对象”，看似模棱两可，实则可以确定“会员单位”不是交易对象。被告的“会员单位”在被告的交易系统里担任什么角色、做了些什么，被告比任何人任何单位都清楚，在这里用“不排除”一词贻笑大方，这是毫无原则的狡辩。但正是这种狡辩，恰恰“排除”了“会员单位”作为交易对象的可能性。

总之，被告自身的法庭陈述，充分表明原告的交易对象就是被告，而不是“会员单位”。

4. 原告提交的《客户协议书》再一次充分证明了所谓的“会员单位”只不过是原被告的“经纪商”“居间人”或“代理人”,而不是原告的交易对象

原告提交的《客户协议书》原件,是切切实实的印刷装订本,并加盖被告886号“会员单位”投资咨询有限公司的合同专用章,真实性毫无疑义。

该证据第6/14页“双方声明”部分,第1条第2款明确表明“甲方(投资咨询有限公司)拥有丰富的投资咨询经验,具有开展经纪业务的必要条件,能够为乙方的投资交易提供相应的服务”。

毫无疑问,“会员单位”是作为“经纪人”提供经纪服务而与包含本案原告在内的投资人签订《客户协议书》的,不是交易一方。

被告对该证据的真实性予以认可。但辩称该证据只用于前期,后期均是电子版的《客户协议书》。被告这一说法与事实不符,其也没有提交任何电子版的《客户协议书》予以证明。

5. 被告尚且没有原油、成品油等仓储、销售、批发资质,“会员单位”则更不可能有这些资质,更不可能成为交易对象

没有相应资质,则不会存有大量的“商品现货”。相比较而言,“会员单位”比被告层级更低。与被告相比,其更不可能存有大量“商品现货”,更不可能成为交易对象。

需要强调的是,在此前被告与其他投资人的同类诉讼案件中,被告曾提交了其与第三方的《仓储合同》,企图证明其提供的交易是现货交易,而非非法期货交易。该《仓储合同》无论是非真假,恰好反证了交易的“商品”均是被告的“商品”,不是“会员单位”的“商品”。原告在被告交易系统开户并交易,交易的标的是被告的“商品”,交易款均进入被告银行账户,交易时没有任何地方显示“会员单位”的存在,交易对象是被告而非“会员单位”无疑。

6. “会员单位”的收入直接来源于被告

“会员单位”既然能存在,必然与原告或者被告存在资金往来。但是,原告提供的银行明细充分证明,原告交易资金只在原告与被告账户之间流动,而与“会员单位”没有丝毫关系。

当然,“会员单位”作为一个企业,也不可能只是交易系统里的一个“看客”。既然原告和“会员单位”没有资金往来,那么被告必然和“会员单位”有资金往来。被告能够提供其与“会员单位”资金往来的证据而拒不提交,根据举证规

则，应当推定原告关于“会员单位”的收入源于被告、被告向“会员单位”支付了代理费的主张成立。

综上所述，“会员单位”是被告的代理人或经纪人，不是被告辩称的原告交易对象。原告交易对象实为被告。被告的抗辩，只不过是其混淆视听、干扰审理以期逃避法律责任的恶意之举。

（二）从合同成立及履行的角度来看，原告的交易对象只能是被告

（1）原告开户及交易的电子盘软件是被告非法开发并提供给原告的。

（2）原告在被告提供的电子盘软件开户的行为，符合合同成立的要件。根据合同法理论，被告工作人员或者代理人，通过网络聊天软件诱导原告开户是“要约邀请”，原告远程将身份证及银行卡照片提供给被告申请开户即为“要约”，被告同意并为原告开户的行为为“承诺”。原、被告达成合意，合同成立。

（3）原告出入金均是通过被告。交易资金只在原被告之间流动。原告向被告支付“货款”，被告向原告提供“商品”。合同法律关系中，一个很重要的特征就是合同款的流向。合同款只能在合同双方之间流动，而不会直接流向第三方，否则会存在偷税漏税违法犯罪的嫌疑。

（4）交易的“商品”全部由被告提供。

（5）交易规则，各种管理制度均由被告制定，原告必须遵守。

（三）被告和原告不可能构成服务合同关系

被告辩称其仅为网络服务平台，与原告是服务合同关系。但诸多事实及证据表明，被告和原告不可能构成服务合同关系。

（1）原、被告之间并没有签订任何服务协议，被告未能提交任何证据证明其仅为网络服务平台并与原告构成服务合同关系。

（2）被告没有向原告提供任何服务，其提供的交易系统仅是为了原、被告交易的需要，是被告为了赚取或掠夺包含原告在内的广大投资人交易资金的必要工具。即便可以称之为“平台”，这个“平台”也仅仅是被告和包含原告在内的广大投资人交易的平台。“平台”的概念及含义，并不能表明平台提供者和使用者之间构成服务合同关系。

（3）如果被告和原告是服务合同关系，那么原告向被告支付的应该是服务费。但原告提供的银行明细显示，原告所有的交易资金均进入了被告的账户，这些资金显然不属于服务费。

(4)如果被告和原告是服务合同关系,那么被告和“会员单位”也应是服务合同关系,“会员单位”也应向被告支付“服务费”,而不是被告向“会员单位”支付有关费用。但被告并未举证证明“会员单位”向其支付了“服务费”,相反是被告向“会员单位”支付了有关费用。

(5)如果被告和原告是服务合同关系,那么被告作为服务提供商,只能制定其服务规则和制度,而不可能制定服务对象之间的各种交易规则、管理制度。但系统里交易规则和制度均由被告制定。

总之,在原告、被告及“会员单位”三方之间,原、被告是交易的双方,是买卖合同关系;“会员单位”和被告是代理合同关系或经纪合同关系。三方之间,没有任何两方能构成服务合同关系,原、被告更不可能构成服务合同关系。

二、被告提供的交易是标准化合约交易,允许以对冲方式了结交易,交易目的不是实物交割,交易方式是集中交易,完全符合期货交易特征,是非法期货交易。被告辩称为“现货交易”,没有任何事实和法律依据,没有任何证据予以证明

根据《中国证券监督管理委员会关于做好商品现货市场非法期货交易活动认定有关工作的通知》(2013年12月31日,证监办发〔2013〕111号)规定,认定商品现货市场非法组织期货交易活动应采取目的要件和形式要件相结合的方式。就目的要件而言,主要是以标准化合约为交易对象,允许交易者以对冲平仓方式了结交易,而不以实物交收为目的或者不必交割实物。就形式要件而言,一般有交易对象为标准化合约、交易方式为集中交易等几大特征。就本案而言:

(一)主观意图上,双方交易不以实物交收为目的

1. 被告一直是作为“金融企业”设立和发展经营的

被告是在市“十二五”金融业发展规划上将“蓝色金融”作为重要发展目标的背景下设立,其设立的初衷便不是以类似于淘宝、京东等实物买卖电子商务为发展目标,而是将自己定位为“金融”企业,并自始至终按照此定位经营发展的。

2. 被告是以“投资”而非“实物买卖”来定位双方的交易的

被告从未以销售现货白银、原油、沥青等实物向原告等广大投资者推广,而是一开始就以“投资”来诱导原告注册开户并交易。被告提供的《客户协议书》以及交易系统里发布的各种文件,以及被告在交易系统指导原告交易时,均称原告等人为“投资人”,并且随处都显示“投资”字样。

3．被告没有相关资质，不具备存储大量原油、沥青条件，不可能存有大量现货实物，不可能以实物交割为目的

交割的前提就是必须有现货实物，而存有现货实物的前提条件又是被告有该现货的仓储、批发、销售资质。原告提供的证据充分证明被告没有相应资质。前提条件都不能满足，被告怎么可能存有现货实物！被告也没有提交任何证据证明其有真实的仓库和仓单。面对众多投资者每天多达几万手的交易量，被告甚至不能提供一份仓单。

现货实物都不存在，被告怎么可能产生交割！又怎么可能以实物交割为目的！

4．原告没有交割资质，其交易不是以实物交割为目的

原告作为自然人、普通老百姓，并不具备相应仓储、批发、销售等交割、经营资质，其不可能需要以吨来计量的原油、沥青实物，也不需要数十上百公斤的白银。原告开户并交易，并非为了获得这些所谓的“现货”实物，而是在被告诱导下进行“投资”，目的是想通过买入卖出赚取差价获得收益，而不是促进商品流通。

（二）客观上，被告从没有实物交割历史。被告也未能举证证明其存在交割历史

如果存在实物交割，被告必定存有交割的凭证。没有任何人任何企业仅凭一句话就把大批量现货实物进行交割。

被告辩称其存在交割历史，却在这个如果确有其事便非常容易举证证明的事项上，没有提交任何证据予以证明。这一方面彰显其诉讼诚信的严重缺乏，另一方面表明其存在交割历史只不过是苍白无力的狡辩。

此外，被告辩称实物交割需要原告等投资人提交申请方可进行，原告等投资人没有申请，所以没有交割。姑且不论被告并没有证据证明交易系统里存在交割申请的页面，仅就真正的“现货交易”而言，交付需要买方提出申请吗？难道不是卖方主动依约交付！显然，被告的辩称，只不过是其不能交割且没有交割历史的一个托词！

众多投资者每天产生成千上万笔交易，被告经营时间也有数年，被告却未能举证证明其产生过一笔交割，由此可见其根本不存在实物交割历史。

（三）被告提供的交易对象为标准化合约，其允许原告以对冲平仓方式了结交易

原告提交的证据《原油交易规则（桶）》《现货沥青交易规则（吨）》《贵金属白银交易细则（试行）》充分表明，除价格、交货地点、交货时间等条款外，其他条款诸如交易品种、合约单位即预付款等均相对固定。原、被告以此类合约作为交易对象。订立合约时，原告并非全额付款，而只支付"商品"价值2%、5%或20%的比例作为保证金，即可买入或卖出。合约订立后，被告允许原告不实际履行，而可通过反向操作、对冲平仓的方式来了结自己的权利义务，了结交易。对此，原告提供的《客户报表》等证据亦可充分证明。

况且，在被告不可能实现实物交割的情况下，原、被告欲了结交易，也只能通过对冲平仓的方式。被告没有实物交割历史，也充分说明了这一点。

（四）在形式要件上，双方交易方式为集中交易

现有证据证明，任何公众均可以在被告交易系统开户并进行交易，且交易是公开的。被告可同时与众多投资者进行交易，多个投资者可同时买入卖出，构成集中交易。集中交易又可细分为集合竞价、连续竞价、电子撮合、匿名交易、做市商机制等交易方式。

原、被告双方按照自己所能接受的心理价格自行进行买卖申报，由交易系统对全部有效申报进行一次集中撮合的处理。构成电子撮合、集合竞价。

交易系统按照"价格优先、市场优先"等原则形成成交价，当最高买价与最低卖价相同时，该价格为成交价；当买价高于卖价时，报价在先一方的卖方价格为成交价。显然是连续竞价。

交易过程中，被告完全不需要知道对手方的身份、年龄、信用状况等除价格以外的交易信息，原告也不需要知道被告信用状况等除价格以外的交易信息，完全是匿名交易。

被告不断地向买卖双方提供报价，并按照自身提供的报价交付商品与之成交，从而为市场提供即时性和流动性，并通过买卖价差获取利润。被告显然是做市商机制。

（五）被告采用了T+0交易方式

《客户协议书》显示，交易时间为北京时间每周一早上7:00至周六凌晨4:30，周一至周五全天21.5小时不间断交易，即买即卖，显然是T+0交易，违反了国办发〔2012〕37号文件第2条第3款“不得将权益按照标准化交易单位持续挂牌交易”的规定。“持续挂牌交易”是指在买入后5个交易日内挂牌卖出同一交易品种或在卖出后5个交易日内挂牌买入同一交易品种。也就是除了国家正规的四大期货交易所外，其他单位进行T+0交易方式是不允许的。T+0是一种期货交易制度。

总而言之，无论是从目的要件还是从形式要件来看，原、被告之间的交易完全可以被认定为期货交易。现有生效判决及裁决中，最高人民法院已认定与被告相同或相类似的交易为期货交易。全国各地多个基层人民法院及中级人民法院、高级人民法院、仲裁委员会对此也认定为期货交易。被告辩称的“现货交易”“现货延期交易”，本来是子虚乌有的概念。正是被告以及一众与被告类似的所谓的“现货商品交易中心”“大宗商品交易所”，为达到事前骗取、掠夺投资者交易资金、事后逃避法律责任之目的，而自行创设的一个概念。其根本就不是法律概念。被告辩称其为“现货交易”，完全没有事实和法律依据。

三、被告提供的期货交易因违反国家《期货交易管理条例》的效力性强制性规定而无效，被告应当返还原告全部交易资金并赔偿经济损失

《期货交易管理条例》系国务院颁布的行政法规，根据该条例第4条和第6条规定，期货交易应当在依法设立的期货交易所、国务院批准的或者国务院期货监督管理机构批准的其他期货交易所进行；禁止在前述期货交易场所之外进行期货交易。设立期货交易所，由国务院期货监督管理机构审批，未经国务院批准或者国务院期货监督管理机构批准，任何单位或个人不得设立期货交易场所或者以任何形式组织期货交易及其相关活动。该规定属于行政法规的效力性强制性规定。

被告未取得监管机构批准，不是合法的期货交易场所，与原告进行期货交易违反了《期货交易管理条例》的上述规定。

另外，根据《合同法》第52条第5项规定，违反法律、行政法规的强制性规定的合同无效。因此，被告交易因违反了《期货交易管理条例》效力性强制性规定而无效。

根据《合同法》规定，无效的合同自始没有法律约束力；合同无效后，因该合同取得的财产，应当予以返还，有过错的一方应当赔偿对方因此所受到的损失。同时，因被告提供的交易系统是非法开发并未经备案，交易中被告一直对原告进行欺骗和诱导,原、被告双方信息极不对称等,可以认定交易无效的过错全在被告。因此,被告应当返还其掠取原告的全部交易资金,并赔偿原告全部经济损失。

四、被告向法庭提交的11份证据(9份《调解协议书》和2份《协议书》),无论是否真实,也因是11名原告与被告"会员单位"签订,并且"会员单位"此时并非代表被告,而与11名原告和被告的纠纷无关。11名原告均有权向被告主张权利,被告关于"原、被告双方再无争议"的抗辩不能成立

(1)在9份《调解协议书》和1份《协议书》中,被告的地位是"调解人",而不是当事人,协议的双方当事人是"会员单位"和原告;另1份《协议书》只是原告程×与"会员单位"签订,被告连"调解人"都不是,更与被告无丝毫关联。

尽管被告提交的11份《调解协议书》《协议书》中的3份只是复印件,但该3名原告严格遵守诉讼诚信原则,对其真实性予以认可。

但是,其中9份《调解协议书》,前言部分即载明了"在A公司调解下",而且被告对此也毫无疑义。显然,被告是作为"调解人"出现的,不是协议的一方。协议的双方当事人是9名原告和与其对应的"会员单位"。

原告洪××的《协议书》,也是洪××与"会员单位"青岛××贵金属经营有限公司签订,被告也只是"调解人"。《协议书》明确载明"调解方:青岛鲁×商品现货交易中心有限公司"。

原告程×的《协议书》,纯粹是程×本人与"会员单位"安徽××贵金属经营有限公司签订,没有任何关于被告的文字,被告连"调解人"都不是。

(2)其中9份《调解协议书》约定"会员单位"向本案原告支付款项的性质是"抚慰金",另2份《协议书》虽然对支付款项的性质约定不明,但根据行文判断,亦属"抚慰金"性质。

9份《调解协议书》第1条约定:"甲方(会员单位)支付乙方(本案原告)抚慰金共计人民币……"同时前言部分"由于乙方对交易品种的属性和行情没有很好地了解,导致在交易过程中产生亏损"。可见,会员单位向原告支付款项,是基于会员单位自认为的由于原告的原因导致亏损的错误认识,而向原告支付的"抚慰金";而不是基于会员单位自身的过错而向原告返还的交易资金。"抚慰金"和"交易资金"性质上显然相差巨大。

另2份《协议书》则约定"因乙方与甲方在相关业务问题上存在异议……"

“出于人道主义原则,甲方支付乙方共计人民币……”既然是“出于人道主义原则”,那么支付的款项显然不是“应当返还的交易资金”,而同样属于“抚慰金”。

(3)“会员单位”签订《调解协议书》或《协议书》并据此向11名原告支付款项,并不是代表被告,而是“会员单位”自身应当向11名原告承担的责任。

尽管在开户及交易中,“会员单位”是被告的代理人。但是在原告与被告之间的纠纷处理中,“会员单位”并未取得被告的授权,其并未代理被告。协议中将被告置于“调解人”的地位,由此可见一斑。因此,“会员单位”签订协议并支付款项,完全是其自身行为,而不是代理被告的行为。

那么,“会员单位”是否需向原告承担法律责任呢?

在开户及交易中,“会员单位”作为被告的代理人,对其被代理的事项、即为被告代理非法期货交易之事,必然是明知的。根据我国《民法总则》的规定,在其明知代理事项违法却仍然代理的情况下,其作为代理人应当与作为被代理人的被告承担连带责任。况且,“会员单位”的收入也全部来源于原告的交易资金,只不过是通过被告将交易资金的一部分作为代理费以转交的方式支付给“会员单位”罢了。因此,“会员单位”向11名原告支付的款项,是其自身应当向11名原告承担的法律责任,这与被告应当向原告承担的责任无关。

(4)11名原告在各自诉讼请求中,均将收到的“抚慰金”当作交易资金的一部分予以扣减,可见其诉讼诚信。被告有义务针对原告的请求、即原告未获得返还和赔偿的金额承担责任。

尽管“抚慰金”是精神抚慰性质,但11名原告出于善意,并不刻意区分“抚慰金”和“交易资金”,而是把各自收到的所谓的“抚慰金”,认作“会员单位”向他们返还的交易资金的部分本金。因此,11名原告在各自诉讼请求中,已将收到的“抚慰金”予以扣减。

但是,“抚慰金”的数额,显然比11名原告应当得到返还的交易资金的数额相差较大,原告的交易资金并没有得到全部返还,损失也未得到赔偿。被告作为交易的一方,应当就原告未获得返还的交易资金和相关的损失承担全部责任。

综上所述,《调解协议书》及《协议书》是11名原告和“会员单位”所签,只对“会员单位”和原告产生约束力。虽然其中均约定“甲乙双方对此协议处理结果完全满意,且再无其他任何争议”,但该条款在原被告之间没有约束力,并不表明原被告之间不存在争议,不影响原告向被告主张权利。

同时,被告提交的该组证据,恰好反证了被告提供的、“会员单位”代理的交易是非法期货交易。如果是合法的交易,如果不是认识到交易为非法期货交易,“会员单位”怎么可能会以协议的方式向11名原告支付数万元至数十万元的、占应当返还的交易资金的比例高达36.67%至80%的“抚慰金”!被告怎么可能还在其中担任“调解人”!被告和“会员单位”此举,恰恰印证了我国常见的富含哲理的俗语——此地无银三百两,恰恰印证了该交易为非法期货交易!

尊敬的审判长、审判员,在本案起诉之前,32名原告及本代理人已经注意到:此前一投资人诉本案被告的同类案件中,贵院作出了支持投资人的正确判决,但在二审中,二审法院判决撤销贵院判决,驳回了投资人的诉讼请求。随后在另一起投资人诉本案被告的同类案件中,贵院完全采纳了此前二审法院的法律观点。

尽管形势对32名原告极为不利,但32名原告均坚信:正义可能会迟到,但绝不会缺席。同时坚信:贵院及合议庭定会坚守正义、不畏强权,依法独立作出公正的判决,为这座美丽富饶的海滨城市增光添彩,为我国司法公正、社会和谐稳定作出应有的贡献!

以上代理意见,敬请合议庭充分考虑并予以采纳,并依法判决支持32名原告的全部仲裁请求!

付××等32名原告代理人:陈巴特　律师

裁判结果

一、确认原告付××(等32名当事人)在被告A公司开设账户的全部交易无效;

二、被告A公司于本判决生效之日起十日内返还原告付××414,725元(其他当事人金额各不相同);

三、驳回原告付××的其他诉讼请求。

裁判理由

A公司通过与经纪会员公司合作,招揽个人会员在平台从事交易;由A公司提供交易系统和交易资金结算账户,为交易提供各种设施和便利安排,案涉交易实行强行平仓制度,属于集中交易方式,均以对冲平仓方式了结,未发生实物交割，且标准化合约均在平台匿名公示；交易过程中，并不清楚交易对手的情况，案涉交易并非以实物交割为目的，也并非促进商品流通，从性质上属于非法期货交易。根据《合同法》第 52 条“有下列情形之一的，合同无效……（五）违反法律、行政法规的强制性规定”之规定，原告在被告 A 公司交易系统进行的全部交易应属无效。

《合同法》第 58 条规定：“合同无效或者被撤销后，因该合同取得的财产，应当予以返还；不能返还或者没必要返还的，应当折价补偿。有过错的一方应当赔偿对方因此所受到的损失，双方都有过错的，应当各自承担相应的责任。”A 公司因该无效合同取得的 414,725 元（其他当事人金额各不相同）应返还原告。

被告主张原告系与会员单位达成调解协议，被告仅作为平台进行联系，因此原告签署的调解协议对被告没有约束力，不代表原告放弃对被告的追索，被告该抗辩理由不能成立。

律师评析

据不完全统计，类似黄金、白银、原油等“现货交易”的网络平台，在我国有近千家，都是以“现货交易”之名，行非法期货交易之实。政府曾多次发文整顿，但效果不佳。因此，类似诉讼案件大量涌现。在处理这类群体诉讼案件中，大多数法院基于维稳的考虑，予以调解结案。本案审理法院在调解未果的情况下，大胆依据《期货交易管理条例》相关规定，并经多方询证，最终认定此种交易为“非法期货交易”，值得赞许。《期货交易管理条例》明确规定：“禁止在前述期货交易场所之外进行期货交易”“任何单位或个人不得设立期货交易场所或者以任何形式组织期货交易及其相关活动”。这种规定显然属于行政法规的效力性强制性规定。

进而，根据《合同法》第 52 条第 5 项“违反法律、行政法规的强制性规定”的合同无效之规定，审理法院认定原被告交易因违反了《期货交易管理条例》效力性强制性规定而无效。判决书送达后，被告并未提起上诉，一审判决由此生效。

我国有五家期货交易所，即中国金融期货交易所、上海期货交易所、大连商品交易所、郑州商品交易所和广州期货交易所。凡是在这四个合法交易所之外的任何交易所以期货交易模式进行交易，均因违反《合同法》规定而无效。

20

合同效力：违反效力性强制性规定的合同无效

北京市尚公律师事务所　陈德胜

裁判要点

法律规定分任意性规定及强制性规定。根据否定性评价不同，强制性规范可以区分为取缔规定及效力规定，前者仅系取缔违法之行为，对违法者进行制裁，以禁止其行为，并不否认其行为在私法上的效力；而效力规定，是指违反该规定，会导致法律行为归于无效。《最高人民法院关于适用〈中华人民共和国合同法〉若干问题的解释（二）》第 14 条规定，“合同法第五十二条第（五）项规定的‘强制性规定’，是指效力性强制规定”。取缔规定与效力规定的区分应采取以下标准：第一，法律法规明确规定违反禁止性规定将导致合同无效或不成立，该规定属于效力规定；第二，法律法规虽没有明确规定违反禁止性规定将导致合同无效或不成立，但违反该规定以后若使合同继续有效将损害国家利益和社会公共利益的，应当认为该规范属于效力规定；第三，法律法规虽没有明确规定违反禁止性规定将导致合同无效或不成立，违反该规定以后若使合同继续有效并不损害国家利益和社会公共利益，而只是损害当事人的利益的，该规定就不应属于效力规定，而是取缔规定。

以上为《民法总则》及《全国法院民商事审判工作会议纪要》发布前，各级法院对于强制性规定判断甄别的释法说理，大多援用《最高人民法院关于适用〈中华人民共和国合同法〉若干问题的解释（二）》的规定并参考学界通说。《民法典》的施行，也未对强制性规定的分类及标准作出进一步的说明，有待相关司法解释的出台及完善。

基本案情

李×与田×、石××于2013年5月10日签订借款合同,约定李×向田×、石××出借款项3800万元,借款期限自2013年5月10日起至2013年11月10日止,月息2%;合同同时约定以田×、石×共有的房产作为抵押物。同时三方又签订《补充协议》一份,约定李×先支付2800万元,余款另行支付。李×依约支付的首笔2800万元由田×、石××出具收条进行确认。同日,李×与田×、石×签订《房屋抵押贷款合同》,办理了抵押登记,取得抵押房产的他项权证。2013年6月6日,李×与借款人协商后再次支付420万元并约定提前扣除各项费用580万元。借款期限届满后,李×多次向田×、石××催讨未果,诉至法院主张石××、田×偿还借款,并实现案涉房屋的抵押权,而石×则主张抵押合同因违反《民法通则》第18条监护人不得处理被监护人的财产、《最高人民法院关于适用〈中华人民共和国担保法〉若干问题的解释》第54条第2款未经其他共有人同意以共有财产抵押应为无效的禁止性法律规定而无效。

代理意见

致尊敬的审判长、合议庭成员:

就贵院受理的原告石×诉被告李×、田×,第三人石××确认合同无效纠纷一案(以下简称本案),我是本案被告李×的代理人,结合本案庭审情况,发表如下代理意见:

1. 本案涉及的抵押合同是基于李×与石×的父母石××、田×签订的借款合同而来,已有生效法律文书判定其与石××、田×之间存在民间借贷关系,该民间借贷关系未违反法律及行政法规的强制性规定,故主合同合法有效。

2. 借款合同中明确约定石××、田×自愿以房产作为抵押物,故石×的法定监护人石××、田×对于办理抵押是知情且同意的;田×于2013年5月17日以其与石×名下的房产办理了以李×为抵押权人的抵押登记,抵押权已依法设立并生效。

3. 石××、田×所借款项系以二人为共同借款人用于共同家庭生活以及共同公司经营的,故石×作为二借款人的子女,应是该笔借款行为的受益方。

4. 在签订借款合同以及抵押合同时,石×年仅12岁,根据《民法通则》的规定,应属于限制民事行为能力人,在此年龄阶段,其尚不能完全知晓抵押借款的意义及相应的法律后果,本案涉及的借款及抵押行为金额高达数千万元,无论标的还是复杂程度均已超过未成年人的智力范围,依法应由其法定监护人进行,其法定监护人的行为合法有效。

5.《民法通则》第18条规定,监护人应当履行监护职责,保护被监护人的人身、财产及其他合法权益,除为被监护人的利益外,不得处理被监护人的财产。监护人依法履行监护的权利,受法律保护。监护人不履行监护职责或者侵害被监护人的合法权益的,应当承担责任;给被监护人造成财产损失的,应当赔偿损失。人民法院可以根据有关人员或者有关单位的申请,撤销监护人的资格。

《最高人民法院关于适用〈中华人民共和国合同法〉若干问题的解释(二)》第14条规定,"合同法第五十二条第(五)项规定的'强制性规定',是指效力性强制规定"。强制性规定根据否定性评价不同,可以区分为取缔规定及效力规定,前者仅系取缔违法之行为,对违法者进行制裁,以禁止其行为,并不否认其行为在私法上的效力;而效力规定,是指违反该规定,会导致法律行为归于无效。取缔规范与效力规范的区分应采取以下标准:第一,法律法规明确规定违反禁止性规定将导致合同无效或不成立,该规定属于效力规范;第二,法律法规虽没有明确规定违反禁止性规定将导致合同无效或不成立,但违反该规定以后若使合同继续有效将损害国家利益和社会公共利益的,也应当认为该规范属于效力规范;第三,法律法规虽没有明确规定违反禁止性规定将导致合同无效或不成立,违反该规定以后若使合同继续有效并不损害国家利益和社会公共利益,而只是损害当事人的利益的,该规范就不应属于效力规范,而是取缔规范。

6. 石×虽然为案涉房产的共有权人,但是在进行抵押时,其尚属于限制行为能力人,其进行案涉相关的民事行为按照法律规定也应由其法定代理人代理,现作为其法定代理人的田×、石××均同意就房屋进行抵押,该行为后果应及于石×,故本案抵押是共同共有人均同意设定的;其次,本案中,李×作为善意第三人,其有理由相信基于法律规定对案涉房屋进行抵押及办理抵押登记系石×和田×的共同意思表示。即使监护人田×有错误行为也应由田×向石×承担责任,与李×无关。

综上所述,根据《合同法》第 52 条的规定,本案也无其他构成合同无效的情形,请求法院驳回石 × 的诉讼请求。

被　告:李　×

代理人:陈德胜　律师

裁判结果

2015 年 8 月 3 日,人民法院依法审理作出判决,驳回原告石 × 的诉讼请求。

裁判理由

本院认为,案涉的争议焦点即为抵押合同是否有效。石 × 主张案涉的抵押合同无效的依据之一为:虽然其为限制民事行为能力人,但是依据《民法通则》第 12 条的规定,其可以进行与其年龄、智力相适应的民事活动。本案中,对于李 × 和田 × 擅自处理石 × 财产权利的行为,石 × 有权通过法律途径维护自己的合法权利。对此本院认为,虽然《民法通则》第 12 条规定,10 周岁以上的未成年人是限制民事行为能力人,可以进行与他的年龄、智力相适应的民事活动。但是该条法律亦规定了其他民事活动由他的法定代理人代理,或者征得他的法定代理人的同意。再结合《最高人民法院关于贯彻执行〈中华人民共和国民法通则〉若干问题的意见(试行)》第 3 条的规定,10 周岁以上的未成年人进行的民事活动是否与其年龄、智力状况相适应,可以从行为与本人生活相关联的程度、本人的智力能否理解其行为,并预见相应的行为后果,以及行为标的数额等方面认定。本案中,在签订抵押合同及办理抵押登记时,石 × 年仅 12 岁,在此年龄阶段,其尚不能完全知晓抵押借款的意义及相应的法律后果,且案涉的借款金额高达 3800 万元,完全超出其年龄智力范畴,故由其法定代理人田 × 代理其签署抵押合同及办理抵押登记,并无不当。

石 × 主张案涉的抵押合同无效的依据之二为《民法通则》第 18 条规定,监护人应当履行监护职责,保护被监护人的人身、财产及其他合法权益,除为被监护人的利益外,不得处理被监护人的财产。本案中,田 × 、石 × × 借款的用途为其公司经营所需,并非为了石 × 的利益处分案涉房产,故案涉的抵押合同因违反该项法律的强制性规定而无效。对此本院认为,法律规定可分为两种,即任意性规范及强制性规范。任意性规范,是指当事人可以通过其约定排除其适用的规定。所谓强制性规范,是指当事人不得约定进行排除的规范。如果合同的约定违反强制性规范,则有可能被宣告无效。但并不是说,违反强制性规范合同则无效。根据否定性评价不同,强制性规范可以区分为取缔规定及效力规定,前者仅系取缔违法之行为,对违法者进行制裁,以禁止其行为,并不否认其行为在私法上的效力;而效力规定,是指违反该规定,会导致法律行为归于无效。《最高人民法院关于适用〈中华人民共和国合同法〉若干问题的解释(二)》第14条规定:"合同法第五十二条第(五)项规定的'强制性规定',是指效力性强制规定。"取缔规范与效力规范的区分应采取以下标准:第一,法律法规明确规定违反禁止性规定将导致合同无效或不成立,该规定属于效力规范;第二,法律法规虽没有明确规定违反禁止性规定将导致合同无效或不成立,但违反该规定以后若使合同继续有效将损害国家利益和社会公共利益的,也应当认为该规范属于效力规范;第三,法律法规虽没有明确规定违反禁止性规定将导致合同无效或不成立,违反该规定以后若使合同继续有效并不损害国家利益和社会公共利益,而只是损害当事人的利益的,该规范就不应属于效力规范,而是取缔规范。本案中,《民法通则》第18条规定,监护人不履行监护职责或者侵害被监护人的合法权益的,应当承担责任;给被监护人造成财产损失的,应当赔偿损失。人民法院可以根据有关人员或者有关单位的申请,撤销监护人的资格。可见《民法通则》第18条的规定并非系效力规范,仅为取缔规范,并不能导致本案抵押合同无效。

石×主张案涉的抵押合同无效的依据之三为《最高人民法院关于适用〈中华人民共和国担保法〉若干问题的解释》第54条规定,共同共有人以其共有财产设定抵押,未经其他共有人的同意,抵押无效。石×主张抵押房屋为石×及田×共同所有,田×在签订抵押合同及办理抵押登记时并未经石×同意,故案涉的抵押合同无效。对此本院认为,首先,石×虽然为案涉房产的共有权人,但是在进行抵押时,其尚属于限制行为能力人,其进行案涉相关的民事行为按照法律规定也应由其法定代理人代理,现作为其法定代理人的田×、石××均同意就房屋进行抵押,该行为后果应及于石×,故本案抵押是共同共有人均同意设定的;其次,本案中,李×作为善意第三人,其有理由相信基于法律规定对案涉房屋进行抵押及办理抵押登记系石×和田×的共同意思表示,且李×也履行了其作为出借人的付款义务,故其合法权益亦应得到维护。综上,石×该项主张并不能导致本案抵押合同无效。

综上，田×、石×（田×代）及李×签订的《抵押合同》系各方当事人的真实意思表示，该法律关系未违反国家法律和行政法规的强制性规定，应属有效。现石×主张该合同无效，无事实及法律依据，本院不予支持。

律师评析

《民法典》于2021年1月1日起施行，其合同编进行了多种制度的修订和创新，合同效力规则被提取到总则部分，结合本案所涉及的合同效力问题，律师对此进行如下探讨和分析：

《民法典》第153条"违反法律、行政法规的强制性规定的民事法律行为无效，但是该强制性规定不导致该民事法律行为无效的除外"的规定，在《合同法》第52条第5项的基础上，吸收了《最高人民法院关于适用〈中华人民共和国担保法〉若干问题的解释（二）》第14条的规定，将导致合同无效的法律形式的范围限定在法律和行政法规中的强制性规定，但并没有采纳"效力性强制性规定"的概念。法律法规的强制性规定中哪些条款可能导致合同无效，仍然没有明确标准。对两类强制性规定进行区分判断，其核心在于强制性规定性质的甄别，但强制性规定的性质并不是在相关法律条款制定时就预先确定的，而是以合同违反相关规定的效果为标准作出的区分，违反之后将导致合同无效的为效力性强制性规定，不导致无效的则属于管理性强制性规定，实务中可能会产生倒果为因的逻辑问题，如法院判决中并未详细释明认定强制性条款性质的理由，或者先确定某个条款属于效力性强制性条款，再论证为何违反其规定的合同无效。

鉴于此，我们可参照最高人民法院司法解释所引入的二分法（效力性规定、管理性规定）及《全国法院民商事审判工作会议纪要》的相关规定来理解和适用该条款。

《全国法院民商事审判工作会议纪要》第30条规定："人民法院在审理合同纠纷案件时，要依据《民法总则》第153条第1款和合同法司法解释（二）第14条的规定慎重判断'强制性规定'的性质，特别是要在考量强制性规定所保护的法益类型、违法行为的法律后果以及交易安全保护等因素的基础上认定其性质，并在裁判文书中充分说明理由。下列强制性规定，应当认定为'效力性强制性规定'：强制性规定涉及金融安全、市场秩序、国家宏观政策等公序良俗的;交易标的禁止买卖的,如禁止人体器官、毒品、枪支等买卖;违反特许经营规定的,如场外配资合同;交易方式严重违法的,如违反招投标等竞争性缔约方式订立的合同;交易场所违法的,如在批准的交易场所之外进行期货交易。关于经营范围、交易时间、交易数量等行政管理性质的强制性规定,一般应当认定为'管理性强制性规定'。"

综上,在对个案的分析和研判过程中,我们首先应识别适用的相关法律法规是否存在强制性规定;其次判断该强制性规定是否涉及金融安全、市场秩序、国家宏观政策等公序良俗;再次考察规范对象是意思表示本身,主体的准入条件,还是合同的缔约方式、时间、场所等要素,抑或是合同的履行行为。交易标的、交易方式、交易场所严重违法,表明该行为是法律、行政法规所要禁止的,原则上应当认定合同无效;经营范围、交易时间、交易数量等违法的,表明法律、行政法规并不禁止该法律行为本身,原则上不应认定合同无效;最后在初步认定合同无效或者有效后,还要再根据法益衡量说,即客观上是否损害规范旨在保护的公共利益,该法益是否超过合同自由这一法益来进行检验校正。

21

委托加工合同纠纷：合同守约方应合理避免损失的扩大

北京市致衡律师事务所　陈化刚

裁判要点

法院认为双方签订的合同有效及上诉人甲公司未向被上诉人提交生产订单的情况下，构成违约，应当承担违约责任。但双方合同约定的履行期间是一年，在上诉人持续没有安排生产订单的情况下，被上诉人有合理安排生产计划避免自身损失进一步扩大的义务，所以，被上诉人请求依照合同约定的一年的生产计划计算违约损失依法不应支持。

基本案情

2014 年 4 月 3 日，原告乙公司（乙方）与被告甲公司（甲方）签订编号为 20140404 的《委托加工合同》。主要内容：合同期限为 2014 年 4 月 3 日至 2015 年 4 月 3 日，生产数量共计 20 万箱。2015 年 12 月 1 日，原、被告双方签订编号为 20150001 的《委托加工合同》。主要内容：合同期限为 2015 年 12 月 1 日至 2016 年 12 月 1 日；每批次生产平均不低于 12 万罐，全年计 1500 万罐；出厂产品质量应符合甲方要求，合格率不小于 99.7%，超出上述约定，因生产过程而出现的产品质量问题由乙方负责；加工费计算方式：蛋白饮料成品罐数 × 标准价（含税）0.16 元/罐（含装卸费），成品数量 = 合格品 + 次品，次品由甲方拥有；订单流程：（1）甲方应提前 7 天，通过传真、电子邮件等方式向乙方发送《委托加工生产通知单》，明确生产的品种、数量、灌装时间、包装规格等要求，以便乙方安排生产。《委托加工生产通知单》上必须有订单编号。(2)乙方在收到甲方委托加工订单的同时,确认甲方生产所需的原辅材料都已到位,并在7日内组织生产,甲方应在7日内保证所有原辅材料都到达乙方库房,并保证所有原辅材料、包装材料符合标准要求,如因此造成的延误由甲方自行负责。甲方即被告甲公司提供全年生产计划达不到1500万罐,应向乙方即原告乙公司交纳未完成生产订单数量每罐0.03元赔偿金。2016年度,原告为其职工缴纳社保金880,691.34元及工资1,094,085.67元。截至合同期限届满,被告未向原告提交订单,双方形成纠纷。

代理意见

致××市中级人民法院:

就贵院受理的上诉人甲公司诉被上诉人乙公司委托加工合同纠纷一案(以下简称本案),我是本案原告乙公司(被上诉人)的代理人,结合本案庭审情况,发表如下代理意见:

一、乙公司与甲公司签订的编号为20150001号的《委托加工合同》是合法有效的,双方当事人应完全履行合同义务。任何一方当事人违约的,应当按照合同约定承担违约责任和赔偿责任

在一审过程中,乙公司不仅提交了上述《委托加工合同》,还提交了2016年度为本公司职工缴纳社保金88,069.34元、工资1,094,085.67元的相应证据。代理人认为,双方关于甲公司提供全年生产计划达不到1500万罐,应向乙公司交纳未完成生产订单数量每罐0.03元赔偿金的约定,是双方当事人的真实意思表示,对双方当事人具有法律约束力。

根据乙公司提供的证据,乙公司在2016全年为职工缴纳的社保金和工资已经接近200万元(1,974,777.01元),仅仅在2016年1月和2月,工资和社保金的支出就已经达到了498,978.17元。甲公司即使完全按照合同的约定支付赔偿金45万元,也不能补偿乙公司的上述损失。代理人认为,一审法院仅仅凭借所谓的综合考虑,即判决甲公司仅仅向乙公司支付赔偿金10万元,根本是没有完整地、正确地适用法律。乙公司只是基于在本次诉讼过程中产生的诉累,才不得已放弃了上诉。

二、一审判决甲公司仅仅支付10万元的赔偿金也是过低的,客观上纵容了违约行为人,根本达不到法律设立违约赔偿的效果

正如甲公司在其上诉状中自己所承认的,甲公司在合同履行过程中存在严重违约的事实。基于诚实信用的原则,在等待甲公司下达订单的时候,乙公司不可能再接受其他公司的订单,而需要安排工人在岗等待订单下达后能够马上进入生产准备工作。如果在此等待甲公司下达订单的期间,乙公司接受其他公司的订单进行生产的话,乙公司所获取的利益更大。因此,乙公司的损失实际上远远超过所提出的数额。一审判决甲公司仅仅支付10万元的赔偿金是过低的,客观上纵容了违约行为,根本达不到法律设立违约赔偿的效果。

三、在适用法律方面,一审判决也存在错误

一审法院在适用《合同法》第113条时,仅仅引用了该条的前半部分,而没有完整地适用《合同法》第113条的规定。《合同法》第113条第1款的规定是:"当事人一方不履行合同义务或者履行合同义务不符合约定,给对方造成损失的,损失赔偿额应当相当于因违约所造成的损失,包括合同履行后可以获得的利益,但不得超过违反合同一方订立合同时预见到或者应当预见到的因违反合同可能造成的损失。"本案中,如果双方签订的合同得以实际履行,乙公司可以获得的利益则会远远超过45万元,乙公司要求甲公司支付45万元损失的理由完全合法有据。

上诉人:乙公司
代理人:陈化刚　律师

裁判结果

被告甲公司支付原告乙公司赔偿金10万元,于判决生效后10日内履行完毕。如果被告甲公司未按照本判决指定的期间履行金钱给付义务,应当按照《民事诉讼法》第253条之规定,加倍支付迟延履行期间的债务利息。

裁判理由

二审法院认为:一审法院查明的被上诉人乙公司与上诉人甲公司签订《委托加工合同》以及截止合同期限届满,上诉人未向原告提交订单,双方形成纠纷的事实清楚。一审判决认为双方签订的合同有效及上诉人甲公司未向被上诉人提交生产订单的情况下，构成违约，应当承担违约责任的意见，本院予以支持。双方合同约定的履行期间是一年，在上诉人持续没有安排生产订单的情况下，被上诉人有合理安排生产计划避免自身损失进一步扩大的义务。所以，被上诉人请求依照合同约定的一年的生产计划计算违约损失依法不应支持，一审判决根据双方订立合同的实际情况酌定由上诉人赔偿被上诉人 10 万元并无不当。因此二审法院认为一审判决认定事实清楚，适用法律正确，依法应予维持。上诉人上诉理由不足，本院不予支持。遂判决驳回上诉，维持原判。

律师评析

一审法院和二审法院在适用《合同法》第 113 条时，没有完整理解该条第 1 款和第 2 款是一个完整的整体，而是将两个条款予以隔离对待。且两级法院没有考虑到在合同履行过程中，乙公司作为一个实体工厂如果转而接受其他公司订单时乙公司需要进行的繁杂的工作流程及更换相应的原材料所需要的时间成本、人工成本和增加的原材料成本，遂作出了上述判决，客观上没有达到《合同法》设立违约赔偿以对违约行为人进行惩罚的效果。

22

汽车抵押合同纠纷：抵押权应与债权同时存在

北京市两高律师事务所　程铁燕

裁判要点

抵押权应与其担保的债权同时存在，债权消灭的，抵押权也消灭。

原告按照合同约定偿还了全部贷款本息，债务已经履行完毕，被告已无承担连带责任的可能性，为追偿权实现而设定的抵押权亦应同时消灭。

基本案情

2003年5月9日，李×与顺×汽车销售公司（以下简称顺×）签订《汽车抵押登记合同》。李×在顺×购买了别克汽车一辆，并将该车抵押给了顺×（购车发票、购置附加费及保险单原件、机动车抵押证书原件等一并交给顺×保管），同时，李×必须在顺×指定银行申请贷款。顺×为李×贷款提供担保。

2003年5月12日，李×、顺×与中国农业银行××支行签订《汽车消费借款合同》：李×借款金额237,400元，借款期限：2003年5月12日至2008年5月12日。顺×为李×借款提供担保。

2008年5月12日，李×按期偿还完毕贷款本息，顺×却于2007年2月1日被吊销，且经营场所查无此人，公司失联。在此情况下，顺×不能将其保管物返还李×，也不能协助李×办理车辆解押手续。在顺×被吊销营业执照，且查找不到其下落的情况下，李×前去车管所自行办理。车管所告知，必须有抵押权人顺×到场，或者有法院的协助执行通知书，才能办理解押手续。现贷款本息已由原告还清，但被告未为原告办理解除抵押手续。故诉至法院。

原告李×向本院提出诉讼请求：(1)请求法院判令被告在判决生效后三日内办理注销机动车牌号为京××××的车辆抵押登记。(2)诉讼费由被告承担。

代理意见

致××区人民法院：

就贵院受理的原告李×(以下简称原告)诉被告顺×汽车销售公司(以下简称被告)汽车抵押合同纠纷一案(以下简称本案)，我是本案原告的代理人，结合本案庭审情况，发表如下代理意见：

本案事实：2003 年 5 月 9 日原、被告签订《汽车抵押登记合同》。原告从被告处购买别克汽车一辆，并将该车抵押给被告(购车发票、购置附加费及保险单原件、机动车抵押证书原件等一并交被告保管)，原告须向被告指定银行申请贷款。被告为原告贷款提供担保。2003 年 5 月 12 日原、被告与中国农业银行宣武支行签订《汽车消费借款合同》：原告借款金额 237,400 元，借款期限：2003 年 5 月 12 日至 2008 年 5 月 12 日。被告为原告借款提供担保。2008 年 5 月 12 日，原告按期偿还完毕贷款本息，被告却于 2007 年 2 月 1 日被吊销，被告不能将其保管物返还原告，也不能协助原告办理车辆解押手续。

综上所述，原告的诉讼请求均有有效的证据予以支持。原告认为，被告已不具备继续履行《汽车抵押登记合同》的能力，故诉至法院请求依法判决，解除原、被告签订的《汽车抵押登记合同》。

此致

××区人民法院

原　告：李　×

代理人：程铁燕　律师

裁判结果

××区人民法院判决：

李×的诉讼请求理由正当，本院予以支持。依据《担保法》第 52 条、《民事诉讼法》第 144 条之规定，判决如下：

一、原告李×与被告顺×于本判决生效之日起三日内注销车牌号为京×××的机动车的车辆抵押登记。

二、如果未按本判决指定的期间履行给付金钱义务，应当依照《民事诉讼法》第253条之规定，加倍支付迟延履行期间的债务利息。

三、案件受理费70元、公告费560元，由被告顺×负担（于本判决生效后七日内交纳）。

四、如不服本判决，可于判决书送达之日起十五日内，向本院递交上诉状两份，并按对方当事人的人数提出副本，交纳上诉案件受理费，上诉于北京市第二中级人民法院。

裁判理由

根据我国《民事诉讼法》的规定，当事人有答辩并对对方当事人提交的证据进行质证的权利，本案被告顺×经本院公告传唤，无正当理由拒不到庭参加诉讼，视为其自动放弃了答辩和举证质证的权利，抵押权应与其担保的债权同时存在，债权消灭的，抵押权也消灭。现李×已按合同约定向银行清偿了全部贷款本息，债务已履行完毕，顺×已没有承担连带责任保证的可能性，双方为追偿权实现而设定的抵押权亦应同时消灭，顺×经本院公告传唤，无正当理由拒不到庭，不影响本院根据现有证据及查明的事实依法作出裁判。

律师评析

在我国关于抵押、解押的法律规定，主要体现在《民法通则》《物权法》《担保法》《民法典》和最高人民法院的司法解释中。也有一些散落在部门规章条例中。例如：

（1）《民法通则》第89条第2项，债务人不履行债务的，债权人有权依照法律规定以抵押物折价或者以变卖抵押物的价款优先得到偿还。

（2）《民法典》第394条第1款，为担保债务的履行，债务人或者第三人不转移财产的占有，将该财产抵押给债权人的，债务人不履行到期债务或者发生当事人约定的实现抵押权的情形，债权人有权就该财产优先受偿。

（3）《合同法》第185条规定，当事人设立抵押权应该采用书面形式订立抵押合同。

(4)《民法典》第400条规定,设立抵押权,当事人应当采用书面形式订立抵押合同。

(5)《担保法》第三章从第33条至第62条,都是关于抵押的规定。在此不再一一赘述。

(6)《民法典》从第394条至第424条,都是关于抵押的规定。在此不再一一赘述。

(7)各个行政管理部门根据法律,出台了本部门的规定,作为办理本部门业务的依据。例如,车辆管理所根据1995年的《担保法》出台了《机动车登记规定》,其中就规定了机动车如何抵押、解押。

需要说明的是,《民法典》于2020年5月28日公布,自2021年1月1日起施行,《民法通则》《担保法》《合同法》《物权法》《民法总则》等,同时废止。

通过这个案例可以看出,在汽车抵押合同纠纷中,在抵押人已偿还完贷款,法院认为抵押人就应当办理注销机动车抵押手续。在抵押权人被吊销,下落不明的情况下,如何办理机动车解押手续?根据1995年《担保法》出台的《机动车登记规定》中没有明文规定,为此机动车管理机关采取了非常审慎的态度:要求申请人取得法院协助执行通知书后,才能办理解押手续。如何依法依规,高效便捷地办理机动车解押手续,值得立法、司法及机动车管理机关思考,进一步协调、沟通完善相关制度措施。

关于机动车解押过程中存在的问题及完善设想:

(一)机动车解押中存在的问题

现实生活中,无论是借款合同还是买卖合同或者建筑工程合同等,为了促使合同相对人履行义务,达到交易目的,在签订主合同的同时,常常签订抵押、质押或者保证合同,以保证债权人债权得以实现。以汽车买卖合同为例,出卖人在与买受人签订汽车买卖合同的同时,一般还签订抵押合同,作为担保,保证债权人债权得以实现。本人开头引用的案例即是如此。但是,与此同时,对于债务人来说,在履行合同义务即偿还完贷款本金和利息后,因为债权人(抵押权人)查找不到下落,或者注销、被吊销,出现抵押人解押受限的问题,给抵押权人造成麻烦或经济损失。

（二）完善机动车解押措施的设想

根据《机动车登记规定》，抵押人如果办理解押手续，需要抵押人、抵押权人同时到场才能办理。否则只能去法院起诉，取得生效的协助执行通知书，才能办理解押手续。我们知道，在查找不到被告下落或者被告注销、被吊销的情况下，去法院立案，然后公告起诉状、开庭、公告判决书、申请法院强制执行、取得生效协助执行通知书。这一程序走下来最快也要一年的时间。提起诉讼还需要诉讼费、公告费等诉讼成本。而大多公告送达的案件，虽然判决诉讼费由败诉方承担，但是因找不到被告最后也只能由原告自己承担。这无疑增加了原告的经济负担，说是原告的损失也不为过。如果原告打算解押后把车出卖，那一年多的时间，车辆贬值是肯定的。无疑又使得原告蒙受经济损失。返回案件本身，这个诉讼是必须的吗？显然不是。问题的根源在于，《机动车登记规定》里对于查找不到抵押权人，或者抵押权人被注销、吊销的情况下如何办理解押，没有规定。我认为通过如下两个途径可以加以完善。

1．机动车管理部门及时修改机动车登记管理规定

虽然 1995 年《担保法》没有规定，但现行《物权法》明确规定，抵押物的受让人代为清偿债务消灭抵押权的，无论是否通知抵押人或者抵押人是否同意，债务人均可处分抵押物。《民法典》第 393 条第 1 款规定，主债权消灭，担保物权消灭。事实上、抵押合同的目的是保证抵押权人债权得以实现。在抵押人已经还清贷款本金和利息的情况下，就不存在抵押权人代抵押人清偿债务的情形，也不存在其债权不能实现的危险。《机动车登记规定》是根据 1995 年《担保法》出台的，至今已经 20 多年了，里面很多规定已不适应现实情况，应与时俱进，对陈旧、与现实脱节的规定加以修改完善。例如，对于解押的规定，机动车管理机关应完善解押规定，即在抵押权人失联或者被注销、吊销的情况下，如何办理机动车解押手续。规定完备，才能使工作人员有规可循，提高机动车解押手续的办理效率。

2．发挥人民法院司法建议函的作用

机动车管理机关属于行政机关，人民法院属于司法机关，虽然行政机关、司法机关的行政权、司法权独立，但是人民法院有权利也有义务，根据案件中涉及的行政管理规定存在的具有普遍性的问题、缺陷瑕疵，提出司法建

议,促使行政机关完善管理规定。因此,在未修改《机动车登记规定》的情况下,人民法院针对此类案件应深入研究,向机动车管理部门发出司法建议函,建议在抵押人还清银行贷款本息的情况下,凭借银行出具的债务清结证明,机动车管理机关就应当为抵押人办理解押手续。而不必要求抵押人去诉讼,增添抵押人的诉累和经济损失。

23

债权转让合同纠纷：债权转让效力及管辖认定

北京合弘威宇律师事务所　程晓文

裁判要点

债权转让是在不改变合同权利义务关系的前提下,合同权利方将其依据合同享有的债权通过协议方式全部或部分转让给第三人。转让行为须通知原债务人,书面或口头,无须债务人同意。本案系购销合同的债权转让,其中第三人和卖方系通过快递方式将债权转让通知书寄送给债务人卖方的,卖方前台签收,同时卖方法人在电话沟通中亦认可此债权债务的存在,只是尚无偿付能力,以上,关于债权转让的效力及此债务是否过时效如何认定?另外,购销合同的买方已付款,而卖方未交货,其中经协商返还了部分货款,还有余额尚未给付,其中买方将此债权转让给了第三人,那么买方与卖方协商内容对于第三人是否有效?购销合同中约定的管辖权是否适用第三人。

基本案情

2011 年 5 月初,北京某贸易公司与丹江某公司签订《购销合同》,合同约定由丹江某公司提供货品,每吨含税价人民币 820 元,交货时间为 2011 年 5 月 21 日。合同签订后,北京某贸易公司于 5 月 20 日通过银行向丹江某公司的账户汇货款 266 万元。北京某贸易公司依约全面履行付款义务后,丹江某公司并未如约履行任何供货义务,北京某贸易公司屡次催促丹江某公司供货,但其一拖再拖。后北京某贸易公司无奈向相关部门报案,经约谈协调,北京某贸易公司同意丹江某公司返还货款之方案，截至2012年10月，丹江某公司共退还北京某贸易公司货款96万余元，尚有余款170万元未退还。自2012年10月至2018年北京某贸易公司不断联系丹江某公司负责人要求退还剩余货款事宜，而丹江某公司先是找各种理由拖延，后期就以法人长期居住国外等回国后再解决为由，一直未兑现。

2018年6月30日，北京某贸易公司将其与丹江某公司的债权转让给北京某事业局并签订《债权转让协议》，根据协议约定，北京某贸易公司的170万元债权转让给北京某事业局，北京某事业局全面承继并享有该债权，并可以北京某事业局名义直接向丹江某公司行使170万元债权追索权。

2018年7月1日，北京某贸易公司和北京某事业局将《债权转让通知》邮寄给丹江某公司，但丹江某公司签收后并未付款，经多次联系丹江某公司法人负责人，该负责人答复目前尚无能力偿还。

2018年7月30日，北京某事业局以债权转让合同纠纷将丹江某公司诉至河北省大厂县人民法院，请求法院判令丹江某公司立即返还170万元货款，并按中国人民银行同期贷款利率标准，支付自2012年10月起至实际付清之日止的逾期还款利息，诉讼费由丹江某公司全部承担。

丹江某公司辩称首先对于承办法院的管辖提出异议，认为根据丹江某公司与北京某贸易公司签订的《购销合同》，本案应由丹江某公司住所地即丹江市××区人民法院管辖，具体理由：第一，合同约定解决合同纠纷方式，由合同签署地法院管辖并明确标注为丹江；第二，管辖异议提出时间未超期。经一、二审裁决认定，虽双方约定管辖，但鉴于只约定所在城市而没有明确约定具体履行地点属于约定不明，同时丹江某公司8月12日收到法院文书，于8月30日提出管辖异议，提出时间明显超出法律规定的15日答辩期，因此管辖异议不予支持。

庭审中丹江某公司辩称，不认可债权转让事实，同时提出诉讼时效已过，不同意返还货款，另外，称其本身不存在违约，只是履行合同过程中遇不可抗力导致货物延期，期间联系过北京某贸易公司，后续因第三方迟迟不给发货，最终导致没能及时供货，而自2012年10月返还部分货款后，北京某贸易公司就再未正式联系过丹江某公司，而时隔6年以债权转让方式要求返还货款，丹江某公司认为已过时效不同意返还。

代理意见/代理词

致××县人民法院：

就贵院受理的原告北京某事业局诉被告丹江某公司债权转让合同纠纷一案（以下简称本案），我是本案原告的代理人，结合本案庭审情况，发表如下代理意见：

代理人认为本案债权转让通知送达有效，债务人丹江某公司应将案涉货款170万元立即返还给受让人北京某事业局，并承担因此导致全部诉讼费及货款逾期返还的利息。

代理人认为本案的焦点如下：

一、本案债权让与方北京某贸易公司与被告丹江某公司存在债权债务关系，让与方与丹江某公司的《购销合同》符合法定解除情形，丹江某公司作为债务人依法应及时全面返还全部款项

债权让与方北京某贸易公司与债务人丹江某公司签订的《购销合同》，双方对各自权利义务进行了明确约定。北京某贸易公司作为买方已依约于2012年5月履行了支付全部货款的义务，依据合同约定收货时间及货物品质等，届时应取得案涉货物的权利。但买方在支付了货款后，作为卖方的丹江某公司却迟迟未如约交付货物，庭审中丹江某公司以种种理由推托，但均未提交有效证据，目前最终的结果系根据合同约定债权让与方北京某贸易公司至今未能收到合同约定的货物。因此代理人认为，让与方与债务人丹江某公司的《购销合同》的目的不能实现，根据《合同法》关于法定解除规定情形，北京某贸易公司有权向出卖方主张返还已付货款，且基于后续双方确认，双方均同意限期债务人丹江某公司将全部货款返还北京某贸易公司；同时，双方均认可，截至2012年10月债务人丹江某公司已返还96万元。因此，北京某贸易公司与债务人丹江某公司债权债务关系成立，债务人丹江某公司应及时全面返还剩余款项。

二、债权转让后，原告曾与被告公司及法定代表人联系沟通，被告表示其目前无力偿还，待日后回款再偿还，显然不存在超过诉讼时效之说

2018年6月30日，债权让与方北京某贸易公司将其与丹江某公司的债权转让给受让方即原告北京某事业局并签订《债权转让协议》，让与方北京某贸易公司和受让方北京某事业局于次日以邮政快递方式将《债权转让通知》邮寄给债务方丹江某公司，债务方丹江某公司签收该通知后并未履行付款义务，后受让方北京某事业局经多次联系最终联络到被告丹江某公司法人孙×，其电话表示收到该《债权转让通知》，而且对于此笔债务认可，只是公司目前尚无能力偿还，需等待第三方付款后再进行偿还，至于何时履行，无法确定。对于以上事实受让方均做了相应电话录音，庭审中被告对该录音予以认可，因此，本案不涉及超过诉讼时效之说。

三、本案债务人已对《债权转让通知》进行签收，依法转让人与受让人的债权转让通知已送达具备法律效力，被告丹江某公司应依法向原告返还款项170万元

债权人转让权利的，应当通知债务人，通知自到达债务人时发生法律效力。本案中，债权让与方北京某贸易公司将对债务人丹江某公司享有合法的债权170万元，通过与债权受让方签订《债权转让协议书》，已依法将案涉债权转让与北京某事业局，同时让与方北京某贸易公司与受让方将《债权转让通知书》送达债务人，根据邮政快递单显示债务人在2018年7月3日签收到债权转让通知，因此依法发生债权转让的法律效力，债务人依法应积极向受让方履行合同义务，丹江某公司虽否认《债权转让通知书》有效送达的法律效力，但结合邮政快递查询单及法定代表人的录音等证据，丹江某公司抗辩意见明显理据不足，因此北京某事业局主张证据充分应得到支持。

综上所述，北京某事业局诉求事实清楚，证据充分，本案债权转让有效，债务人依法应立即向原告返还款项。恳请贵院依法支持，从而维护原告的合法权益不被侵犯。

此致

××县人民法院

原　告：北京某事业局

代理人：程晓文　律师

裁判结果

××县人民法院一审判决：

一、确认债权转让通知送达有效，丹江某公司于本判决生效后七日内给付北京某事业局债权转让受让款人民币170万元，并按中国人民银行计收同期同类

贷款利率标准,支付自2012年10月起至实际付清之日止的逾期付款利息;

二、本案诉讼受理费,由丹江某公司全部负担。

裁判理由

债权人转让权利的,应当通知债务人,通知自到达债务人时发生法律效力。债务人在接到债权转让通知后,应积极向受让人履行合同义务,债务人对让与人的抗辩理据,依法有权向受让人主张,经查债权让与人北京某贸易公司与债务人丹江某公司签订的《购销合同》,双方对各自权利义务进行了明确约定。北京某贸易公司作为买方已依约履行了付款义务后,理应依约定日期、品质取得案涉货物的权利。但买方在支付了货款后,最终未能收到合同约定货物导致案涉合同目的不能实现,符合合同法定解除情形,有权向出卖方主张返还已付货款,且基于双方均认可债务人丹江某公司已返还96万元,因此,对于剩余170万元,出卖方应给予返还,同时,其提出明显超过诉讼时效的主张理据不足,因此不能得到支持,另外,债权让与人北京某贸易公司将对债务人丹江某公司享有合法的债权170万元,通过与债权受让人签订《债权转让协议书》,已依法将案涉债权转让与北京某事业局,同时将《债权转让通知书》送达债务人,因此依法发生债权转让的法律效力。北京某事业局取得向丹江某公司主张案涉债权170万元的求偿权利,该债权取得合法有效,丹江某公司虽否认《债权转让通知书》有效送达的法律效力,但结合邮政快递查询单及法定代表人的录音等证据,丹江某公司抗辩意见明显理据不足,因此北京某事业局主张证据充分应得到支持。

律师评析

本案是相对复杂的债权转让合同纠纷案,其中涉及多方面法律问题。首先,债权转让如何通知债务人,确定其收到知晓;其次,债权人与债务人之间签订的《购销合同》时间较长,是否存在时效问题,如何不被认定为过效而无法追偿;再次,《购销合同》履行后,债务人无法按期提供货物,债权人曾找到债务人进行协商,商定退货款事宜,且债务人亦退还了部分款项,受让人针对剩余的款项是否有追偿权;最后,关于管辖条款对于受让人是否有效的问题。

根据《合同法》规定,债权转让,应通知债务人,可以口头亦可以书面,即不论是口头的还是书面的均需能够证明债务人知晓该事实，为此，当时选择通过书面形式以快递方式发送给债务人方，从而可将快递回执作为债务人接收知晓的证据。

债权人与债务人之间的《购销合同》签订的时间较长，为确保时效，第三人特别协同债权人与债务人取得联系，并进行沟通，从而确定债务人认可此债务，但因无偿付能力而拖欠至案件发生之事实。

债权人与债务人对于协商一致的退还货款的内容，同时对于债务人已退还了部分货款之事实，一方面双方认可，该《购销合同》无法继续履行，双方达成解除，买受人实际履行了退还的部分义务。因此，对于受让方即第三人存在法律效力，即受让方只可针对债权人与债务人之间剩余的债权存在追讨的权利。

《购销合同》虽约定管辖条款，依法对于受让人亦存在效力，但是鉴于原合同约定管辖之内容并不明确具体，不能确定其唯一性，而债权人履行付款义务地点明确，根据《民事诉讼法》关于管辖条款的规定，以合同履行地受诉法院管辖为宜。

综上，债权转让合同纠纷案件，通常复杂之处在于原合同涉及的内容及条款约定，在厘清事实的基础上，严格依法设计解决方案，从而达到维护受让人合法权益使得受让债权得到法院支持。

24

民间委托理财合同纠纷：夫妻一方个人为他人理财的责任承担

北京市易行律师事务所　樊丽霞

裁判要点

崔××以资金流转的事实，主张双方存在民间委托理财的法律关系，谢×对此不予认可，故现有证据，不足以证明谢×与崔××之间存在委托理财的关系。由于谢×认可崔××向其转账80万元，已经偿还65万元，尚欠15万元的事实，故而应当认定双方的法律关系为民间借贷。本案中各方均认可2017年11月通过×××医院政治部门解决时，欠款金额为15万元。对于崔××所主张的2017年12月10日吕×向崔××退还20万元的问题，发生在谢×离婚诉讼期间，且退还费用金额较大，与原、被告之间银行转账付款方式不同，而崔××未能提供确实充分的证据证明谢×对于退款是明确知晓的，谢×对此亦否认知晓，故无法认定为夫妻共同债务，该20万元应系吕×个人债务。

基本案情

崔××与吕×系同事关系，吕×与谢×系夫妻关系，二人于2007年10月登记结婚，于2017年5月开始分居，2017年8月谢×起诉吕×请求法院判决离婚，2017年11月底撤诉，此后双方继续分居，2018年6月谢×二次起诉离婚，2020年1月××区人民法院判决二人离婚。

2015年12月2日崔××向谢×账户转账30万元，2016年1月20日，崔××向谢×账户转账50万元，共计80万元。2016年3月至2017年7月，谢×账户多次向崔××账户转账数百元至数千元不等，分别为：2016年3月12日支付3030.74元，2016年4月19日支付2113.43元，2016年5月28日支付772.88元，2016年6月20日支付3953.98元，2016年7月7日支付1495.9元，2016年8月26日支付1248.5元，2016年10月9日支付3818.91元，2016年10月11日支付1561.64元，2016年10月24日支付483.29元，2017年1月10日支付1446.02元，2017年2月6日支付971.01元，2017年4月1日支付856.99元，2017年4月8日支付2570.99元，2017年4月10日支付1500.17元，2017年5月6日支付532.47元，以上共计26,356.92元。2017年7月14日，谢×账户向崔××账户转账150,918.53元，2017年7月15日谢×账户向崔××账户转账302,684.38元。2016年12月1日吕×通过微信向崔××转账723.01元。2017年5月31日吕×向崔××转账747.95元。以上合计吕×与谢×共同向崔××转账481,430.79元。2018年3月19日，崔××以民间借贷为由起诉至××区人民法院。诉称被告吕×、谢×承诺帮助原告崔××进行银行理财，原告分两次转给谢×80万元，谢×也按照同期银行理财收益分期转给原告，2017年5月后，两被告产生家庭纠纷，拒绝返还原告崔××35万元本金及理财收益，经原告多次催要无果，因两被告为夫妻关系，此债务属于夫妻共同债务，故诉至法院，请求判令两被告连带偿还欠款人民币35万元及自2017年7月5月至实际返还之日止的银行理财收益，按年利率5%计算。起诉后，崔××向法院申请了财产保全，××区人民法院于2018年3月21日作出了民事裁定书，查封冻结了被申请人谢×名下银行存款35万元。开庭时诉讼请求变更为：判决两被告连带偿还欠款人民币35万元及自2017年7月15日至实际返还之日止的银行理财收益，按银行同期贷款利率计算。

××区人民法院经过数次开庭审理，于2018年6月29日作出民事判决，判决被告吕×、谢×连带偿还原告崔××35万元，被告人谢×不服，向××市第三中级人民法院提起上诉。

代理意见/代理词

致××中级人民法院：

就贵院受理的上诉人崔××、上诉人吕×诉被上诉人谢×投资理财合同纠纷一案，我是本案被上诉人谢×的二审诉讼代理人，我本人也曾担任其一审代理人，结合本案庭审情况，发表代理意见如下：

一、关于双方之间的法律关系，应属于民间借贷纠纷

1. 双方没有书面的委托理财合同。

2. 对于口头合同一说，谢×提出异议，否认口头合同。

3. 本人认为不可能存在委托理财关系，崔××是计算机中心的工作人员，且从事该项工作多年，怎么可能不会网银操作，自己就能理财，无需委托他人进行。

4. 谢×称自己名下账户均由丈夫吕×掌控，诉讼后才打印了银行明细，明细显示其账户上收到80万元后，没有购买任何理财产品。

5. 本案中吕×提供了其账户上20万元理财产品的分红记录用于证明理财客观存在，但20万元自2015年1月30日起开始分红，早于“委托理财”11个月。同时按照已有的所谓的“利息”反推，显然与银行理财利率严重不符。

6. 一审中崔××所举银行资金往来的证据，不足以证明是理财利息，崔××所举证据不足以证明双方之间存在委托理财关系。

二、对于崔××所主张的2017年12月10日吕×向崔××退还20万元的问题，“退款”有悖常理，退一步讲即使退款真实，那么20万元亦属于吕×个人债务，不应认定为夫妻债务

1. 所谓“退还20万元”，是在欠款尚未还清的情况下，由债权人退还，这与常理不符，有悖常理，原告崔××与吕×称退款系现金退回，与之前双方资金往来均为转账的交易习惯不符。

2. 崔××虽主张现金退还，但未举证证明20万元现金的来源，且本人始终不出庭。

3. 崔××和吕×对退还20万元的理由，声称是吕×养育孩子的需要，这种理由不能成立，事实上吕×每月有工资收入2万元，吕×手中持有夫妻共同存款90多万元，持有黄金、首饰价值60多万元。

4. 此前数笔还款均经过吕×、谢×二人同意，而20万元退款却未经过谢×同意，是在谢×与吕×离婚期间。

根据《最高人民法院关于适用〈中华人民共和国婚姻法〉若干问题的解释（二）的补充规定》及《最高人民法院关于依法妥善审理涉及夫妻债务案件有关

问题的通知》的规定，此20万元也不属于夫妻共同债务。属于吕×个人债务，应由吕×个人偿还，对此20万元的债务与谢×无关，谢×不应承担偿还责任。

三、对于20万元的收条，代理人认为，存在崔××与吕×恶意串通伪造债务的虚假诉讼，涉嫌诈骗，恳请贵院将该线索、材料移送侦查机关

崔××在诉讼伊始，曾经委托了×律师作为其一审诉讼代理人，而该代理人亦是吕×离婚案件中吕×的诉讼代理人，结合在欠款未还清的情况下，“退款20万元”有悖常理的情形，与交易习惯相悖等情况，我们认为崔××与吕×恶意串通伪造债务，进行虚假诉讼，涉嫌诈骗，依照法律规定，法院应将该线索、材料移送侦查机关。恳请贵院移送侦查机关。

以上意见希望得到贵院采纳，谢谢！

谢×代理人：樊丽霞　律师

裁判结果

2018年8月31日，××中级人民法院经过审理，作出二审判决，判决结果为：

一、撤销××区人民法院一审民事判决；

二、吕×、谢×连带偿还崔××15万元，于本判决生效之日起七日内执行清；

三、吕×偿还崔××20万元，于本判决生效之日起七日内执行清；

四、驳回崔××的其他诉讼请求。

裁判理由

本案有两个焦点问题：

第一个争议的焦点是原、被告之间就80万元是委托理财还是民间借贷的法律关系。按照“谁主张，谁举证”的原则，原告作为因委托理财合同纠纷提起的诉讼的一方当事人，应当对合同订立和生效的事实，承担举证责任，各方当事人均表示没有书面的委托理财合同。本案中崔××以资金流转的事实，主张双方存在民间委托理财的法律关系，但资金流转并不能直接证明双方系基于委托理财关系产生的债权债务，谢×对此不予认可，故现有证据，不足以证明谢×与崔××之间存在委托理财的关系。由于谢×认可崔××向其转账80万元，已经偿还65万元,尚欠15万元的事实,谢×应承担相应的还款责任。故而应当认定双方的法律关系为民间借贷。

第二个争议的焦点是尚欠款项的金额如何认定的问题。本案中各方均认可2017年11月通过×××医院政治部门解决时,欠款金额为15万元,本案所争议的是2017年12月10日吕×向崔××出具收条中载明的20万元退款的认定问题,对此二审法院认为,崔××所主张的退还,上述费用是发生在谢×与吕×离婚诉讼期间,退还费用金额较大,与双方一直使用谢×与崔××账户之间银行转账付款方式不同,此次退还费用采用的是现金方式,而崔××未能提供确实充分的证据证明谢×对于退还上述20万元款项是明确知晓的,谢×对此亦否认知晓,对于此20万元款项,依据现有证据,无法认定为谢×与吕×的夫妻共同债务,故谢×不应承担此20万元款项的偿还义务。因此二审法院予以了改判:吕×、谢×连带偿还崔××15万元;吕×偿还崔××20万元;驳回崔××的其他诉讼请求。

律师评析

本案的两被告是一对正在离婚的夫妻,而原告是被告一的同一个办公室的同事(该办公室就只有该二人在此办公)。原告与被告一均为计算机中心工作人员,本案是在这样一个基础关系下产生的诉讼,原告虽然主张与被告之间存在委托理财关系,被告一(丈夫)认可委托理财,被告二(妻子)不认可;双方之间没有书面的委托理财合同,原告没有提供委托合意的证据,仅提供多笔几百元至千元不等的转账记录,资金流转原因有多种可能,委托理财不是唯一原因,而被告二名下银行卡的银行流水显示:在收到原告款项后并没有进行理财。因此现有证据不足以证明双方存在委托理财合同关系,双方之间的法律关系应为民间借贷,而此款的性质应为债务。

关于2017年12月10日吕×向崔××出具收条中载明的20万元退款的认定问题,存在被告一与原告之间互相串通的嫌疑,首先,“退还事件”是发生在谢×与吕×离婚诉讼期间;其次,在被告没有将全部欠款还清的情况下,作为债权人的原告却将数月前的还款退还给债务人,与常理不符;最后,此前双方一直使用的是“银行转账”付款方式,“退还20万元”的付款方式却为现金,与之前的交易方式严重不符,如今的时代甚少有人会用现金支付

20 万元,十分反常。崔 × × 未能提供确实充分的证据证明谢 × 对于退还上述 20 万元款项是知晓的,谢 × 对此亦否认知晓,故而依据现有证据无法认定为吕 × 与谢 × 的夫妻共同债务,谢 × 不应承担此 20 万元款项的偿还义务,此 20 万元应由吕 × 个人偿还。

25

买卖合同纠纷：名为买卖实为融资的甄别

北京市两高律师事务所　范亚光

裁判要点

买卖合同是出卖人转移标的物的所有权于买受人,买受人支付价款的合同。融资性买卖与一般买卖之间的根本区别在于当事人的真实效果意思为融资而非买卖,即效果意思与表示行为之间不一致,意思表示真实是民事法律行为有效的要件之一。法律关系的性质界定,不应受制于当事人之间签订合同的外观与名称,而应由当事人的真实意思表示和合同实质内容决定。判断各方的真实意思表示不仅要听取各方的陈述,更多的应该是从客观事实反推交易各方交易时的真实心态。如果整个交易中并无货物的流通,只有款项的流转,各方系通过签订买卖合同的形式,达到资金拆借的目的,故此类案件各方之间不具有买卖合同的特征,系以买卖合同法律关系为表象的企业间融资借贷法律关系。故出借方以买卖合同关系起诉借款方,不具有事实依据和法律依据。

基本案情

2014 年 1 月 8 日,A 公司与 B 公司签订《焦炭销售合同》,约定:A 公司向 B 公司销售焦炭总计 33,500 吨,含税单价为 1480 元/吨,货款总额为 4958 万元,该合同签订两个工作日内,B 公司向 A 公司支付现款 1000 万元作为定金;B 公司保证在该合同签订后 80 天内,以现款方式向 A 公司支付全额货款,若 80 天内 B 公司未能支付全部货款,A 公司有权利没收保证金,处理货物,并要求 B 公司按日千分之一支付延期付款违约金。合同签订后,B 公司于 2014 年 1 月 13 日向A公司支付人民币1000万元作为定金,未在80天内向A公司支付全部货款。2014年4月28日,两公司共同在提货单上盖章,2014年4月29日,A公司向B公司出具发货单,同日A公司共向B公司开具发票4958万元,2014年5月14日,双方在销售结算单上盖章确认交付货物为一级焦,数量为33,500吨,金额总计为4958万元。由于B公司未能支付余款,A公司在2016年10月以买卖合同纠纷向×××区人民法院提起诉讼,×××区人民法院作出了民事判决书,认定双方系买卖合同关系并判令B公司支付货款并按照年利率24%支付违约金。后B公司不服,向××市第一中级人民法院提起上诉。本律师代理了该案二审。

代 理 词

审判长、审判员:

两高律师事务所接受本案上诉人B公司的委托,就其不服×××区人民法院的民事判决上诉一案,指派范亚光律师代理此案,本律师经过庭审质证、阅卷、调查取证,依据事实与法律,现发表如下代理意见:

第一,本案涉及四家公司和四份买卖合同:即A公司(被上诉人)、C公司、D公司、B公司(上诉人),四家公司签订了四份合同:即C公司与被上诉人签订的《焦炭采购合同》、D公司与C公司签订的《焦炭采购合同》、上诉人与D公司签订的《焦炭销售合同》、被上诉人与上诉人签订的《焦炭销售合同》,从以上四个合同可以清楚地看出:所谓的焦炭买卖构成了闭合型循环买卖,那么资金也构成了闭合型的循环回路即资金从被上诉人出资最后又回到了该公司。

第二,被上诉人提供的提货单、发货单、对账单以及增值税专用发票等单据品名是“一级焦”,但是双方签订的《焦炭销售合同》约定被上诉人应该出售给上诉人的货物是33,500吨“准一级焦”,合同约定的货物的质量指标也是“准一级焦”的质量标准,而不是上述单据上记载的“一级焦”,而且“一级焦”和“准一级焦”的交易价格相差一百余元,这种情况如果存在,被上诉人的这批“一级焦”的货物又从何而来?被上诉人所谓购买C公司的也是“准一级焦”而不是“一级焦”,如果被上诉人把货物发错,为什么一直都没有发现呢?显然被上诉人是无法给出令人信服的解释的!而真实情况就是为了完备所谓的“焦炭销售”,上诉人应被上诉人的要求在上述单据上盖了章,至于货物品名、等级在所不问,因为毕竟没有真实的货物存在,也没有货物交接!上述单子仅仅是个书面的符号,故上诉人没有必要关心到底是何种货物!而且被上诉人也没有证据证明其已经将该批货物的质量合格证明文件和检测报告提供给上诉人。被上诉人与C公司签订的《焦炭采购合同》约定焦炭是被上诉人在连云港港内汽车自提,那么这批货是谁提走的,又怎么到C公司内的,被上诉人显然没有证据证明提货地点变更事宜,而被上诉人称该批货物既没有称重,也没有派人在场监督提货,而是直接由C公司的人与上诉人的人交接的,合格证和检测报告也是C公司的人直接交给上诉人的人的,如此价值的货物被上诉人竟然不闻不问,这明显不符合常理,而且也与合同的约定自相矛盾!

被上诉人陈×承认是其主动联系D公司的郭×要款,郭×直接汇款2550万元至被上诉人的账户中,那么如果被上诉人不知道该交易是名为买卖实为借贷,D公司是借款的实际使用方,其没有任何理由和依据向郭×主张还款,郭×也不会直接付款给被上诉人的。

郭×多次把款直接汇给被上诉人时并没有告诉上诉人,上诉人派财务人员到被上诉人处对账时,发现了郭×已经汇款给被上诉人后,陈×才告诉上诉人的,在此情况下,被上诉人让上诉人补办了《委托付款书》并加盖了上诉人公章。

第三,由于被上诉人是实际的出资方,双方签订的《焦炭销售合同》是被上诉人提供,被上诉人在合同中增设了对"卖方"有利的条款,如定金、"交货"前付清全款、高额的延期付款违约金等。从双方签订的《焦炭销售合同》的"价款和支付方式"条款约定来看,是违反买卖合同的货款支付习惯的,在合同中约定:合同签订两个工作日内,上诉人支付定金1000万元,合同签订后80天内,上诉人支付全部货款,否则,被上诉人有权利单方终止合同,没收保证金,处理货物,并追究上诉人的违约责任。那么在双方还没有交货且没有约定交货时间的情况下,卖方凭什么要求买方在80天内付清全款?而且如果买方不能在80天内付清全款,卖方就可以终止合同,没收保证金,处理货物,货物当时都没有交付,怎么处理货物?其真实目的是要求上诉人支付融通资金。这些条款与正常的买卖合同条款严重不符。而与以买卖合同为名实为借款合同中通常体现出来的违约条款、还款条款等约定相符。

第四,如果被上诉人认为其与上诉人系真实的买卖合同关系,其应当对双方合同项下的标的物的实际状况以及合同标的物的交接过程承担证明责任。但是被上诉人没有提交标的物的实际状况以及标的物交接过程的任何证据,应承担不利后果。

第五,双方签订的《焦炭销售合同》的性质和作用。

(1)双方除了在事后补了一份发货单、收货单外,被上诉人没有提交货物真实状况和货物交接过程的任何证据,而且在2015年6月23日上诉人、被上诉人双方的法定代表人的通话录音中,二人均明知货物是不存在的。从被上诉人对法院有关货物交接、货物验收的询问所作回答的内容来看,四份合同项下的标的物根本不可能存在也没有存在的必要。

(2)提货单、发货单等仅是配合资金流转而出具,并非真实表明合同标的物存在和被交接的事实。

双方签订的《焦炭销售合同》是用资人与资金拆出人被上诉人之间企业资金拆借环节中的一环,即××公司通过循环买卖的方式将资金从被上诉人拆出,资金流经C公司到达用资人D公司,再通过上诉人流回被上诉人的一个环节。实际借款企业D公司高价买进低价卖出,形式上在从事完全亏损的生意,严重违背市场规律。其所谓的亏损是支付给被上诉人的借款利息和其他费用。

第六,上诉人和被上诉人的法律关系的性质不是买卖合同关系,被上诉人以买卖合同关系起诉上诉人支付货款没有法律依据,不应得到支持。

代理人:范亚光　律师

裁判结果

××市第一中级人民法院民事裁定书:

一、撤销×××区人民法院民事判决;

二、本案发回×××区人民法院重审。

发回重审后,经过协商,本案以调解结案,最大限度地维护了B公司的利益,取得了好的结果。

裁判理由

××市第一中级人民法院认为:根据一审期间双方提交的A公司(卖方)与B公司(买方)签订的落款日期为2014年1月8日的《焦炭销售合同》,一审期间B公司提交的B公司(卖方)与D公司(买方)签订的落款日期为2014年1月8

日的《焦炭销售合同》,二审期间(一审期间B公司提交了复印件,二审提交原件,A公司否认原件的真实性)B公司提交的D公司与C公司(买方)签订的《焦炭采购合同》(未标注签订日期)以及一审期间A公司提交的C公司(卖方)与A公司(买方)签订的落款日期为2014年1月7日的《焦炭采购合同》的内容来看,四份合同的标的物名称、数量(33,500吨)均一致,若前述四份合同真实存在,则前述有关焦炭的系列交易构成一个封闭的环路,标的物根本无需存在,在外观上符合以买卖合同形式表现的融资性贸易的特征即以循环买卖的形式表现的企业间借贷,其中高价买入低价卖出的一方应为借款人。在D公司与C公司未参与诉讼的情况下,本院依据现有证据无法判断A公司对以循环买卖的形式从事企业间的借贷行为是否明知。

二审期间,A公司与B公司在《焦炭销售合同》中签名的人员以及在提货单、发货单以及销售结算单中签名的部分人员到庭接受法庭询问,从相关人员的陈述并结合四份合同均约定买方汽车自提焦炭的约定,以及有关人员对于汽车自提焦炭的可行性以及A公司关于B公司自提焦炭的相关陈述来看,案涉的33,500吨焦炭有不存在的可能性。

综上,本院认为本案基本事实不清,一审法院应在综合前述因素的基础上,对本案法律关系的性质作进一步判断,并在此基础上判定参与交易各方的责任。因此,本案应发回重审。

律师评析

第一,一般而言,对交易行为的性质认定应以外在表示行为为准,即遵循表示主义原则,具体到商法领域就是遵循外观主义原则。但当交易行为明显有悖于一般交易常理,以至于使人有理由质疑当事人意思与表示不一致,存在掩盖非法目的、规避法律限制之嫌时,则应采取意思主义,对当事人的真实意思进行探究。企业间的融资性买卖是以商品买卖形式进行的企业间融资活动,即名为买卖、实为借贷的融资交易,企业间以融资为目的,以商品为载体,以贸易为手段。交易行为上主要表现为出卖人签订买卖合同后,未将货物实际交付给买受人(或货物根本就不存在);有关货物的系列交易构成一个封闭的环路,标的物根本无需存在,在外观上符合以买卖合同形式表现的融资性贸易的特征即以循环买卖的形式表现的企业间借贷,其中高价买入低价卖出的一方应为借款人。

第二，从形式要件上看，融资性买卖完全符合一般买卖的特征，因此很多情况下确实被作为买卖纠纷进行了审理。在以托盘模式开展的融资性买卖中，借款方系通过第三方的配合帮助才完成融资，从这个角度看，融资性买卖又与合作法律关系存在相似性，容易混淆。融资性买卖与合作法律关系的根本区别在于，在融资性买卖交易中，贷款人只希望获取固定收益（利息），而没有与借款人共同承担经营风险的意思；但在合作法律关系中，合作双方则是利益共享、风险共担。融资性买卖与一般买卖之间的根本区别在于当事人的真实效果意思为融资而非买卖，即效果意思与表示行为之间不一致。

第三，资金空转型的融资性买卖主要特征是：（1）三方或三方以上主体之间进行闭合型循环买卖。（2）标的物相同且不实际交付流转。（3）借款企业低卖高买，形式上在从事亏本的交易，实质上是支付借款利息。

第四，在循环买卖中的各方系通过签订买卖合同的形式，达到资金拆借的目的，主张“名为买卖实为融资”的一方应对自己反驳事实的举证达到高度可能性的标准。法院据此判定本案各方之间不具有买卖合同的特征，系以买卖合同法律关系为表象的企业间融资借贷法律关系。那么A公司以买卖合同关系起诉B公司，不具有事实依据和法律依据。如果认为存在融资法律关系，可以另行起诉。

26

技术委托开发合同纠纷：开发成果交付行为认定

北京惠超律师事务所　郭　超

裁判要点

在本合同纠纷案例中，关键问题是违约责任的认定标准问题，合同本身并没有对交付数据的标准进行详细的明确，被申请人的签署确认即应当认定为符合要求的交付，在交付后很长一段时间并没有向申请人主张权利，同时又对双方的合作，以及得到的交付数据进行媒体宣传，扩大影响，也就意味着已经通过实际行为认可了该数据符合双方约定。因此，享受服务却不支付合同款显然构成违约，但在确定违约责任的标准时，仲裁委最终认为约定标准过高没有全部支持。

基本案情

申请人和被申请人于2016年3月2日签订了《技术开发(委托)合同》，项目名称为："海参种质资源收集、保护与利用"。双方约定费用分五阶段支付，被申请人应在合同签订后支付首付款90万元，用于申请人进行基因测序，第二阶段是申请人交付海参基因数据(图谱)后十个工作日内，被申请人应支付90万元，第三阶段是被申请人采集完家系样品之后的十个工作日内，被申请人支付45万元，第四阶段是在申请人交付标记数据之后的十个工作日之内，被申请人支付尾款45万元，有效期为2016年3月2日至2019年3月1日，在合同履行过程中，申请人按照合同约定内容进行了履行，并按照约定条款对基因数据图谱进行交付,且双方签字确认,交接时间为2016年10月25日(合同约定期限内进行了交付),但被申请人以交付图谱存在问题为理由拒绝支付第二阶段的款项,同时单方解除合同,不再支付后续款项,由于第二阶段的工作申请人已经完成,因此按照合同约定向××仲裁委员会申请仲裁。

代 理 词

××仲裁委员会:

就贵委受理的申请人海洋科技公司和被申请人健康科技公司技术开发(委托)合同纠纷一案(以下简称本案),我是本案申请人的代理人,结合本案庭审情况,发表如下代理意见:

代理意见(一)

1. 事实依据

申请人和被申请人于2016年3月2日签订了《技术开发(委托)合同》,合同有效期为2016年3月2日至2019年3月1日,约定由被申请人委托申请人"研究开发海参种质资源收集、保护与利用项目",根据合同第5条第1款的约定,我方全面适当履行交付了约定的基因组数据,并经被申请人进行了验收确认,且没有提出过任何异议。但被申请人却没有按照约定时间支付应付合同款项90万元人民币,后经过我方催告,被申请人仍然拒绝支付,使得我方所签订的合同难以继续履行,合同目的无法实现,构成根本性违约,被申请人也没有继续履行合同的诚意,造成合同项目研究开发工作停止和延误,我方有权因对方的上述违约行为而解除合同,同时要求按照合同约定的应付合同款和违约金标准计算应付金额,请予以支持。

2. 违约依据和计算标准

根据合同的约定,我方已经交付了基因组数据,被申请人应当在交付之日起十个工作日内给付申请人基因组测序费用尾款90万元人民币,该款的唯一条件就是基因测序数据交付,没有限定任何其他条件,因为我方交付时间在2016年10月25日,所以,被申请人应当按照约定于2016年11月8日之前付款。对此,本合同第23条明确规定了违约条款,即"任何一方未能按照本协议约定履行义务即构成违约,应向守约方承担违约责任,如甲方未能按约定支付合同款,每逾期一天,应按照应付未付款项千分之五承担违约责任,逾期超过30天,乙方有权解除合同并要求甲方承担赔偿责任”。

3. 法律依据

《合同法》

第98条:合同的权利义务终止,不影响合同中结算和清理条款的效力。

第109条:当事人一方未支付价款或者报酬的,对方可以要求其支付价款或报酬。

第113条:当事人一方不履行合同义务或履行合同义务不符合约定,给对方造成损失的,损失赔偿额应当相当于因违约所造成的损失,包括合同履行后可以获得的利益,但不得超过违反合同一方订立合同时预见到或者应当预见到的因违反合同可能造成的损失。

第114条:当事人可以约定一方违约时应当根据违约情况向对方支付一定数额的违约金,也可以约定因违约产生的损失赔偿额的计算方法。约定的违约金低于造成损失的,当事人可以请求人民法院或者仲裁机构予以适当地减少。当事人迟延履行约定违约金的,违约方支付违约金后,还应当履行债务。

《山东省高级人民法院关于合同纠纷审判实践中的若干疑难问题(一)》

(十二)合同解除后,当事人能够主张可得利益损失,处理该问题的原则与违约金一致,如果因一方违约而导致合同解除,当事人之间未就损失赔偿达成协议的,守约一方的当事人仍然可以主张可得利益的损失。

《最高人民法院关于审理买卖合同纠纷案件适用法律问题的解释》(法释〔2012〕8号)

第26条:买卖合同因违约而解除后,守约方主张继续适用违约金条款的,人民法院应予以支持,但约定的违约金过分高于造成的损失的,人民法院可以参照合同法第一百一十四条第二款的规定处理。

《最高人民法院印发〈关于当前形势下审理民商事合同纠纷案件若干问题的指导意见〉的通知》(法发〔2009〕40号)

第2条第8款:合同解除后,当事人主张违约金条款继续有效的,人民法院可以根据合同法第九十八条的规定进行处理。

《江苏省高级人民法院关于适用〈中华人民共和国合同法〉若干问题的讨论纪要(一)》

第24条:当事人一方因对违约要求解除合同,同时又要求违约方按照合同中约定的违约金条款承担违约责任的，人民法院应当支持。

第25条：合同解除后，当事人向合同的违约方主张可得利益损失的，人民法院应当支持。

代理意见（二）：补充代理意见

本案中的焦点问题主要有两个：一是被申请人是否存在合同付款义务；二是被申请人是否存在违约行为、违约责任如何认定。在本案中我方做了充分的庭前准备工作，并将全部证据材料整理成册，并再次发表补充代理意见如下：

因申请人申请，被申请人技术开发（委托）合同仲裁案于2017年7月11日下午两点半在××仲裁委员会开庭审理，在庭审过程中我方已经较为充分地发表了健康科技公司根本性违约行为的事实证据，除此之外，我方补充代理意见如下：

一、被申请人已经构成根本性违约导致合同的目的无法实现

违约事实轴：请见纸质版。

（1）健康科技公司拖延付款导致根本性违约行为的出现。

根据合同约定健康科技公司至今未履行付款义务。其所述理由为，我方交付的基因组数据不符合约定标准，首先合同中约定的是文件数据的交付行为，不存在符不符合标准的情形，所说的第1条第2款的内容我方是完全按照其约定进行的，更不可能存在健康科技公司所说的存在瑕疵的情况（对方也没有相应的证据支持），对此，在交付时双方均对其全部内容进行了签字确认，同时未提出任何异议，并随后向社会公开了我方的研究成果并对交付内容进行了权威性和完全符合约定标准的描述和解读，应认定为我方交付的内容完全符合合同约定没有任何瑕疵。此时，健康科技公司仍然没有按照约定支付90万元人民币的约定款项，我方分两次通过邮件向对方发出了催告的通知，但对方却以我方交付内容不符合标准为由明确拒绝支付（亦无法明确不符合标准的情形）。对此，由于健康科技公司所提出的异议属于无中生有，且所提出的异议仅为其主观捏造，我方为了努力让合同能够最终得到履行，只能再次对交付内容符合约定标准进行了回复，之后，对方仍然没有任何的反应和继续履行该合同的诚意，根据合同约定的违约条款第23条，我方有权解除合同，因为解除合同的后果是由于健康科技公司根本性违约的行为所导致，所以我方有权要求对方支付应付未付的合同款90万元，同时有权根据《合同法》中的“意思自治原则”，要求健康科技公司

按照约定的违约金计算方法，支付相应的违约金（立案时虽然明确了一个暂时的金额，但违约金应按约定的标准计算至健康科技公司付清全部合同款及相应的违约金之日止）。

（2）保密义务的违反。

健康科技公司严重违反了合同中第 11 条的保密义务条款，未经我方准许向社会公开了我方研究项目的数据和进度。对此，在庭审过程中，我方提交的公证书中已经完全可以证明，该违约行为也给我方造成了巨大的经济损失，由于因健康科技公司违约，合同无法继续履行，最终导致我方交付报告和研究成果不但由对方占有，同时又向社会公开，使得我方前期所做的努力付之东流，研究成果对我方来说已经毫无价值，损失惨重，因此，请求贵委在合议该案件过程中，在确定违约金赔偿金额时给予充分的考虑和支持。

二、关于被申请人认为交付内容不符合约定标准问题

（1）双方在合同中仅仅约定了交付的内容和时间，我方已经完全符合，从提供的证据中已经明确，我方完全是符合双方约定标准的，应认定为交付报告签字确认之日即属于验收交付内容合格之日，同时，我方提交的公证书中显示对方已经充分认可了交付的内容符合约定，并大肆宣传，不能在对自己宣传良好社会影响时认可交付内容，而谈到履行义务时（付款）却又进行质疑，又拿不出充分证据，这完全属于自己对自己的一种否定，从而，也就明确看出，健康科技公司在本案中的答辩理由是没有任何证据支持和事实依据的无奈之举，其最终目的是，恶意拖延付款和避免承担违约责任。

（2）关于对方提交的没有原件的复制件，我方对其真实性、合法性及相关性不能认可，也是完全符合民事诉讼证据相关的法律规定的，同时在健康科技公司答辩状中所提出的对我方的诽谤等语言给予强烈谴责，请各位仲裁员本着公正的原则，根据事实作出公平的最终裁决。

此致

××仲裁委员会

申请人：海洋科技公司

代理人：郭　超　律师

裁判结果

一、解除双方于2016年3月2日签订的《技术开发(委托)合同》;

二、被申请人向申请人支付技术开发费(基因组测序费用尾款)人民币90万元;

三、被申请人向申请人支付逾期付款违约金(以人民币90万元为基数,自2016年11月9日开始,按日万分之五计算违约金,计算至实际清偿之日止);

四、本案本请求仲裁费人民币50,656元,由被申请人承担,该费用申请人已预交,被申请人径付申请人。本案反请求仲裁费人民币26,550元,该费用由被申请人自行承担;

五、驳回申请人其他仲裁请求;

六、驳回被申请人全部仲裁反请求。

裁判理由

××仲裁委员会于2017年10月16日作出裁决书,裁决理由明确:(1)《技术开发(委托)合同》的性质和目的,也就是说,本案合同性质为技术委托开发合同,关于本案合同目的,双方希望通过基因研究,最终达到利用优质分子进行育种,从而使海参养殖达到育种高效、降低养殖成本、形成海参优良品种培育的目的,同时案涉的技术开发合同是一种在探索新技术、新领域中进行的具有研究开发性质的工作,故而双方应当承担研究开发过程中可能产生的风险;(2)关于申请人主张的技术开发费用的仲裁请求,本案根据进度及付款条件,合同第3条,申请人应当按照约定研究开发工作,进度12项内容,目前已经完成2项,根据该内容应当支付款项合计180万元,现在被申请人已经给付了90万元,应在交付基因测序数据之日起10个工作日内支付另外90万元,研发才能继续进行,但被申请人以不符合要求为由没有支付90万元,在经过我方多次分析后,仲裁庭支持了我方的观点认定所交付的基因数据完全符合要求;(3)关于违约金的计算标准,仲裁庭认为日千分之五过高,对此做了调整;最终裁决支持我方的诉讼请求即支持了90万元的应付款项和违约金。

律师评析

本案的结论属于胜诉的情形,之所以能够达到这样的效果,主要还是关于阶段性的研发成果是否已经交付给了被申请人,以及被申请人对交付成果所谓的“不合格”是否及时地作出答辩和回应,在本案中被申请人不但没有提出我方交付项目的阶段性成果不合格的依据(事实上从未提出过异议),还在交付签收之后对外大肆宣传,对该成果作为被申请人的重要科技成就。对此,我方及时取得了相应的证据,并以此作为对方除了检验签收之外又一个非常关键的证据,从而证明了被申请人对我方交付的成果是完全认可的事实。

通过这个案件,代理人深深体会到,能够证明案件焦点的直接关键证据固然重要,而如果经过认真研究和思考之后,还可以拿出反驳对方观点的证据,也就是提出反证来否定被申请人的答辩意见,这样就让仲裁员或者主审法官内心更加确信地支持自己的观点,胜诉的机会也就更大,总而言之。细节决定成败。

27

房屋租赁合同纠纷：合同权利义务概括转移的条件

北京市律理律师事务所　郭　磊

裁判要点

依照《民法典》合同编总则部分第六章的规定，合同权利义务的概括转移需要经过合同相对方的同意或者获得事后追认。本案双方争议的焦点问题就是被告方将合同权利义务概括转移给案外人是否经过了原告的同意或者获得原告的追认，在将案外人追加为第三人后，第三人同样对被告的主张持反对意见，且现有证据不能证明原告对被告的转让行为予以追认。因此，不能认定被告已将权利义务转移给案外人，被告仍然是本案的合同相对方，仍然要承担约定的合同义务。

基本案情

2013 年，原告与被告签订《合作协议》，由原告提供土地被告提供资金，双方合作经营××项目。合同主要内容如下：

一、合作范围：原告将其所有的位于北京市××区×××乡××村南，东至×××路总站，西至×××北路绿化带，南至朝××通，四至区域内的面积 1 万平方米集体土地及上现有阳光大棚用于同被告联合开发经营本项目。

二、合作期限：10 年，自 2014 年 9 月 1 日至 2024 年 8 月 31 日。

三、合作方式：原告提供以合法流转模式及其他合法形式的土地使用权及建筑物所在的 1 万平方米地域内的设施。

四、利益分配:原告不负担合作项目在本合同签订后产生的所有债权债务,自合作项目起始计算,原告向被告按年度收取原告在合作项目的固定收益,前两年每年人民币380万元,两年后每年递增10%。租金支付为一年一交,下次租金提前一个月支付,逾期一个月未交租金,视为合同终止。

五、争议解决:原、被告双方约定就本合作协议签署的补充协议作为协议的一部分具有同等效力,如有争议,应先行友好协商,协商不成,任何一方将争议提交北京裁委裁决。

上述《合作协议》签订后,双方正常履行该协议。2017年2月27日,双方合作项目用房发生火灾,房屋及附属设备设施全部烧毁,合作项目被迫停止经营。依照合同约定,被告应于2016年8月1日前向原告支付2016年的固定收益人民币418万元,但被告一直未予支付。现因合作项目用房被烧毁,故以实际合作期限6个月收取固定收益209万元,经原告数次催要,被告拒不支付,故诉至法院裁决。

代 理 词

尊敬的审判长及合议庭法官:

北京市律理律师事务所接受原告的委托,指派郭磊律师担任其诉被告合同纠纷一案的代理人。经收集案件证据材料,了解项目经营情况,参加庭审,查阅相关法律法规,现发表如下代理意见:

一、关于被告提出的管辖权异议问题,代理人认为,原告与被告的《合作协议》第3页约定:原、被告双方约定本协议签署的补充协议作为协议的一部分具有同等的法律效力,如有争议,先友好协商,协商不成的,任何一方均有权将争议提交北京裁委解决。根据《仲裁法》第5条的规定,当事人达成仲裁协议,一方向人民法院起诉的,人民法院不予受理,但仲裁协议无效的除外。本案中《合作协议》约定的“北京裁委”属于仲裁委员会约定不明的情况。根据法律规定,仲裁协议对仲裁事项或仲裁委员会没有约定或者约定不明确的,当事人可以补充协议;达不成补充协议的,仲裁协议无效。现双方约定不明,也未能达成补充协议,被告依据无效的仲裁条款提出管辖权异议,没有事实和法律依据。依照《民事诉讼法》的规定,因合同纠纷提起的诉讼,由被告住所地或者合同履行地人民法院管辖,案涉合作项目位于北京市××区,合同履行地也在北京市××区,因此,北京市××区人民法院对本案依法享有管辖权,应驳回被告对本案管辖权提出的异议,由北京市××区人民法院对本案进行审理。

二、原告与被告签订了书面的《合作协议》,存在合同关系,此后被告与第三人签订《经营权及承租权合同转让协议》,该转让行为未经原告同意,事后也未获得原告追认。因此,不能据此认定原告与被告之间的合同解除,被告将权利义务概括转移给第三人,原告与第三人之间建立新的合同关系。

1. 原告与被告签订《合作协议》,由原告提供土地及地上建筑,被告提供资金,双方共同经营合作××项目,该合同是合法有效的合同,对双方均具有约束力,双方也一直在正常履行。

2. 被告与第三人之间签订《经营权及承租权合同转让协议》,将与原告合作项目的经营权及承租权转让给第三人,事先并未征得原告的同意,原告是在被告与第三人签订转让合同后才得知此事,原告也从未对被告的转让行为予以追认,其转让行为无效。

首先,原告与第三人之间没有签订合同的合意。

其次,被告主张第三人已经取代自己成为合同主体,并且通过汇款方式向原告支付25万元。对此,第三人已经明确说明,第三人与原告是老乡关系,双方之间存在多笔账目往来。该笔汇款只能证明第三人曾经向原告的账户汇款,但并不代表该笔汇款是第三人向原告支付所谓的履行合同的租金。况且该笔汇款即便可以认定为是支付租金,原告也认为这是第三人替被告向原告支付租金,而不是第三人自己向原告支付租金。

3. 被告与第三人签订的《经营权及承租权合同转让协议》第3条明确约定:原场地及建筑物租赁合同终止后由第三人与原告重新签订新的租赁合同,建立新的合作关系。该约定表明,原告与被告之间的合同一直在履行,并没有终止,原告与第三人之间也没有建立合同关系。

三、被告与第三人签订合同,原告在双方签约后才得知此事,且原告自始至终对被告与第三人之间的签约行为没有表示同意、认可及追认。

合同是约束双方的契约,被告认为其权利义务已经一并转移给了第三人,对其转让行为应经过原告的事先同意或事后追认,但本案被告与第三人签约显然没有经过原告的事先同意或者事后追认。因此,不能据此认定原告与第三人之间存在事实上的合同关系。

综上所述,代理人认为,原告与被告之间签订的合同合法有效,对双方均具有约束力,且双方一直在正常履行。被告与第三人另行签订合同的行为不同于普通的债权转让,更重要的是债务的转让,第三人是否具有履约能力能够正常履行合同债务对于原告来说至关重要,意味着原告的债权能否顺利实现。因此,被告主张的原告与第三人之间存在合同关系纯属无稽之谈,毫无事实和法律依据。被告应依照合同的约定向原告支付拖欠的合同收益209万元。

代理人:郭　磊　律师

裁判结果

判决被告于本判决生效后7日内给付原告租金2,061,370元。

裁判理由

原告与被告之间签订的《合作协议》,其实质是租赁合同,双方均应依约履行各自义务。合同权利义务的概括转移应当经过合同相对方的同意,被告将合同转让给案外人,未能证明经过了原告的同意,现有证据亦不能证明原告对该转让行为予以追认,故本院对被告主张的合同权利义务概括转移给第三人的意见不予采纳。被告的诉讼主张不能成立,其应履行向原告支付租金的合同义务。关于被告与第三人之间的争议,双方可另行解决。

律师评析

本合同虽然属于常见的租赁合同纠纷,但涉及的法律问题却并不简单。简要评析如下:

首先,在第一步管辖问题上双方就有争议,被告以双方约定了仲裁条款为由提出管辖权异议,被告认为双方已经约定了争议管辖由仲裁委员会裁决,法院对本案没有管辖权,应移送北京仲裁委员会裁决。仔细研读双方关于争议管辖的约定,发现双方是这样约定的:原、被告双方约定就本《合作协议》签署的补充协议作为协议的一部分具有同等效力,如有争议,应先行友好协商,如协商不成,任何一方将争议提交北京裁委裁决。目前位于北京的仲裁委员会有北京仲裁委员会、中国国际经济贸易仲裁委员会和中国海事仲裁委员会共三家仲裁机构，约定由“北京裁委”裁决，不能确定是位于北京的仲裁委员会还是北京仲裁委员会裁决。即便写明位于北京的仲裁委员会也依然不能确定仲裁机构，不具有唯一性，属于《仲裁法》规定的约定不明的情形，仲裁条款无效。由此，人民法院对本案具有管辖权，又因为本案的合同履行地位于北京市××区，北京市××区人民法院对本案享有管辖权。

其次，被告以其已将合同的权利义务全部转移给第三人，被告已退出双方签署的合同为由抗辩，拒绝承担其应承担的支付租金的义务。本案中，虽然被告与第三人签订了《经营权及承租权合同转让书》，与第三人之间关于双方的权利义务进行了约定，但属于未经原告事先同意或者事后追认的情形。被告的主要义务是依照合同约定支付租金，能否按时足额支付租金涉及被告的履约能力问题，原告显然是在信任被告有能力履行的情况下，才与其签署《合作协议》进行合作的。被告在未征得原告同意的情况下将合同的权利义务一并转让给第三人，由第三人代替其履行租赁合同，显然这种转让行为是无效的。合同是双方的合意，对双方均具有约束力，权利义务变更仍需双方达成合意或依照法律规定进行。原告并不了解第三人是否有能力履约，对其没有基本的信任关系。依照合同的相对性，本案的《合作协议》仅约束原告和被告，与第三人无关。因此，被告自认为的合同权利义务转移属于无效转移，应该依照《合作协议》的约定向原告支付租金。

推而广之，我们需要思考一下合同权利义务的概括转移是指什么，需要符合哪些条件，或者说什么条件下合同的权利义务才能概括转移。合同权利义务概括转移是指合同一方将其合同权利义务一并转让给第三方，由该第三方继受这些权利义务。简要说，合同权利义务的概括转移需要符合以下几个条件：

第一，合同需合法有效存在。如果合同尚未订立或者合同关系已经解除，那么合同的权利义务转移就失去了前提和基础。如果合同无效，合同权利义务自始无效，自然也就不存在权利义务转移问题。

第二，合同应为双务合同。只有双务合同才可能将债权债务一并转移，否则，只能进行债权让与或者债务承担，不能构成权利义务的概括转移。

第三，合同权利义务的概括转移是指权利义务一并转移。包括主权利与从权利，主义务与从义务。但是依据法律规定、合同约定或者合同的性质，专属于债权人或者债务人自身的权利义务除外，因为该类权利义务通常具有强烈的专属性，不可替代，自然也就无法让与。

第四，权利义务的概括转移必须经合同相对方同意。这是债权债务概括转移的关键，因为合同债权债务的转移，在转移债权的同时也有债务的转让，不同于单独的债权转让。为了保护合同相对方的合法权益，不因合同权利义务概括转移导致合同相对方利益受损或者增加负担，所以必须经合同相对方同意，否则该转移对合同相对方不发生法律效力。

第五，转让人与受让人达成合意。所谓合同或者协议，是依照法律规定或者依照当事人约定形成合同关系，形成法律上的权利义务关系。

从笔者多年来代理合同纠纷案件的经验来看，《合同法》仅规定了 15 种有名合同，2020 年颁布的《民法典》将有名合同类型增加到 19 种。但现实生活中存在的合同类型远远不止 19 种，这 19 种有名合同之外的合同类型都是客观存在的，这是经济发展的必然。只要不违反法律的强行性规定，不存在合同无效的情形，各种类型的合同约定都是有效的，都是受法律保护的。实践中审查判断合同的性质时，不要拘泥于合同的名称或者各方的称谓、用语等，要仔细分析该合同属于《民法典》中的哪一种类型，其权利义务有哪些约定，有关款项的性质是什么，等等。然后检索对应该分类有哪些法律规定和既有案例，寻找能够支持己方观点的法律规定和案例，争取获得法官的认可和支持，从法律专业的角度尽最大努力维护己方当事人的合法权益。

28

借款合同纠纷：融资借款的法律效力

北京市公衡律师事务所　郝　江

裁判要点

1.《最高人民法院关于审理民间借贷案件适用法律若干问题的规定》(以下简称《民间借贷司法解释》)第14条第2项“以向其他企业借贷或者向本单位职工集资取得的资金又转贷给借款人牟利,且借款人事先知道或者应当知道的”情形,借款合同无效;根据《最高人民法院〈关于适用〈中华人民共和国合同法〉若干问题的解释(一)》第10条之规定,当事人超越经营范围订立合同,人民法院不因此认定合同无效。但违反国家限制经营、特许经营以及法律、行政法规禁止经营规定的除外。本案不宜认定合同无效。

2. 出借款项当日收取资金使用费,构成“砍头息”。

基本案情

申请人投资管理中心(有限合伙)主张,2013年4月25日与被申请人房地产开发公司签订《股东借款合同》,约定申请人以股东借款方式向被申请人提供资金1.5亿元(具体以基金实际募集额为准,不少于人民币1.2亿元),使用期限为12个月,从该笔资金汇入指定账户之日起计算,资金年使用费率为22%。合同约定了被申请人拥有的153.7亩国有土地使用权、32,000平方米商铺抵押给申请人等担保措施。2013年6月9日至2014年5月9日,申请人分九次转账共7070万元至被申请人银行账户。因被申请人到期未偿还借款,所以按照争议解决条款约定,向仲裁委员会申请仲裁,请求裁决被申请人偿还借款本金7070万元、借款期限内利息619万余元、逾期利息4800余万元,共计12,000余万元。

代理意见

仲裁委员会、尊敬的仲裁员:

北京市维泰律师事务所受房地产开发公司委托,指派郝江、许玲玲律师参与其与投资管理中心因履行《股东借款合同》产生争议后在仲裁委员会(“贵委”)进行的仲裁。现代理人依据本案开庭过程中双方举证、质证及仲裁员询问的事实,依据相关法律规定发表如下代理意见。

一、投资管理中心本次申请仲裁依据的《股东借款合同》无效

1. 投资管理中心基于股东身份向房地产开发公司出借资金,系基于2013年4月25日,房地产开发公司与股权投资基金管理公司签订有《投资协议书》,该协议书第2条约定,股权投资基金管理公司作为基金管理人发起设立基金投资于房地产开发公司“新城项目”。第3条第1款第2项规定基金募集规模:拟定向私募人民币壹亿伍仟万元,实际募集额达到人民币壹亿贰仟万元视为募集成功。代理人认为,虽然股权投资基金管理公司具有基金管理人资质,并以募集发起基金名义对房地产开发公司给予投资。但由于该基金并未成立(未达到合同约定的基金成立条件),因此股权投资基金管理公司或者投资管理中心事后的募集并投资行为不符合私募基金投资的法律要求。

2.《证券投资基金法》(2012年修订)发布日期是2012年12月28日,实施日期是2013年6月1日。第95条规定,非公开募集基金募集完毕,基金管理人应当向基金行业协会备案(注意,应当是强制性规定)。对募集的资金总额或者基金份额持有人的人数达到规定标准的基金,基金行业协会应当向国务院证券监督管理机构报告。

《证券投资基金法》是中国证监会颁布的一系列调控、监管“私募投资基金”规定、办法的上位法。其调整范围涵盖全部以基金形式存在的投资行为并非申请人认为的仅仅是调整从事证券投资领域的基金。根据该项规定,如果投资管理中心(有限合伙)基金是在2013年6月1日之后募集完成,那么应当进行基金备案。根据查询中国证券投资基金业协会中基金管理人股权投资基金管理公司管理的基金产品仅有一只(见网站打印件),本代理人认为,基金未经备案不能

称为“基金”,申请人将以“基金”名义募集的资金对外签署借款合同用于投资属于违反《合同法》第52条之规定,应认定借款合同无效。

3. 申请人主张基金系有限合伙基金,2013年2月4日按照《合伙企业法》的规定在工商行政部门办理登记取得营业执照就视为成立,因此股权投资基金管理公司不需要就基金在中国证券投资基金业协会备案。本代理人表示不能认同该意见:首先《证券投资基金法》强制要求备案是以募集行为的完成为标准,而非以设立为标准。其次,投资管理中心登记取得营业执照仅是依《公司法》《合伙企业法》相关要求取得依法经营的许可。而投资管理中心一是以投资活动为目的,二是存在资金募集行为,三是资产由基金管理人管理的特征符合中基协对“私募基金”的界定即“以非公开方式向合格投资者募集资金设立的投资基金,包括资产由基金管理人或者普通合伙人管理的以投资活动为目的设立的公司或者合伙企业”。也就是说投资管理中心作为基金来看是必须进行备案的。申请人投资管理中心以取得工商登记就不需要进行基金备案的观点是不能成立的;再有,股权投资基金管理公司与房地产开发公司2013年4月25日签署的《投资协议》及2013年4月25日在《投资协议》基础上房地产开发公司与投资管理中心签订的《股东借款合同》生效条件是以募集金额为标准即在2013年6月30日前募集不少于人民币1.2亿元为基金成立的必要条件,股权投资基金管理公司及投资管理中心非常明确是以定向募集资金来完成对被申请人房地产开发公司的投资而不是以自有资金完成对房地产开发公司的投资,因此投资管理中心作为基金应当在中基协备案。最后,申请人主张合格投资人是通过签订合伙协议,成为投资管理中心有限合伙人并入资有限合伙来完成该笔资金的募集并进而对房地产开发公司实现投资,而工商部门登记资料显示,投资管理中心在2013年6月13日注册资本由100万元增加到15,000万元时合伙人仍然是原合伙人股权投资基金管理公司(GP)及自然投资人(LP),经向工商局调档核实,投资管理中心增资至15,000万元是由自然投资人出资150万元,股权投资基金管理公司出资14,850万元。直到2015年12月30日有新的合伙人加入。显然,申请人在庭审中的解释不能成立。代理人认为,工商信息反映并无新的合伙人进入投资管理中心成为基金份额持有人,所谓增资来源于股权投资基金管理公司。股权投资基金管理公司与房地产开发公司签署的《投资协议书》明确约定是定向募集资金,而投资人并不是与投资管理中心签订合伙协议成为投资管理中心合伙人,而是由股权投资基金管理公司以私募基金的幌子将投资人资金汇聚到其名下,将基金财产与基金管理人财产混同是《证券投资基金法》严格禁止的。投资管理中心基金不能证明向房地产开发公司的借贷资金是合伙人即基金管理人股权投资基金管理公司的自有资金,则股权投资基金管理公司向第三方吸收资金的行为涉嫌违法犯罪,股权投资基金管理公司、投资管理中心超范围经营,在未取得金融许可的情况下,募集社会资金而不是其自有资金从事贷款业务,违反《合同法》第52条规定,《股东借款合同》无效。

4. 股权投资基金管理公司同日与房地产开发公司签订两份不同年息的《投资协议书》及投资管理中心同日与房地产开发公司签订两份年息不同的《股东借款合同》,申请人当庭未对签署两份年息不同的合同做出任何合理解释。事实是股权投资基金管理公司与投资管理中心要求房地产开发公司按照高息22%/年来执行,至于低息18.5%/年的合同是用来给投资人看的。股权投资基金管理公司、投资管理中心此举实为牟利差。投资管理中心利用两份不同利息合同牟利差的行为,符合《最高人民法院关于审理民间借贷案件适用法律若干问题的规定》第14条第2项"以向其他企业借贷或者向本单位职工集资取得的资金又转贷给借款人牟利,且借款人事先知道或者应当知道的"情形,因此《股东借款合同》无效。

综上,代理人认为《股东借款合同》无效,对于合同无效的法律后果,房地产开发公司应返还本金,并按照占用资金期间银行同期贷款利率来支付相应利息,对于投资管理中心主张的合同约定利息不应予以保护。

二、即使《股东借款合同》有效,也因投资管理中心违约导致房地产开发公司借款合同目的不能实现,应由投资管理中心就其违约行为承担违约责任,减免房地产开发公司延期还款利息

《股东借款合同》第1条约定,投资管理中心在《投资协议书》规定的投资条件完全满足且工商行政管理局将其变更为甲方(房地产开发公司)股东的情况下,向甲方一次性提供总额人民币1.5亿元的资金(具体以基金实际募集额为准,不少于1.2亿元)。合同签订后,房地产开发公司全面履行了合同义务,即完成了《投资协议书》第5条中第1、2、3、4、5款风控措施,完成抵押、质押、股权转让等。双方虽未约定具体付款时间,但结合投资管理中心第一笔付款时间为2013年6月9日,可确认投资管理中心的一次性全额付款时间应为2013年6月

9 日。投资管理中心仅于当日提供 5790 万元借款,明显不符合一次性不少于 1.2 亿元的约定。由于投资管理中心违约无法保障资金,导致房地产开发公司新城项目无法推进,无法按期竣工实现销售回款,且由于投资管理中心前期将房地产开发公司土地不动产、可抵押商铺、公司股权全部办理了抵押、质押,导致房地产开发公司无法向第三方寻求资金帮助,其违约行为直接导致房地产开发公司借款合同目的无法实现,投资管理中心应当对房地产开发公司的损失承担赔偿责任。《合同法》第 107 条规定,当事人一方不履行合同义务或者履行合同义务不符合约定的,应当承担履行、采取补救措施或者赔偿损失等违约责任,这是《合同法》对违约责任的原则性规定。代理人认为只要在合同履行过程中出现违约,即使在双方签订的合同中没有约定违约责任条款,仍适用该法律条款追究违约方的违约责任。本案中,虽然投资管理中心与房地产开发公司没有约定借款未足额投资到位的违约责任条款,但并不意味着借款不符合约定时不需承担法律责任,按照上述《合同法》第 107 条的规定,房地产开发公司可以要求依法追究投资管理中心的违约责任。投资管理中心的违约行为给房地产开发公司造成的损失房地产开发公司虽没有向仲裁庭提交证据,但该损失客观真实存在。其中包括资金未足额到位影响房地产开发公司项目建设,进而无法按期还款而产生的延期还款利息。投资管理中心基于自己的违约行为要求房地产开发公司承担责任进而获利,无法律依据。仲裁庭应酌情依据案件事实、双方当事人的违约过错责任,减免房地产开发公司的延期还款利息。

三、投资管理中心本金及利息计算错误

1. 投资管理中心收取了“砍头息”,其借款本金实为 6017.25 万元。

《合同法》第 200 条规定“借款的利息不得预先在本金中扣除。利息预先在本金中扣除的,应当按照实际借款数额返还借款并计算利息”。股东借款合同约定,乙方(投资管理中心)完成投资日[股东借款汇入甲方(房地产开发公司)指定账户日],甲方应向乙方支付首期资金使用费。代理人认为本案中资金使用费(利息)支付方式属于“砍头息”。利息是资金时间价值的表现形式之一,利息是货币所有者因为发出货币资金而从借款者手中获得的报酬,也是借贷者使用货币资金必须支付的代价,利息的收取实质上应是借款人因实际使用贷款人的资金而在双方之间形成的债的关系。利息是借款人对本金使用一定时间后产生的,预先支付缺乏理论基础且违背交易习惯。借款人未实际使用借款而让其支付利息,是不公平的。借款合同要求房地产开发公司在收款当天返还首期利息的约定是否构成预扣利息,关键即在于对《合同法》及《民间借贷司法解释》中的“预先”如何认定与解释。目前,借款放款前后确切多长时间内收取利息会被认定为预扣利息,法律及司法实践中无明确规定或做法。但根据目的解释,若借款人于放款短期内支付利息的金额与其使用资金的时间不相匹配,违背交易规律,即有可能被认定为预扣利息。《股东借款合同》虽未约定部分利息预先在本金中扣除,但是约定房地产开发公司收款当日需支付资金使用费(利息)变相剥夺房地产开发公司对实际借款的使用,产生的后果等同于借款利息预先在本金中扣除。实际计算借款本金应按照扣除房地产开发公司支付的“砍头息”计算,即7070万元-1052.75万元=6017.25万元。

2. 房地产开发公司逾期还款是因投资管理中心先期根本违约行为造成的,不应适用合同第7条未按期还款收益率上浮100%条款。

房地产开发公司接受高息借款的先决条件,是基于投资管理中心承诺一次性不少于1.2亿元资金的基础上。由于投资管理中心根本违约,未按期足额提供资金进而导致房地产开发公司新城项目停滞,投资管理中心要求上浮100%收益率于法无据。

综上所述,我们认为,投资管理中心并非以其自有资金投资于房地产开发公司,而是违法向社会募集资金转贷给房地产开发公司进而牟利。其行为违反法律的强制性规定,投资管理中心与房地产开发公司签署的《股东借款合同》应为无效合同,房地产开发公司仅承担返还本金并按占用资金期间的同期银行贷款利率返还资金占用费的义务。退一万步讲,即使《股东借款合同》有效,投资管理中心已经收取的“砍头息”应在本金中扣除,且房地产开发公司不应承担由于投资管理中心违约行为导致房地产开发公司不能按期还款的逾期违约金。综上所述,请仲裁庭综合本案事实,依法裁决。

此致!

被申请人:房地产开发公司

代理人:郝　江　律师

裁判结果

仲裁委员会作出仲裁裁决：

一、被申请人向申请人偿还借款本金66,527,000元；

二、被申请人向申请人偿还借款期限内利息4,108,440元；

三、被申请人向申请人偿还逾期利息45,483,114.08元。

裁判理由

仲裁委员会认为：

1. 没有证据足以证实出借款项资金来源属非法吸收公众存款，或存在其他违法现象，出借方尽管超出其营业执照允许的经营范围对外发放借款，但根据《最高人民法院关于适用〈中华人民共和国合同法〉若干问题的解释(一)》第10条之规定，不宜认定合同无效；

2. 出借款项当日收取资金使用费，构成“砍头息”。

律师评析

郝江律师作为案件的代理人，对仲裁委员会对于本案的仲裁结果实际上是不满意的，认为仲裁委员会在本案中未能很好地适用《证券投资基金法》《合同法》及《民间借贷司法解释》，未能认定申请人以私募基金为幌子，违法募集资金放贷牟利的本质。奈何仲裁一裁终局且不具备申请人民法院撤销该仲裁裁决的法定情形，当事人选择接受该仲裁裁决，目前双方另行和解。

29

民间借贷纠纷：合同之债引发的民间借贷纠纷

北京市汉良律师事务所　何　军

裁判要点

(1)本案争议诉讼,是以民间借贷纠纷为诉因,还是以基础法律关系加工合同为案由起诉的问题:依据《最高人民法院关于审理民间借贷案件适用法律若干问题的规定》第 15 条第 2 款的规定,本案应以民间借贷为诉因提起本案诉讼。

(2)被告以原告没有提交借款交付的凭证,没有形成民间借贷法律关系,以其未实际交付借款为由主张不承担还款责任的问题:《协议》是两公司间达成债权债务结算协议,《协议》约定由韩×向姜×承担还款责任,出具借条是履行协议约定的内容,故应承担还款责任。

基本案情

煤机设备公司(公司实际控制人韩×)(甲方)因业务需要,从液压件公司(公司法定代表人姜×)(乙方)加工定制液压件支架、立柱、千斤顶等煤炭液压件机械设备,并签订《加工合同》,后合同正常履行,甲方也支付部分价款后,但仍拖欠加工费×万元没有给付乙方。乙方因此向××区人民法院提起诉讼,要求支付拖欠欠款,后甲方及实际控制人韩×,同乙方及乙方法定代表人姜×达成《协议》,《协议》就欠款数额予以明确,约定由韩×向姜×出具借据,抵扣公司间债务,并约定还款期限,韩×因此出具《借条》,乙方撤回对甲方的起诉。后韩×没有按照协议及借据规定期限支付欠款,姜×向××法院提起诉讼。

代理意见

致××市第一中级人民法院：

就贵院受理上诉人韩×与被上诉人姜×民间借贷纠纷一案（以下称本案），我是本案被上诉人代理人，结合庭审情况，发表如下代理意见：

基于煤机设备公司同液压件公司间加工承揽合同纠纷事实基础，煤机设备公司及韩×，同液压件公司及法定代表人姜×，就两公司间的债权债务进行清算，并签署《协议》，约定两公司间的债权债务转为韩×同姜×间的债权债务关系，由韩×向姜×承担还款责任，韩×以此协议向姜×出具借据两张，该《协议》有效，后韩×没有按照双方约定的时间给付欠款，姜×依据四方签署的《协议》及韩×出具的《借条》，向法院提起诉讼，符合法律规定。本律师认为：

一、韩×与姜×签订协议并出具借条的行为，系其真实意思表示，未违反国家法律规定，也未损害煤机设备公司利益，应当认定有效，韩×应当依据《协议》和《借条》支付欠款和支付逾期利息。

二、本案当事人诉讼主体适格，依据《协议》及《借条》约定，也已经履行了第一笔欠款，姜×作为原告向被告韩×主张权利，符合事实及法律规定。

三、该协议系两公司间达成的债权债务结算协议，按照《最高人民法院关于审理民间借贷案件适用法律若干问题的规定》第15条第2款规定，当事人通过调解、和解或者清算达成的债权债务协议，不适用按照基础法律关系审理，理应按照民间借贷纠纷案由提起诉讼。

四、韩×以姜×没有提交借款交付的凭证，没有形成民间借贷法律关系，以其未实际交付借款为由主张不承担还款责任的问题。

本案原、被告债权债务产生的基础是各方签署的《协议》，《协议》是两公司间达成的债权债务结算协议，《协议》约定由韩×向姜×承担还款责任，出具借条是履行《协议》约定的内容，《协议》合法有效，系当事人真实意思表示，具有事实基础，据此被告韩×具有还款责任。

被上诉人：姜　×

代理人：何　军　律师

裁判结果

一、××区人民法院依法作出民事判决，判令韩×支付姜×欠款并支付逾期利息；

二、××市第一中级人民法院民事判决书：判决驳回韩×的上诉，维持原判；

三、××市高级人民法院民事裁定书：裁定驳回韩×的再审申请。

裁判理由

一、关于本案争议诉讼，是以民间借贷纠纷为诉因，还是以基础法律关系加工合同为案由起诉的问题：本案应当以民间借贷为诉因提起本案诉讼。

《最高人民法院关于审理民间借贷案件适用法律若干问题的规定》第15条规定："原告以借据、收据、欠条等债权凭证为依据提起民间借贷诉讼，被告依据基础法律关系提出抗辩或者反诉，并提供证据证明债权纠纷非民间借贷行为引起的，人民法院应当依据查明的案件事实，按照基础法律关系审理。

"当事人通过调解、和解或清算达成的债权债务协议，不适用前款规定。"

二、关于本案案涉《协议》效力问题：案涉《协议》系各方当事人真实意思表示，其内容未违反国家法律、法规强制性规定，应为有效。

三、韩×以姜×没有提交借款交付的凭证，没有形成民间借贷法律关系，以其未实际交付借款为由主张不承担还款责任的问题。

本案原、被告债权债务产生的基础是各方签署的《协议》，《协议》是两公司间达成的债权债务结算协议，《协议》约定由韩×向姜×承担还款责任，出具借条是履行《协议》约定的内容，《协议》合法有效，系当事人真实意思表示，具有事实基础，据此被告韩×具有还款责任。

律师评析

原告以借据、收据、欠条等债权凭证为依据提起民间借贷诉讼，被告依据基础法律关系提出抗辩或者反诉，并提供证据证明债权纠纷非民间借贷行为引起的，人民法院应当依据查明的案件事实，按照基础法律关系审理。

当事人通过调解、和解或清算达成的债权债务协议，不适用前款规定，本案双方当事人基于两公司间债权债务达成《协议》并出具欠据，以民间借贷法律关系为案由审理该案件，符合法律规定。

30

股权转让合同纠纷：多方当事人的合同一方未签署，合同不成立

北京市中永律师事务所　贺　竹

注：因作者仅作为被告A公司的代理人参与庭审，故本文除基本案情外其他部分均只涉及被告A公司的相关内容。

裁判要点

（1）合同成立是指缔约各方就合同条款或者是合同的主要条款达成合意，合同中加盖的一当事方的公章并非该当事方的公章，且没有证据证明该当事方参与了合同的订立，因此，该当事方与合同其他各方之间并未达成合意，未能满足合同成立的要件，该当事方与合同其他各方之间的合同不成立。

（2）合同不成立的情况下，未收取合同款项且对合同不成立不存在过错的当事方，不应承担返还合同款项的义务，且其不受违约金条款约定的约束。

（3）股权转让协议含有两个股权转让合同标的，两个合同标的是相对独立的，各自归属不同主体，虽然股权转让协议约定的是股权转让总价款，未分别约定，但在不同的股权出让方之间内部，股权转让款必然进行一定的分割，因此，股权转让总价款的约定内容不会影响股东各自股权出让的相对独立性。

基本案情

A公司、B公司分别持有W公司的部分股权。2015年×月×日，C公司与A公司、B公司签订《股权转让协议》，约定：A公司、B公司分别将持有的W公司的全部股权转让给C公司，并承诺W公司无担保。之后，C公司向B公司支

付了《股权转让协议》约定的全部股权转让价款,各方完成工商变更登记。2017年,C公司得知W公司在《股权转让协议》签署之前因给一家公司的债务提供担保而被法院判决承担连带责任。C公司认为A公司、B公司隐瞒相关事实,实施欺诈行为,使C公司违背真实意思签订合同,因此C公司依据《合同法》第54条、第58条的规定,向法院请求撤销C公司与A公司、B公司之间的《股权转让协议》,请求法院判令A公司、B公司共同返还C公司支付的全部股权转让款,并判令A公司、B公司共同赔偿C公司违约金。

代理意见

致××法院:

就贵院受理的C公司诉被告A公司、B公司股权转让协议纠纷一案(以下简称本案),我是本案被告A公司的代理人,结合本案庭审情况,发表如下代理意见:

1. 案涉《股权转让协议》整体未成立

1.1　根据《合同法》的相关规定,合同的成立需具备合同当事人就合同的主要条款达成合意的要件。

根据司法鉴定所出具的《司法鉴定意见书》的鉴定结论"检材中的'A公司'印章印文与样本中'A公司'印章印文不是同一枚印章所盖印",可以证明A公司未在案涉《股权转让协议》上盖章,即A公司从未与该协议的其他当事人达成过合意,该协议约定的内容并非A公司的真实意思表示。案涉《股权转让协议》因不具备协议当事人A公司与另两方当事人达成合意这一成立要件而整体未成立。

1.2　根据《合同法》第32条的规定,"当事人采用合同书形式订立合同的,自双方当事人签字或者盖章时合同成立",合同的全部当事人签字或盖章时合同才成立,换言之,缺少一方当事人签字或盖章,合同均不成立。具体到本案,根据前述鉴定结果,A公司未在案涉《股权转让协议》上盖章,案涉《股权转让协议》整体未成立。

1.3　案涉《股权转让协议》中约定的股权转让价款是总价款并非C公司和A公司、B公司分别约定的股权转让价款,且该协议约定的A公司及B公司的权利义务均为整体的权利义务不是A公司、B公司各自的权利义务，因此案涉《股权转让协议》是将A公司与B公司作为一个整体转让方转让股权给C公司，即该《股权转让协议》是一个完整的协议，不具有可分性。

2. 案涉《股权转让协议》整体未成立，协议中的违约责任条款对协议各方当事人不发生效力

2.1 如前所述，案涉《股权转让协议》整体未成立，协议各方当事人不存在合同关系，协议中约定的违约责任条款对各方当事人不具有法律约束力，原告不能基于未成立的《股权转让协议》主张A公司承担违约责任。

3. A公司不存在返还案涉股权转让款的义务

3.1 B公司在庭审中承认其收取了案涉的全部股权转让款，且收取的股权转让款并未转给A公司，足以证明A公司从未收取过案涉的股权转让款。

3.2 C公司主张A公司返还案涉股权转让款，但其并未举出任何证据证明A公司曾收取过案涉股权转让款。

因此，C公司主张A公司返还案涉股权转让款的诉讼请求毫无事实依据，故而不能成立。

4. A公司无须承担支付违约金的违约责任

无论案涉《股权转让协议》中的违约责任条款是否成立，A公司都不应承担该条款约定的支付违约金的违约责任。

4.1 A公司从未签署过案涉《股权转让协议》，该协议中的相关权利义务及违约责任条款并非A公司的真实意思表示，故违约责任条款对A公司不发生任何效力。

4.2 W公司一直由B公司实际经营，B公司从未告知A公司案涉股权转让事宜以及案涉《股权转让协议》的签署情况。C公司未有任何证据仅凭A公司是W公司的股东即认定“A公司一定知晓案涉股权转让事宜”，进而认为A公司也应承担案涉《股权转让协议》约定的违约责任的主张缺乏事实依据及有效证据，故而不能成立。

综上，案涉《股权转让协议》是一个完整的协议，该协议因A公司未盖章而整体未成立，A公司不知晓也未参与案涉股权转让事宜，当然也未签署过案涉《股权转让协议》，C公司关于A公司返还案涉股权转让款及支付违约金的诉讼请求毫无事实、合同、法律依据，故请求人民法院依法驳回C公司关于A公司的

全部诉讼请求。

被　告：A公司
代理人：贺　竹　律师

裁判结果

一审法院判决如下：

一、案涉《股权转让协议》中涉及C公司与A公司的部分的股权转让协议不成立；

二、C公司于判决生效之日起十日内将股权返还给A公司；

三、驳回C公司关于A公司的其他诉讼请求。

二审法院终审维持了一审判决。

裁判理由

（1）协议中加盖的A公司的公章并非A公司使用的公章，因此A公司与C公司之间未达成转让股权的合意，未能满足合同成立的要件，故A公司与C公司之间的股权转让协议不成立。

（2）本案中的《股权转让协议》含有两个股权转让合同标的，两个合同标的是相对独立的，因此A公司与C公司之间的股权转让协议不成立不影响B公司与C公司之间股权转让的成立。

（3）A公司与C公司未签订案涉《股权转让协议》，未收到任何股权转让款，不受违约金条款约定的约束，C公司要求A公司返还股权转让款、给付违约金的请求不能成立。

律师评析

本案中涉及的《股权转让协议》为列有多方当事人的协议，该协议中列明的一方当事人A公司在协议上的公章并非A公司所使用的公章，即A公司并未签署《股权转让协议》。

因合同是双方法律行为，故在双方当事人意思表示一致时合同成立。这一点，在学理上和司法实践中都无争议。问题在于，当合同一方存在多个当事人时，若部分当事人未签字，合同是否成立和生效？

本案代理律师认为，法律规定的合同当事人意思表示一致，是指所有当事人意思表示一致，即所有当事人共同签字确认。一般而言，当作为一方的当事人未签字时，应认为合同的订立尚未完成，仍处于缔约（磋商）过程中。同时，在很多情况下，已签字当事人同意签订合同，也是以其他列入合同的当事人加入合同（共同承受合同权利义务）作为前提条件的，只有当其他列入合同的当事方共同承受权利义务时，已签字方才有能力或意愿订立本合同，以使本方具有完全履约能力，或者减少本方的履约风险。因此，在其他当事人拒绝签字时，不能想当然地认定合同成立。但如果合同中约定了一方中只要有部分人签字则合同对已签字人发生效力时，应认为已签字人具有无条件订立合同的意愿，合同自其签字时在已经签字的当事人之间成立，但合同仍不能约束列入合同但没有签字的当事人。

31

修理合同纠纷：修理工程与相邻权冲突时的配合义务

北京盈方律师事务所　侯贵锁

裁判要点

居民自建房屋的户外自来水管道发生漏水时，收取水费的相关企业与居民已形成事实上的用水服务合同关系，企业作为自建房户外自来水管线的建设和管理方，有义务对受损管线进行维修，但是如果要修理自来水管线，就必然要经过相邻的小区，相邻小区的物业管理公司阻挠施工，理由是在小区施工需要经过小区全体业主过半数书面同意，物业管理公司并不是产权方，小区的产权归全体业主共有，小区未成立业主委员会，在没有全体业主授权的情况下，物业管理公司无权同意相关企业在小区内进行施工。由此就引发了修理工程与相邻权的冲突，小区有上千户居民，事实上如果想取得小区居民过半数通过需要大量的时间和精力，而自来水管道漏水是紧急的行为，如果不及时修理，居民自建房屋不仅没有自来水使用，每天都在漏水的现实客观上也造成了水资源的流失和浪费。因此，相邻的物业公司没有理由阻挠施工，在维修过程中，相邻的物业公司应给予必要的配合和协助义务。

基本案情

××小区居民原系企业职工，在职期间，企业分配其××区×××街××号平房两间，后因住房紧张，居民又自建两间平房。该企业与另一公司对包括企业部分职工宿舍在内的区域进行联合开发。1997年5月16日，企业与居民签订

《拆迁安置协议》,居民将企业分配的两间平房腾空,并被安置两套两居室,居民自建的两间平房仍继续使用。2000 年和 2001 年,企业分别以居民和另一公司为被告,要求腾退两间自建房,该系列案件经两级法院审理均予以驳回。1997 年 7 月,企业拆迁时停止了居民两间自建房的水电供应,居民向法院提起诉讼。经 × × 区人民法院民事判决书认定,居民的两间自建房的供应水管线由企业建设,企业应保证该居民的正常居住,其停止水电供应给居民的正常生活造成妨碍,侵犯了其合法权益,并判令企业接通水电。企业不服一审判决,提出上诉,北京市第一中级人民法院民事判决书终审判决,驳回上诉,维持原判。自判决作出之日至 2017 年 4 月 24 日,居民两间自建房的水费均交至企业。居民的两间自建房与物业公司负责管理的小区紧邻,居民的自建房居西,该区域的居住人员均从同一院门出入,企业的管理用房及居民自建房的水表井均在小区东侧,间隔一条马路。2017 年 8 月,企业在查阅居民水表时发现用水量超出正常使用限值,但无法确定漏水具体位置,居民的水费正常缴纳至 2017 年 4 月 24 日未再交纳水费。水表底数 4 月份查询时为 307,8 月 15 日查询时为 564,11 月 14 日查询时为 1043,12 月 11 日查询时为 1141,已明显超过了居民平时正常的用水量。企业发现水表数异常后,认定供应水管线有渗漏的地方,但是如果要修理供应水管线,就需要经过相邻小区物业公司管理的区域内,居民自建房的出入口也在物业公司管理的区域内。但是物业公司却不让居民聘请的修理人员在其管理的小区区域内挖沟修理供应水管线。此事经居委会、街道办事处及派出所多次协调均没有结果,居民为了维护其合法权益,只能向人民法院提起诉讼,请求人民法院依法判决由企业修理自来水管线,物业公司应提供必要的便利并不得设置任何障碍。

在诉讼中企业辩称,企业与居民没有法定供水义务,该居民不是单位员工,房屋也没有在厂区内,居民所述的两间自建房没有合法手续,不符合供水的法定条件。企业没有义务给其供水,居民应自行向自来水公司申请。2002 年法院判决所依据的客观情况和事实已经发生了重大变化,企业与居民已不再是相邻关系,企业没有依据相邻关系给其供水的义务,请求法院驳回其诉讼请求。物业公司辩称,物业公司和居民只是相邻关系,谈不上修理纠纷。居民占用小区公共区域维修水管,但她的房屋不是小区的建筑,公共区域是全体小区业主共有的,物业公司作为小区的物业服务单位,没有处置非小区成员的权利,居民将物业公司列为被告是不适格的,居民不是小区业主,房屋也不在小区内部,其房屋是否有合法手续及维修是否有施工许可证不得而知。基于此,物业公司不同意居民在小区内施工,居民可以从小区外部铺设水管线,或者寻求其他解决途径。管道是企业的,用户是居民,企业是管道权利人是不可改变的事实,物业公司与他们没有权利义务关系,既非管道管理者,亦非所有者,让物业公司维修没有道理,维修管道必须要经过业主同意才能进行,物业公司只是受业主委托进行物业服务,在未经过小区业主同意的情况下,随意挖掘,物业公司予以制止,故物业公司不同意居民的诉讼请求。

在法院审理中,法院对事发现场进行了勘验,居民房屋为西房,户外即为小区的绿植及甬道,小区南侧外墙外均有建筑物,自来水管线出户向南再向东延伸至小区外东侧水表井,自来水管线铺设在绿植的地下。因各方当事人均不要求对漏水点进行鉴定,法院就漏水进行了现场实验。在自建房3个用水器全部开启的状态下,仅一个用水器有少量自来水流出,水表处于正常运行读值状态,在3个用水器全部关闭的状态下,水表仍处于正常运行读值状态。在企业提供的居民用水一览表中,居民自建房事发前的年均用水量在208吨至350吨间,而2017年的用水量达到944吨,2018年截至8月14日的用水量达到561吨。法院认为:根据已生效的民事判决书认定,连接居民自建房的供应水管线系企业建设,且居民按其使用量向企业交纳水费,故企业作为该供应水管线的建设和管理者,有义务对漏水进行维修。不动产权利人因铺设水管等必须利用相邻土地、建筑物的,该土地、建筑物的权利人应当提供必要的便利。物业公司作为小区的物业管理单位,在维修过程中应当提供必要的便利,且不得阻止。

代 理 词

尊敬的审判长、审判员:

依据《民事诉讼法》第58条的规定,受本案原告的委托,经北京盈方律师事务所指派,由我担任其诉讼代理人。接受委托后,我进行了必要的调查取证,特别是通过庭审过程,对本案事实有了全面、客观的了解,下面我依据事实和法律发表如下代理意见,请法庭予以充分考虑。

一、原告与第一被告之间形成事实上的供水服务合同关系，第一被告修建的水路管线，同时向原告收取水费，在原告水管漏水的情况下，应该由第一被告承担修理水路管线的义务，保证原告正常用水

依据××区人民法院民事判决书和××市中级人民法院民事判决书，判决第一被告将原告房屋的水、电接通，保证原告正常居住。供应水、电的管线由第一被告建设，第一被告将原告的水、电线路建设接通至原告的房屋，同时第一被告向原告收取了相应的水费，双方形成了事实上的供水服务合同关系。现在在原告水管漏水的情况下，第一被告应承担水路管线的修理义务，保证原告的正常供水。

二、原告的水路管线途经第二被告管理的小区地下范围内，第二被告应当对修理管线的行为提供必要的便利条件并不得设置障碍

根据《物权法》第86条的规定："不动产权利人应当为相邻权利人用水、排水提供必要的便利。"第二被告作为原告的相邻权利人，应当为原告的用水提供必要的便利，在原告发现水管漏水的情况下第二被告应当为修理管线的行为提供便利，而不应阻挠施工，放任损失的扩大。

综上所述，原告依据法院生效的判决书要求第一被告修理水路管线，第二被告提供必要的便利条件，从2017年8月发现漏水至今已有1年时间了，正因为第一被告不履行修理义务，第二被告阻挠施工，导致水资源在长达1年的时间里白白流失，在居委会、派出所多方协调的情况下仍然不能解决，原告是在万般无奈的情况下才起诉到法院，请求法院依法支持原告的诉讼请求，维护原告的合法权益。以上代理意见，请法庭予以参考。

此致

××区人民法院

代理人：侯贵锁　律师

裁判结果

企业作为漏水管线的建设和管理方，有义务对受损管线进行维修，在维修过程中，物业公司应给予必要的配合和协助义务。依据《合同法》第181条、第184条，《物权法》第88条的规定，判决如下：

一、该企业于判决生效后7日内将居民位于××区×××街××号自建房

的供应水管线进行维修,至不再发生渗漏,物业公司在企业维修期间给予必要的配合和协助义务,不得设置障碍;

二、驳回居民的其他诉讼请求。

裁判理由

本案是因为居民自建房屋水管渗漏而发生的修理纠纷,虽然表面上看是一件非常简单的修理合同纠纷,但是由于历史遗留问题,涉及修理企业、小区居民、物业公司等各方面的利益关系,由于各方互相推诿,导致在一年多的时间里水管渗漏无人修理,水资源无故流失,不仅居民个人受损失,也浪费了公共资源。依据××区人民法院民事判决书和××市中级人民法院民事判决书,判决企业将居民房屋的水、电接通,保证居民正常居住。供应水、电的管线由企业建设,企业将居民的水、电线路建设接通至居民的房屋,同时企业向居民收取了相应的水费,实际上居民与企业之间已形成事实上的供水服务合同关系,企业修建水路管线,同时向居民收取水费,在居民水管漏水的情况下,应该由企业承担修理水路管线的义务,保证居民正常用水。居民的水路管线途经物业公司管理的小区地下范围内,物业公司应当对修理管线的行为提供必要的便利条件并不得设置障碍。

律师评析

《民法典》第 9 条规定:“民事主体从事民事活动,应当有利于节约资源、保护生态环境。”我国是水资源贫乏的国家,节约用水是每个公民的责任,不能因为房屋问题纠纷而造成水资源的流失。本案的起因是因为居民发现自建房内自来水的水流越来越小,经查找才明确是房屋外深埋在地下的自来水管线老化而发生的泄漏,居民本想让自来水公司修理,自来水公司说市政的自来水管理仅接到小区口,小区内的管线是由承建企业修理,居民找到承建企业,承建企业说由于历史原因,居民自建房屋外的小区已经由另一家房地产企业开发成新的小区,让居民自行修理。如果要修理自来水管线,必然要经过新开发的小区,居民为了尽快修理而不影响用水,同意自行修理,而刚要施工时,小区的物业管理公司进行了阻挠,说未经过小区全体业主过半数书面同意不得施工,居民联系了小区居委会与当地派出所进行协调，希望政府出面解决，而居委会与派出所及各方召开了协调会后，物业管理公司仍然不同意施工，居民只能通过法院诉讼解决。本案涉及两个法律关系，一个是居民与承建企业之间的修理合同纠纷，另一个是居民与物业公司之间的相邻关系纠纷，而为了能尽快解决纠纷，不影响居民用水和自来水的流失，只能在一个诉讼里将承建企业和物业公司共同作为被告，希望在一个诉讼纠纷里边将修理问题解决，如果先告承建企业，然后再告物业公司，经历两个诉讼必然要耽误诉讼时间成本，所以律师建议在一个修理合同纠纷里将两个公司均作为被告，尽管涉及两个法律关系，但是两个法律关系并不矛盾，在修理工程与相邻权发生冲突时，相邻的公司不得阻挠，应给予必要的配合和协助。最后法院采纳了律师的建议，在判决里充分体现了修理工程为主，相邻关系为辅的原则，维护了当事人的合法权益。

32

买卖合同纠纷：数份买卖合同在一案中的合并处理

北京市北斗鼎铭律师事务所　冀旭宇

裁判要点

买卖合同双方当事人在不同时间签订了数份标的物类型相同，但标的金额不同的采购合同，卖方是否可在一案中对数份合同的总应收货款一并主张。在本案中，因为买卖双方在合同履行过程中对数份合同总欠付货款的偿还金额及偿还时间进行过书面确认，且后续又对部分债权进行过转移，故数份合同在履行上已经具有不可分性，应当在一案中解决，且这样的处理方式并不违反法律规定。

基本案情

买卖合同的卖方是西班牙×公司，专业生产高级音响设备，为本案的仲裁申请人。天津×公司为采购音响的买方，为本案被申请人。从2015年7月起天津×公司从西班牙×公司处购买音响设备，全部设备均从西班牙进口。申请人与被申请人分别在不同的时期签订了编号为201X0723、201X1115－S、201X1104－S的买卖合同三份，上述三份合同的货值分别为×××美元、×××美元、×××美元，合计金额为×××美元。几份合同签订后，申请人按照各合同要求的规格、型号、数量、时间发出货物，依约履行了供货义务，被申请人安排了关联公司作为收货人，货物被收取后，被申请人找各种理由拖延货款，不予支付。

经双方多次沟通后于2016年12月13日对欠付货款总金额及支付时间再

次进行了书面确认。同日,申请人、被申请人与北京×物流有限公司签订了三方协议,将申请人对被申请人享有的部分债权转移给北京×物流有限公司用以折抵申请人欠付该物流公司的运输费×××美元。三方协议同时又约定被申请人应当在2017年1月20日前向申请人付清剩余全部货款,但至提起仲裁时被申请人仍未支付。

因双方在三份买卖合同中均明确约定,如发生争议则将争议提交仲裁委员会进行仲裁,故引发本案。

代理意见

仲裁委员会:

西班牙×公司与天津×公司买卖合同纠纷仲裁一案,我们作为申请人西班牙×公司的代理人,根据事实和法律规定,发表如下代理意见:

其一,西班牙×公司与天津×公司签订的三份《PURCHASE CONTRACT》、一份《PAYMENT CONTRACT》均系双方真实意思的表示,于×作为天津×公司的法定代表人以法人的名义在上述合同上签字,其法律后果由法人承担。因此,上述合同在不违反强行法规定的情况下依法成立并生效,各方均应当依据买卖合同的约定履行各自合同义务;

其二,西班牙×公司已经实际完成了全部供货义务,上述货物均由于×作为法定代表人且实际控制的另一家关联公司——北京×国际货运代理有限公司实际收货,并申报入关、缴纳税费;

其三,根据我国《合同法》的规定,买卖合同买受人的主要合同义务是支付货款,因此天津×公司拖延付款的行为已经构成违约,应当承担继续履行支付货款的义务;

其四,西班牙×公司与天津×公司签订的《PAYMENT CONTRACT》和西班牙×公司、天津×公司、北京×物流有限公司三方签订的《三方协议》是对付款金额的重新约定,天津×公司超过双方约定的付款期限仍不付款,构成违约。西班牙×公司仲裁请求的金额符合法律规定;

其五,在西班牙×公司多次催要无果的情况下,无奈委托律师向被申请人邮寄律师函,被申请人在接到律师函并与申请人律师电话确认欠款的情况下,仍怠于履行义务,造成申请人损失进一步扩大。因被申请人违约给申请人造成的该部分损失,被申请人应当依据我国《合同法》第 107 条的规定承担赔偿损失的违约责任;

其六,关于利率标准问题,申请人仲裁时主张按照中国人民银行人民币基准贷款利率计算。理由有二:第一,仲裁双方合同约定将争议交由贵委裁决,并同意遵守仲裁规则。在双方当事人未约定准据法的情况下,仲裁委可以适用中国法律裁决。因此,本案利息损失的计算有依照中国人民银行公布的存贷款利率为标准适用的条件;第二,申请人主张货款虽为美元,但在目前缺少美元存贷款利率法定依据的情况下,人民币存贷款利率同样可以适用。因为美元随时都可以通过汇率折算为人民币,故美元折算后的人民币金额,对中国人民银行公布的存贷款利率并无任何区别和实质影响。因此经查询中国人民银行官网“金融机构人民币贷款基准利率表”,该利率表显示,本案适用中国人民银行 2015 年 10 月 24 日公布的“一年以内贷款年利率为 4. 35%”标准。申请人主张的年利率 3. 75% 并未超过该标准,符合法律规定。

在法庭辩论阶段,代理人就案件的争议焦点问题归纳如下:

(1)双方之间签订的三份买卖合同是否成立、生效并履行?

(2)扩大损失的费用(律师费用、仲裁费用)是否应当由被申请人承担?

(3)三份买卖合同是否应当在本案中一并解决?

代理人现围绕上述问题说明如下:

关于第一个问题:双方之间的数份买卖合同关系是否成立、生效并履行?

第一,西班牙×公司与天津×公司签订的三份《PURCHASE CONTRACT》均系双方真实意思的表示,于×为天津×公司的法定代表人以法人的名义在上述合同上签字,其法律后果由法人承担。因此,三份合同不违反强行法规定依法成立并生效,各方均应当依据合同的约定履行合同义务;

第二,西班牙×公司已经实际完成了全部供货义务,上述货物均由于×作为法定代表人且实际控制的关联公司——北京×国际货运代理有限公司实际收货,并申报入关手续缴纳税费;该事实西班牙×公司已经提交报关单、进口关税、进口增值税等单证予以佐证;

第三,于×在与西班牙×公司爱×华等人的往来电子邮件沟通中对欠付货款一事予以自认。根据我国《合同法》的规定,买卖合同买受人的主要义务是支付货款,因此天津×公司拖延付款的行为已经构成违约,应当承担继续履行支付货款的义务。

关于第二个问题:扩大损失的费用(含律师费用、仲裁费用、占用资金利息损失)是否应当由被申请人承担?主张的依据?

关于扩大损失,我国《合同法》第107条规定违约责任的形式包括赔偿损失,本案中西班牙×公司多次与被申请人沟通主张货款支付,但没有效果。被申请人拖延付款进一步造成申请人诉累,因此产生的律师费用、仲裁费用属于因被申请人违约而实际发生的损失,依法应当由被申请人承担。

本案申请人支出的律师费损失均已实际发生,律师收取的律师服务费符合《国家发改委关于放开部分服务价格的通知》(发改价格〔2014〕2755号)、《北京市律师诉讼代理服务收费政府指导价标准(实行)》的规定,并未超过必要限度,具有合理性和合法性,请仲裁委依据我国《合同法》及上述规范文件裁决被申请人支付因违约给申请人造成的上述实际损失。

关于扩大损失主张的依据,其中有选择适用存贷款利率标准问题,申请人认为:首先,存款利率分为活期存款利率和定期存款利率,如果按照存款利率计算利息,裁决时需在判项主文中明确是这两种利率中的哪一种,对于裁判者来说,这又是一道选择题,无论作出哪种选择,都需要进行合理说明。在法律没有明确规定的情况下,适用存款利率不利于裁判标准的统一。其次,根据中国人民银行的有关规定,人民币存款利率实行下浮制度,金融机构以中国人民银行确定的基准利率为上限,在0到基准利率之间确定利率。因此,基准利率是存款利率的最高上限,若以基准利率判付存款利率,标准较高,其下又没有其他固定的利率,实践中难以适用。而贷款利率在实践中的适用是有其合理性和优点的,使用贷款利率有利于保护善意当事人,在非借款合同纠纷案件中,承担利息给付责任的一方往往是违约方,存在过错,且因此受益,采用贷款利率计算利息,实质上是以法律的手段对当事人之间的非正常利益变动进行二次衡平,有利于保护守约方的合法权益,而我国银行贷款利率实行上浮制度,即金融机构以中国人民银行确定的基本利率乘以0.9为下限,自行确定贷款利率,因此以基准贷款利率计算利息,在整个贷款利率标准也是适度的。

关于利息期间问题,申请人主张全部应付款从2017年1月21日起算是依据双方签订的《PAYMENT CONTRACT》约定的2017年1月20日全部应付款支付届满日之次日开始起算。

关于第三个问题:三份买卖合同是否应当在本案中一并解决?

合同主体相同,法律关系相同,标的物种类相同,虽然三份合同相对独立,但因为合同双方后续对账中对总欠付货款的金额及支付时间签订了统一的支付协议,并对部分债权进行了转移,使得数个独立的案件具有了不可分性,因此应当一并处理。

代理人:冀旭宇 律师

裁判结果

一、天津×公司应支付西班牙×公司货款×××美元;

二、天津×公司应支付西班牙×公司以×××美元为本金、按年利率3.75%计算的自2017年1月21日起至实际支付日止的利息;

三、天津×公司应补偿西班牙×公司律师费损失×××美元;

四、本案仲裁费为×××美元,应当全部由天津×公司承担。

裁判理由

××仲裁委员会从仲裁条款的确认、准据法的选择、本案合同的法律效力、合同的履行、违约责任的承担等方面进行了充分的论述,并采纳了申请人代理律师提出的数份合同在一案中合并处理、确定美元资金利息损失的起算时间和利息率标准、律师费和仲裁费损失由被申请人承担的代理意见。

律师评析

(1)本案涉及三个独立的国际货物买卖合同,按照一般的处理原则,每一个独立的合同需要单独提起一个独立的诉,再由办案单位根据案件情况确定是否适用诉的合并。本案中,我们在立案时考虑到三个合同在履行中形成了不可分性,所以在一个仲裁案件中提出主张,这样不仅减轻了当事人的诉累,也为仲裁庭全面查明案件事实提供了便利。

(2)在国际货物买卖合同中,多数当事人通常签署中、外文对照合同,当合同条款中外文表达不一致时,极易引发争议。最好在设立双语合同前约定清楚,如对合同文字内容理解发生争议的,应当优先适用哪国文字进行理解和适用。

(3)国际货物买卖合同纠纷往往也涉及准据法的适用问题,不仅要判断买卖合同双方营业地国家是否为《联合国国际货物销售合同公约》缔约国,还要进一步查明双方是否约定排除适用该公约以及补充适用准据法等问题。

(4)关于延迟支付货款相对应的利息损失计算问题是本案的一个难点,因本案双方合同中约定的所有款项均以美元计算,但涉及利息标准问题时却没有约定。这个时候需要考虑确定货币币种和法定利息率的主张依据问题。

33

合同纠纷：败诉方按约定仅须承担合理律师费

北京声驰律师事务所　金　颖

裁判要点

合同双方约定由一方承担律师费，是一种对双方具有约束力的合同义务，不仅需遵循《合同法》的各项基本原则，还应遵循民法的相关原则。律师费作为实现债权的合理支出，其合理性是在审判过程中审查的重点，尤其要考虑公平原则对其的限制，这往往体现在畸高的律师费在涉及当事人权利让渡的情形下有限度的支持。在本案中，当事人间就律师费承担进行了约定，后又通过委托代理合同约定了数额巨大的律师费，使得败诉一方需要在标的以外的支出超过了合理范围，有违公平原则，因此法庭仅在合理范围内支持了律师费的诉讼请求，过高部分由当事人自行承担。

基本案情

2012年5月15日，一审原告A公司（甲方/出租人）与一审被告B公司（乙方/承租人）签订《融资租赁合同》，该合同第14条约定了“……甲方为维护本合同项下权益所产生的律师费、诉讼费等债权维护费用一律由乙方承担”。

嗣后，A公司与B公司就该份《融资租赁合同》产生纠纷诉至法院，该案中，A公司先委托C律师事务所代理诉讼，并支付了律师代理费15万元，同时，在一审诉讼过程中，A公司又变更委托D律师事务所律师代理诉讼，双方签订了《委托代理合同》，同时解除了与C律师事务所之间的委托关系。

因该融资租赁合同纠纷案件的诉讼与执行，A公司支付C律师事务所律师费15万元，支付D律师事务所律师费一审阶段10万元、二审阶段20万元、执行阶段30万元、执行风险代理费11,001,266元，合计11,601,266元。且该案同时判决B公司支付A公司因诉讼而发生的律师费15万元。

该融资租赁合同纠纷案件执行完毕后，A公司再次以租赁合同纠纷起诉B公司，要求B公司承担其已经实际支付的其他律师费11,601,266元。一审判决B公司支付A公司一审律师费10万元，二审阶段律师费20万元，执行阶段律师费30万元，执行异议、复议阶段律师费30万元，合计90万元。驳回原告其他诉讼请求。

原被告不服一审判决，均向二审法院提起上诉。

代 理 词

审判长、审判员：

北京声驰律师事务所依据《民事诉讼法》第58条之规定，接受上诉人B公司委托，指派金颖律师、唐庆庆律师为A公司与B公司融资租赁合同纠纷上诉案件的特别授权委托代理人。通过二审庭审，请允许我们发表如下代理意见：

一、本案B公司仅在合理且必要的范围内承担律师费。A公司与第三人约定的执行风险代理费超出合理且必要范围，对B公司并无约束力。

A公司与B公司签订的《融资租赁合同》第14条约定"……甲方为维护本合同项下权益所产生的律师费、诉讼费等债权维护费用一律由乙方承担"，但是合同对于律师费的具体金额或计算方式没有明确约定，属于约定不明。A公司与D律师事务所签订的《委托代理合同》虽然对律师费的金额进行了约定，但根据合同相对性原则，该《委托代理合同》对第三方B公司不具有约束力。

代理人认为：在双方之间《融资租赁合同》约定的基础上，依据公平及诚实信用原则，B公司仅在合理且必要的范围内承担律师费，A公司与第三人约定的超出合理且必要范围的律师费，属于A公司依据合同自由原则自愿为自己设置的权利负担，该权利负担理应由A公司自行承担。

二、一审判决B公司承担90万元律师费（其中一审、二审律师费30万元，代理执行律师费30万元，执行异议及执行复议律师费30万元）中，应扣除"前诉"

已经判决的委托C律师事务所律师的费用15万元,扣除“执行异议及执行复议”阶段律师费30万元,扣除后剩余金额为45万元。

(1)一审法院基于D律师事务所《委托代理合同》第5条明确约定且实际履行的一审代理费10万元、二审代理费20万元,认定一审、二审律师费共计30万元,实属正确。二审中,A公司提出应参照《律师费收费标准》确认一、二审律师费的主张不应得到支持。

(2)因原告A公司的过错,导致重复委托律师,重复支付一审委托律师费用15万元。依据《合同法》第119条的规定,代理人认为,重复聘请律师的费用15万元超出合理且必要的范围,应由A公司自行承担。

(3)一审判决判令B公司承担“执行异议和执行复议阶段”律师费30万元实属错误,该项判决结果对B公司明显不公平。“执行异议和执行复议阶段”律师费30万元不应被支持。理由如下:

一审法院忽略了“执行异议及执行复议”系B公司为维护自己的合法权益而提出的事实。①执行过程中基于A公司的不合法主张,执行法院超越生效判决的内容,要求B公司多支付A公司800多万元的利息,故此,B公司提出执行异议及随后的执行复议。②××高级人民法院就B公司的执行异议作出最终裁决,裁定B公司执行异议请求成立,撤销了A公司要求超越生效判决内容多支付800多万元利息的主张。

综上可以明确,“执行异议及执行复议”程序恰恰是因为“A公司不合法主张以及执行法院的错误裁定”所引起,因此,A公司委托律师代理“执行异议及执行复议”程序的目的是取得不法利益,与合理维权费用的目的背道而驰。一审判决B公司承担A公司30万元“执行异议及执行复议”程序律师费,不仅错误,而且对B公司也极不公平。

三、恳请合议庭慎重考虑本案是否实质上构成重复起诉?如本案构成重复起诉,在前诉案件法院已经判决B公司承担15万元律师费的前提下,本案A公司诉讼请求应被驳回。

(注:一审中,B公司已经向法院阐明了本案已经构成重复起诉的事实。二审中我们再次提及这个问题,恳请合议庭慎重考虑这一事实)

(1)2015年3月6日,A公司以融资租赁合同纠纷起诉B公司(以下简称前诉),诉讼请求第4项明确列明“本案诉讼费、保全费等诉讼费用及原告为维权而支付的律师代理费等费用由两被告共同承担”。2016 年 5 月 16 日,济南市中级人民法院作出一审判决,判决第 5 项为 B 公司支付 A 公司律师代理费 15 万元,二审维持原判。

(2)因前诉案件的代理事宜,A 公司与 D 律师事务所签订了《委托代理协议》。前诉一审庭审过程中,在审理法官明确询问原告 A 公司还有没有证据提交的情况下,A 公司未提交上述《委托代理协议》等证据。依据《最高人民法院关于民事诉讼证据的若干规定(2008 调整)》第 34 条规定,当事人应当在举证期限内向人民法院提交证据材料,当事人在举证期限内不提交的,视为放弃举证权利。另外,依据《最高人民法院关于适用〈中华人民共和国民事诉讼法〉的解释》第 90 条、《最高人民法院关于民事诉讼证据的若干规定》第 2 条规定,A 在前诉中放弃举证,应认定其在前诉中已经承担不利后果,其无权在本次诉讼中以前诉中放弃举证的证据再次主张律师费。

(3)本次诉讼 A 公司以前诉中放弃举证的证据再一次提起诉讼,构成重复起诉。

上述代理意见,恳请合议庭合议时给予参考!

被　告:B 公司

代理人:金　颖　唐庆庆　律师

裁判结果

变更 × × 区人民法院民事判决第一项“被告 B 公司于本判决生效之日起 10 日内支付原告 A 公司律师费 90 万元”为“被告 B 公司于本判决生效之日起 10 日内支付原告 A 公司律师费 60 万元”。

裁判理由

根据 A 公司与 D 律师事务所之间《委托代理合同》的约定,D 律师事务所采取的系风险代理的收费方式。A 公司一审胜诉(即判决被告合计支付≥4017 万元)且判决生效后 5 日内,A 公司一次性支付 10 万元律师费。该费用连同 A 公司支付给 C 律师事务所的 15 万元律师费,A 公司共支付律师费 25 万元。A 公司二审胜诉应向 D 律师事务所支付 20 万元律师费。如执行回款金额 4017 万元,A 公司另向 D 律师事务所一次性支付执行阶段的律师费共计

30 万元。上述诉讼各阶段约定的律师费,系 A 公司与 D 律师事务所之间协商的结果,系当事人对自己权益的合理预期,也比较符合公平原则,故应按该约定执行。

至于 A 公司与 D 律师事务所之间约定的执行回款超出 4017 万元的部分按照 50% 的比例向 D 律师事务所支付律师费,系 A 公司在支付执行阶段律师费之外对自己权利的让渡,该权利让渡的法律后果应由其自行承担,不应由 B 公司承担。如判决该部分律师费亦应由 B 公司承担,有可能会导致当事人均约定严重畸形数额的律师费,然后向对方当事人主张,将会严重损害律师代理的正常秩序,引发社会道德风险,故该部分费用不应由 B 公司承担。

上述 A 公司应支付的律师费为一审阶段 25 万元,二审阶段 20 万元,执行阶段 30 万元,合计 75 万元,该 75 万元费用应由 B 公司负担。因生效民事判决已经判决 B 公司承担 15 万元,故 B 公司还应向 A 公司再支付 60 万元。

律师评析

本案的症结在于当 A 公司通过《融资租赁合同》取得了追偿律师费支出的权利后,其作出的律师费约定是否对 B 公司当然有效,尤其是通过较高比例的风险代理形式让渡部分执行回款作为律师费后,这部分的律师费是否属于 B 公司应承担的合理范围,是否符合公平原则?本案针对律师费的数额和最终承担方式在两个不同合同中分别作出了约定,因为涉及多个具有利害关系的主体,不应简单以“全面履行原则”这一思想进行归纳和法律推理,更要充分考虑不同主体在不同合同中的合同义务是否适当。

律师认为,“当事人公平、合理地承担民事责任”是民法中公平原则的重要含义之一,对于法律规定的不足具有重要的补充意义,本案正是对这种补充效用的具体体现。法庭不支持 A 公司要求 B 公司支付的风险代理部分的律师费的诉讼请求是符合法律规定的。根据法院的观点,本案在诉讼各阶段约定的律师费系当事人对自己权益的合理预期,符合公平原则,故应按约定执行;但对于执行阶段采取风险代理方式产生的这部分律师费,系当事人在支付执行阶段律师费之外对自己权利的让渡,该权利让渡的法律后果应由当事人自己承担。也就是说,该《委托代理合同》约定在执行回款超过 4017 万元部分按照 50% 支付的律师费，A 公司对超出 4017 万元的财产进行处分，是一种民事主体的财产处分权，而非对律师服务进行的一般对价的支付，因此不应认为被归入对其他主体承担律师费的合理范围，本案对这部分的律师费不予支持，符合法律理念。

34

定作合同纠纷：举证责任的分配

北京市亿达律师事务所　孔令杰

裁判要点

依民事诉讼制度，举证责任根据证明对象由双方当事人分担，通常情况下适用“谁主张，谁举证”原则。本案所涉合同为定作合同。定作合同是由承揽人根据定作人要求的品种、数量、质量及规格，使用自己的原材料、设备、劳动为定作人加工特定的产品，定作人给付相应报酬的合同；承揽人主张定作人支付报酬的，其应举证证明已交付了定作人要求的全部产品；对于定作产品已全部交付，但定作人举证证明部分定作产品并非承揽人实际交付的情况下，承揽人若主张支付报酬，是否仍应举证证明已交付了定作人要求的全部产品，在实践中存在不同认识。本案中，结合法院判决，在定作人举证证明部分定做产品并非承揽人实际交付的情况下，承揽人应继续承担已交付全部定作产品的举证责任，否则应承担举证不利的后果。

基本案情

总院公司于2006年年初总承包建设电镀锌生产线工程项目，将部分生产线的设计、设备供货安装调试分包给了工程技术公司并签订《电镀锌生产线入、出口段及其它机电设备设计、供货合同书》，之后工程技术公司自风机厂采购部分设备。上述三家单位于2006年年底签订《三方协议书》，将《电镀锌生产线入、出口段及其它机电设备设计、供货合同书》废除并拆分为二份合同，由总院公司与风机厂签订《总院公司加工定作合同》、总院公司与工程技术公司签订《设备设计供货合同书》,该二份合同供货内容相加后与《电镀锌生产线入、出口段及其它机电设备设计、供货合同书》的约定一致、价款相加后与《电镀锌生产线入、出口段及其它机电设备设计、供货合同书》的约定也是一致的,同时《三方协议书》确定了总院公司已向工程技术公司、风机厂的付款情况。电镀锌生产线工程项目于2008年竣工并交付业主投入生产。之后,风机厂与总院公司未再联系过。

2013年年底,总院公司与工程技术公司依据《电镀锌生产线入、出口段及其它机电设备设计、供货合同书》进行项目结算。本案诉讼发生后,总院公司发现结算所依据的合同已作废,故提出撤销之诉,法院判决撤销双方签订的《结算协议》并已生效。

风机厂自2014年7月开始向总院公司索要《总院公司加工定作合同》项下未付款项,协商未果下向××区人民法院提出诉讼,主张未付货款、利息、违约金等共计800余万元。总院公司提出反诉主张返还多付款项等。

代理意见

致××中级人民法院:

尊敬的审判长、审判员:

就贵院受理的上诉人风机厂与被上诉人总院公司、第三人工程技术公司定作合同纠纷一案(以下简称本案),我作为本案被上诉人的代理人,结合本案庭审情况,发表如下代理意见:

本案一审判决程序合法,驳回风机厂的全部诉讼请求正确,风机厂没有全面履行诉争合同约定的交货义务,总院公司不欠付风机厂设备款项,应依法驳回其上诉请求并维持一审判决。理由如下:

(1)风机厂没有全面履行诉争合同约定的交货义务,合同约定的烘干炉、入口段液压系统、出口段液压系统、气动系统、窄搭接焊机没有实际交付给被上诉人,该等设备的实际供货方应为工程技术公司。根据设备供货义务的履行情况,总院公司不欠付风机厂设备款项。

经工程技术公司书面报价(见被上诉人证据一),总院公司在2006年6月2日与工程技术公司签订金额1225万元的合同,该合同附件三设备供货表列明,部分设备由风机厂制造。工程技术公司在2006年7月1日与风机厂签订金额200万元的《委托设计加工制造合同》(见被上诉人证据十五)，列明的设备不包括烘干炉、入口段液压系统、出口段液压系统、气动系统、窄搭接焊机等设备的供应。

根据工程设备供货常识，上述两份合同签订后，工程技术公司、风机厂均应当开始订货、加工，至2006年12月28日将1225万元合同分别拆分为金额930万元的诉争合同、金额为295万元的合同，工程技术公司此前订购的烘干炉、入口段液压系统、出口段液压系统、气动系统、窄搭接焊机等设备应当已经基本加工制造完成，风机厂不可能再另行对外订购上述设备。从合同工期方面分析，被上诉人也不可能完成全部的交货义务。风机厂的全部交货清单(见上诉人证据六、七)也证明，其没有交付上述设备。风机厂的法定代表人在工程现场的勘验中也认可，其没有供应上述液压系统、气动系统、窄搭接焊机等专业设备，现场的设备铭牌也证实窄搭接焊机等专业设备由武汉等单位加工制造。因此，风机厂没有实际供应烘干炉、入口段液压系统、出口段液压系统、气动系统、窄搭接焊机等设备。

风机厂不是案涉生产线的总包单位，其仅是约定设备的供货单位(见被上诉人证据四)，将设备运送到现场并进行安装即为履行了义务，相反，工程技术公司为案涉生产线的总负责单位，不仅需要负责进行设计，而且需要负责机电设备监制、设备安装调试以及部分设备的供货(见被上诉人证据五)，生产线验收合格与否由工程技术公司向总院公司负责。因此，风机厂以生产线的全部设备均已到位并正常生产为由，主张其履行了合同约定的全部设备供货义务是错误的，与相关证据也不符合。

总院公司已支付给风机厂共计786万元(见被上诉人证据三、六)，根据其没有实际供应烘干炉、入口段液压系统等设备的履约情况，总院公司不欠付其设备款项。

总院公司凭风机厂盖章确认的206万元收据支付了对应的银行承兑汇票，风机厂认为其没有实际收取该款项是错误的，法人单位对外收取非现金款项，能且仅能依据其单位盖章的收据去领取，付款单位见章给付，符合财务惯例和要求。如果风机厂收据上的印章系伪造，则总院公司需承担没有付款的法律后果，如果风机厂盖章的收据被他人冒用，则风机厂理应承担已收取款项的法律后果。

综上,风机厂没有全面履行诉争合同约定的交货义务,合同约定的烘干炉、入口段液压系统、出口段液压系统、气动系统、窄搭接焊机没有实际交付给被上诉人,烘干炉等设备的实际供货方应为工程技术公司。根据设备供货义务的履行情况,总院公司不欠付风机厂设备款项。

(2)风机厂的诉讼请求已超出诉讼时效。

诉争合同约定,风机厂应当在2007年2月8日前将全部约定的设备交付至项目所在地。根据风机厂的全部交货清单,其在2006年12月23日第一次交付部分设备,最后一次交货为2007年4月3日,故总院公司主张在2007年年底完成了安装调试工作,2008年年初开始生产符合工程常识,具有合理性,以一年质保期满后的2009年1月1日开始计算本案的诉讼时效符合本案合同履行情况,也相对有利于风机厂。

风机厂在2014年5月之前从未向上诉人主张过诉争合同项下的权利,至其提出本案诉讼时,早已超过了二年的诉讼时效。

虽然风机厂在2014年4月之后向上诉人提出了主张,但上诉人的相关人员从未承诺过给付其所主张的款项,风机厂提交的五份录音证据,部分录音没有实际内容,与冯×的录音内容也无法构成《最高人民法院关于审理民事案件适用诉讼时效制度若干问题的规定》第16条中的“同意履行义务”。因此,风机厂的诉讼请求早已超过了诉讼时效,应依法予以驳回。

综上所述,风机厂没有全面履行金额930万元合同约定的交货义务,欠交烘干炉、入口段液压系统、出口段液压系统、气动系统、窄搭接焊机等设备,总院公司在其交付最后一批设备之前,已向其支付款项786万元。合同金额1225万元以及拆分后的两份合同金额均来自工程技术公司的报价单以及每份合同后附的设备供货目录,风机厂没有实际供货设备的单价分别为:烘干炉75万元、入口段液压系统42.5万元、出口段液压系统42.5万元、气动系统20万元、窄搭接焊机75万元,其未供货的设备价格已超出144万元。因此,总院公司已多支付风机厂货款超过36万元。鉴于一审判决以超过诉讼时效为由没有判决支持风机厂的诉请,总院公司为了尽快了结本案,故没有提出上诉,但风机厂没有全部供货应为客观事实,此事实也应当是风机厂近十年没有向总院公司主张权利的原因。因此,请求贵合议庭查明事实后依法驳回风机厂的全部上诉请求。

被上诉人:总院公司

代理人:孔令杰　律师

裁判结果

××区人民法院于2017年2月27日作出(2014)×民(商)初字第×××××号民事判决：

一、总院公司于判决生效之日起10日内给付风机厂货款144万元；

二、总院公司于判决生效之日起10日内给付风机厂违约金(以5000元为基数，自2007年2月28日起至实际给付之日止；以555,000元为基数，自2007年5月28日起至实际给付之日止；以930,000元为基数，自2008年2月28日起至实际给付之日止；以上均按照每5日1‰标准计算)；

三、驳回风机厂的其他诉讼请求；

四、驳回总院公司的全部反诉请求。

总院公司不服该一审判决，提出上诉并认为一审没有追加工程技术公司作为第三人参加诉讼程序违法，举证责任分配错误并导致供货义务是否完成的事实认定错误，关于本案没有超出诉讼时效的法律适用错误。××中级人民法院认为本案事实不清，于2017年6月7日作出(2017)×03民终×××××号民事裁定：撤销原判，发回重审。

××区人民法院另行组成合议庭审理并于2018年6月28日作出(2017)×0105民初×××××号民事判决：

一、驳回风机厂的全部诉讼请求；

二、驳回总院公司的全部反诉请求。

风机厂不服该判决，提起上诉。××中级人民法院于2018年8月24日作出(2018)×03民终×××××号民事判决：驳回上诉，维持原判。

裁判理由

(2014)×民(商)初字第×××××号民事判决认为，案涉《总院公司加工定作合同》项下的设备供货安装均已完毕，总院公司未能举证证明供货安装义务是他人履行，故总院公司应向风机厂支付约定的定作款项。

因事实不清发回重审后，(2017)×0105民初×××××号民事判决认为，《电镀锌生产线入、出口段及其它机电设备设计、供货合同书》拆分为《电镀锌生产线入、出口段及其它机电设备设计、供货合同书》《总院公司加工定作合同》两份合同的前后,在本案价值全部1225万元设备的供货范围内,第三人工程技术公司均在总院公司、风机厂之间起沟通协调作用;本案所涉设备已经供货调试完成,总院公司应当给付全部设备价款,工程技术公司、风机厂之间如何实际供货与总院公司无关,总院公司需按《总院公司加工定作合同》的约定金额向风机厂支付定作款项;但因风机厂的诉请已超过诉讼时效,不予支持。

风机厂上诉后,××中级人民法院(2018)×03民终×××××号民事判决认为,案涉三方对于合同的实施主体、领取款项的权利主体均存在争议,风机厂与总院公司未进行结算、合同款数额尚不明确,且总院公司表示应向合同的相对方支付定作款,风机厂的诉请未超过诉讼时效;风机厂与总院公司应依约履行《总院公司加工定作合同》,风机厂作为承揽人,对其完成的供货量负有举证责任,总院公司在风机厂完成的工作范围内承担付款的义务;风机厂提交的交货清单不能证明其履行了合同约定的全部供货义务,在一审法院实地勘验中,风机厂法定代表人认可部分设备非其生产制作,亦认可部分设备非由其供货,而第三人工程技术公司举证证明了相应部分的设备实际由其供货完成,因此,风机厂认为所有现场合同内的设备均应视为其供货,总院公司与工程技术公司对此均不予认可的情况下,风机厂也不能举证证明其曾与工程技术公司达成过协议或工程技术公司系代其履行合同义务,该部分的货款应从风机厂的合同款中扣除,经计算,总院公司不欠付风机厂的定作款项;一审判决虽认定事实部分错误、适用法律不当,但判决结果正确,予以维持。

律师评析

风机厂作为承揽人,对其完成的供货量负有举证责任,总院公司在风机厂完成的工作范围内承担付款义务;风机厂未能提交已全部交付设备的交货清单,结合总院公司与第三人工程技术公司提及的交货证据以及法院实地勘验结果,风机厂没有全部履行交货义务的基本事实应当是清楚的。纵观本案,同一法院的不同法官以及二审法院与一审法院之间对合同义务是否妥当履行的举证责任分配、诉讼时效方面的理解均不尽一致,二审法院的终审判决经受了××市高级人民法院的再审审查,无疑是正确的。

本案自风机厂2014年8月提起诉讼,至××市高级人民法院驳回其再审申请,历时五年,过程可谓曲折。如果风机厂能够充分了解合同的实际履行情况,也许不会以全部设备已供货安装为支撑提起本案诉讼;如果总院公司在将总合同拆分为两个合同时,协调风机厂、工程技术公司就总合同已履行部分进行约定,或者严格货物的签收管理,也许本案诉争将不复存在。合同纠纷案件虽然与合同条款约定存在很大关系,但更多是源于不严格按照合同约定履行以及缺乏对合同履行的有效管理。因此,加强合同管理,尤其是合同履行的管理,对市场主体降低经营风险、防控法律风险具有重要意义。

35

借款合同纠纷：撤销权的行使和流质契约的认定

北京闻道律师事务所 雷 玲

裁判要点

根据我国《物权法》的规定，在设定担保物权时，抵押权人在债务履行期届满前，不得与抵押人约定债务人不履行债务时抵押财产归债权人所有。依据该条约定，法律禁止当事人订立流质契约。对于流质条款该如何认定，在本案中，借款协议中约定，在借款人还款之当日内，解除位于房屋的抵押，若未还款，要求房屋居住人搬离房屋，并将房屋交付出借人。该约定是否为流质条款取决于双方约定是否为所有权的转移。

根据我国《合同法》的规定，具有撤销权的当事人自知道或者应当知道撤销事由之日起一年内没有行使撤销权的，撤销权消灭。本案中，借款人主张签订案涉条款时因出借人隐瞒重大事实，因受到欺诈签订案涉条款。但借款人在知道上述事由后一年内没有行使撤销权的，撤销权消灭。

基本案情

2014 年 6 月 23 日，A、B 与 C 签订《借款协议》。甲方（借款人）B，乙方（出借人）C，丙方（担保人）A。协议主要记载：因资金周转，甲方向乙方借款人民币 1,643,900 元整……乙方同意在甲方于借款期限内还款之当日内，解除位于××市××区×号房屋的抵押，乙方配合甲方到有关部门办理解押手续。

2013 年 11 月 29 日，B（借款人、甲方）、C（出借人、乙方）与 D、A（担保人、丙方)签订《借款合同》,主要内容为:甲方向乙方借款人民币170万元;借款期限7个月;担保人以二人共有的位于××市××区×号房屋作为抵押物,承担连带保证责任。双方并就上述借款办理了具有强制执行效力的公证书。

2014年11月14日,A、E、B以确认合同无效纠纷为由将C、F诉至××市××区人民法院,要求确认C、F就涉诉房屋签订的《存量房屋买卖合同》无效,并将××市××区×号房屋的产权恢复至A名下。案号为(2015)×民初字第××××号。××区人民法院经审理后判决:《存量房买卖合同》无效;C于判决生效之日起15日内协助A将××区×号房屋所有权人由C变更为A;该判决已生效。现涉诉房屋所有权人已变更为A。

B、A起诉主张其在签署2014年6月23日的《借款协议》时,并不知道涉诉房屋的抵押手续已经被解除,其是在受到欺诈的情况下签署的涉诉借款协议,于2016年向××区人民法院起诉要求撤销该协议的第5条、第6条,经××区人民法院判决驳回后,又上诉至××市第三中级人民法院。

代理意见

致××中级人民法院:

就贵院受理的B、A上诉C借款合同纠纷一案,我是本案被上诉人C的代理人,结合本案庭审情况,发布如下代理意见:

一、B、A与C签署《借款协议》系真实意思表示并已实际履行,并无证据证明受到欺诈胁迫等情形,B、A并非合同的受损害方,提起撤销权没有根据

B、A主张C的行为构成了欺诈并以此要求撤销《借款协议》中的第5条、第6条,应提供相应证据予以证明。根据法律规定,一方以欺诈、胁迫的手段或乘人之危,使对方在违背真实意思的情况下订立的合同,受害方有权请求人民法院或者仲裁机构变更或者撤销。

B、A称其是在不知道涉诉房屋的抵押手续已经被撤销的情况下签署的涉诉《借款协议》,B、A主张C的该行为构成了欺诈。根据《借款协议》的内容,B签署《借款协议》的真实意思是向C借款,A的真实意思是以涉诉房屋作为抵押担保。虽然在签署涉诉《借款协议》的时候C未告知B、A涉诉房屋的抵押手续已被解除,但该行为并不违背B、A借款和做担保的真实意思,B主张其是因C

迟迟不解除抵押手续才向C借的涉诉款项,但未提供证据予以证明。

二、本案已经过了撤销权的除斥期间,B、A的撤销权已经消灭

撤销权必须在当事人自知道或者应当知道撤销事由之日起一年内行使,否则该撤销权消灭。根据判决书B、A诉称部分的内容可见B、A在2014年11月14日提起该诉讼时就明确知道了涉诉房屋抵押权被解除且房屋被过户的事实,即B、A在2014年11月14日前就已经知道了撤销事由,但其直至2016年5月3日才提起了本案诉讼,已经超过了一年的时间。故B、A的撤销权已经消灭。

三、案涉条款并非流质契约

根据《物权法》第186条的约定,抵押权人在债务履行期届满前,不得与抵押人约定债务人不履行到期债务时抵押财产归债权人所有。关于流质契约的含义,被上诉人认为,应是指在抵押权设立时至债务履行期限届满前,抵押权人和抵押人约定在主债权清偿期届满债权人未受清偿时,抵押人将其抵押财产的所有权移转于债权人的约款。

1. 本案中,由于在案涉《借款协议》签订前,双方曾签订了其他《借款协议》,以案涉房屋进行了抵押担保,故本案《借款协议》第5条约定,债权人C应在B还款当日解除案涉房屋的抵押。因此,该第5条是对于主债权受清偿后办理抵押解除手续的约定,并非流质契约。

2. 合同是双方当事人意思表示一致的约定,对于双方当事人真实意思表示的解释,应以合同签订之时的意思表示为准。房屋作为不动产,其占有的交付并非意味着所有权的移转。在签订案涉协议时,双方约定将案涉房屋占有移转给C,并不能推定为A是将所有权让与C,实际系因为A已经将房屋抵押给C,如案涉房屋被实际居住,则可能影响其抵押权的实现,故第6条约定,A搬出房屋交付给C,是为了保证C的抵押权顺利实现,并非要求A转移所有权。

A在合同签订并发生争议后,对于案涉房屋真实产权情况了解后,又重新解释合同签订时的意思表示,该主张不能成立。

综上,上诉人所述没有事实和法律依据,一审法院判决认定事实清楚、证据充分,适用法律正确,依法应予维持。

代理人:雷　玲　律师

裁判结果

××区人民法院(2016)×0113 民初××××号民事判决书,依照《合同法》第 54 条、第 55 条的规定,判决驳回 B、A 的全部诉讼请求。××中级人民法院于 2016 年 11 月 11 日作出(2016)×03 民终××××号民事判决书,认定 B、A 的上诉请求不能成立,应予驳回;一审判决认定事实清楚,适用法律正确,应予维持。依照《民事诉讼法》第 170 条第 1 款第 1 项规定,判决驳回上诉,维持原判。

裁判理由

法院生效裁判认为:根据《物权法》第 186 条之约定,抵押权人在债务履行期届满前,不得与抵押人约定债务人不履行到期债务时抵押财产归债权人所有。依据该条约定,法律禁止当事人订立流质契约。关于流质契约的含义,本院认为,应是指在抵押权设立时至债务履行期限届满前,抵押权人和抵押人约定在主债权清偿期届满债权人未受清偿时,抵押人将其抵押财产的所有权移转于债权人的约款。

关于案涉《借款协议》第 5 条是否违反了法律关于流质契约的强制性规定,法院认为:2014 年 6 月 23 日,A、B 与 C 签订案涉《借款协议》,B 为主债务人、C 为主债权人,A 为抵押人。该协议第 5 条约定,C 同意在 B 于借款期限内还款之当日内,解除位于××市××区×号房屋的抵押。本案中,由于在案涉《借款协议》签订前,双方曾签订了其他《借款协议》,以案涉房屋进行了抵押担保,故本案《借款协议》第 5 条约定,债权人 C 应在 B 还款当日解除案涉房屋的抵押。因此,该第 5 条是对于主债权受清偿后办理抵押解除手续的约定,并非流质契约。

关于案涉《借款协议》第 6 条的约定,如 B 未能在借款期内及时归还借款,A 于借款到期日立即搬出上述房屋,搬出后房屋交予 C。B、A 主张,该条约定虽是将房屋的占有移转给 C,但由于《借款协议》签订时,案涉房屋公示的所有权人已经变更为 C,在此情况下,如约定将房屋交付给 C,实际是对于所有权移转的约定。C 则主张,由于 A 已经将房屋抵押给 C,如案涉房屋被实际居住,则可能影响其抵押权的实现,故第 6 条约定,A 搬出房屋交付给 C,是为了保证 C 的抵押权顺利实现,并非要求 A 转移所有权。

对此,法院生效裁判认为:

第一,合同是双方当事人意思表示一致的约定,对于双方当事人真实意思表示的解释,应以合同签订之时的意思表示为准。在案涉协议签订时,A 并不知晓房屋登记的所有权人已经发生了变更,故其本人仍是以所有权人的意思签订了案涉协议。由于所有权的权能包括占有、使用、收益、处分,一般而言,动产以占有交付作为所有权移转的表征,但房屋作为不动产,其占有的交付并非意味着所有权的移转。故在签订案涉协议时,双方约定将案涉房屋占有移转给 C,并不能推定为 A 是将所有权让与 C。在合同签订并发生争议后,A 因对于案涉房屋真实产权情况的了解,重新解释合同签订时的意思表示,该主张不能成立。

第二,尽管在签订案涉《借款协议》时,房屋抵押权已经解除,C 变更为登记的所有权人。但从房屋现状的角度看,该所有权移转已经被人民法院生效判决确认无效,登记的所有权已经恢复原状。目前,双方对于案涉条款如何理解产生了争议,但 C 作为债权人并未主张该条款即为所有权让与的约定,故在此情况下,本院亦不能认定该条款为流质契约。综合以上分析,本院认为,结合合同签订时双方意思表示、房屋现状以及双方当事人的陈述等情况,B、A 提交的证据不足以证明案涉《借款协议》第 6 条的约定系双方关于所有权让与的意思表示,故其关于上述条款系流质抵押,应属无效的主张,本院不予采信。

案涉条款是否应予撤销。

B、A 主张,C 隐瞒其签订合同时已经变更为房屋所有权人的事实,以欺诈方式使 B、A 在违背真实意思表示的情况下签订了案涉条款,故应予撤销。本院认为:第一,案涉协议第 5、6 条约定的分别是主债权履行期届满已受清偿、未受清偿情况下,已经办理的抵押手续、抵押物的处理事宜。尽管人民法院生效裁判文书已经确认 C 与案外人恶意串通,将案涉房屋过户至 C 名下,但 C 的该行为并不足以证明双方关于抵押权的上述约定违背了真实意思表示。第二,根据《合同法》第 55 条第 1 项之规定,具有撤销权的当事人自知道或者应当知道撤销事由之日起一年内没有行使撤销权的,撤销权消灭。本案中,B、A 于 2014 年 11 月 14 日前即已知悉 C 转移房屋所有权的行为,但其以此为由主张撤销权的起诉时间为 2016 年 5 月 3 日,已经超过了法律规定的除斥期间,故其本案撤销权已经消灭。综上,一审对于 B、A 撤销案涉条款的主张不予支持并无不当。

律师评析

1995 年通过并实施的《担保法》第 40 条和第 66 条,第一次规定禁止流押流质条款,即抵押人或出质人和抵押权人或质权人在合同中,不得约定在债务履行期届满抵押权人或质权人未受清偿时,抵押物或质物的所有权转移为抵押权人或质权人所有。2007 年通过并实施的《物权法》完全承继了《担保法》上述规定。该条款设定的初衷是为保护债务人,免其因一时的急迫而蒙受重大的不利,但该条款的设置过于僵化,也在一定程度上违背了当事人的意思自治。

《九民纪要》和《民法典》对禁止流押流质条款做了修订,《九民纪要》第 71 条规定:“债务人或者第三人与债权人订立合同,约定将财产形式上转让至债权人名下,债务人到期清偿债务,债权人将该财产返还给债务人或第三人,债务人到期没有清偿债务,债权人可以对财产拍卖、变卖、折价偿还债权的,人民法院应当认定合同有效。合同如果约定债务人到期没有清偿债务,财产归债权人所有的,人民法院应当认定该部分约定无效,但不影响合同其他部分的效力。

当事人根据上述合同约定,已经完成财产权利变动的公示方式转让至债权人名下,债务人到期没有清偿债务,债权人请求确认财产归其所有的,人民法院不予支持,但债权人请求参照法律关于担保物权的规定对财产拍卖、变卖、折价优先偿还其债权的,人民法院依法予以支持。债务人因到期没有清偿债务,请求对该财产拍卖、变卖、折价偿还所欠债权人合同项下债务的,人民法院亦应依法予以支持。”

《民法典》第 401 条和第 428 条规定,抵押权人或质权人在债务履行期限届满前,与抵押人或出质人约定债务人不履行到期债务时抵押或质押财产归债权人所有的,只能依法就抵押或质押财产优先受偿。

从某种程度上来说,《民法典》第 401 条和第 428 条对流押流质的特别立法规定,其立法精神和《九民纪要》第 71 条让与担保的司法裁判准则相同。

《民法典》虽然没有像《担保法》和《物权法》那样明确禁止流押流质,但对于流押流质的法律效果进行了重新界定,不再一律无效,至少可以达到和抵押或质押优先权相同的法律效果。

36

保险人代位求偿权纠纷：违章建筑的投保、理赔、代位求偿权

北京市华夏律师事务所　李国强

裁判要点

未经行政程序认定为违章建筑的保险标的物，法院不认定是违章建筑，保险合同应当有效。

基本案情

案件当事人：

1. 甲海绵有限公司（以下简称甲公司）

2. 财产保险股份有限公司北京市分公司（以下简称保险分公司）

3. 乙金属制品有限公司（以下简称乙公司）

案情介绍：

2009年4月8日，乙公司将××市××区××村民委员会247号自建厂房租给甲公司，用于生产、加工、存储海绵制品。

2009年11月，乙公司在保险分公司处投财产综合险。保险期间自2009年11月12日至2010年11月11日，保险标的坐落地址为：247号与248号，保险标的为房屋建筑物、机器设备，免赔额为每次事故的10%。其中247号上的房屋建筑物保险金额为960万元。

乙公司投保上述厂房时，出具的建筑物权属依据是：××市××区××村民委员会的证明，证明该厂房系乙公司建设并所有。

2010年11月8日，甲公司在生产经营过程中，由于设备电气线路短路原因诱发火灾，造成247号厂房、内装饰、电器工程等部分受损。事后，甲公司不知道乙公司投保情况，同时乙公司明确表示拒绝甲公司对厂房进行修理修缮。为能够继续租赁经营，经协商甲公司对乙公司进行了货币赔偿，但乙公司未向甲公司出示收取赔偿款的凭证。

2011年7月13日、8月24日，保险分公司向乙公司支付保险理赔款60万元。

2012年2月24日，保险分公司以“保险人代位求偿权”为由，将甲公司起诉至“××区人民法院”，主张甲公司赔偿60万元及利息。诉讼理由：是甲公司的原因造成了保险事故，保险分公司已经支付乙公司保险赔偿金，依法取得了代位求偿权。

期间甲公司委托律师到厂房现场调查建筑物的合法性，到村委会调查，向镇政府调查，均未予以答复。到住房和城乡建设委员会、规划委员会××分局（档案信息公开、规划执法监察科）对247号与248号房屋建筑物进行规划查询，同时申请法院到规划分局取证，规划局均未提供书面答复，但口头表达的意见是：当年城乡结合地区为发展区域经济，存在大量类似建筑，如果就此建筑做出认定，将影响到广大地区、众多建筑问题，会产生不良后果。

甲公司委托律师就相关案情向保险总公司、中国保监会、当地保监局进行了投诉，以上部门均表示关注。但未予答复。

代理意见

审判长：

本律师作为甲公司的代理人，发表以下代理意见：

本案争议的主要焦点：

(1)247号与248号房屋建筑物是否为违章建筑？

(2)违章建筑是否具有保险利益？

(3)保险分公司与乙公司所签订的保险合同是否有效？

(4)保险分公司的保险理赔行为是否合法？

(5)保险分公司行使代位求偿权是否有法律依据？

一、247 号建筑物系违章建筑

该建筑未按有关规定办理项目选址、建设用地规划许可证、建设工程规划许可证、施工许可证等建设审批手续，应认定为违章建筑。

村民委员会作为群众性组织，无权出具厂房建筑物法定权属证明，其不能证明该建筑为合法建筑。

二、违章建筑不具有保险利益

保险利益是指投保人或保险人对投保标的所具有的法律上承认的利益。在本案中，247 号房屋未取得建设工程规划许可证，系违章建筑，违章建筑不符合保险利益原则，不能作为保险标的进行投保。

三、保险分公司与乙公司所签订的保险合同无效

依据财产保险股份有限公司"财产综合险条款"

第四条　下列财产不属于本保险合同的保险标的：

……

（六）违章建筑、危险建筑、非法占用的财产；

……

乙公司在明知 247 号、248 号房屋未取得建设工程规划许可证，系违章建筑的情况下恶意投保，保险分公司明知该建筑系违章建筑而承保，可以认定其双方存在恶意串通，且违反国家法律强制性规定。

四、保险分公司的保险理赔行为不合法

发生火灾事故的厂房，乙公司自始至今也未取得"建设工程规划许可证"等任何的建筑合法凭证。在投保时、事故发生时，乙公司均不具有保险利益。保险分公司不应当承担保险金赔偿的责任。

五、保险分公司行使代位求偿权没有法律依据

乙公司是欲通过对违章建筑投保转嫁风险，保险分公司对违章建筑承保，收取不当利益。其二者的行为违反了《保险法》所确立的最大诚信原则，用跨越式的方式，继而侵害了甲公司的合法权益、侵害了社会公共利益、侵害了依法治国原则下的保险制度。

附：法律依据

《中华人民共和国城乡规划法》第 40、42、64、66 条

《中华人民共和国保险法》第 12、16、52 条

《中华人民共和国建筑法》第 2、7、8、64、82 条

《中华人民共和国消防法》第 9、12、13 条

《建筑设计防火规范》(2001 年版)(GBJ 16－1987)

代理人:李国强　律师

裁判结果

××区人民法院认为:保险分公司取得并行使代位求偿权是基于其已经就事故损失向被保险人乙公司理赔的事实。一审判决:甲公司支付保险分公司 60 万元。

甲公司不服一审判决,向××市第二中级人民法院提起上诉。二审认为:247 号房屋建筑物在未经政府主管部门认定为违章建筑并责令限期拆除的情况下,甲公司主张该建筑系违章建筑,不具有保险利益,不能作为保险标的进行投保的抗辩不能成立,法院不予采信。据此驳回上诉,维持原判。

案件进入执行程序,搁置 5 年,至 2018 年,保险分公司申请恢复执行,并追加投资人为被执行人(甲公司是个人独资企业),法院裁定追加甲公司的投资人为被执行人。甲公司再次委托律师到××规划局申请取证,当时的北京正处于拆除违章建筑时期,2018 年 6 月,规划局提供了《政府信息不存在告知书》,结果是:该建筑没有规划许可证。甲公司持规划局提供的《政府信息不存在告知书》与保险分公司交涉,2018 年 7 月 22 日,双方最终执行和解。

律师评析

本案中保险公司与乙公司的保险合同存在明显瑕疵,作为建筑物,不能仅凭村委会的证明,保险公司就认定建筑的合法性及所有权人,继而承保。

本案在一审、二审审理程序中,法院方面对案件的特殊性十分重视,因为之前没有相关的案例。

2010 年,本案保险事故发生时,在当时北京区域内,保险公司承保类似建筑物的业务较多,如果本案不支持保险追偿行为,将影响到大范围的保险业务。

行政机关审查某一行为是否合法,直接影响到法院审理经济纠纷过程中,双方当事人所签署合同的效力。

在本案中，案涉建筑物是否为违章建筑，是确认保险合同效力的关键因素。在一审、二审程序，地方政府迟迟不对建筑物是否为违章建筑进行认定，而法院又不能越俎代庖，导致案件发展偏向到有利于保险公司一方。

当社会经济形势发生变化后，规划部门提供相关证明文件，相当于佐证了该建筑物的不合法性，保险公司很明智地选择和解。案结事了。

37

合同纠纷民刑并存时的分别审理情形

北京市华一律师事务所　李会清

裁判要点

在人民法院受理经济纠纷案件,涉及经济犯罪时,受案法院往往以“先刑后民”原则,驳回原告的起诉,但在同一经济案件中,受害人请求涉嫌刑事犯罪的行为人之外的其他主体承担民事责任的,属于民商事案件与刑事案件应当分别审理情形,人民法院以民商事案件涉嫌刑事犯罪为由,裁定驳回起诉的做法错误,应予纠正。

基本案情

2012年5月25日,经销分公司与仓储公司处签订《仓储保管合同》,约定经销分公司将其所有的线材、热卷、冷卷等货物交由仓储公司处保管,期限自2012年5月18日至2013年5月18日;仓储公司处在验收货物后向经销分公司出具入库单,且每月需向经销分公司提供经其签名盖章确认的保管实物盘点明细;保管费由实际提货人在提货时付清。

合同签订后,经销分公司分别于2012年12月18日、2013年3月20日与案外人物资贸易公司、钢铁贸易公司签订《购销合同》,购买价值8044万元的货物。仓储公司处于2012年12月20日、2013年3月20日向经销分公司出具了4份《入库验收单》,确认上述货物入库。此后至2013年4月,仓储公司处按照约定每月为经销分公司清点货物并出具加盖公章的《物资明细表》。2013年4月3日经销分公司销售价值800万元货物并提货。2013年5月,经销分公司赴仓储公司处仓库清点货物时,却意外发现其货物已经被他人提走。

随后,经销分公司以仓储公司处、物资贸易公司和钢铁贸易公司共同虚构存货事实,骗取经销分公司巨额货款为由向公安机关报案。公安机关以陈××涉嫌合同诈骗犯罪立案侦查。

2013年7月29日,经销分公司以仓储合同纠纷在××中级人民法院起诉仓储公司处、天津公司、物资贸易公司、商贸公司、钢铁贸易公司和陈××。2014年12月9日××中级人民法院作出(2013)××字第××××号民事裁定书,认为经销分公司作为受害人向公安机关报案后,公安机关因陈××涉嫌合同诈骗犯罪立案侦查、民事案件中诉请的相关事实在该刑事案件中有所涉及而该刑事案件尚未终结为由,根据《最高人民法院关于在审理经济纠纷案件中涉及经济犯罪嫌疑若干问题的规定》(以下简称《若干规定》)第11条的规定,裁定驳回了经销分公司的起诉。经销分公司不服向××高级人民法院上诉,××高级人民法院2015年8月13日作出(2015)××字第××××号民事裁定书,认为一审法院以本案有经济犯罪嫌疑不属于经济纠纷案件为由裁定驳回经销分公司的起诉并无不妥,裁定维持原裁定。

2016年1月4日,经销分公司以仓储合同纠纷单独起诉仓储公司处,要求仓储公司处赔偿损失7200万元及相应利息。××中级人民法院2016年4月12日作出(2016)××民初×号民事裁定书,认为经销分公司再次起诉所诉事实与之前并无变化,且公安机关对陈××涉嫌合同诈骗仍在立案侦查过程中,该刑事案件的事实认定会涉及本案事实,因而依《若干规定》第11条的规定,裁定驳回经销分公司的起诉。经销分公司不服向××高级人民法院提起上诉,××高级人民法院经审理后作出(2016)××终×××号民事裁定书,驳回经销分公司的上诉,维持原裁定。

经销分公司在法定期限届满前,向最高人民法院申请再审。最高人民法院于2018年12月29日作出(2017)最高法民申×××号民事裁定提审本案。

代　理　词

致最高人民法院:

就贵院受理的再审申请人经销分公司与仓储公司处仓储合同纠纷再审案,

本人作为申请人经销分公司的代理人,发表如下代理意见,供合议庭参考:

我们总的代理观点是:原一、二审裁定适用法律错误,贵院应在依法撤销一、二审裁定的同时,指令原一审法院对本案进行审理。

经研究、分析,《若干规定》的全部12条规定中,关乎本案是否应该在对犯罪嫌疑人陈××诈骗犯罪进行侦查的同时,对经销分公司与仓储公司处之间仓储合同纠纷继续审理的条文有三条,即第1条、第10条和第11条:其中第1条和第10条,分别确定因"不同的法律事实"和"不是同一法律关系"分别涉及经济纠纷和经济犯罪,对经济犯罪由公安或检察机关查处的同时,经济纠纷案件继续审理;而第11条则指不属于经济纠纷、只涉嫌经济犯罪的案件由法院裁定驳回起诉。本案不属于陈××等人的行为只构成经济犯罪而不存在其他民事法律关系的情形,即除追究犯罪嫌疑人陈××刑事责任外,还存在仓储公司处应独立承担民事责任的法律关系,故应适用《若干规定》第3条和第10条的规定,由原一审法院进行实体审理。具体理由如下:

(一)本案应适用《若干规定》第10条的规定,由××中级人民法院继续进行实体审理

1. 经销分公司与仓储公司处之间的《仓储保管合同》合法有效,《货物入库验收单》真实有效,仓储公司处应依法承担民事赔偿责任。

仓储公司处在原审一、二审过程中,始终认可《仓储保管合同》的真实性,只是辩解《仓储保管合同》没有实际履行。鉴于该合同不存在《合同法》第52条规定的无效事由,经销分公司与仓储公司处之间的《仓储保管合同》真实合法有效,对双方均具有法律约束力。《仓储保管合同》第7条约定:在货物保管期间,保管方(即仓储公司处)未按合同规定的储存条件和保管要求保管货物,造成货物灭失、短少、变质、污染、损坏的,应承担赔偿责任。

2012年12月20日和2013年3月20日,仓储公司处两次向经销分公司出具加盖有仓储公司处保管专用章的《货物入库验收单》,随后每月核对、清点保管物并出具《物资明细表》,并在2013年4月1日的《物资确认函》上加盖保管专用章确认物资数量无误。上述事实证明保管物已实际入库,《仓储保管合同》已实际履行。货物在保管期间短少和灭失,仓储公司处应根据《合同法》之规定和《仓储保管合同》的约定承担民事责任。

原审中,仓储公司处欲证明其已将仓库出租给物流公司使用,提交物流股份公司与物流公司签订的《仓储合作经营合同》，并在原一审开庭时陈述，“因为经销分公司不能和非国企签订合同，陈××那边没法签，于是我们出面签订”。在时间顺序上，仓储公司处与物流公司签订《仓储合作经营合同》在先，而与经销分公司签订《仓储保管合同》在后。但经销分公司在作业过程中，对仓储公司处与物流公司之间合作经营仓库关系并不知晓（只是通过诉讼过程才了解了这一情况），并且，在合同履行过程中，经销分公司的合同相对方一直是仓储公司处，《仓储保管合同》由仓储公司处签订，入库手续和每月盘货单据上加盖的也全是仓储公司处的保管印章。

2. 本案的基本事实与陈××涉嫌诈骗的事实不属于同一法律关系，故应适用《若干规定》第10条，即本案不受公安机关对陈××涉嫌诈骗案件侦查的影响，应由××中级人民法院继续实体审理。

《若干规定》第10条规定，人民法院在审理经济纠纷案件中，发现与本案有牵连，但与本案不是同一法律关系的经济犯罪嫌疑线索、材料，应将犯罪嫌疑线索、材料移送有关公安机关或检察机关查处，经济纠纷案件继续审理。可见，“先刑后民”的适用标准，是以刑事案件与民事案件是否为同一法律关系为基础。

同一法律关系，是指依据刑事法律所产生的权利义务关系与依据民事法律所产生的权利义务关系具有同一性。这种同一性表现在四个方面：(1)主体同一。民事案件中的双方当事人，同时是刑事案件中的犯罪嫌疑人和被害人，两个案件中的主体完全重合，民事责任的承担需要以刑事责任的认定为基础，承担的责任类型主要是侵权责任。(2)客体同一。这里的客体是指法律所保护的、为犯罪行为所侵害的社会关系，也就是刑民交叉案件的主体的行为侵犯了刑事法律和民事法律所共同保护的社会关系，因此需要承担刑事和民事双重责任。(3)行为同一。法律从性质和功能上讲是调整特定社会关系的行为规范，犯罪行为是一切犯罪构成在客观方面的必备要件，在刑民交叉案件中，刑事法律关系主体的行为即是民事法律关系主体的行为，而且行为的表现形式是相同的。(4)内容同一。刑事法律关系内容与民事法律关系的内容是一致的。

本案中，经销分公司据以提起诉讼的是仓储合同法律关系，主体是经销分公司和仓储公司处，陈××涉嫌诈骗犯罪的主体是陈××本人，二者主体显然不同一；仓储合同法律关系的客体是经销分公司与仓储公司处的委托保管关系，陈×

×涉嫌诈骗行为侵犯的客体是公私财物所有权和社会经济秩序，两个法律关系的客体不同一；仓储合同法律关系的行为是经销分公司委托仓储公司处保管、仓储公司处保管货物的行为，与陈××以非法占有为目的、虚构事实为手段的诈骗行为在行为上不同一；仓储合同法律关系的内容，是委托方经销分公司以及保管方仓储公司处的权利义务，陈××涉嫌诈骗犯罪的内容是陈××的行为是否构成诈骗罪。由此可见，两个法律关系的主体、客体、行为和内容均不同一，陈××涉嫌诈骗犯罪的刑事法律关系，与申请人、被申请人间的仓储合同法律关系明显不是同一法律关系。既然两者并非同一法律关系，只是陈××等人的诈骗行为与经销分公司和仓储公司处间的仓储保管合同具有某些牵连，因而，本案完全符合《若干规定》第10条的规定，在公安机关查处陈××诈骗行为的同时，××中级人民法院应当对经销分公司与仓储公司处的仓储合同纠纷继续审理。

（二）本案不符合适用《若干规定》第11条情形，一、二审法院适用《若干规定》第11条驳回经销分公司的起诉，属于适用法律错误

《若干规定》第11条规定：人民法院作为经济纠纷受理的案件，经审理认为不属于经济纠纷案件。而有经济犯罪嫌疑的，应当裁定驳回起诉，将有关材料移送公安或检察机关。从该条规定可以看出，本条适用于实质上只存在经济犯罪行为，但表象显示为经济纠纷，受害人以这种表象向人民法院提起了诉讼的情形，亦即只有一个法律关系。如某人以一枚私刻且未经登记注册的公司公章签订合同并占有相对方财产的情形，相对方向人民法院提起诉讼后，法院经审理认为某人的行为不属于经济纠纷，而涉嫌构成合同诈骗犯罪的，受案法院即应裁定驳回起诉，并将有关材料移送侦查机关查处。本案中既存在经销分公司与仓储公司处的仓储合同的民事法律关系，又存在陈××涉嫌诈骗犯罪的两个不同法律关系，虽然两者并存，但并非同一法律关系。因而，一、二审法院以天津警方“对陈××涉嫌合同诈骗仍在立案侦查过程中，该刑事案件的事实认定会涉及本案事实”为由，适用《若干规定》第11条裁定驳回经销分公司的起诉，显然属于适用法律错误。这是因为，警方侦查的“刑事案件的事实会涉及本案事实”，并不等于《若干规定》第11条所要求的“经审理认为不属于经济纠纷案件而有经济犯罪嫌疑的”情形，原审两级法院仅仅以“刑事案件的事实会涉及本案事实”，便裁定驳回经销分公司的起诉，至少是对《若干规定》立法精神的误解。

再审申请人代理律师：李会清　屈振红　律师

裁判结果

一、撤销××中级人民法院民事裁定及××高级人民法院民事裁定。

二、指令××中级人民法院对本案进行审理。

裁判理由

最高人民法院(2019)最高法民再×××号民事裁定认为,《民事诉讼法》第119条规定,起诉必须符合下列条件:(1)原告是与本案有直接利害关系的公民、法人和其他组织;(2)有明确的被告;(3)有具体的诉讼请求和事实、理由;(4)属于人民法院受理民事诉讼的范围和受诉人民法院管辖。经销分公司以签订《仓储保管合同》后,仓储公司处负责保管的价值人民币7200万元的货物不翼而飞为由,提起损害赔偿之诉,符合上述法律规定,一审法院应作为民事案件受理。虽然提起本案诉讼之前,经销分公司将仓储公司处在内的五家公司和陈××诉至法院,且前案被××市两级人民法院以涉嫌经济犯罪为由,驳回起诉;但本案与前案当事人不同,法律事实不同,本案的当事人并不涉嫌犯罪。根据《最高人民法院关于在审理经济纠纷案件中涉及经济犯罪嫌疑若干问题的规定》第10条的规定,人民法院在审理经济纠纷案件中,发现与本案有牵连,但与本案不是同一法律关系的经济犯罪嫌疑线索、材料,应将犯罪嫌疑线索、材料移送由公安机关或检察机关查处,经济纠纷案件继续审理。故原审裁定适用法律错误,应予纠正。

律师评析

一直以来,人民法院受理经济纠纷案件,涉及经济犯罪不在少数。而"先刑后民"则成为一种"普识"性的观点,以至于涉及犯罪的民商案件基本上把"先刑后民"作为重要的处理原则,受案法院往往以"先刑后民"原则,驳回原告的起诉,致使受到损害的合同当事人的民事权利无法得到法律的有效保护。

因本案发生在《全国法院民商事审判工作会议纪要》发布之前,因此,正确理解《最高人民法院关于在审理经济纠纷案件中涉及经济犯罪嫌疑若干问题的规定》,如何说明民事案件与经济犯罪非同一法律事实、法律关系成为再审申请获得支持的关键，代理人从主体、客体、行为、内容各方面分析，充分说明了本案中民事诉讼与有关联的经济犯罪所涉及的当事人和法律关系的非同一性，属于对不同当事人、不同法律事实提起的两个诉讼，使经销分公司的请求最终获得最高人民法院的支持。

2019 年 11 月 8 日，最高人民法院发布了《全国法院民商事审判工作会议纪要》，其第 128 条明确确立了分别审理的情形，确立了受害人请求涉嫌刑事犯罪的行为人之外的其他主体承担民事责任的，民商事案件与刑事案件应当分别审理的原则，将会有利于同类案件中合同当事人的民事权利能够得到法律及时有效地保护。

38

合作合同纠纷：双合同下，应按实际履行的合同进行收益分成

北京市伟博律师事务所　李　娟

裁判要点

合作双方就一方利用另一方提供的通道为用户提供服务并就项目收入进行分成的合作事宜先后签署了 A、B 两份合作合同，申请人主张合作收益时，所依据的 A 合同及合同已实际履行的证据“对账单”并不具有关联性，且无其他证据证明所主张的 A 合同已得到实际履行。因此，申请人请求支付 A 合同项下合作收益的仲裁请求被驳回。

基本案情

2014 年 9 月 18 日，申请人信息通讯公司与被申请人信息技术公司签署了《独立 AP 合作合同》，约定信息通讯公司利用信息技术公司提供的通道为信息通讯公司的用户提供服务，双方就信息通讯公司的实际收入进行合作分成。

2014 年 11 月 1 日，信息技术公司与上游合作方通信科技公司签署了《应用产品合作协议》，约定信息技术公司向通讯科技公司提供采购通道，并利用该等通道宣传推广电信增值服务产品。

2014 年 11 月 20 日，信息通讯公司与信息技术公司签署了《第三方计费 AP 合作合同》，约定信息技术公司向信息通讯公司提供甲方合作方（通讯科技公司）的通道，由信息通讯公司通过该等通道为用户提供服务，双方就合作项目进行收益分成。

2016年5月,信息技术公司向信息通讯公司以电子邮件方式发送《对账单》,显示信息通讯公司的项目合作收益为40余万元。

2017年10月,因信息技术公司未向信息通讯公司支付合作收益,信息通讯公司向北京仲裁委员会提出仲裁申请,请求信息技术公司向信息通讯公司支付《独立AP合作合同》项下的合作收益40余万元。

代理意见

致××仲裁委员会:

就贵会受理的申请人信息通讯公司诉被申请人信息技术公司合作合同纠纷一案(以下简称本案),我是本案被申请人的代理人,结合本案庭审情况,发表如下代理意见:

一、信息通讯公司据以提请仲裁和主张款项的依据是《独立AP合作合同》,而该合同并未实际履行,申请人提交的《对账单》系与《独立AP合作合同》不同的另一份合同《第三方计费AP合作合同》项下的款项及对账单,与本案无关。因此,申请人的仲裁请求没有事实和法律依据,请仲裁庭依法驳回其仲裁请求。

1.《独立AP合作合同》与《第三方计费AP合作合同》是两份完全独立的基于不同通道开展合作而签署的合同,信息通讯公司主张《第三方计费AP合作合同》系《独立AP合作合同》的补充这一情况并不成立。

本案证据显示,就信息通讯公司利用信息技术公司提供的通道向其客户提供服务这一事项,双方先后签署了两份合作合同,即2014年9月18日签署的有效期为2014年9月15日至2015年9月15日的《独立AP合作合同》与2014年11月20日签署的有效期为2014年11月20日至2015年11月19日的《第三方计费AP合作合同》。

根据《独立AP合作合同》与《第三方计费AP合作合同》约定的内容,可知两份合同就双方的合作通道、收益分成的组成、计算基数、计算比例及支付方式等作出了不同的约定,是两份完全独立的基于不同通道开展合作而签署的合同,《第三方计费AP合作合同》并非信息通讯公司主张的系《独立AP合作合同》的补充。

2. 信息通讯公司主张的款项及其依据《对账单》系《第三方计费AP合作合

同》项下的合同款项及对账单,依据如下:

第一,《对账单》显示,信息通讯公司收益分成的计算基数扣除了信息技术公司向第三方即通讯科技公司采购通道的成本,即信息技术公司与通讯科技公司签署的《应用产品合作协议》中约定的通讯科技公司20%的分成比例;而在《独立AP合作合同》项下,计算信息通讯公司收益分成的基数并不存在需要扣除的第三方分成。

第二,《对账单》显示,信息通讯公司基础分成的计算比例为90%,与《第三方计费AP合作合同》约定的基础分成比例相同,而《独立AP合作合同》约定的分成比例是80%。

第三,《对账单》显示,双方实际开展合作的时间与《第三方计费AP合作合同》一致。庭审中,双方确认实际开展业务合作并产生收入的时间是2015年1月、2月,与《独立AP合作合同》的合同有效期相比,这一时间与《第三方计费AP合作合同》的合同有效期更加一致。

综上,本案中,信息通讯公司在其仲裁申请书中明确提出,其仲裁依据和主张权利的合同基础是《独立AP合作合同》,然而,《独立AP合作合同》并未实际履行,信息通讯公司据以主张的款项及依据均与《独立AP合作合同》无关,即其仲裁请求没有任何事实和法律依据,请仲裁庭依法驳回其仲裁请求。

二、就《第三方计费AP合作合同》而言,该合同项下的付款条件尚未成就,信息通讯公司无权要求信息技术公司在未收到合作方支付的结算款的情况下向其支付该合同项下的收益分成。

1. 对于《第三方计费AP合作合同》项下的"第三方",信息通讯公司是明知的。理由如下:

第一,就信息通讯公司利用信息技术公司提供的通道为其客户提供服务这一合作事项,双方先后签署了两份合同,第二份合同明确约定利用第三方的通道开展合作,对于这一合作事项的重要内容,信息通讯公司是明确知悉的。

第二,信息通讯公司提交的《对账单》中明确标注第三方的名称"飞鸽",而信息通讯公司自2016年8月收到《对账单》至提起仲裁请求前一直未提出任何异议。

第三,信息通讯公司在其提交的录音证据中,当信息技术公司工作人员提出未收到上游付款时,信息通讯公司员工主动提出"你是说广州那边,是吧?"

可见,信息通讯公司对于第三方为通讯科技公司,通讯科技公司的上游为广州公司自始至终是明知的。

2.《第三方计费 AP 合作合同》是依法成立并生效的合同。

该合同是作为平等民商事主体的申请人与被申请人双方根据合作业务的特征及行业回款情况,经过平等友好协商订立的合同,是双方真实意思的表示,不存在《合同法》第 52 条规定的无效情形,是合法有效的合同,对双方均有约束力。

3.《第三方计费 AP 合作合同》项下的付款条件尚未成就,信息通讯公司此时无权要求付款。

根据《第三方计费 AP 合作合同》的约定,信息技术公司应在实际收到合作方的结算款和信息通讯公司开具的合法有效的发票后 30 个工作日内方向信息通讯公司支付当期合作收益。然而,本案证据显示,信息技术公司为了维护自身的合法权益,也为了能够尽早向包括信息通讯公司在内的下游合作伙伴支付该项目的收益分成,一直积极主动维权,但合作方至今未按约定向信息技术公司支付结算款。因而,该合同的付款条件尚未成就,信息通讯公司无权在该情况下要求信息技术公司向其付款。

综上所述,信息通讯公司在本案中据以主张款项的《独立 AP 合作合同》并未实际履行,申请人主张的款项及依据的《对账单》并非《独立 AP 合作合同》项下的款项与对账单,与本案无关,信息通讯公司的仲裁请求没有事实和法律依据,不应得到支持。对于《第三方计费 AP 合作合同》项下的收益分成,因信息技术公司尚未收到合作方支付的结算款,合同约定的付款条件尚未成就,因此,信息通讯公司也无权在此情况下向信息技术公司主张该合同项下的收益分成。总之,请求贵会依法驳回信息通讯公司的仲裁请求。

以上代理意见请贵会予以采纳。

被申请人:信息技术公司

代理人:李 娟 律师

裁判结果

××仲裁委员会于 2018 年 1 月作出仲裁裁决,驳回信息通讯公司的全部仲裁请求。

裁判理由

一、关于本案合同《独立AP合作合同》与《第三方计费AP合作合同》的关系

仲裁庭认为,两份合同的合作模式类似,合作内容都是信息通讯公司利用信息技术公司所拥有、控制或有权使用的推广途径,向信息通讯公司的用户提供互联网增值服务,双方对信息通讯公司的实际收入进行分成的合作事宜。

虽然两份合同均未对两者关系作出明确约定,无法从两份合同内容本身直接判断两份合同的关系,但是两份合同确实是针对不同通道的合作而进行的约定,两份合同在合作期限、收益分成的组成、基础分成的计算基数、基础分成的计算比例、基础分成的支付等方面都是不同的,因此,两份合同是独立的两份合同,不存在补充变更的关系。具体而言:

第一,关于合作通道。根据本案合同的约定,通道指信息技术公司在电信运营商网关所申请的通道,而根据《第三方计费AP合作合同》的约定,通道指信息技术公司在甲方合作方所申请的通道,不包括信息技术公司直接在运营商网关申请的通道。

第二,关于收益分成的组成。尽管两份合同都约定合作收益分成包括基础分成与激励分成两部分,而根据本案合同的约定,激励分成的获得以满足一定条件为前提,但根据《第三方计费AP合作合同》,激励分成须双方另行约定并签署补充协议,而双方实际并未就此达成补充协议,因此,实际不存在激励分成。

第三,关于基础分成的计算基数。两份合同都约定,基础分成的计算基数为信息技术公司实际收取的合作收益扣除相关税金及附加后的净额(剩余可分配收益),然而,关于合作收益的确定,根据本案合同的约定,合作收益指经由信息技术公司提供的通道,在信息通讯公司渠道推广其产品和服务所产生并为信息技术公司实际收取的收入,而根据《第三方计费AP合作合同》的约定,收益分成的计算基数还需扣除信息技术公司因向第三方采购通道而发生的通道成本。

第四,关于基础分成的计算比例。根据本案合同的约定,结算周期内合作业务总信息费不足人民币100万元,信息通讯公司可获得剩余可分配收益的80%,而根据《第三方计费AP合作合同》的约定,结算周期内合作业务总信息费不足人民币100万元,信息通讯公司可获得剩余可分配收益的90%。

第五，关于基础分成的支付。根据本案合同的约定，信息技术公司实际收到运营商的结算款后和信息通讯公司开具的合法有效的发票后 30 个工作日内支付当期收益，而根据《第三方计费 AP 合作合同》的约定，信息技术公司实际收到合作方的结算款和信息通讯公司开具的合法有效的发票后 30 个工作日内支付当期合作收益。

二、关于本案合同《独立 AP 合作合同》的履行情况

关于本案合同的履行情况，信息通讯公司主张本案合同得到了履行，但信息技术公司予以否认，因此，按照举证规则，信息通讯公司应负责证明本案合同的实际履行情况，为此，信息通讯公司提交了双方的对账单。然而，该对账单是对《第三方计费 AP 合作合同》的履行，而不是对本案合同的履行，具体理由如下：

第一，《对账单》显示信息通讯公司收益分成的计算基数扣除了信息技术公司向第三方即通讯科技公司采购通道的成本，即信息技术公司与通讯科技公司签署的《应用产品合作协议》中约定的通讯科技公司 20% 的分成比例；而根据本案合同的约定，计算信息通讯公司收益分成的基数并不存在需要扣除的第三方分成。

第二，《对账单》显示信息通讯公司基础分成的计算比例为 90%，与《第三方计费 AP 合作合同》约定的基础分成比例相同，而本案合同中约定的分成比例是 80%。

第三，《对账单》显示双方实际开展合作的时间与《第三方计费 AP 合作合同》一致。庭审中，双方确认实际开展业务合作并产生收入的时间是 2015 年 1 月、2 月，与本案合同的合同有效期相比，这一时间与《第三方计费 AP 合作合同》的合同有效期更加一致。

三、关于信息通讯公司请求信息技术公司支付本案合同项下收益分成的请求能否得到支持

因信息通讯公司未能进一步提供本案合同已实际履行的证据。因此，仲裁庭无法支持信息通讯公司关于本案合同已经实际履行的主张。鉴于本案合同并未得到实际履行，仲裁庭对信息通讯公司请求信息技术公司支付本案合同项下合作收益分成的仲裁请求不予支持。

律师评析

公司要重视对业务合同的管理，尤其在公司与合作伙伴存在多笔类似交易时(如在一定时期内与同一合作伙伴存在多次同种货物的购销合同或者多种类似的服务合同或者其他类似的交易行为),公司更要注意加强对合同的静态和动态风险管理。

在合同签署时需要在常用合同文本中根据本次交易的特定具体情况作出清晰明确的约定,避免所签署的合同不能反映双方所洽谈的商务内容;更重要的是,在合同履行过程要注意留痕,要注重履行行为与所签署合同的对应性。比如明确所交付货物是哪份合同项下的货物,所支付的款项是哪份合同项下的哪笔款项,这样如万一发生纠纷,就可以比较清楚快速地确定×合同的签署、履行状况,各方是否存在违约行为,从而制定准确、有效的应对思路,依法维护自身的合法权益。

39

房屋租赁合同纠纷：合同性质及违约金约定标准

北京济和律师事务所　李　军

裁判要点

(1)租赁合同与合作协议虽在同一天签订,但从此后的补充协议以及情况说明可认定,双方均按照租赁关系的意思表示进行的变更和洽商,因此,应认定为房屋租赁合同关系。

(2)承租方未按照租赁合同及补充协议的期限交纳租金,经出租方催告后,合理期限内仍未履行,出租方以此为由送达解除合同通知,符合法律规定,予以支持。

(3)违约方虽然抗辩违约金约定标准过高,但综合判断违约金标准并未明显高于损失的,对违约金不予调整。

基本案情

管理中心与营养餐公司于2004年1月2日签订《房屋租赁合同》,约定管理中心将相应租赁物(建筑面积2300平方米,庭院4000平方米)出租给营养餐公司作为学生营养餐生产基地使用,营养餐公司向管理中心支付相应租金。同日,双方另签订《合作协议》等文件。2006年11月28日,双方就租赁合同签订补充协议,就租赁起止时间、租期、租金等内容进行了变更。2011年6月13日,双方再次就租赁合同签订补充协议,对租赁日期、租金等内容进行了再次变更。至2017年5月10日,营养餐公司未向管理中心支付任何租金及相应费用,经催告后,在合理期限内仍未支付任何租金。在管理中心依法向营养餐公司送达解除租赁合同、腾退租赁物的书面通知后,营养餐公司在限期内未能腾退、返还租赁物,遂成讼。诉讼中,营养餐公司针对本诉提出反诉,以管理中心未提供租赁房屋产权证明导致其不能正常经营并产生巨额经济损失为由,要求管理中心赔偿其各项损失共计2500万元,并要求管理中心继续履行房屋租赁合同。

代理意见

××区人民法院:

就贵院受理的原告管理中心诉被告营养餐公司房屋租赁合同纠纷一案(以下简称本案),我是本案管理中心(本诉原告、反诉被告)的代理人,结合案件事实、法律规定、证据材料、现场勘验及三次庭审情况,发表如下代理意见:

一、营养餐公司严重拖欠管理中心房屋租金逾6年,达500余万元,构成根本违约,管理中心解除租赁合同,并要求其返还租赁物,支付拖欠租金、违约金及租赁物使用费的诉讼请求具有法律、合同及事实依据

管理中心与营养餐公司于2004年1月2日签订了《房屋租赁合同》,并分别于2006年11月28日、2011年6月13日签订了《房屋租赁合同补充协议》,合同约定管理中心将××区××里62号出租给营养餐公司,营养餐公司向管理中心支付相应租金。合同签订后,管理中心依约履行了合同义务。

营养餐公司分别于2009年10月30日、2011年12月19日、2012年7月23日、2013年1月5日、2013年5月27日及2014年1月15日向管理中心发送《情况说明》等文件,反复说明因生产设施需要"按新标准进行改造""原由卫生防疫部门管理的学生营养餐生产划归到食品药品监督管理局进行管理"而无法就"申报材料进行验收和颁发卫生许可证""设备一直不能正常运转",航空营养餐公司"准备整体收购"其营养餐公司等原因,营养餐公司"一直未正式营业",请求"考虑营养餐公司的实际困难",按"实际开业的时间收取租金",并多次请求"延缓交纳租金"。双方签订的合作协议并未实际履行。

2017年3月27日,管理中心向营养餐公司发出催款《通知书》,但营养餐公司仍未在限期内支付。鉴于营养餐公司的上述行为已经严重违反了法律规定及双方的合同约定,管理中心依据我国《合同法》第94、96、227条的规定,于2017

年4月17日向营养餐公司发出《解除合同通知书》,依法、依约解除了与营养餐公司签订的前述租赁合同及补充协议,并进行了证据保全公证。

综上,管理中心的诉讼请求有事实及法律依据,且提交的证据形成了完整的证据链条,营养餐公司应依法承担合同解除的法律责任,向管理中心返还租赁物,并支付拖欠的租金、违约金及租赁物使用费。

二、营养餐公司反诉请求的基础,即因管理中心“未能提供租赁物的产权证书”,从而给其造成“巨大的经济损失”的说法并非事实

首先,营养餐公司于2009年10月30日向管理中心发送的《至今未开业有关原因的说明》中自述,其“未正式营业,主要原因有二”:“一是……营养餐公司基本完成施工及设备安装后……区卫生防疫站在现场勘查后认为……要按新标准进行改造,改造之后再申请验收和颁发卫生许可证”“二是……原由卫生防疫部门管理的学生营养餐生产划归到食品药品监督管理局进行管理,我营养餐公司在完成原防疫站要求的改造后,改向食品药品监督管理局申请验收和颁发卫生许可证,由于该局刚接手此项业务……还无法就我营养餐公司申报材料进行验收和颁发卫生许可证”。这显然与其目前的说法相互矛盾。营养餐公司不仅在当时未提出所谓“产权证书”的问题,而且在六次请求延期支付租金的函件中亦未提及该问题,更有甚者,其在签订合同后的逾13年的时间里,也从未向管理中心提出过该问题。其现在却以此为借口,在管理中心提起诉讼并要求其返还租赁物时,以反诉形式要求管理中心赔偿其所谓的“经济损失”,用意无非是转嫁本应由其自身承担的经营不善的风险。

其次,在营养餐公司诉×××投资担保有限营养餐公司合同纠纷一案中,××区人民法院民事判决书确认:“从庭审查明的事实看……区卫生行政部门对营养餐公司的施工现场审查后,提出了三条整改措施……最后整改工程未能施工,营养餐公司没有达到领取卫生许可证的审批条件……营养餐公司未能领取卫生许可证,不具备生产经营学生营养餐的基本条件,营养餐公司一直未能开业。”之后,××市第一中级人民法院以民事判决书驳回了营养餐公司的上诉,并再次确认了上述事实;北京市高级人民法院以民事裁定书驳回了营养餐公司的再审申请。从中不难发现营养餐公司未能开业经营的真实原因与所谓的租赁物产权证书无关。

综上,根据《最高人民法院关于适用〈中华人民共和国民事诉讼法〉的解释》

第93条规定："下列事实，当事人无须举证证明：……（五）已为人民法院发生法律效力的裁判所确认的事实……"而且，营养餐公司的书面自述与生效民事判决书的内容相互印证，充分证明了其无法开业的原因是其自身经营问题，与管理中心无关。因此，其以管理中心"未能提供租赁物的产权证书"为由，要求管理中心承担巨额赔偿责任，无任何事实及法律依据。

三、退一步讲，即便按照营养餐公司的说法，管理中心"单方解除租赁关系构成违约"，从而应由管理中心"承担赔偿责任"，其也未能提出合法、有效的证据证明其所谓的"经济损失"

在反诉中，营养餐公司提出了大量的证据材料证明其所谓的"经济损失"，但正像其提交的《证据目录（反诉）》中所自述的那样，其罗织的林林总总的所谓的证据材料均只能证明是其经营"投入"而非其损失。营养餐公司想当然地将"投入"等同于"经济损失"，显然属于常识性错误。同时，这些所谓的"投入"，绝大多数发生在2006年左右，而管理中心的解除行为发生在2017年4月17日，即便如营养餐公司所述，管理中心"单方解除租赁关系构成违约"，应向其"承担赔偿责任"，也显然不能按照十多年前的"投入"数额进行所谓的"赔偿"。

而对于其"投入"中的对租赁物的"新建、改建、扩建"，营养餐公司并未举证证明其进行上述行为经过了管理中心的同意。根据我国《合同法》第223条的规定，"承租人未经出租人同意，对租赁物进行改善或者增设他物的，出租人可以要求承租人恢复原状或者赔偿损失"。因此，营养餐公司无权要求管理中心赔偿其该部分损失，而管理中心却有权要求其恢复原状或者赔偿损失。营养餐公司在庭审中多次强调，其对租赁物的"新建、改建、扩建"经过了"区领导的批准"，在依法治国被不断强调的背景下，营养餐公司这种"领导指示"可以代替法律行为的思想显然不能成为其恣意妄为的理由。

综合上述第二、三条的内容和基本的法律逻辑，营养餐公司反诉成立的基础，首先是管理中心不履行租赁合同约定的义务；其次是管理中心不履行租赁合同约定义务的行为给其造成了经济损失；最后是管理中心的行为与其损失之间存在法律上的因果关系。而营养餐公司未提交任何证据证明上述三项基本的待证事实。因此，其反诉请求不应得到人民法院的支持。

四、本案的其他相关问题

（1）当事双方合同性质问题。管理中心与营养餐公司于2004年1月2日分别签订了《协议书》及《房屋租赁合同》。事实是双方确曾有过其他性质的合作意向,但最终双方确定以房屋租赁合同关系为准,其他的合作协议并未实际履行。这一点可以从双方在其后分别于2006年11月28日、2011年6月13日签订的《房屋租赁合同补充协议》,营养餐公司先后于2009年10月30日、2011年12月19日、2012年7月23日、2013年1月5日、2013年5月27日及2014年1月15日分6次向管理中心请求延期支付租金的事实中得到充分证实。

(2)营养餐公司超期举证问题。在2017年6月14日第一次庭审中,审判员已经对举证期限进行了充分释明,而营养餐公司却在超过举证期限的2017年11月15日第二次庭审当天再次补交部分证据。代理人认为,根据《最高人民法院关于民事诉讼证据的若干规定(2008调整)》第34条、某市高级人民法院《关于办理各类案件有关证据问题的规定(试行)》第13条的规定,营养餐公司的超期举证不具有正当理由,且管理中心代理人当庭已明确表示不予质证。因此,应视为营养餐公司放弃举证权利,其应承担举证不能的法律后果。

(3)营养餐公司法律逻辑混乱的实质。营养餐公司在其《答辩状》中辩称,管理中心"不是案涉62号房产的所有权及使用权人",但又表示"我方不同意解除合同",同时,其又在《民事反诉状》中宣称,在"租赁合同未到期的情况下",管理中心"单方解除租赁关系构成违约"。试问,如果管理中心并非租赁物的权利人,又何来"租赁合同未到期"一说,其"不同意解除合同"的意思难道是要和其口中的无权方的管理中心继续履行租赁合同吗?其法律观点之怪异、法律逻辑之混乱,令人咋舌。之所以出现上述问题,其实质是营养餐公司的诉讼主张与案件的客观事实之间存在巨大的矛盾,而其又无法自圆其说。

综上,在营养餐公司严重违反合同约定、构成根本违约的前提下,管理中心有权依法、依约解除《房屋租赁合同》及《房屋租赁合同补充协议》,并有权要求营养餐公司支付拖欠租金、违约金及租赁物使用费;而营养餐公司的反诉请求无事实及法律依据,且无任何证据支持,因此,其应依法承担因自身经营不善而导致的经济损失,故其反诉请求不应得到人民法院的支持。

以上代理意见,请法庭采纳。

谢谢。

本诉原告、反诉被告:管理中心

代理人:李　军　律师

裁判结果

一、支持本诉全部诉讼请求:确认租赁合同于 2017 年 4 月 18 日解除;判决生效后 30 日内营养餐公司拆除自建房后将租赁物交还管理中心;判决生效后 30 日内营养餐公司向管理中心支付租金 5, 019, 383. 5 元、违约金 50, 193. 84 元及使用费 49, 315 元(暂计算至 2017 年 5 月 8 日)。

二、驳回反诉全部诉讼请求。

裁判理由

(1)从以下三个方面可以确定,营养餐公司未能经营系其自身原因所致。第一,租赁合同及补充协议中,未约定管理中心需协助营养餐公司办理卫生许可证的义务;第二,营养餐公司虽主张一直向管理中心索要房屋产权证明,但没有提供相关证据予以证明;第三,在营养餐公司与案外人的诉讼中,在相关行政主管部门的三条整改方案中,并未提及房屋产权证明事宜,且在营养餐公司向管理中心出具的数份减免租金说明中,也从未提及房屋产权证明事宜。

(2)因管理中心已通知营养餐公司解除合同,且人民法院也对解除事宜予以确认,营养餐公司要求管理中心继续履行合同等请求,于法无据,不予支持。

(3)因营养餐公司自身原因未开展经营,且因营养餐公司违约导致合同解除,现营养餐公司要求管理中心赔偿其经济损失 2500 万元,缺乏依据,不予支持。

律师评析

本案表面上看是一起简单的租赁合同纠纷案,但其产生却有着一定的历史背景。彼时,学生营养餐作为商业主体经营业态方兴未艾,经营模式及准入标准莫衷一是,再加上政策因素的介入,导致当事各方权利义务边界模糊,合同关系因势生变。从客观角度讲,营养餐公司的初始合作状态真诚而积极,但正如《孙子兵法》所云:“求之于势,不责于人”,营养餐公司的付出并未获得期待的回报,该公司曹姓负责人亦多次表达了对十余年付出的不甘及由此衍生的执念。

40

租赁合同纠纷：租赁合同意向书的效力

北京市恒嘉律师事务所　李瑞华

裁判要点

意向书是表示缔结协议的意向,并经另一方同意的文书。通常情况下,这种文书旨在表明一种意向,并不是正式的协议,在协商过程中当事人各方可以按照各自的意图和目的提出修改意见,最终就合同具体内容达成一致签署正式合同。本案中,《房屋租赁合同意向书》采用书面形式签署,具备了合同的主要条款,具备“合同”的要件,对双方具有法律约束力。本案《房屋租赁合同意向书》的定金条款适用定金罚则。

基本案情

2017 年 8 月 21 日,北京公司与杨×签订《房屋租赁意向书》,约定北京公司将场地出租给杨×,租赁场地用途为健身俱乐部;租赁期限自 2017 年 12 月 1 日起至 2022 年 11 月 30 日止;租金自 2017 年 12 月 1 日起至 2018 年 11 月 30 日止按 3 元/天·平方米,从 2018 年 12 月 1 日起在 3 元/天·平方米的基础上每年递增 5%;自本意向书签订之日起,杨×付给北京公司租房定金人民币 20 万元,杨×在 10 天内须到北京公司处签订租赁合同,办理相关手续,逾期视作杨×自动放弃所定场地,定金不予退还。该定金在双方正式签订租赁合同时转为租金。意向书签订后,杨×依约支付定金 20 万元。后杨×多次要求与北京公司签署正式的租赁合同,但北京公司要求将房屋租金增加到 3.3 元/天·平方米。增加的 0.3 元被北京公司称为“能源费”。杨×不同意增加,故提起诉讼。

代理意见

××中级人民法院：

就贵院受理的原告杨×诉被告北京公司房屋租赁合同纠纷一案(以下简称本案),我是本案原告的代理人,结合本案庭审情况,发表如下代理意见:

一、双方没能签订正式的租赁合同的原因是北京公司擅自涨房租,8 月 21 日双方签订《意向书》,26 日北京公司通知杨×因为周边房价大涨,再按 3 元租就亏了,要将房租从原来的 3 元/天·平方米涨至 3.3 元/天·平方米,杨×不同意,经多次协商沟通无果。因北京公司违约,致使双方合同没能签订,其应承担相应的违约责任。

二、双方签订《房屋租赁意向书》之前就承租用途、租赁时间、杨×承租后的营业时间等问题已经进行了充分的沟通,北京公司清楚知晓杨×承租后的营业时间。且《意向书》中明确约定了房屋使用用途为健身俱乐部,即清楚健身房的营业时间是到晚上 10 点甚至 24 小时不打烊。北京公司作为专业的房屋出租方,有大量的承租、转租、出租的经验,对杨×的营业时间应该知晓。故,其陈述意向书签订后,因为杨×要求延长营业时间而增加 0.3 元作为能源费不应被法庭采信。杨×从未认可该 0.3 元是能源费。北京公司为了自圆其说,违约后不愿意承担违约责任,才提出增加的是“能源费”一说。

三、预约合同本身就是一种契约,目的是确保与相对人在将来订立特定的合同,是为了防止在“物之交付”前任由当事人随意撤回意思表示,损害相对人的信赖利益。双方签署的意向书中约定了定金条款,应该适用定金罚则。

原　告:杨　×

代理人:李瑞华　律师

裁判结果

一、原告杨×与被告北京公司签订的《房屋租赁意向书》于 2017 年 9 月 1 日解除;

二、被告北京公司于本判决生效之日起 7 日内向原告杨×双倍返还定金 40 万元。

裁判理由

××区人民法院认为,北京公司与杨×签订的《房屋租赁意向书》合法有效,合同的内容经双方充分协商后确定,为当事人享受权利、履行义务的依据。《房屋租赁意向书》订立后,双方意见不一时,应以文字约定为准,即以《房屋租赁意向书》内容为依据确认权利义务。《房屋租赁意向书》中显示 2017 年 12 月 1 日至 2018 年 11 月 30 日按 3 元/天·平方米计算租金,北京公司亦不能证明杨×额外延长了营业时间,故北京公司应当按照《房屋租赁意向书》确定的租金数额与杨×签署房屋租赁合同。现北京公司变更租赁费用,要求每平方米多给付 0.3 元,但双方又未能达成一致意见,最终导致杨×没有按时签署正式合同,上述责任应归咎于北京公司。现杨×要求解除双方签订的《房屋租赁意向书》,理由正当,该意向书于 2017 年 9 月 1 日解除。意向书解除后,北京公司未按约定与杨×签约的行为已构成违约,其应当承担双倍返还定金的责任。北京公司的答辩意见,没有事实及法律依据,法院对北京公司的主张不予采信。

后××中级人民法院认为,北京公司与杨×于 2017 年 8 月 21 日签订的《房屋租赁意向书》系双方当事人的真实意思表示,内容不违反法律、行政法规的强制性规定,合法有效,对双方均产生法律拘束力。根据《房屋租赁意向书》的内容来看,该协议属于预约合同,其中杨×交纳的 20 万元定金的性质属于订约定金,预约合同的目的是将来订立本约合同,20 万元定金的目的也是保证本约合同的订立,二者并不矛盾。现北京公司要求增加 0.3 元/天·平方米的费用,该行为构成对于《房屋租赁意向书》约定内容的违反。现双方均同意解除《房屋租赁意向书》,法院对此不持异议。杨×主张北京公司存在违约行为应当适用定金罚则双倍返还定金,于法有据,故该法院维持××区人民法院的判决。

律师评析

意向书不像协议、合同那样,一经签约不能随意更改,意向书更具灵活性,在正式签订协议、合同前亦可随时变更或补充,最终达成协议。事实上,法律并没有对意向书的效力作出规定,通常的意向书内容中都含有导致其丧失约束力的条款。如在意向书中列有"本意向书不具有法律约束力""双方的权利义务具体由正式的合同确定"等条款,意向书中这些条款通常都表明双方不希望受到有关内容的约束。因此，通常来说，意向书不具有和合同一样的法律效力。

当然，在某些情况下，意向书也会具有一定的法律效力。根据《合同法》的相关规定："采用合同书形式订立合同，在签字或者盖章之前，当事人一方已经履行主要义务，对方接受的，该合同成立。"如果意向书已经具备了一份合同的主要条款，如租赁标的、租金、租金支付时间等，而且当事人没有明确排除其约束力，且一方已经开始履行了该意向书所载明的部分义务，对方也接受了，则认为意向书具备了合同的条件，合同各方应接受意向书的约束。

41

建设工程施工合同纠纷：建设工程价款的计算

北京市东卫律师事务所　李素莉

裁判要点

建设工程施工合同是指承包人进行工程建设，发包人支付价款的合同。对于工程造价，一般在订立合同中会明确规定工程价款的计算原则，具体约定执行的定额、计算标准，以及工程价款的审定方式。本案因双方未签订书面合同，因而对工程价款产生争议。在对案涉工程价款造价鉴定中，争议双方对于案涉项目工程中的拉管价格争议较大，同时在拉管工程也没有国家定额的情形下，应该依据什么价格作为鉴定的计价依据？鉴定公司根据争议双方的检材出具了两种意见，其中一种是确定项，另一种是争议项，在再审过程中又作补充鉴定，并出具一个市场寻价的鉴定意见，在本案中结合再审法院的判决，应当认为鉴定意见应给出一种确定意见，让法院从中选择争议项与确定项，不利于纠纷的解决。

基本案情

2013 年，甲公司与乙公司达成口头协议，乙公司将其中标的部分承包给甲公司，由甲公司负责施工建设。2013 年 8 月初，甲公司开始进场施工，乙公司于 2013 年 7 月 26 日向甲公司预付上述工程的工程款 200 万元；2014 年 7 月 10 日，向甲公司转账支付工程款 200 万元。甲公司于 2013 年 8 月初至 2014 年 11 月进行了上述工程施工。2014 年 12 月 30 日，该工程投入使用。

2014 年 11 月 5 日，乙公司通过电子邮件致函甲公司，要求甲公司于 2014 年

11月9日前按实际完成工程量,将工程款结算文件以书面形式报送乙公司。2014年11月6日,甲公司以电子邮件的方式将工程结算文件(工程款项总计21,503,037.46元)发送给乙公司,2015年1月4日甲公司再次向乙公司催要工程款未果,2015年3月16日甲公司向×××人民法院提起诉讼要求乙公司支付工程款。法院审理过程中委托鉴定公司对案涉工程的工程量、工程造价进行了鉴定。鉴定中甲、乙双方主要对案涉项目工程中的拉管工程的单价分歧较大,甲方主张按照行业协会的标准(《中国非开挖技术协会关于颁布非开挖铺管施工收费标准的通知》)计算,后建议用乙公司投标报价作为拉管单价,鉴定公司根据此单价作出的鉴定意见的总工程款为13,381,488.1元,乙方则主张使用由其提供的三份报价单的均价作为拉管单价,鉴定公司据此单价作出的鉴定意见的总工程款为3,253,944.7元。鉴定意见送达后,甲公司于2017年1月4日申请撤诉并获准许。

2018年5月2日,甲公司再次以同样事实和理由将乙公司诉至法院要求其支付拖欠工程款9,381,488.1元及违约金。乙公司认为工程总价为3,253,944.71元,因其已付款400万元,故反诉要甲公司返还多支付的工程款746,055.29元。甲公司认为采用鉴定意见中的投标价格更合理,乙公司提供的询价均价只是其单方寻价,与本案无关联。一审判决采纳鉴定意见中的投标价格鉴定结果,乙公司不服提起上诉,二审维持原判。乙公司申请再审,×××高级人民法院提审。再审过程中×××高级人民法院委托鉴定公司补充鉴定,鉴定公司针对拉管工程作出一份补充鉴定意见,×××高级人民法院采纳补充鉴定意见,并依据补充鉴定意见作出判决。

代 理 词

致×××高级人民法院:

北京市东卫律师事务所依法接受甲公司的委托,指派本所李素莉律师作为甲公司诉乙公司建设工程施工合同纠纷一案的代理人。代理人在与甲公司了解有关案件、查看情况、查询本案有关的案件材料并参加了两次庭审后,就再审庭审情况发表代理意见如下:

一、乙公司申请再审不符合法律规定,×××高级人民法院决定再审的法律依据不明确

乙公司申请再审的法定事由是《民事诉讼法》第200条第2项和第6项之规定。乙公司并没有充足的理由证明其符合再审的条件,同时×××高级人民法院再审的法定事由并不明确。

二、×××高级人民法院出具的委托函理由与实际事实不符,是错误的

×××高级人民法院出具委托函的理由是:"双方对拉管工程的造价争议较大,甲公司不认可原鉴定的中标价格扣除6%,也不认可乙公司主张的三家询价平均值为拉管价格。"对于6%的管理费用是谁首先提出的,才是再审庭审中甲公司甲方代理人与出庭鉴定人员的主要分歧。

甲公司在原一审、二审以及再审过程中一直主张依据中标价格扣除6%的管理费、税费的鉴定结果是最客观、最真实的。我方一直也不认可乙公司提出三方无资质的平均询价。原一审法院在2015年7月29日作出《委托函》并向鉴定机构移送鉴定材料时,并不包括这三份报价单。后来在乙的要求下,原一审法院又于2015年10月14日向鉴定机构发函移送了这三份报价单,但该函中明确注明这三份报价单不作为鉴定检材。最终,原审判决也是以中标价格来作出判决的。

因此,×××高级人民法院出具的委托补充鉴定理由不能成立。我方认可原鉴定的中标价格扣除6%管理费的鉴定结果。

三、甲公司对本次再审中补充鉴定意见的整体程序和实体结论完全不认可

在本案原审程序中,鉴定报告出来后,原审法院向原、被告双方发了书面的函件,告知双方对鉴定报告如有意见可以提出,乙与甲公司对原来的鉴定结论都没有提出异议。并且在此后的二审和再审程序中,双方也都没有提出异议,也更没有申请法院进行补充鉴定。因此,依照《司法鉴定程序通则》第30条之规定,本案不符合补充鉴定的条件。

补充鉴定应当是对原鉴定的部分补充,而×××高级人民法院委托的补充鉴定事实上是对原鉴定的根本颠覆和否定,名义为补充鉴定实质上是重新鉴定,违反了《司法鉴定程序通则》第31条关于重新鉴定的规定。

原先鉴定结果主要内容是拉管工程的鉴定,当时鉴定机构一直讲没有相关定额,鉴定一度进行不下去,为此鉴定机构还专门向法院发函。原先鉴定结果的出具经历了很长时间,一直都未能做出,为什么这次能够在很短时间内就寻到市场价进行鉴定?市场价的依据是什么?做了什么工作?调取了什么材料?对于这些问题鉴定人在出庭中均无法回答。由此可见,补充鉴定结果不能成立。

综上,这次补充鉴定报告不符合程序,不能作为本案定案的依据。请求法院依据原鉴定结果,在全面掌握调查了本案事实的情况下,依法维持本案原判决。

以上代理意见供审判长、审判员明鉴!

此致

×××高级人民法院

被申请人:甲公司

代理人:李素莉　律师

裁判结果

×××人民法院一审判决:

一、被告乙公司向甲公司支付工程款7,263,230.56元;

二、驳回甲公司的其他诉讼请求;

三、驳回乙公司的全部反诉请求。

×××中级人民法院二审判决:

驳回上诉,维持原判。

×××高级人民法院再审改判:

一、撤销本案二审判决及一审判决;

二、乙公司支付甲公司工程款1,429,330元;

三、驳回甲公司的其他诉讼请求;

四、驳回乙公司的反诉请求。

裁判理由

×××高级人民法院再审认为:本案的争议焦点为在没有书面协议的情况下如何确定案涉工程量及工程造价。

一、关于案涉工程量

由于双方当事人没有签订书面协议,在确定案涉工程量及工程造价时产生重大争议,导致本案诉讼。在审理过程中,双方仍无法就甲公司实际施工的工程量及造价达成一致意见。经双方当事人共同申请,一审法院随机确定由工程咨询公司对甲公司就实施的工程量及工程造价进行鉴定。鉴于双方对该鉴定意见的真实性均认可,仅对结算价格有争议,该鉴定意见可作为工程量结算依据。

二、关于案涉工程造价

乙公司与医院外电源工程的招标文件包括东线和西线工程,甲公司分包的是西线工程的部分工程。因拉管工程没有定额,乙公司主张按三家厂家询价的平均价格计算拉管单价,甲公司主张按行业标准计算拉管单价。原审法院委托的鉴定机构以三家厂家询价的平均价格作为拉管单价计算出拉管工程的确定项,以招标文件的投标价格扣除6%作为拉管工程争议项。再审庭审中,甲公司申请鉴定人出庭,鉴定人出庭接受双方问询并作出补充鉴定意见,结论为:原鉴定意见中拉管工程确定项金额为3,622,668.78元,拉管工程争议项金额为1,359,182.58元。本院认为现鉴定机构根据电信工程中的拉管定额计算出的拉管工程造价更具合理性和科学性,可以作为工程造价的计算依据。本院采信补充鉴定意见中拉管工程确定项金额为3,622,668.78元。

律师评析

本案例系建设工程施工合同纠纷,主要争议是,在没有合同约定的情形下,对于没有国家定额的拉管价格,在双方有争议时,如何确定拉管单价。

本案例一审中鉴定公司出具的鉴定意见不唯一,争议双方各自坚持自己的意见,一审法院依据鉴定意见中的中标价格扣除6%管理费的鉴定金额作为拉管工程造价的依据。再审法院在再审过程中依职权委托鉴定公司补充鉴定,最终采用补充鉴定意见。

本案例中,由于拉管价格没有国家定额,法院的自由裁量权适用的空间较大,因此对于建设工程施工合同,规避风险的最好方法还是应该依法签订合同,详细清楚地约定相关事项。

42

承揽合同纠纷：定作人要求的认定

北京厚大合川律师事务所　李长浩

裁判要点

定作人与承揽人签订承揽合同，承揽合同并未对定作物的品质、颜色、样式、规格等具体要求进行约定，在合同履行过程中，定作人亦未提出上述具体要求，该合同的给付内容无从确定。此时承揽人即便完成所谓的定作物，亦不能认定该定作物系根据定作人要求完成，故不应判令定作人支付相应报酬。

基本案情

2014年4月，设备公司与甘×签订《工业品（承揽）加工合同》（以下简称加工合同），约定设备公司为甘×加工配电柜、配电箱共计5270台，总价款9,643,874元。2015年3月1日付合同总款的60%，2015年3月30日交付货物，余款货物全部到现场一次付清。

2015年10月27日，设备公司向人民法院提起诉讼，要求甘×支付货款5,786,324元（即加工合同总价款的60%）及相关利息。法院经审理认为，《工业品（承揽）加工合同》系设备公司与甘×的真实意思表示，且未违反法律法规的强制性规定，应予认定合法有效。加工合同约定甘×应当于2015年3月1日前支付总货款的60%，即5,786,324元，甘×未按约定履行合同义务，构成违约，应当支付逾期付款利息。据此判决支持设备公司诉讼请求。

2017年12月4日，设备公司另行向人民法院提起本案诉讼，要求甘×支付货款3,857,549元（即加工合同总价款的40%）、相应利息及场地占用费。主要理由是设备公司按甘×要求已经全部加工完成配电箱、配电柜5270台,甘×已经指定他的工作人员签字验收完毕,并向设备公司出具了收货单,而至今迟迟不把货物提走,占用设备公司场地及资金,故提起本案诉讼。

本案经过第一次开庭审理后,通知择期再次开庭审理,此时甘×委托本律师作为其诉讼代理人,参与本案之后的诉讼过程。本律师经过仔细阅卷(之前诉讼卷宗及本案诉讼相关材料),搜集到了部分证据并提出相关代理意见,最终设备公司选择撤诉。

代理意见(摘录)

一、被告主张双方签署的《工业品(承揽)加工合同》是意向性文件,并非原告真实意思的表示,合同并未成立

理由:本案原、被告均清楚案涉货物最终用于限价房项目,具体为该地块B01#—B06#住宅楼及车库。合同当事人是谁,无外乎两种情形:

(一)本案原告与被告

由于货物用于上述确定项目,因此如果被告个人与原告签订合同,被告必然需要再与施工方形成另外的合同关系。但从900多万元的报价来看,作为多年从事类似项目的被告本应清楚这个价格远高出市场价格,因此若这个高价的合同是被告个人与原告签订,不符合常理。

因此也能够解释被告在答辩时所称的该所谓"合同"是意向性文件,并非正式合同,而是承诺帮助原告与建设方完成该项目的认价事宜后与施工方再签订正式合同。

另外,被告答辩时称原告代理人同时代理了××公司与建设方之间就同样是商品房项目的配电箱认价事宜,并在认价事宜完成后与另一商品房项目的施工方签订了配电箱采购合同。

说明原告对于被告陈述的上述配电箱采购程序非常清楚。

若原告认为其与被告签订的案涉的所谓"合同"是正式合同,且已经于签订之日成立并生效,则不应存在再就相同项目与该项目建设方进行接洽的情形,更不可能再参加建设方的询价活动。

据了解,该项目甲方也就是建设方曾经于2015年就案涉地块配电柜、配电箱货物进行过询价,而且当时本案原告也参与了该询价过程,这个时间发生在案涉的所谓“合同”日期之后。若原告认为其已经就该项目与本案被告签订了正式合同,为何再次参加上述询价活动?由于本案原告给建设方的报价远高于其他公司,故建设方并未选择本案原告作为供应商。原案原告于当年就案涉的所谓“合同”对被告提起了第一次诉讼。上述行为严重不符合常理。(可考虑请求法院就此问题向原告询问,若原告不认可,可以申请法院向该项目建设方调取相关证据)。

因此,由于该合同并非双方签订的正式合同,而仅仅是意向性文件,该合同并未成立,因此请求法院判决驳回原告全部诉讼请求。

(二)原告与施工方

若该案涉的所谓“合同”是原告与施工方签订的,则本案被告不是合同相对方,被告主体不适格,应当驳回起诉。

二、若假设案涉的所谓“合同”的当事人是本案原、被告,并假设该合同成立并生效,则

1. 合同第1页载明的生产厂为“北京××开关厂”,并非本案原告

2. 定作人要求问题

《合同法》第251条规定,承揽合同是承揽人按照定作人的要求完成工作,交付工作成果,定作人给付报酬的合同。

其一,原告证据2《工程技术洽商记录》、证据3加工图纸、证据4送货单均没有被告签字,原告也没有任何证据能够证明在上述材料上签字的两同事有被告的授权。因此证据2《工程技术洽商记录》、证据3加工图纸并不能作为定作人具体要求的依据。

因此,即便法院认定案涉的所谓“合同”的当事人是本案原、被告,且认定该合同成立并生效,也由于定作人的具体要求还未明确,原告在没有得到被告具体要求的前提下盲目投入生产,即便存在损失,该损失也不应由被告承担,故从这个角度,请求法院判决驳回原告的诉讼请求。

其二,假设原告有证据证明两同事有被告的授权,本案中的所谓“合同”及原告证据2《工程技术洽商记录》及证据3加工图纸等证据材料也无法体现定作人对案涉货物的具体要求,具体理由是:

(1)原告提交的证据2《工程技术洽商记录》只在第1页有两同事之一的

签名,且不论该同事是否有权代理申请人签署相关技术要求文件,仅从该《工程技术洽商记录》本身来看,《工程技术洽商记录》第1页第13项载明的箱内所装驱动模块型号为空白;《工程技术洽商记录》第2页第17项载明的箱柜体颜色为空白。上述技术要求的空白,承揽人根本无法根据定作人这一还未确定的要求进行生产,因此不可能完成全部5270台配电箱、柜,原告存在虚假陈述嫌疑。

(2)原告提交的证据2《工程技术洽商记录》第5页《附表-1》、第7页《附表-2》、第9页《附表-3》、第11页《附表-4》、第13页《附表-5》、第15页《附表-6》、第17页《附表-7》有多处显示"待定",显示"待定"的配电箱、柜共计262台。既然存在上述待定项目,承揽人根本无法根据定作人这一还未确定的要求进行生产,因此不可能完成全部5270台配电箱、柜,原告存在虚假陈述嫌疑。

(3)原告提交的证据6照片,其所显示的明显是箱、柜体外壳,箱、柜体内均无相应元器件设备,法院勘验所得照片亦未显示箱、柜体内均有无相应元器件设备。因此原告不可能完成全部5270台配电箱、柜。

(4)加工图纸中只有2页系统图,其中还有1页该同事已经注明"仅限样板间",在没有系统图的前提下对应的箱柜根本无法进行电气施工。

因此,即使两同事有被告的授权,现有证据也无法体现定作人对案涉货物的具体要求,由于定作人的具体要求还未明确,原告在没有得到被告具体要求的前提下盲目投入生产,即便存在损失,该损失也不应由被告承担,故从这个角度,请求法院判决驳回原告诉讼请求。

代理人:李长浩　律师

裁判结果

裁定准许设备公司撤诉。

裁判理由

设备公司自愿申请撤诉,依照《民事诉讼法》第145条第1款的规定,裁定准许设备公司撤诉。

律师评析

由于本律师未参与双方就《工业品(承揽)加工合同》的第一次诉讼,仅凭现有材料,本律师认为第一次诉讼甘×败诉的主要原因在于:该诉讼中设备公司诉讼请求是按照合同约定的总价款的60%支付。由于该合同约定首期60%价款支付时间为2015年3月1日,而设备公司提起该诉讼时间为2015年10月27日。故只要合同已经成立并生效,双方在未解除合同的前提下,当然有权利要求甘×按照合同履行支付首期款的义务。

本案诉讼,本律师认为设备公司撤诉的主要原因在于:(1)甘×的意见揭穿了设备公司的部分陈述,使得法院对于设备公司的陈述产生了合理怀疑;(2)承揽合同需要承揽人按照定作人的要求完成工作,而本案中甘×否认提出过具体要求,设备公司提交的证据亦无法证明定作人的具体要求;(3)设备公司提交的证据无法证明在收货单上签字的人有甘×授权,故即便设备公司完成所谓的工作,该工作成果亦无法认定为甘×的要求。

43

买卖合同纠纷：虚假意思表示及责任认定

北京朗山律师事务所　李志勇

裁判要点

在表面意思表示与真实意思表示不一致时，如何通过穿透式审判思维，查明合同当事人签订合同时的真实意思，探求真实法律关系，并根据真实法律关系进行责任认定和判决？该案件给出了代理思路和审判思路。

虽然每个类似案件均具有不同事实背景，就如每座海上冰山之暴露于海面部分都各具特征，但透过表面看本质，综合局部看全局，其逻辑基本一致。代理律师及审判法官如何通过"目光在表面合同和真实意思之间穿梭"，发现表面合同中忽隐忽现，貌似互不关联的真实意思表示，并查明和论证表面意思表示与常识通理的不一致，进而还原一个完整的真实意思表示，这个过程也有一定共同规律。

本律师代理了该案件在××省高级人民法院的一审，也代理了该案在最高人民法院的二审。通过该案长达四年多的一审、二审过程，可以深切感受到中国审判机关对类似案件审判思路的变化——从最初深为惧怕触动合同相对性，对根据表面合同界定责任的追求大于对真实意思的探究，至2019年审判思路发生巨变，开始探求真实法律关系。

然而，在任何一个类似案件中，代理律师都需要付出更多努力，为了追求真实意思表示，法官都需要承受更多风险，并为司法公正付出更多努力。

该案一审及二审法官非常好地抓住了《采购协议》对于第三方权利义务的约定，结合其他事实，深入挖掘该协议每个句子的含义，还原了五个企业通过几个合同完成的企业之间借贷的真实意思，其思路和证明方法、责任确定方式均值得借鉴。

基本案情

一、基本案情和代理过程

国际贸易公司以买卖合同纠纷为案由，起诉进出口公司、能源公司、黄×松、郑×华、黄×花、供应链管理公司，要求进出口公司退还货款，能源公司、黄×松、郑×华、黄×花、供应链管理公司承担连带责任。

进出口公司聘请北京朗山律师事务所李志勇律师、北京市铭基律师事务所蔡维霞律师作为代理人出庭应诉。

根据当事人的陈述，代理律师判断这是以买卖合同为名，行企业间借贷之实的案件，即国际贸易公司作为出借方，进出口公司作为借入方，通过循环买卖合同的形式，完成资金借出和本息归还。但是，案件的难题在于：借款的意思表示存在高度的主观性，客观表现上，每一个买卖合同都具有相对性。如何通过客观证据举证，让当事人借款的主观目的浮出水面，并成为可供法院认定的事实，是个非常困难的任务。

根据对案情的初步了解，确定了一上溯，二闭环，三旁证的调查和举证思路。因为买卖合同的账期不可能很长，一个月到两个月已经是最长了，而借款使用项目不可能在短时间内完成清算。所以，类似企业间借款往往通过一个一个的循环贸易链条衔接，实施借新换旧操作。所以，应该通过向上追溯，尽可能完整呈现借款历史，通过完成的合同流、资金流、货权凭证流来印证借款事实，此所谓一上溯；二闭环是指通过上溯历史，尽最大可能地将每个交易闭环，即四份合同封闭对应、资金循环对应、货权凭证对应，呈现循环买卖和某一环节的高买低卖，击破买卖合同假象。实现闭环的一个主要过程是合并，一个由四个企业签署四份买卖合同所形成的交易闭环，要提供齐全四份合同、四个货权交付凭证、四个资金流动凭证是很难完成的任务，而将四个当事人之间的两方混同关系呈现给法庭，四方关系就成为三角关系，可以弥补部分证据的缺失。但由于上述上溯之举、闭环之举与本案合同并不直接相关（理由是本案产生争议的原因是未完成资金闭环），所以上述通过上溯及前轮闭环所呈现的证据均为间接证据，离形成证据链条之间尚存在缺口，所以，就必须寻觅其他主观证据，例如邮件、聊天记录、其他合同等。

万幸的是,该案件有一份《采购协议》,草蛇灰线,出现了很多不符合买卖合同的迹象,并若隐若现地呈现垫资的主观意图。

通过上述取证操作,我们形成了证据链并呈现给法庭。

二、一审查明事实

2014年1月3日,国际贸易公司与能源公司签订《采购协议》(编号:××××××2014),能源公司自愿向国际贸易公司常年采购进口橡胶、电缆、钢坯等商品。能源公司指定并经国际贸易公司认可的商品供货商为进出口公司。在购销合同签署后3个工作日内,能源公司向国际贸易公司以现金方式预付合同总金额20%的货款作为履约保证金,国际贸易公司在收到履约保证金后向供应商以现金形式付款采购。供货商在收到国际贸易公司开具的银行承兑汇票之日起87日内交齐货物给国际贸易公司。能源公司在购销合同约定时间内将剩余货款以现金方式付至国际贸易公司账户。国际贸易公司收齐货款后向能源公司开具提货通知,由能源公司到国际贸易公司指定地点自提货物。如在购销合同执行期内,合同项下商品市场价格跌幅达到5%,能源公司应在3日内按比例向国际贸易公司追缴补足跌价损失。国际贸易公司累计垫款采购总金额不超过2亿元。能源公司提货后,国际贸易公司向能源公司开具17%的增值税发票。能源公司对供货商资信负责,确保供货商按采购合同的规定履行所有责任及义务。违约责任:如果能源公司逾期付款提货,则能源公司须按到期未付款项向国际贸易公司支付每日千分之一点五的滞纳金。如能源公司逾期付款超过7日,则国际贸易公司有权终止购销合同,没收能源公司的履约保证金并有权自行处置货物,如要求供货商回购等。除此之外,能源公司须向国际贸易公司赔偿因此所造成的一切损失。在本协议项下,违约方除依法依约承担违约责任外,还应承担守约方为实现债权而支付的费用,该费用包括但不限于律师费用、诉讼费用、差旅费、通讯费等。为确保本协议的顺利执行,能源公司法定代表人黄×松、郑×华先生及配偶黄×花女士为本协议提供其个人全部资产作为担保,与国际贸易公司签署《担保合同》,担保公司向国际贸易公司提供连带责任担保,并与国际贸易公司签署《担保合同》。有效期至2014年12月31日。

2014年6月24日,进出口公司(需方)与宁波A公司(供方)签订《工业品购销合同》(编号:××××××01),约定进出口公司向宁波A公司采购钢坯,该钢坯材质型号为 Q235,150×150×12M,数量为 15,773 吨,单价 2745 元/吨,总金额 43,296,885 元。质量标准为符合国家行业标准。交(提)货地点、方式:港务管理局储运贸易公司仓库交货。供方在收到需方支付的货款后 70 日内向需方交清全部货物。违约责任和损失计算:需方支付供方全额货款后,供方无法按照合同约定如约交货的,每延迟一日,供方应按合同总金额的 2% 向需方支付违约金。供方延迟交货超过 10 天,需方有权解除合同,要求供方退还全部货款并承担合同总额 20% 的违约金。合同有效期从 2014 年 6 月 24 日至 2015 年 6 月 24 日。

同日,进出口公司(需方)与宁波 B 公司(供方)签订《工业品购销合同》(编号:××××××01),约定进出口公司向宁波沪皓公司采购钢坯,该钢坯材质型号为 Q235,150×150×12M,数量为 11,500 吨,单价 2745 元/吨,总金额 31,567,500 元。质量标准为符合国家行业标准。交(提)货地点、方式:港务管理局储运贸易公司仓库交货。供方在收到需方支付的货款后 70 日内向需方交清全部货物。违约责任和损失计算:需方支付供方全额货款后,供方无法按照合同约定如约交货的,每延迟一日,供方应按合同总金额的 2% 向需方支付违约金。供方延迟交货超过 10 天,需方有权解除合同,要求供方退还全部货款并承担合同总额 20% 的违约金。合同有效期从 2014 年 6 月 24 日至 2015 年 6 月 24 日。

2014 年 7 月 25 日,国际贸易公司(需方)与进出口公司(供方)签订《采购合同》(编号:××××××ZXL06),约定国际贸易公司向进出口公司采购钢坯,该钢坯材质型号为 Q235,150×150×12M,数量为 27,273 吨,单价 2750 元/吨,总金额 75,000,750 元。质量标准为符合国家行业标准。需方收到货物后 7 天内直接向供方提出异议。执行数量允许 ±5% 的溢短差异,因此产生的货款差异实行多退少补。交货地点及提货方式:港务管理局储运贸易公司仓库,凭需方加盖公章的提货单及供方提供的提货凭证自提。交(提)货时间:供方在收到需方支付的货款后 40 日内向需方交清全部货物,并提供货物质保书。结算方式及期限:需方以现金结算方式进行采购,供方应在交清货物后 10 日内向需方开具税率为 17% 的增值税专用发票。若需方因下游购货客户违约或其他原因不能全部或部分提货,供方同意需方退货要求,并回购本合同项下未提货物。在合同约定提货时间超过 7 日后,供方在收到需方要求回购的书面通知后 3 日内以现金方式向需方支付回购货款。回购价格按本合同价格的90%计算。违约责任:其一,如供方逾期交货,供方须向需方支付逾期交货部分每日千分之一点五的逾期交货违约金,如逾期交货时间超过7天,需方有权终止合同,供方在收到需方终止合同的通知后3日内以现金方式退回需方未提货物的货款,并按照未提货物总金额千分之一点五的标准,从需方支付现金之日起至退款之日的期间,按日向需方支付违约金。其二,如果发生回购,供方不能按本合同约定第8条第2款中的约定按时向需方支付回购货款,则供方须按逾期回购款的千分之一点五每日向需方支付违约金。其三,本合同项下,违约方除依法承担违约责任外,还应承担守约方为实现债权而支付的费用,包括但不限于律师费用、诉讼费用、差旅费、通讯费等费用。其四,清偿顺序为:(1)守约方为实现权利而支付的费用。(2)逾期付款违约金(按每日千分之一点五计)和损失赔偿金。(3)货款本金。合同有效期从2014年7月25日至2015年7月25日止。

2014年7月25日,能源公司(需方)与国际贸易公司(供方)签订《购销合同》(编号:××××××11号),约定能源公司向国际贸易公司采购钢坯,该钢坯材质型号为Q235,150×150×12M,数量为27,273吨,单价2785元/吨,总金额75,955,305元。质量标准为符合国家行业标准。需方收到货物后7天内直接向供货商提出异议并交涉。执行数量允许±5%的溢短差异,因此产生的货款差异实行多退少补。交货地点及提货方式:港务管理局储运贸易公司仓库,凭需方加盖公章的提货单及供方提供的提货凭证自提。交(提)货时间:2014年9月10日前。结算方式及期限:(1)需方在合同签订后2个工作日内以现款方式向供方支付15,194,447元作为履约保证金,剩余货款60,760,858元在2014年9月9日之前以现款方式付清。(2)供方在交清全部货物后10日内向需方开具税率为17%的增值税专用发票。(3)如在交货前合同项下货物市场价格跌幅超过5%,需方须在3日内按跌价比例向供方追加支付履约保证金。违约责任:按双方签订的《采购协议》(编号:×××××2014)执行。

2014年7月28日,国际贸易公司向进出口公司转款75,000,750元,转款用途处记载为“货款加急货款”。同日,能源公司向国际贸易公司转款15,194,447元,转款用途处记载为“保证金”。2014年7月28日,进出口公司向宁波B公司转款31,567,500元,转款用途处记载为“货款”。同日,进出口公司向宁波A公司转款43,296,885元,转款用途处记载为“货款”。

供应链管理公司向国际贸易公司出具《担保函》，为保证能源公司充分履行《采购协议》（合同编号：××××××2014），对其项下应承担的货款本金、违约金、诉讼费、律师费及其他损失等提供连带责任保证。《担保函》自开立之日起生效，期限为24个月，即从2018年1月1日起至2019年12月31日止。

另查明，宁波B公司在2014年度报告中，唯一股东登记为能源公司。宁波A公司唯一股东为上海A物资供应有限公司，其2014年度报告中企业通信地址与能源公司2014年度报告中的企业通信地址一致。

国际贸易公司为本案诉讼已实际发生律师费462,828元。

三、一审判决主要内容

根据上述查明事实，××省高级人民法院一审判决认定，买卖合同是出卖人转移标的物所有权于买受人，买受人支付价款的合同。案涉《购销合同》以及《采购协议》从形式上属买卖合同，但实际上是以钢坯买卖形式开展的企业间借贷；案涉《购销合同》是国际贸易公司与能源公司企业间借贷中的一个环节，并无真实买卖关系。进出口公司参与案涉封闭式循环买卖，为国际贸易公司与能源公司的民间借贷交易的完成提供帮助，并以此扣留相应的费用。进出口公司与国际贸易公司之间实际形成事务处理合同关系，因缺乏真实的意思表示，不具备《民法总则》第143条规定的有效民事行为的构成要件，也应当认定为无效。本案还款义务主体应为能源公司。应当由实际借款人能源公司承担返还借款的责任。故国际贸易公司要求进出口公司退还货款59,806,303元的诉讼请求因缺乏事实依据，不予支持。

四、上诉情况

上述一审判决作出后，国际贸易公司提起上诉。请求撤销一审判决，改判支持国际贸易公司上诉请求等。主要上诉理由为：原判决关于各方当事人之间形成了一个标的形同的封闭式循环买卖……能源公司既是出卖人又是买受人，低价卖出，高价买入的认定，属于基本事实认定不清；原判决关于国际贸易公司分别与进出口公司、能源公司签订案涉合同时缺乏买卖合同意思表示的认定，属于认定事实错误；即便案涉合同性质为借款而无效，原判决关于还款责任应由能源公司承担以及进出口公司与国际贸易公司之间实际形成事务处理合同关系且也为无效并不承担偿还责任的裁判结果因突破了合同相对性原则而错误。

代理意见/代理词

致最高人民法院：

北京朗山律师事务所及北京市铭基律师事务所接受进出口公司的委托，分别指派李志勇律师、蔡维霞律师担任其与国际贸易公司借款合同纠纷案件的二审诉讼代理人。根据一审法院及本庭已查明的案件事实并结合本案的争议焦点，现发表如下代理意见：

一、一审判决对本案法律关系性质以及合同效力的认定符合本案客观事实，并有充分的法律依据

（一）本案的法律关系性质应依法认定为企业间借贷，上诉人为出借人，能源公司为借款人

根据一审判决查明的事实，本案诉争《购销合同》以及采购协议名为买卖合同，实际为企业间借贷合同。一审法院对本案法律关系性质的认定完全符合本案的客观事实。国际贸易公司虽以买卖关系提起诉讼，但法律关系的性质界定，不应受制于当事人之间签订合同的外观和名称，而应由当事人的真实意思和合同的实质内容来决定。买卖合同是出卖人转移标的物所有权于买受人、买受人支付价款的合同，通过本案各方提供的证据可以认定，买卖属虚伪意思表示，而其实质是国际贸易公司与能源公司之间的企业间借贷，进出口公司承担辅助实施者的功能。具体表现为：

其一，代理人认为，国际贸易公司与能源公司2014年1月3日签署的《采购协议》及2014年7月25日签署的《购销合同》充分证明案涉交易的真实目的是国际贸易公司向能源公司出借资金，进出口公司与该两方之间形成辅助实施工作关系。

(1)根据庭审查明事实，《采购协议》明确约定案涉交易的意思联络（包括进出口公司“按时交货、质量、验收等”）由能源公司负责交涉。实际运行中，国际贸易公司和进出口公司之间也确无直接的意思联络。案涉交易中国际贸易公司所持与进出口公司的合同（2014年7月25日签署）上所加盖的进出口公司印鉴为虚假，而进出口公司所持与国际贸易公司合同（2014年6月25日签署）上所加盖国际贸易公司的印鉴为虚假，这充分证明作为“买卖”双方，国际贸易公司和进出口公司甚至不直接交付合同文本。

(2)国际贸易公司和能源公司合同目的绝非购买货物。根据国际贸易公司和能源公司在《采购协议》《购销合同》中的交易设计,作为"卖方"的国际贸易公司明确不承担交货及数量质量责任,交货及数量质量责任明确由买方能源公司承担。这种交易目的与买卖关系完全相悖。能源公司既然指定进出口公司作为"供应商",且对"供应商的所有责任"承担连带责任,如交易目的为买卖,整个交易架构都不必要,且徒增交易成本,明显违反常理。另外,《采购协议》更明确约定国际贸易公司的垫资数额不超过2亿元,且国际贸易公司在上诉状及庭审中已认可其交易目的是垫资。

(3)案涉交易中,进出口公司"购买成本"2745元/吨,向国际贸易公司销售价差为5元/吨,国际贸易公司向能源公司销售价差为35元/吨。如为买卖,能源公司与进出口公司并无沟通上的障碍,其可直接向其指定"供应商"进出口公司采购,无需让国际贸易公司获得35元/吨的价差;如为买卖,为何作为卖方的进出口公司只获得5元/吨的价差,而什么都不负责的国际贸易公司却获得35元/吨的价差?显然,案涉交易不是买卖。国际贸易公司所获得的价差也并非买卖货物的差价,而是融资借贷的利息。

(4)根据《采购协议》第3条第1项、第5条第2项的约定,作为买方的能源公司为其指定的供货商提供连带保证责任担保,能源公司股东和实际控制人为能源公司向国际贸易公司提供担保,且国际贸易公司关联企业担保集团为能源公司提供担保。这彰显了两个事实,一是在交易双方的意识中,能源公司是最终的责任承担者,国际贸易公司关心并重视的是能源公司的还款保障,而非进出口公司能否交货。这说明整个借款关系发生在国际贸易公司与能源公司之间,进出口公司仅为中间环节;二是证实国际贸易公司与能源公司之间关系密切,该两者之间的互信是整个借款关系得以达成的真实基础,进出口公司的地位只是辅助方。

其二,国际贸易公司所谓未形成"闭环",且其根本不知道形成闭环一说,完全不能成立。

(1)根据国际贸易公司与能源公司2014年7月25日签署的《购销合同》,能源公司须先向国际贸易公司支付20%保证金,且除保证金外的剩余货款需在国际贸易公司向能源公司"交货"前付清。而作为上述《购销合同》基础的国际贸易公司与能源公司之间的《采购协议》明确约定协议目的是国际贸易公司为能源公司提供不超过2亿元垫资。如果不形成闭环,怎么可能通过案涉交易实现国际贸易公司向能源公司垫资?显然,只有通过闭环,垫资才可能实现。国际贸易公司确定明知闭环的存在。

(2)从交易情况来看,国际贸易公司与能源公司、国际贸易公司与进出口公司、进出口公司与宁波A公司、进出口公司与宁波B公司、能源公司与国际贸易公司分别签订了除价款外在标的、数量、质量指标、发货方式、发货港、质量标准等方面完全相同的《购销合同》,各方当事人之间形成了一个标的相同的封闭式循环买卖。上诉人以能源公司与其关联公司之间并未签订购销合同为由否认形成封闭式循环买卖,与本案实际情况不符,且能源公司等在本案答辩中已确认一审法院认定的案件事实,并认可宁波A公司、宁波B公司与能源公司均为同一控制人控制。因此,通过证据及当事人陈述可以认定本案最初买方和最终卖方为能源公司及其关联企业,并且存在高买低卖的事实,从而形成一个闭合的贸易链条以达到融资的目的。

(3)从资金流向情况来看,首先是能源公司向国际贸易公司支付保证金,进出口公司于收款(75,000,750元)当日扣除微少费用(136,365元)后便向能源公司的关联方宁波A公司、宁波B公司转款(74,864,385元)。只有通过宁波A公司、宁波B公司、能源公司之间的转款,才可能完成国际贸易公司与能源公司之间的"垫资"。

其三,从各方当事人对本案交易的陈述情况来看,国际贸易公司、进出口公司、能源公司关联公司及能源公司之间基于××××××2014号《采购协议》进行过五轮此类交易,其交易的方式、合同形式、资金流转形式等均相同,各方当事人的合同地位也一致,且其中已经履行完毕无纠纷的三轮交易中,各方当事人均无法提供充分证据证明存在真实的货物交付。

尤其需要说明的是,其中另一轮(第三轮)产生纠纷的争议已经由江西省高级人民法院作出民事判决,该判决已确认"案涉交易系以货物买卖形式掩盖的企业间融资交易",且该判决已发生法律效力,应该作为认定本案事实的依据。

通过以上事实可以确认,各方当事人之间签订的《购销合同》均属于当事人共同而为的虚伪意思表示,国际贸易公司和能源公司是案涉闭环交易的主导者和设计者。故一审判决认定案涉《购销合同》"是各方以钢坯买卖形式开展的企业间借贷业务”符合本案的客观事实,法律关系定性准确。

(二)案涉采购合同应依法认定为无效

其一,根据《民法总则》第143条的规定,民事行为有效的要件之一是“意思表示真实”,“名为买卖”因当事人意思表示不真实而归于无效。在“买卖关系”认定无效后,其掩盖的“借贷关系”的效力应按照《民法总则》第146条的规定判断,即“行为人与相对人以虚假的意思表示实施的民事法律行为无效。以虚假的意思表示隐藏的民事法律行为的效力,依照有关法律规定处理”,因上诉人国际贸易公司不具有从事金融业务的资质,却多次多笔以买卖形式进行放贷,实际经营金融业务,有违金融法规及司法政策的规定,故一审法院由此作出采购合同无效的判决结果,具有充分的法律依据。

其二,一审判决关于进出口公司与国际贸易公司之间为事实上的事务处理合同关系,且该合同无效的认定准确。

(1)根据上述,案涉交易的真实意思表示和交易目的是实现国际贸易公司向能源公司出借资金。进出口公司并非出借方,也非借入方,各方安排进出口公司加入交易,意在通过四方交易使案涉借贷关系具备“买卖合同”的假象。

(2)在案涉40元/吨的价差中,进出口公司获5元/吨价差,国际贸易公司获得35元/吨价差,各方所获利益充分说明国际贸易公司是出借方,进出口公司不是出借方。进出口公司没有借贷意思表示,只是通过“买卖合同”约定收取少量差价,这是以开具发票等其他成本支出为目的的意思表示。

(3)根据一审查明事实,进出口公司收到国际贸易公司款项后,当日即根据交易安排扣除少量费用,支付给能源公司关联企业,进出口公司既无获得资金、使用资金的目的,也无通过转借获得利益的目的。

如上,进出口公司不是借款合同的当事人,其介入交易的目的是辅助完成出借方和借入方赋予其的交易辅助工作。

其三,综上所述,案涉《购销合同》属于虚伪意思表示,其真实意思表示包含国际贸易公司与能源公司之间的企业间借贷关系,国际贸易公司和进出口公司之间的辅助事务处理关系,均应属无效。一审判决认定适用法律正确。

二、一审判决驳回上诉人的诉讼请求并无不当

一审法院已查明本案各方真实的法律关系为企业间借贷合同关系,并确认真实的借款人为能源公司,在此事实基础上,应由实际的借款人能源公司承担返还借款的责任。根据《最高人民法院关于民事诉讼证据的若干规定(2008调整)》第35条之规定"诉讼过程中,当事人主张的法律关系的性质或者民事行为的效力与人民法院根据案件事实作出的认定不一致的……人民法院应当告知当事人可以变更诉讼请求"。在本案一审过程中,一审法院多次行使释明权并询问上诉人意见,但上诉人拒绝变更诉讼请求,仍坚持主张买卖合同关系,甚至在事实已经查明、实际借款人能源公司对事实均予以认可的情况下,在上诉请求中仍主张与进出口公司之间系买卖合同关系。因此,一审判决根据民事诉讼不告不理原则驳回其诉讼请求并无不当。

三、上诉人主张依据合同相对性的原则要求进出口公司履行款项返还责任与本案认定的事实不符

一审判决已查明并认定"案涉国际贸易公司与进出口公司签订的《购销合同》是国际贸易公司与能源公司企业间借贷中的一个环节,并无真实买卖关系。进出口公司参与案涉封闭式循环买卖,为国际贸易公司与能源公司间借贷交易的完成提供帮助,并以此留取相应的费用。进出口公司与国际贸易公司之间实际形成事务处理合同关系,因缺乏真实的意思表示,亦应当认定无效"。由此可见,进出口公司在本案中的身份是作为履行辅助人。

因此,在案涉的采购合同被定性为借贷合同且依法无效的情况下,应由实际借款人承担还款义务。在该借贷关系中,进出口公司作为履行辅助人,并非借款主体,也不是借款合同的当事人,不应承担任何还款责任。因此,上诉人主张应当由进出口公司承担返还责任没有法律依据。

综上所述,本案一审判决认定事实清楚、适用法律正确,上诉人的上诉请求及理由均依法不能成立,请最高人民法院依法驳回其上诉请求,维持原判。

代理人:李志勇　律师

裁判结果

最高人民法院审理后作出民事判决书,驳回上诉,维持原判。

裁判理由

一、关于案涉法律关系是买卖关系还是借贷关系的问题

第一,各方当事人之间已事实上形成封闭式循环买卖。国际贸易公司与能源公司签订的《采购协议》约定能源公司常年向国际贸易公司采购进口橡胶、电缆、钢坯等商品。能源公司指定进出口公司为国际贸易公司的指定供应商。

进出口公司分别与宁波A公司、宁波B公司签订《工业品购销合同》,采购钢坯,标的物材质、单价、交货地点、时间、方式、违约责任及合同期限均相同,且均未约定进出口公司支付货款时间。一个月后,能源公司与国际贸易公司签订《购销合同》,采购钢坯,国际贸易公司也相应地按《采购协议》《供应商确认函》的要求,与进出口公司签订采购合同。另根据工商查询报告,宁波B公司唯一股东为能源公司。宁波A公司唯一股东为上海A公司,与能源公司同一通讯地址,该等公司均为关联公司。因此,一审判决认定构成循环式封闭买卖,并无不当。

第二,《采购协议》是案涉所有买卖合同的前提和基础,也是解释《购销合同》等合同意图的依据和关键。根据《采购协议》相关内容,如为国际贸易公司主张的买卖关系性质,则存在诸多不合理之处。根据《民法总则》第142条第1款规定,"有相对人的意思表示的解释,应当按照所使用的语句,结合相关条款、行为的性质和目的、习惯以及诚信原则,确定意思表示的含义",对相关内容逐一分析:首先,该协议约定了合同之外第三方的权利义务;其次,该协议约定了国际贸易公司应承担垫资采购义务及其垫资总金额;最后,该协议免除了作为出卖人的国际贸易公司可能承担的违约责任。案涉《采购协议》关于合同外第三人供货方的权利义务、国际贸易公司作为出售方不承担标的物瑕疵等违约责任,由能源公司承担国际贸易公司因交易可能发生的一切损失、国际贸易公司为能源公司垫付采购款等约定以及国际贸易公司因所签订的《购销合同》《采购合同》之间存在的钢坯价差可获得收益等事实可知,国际贸易公司参与案涉交易只有垫资义务,不承担买卖风险且有价差收益回报。

因此,一审判决关于案涉关系属借款关系而非买卖关系的认定并无不当。

二、关于进出口公司是否应承担还款责任的问题

国际贸易公司与进出口公司签约仅是其实现向能源公司提供借款的一个环节。各方明知进出口公司收取的货款,实际上仅为进出口公司代能源公司收取的借款。也即进出口公司并非双方均明知的收款人。原审判决认定交易辅助合同关系并无不当。

律师评析

以买卖合同之名,行企业间借贷之实是当下中国的一种独特经济现象,并有其特殊的历史背景和需求。为规避法律及合规性问题,富有融资能力及现金流量的企业为追求高额利润及营业额,往往采取该种模式获取利息收入。但是这种经济现象蕴藏了巨大法律风险,一旦出现纠纷,往往引爆连环诉讼,造成巨大经济损失,各有关部门和有关企业应该坚决远离该种业务模式。

已经涉入该类业务的企业,应该尽早撤出,并收集补充相关证据,避免上下游企业涉及诉讼时波及自身。

该类诉讼发生时,一方往往强调买卖合同相对性,通过买卖合同纠纷诉讼转嫁损失和风险。该类诉讼的难点是如何突破合同相对性,将由若干表面合同构成的一个借款关系真实完整地呈现给法庭,这需要做大量的高质量举证质证工作。本案就是个典型例子。

44

房屋买卖合同纠纷：合同的效力与解除

北京嘉润律师事务所　梁凤杰

裁判要点

房屋买卖合同作为一种特殊的买卖合同，是指出卖人向买受人交付房屋并转移所有权，买受人支付价款的合同。随着房地产市场的迅猛发展和价格巨幅波动，房屋买卖合同纠纷愈来愈多。本案的主要争议焦点是合同的效力以及合同解除后的赔偿问题。

（1）对于《合同法》第52条第2项所规定“恶意串通，损害国家、集体或者第三人利益”的合同无效情形，从程序上，只有受损害的特定第三人才有权据此主张合同无效，其他主体包括恶意串通的合同当事人自身均不能依据该情形主张合同无效；从实体上，对于恶意串通的认定，首先要求恶意串通的双方在主观上有损害受害者的意图；其次要求恶意串通的双方必须有相互勾结和串通的行为，并在全面分析订立合同的具体情况、合同约定内容以及合同履行情况的基础上加以综合判定。

（2）因出卖人原因导致房屋买卖合同解除的，买受人主张出卖人返还已付购房款并赔偿房屋差价损失（金额以评估结论与双方约定价格之差确定），予以支持；出卖人主张买受人支付之前依约占有房屋期间的租金损失，不予支持。

基本案情

1993年10月，张×承租单位公房（案涉房屋）。1998年12月，张×和张×妻登记结婚。

2003年8月，张×与李×签订《房屋买卖协议书》，将案涉房屋出售给李×，房款共计人民币30.6万元，待张×以成本价从单位购买取得房屋产权后，协助李×办理过户手续。同年12月，双方签订《房屋买卖补充协议书》，约定李×先交付张×购房款定金人民币6万元，从此案涉房屋由李×使用，视同产权人，房屋过户时按《房屋买卖协议书》执行。2004年1月，张×将案涉房屋交付给了李×，李×开始交纳其占用期间的租金、水电费、供暖费、物业费等。

2007年4月，张×与单位签订购房合同，同年6月，案涉房屋登记至张×名下。

2009年9月，张×与李×签订《协议书》，约定案涉房屋购房款由人民币30.6万元升至45万元，李×先后已经交付房款共计人民币23万元，今再付给张×人民币30万元，其中22万元为购房款，其余8万元为借款。

张×以各种理由拖延办理过户手续。2016年12月，李×得知张×已将案涉房屋抵押借贷，并准备出售还债。情急之下，李×提起诉讼要求张×配合过户并申请保全了案涉房屋。

审理过程中，张×提起反诉，要求确认合同无效，让李×腾退房屋并支付占有期间的租金损失。张×妻申请作为第三人参加诉讼，夫妻二人以恶意串通、夫妻一方未同意、单位公房、签约时无房产证等理由主张案涉房屋买卖合同无效，还配合其案外债权人查封房屋并强行驱赶李×收回房屋。鉴于此，李×变更诉求为解除房屋买卖合同，要求张×返还已付购房款，并赔偿房屋差价损失。

代理意见

致北京市××区人民法院：

就贵院受理的原告（反诉被告）李×与被告（反诉原告）张×、第三人张×妻房屋买卖合同纠纷一案（以下简称本案），我是本案原告（反诉被告）的代理人，结合本案庭审情况，发表如下代理意见：

一、合同效力

案涉房屋买卖合同及补充协议是双方真实意思表示，且不违反法律、行政法规的强制性规定，合法有效。

张×和张×妻关于合同无效的抗辩意见，没有法律和事实依据，不成立。根据《最高人民法院关于审理买卖合同纠纷案件适用法律问题的解释(2012发布)》第3条的规定,张×和张×妻主张的单位公房问题、签约时没有房产证问题以及夫妻一方未同意问题,均不影响合同效力。综合本案订约履约事实,李×没有恶意串通的主观过错与客观行为,张×与张×妻以恶意串通为由主张合同无效不成立。

二、合同履行

张×第一次庭审时已认可李×证据的真实性,也认可签约、付清房款和交房的事实,之后的反言和狡辩,违背诚信原则。

张×第一次庭审中表示“现在房子这么贵,不同意过户”,证明张×因房屋升值的巨大利益而故意违约的主观恶意。

三、合同解除

张×一直隐瞒房屋产权证下发事实,私自利用房屋抵押借贷,迟迟不给李×办理过户。本案诉讼期间,不仅明确表示不履行过户义务,而且还与张×妻及案外债权人刘×串通,强行夺回并查封房屋,致使房屋客观上无法过户使用,购房合同的目的无法实现。因此,李×无奈变更诉求,依据《合同法》第94条第2、4项的规定,要求解除案涉房屋买卖合同。

四、损失赔偿

(1)李×有权要求张×赔偿房屋差价损失

案涉合同因张×恶意违约给李×造成重大损失,根据《合同法》第113条的规定,损失赔偿额包括合同履行后可以获得的利益。故,张×应当赔偿李×案涉房屋的差价损失。

(2)张×无权向李×主张租金损失

李×依据合同约定合法占有使用房屋,是支付购房款的合理对价,也是订立合同时所追求的、应获得的使用价值,是合同正常履行的正当权益。

现在合同解除是由张×恶意、根本违约造成的,因解除合同造成的一切损失和后果应由张×承担。因此,张×无权向李×主张租金损失。

综上,恳请贵院支持原告的诉讼请求并驳回被告的反诉请求。

原　告:李　×

代理人:梁凤杰　律师

裁判结果

一审法院判决：

一、解除原告（反诉被告）李×与被告（反诉原告）张×签订的《房屋买卖协议书》《房屋买卖补充协议书》和《协议书》。

二、被告（反诉原告）张×退还原告（反诉被告）李×购房款45万元。

三、被告（反诉原告）张×赔偿原告（反诉被告）李×房屋差价损失4,242,700元。

四、驳回被告（反诉原告）张×的全部反诉请求。

五、被告（反诉原告）张×承担本案全部保全费、诉讼费和评估费。

双方均未上诉，一审判决生效。

裁判理由

法院认为，恶意串通，损害国家、集体或者第三人利益的，合同无效。本案中，一方面从程序上看，对于《合同法》第52条第2项所规定情形，应当区分国家、集体利益受损还是特定第三人利益受损。前者是合同绝对无效，即无论国家、集体是否提出合同无效的主张，法院都应主动认定合同无效；后者则为合同相对无效，应有特定第三人主张合同无效。因为只有特定的第三人才是受害者，如果受害者不主张无效，就无法确定有第三人遭受了损害或必然遭受损害，如果不能确定第三人已经或将要遭受损害，就不能满足对于《合同法》第52条第2项关于合同损害了第三人利益的条件，就无法宣告合同无效。除该特定第三人以外的其他人，包括恶意串通的合同当事人自身均不能主张合同无效。故即使原、被告双方存在恶意串通损害张×妻利益的情形，张×作为恶意串通订立合同的当事人也无权主张合同无效。但本院并未否认张×妻依据《合同法》第52条第2项主张案涉合同无效的权利，本案中因其主张与张×反诉请求相同，不符合"既反对本诉原告，也反对本诉被告，以本诉原、被告双方为被告提出一个新的诉讼"之条件，故本院对于其在本案中作为有独立请求权第三人参加诉讼之请求未予准许，但张×妻有权就此另行主张。

另一方面从实体上看，对于恶意串通的认定，应当分析合同双方当事人是否具有主观恶意，并全面分析订立合同的具体情况、合同约定内容以及合同的履行情况，在此基础上加以综合判定。在案件事实的审查中，首先要求恶意串通的双方在主观上有损害受害者的意图，其次要求恶意串通的双方必须有相互勾结和串通的行为。具体到本案中，从李×和张×先后签订的《房屋买卖协议书》《房屋买卖补充协议书》和《协议书》看，张×实际在前后6年时间里分次收到了李×支付的钱款45万元，张×虽主张该钱款并非房款而是双方之间其他债权债务关系，但未举证，本院对其主张不予采信。在此情况下，直至本案诉讼李×、张×并未办理案涉房屋过户手续，李×也未能提交其多年来曾向张×主张过户相关证据。故，尽管李×知晓在双方签订协议时张×已婚，案涉房屋登记在张×婚姻关系存续期间，但从李×签约后的行为看，其主观上并无损害张×妻财产权益的意图；而在李×和张×多年来为履行合同多次协商、变更的过程看，双方也并无恶意损害张×妻利益的勾结或串通。故对于张×据此主张合同无效，本院不予支持。

当事人一方迟延履行债务或者有其他违约行为致使不能实现合同目的的，可以解除合同。现根据本院查明的事实，案涉房屋已存在多项查封，致使产权转移登记难以完成，故李×要求解除合同，本院予以支持。

合同解除后，尚未履行的，终止履行；已经履行的，根据履行情况和合同性质，当事人可以要求恢复原状、采取其他补救措施，并有权要求赔偿损失。现双方签订的房屋买卖合同已解除，张×夫妻均认可已将李×自案涉房屋内赶出，故李×主张张×返还已支付的购房款45万元，本院予以支持。

当事人一方不履行合同义务或者履行合同义务不符合约定的，在履行义务或者采取补救措施后，对方还有其他损失的，应当赔偿损失。案涉合同因张×的缘故解除，从双方订立合同关系至今案涉房屋的市场价值变化较大，李×的财产权益因此受到损失，具体数额以评估机构作出的结论为准。现李×要求张×赔偿其房屋差价损失，金额以评估结论与双方约定价格之差确定并无不妥，本院予以支持。至于张×主张李×支付的租金损失，从双方2003年12月29日签订的《房屋买卖补充协议书》可以看出，将案涉房屋交付给李×居住使用系张×在实际收到李×支付的购房款后自愿履行合同义务的行为。现案涉合同因张×的缘故解除，张×主张李×支付之前占有房屋期间的“租金损失”，不予支持。

律师评析

本案是一起典型的卖方因房屋升值恶意违约的房屋买卖合同纠纷，案情复杂，一审历时两年，涉及诉讼保全、本诉、反诉、追加第三人、变更诉讼请求、评估等多个诉讼程序。一审法院经多次开庭审理，最后判决支持了原告的全部本诉请求并驳回了被告的全部反诉请求，被告未上诉，而且诉讼保全查封的案涉房屋为生效判决的顺利执行提供了充分保障，原告在本案审判和执行中获得完胜。

关于案涉房屋买卖合同的效力、解除、赔偿等实体方面的争议问题，上文代理意见和一审判决已做了充分详细的阐述，在此不再赘述，仅从程序角度补充本案诉讼中的下列应对策略问题：

1. 原告通过诉讼保全，首先查封房屋，保障执行

原告代理律师接受委托后，将被告张×可能“一房多卖”或者设定抵押或者另案被查封的法律风险告知原告李×，并建议保全房屋，原告采纳该建议并配合律师及时办理了立案和保全。审判期间，原告方申请法院调查案涉房屋登记档案，发现原告的查封是首封，庭审期间又有其他查封。在被告负债累累的情况下，如果原告未及时办理诉讼保全，占得首封的好时机，即便赢得判决，也难以执行。

2. 及时变更诉讼请求，保障当事人的合法诉权

本案原告的初始诉求是要求被告办理过户，要房屋的所有权。第一次开庭，被告张×自己出庭，对举证质证和法庭调查中的案件事实情况均予认可，只是表示现在房价涨了不想卖了。第二次开庭，张×妻以第三人身份加入诉讼，以案涉房屋出售时是租赁公房没有产权证、未经夫妻双方同意以及原被告恶意串通为由，主张房屋买卖合同无效。而且，在第二次与第三次庭审期间，张×夫妻二人配合案外债权人取得已经公证具有强制执行效力的债权文书，申请法院强制执行查封了案涉房屋，还将李×强行赶出房屋。鉴于此，原告要求继续履行合同并办理房屋过户的诉求，已不具备将来执行的客观条件，若坚持原诉求，将被法院驳回，保全也将被解除，即便另诉解除合同，也会丧失对房屋的优先控制权。因此，代理律师给原告分析建议后，原告同意第三次开庭时将诉求变更为解除合同，要求返还购房款并赔偿差价损失，并同时申请房屋价值评估。

3. 被告与第三人夫妻二人的应诉策略弄巧成拙

本来张×妻开始申请作为有独立请求权第三人参加诉讼,以原被告签约时恶意串通为由主张房屋买卖合同无效。后来,第三人和被告为加强联合对抗原告的统一战线,委托律师共同代理夫妻二人,并采取被告反诉策略,同样以恶意串通为由主张房屋买卖合同无效。结果,因张×妻的主张与张×的反诉主张相同,法院未准许其有独立请求权第三人的申请,改为以无独立请求权第三人身份参加诉讼。同时,因张×作为合同当事人,从程序上无权依据《合同法》第 52 条第 2 项(恶意串通损害第三人利益)主张案涉合同无效,法院驳回其确认合同无效的反诉请求。显然,这是被告和第三人对法律程序错误理解和适用的结果。

鉴于上述分析,提出以下几点建议:

第一,房屋买卖合同签订方面:建议买方在合同签订前注意审核房屋产权人情况,对于夫妻共有或者其他共有房屋,应当取得所有共有人的一致同意;还应注意审核房屋性质,考虑房屋从政策上能否上市交易,是否会影响交易进程。

第二,房屋买卖合同履行方面:建议双方依约及时诚信履行合同,避免长期拖延期间因房屋价格变化导致的毁约风险,而且在履行过程中保存好相关凭证和材料。

第三,房屋买卖合同纠纷应对方面:(1)一旦发现对方有违约行为,应迅速搜集证据,采取切实有效的维权措施,避免错失良机;(2)如果诉讼中客观情况发生变化,应在法庭辩论终结前及时变更诉讼请求,避免因诉求不当被驳回;(3)无论是当事人还是代理律师,应当依据事实和法律,诚信诉讼,避免胡搅蛮缠导致损失扩大,浪费司法资源。

45

买卖合同纠纷:买卖合同瑕疵担保责任

北京宣言律师事务所　刘　翠

裁判要点

依据我国法律,买卖合同中,物的瑕疵担保责任属于债务不履行的范畴,卖方应承担违约责任。在本案中,卖方因其上游供应商提供的产品质量问题而导致其销售的商品被要求退货,卖方可以向其上游供应商主张因退货造成的损失。商品存在质量问题,买方是否能就整个商品的损失向供应商主张赔偿责任,取决于买方手中的商品是否存在质量问题。产品硬件本身没有问题而是软件上的问题能否作为商品瑕疵追责,买方在使用上违反了使用说明书,这是不是导致软件出现问题的关键,在不联网的情况下该商品能继续使用,能否认定商品没有质量问题。

基本案情

原告A公司与被告B公司(国外品牌经销商)于2017年8月15日及2017年8月24日分别签署《设备采购合同》(为便于区分两份协议,双方于2017年8月15日签署的合同下称《设备采购合同1》,于2017年8月24日签署的合同下称《设备采购合同2》),依据《设备采购合同1》第1条之约定,双方约定原告以12万元/台的价格,向被告采购4台型号为A-E的扫描仪(每台含1份使用说明书、1条电源线、1套软件用户许可)。依据《设备采购合同2》第1条之约定,双方约定原告以23万元/套的价格,向被告采购2套型号为A-E及A-s-s的扫描仪(每台含1份使用说明书、2条电源线、2套软件用户许可)。

原告依据两份《设备采购合同》之约定向被告支付了合计94万元的采购款,被告也依约履行了供货义务。从2018年6月12日开始,原告在使用设备中发现被告提供的所有软件用户许可进行软件登录时,均出现无法登录的问题,导致8台扫描仪均无法使用。[1] 原告于2018年7月17日向法院提起诉讼。

原告认为:经原告通知后,被告未履行两份《设备采购合同》约定的保修义务,构成合同违约。被告不履行维修义务,恢复扫描仪正常使用的,应当解除两份《设备采购合同》,进行退货退款,即要求被告向原告退还采购款94万元。

依据《设备采购合同1》第5.3条[2],原告采购的4台A-E扫描仪保修期为2017年8月15日至2018年8月14日;依据《设备采购合同2》第5.3条[3],原告采购的2台A-E扫描仪保修期为2017年8月24日至2018年8月23日,2台A-s-s扫描仪保修期为2017年8月24日至2019年8月23日,即8台扫描仪均处于约定的保修期内,原告于2018年6月18日至2018年6月25日,以微信、电话、公司函及律师函等方式向被告发出通知,要求被告依据《设备采购合同1》第5.2条[4]、第5.4条[5]以及《设备采购合同2》第5.2条[6]、第5.4条[7]的约定,向原告履行扫描仪的保修义务,提供软件用户许可无法登录问题的解决方案,恢复扫描仪的正常使用。被告应当依据协议约定于收到原告通知后48小时内提供解决方案,即履行保修义务,但截至本申请书拟定之日,被告仍未依据约定向原告提供解决方案即未履行扫描仪的保修义务。

被告不依据两份《设备采购合同》之约定向原告履行维修义务,则原告向被告采购的8台扫描仪将全部无法使用。在此情况下,依据《合同法》第94条第2

[1] 依据《产品说明书》第4部分,扫描仪硬件的正常使用,第一次使用是以提供的软件用户许可正常登录软件为前提,如果原告无法通过使用软件用户许可登录软件的,则扫描仪硬件将无法使用。

[2] 《设备采购合同1》第5.3条:"货物的保修期为安装验收后的12个月。"

[3] 《设备采购合同2》第5.3条:"货物的保修期为:A-E安装后合格后的12个月。A-s-s安装后合格后的24个月。"

[4] 《设备采购合同1》第5.2条:"如在使用过程中发生质量问题,乙方在接到甲方通知后在48小时内向甲方提供相应的解决方案。"

[5] 《设备采购合同1》第5.4条:"在保修期内,产品出现自然损害故障的时候,乙方负责维修和维护。"

[6] 《设备采购合同2》第5.2条:"如在使用过程中发生质量问题,乙方在接到甲方通知后在48小时内向甲方提供相应的解决方案。"

[7] 《设备采购合同2》第5.4条:"在保修期内,产品出现自然损害故障的时候,乙方负责维修和维护。(人为因素造成设备故障不在质保范围内),维修时设备返厂来往的运费和通关费用(即,运输时办理出入境的相关费用)由甲方支付。"

至4款以及《产品质量法》第40条第3款之规定，原告要求解除与被告签署的两份《设备采购合同》，进行退货及要求被告向原告退还采购款94万元。

被告应当按照两份《设备采购合同》之约定向原告支付延迟履行违约金，依据《设备采购合同1》[1]以及《设备采购合同2》[2]的规定，由于被告延迟履行应为原告提供的维修服务，被告应当向原告支付延迟履行违约金2.5万元。

本案是由被告违约所导致的争议，依据相关法律规定，原告请求判令被告承担本案的诉讼费、保全费，原告为本案支付的律师费及交通费、邮递费等合理费用30万元。

被告辩称：(1)不同意原告的三项诉讼请求，事实与理由如下：我方认可与原告签订了两份采购合同，但是需要与原告确认的事实是原告提交证据中的视频中只展示了一台机器，无法确认其他机器与视频上的机器是否相同，存在的问题是否相同。无法确认交付的产品，以及我方交付的产品是否存在问题。(2)在原告开庭前与我方沟通的过程中，我方积极履行了咨询协助解决的义务，主要表现在与客户进行的积极沟通，在接到客户回馈问题时，积极向外国厂商反映，根据我方掌握的信息，原告已经与外国厂商取得联系，并且外国厂商积极提出解决方案，但是原告没有采纳，故原告没有理由以违约为由要求我方承担责任。(3)要求我方承担与诉讼相关的费用等，因为没有违约的事实，故我方认为不应由我方承担。

代理意见

致××区人民法院：

就贵院受理的原告A公司诉被告B公司买卖合同纠纷一案(以下简称本案)，我是本案被告的代理人，结合本案庭审情况以及现场勘验记载，发表如下代理意见：

---

[1]《设备采购合同1》第7.2条："如果乙方未能按照合同约定的期限交付货物或提供服务，乙方应承担违约责任，向甲方赔偿相应的损失。每逾期履行一日，应按延迟履行部分价款的1%向甲方支付违约金。"

[2]《设备采购合同2》第7.2条："如果乙方未能按照合同约定的期限交付货物或提供服务，乙方应承担违约责任，向甲方赔偿相应的损失。每逾期履行一日，应按延迟履行部分价款的1%向甲方支付违约金。"

其一,不同意原告A公司的三项诉讼请求,事实与理由如下:我方认可与原告签订了两份采购合同,但是需要与原告确认的事实是原告在视频中只展示了一台机器,无法确认其他机器与视频上的机器是否相同,存在的问题是否相同。无法确认交付的产品以及我方交付的产品是否存在问题。

其二,原告开庭前与我方沟通的过程中,我方积极履行了咨询和协助义务来解决问题,主要表现在与客户进行的积极沟通。在接到客户回馈问题时,积极向外国厂商反映,根据我方掌握的信息,原告已经与外国厂商取得联系,并且外国厂商积极提出解决方案,但是原告没有采纳,故原告没有理由以违约为由要求我方承担责任。

其三,要求我方承担与诉讼相关的费用等,因为没有违约的事实,故我方认为不应由我方承担。

其四,以贵院立案后的庭审和两次勘验情况为基础,可以确认如下事实:

(1)案涉机器共8台,两次勘验(10月18日和10月24日)现场,原告第一次勘验时将案涉产品带至现场,对其中的6台进行了拆改,部分机器零部件遗失。

(2)原告频繁进行案涉机器与电脑的绑定、卸载、重新绑定激活等程序。

因此基于以上事实,我方认为原告提供的证据不能证明案涉8台机器在保质期内出现了问题(因为是在勘验现场第一次将产品出示)。且因80%的机器已经被拆改、所有机器与电脑均经过频繁卸载以及重新激活,所以我方认为案涉机器不属于我方应当承担维修义务范围之内。

尽管如此,本着尽可能为客户解决问题的宗旨,原告就产品问题咨询我方后,我方多次召开内部技术会议,并积极与外国厂商协商解决问题。为了配合法院的调解工作,在长期以来不断与外国厂商协商沟通的基础上,外国厂商愿意配合尝试如下解决方案:

外国厂商对账户密码进行了重置,提供了新的密码。我公司希望下次开庭之日,原告A公司携带案涉的所有产品逐一进行尝试,以确认是否可以正常使用。

初步提供解决方案如上,如果仍然不能解决问题,再尝试其他途径。

被　告:B公司

代理人:刘　翠　律师

裁判结果

本案审理过程中,经本院主持调解,当事人自愿达成协议如下:

第一,通过被告B公司提供的对案涉8台机器提出的解决方案,现原、被告双方确认上述的8台机器目前能够正常使用;

第二,原告A公司在对上述8台机器日后使用中,应按照被告B公司提交的机器设备使用注意事项以及产品使用说明书进行使用;

第三,如原告A公司在依照本调解协议第二项内容合理使用机器的过程中出现因为软件的账户原因而不能继续使用的问题,则被告B公司应当协助原告A公司解决该问题,被告B公司保证期限为1年,即自调解书生效之日起1年;

第四,原告A公司不得就因机器拆卸导致的机器硬件问题再向被告B公司主张权利;

第五,被告B公司应当协助解决原告A公司关联公司(C公司、D公司、E公司)同类机器设备出现的因为软件账户而不能使用的同类问题,但不保证结果;

第六,原告A公司应当于本调解协议生效之日起7日内向被告B公司支付差旅补偿款5000元……

第七,被告B公司应当于本调解协议生效之日起7日内向原告A支付补偿款1万元……

第八,自本调解协议生效之日起,双方对本案的其他诉讼请求不再主张;

第九,本案诉讼费减半收取8094元,由原告A公司承担4047元,由被告B公司承担4047元,因原告A公司已预交本案诉讼费,被告B公司应于调解生效之日起7日内径付原告A公司。

裁判理由

买卖合同标的物瑕疵担保义务包括物的瑕疵担保义务和权利瑕疵担保义务。物的瑕疵担保义务,也称为质量瑕疵担保义务,是指出卖人就其所交付的标的物具备约定品质或者法定品质,不存在物的表面瑕疵或者隐蔽瑕疵所负的义务。因标的物质量不符合质量要求,致使不能实现合同目的的,买受人可以拒绝接受标的物或者解除合同。其他违反质量瑕疵担保义务的,出卖人承担不适当履行的违约责任。

通过法庭调查、现场勘验、法庭辩论、最后陈述及调解等几个阶段，在法官的调解下，双方最终达成一致意愿，调解成功。之所以能够调解成功，主要原因是：原告提出有问题的机器，通过对原告使用的机器进行 2 次现场勘验，第一次 8 台机器中只有 2 台是我方出售给原告，第二次 6 台机器中发现 5 台机器防拆标签全部毁损，机器存在拆卸及有 1 台因拆卸导致机器线路故障，现场有明显的焦糊味道，1 台未联网的机器可以正常使用且发现质保标签被破坏。原告在使用机器过程中存在使用不当，产品说明书中标明产品应在指示的条件下进行操作，卸载存在限制，而原告承认多次重置登录密码，与软件说明书中要求不能多次卸载绑定相违背。原告存在不当使用问题，无法认定被告交付的标的物是否有质量问题，并且被告同时通过积极努力与外国厂商多次沟通，使外国厂商积极配合解决，通过网络沟通，联网后对机器进行更新重置后，最终解决了不能正常使用的问题，所以在法院主持下达成了一致意见，最终达到双方都满意的结果。

律师评析

在接到本案件后，迅速了解了本案处于什么阶段，原告提交的证据和被告手里的证据，并了解本案的细节，以及查询了针对此类案件容易产生的问题，制定了相关的答辩策略。

首先，确认本案争议标的物是否是被告交付的标的物。研究后一致认为原告提交的产品录像，是由原告自己录制的并且仅是其中一台的视频，并非公证下的录音录像，从外观和颜色来看与我方当时交付的机器明显不同。开庭首先提出要求现场勘验：(1)确认质保标签是否破损；(2)确认外观与对方宣传的自主研发的机器是否相同；(3)确认内核序列码是否与交付的机器相同；(4)即使内核相同，经过外观改造的情况下已经不属于合同中约定的自然损害的情形；(5)确认是否无法登录软件。

其次，确认本案涉及的以下问题。

(1)机器若无法联机，是否因违反产品说明书中：关于卸载、绑定次数限制的条款限制造成的；(2)被告与原告之间的关系是否是代理商与客户之间的关系；(3)研究相关法律法规的具体规定；(4)合同中约定是否有所体现免责的条款或对被告具体约定的事项；(5)双方的沟通经过可否证明实际上就是代理商；(6)被告与外国厂商的代理合同、佣金的提起方式、数额以及合同中约定的由购买方负担维修费用的条款可否充分证明被告是代理商；(7)如何解释合同条款5.2中约定的“出现质量问题，48小时内提供相应的解决方案”；(8)了解时间脉络，何时出现问题，如何沟通的；(9)了解质量问题是否包含不能上网的问题；不能上网究竟影响其实现何种功能？这是否属于我们应当保证的质量范畴之内？不能上网是不是仅仅不能使用外国厂商无偿提供的网上资源？(10)微信沟通中关联公司与原告之间的关系，以及提及的商品是否属于本案中的8台机器。

通过上述问题研究，在第一次开庭中，要求原告将机器带到现场进行勘验，以确认机器是不是我方提供的产品。所以在第一次庭审中针对机器部分的证据，要求原告出示证据原件之后，再进行质证。但随着后期两次现场勘验产品发现诸多问题，原告对标的物进行拆改，并且不当使用，被告履约标的物的硬件是没有问题的，很可能是因原告不当使用造成的，这也就是本案能够调解解决的关键。并且合同中明确约定了“人为因素造成设备故障不在质保范围内”，还明确约定了：在保修期内，产品出现自然损害故障的时候，乙方负责维修和维护，但维修时设备返厂来往的运费和通关费用由原告支付。

综上，本律师认为法律虽明确规定：关于物的瑕疵担保由出卖方承担品质担保义务，当事人可以在合同中约定，约定不明或无约定的，可协议解决；不能协议的，买方可根据标的物的性质及损失的大小，合理选择要求修理、更换、减价或退货等救济措施，买方有损失的可请求损害赔偿。但是须确认履约产品的问题是质量问题还是买方使用不当造成的，而通过现场勘验产品细节才发现买方使用中存在种种问题。而出卖方也一直积极努力想把问题解决了，使产品能正常使用，这是双方都期望的，所以和产品供应商的充分沟通很关键，了解机器出现故障问题关键在哪，最终机器修好了，不用返厂维修，降低了损失成本。原告并不在乎赔偿问题，在乎的是积极努力解决问题的态度。

最新颁布的《民法典》第582条规定：“履行不符合约定的，应当按照当事人的约定承担违约责任。对违约责任没有约定或者约定不明确，依据本法第五百一十条的规定仍不能确定的，受损害方根据标的的性质以及损失的大小，可以合理选择请求对方承担修理、重作、更换、退货、减少价款或者报酬等违约责任。”第610条规定：“因标的物不符合质量要求，致使不能实现合同目的的，买受人可以拒绝接受标的物或者解除合同。买受人拒绝接受标的物或者解除合同的，标的物毁损、灭失的风险由出卖人承担。”

46

技术委托开发合同纠纷：合同解除的法律后果

北京市长安律师事务所　刘东海

裁判要点

合同解除后如何处理,《合同法》第 97 条有相应的规定。但实际问题纷繁复杂,原则性的法律规定往往很难套用到实际的案件中。侵权纠纷讲过错,合同纠纷讲违约,因此,通常来说,在合同纠纷中不会强调过错。在本案的解决思路中,法院考虑了双方的过错,并根据过错的大小判定应承担何种程度的责任。对于双方所争议的合同未付款及已付款如何处理,法院认为取决于双方在合同履行过程中的违约行为及最终导致合同解除的各自过错的大小。原告对合同的解除存在过错,但被告的过错系导致合同解除的主要原因。综合考虑原、被告各自的违约行为及过错,加之原告在系统开发过程中的付出及被告已使用平台系统的实际情况,合同解除后,酌情由被告向原告支付合同款 30 万元。

基本案情

2017 年 6 月,原、被告双方签署《开发合同》(以下简称合同)及附件。合同第 7 条约定“信息化平台具体实施内容以蓝图设计为准”,附件第一部分约定“平台开发与验收以《蓝图设计》为准”。附件第四部分约定了项目进度详细计划,其中上线日期为 2017 年 10 月 31 日,系统验收日期为 2017 年 12 月 29 日。根据原、被告双方签署的确认文件,《蓝图设计》分别于 2017 年 7 月 25 日、8 月 18 日签署确认,2017 年 12 月 5 日签署《上线确认单》,上线日期为 2017 年 11 月 1 日。

被告应于合同签订后7个工作日内支付合同款10%，蓝图设计签字确认后3个工作日内支付合同款20%，上线后3个工作日内支付合同款30%，验收确认后3个工作日内支付合同款30%，验收之日起一年后支付合同款10%。被告按照合同约定支付了第一笔和第二笔合同款，第三笔合同款在合同约定时间内（2017年11月28日）支付了195,000元，在合同约定的时间外（2018年3月9日）支付了3万元，欠付36万元。验收进度款未支付。由于被告拒绝付款，原告起诉至法院，要求被告支付原告上线进度款36万元、验收进度款585,000元，合计945,000元。

被告答辩认为不具备付款条件。理由是依据合同约定，只有系统上线后，被告向原告支付上线进度款的条件才成就。事实上，原告并未完成采购系统及移动端应用程序在内的平台上线，不应支付上线进度款，更不应支付验收进度款。

被告提出反诉，诉讼请求是：1. 解除合同；2. 原告返还被告已经支付的合同款81万元，并支付违约金113,295元，合计923,295元。理由是：原告未按合同履行，未完全交付软件许可使用权，提供的技术服务不完整，蓝图设计未交底，系统未能完成上线，其中极为重要的采购模块未完成开发部署上线，导致开发的系统无法达成集成系统全部上线的要求，系统功能受到影响，无法正常使用。原告未能完成整个系统的上线，履行合同严重逾期，导致合同目的无法实现。

针对被告的反诉，原告答辩认为：（1）根据合同约定，系统上线后，被告就不再享有合同解除权；（2）原告已经完成了采购模块的开发，由于被告需求调整才没有上线。如果被告坚持上线，原告可以尽快完成。

代 理 词

致××市中级人民法院：

就贵院受理的原告A公司诉被告B公司技术委托开发合同纠纷一案（以下简称本案），我是本案原告的代理人，结合本案庭审及现场勘察情况，发表如下代理意见：

一、原告完成了所有合同义务，被告应当付款

（1）首先需要特别提醒合议庭注意，根据合同第6条约定，合同总金额195万元，其中平台费175万元，技术服务费20万元；平台费发票的税率为17%，技术服务费的发票税率为6%。

(2)所有的技术开发是在平台的基础上完成,如果平台没有交付,就不可能进行后续的开发;被告亦未提出平台未交付使用;原告证据4的所有发票,也是分别开具的平台费发票、技术服务费发票。由此可以肯定,原告完成了平台的交付,被告应支付175万元平台购买费用。该费用占合同总金额的89.74%。

(3)根据原告证据2的蓝图设计确认单,技术开发包括6个项目:经营会计报表、生产、质检、设备备品备件管理、销售管理、采购管理。根据原告证据2的系统上线确认单,只有采购管理没有上线,其他5个项目已经上线。开发费总金额20万元,未上线部分占开发项目的1/6,则未上线部分的合同金额为200,000×1/6=33,333元,占合同总金额的33,333/1,950,000=1.7%。

(4)根据原告补充证据1,原告已经完成了采购管理的开发工作,已经具备了上线的条件。需要说明的是,系统上线是指将开发完成的系统接入被告的服务器,这需要登录被告的服务器,因此,只有在被告的配合下才能完成。原告在完成采购管理项目开发的情况下而不上线,除非是根据被告的需求而不上线,否则,没有合理解释。

(5)原告于2017年11月1日完成了系统上线,被告于2017年11月28日支付了合同总金额10%的上线进度款。原告所有项目人员于2018年2月5日离场,被告又于2018年3月9日支付了一笔3万元上线进度款。在原告催收后续款项时,被告从未提出采购系统未上线等任何问题,也未提出少付款问题。

(6)本案开庭时,当合议庭询问被告是否同意原告安排上线时,被告明确给予拒绝。原告认为,在已经完成采购管理项目开发、具备上线条件、随时可以上线的情况下,被告明确拒绝,既能反映出采购管理并不影响被告对系统的使用,又能反映出被告只不过是以此为由拒绝支付后续款项。

二、被告提出的未完成采购管理上线等理由不符合合同约定以及《合同法》规定

(1)根据合同第9条约定,如果原告未按照合同约定完成开发,双方应友好协商并签订备忘录,约定新的完成期限。原告项目人员自2017年6月5日开始到被告所在地驻场开发,于2018年2月5日离场,总计开发了8个月时间。2018年6月,原告开始通过电子邮件、书面文件催款,被告才开始提出部分系统未上线问题。直到开庭时,才又提出部分项目移动端未开发问题。而在2018年

6月之前,被告从未提出过这些问题。被告当前的抗辩理由,显然是不成立的。

(2)根据《合同法》第157条规定:“买受人收到标的物时应当在约定的检验期间内检验。没有约定检验期间的,应当及时检验。”根据《合同法》第158条第1款规定:“当事人约定检验期间的,买受人应当在检验期间内将标的物的数量或者质量不符合约定的情形通知出卖人。买受人怠于通知的,视为标的物的数量或者质量符合约定。”

合同附件一约定的验收日期是2017年12月29日,被告应在该日期进行及时验收。如果被告怠于验收、怠于履行通知义务,则应视为标的物符合合同约定。

即便没有约定检验期,根据《合同法》第158条第2款规定,被告也有及时验收的义务,否则视为交付的标的物符合合同约定。

综合以上两点论述,原告认为,原告的诉讼请求是成立的。本着及时、妥善解决问题的态度,原告甚至都没主张违约金。原告希望合议庭能够公平、公正地判决,依法维护原告的合法权益。当然,如果合议庭认为被告的反诉是成立的,只要判决是公平、公正的,原告也能接受。

原　告:A公司

代理人:刘东海　律师

裁判结果

一、解除原、被告双方签订的合同;

二、被告(反诉原告)向原告(反诉被告)支付30万元;

三、驳回原告(反诉被告)的其他诉讼请求;

四、驳回被告(反诉原告)的其他诉讼请求。

裁判理由

一、案涉合同应否予以解除

合同约定系统上线后,双方均不再享有合同解除权。案涉系统包括生产管理、中转仓及物流、设备运行、质检管理、采购管理、销售管理、报表管理及其他系统集成七个方面,双方确认未完成采购管理系统的上线。案涉系统使用过程中,于2018年7月9日出现授权license失效问题,原告虽然给出了临时解决方案,但没有根本解决问题，导致被告不再使用该平台。被告要求解除合同，应予以支持。2018 年 8 月 9 日至今，被告停止使用案涉平台已经有 1 年时间，其合同目的已无法实现。在现场勘察时，被告称其已另行启动其他应用系统替代了案涉系统，合同继续履行对其无实际意义。故对被告提出解除合同的请求予以支持。

二、原、被告双方是否按合同约定履行了各自的义务

原告未证明完成了采购管理系统的上线以及移动端的开发，未完全履行合同义务，存在违约。被告未按照合同约定付款，亦存在违约情形。

三、如果合同解除，案涉剩余款项及已支付款项如何处理

原告作为开发方，应积极推动平台的整体上线，但原告未完成采购模块的上线。虽然原告称被告需求发生了变化，但没有证据支持。又因为原告在催款未果的情况下，发生了授权 license 失效的问题，导致被告对系统的稳定性产生怀疑，这与系统的终生授权也相违背。原告的过错是导致合同解除的因素之一。

被告作为需求方，应积极配合系统上线。在采购管理系统未上线的情况下，被告直接启动平台的使用，用其他非平台应用系统替代采购系统，被告的做法为原告上线采购系统增加了难度，使得双方合作基础和频率减弱。且在 2017 年 12 月 5 日其他系统上线至 2018 年 7 月 9 日平台授权 license 失效期间，被告未就采购上线催促过原告，也未就采购系统上线提出解决方案与原告沟通。在原告临时 license 授权到期后，原告三次催促被告申请正式授权，被告均采取消极回避的态度，最终导致平台 license 授权过期，整个平台无法正常使用。被告的过错系导致合同解除的主要原因。综合考虑原被告各自的违约行为及过错，加之原告在系统开发过程中的付出及被告已使用平台系统的实际情况，合同解除后，酌情由被告向原告支付合同款 30 万元。

律师评析

本案并不符合约定解除的条件，也并不符合法定解除的条件。在履行合同存在瑕疵的情况下，本应以采取补救措施为原则，由原告将开发的系统进行完善。法院可能考虑到被告已没有再使用案涉系统的需求，因此，判令解除合同。法院判决解除合同的理由相互矛盾。一方面，法院认为被告的行为是导致合同解除的主要原因；另一方面，法院又赋予被告合同解除权，这虽然有助于打破合同僵局，但却赋予了违约方合同解除权，找不到《合同法》依据。在解除合同存在瑕疵的情况下，根据过错大小判令后续责任的承担，也只是一种将错就错的处理方式。

47

房屋买卖合同纠纷：善意取得制度对合同效力的影响

北京市仁人德赛律师事务所　罗　阳

裁判要点

根据《合同法》第51条的规定，“无处分权的人处分他人财产，经权利人追认或者无处分权的人订立合同后取得处分权的，该合同有效”。本案中，无处分权的人处分他人财产，在未经权利人追认的情况下，该民事行为并不必然属于无效。在房屋买卖合同纠纷中，买受人可以基于善意取得制度取得对案涉房屋的所有权。

基本案情

2015年1月30日，胡×（委托人）与秦×（受托人）签订委托书，委托原因、事项、权限为：“委托人胡×是位于××区××小区××号楼×层×××室的房屋所有权人，房屋所有权证号为：房权证兴字第12×××9号。上述房产是我个人房产。因为我事务繁忙，现委托秦×为我的代理人，全权代表我办理如下事项：……2. 在符合依法出售的前提下，以合理的市场价格出售上述房产……代我办理此房的买卖交易手续、代为签订房屋买卖合同、到房地产交易管理部门办理此房产权转移、过户的相关事宜、代为接受询问、签署询问笔录、代理办理公示手续……3. 代为办理上述房产的抵押登记等相关事宜，代签抵押协议，并领取抵押后的房产证及他项权利证；代为办理注销与上述房产相关的抵押登记事宜，代签解押协议，并领取注销抵押登记的房产证等相关证件，代为办理银行贷款的相关事宜,签署相关文件。”

2015年2月2日,××公证处对胡×与秦×签署的上述委托书作出(2015)××内民证字第06973号公证书。同日,××公证处对胡×出示的身份证复印件与原件相符作出(2015)××内民证字第06974号公证书,并注明:本公证书仅用于办理(2015)××内民证字第06973号公证委托书中记载的相关事项使用。

2015年2月10日,胡×(借款人、抵押人、甲方、丙方)与邓×(出借人、乙方)签订《抵押借款合同》,约定:甲方向乙方借款200万元,借款期限为一个月;甲方向乙方借款必须向乙方提供房屋抵押作为履行还款义务的担保;抵押房产的具体状况为:房屋所有权人胡×;房屋坐落:××区××小区××号楼×层××室;对本合同中规定的债务人、抵押人之义务无疑义,保证按照本合同的约定妥善履行还款义务,如甲方届时不履行或不完全履行到期还款义务,违反本合同的约定,甲方、丙方将自愿接受强制执行、放弃相应的诉权。本合同胡×签字处的日期为2015年1月30日,邓×签字处的日期为2015年2月10日。

2015年2月11日,××公证处对胡×与邓×签署的借款抵押合同作出(2015)××内民证字09483号具有强制执行效力的债权文书公证书。

2016年1月5日,秦×作为胡×(出卖人)的委托代理人与商贸公司(买受人)签订《存量房屋买卖合同》,约定案涉房屋成交价格为330万元。2016年1月30日,案涉房屋从胡×名下过户至商贸公司名下。

2016年1月28日,商贸公司(出卖人)与陈×(买受人)签订买卖定金协议,并于当日支付1万元定金。2016年1月30日,商贸公司与陈×签订房屋买卖合同,约定房屋总价款为443万元。随后,陈×及其丈夫姚×陆续向商贸公司及其法定代表人冯×支付购房款442万元。2016年2月25日,案涉房屋从商贸公司名下过户到陈×名下。

后胡×起诉,要求确认秦×与商贸公司签订的房屋买卖合同无效;确认商贸公司与陈×签订的房屋买卖合同无效。诉讼过程中,法院委托第三方对案涉房屋不同时间节点的市场价格进行评估鉴定。鉴定结论为:(1)2016年1月5日,单价32,134元/平方米,总价454.37万元;(2)2016年2月17日,单价34,090元/平方米,总价482.03万元;(3)2017年9月20日,单价54,439元/平方米,总价769.77万元。审理过程中,法庭应胡×的要求对陈×及其丈夫姚×的银行账户进行了查询,证实陈×支付443万元的购房款属实。

代理意见

××区人民法院:

就贵院受理的原告胡×诉被告商贸公司、被告陈×房屋买卖合同纠纷一案(下称本案),我是本案被告陈×的代理人,结合本案庭审情况,发表如下代理意见:

一、被告陈×合法取得案涉房屋

被告陈×与被告商贸公司签订房屋买卖合同后,陆续支付购房款。虽然案涉房屋当时存在抵押,但是房屋抵押的情形并不影响房屋所有权的转移。出卖人商贸公司在签订房屋买卖合同后,及时解除了案涉房屋的抵押,陈×得以在2016年2月25日顺利取得案涉房屋的不动产权利证书。被告陈×信赖的是国家公示的不动产权利证书,陈×当时无法知道案涉房屋存在所有权纠纷。并且,中介公司在买卖双方签订合同前,带领陈×去现场查看了房屋状况,并无异常。被告陈×购买房屋是按照正常的交易流程进行的:查看房屋,签订合同,支付房款,办理过户手续,办理物业交割手续,过程中并无瑕疵。因此,被告陈×是合法取得案涉房屋的。

二、被告陈×善意取得案涉房屋

本案中,如果商贸公司与秦×签订的房屋买卖合同因为出卖人秦×无权处分而被认定为无效,那么也不应当导致后面的商贸公司与陈×签订的房屋买卖合同无效。根据《物权法》第106条的规定:无处分权人将不动产或者动产转让给受让人的,所有权人有权追回;除法律另有规定外,符合下列情形的,受让人取得该不动产或者动产的所有权:(1)受让人受让该不动产或者动产时是善意的;(2)以合理的价格转让;(3)转让的不动产或者动产依照法律规定应当登记的已经登记,不需要登记的已经交付给受让人。代理人认为,本案陈×买受房屋的行为构成善意取得,理由如下:

(1)陈×购买案涉房屋时支付的购房款为443万元,与法院委托鉴定中房屋的市场价值(2016年1月市场总价454万元左右)相差不大;

(2)陈×在2016年2月25日取得案涉房屋的不动产权利证书;

(3)原告胡×没有提供证据证明陈×在受让房屋时是恶意的,法庭应原告的要求对陈×及其丈夫姚×的银行账户进行了全面的查询,也没有发现陈×与商贸公司存在除支付购房款以外的业务往来。原告胡×所谓陈×与商贸公司恶意串通的说法只是主观臆测,凭空想象,没有任何事实依据。因此,本案陈×符合善意取得,其与商贸公司签订的《存量房屋买卖合同》应当被认定为有效,案涉房屋所有权应当归属于陈×。

以上代理意见,请法庭参考。

被　告:陈×

代理人:罗　阳　律师

裁判结果

一、被告秦×以原告胡×名义与被告商贸公司签订的《存量房屋买卖合同》无效;

二、驳回原告胡×的其他诉讼请求。

裁判理由

《合同法》第51条规定:无处分权的人处分他人财产,经权利人追认或者无处分权的人订立合同后取得处分权的,该合同有效。《最高人民法院关于审理买卖合同纠纷案件适用法律问题的解释》(法释〔2012〕8号)第3条规定:当事人一方以出卖人在缔约时对标的物没有所有权或者处分权为由主张合同无效的,人民法院不予支持。出卖人因未取得所有权或者处分权致使标的物所有权不能转移,买受人要求出卖人承担违约责任或者要求解除合同并主张损害赔偿的,人民法院应予支持。本案中,虽然商贸公司对案涉房屋无权处分,且处分行为未经胡×追认,但根据上述法律规定,陈×与商贸公司签订的《存量房屋买卖合同》并不必然属于无效合同。况且,债权行为无效,并不必然导致物权行为无效,当事人还可能基于善意取得制度取得诉争财产。根据《物权法》第106条规定:无处分权人将不动产或者动产转让给受让人的,所有权人有权追回;除法律另有规定外,符合下列情形的,受让人取得该不动产或者动产的所有权:(1)受让人受让该不动产或者动产时是善意的;(2)以合理的价格转让;(3)转让的不动产或者动产依照法律规定应当登记的已经登记,不需要登记的已经交付给受让人。具体到本案陈×是否构成善意取得,分析如下:其一,陈×购买案涉房屋时支付的购房款为443万元，与鉴定中房屋的市场价值相差不大；其二，陈×已于2016年2月25日取得案涉房屋的所有权证；其三，胡×未提供证据证明陈×在受让房屋时是恶意的。故，本院认定陈×符合善意取得，其与商贸公司签订的《存量房屋买卖合同》应为有效，案涉房屋所有权应归属于陈×。

律师评析

本案在审理过程中，司法部对全国各地的公证乱象进行了整治，公安部门也对公证处的虚假公证、违法公证行为立案侦查。因此，本案中经过公证的胡×出具给秦×的卖房委托书被受案法院认定为不发生效力，由此导致秦×与商贸公司签订的房屋买卖合同无效。但是，陈×作为后来的买房人，其并不知道该房屋存在所有权纠纷，陈×信赖的是国家公示的不动产权利证书，其与商贸公司签订的房屋买卖合同应当被认定为合法有效。再者，依据《物权法》第106条的规定，陈×的买房行为也完全符合善意取得的特征。胡×质疑的案涉房屋存在抵押不能出卖的理由属于认知错误。实践中，有抵押的房屋是可以出售的，只不过需要买卖双方在办理过户手续之前把抵押权消灭，解除抵押即可，《物权法》和《担保法》对此也有相应的规定。受案法院驳回胡×对陈×的诉讼请求，正确适用法律，保护了正常的交易秩序和交易安全。

48

房屋买卖合同纠纷：限购政策对交易的影响

北京安济律师事务所　吕　品

裁判要点

在确认合同有效的前提下，政府政策的变化是否影响合同的继续履行？

买卖合同签订时符合政府有关房屋出售的条件，合同签订后，政府政策发生变化，政策不应当溯及既往，对房屋买卖不具有约束力。在合同未解除的前提下守约方要求继续履行合同，延迟履行一方应当继续履行自己的义务。

合同双方在履行义务时应当依照诚实守信的原则，在没有履行不能的情况下应按照约定全面履行合同义务。

基本案情

本案中案涉房屋为经济适用房。

2004 年 8 月 29 日刘×（此案原告）与张×（此案被告）签订的《买卖协议书》约定：刘×以 20 万元的价格购买张×的案涉房屋，合同签订后，刘×支付房款并入住案涉房屋，因相关政策原因双方一直未办理过户手续。至起诉前刘×了解到，案涉房屋可以办理房屋过户手续，但因从 2004 年至当时，房屋价格上涨幅度较大，张×要求刘×对自己予以一定的价格补偿款方可协助其办理房屋过户手续，刘×拒绝补偿房屋价款。

刘×多次催张×协助其办理过户手续无果，无奈为维护自己的合法权益，遂起诉至××区人民法院，请求：法院判决继续履行原被告签订的房屋买卖协议，将上述房屋产权过户至原告名下。

代理意见

尊敬的审判员:

北京安济律师事务所接受本案原告刘×波的委托,指派本所律师吕品担任原告与被告张×房屋买卖合同纠纷一案的代理人,依法出庭参加本次诉讼,现发表如下代理意见,请法庭予以采纳:

一、政策变化不影响之前签订的房屋买卖合同的有效性

本案案涉房屋比较特殊的是经济适用房,2008年4月8日北京市发布了关于已购经济适用房上市出售的通知,北京市建委表示,新房和老房的区分方法,以《通知》下发之日是否签订购房合同来区分,实行“新房新办法,老房老办法”。《通知》下发之日后签订合同的为新房,下发之日前签订合同的为老房。其中,对于新房而言,取得契税完税凭证或房屋所有权证未满5年的不得上市,确需上市的由区县住房保障管理部门通过摇号等方式确定符合条件的购房人按原价购买或由区县住房保障管理部门按原价回购;5年后上市出售应补交土地收益等价款,补交金额根据原购经济适用住房时的价格和出售时同地段房屋状况基本相似的普通商品房价差的70%补交,同等价格条件下,已购经济适用住房产权人户口所在区县住房保障管理部门可以优先回购。对于老房而言,取得契税完税凭证或房屋所有权证未满5年的不能上市交易,确需上市交易由区县住房保障管理部门通过摇号等方式确定符合条件的购房人按原价购买或由区县住房保障管理部门按原价回购;5年后可上市交易,补交价款按原有关规定执行,即按上市成交价的10%补交土地收益等价款,同等价格条件下,已购经济适用住房产权人户口所在区县住房保障管理部门可以优先回购。

在这种政策背景下,2004年签订的合同,在2008年4月8日后是否有效,本案在合同履行之诉前已经在××区人民法院起诉确认房屋买卖合同有效的确权之诉,根据北京市高级人民法院《关于审理房屋买卖合同纠纷案件适用法律若干问题的指导意见(试行)》第6条第2款:“出卖人转让的经济适用住房的原购房合同系2008年4月11日(含)之前签订,当事人又在转让该已购房屋的合同中约定在限制上市交易期限届满后再办理房屋所有权转移登记或在一审法庭辩论终结前该房屋已具备上市交易条件的,可以认定合同有效”的规定,××区人民法院确认了本案中房屋买卖合同有效。

二、双方2007年3月28日签订的《终止协议》的解除效力不及于《买卖协议书》

2004年8月29日原、被告共同委托房地产交易中心办理案涉房屋的过户工作,签订《委托过户代理协议》。同时三方又签订《补充协议》,明确了委托过户事宜,而且原、被告明确了原告已经交付了15万元的房款,余下5万元房款,原告于2005年3月10日前给付完毕。2007年3月28日,原、被告双方和房地产交易中心,三方签订《终止协议》,协议约定:1. 三方一致同意解除《委托过户代理协议》,2. 房屋买卖合同即《买卖协议书》以及相关补充文件,原、被告自行协商解决。由此可知,对于房屋买卖合同是否解除由双方自行协商解决,因此,2007年3月28日签订的《终止协议》只解除了原、被告与房地产交易中心的《委托过户代理协议》,解除效力不及房屋买卖合同即《买卖协议书》,房屋买卖合同即《买卖协议书》并未解除,仍然合法有效,仍处于履行阶段,合同双方应当全面履行合同约定义务。

三、房屋买卖合同即《买卖协议书》不因该市购买经济适用房屋政策而履行不能

首先,2018年11月27日,××区人民法院作出民事判决,认定原、被告双方的购房合同《买卖协议书》合法有效。所以对于合同本身来说,合同双方合意,意思表示一致订立的合同,没有违反法律法规的情况,因此购房合同合法有效,且经法院确认。其次,对于订立合同时,虽然案涉房屋属于经济适用房没有房产证,当时未能办理房屋过户手续。签订买卖合同时,案涉房屋已经符合经济适用房上市交易的条件,且2006年被告取得所有权证书时,原告也符合购买经济适用房的主体资格,房屋过户给原告不存在履行不能的问题。而且,北京市建设委员会公布的《关于已购经济适用住房上市出售有关问题的通知》(京建住〔2008〕225号)规定于2008年4月8日开始实行,根据法不溯及既往的原则,该规范性文件不应当溯及既往,从而对案涉房屋的买卖不具有约束力。

四、原告已经给付尾款5万元,已经履行完自己的全部给付义务

被告认为未给付余下5万元,称并未完全、全面履行合同约定。原告实际上在2004年9月已经将尾款支付给了被告,被告给了案涉房屋的钥匙,原告收到钥匙后就搬至案涉房屋中生活,一直居住至今,能居住这么久且没有纷争,足以证明原告是支付了全款的。且2017年1月9日和2017年1月17日,原告在与被告谈话时的录音能够佐证原告支付了余款5万元的真实性。综上,原告已经足额支付了房屋的全部价款20万元,已完全且全面履行了自己的房屋价款给付义务。

五、被告应全面履行合同义务

《合同法》规定得相当明确,第6条:当事人行使权利、履行义务应当遵循诚实信用原则。第60条第1款:当事人应当按照约定全面履行自己的义务。第110条:当事人一方不履行非金钱债务或者履行非金钱债务不符合约定的,对方可以要求履行,但有下列情形之一的除外:

(一)法律上或者事实上不能履行;

(二)债务的标的不适于强制履行或者履行费用过高;

(三)债权人在合理期限内未要求履行。

在本案中,原告已经履行了自己的先给付义务,被告也应当积极的全面履行自己后给付义务即交付房屋和办理房屋变更登记手续。被告从2004年至今只是交付了房屋,给予原告使用权,却迟迟不履行所有权的转移义务,未全面履行自己的义务,违反了合同约定,所以在权利受到侵害时,原告有权用法律的武器维护自己的切身利益,向人民法院寻求法律途径的救济。

六、综上

案涉房屋买卖合同《买卖协议书》双方意思表示真实,且意思表示一致,经法院确认该合同真实有效,该协议没有违反法律法规,且尚未解除,没有履行不能的障碍,被告应按照合同约定继续履行合同,被告应协助原告办理房屋过户手续。

代理人:吕　品　律师

裁判结果

××区人民法院于2019年4月15日作出如下判决:

一、继续履行原告(反诉被告)刘×与被告(反诉原告)张×于2004年8月29日签订的《买卖协议书》;

二、被告(反诉原告)张×于本判决生效之日起30日内协助原告(反诉被告)刘×将案涉房屋过户至原告(反诉被告)刘×名下;

三、驳回被告(反诉原告)张×的全部反诉请求。

裁判理由

根据2004年4月30日北京市国土资源和房屋管理局、北京市建设委员会、北京市发展和改革委员会、北京市财政局《关于已购经济适用住房上市出售有关问题的通知》(京国土房管住〔2004〕486号),已购买经济适用住房的家庭住满5年的,可以按市场价格出售。

案涉房屋系张×1999年6月18日购买,2004年8月29日出售给刘×,符合当时经济适用住房上市交易的条件,2006年10月12日案涉房屋取得所有权证书时,案涉房屋过户给刘×不存在履行上的障碍,张×对此也认可。2008年4月8日经济适用住房上市交易的条件发生变化,但该政策不应当溯及既往,对案涉房屋的买卖不具有约束力。所以,在买卖合同未解除的前提下,刘×要求继续履行合同、将案涉房屋过户至其名下的诉讼请求有事实和合同依据,本院予以支持。对于刘×自愿承担案涉房屋过户时产生的土地收益价款,本院不持异议。

律师评析

本案案涉房屋属于限购的经济适用房,自2004年开始,北京市对经济适用房等政策性房屋出台了一系列的严格限购政策。2004年出台《关于已购经济适用住房上市出售有关问题的通知》,严格了经济适用房的出售资格要求。2007年出台《北京市经济适用住房管理办法》,再次严格规范了经济适用房的取得及出售要求。2010年国家逐步严格规范房屋交易行为,出台"国十条""国五条"等限购限贷政策,北京市对限购政策也逐渐加码,陆续出台"京十二条""京八条"等限购限贷政策,上述政策虽然遏制了北京市房屋价格的过快上涨,但也造成一些历史遗留的正常房屋交易无法进行。

为此,北京市高级人民法院出台《关于审理房屋买卖合同纠纷案件适用法律若干问题的指导意见》,其中第6条规定:出卖人转让的经济适用住房的原购房合同系2008年4月11日(含)之前签订,当事人又在转让该已购房屋的合同中约定在限制上市交易期限届满后再办理房屋所有权转移登记或在一审法庭辩论终结前该房屋已具备上市交易条件的,可以认定合同有效。这个规定不但符合《立法法》关于"法不溯及既往"的原则,也更具有合理性、可操作性,体现了法律的人性化。

本案中,出卖人转让的经济适用住房的原购房合同系 2008 年之前签订,根据上述规定虽然受限购政策影响,当事人不能自行办理过户,但若法院经过审理,确认当事人之间合同关系真实,可以认定合同有效,并判决办理过户。当事人可持裁判文书,至不动产登记部门要求办理过户手续,不受限购政策影响。

49

合同效力纠纷：金融抵押合同中共有权人的处分权及银行的审慎义务

北京市中咨律师事务所　马颖秋

裁判要点

《合同法》第51条规定，无处分权的人处分他人财产，经权利人追认或者无处分权人订立合同后取得处分权的，该合同有效。《民法通则》第58条规定，行为人以欺诈、胁迫的手段或者乘人之危，使对方在违背真实意思的情况下所为的民事法律行为无效。中国人民银行《贷款通则》第20条也规定，借款人不得以欺诈手段骗取贷款。本案需要解决两个问题，一是金×对左×的处分行为是否知情并同意，二是银行是否尽到审慎的义务。经审理，法院认为，左×对金×的知情行为没有提供证据，且左×对于金×知情的陈述，前后矛盾，结合其每月如何偿还贷款的解释，二审法院对左×主张的金×知情的问题不予采信。对于第二个问题，左×与提供的贷款申请审批表、信用报告、户口簿上的婚姻状况、学历、工作单位均存在不一致的情况，银行应做进一步调查，但银行没有调查，所以银行没有尽到审慎的义务。所以对银行已尽审慎义务是善意相对人的辩称不予采信。

基本案情

金×于2014年1月诉至××区人民法院称：金×与左×系夫妻关系，于1994年9月3日登记结婚，二人共同共有一套房屋。该房屋于2004年5月14日取得所有权证，登记在左×名下。但左×却在金×不知情的情况下，于2012

年7月12日与银行签订了《房屋最高额抵押合同》(抵押登记专用),该合同以金×与左×共有住房为抵押进行购房贷款。但金×与左×并未购房。金×认为,左×与银行未经金×同意即将其共有房屋进行了抵押,违反相关法律规定。因此,金×将左×与银行诉至××区人民法院,要求确认左×与银行签订的《房屋最高额抵押合同》(抵押登记专用)无效。

左×辩称,他自己贷款,金×知情,但没有提供证据。

银行辩称:对于左×在贷款时提交的贷款审批表、离婚证、离婚协议、户口簿、房屋所有权证原件和复印件都尽了合理审慎的义务,离婚证和离婚协议均证明左×离婚,且离婚时没有夫妻共同财产,案涉房屋所有权证显示单独所有。评估值为165万元,我行共出款113万元,对价合理,并进行了抵押登记。我行对抵押登记是善意第三人,如果金×认为左×提供虚假材料侵犯其权益,应当向左×主张赔偿。

金×认为:左×未经原告同意,处分了夫妻共同财产,抵押应当无效,同时向银行贷款时提供了虚假的材料,伪造了离婚证与离婚协议,银行未尽到法定义务,未进行资信调查,未核实借款人资料,没有尽到合理审慎义务。

一审代理词

致××区人民法院:

就贵院受理的原告金×(以下简称原告)诉被告左×、银行抵押合同无效纠纷一案(以下简称本案),我是本案原告的代理人,结合本案庭审情况,发表如下代理意见:

一、被告左×伪造离婚证,伪造离婚协议,提交虚假的材料骗取贷款,该骗取贷款的行为属于民法上的欺诈,依据《民法通则》第58条的规定,属于无效的民事行为,其所签订的抵押合同应当归于无效

庭审中,被告银行提交了贷款过程中被告左×贷款时提交的所有资料作为证据。在银行提交的证据中,被告左×贷款时提交了一份与原告金×于2003年签订的《离婚协议书》和所谓的2003年的《离婚证》。而至现在为止,原告与被告左×还存在婚姻关系,原告与被告左×的离婚案件正在审理中,也是在××法院××法庭审理。被告左×虽称是中介给办的,但左×没有任何证据证明是中介办理,包括其虽称自己没有看到过离婚证与离婚协议。但其认可贷款时自己亲自到被告银行去了,贷款合同和抵押合同也是其本人所签。同时庭审中左×也认可案涉的抵押房产属于其与原告的夫妻共同财产。而被告银行正是因为被告左×有抵押物,依据左×提供的离婚证与离婚协议、房产证判断抵押房产为其个人所有才与其签订了《房屋最高额抵押合同》。如果没有假的离婚证、离婚协议及房产证,被告银行根本不可能贷款给被告左×。因此,被告左×提供的虚假离婚证与离婚协议及经过复印的房产证,导致被告银行作出了违背真实的意思表示与被告左×签订了《房屋最高额抵押合同》,根据最高人民法院《关于贯彻执行〈中华人民共和国民法通则〉若干问题的意见(试行)》第68条的规定,被告左×的行为应当认定为欺诈行为。被告银行正是因为被告左×提供了虚假离婚证与离婚协议及经过复印的房产证,才作出了与被告左×签订《房屋最高额抵押合同》的民事行为,该行为符合《民法通则》第58条由于欺诈导致无效民事行为的规定。也正因如此,双方签订《房屋最高额抵押合同》的民事行为无效,该合同无效。

同时,被告左×作为借款人,也违背中国人民银行《贷款通则》的规定,该《贷款通则》第20条也规定借款人不得以欺诈手段骗取贷款。而本案中,被告左×正是采用伪造离婚证、离婚协议、房产证的复印件等欺诈手段骗取了贷款。而该通则第69条规定,采用欺诈手段骗取贷款的,构成犯罪的,按刑事处分,未构成犯罪的,应当进行罚款处罚。

二、被告银行作为贷款人未尽法定义务,未进行资信调查,未核实借款人的资料,存在过错

根据中国人民银行《贷款通则》第6章的规定,被告银行应对被告左×提供的资料进行调查,对借款人的信用等级以及借款的合法性、安全性、盈利性等情况进行调查,核实抵押物、质物、保证人情况,测定贷款的风险度。

而在被告银行所提供的所有证据中:第一,被告银行没有对被告左×提供的材料进行真实性核实,没有对被告左×进行资信调查,更没有对被告左×的贷款用途进行调查。庭审中,被告银行称对被告左×所提供的材料进行了原件与复印件的核实,可是经过核实,出现了假的离婚证与假的离婚协议,这说明被告银行没有对被告左×贷款时的资料进行过调查,连一个谈话笔录都没有。第二,被告银行也没有证据显示对借款人左×的抵押物及提供的资料进行过核实。第三,银行对被告左×的贷款用途也没有进行调查。被告左×在贷款合同中所签的贷款用途是装修。但在庭审中,被告左×自述贷款用途是做买卖,在原告对其用途提出异议后,又改口称是盖房。但被告银行在贷款时及贷款后均没有证据显示其对左×的贷款用途进行过任何调查。

所以,被告银行的未尽贷款人义务、违背《贷款通则》规定的调查的行为,也是导致其成为本次抵押无效的过错方。正是因为没有调查,使得被告左×用欺诈的手段骗取贷款的行为得逞。被告亦是无效合同中的过错方。

三、未经一方同意,用夫妻共有财产抵押无效

庭审中,被告左×认可,案涉抵押的房产是原告与其妻的夫妻共同财产,同时自己认为与原告曾经说过贷款的事情。但是被告左×提供不出任何证据证明原告知道其进行抵押的行为,原告亦不认可其说过。而根据《最高人民法院关于适用〈中华人民共和国担保法〉若干问题的解释》第54条第2款的规定,共同共有人以其共有财产设定抵押,未经其他共有人的同意的,抵押即无效。

综上,被告左×伪造离婚证与离婚协议及房屋所有权证的附页,向被告银行提供虚假的材料骗取贷款,符合《最高人民法院关于贯彻执行〈中华人民共和国民法通则〉若干问题的意见(试行)》规定的欺诈的行为,同时被告银行作为贷款机构,未按《贷款通则》的规定进行资料调查,资信调查,导致自己作出错误判断,被告左×骗取贷款的行为成功,符合我国《民法通则》第58条规定的欺诈的民事行为,其签订合同的民事行为应当认定为无效,签订的合同也因其无效民事行为而应认定为无效。同时,案涉抵押房屋属于原告与被告共同共有财产,未经原告同意,擅自抵押,依据《最高人民法院关于适用〈中华人民共和国担保法〉若干问题的解释》,也属于无效的抵押行为。所以,请求贵院依法支持原告的诉讼请求,以保护原告的合法权益。

此致

××区人民法院

原告代理人:马颖秋　律师

一审法院经审理,认为银行对左×的房屋产权、婚姻状况进行了审查,尽到了审查的义务。金×与左×虽然存在夫妻关系,但是房屋产权登记在左×个人名下,左×贷款时提供给银行的离婚证、离婚协议已表明其婚姻状况为离异,金×认为银行签订合同时未尽到实际审查义务的意见,对银行要求过于苛刻,所以不予采纳。最终认定,银行是善意第三人,左×与银行签订的《房屋最高额抵押合同》合法有效,驳回了金×的诉讼请求。

一审判决后,金×不服一审判决,以"1. 一审认定"《房屋最高额抵押合同》是双方真实意思表示且不违反国家强制性法律规定"是错误认定。该错误认定包括对左×伪造离婚证,伪造离婚协议,提交虚假的材料骗取贷款的行为属于民法上的欺诈,而不是真实意思表示;一审认定被上诉人银行作为贷款人未尽严格审查的法定义务,违反《商业银行法》和《贷款通则》的规定。2. 未经一方同意,用夫妻共有财产抵押,违反《担保法》的规定,抵押应当无效"为由提起上诉。

二审审理过程中,银行为证明其尽到了合理审慎义务,提交了《北京市装饰装修施工合同》(显示:签订日期2012年6月16日并附承包公司的营业执照复印件)、《委托收取装修款说明》个人信用报告(显示:日期2012年6月26日,左×已婚,工作单位个体、润滑油公司,最高学历高中)、《个人信贷客户资历调查函》(显示:日期2012年6月27日,左×职务为销售经理,文化程度大专,税后收入每月5万元)以及个人户明细账单、房地产抵押登记报告等。

金×认为,这些证据达不到银行已尽了合理审慎义务的证明目的,同时,上述证据在婚姻状况、学历、工作单位、贷款用途方面存在多方面的矛盾。

二审代理意见

致北京市第二中级人民法院:

就贵院受理的上诉人金×(以下简称上诉人)诉被上诉人左×、银行抵押合同无效纠纷一案(以下简称本案),我是本案上诉人的代理人,结合本案庭审情况,发表如下代理意见:

(1)被上诉人银行补充材料不具有真实性,更不能证明银行对被上诉人左×的还贷能力、收入,贷款用途做了尽职调查。

二审中,银行为了证明其尽了调查审慎的义务。出具了左×的收入证明,及对左×的资信调查资料。但是资信调查资料没有任何章,也没有网站上的任何痕迹,没有真实性可言,对于银行出示的由左×签名的装修合同,该合同所装修的房屋与左×没有任何关系,很显然是为了贷款而伪造的。而左×的收入明细上,只能说曾有过几笔10万元到30万元的大额汇款,但不能说明是左×的收入,作为存储机构对此类账户的性质很清楚。但银行却以此证明其对左×的收入做了调查。

(2)银行对被上诉人左×的资料未尽审核、核实义务。

《贷款通则》第28条规定,贷款人应当建立审贷分离、分级审批的贷款管理制度。审查人员应当对调查人员提供的资料进行核实、评定,复测贷款风险度,提出意见,按规定权限报批。

同时,银行内部应当对审查的内容有相应的规定。但是庭审至今,银行未提交任何资料,而在庭审中,被上诉人银行却称仅是形式审查,这与上述规定相悖。而被上诉人左×贷的是《房屋最高额抵押合同》最高额抵押贷款,是高额抵押贷款。如果没有抵押,这种最高额贷款就不可能发放。

(3)银行对贷款过程存在过错。根据银行官网的规定,借款人应提供还款能力的证明。在庭审中,银行提供了左×的单位证明和个人银行个人明细。但是,左×的单位证明没有工资收入明细,银行的个人账户只是过钱的过程,证明不了其收入,明细中几笔大额来源都是汇款,而不是收入,且在汇款之后几天之内就被全部取光。这种明细根本不是收入证明。

(4)银行提供的用途调查,是左×与一个公司签订的装修合同。但合同所涉的房屋与左×没有任何关系。显然是伪造的合同。

综上,通过一审及二审的两次庭审,被上诉人银行在对左×的大额贷款时没有尽审查义务,左×提供虚假的材料骗取贷款,符合《最高人民法院关于贯彻执行〈中华人民共和国民法通则〉若干问题的意见(试行)》规定的欺诈行为,同时被上诉人银行作为贷款机构,未按《贷款通则》的规定进行资料调查,资信调查,还款能力调查、贷款用途调查,导致自己作出错误判断,使被上诉人左×骗取贷款成功,这均符合我国《民法通则》第58条的欺诈的民事行为,其签订合同的民事行为应当认定为无效,签订的合同也因其无效民事行为而应认定为无效。同时,案涉抵押房屋属于上诉人与被上诉人夫妻共同共有财产,未经上诉人知道,擅自抵押,依据《最高人民法院关于适用〈中华人民共和国担保法〉若干问题的解释》,也属于无效的抵押行为。所以,请求贵院依法支持上诉人的诉讼请求,以保护上诉人的合法权益。

此致

×××中级人民法院

上诉人代理人:马颖秋　律师

二审裁判结果

2015 年 2 月 20 日，×××中级人民法院认为金×的上诉理由成立，其上诉请求，本院予以支持，判决如下：

一、撤销××区人民法院民事判决书；

二、左×与银行签订的《房屋最高额抵押合同》无效。

本判决为终审判决。

二审裁判理由

本院认为：根据双方的诉辩意见，本案需要解决的问题有二：一是金×对左×的处分行为是否知情并同意；二是银行在与左×签订《房屋最高额抵押合同》时，是否尽了审慎义务，是否系善意相对人。

关于问题一，左×称金×对其在案涉房屋上设定抵押的行为知情并同意，金×对此不予认可，左×就此亦未提供证据予以证明，且左×有关金×为何知道该行为的陈述，有前后矛盾之处，另结合其有关每月如何偿还贷款的解释，本院对左×有关金×知情并同意的主张，不予采信。

关于问题二，左×本人签名的日期为 2012 年 7 月 3 日的《银行个人类贷款申请审批表》载明：左×婚姻状况为离异，工作单位为旧机动车经纪公司，大专学历，入现单位工作时间为 2007 年 3 月，并向银行提交离婚证、离婚协议、房产证以及户口簿，以证明其婚姻状况及其有权处分案涉房产。但是，银行曾于 2012 年 6 月 26 日对左×的个人信用进行查询，其提交的当日形成的个人信用报告上显示：左×婚姻状况为已婚、工作单位为：(1)个体；(2)润滑油公司，最高学历高中，日期为 2011 年 1 月的户口簿显示：左×文化程度初中，职业司机，服务处所为润滑油加工厂。可见，左×向银行提供的婚姻状况、文化程度、工作单位等信息与左×个人信用报告上的显示有明显不一致之处。本院认为，在此情况下，银行应结合左×上述信息进一步调查核实，尤其是婚姻状况，因贷款申请人是否结婚与房屋是否存在实际的共有人密切相关，若房屋存在实际共有人，则未经共有人同意，左×无权将房屋抵押。但是，银行提供的现有证据并不能显示其就上述问题做了任何调查核实工作。故本院难以认定银行在与左×于 2012 年 7 月 19 日签订《房屋最高额抵押合同》时尽了审慎义务，难以认定银行是善意相对人。

综上所述，金×的上诉理由成立，其上诉请求，本院予以支持。

律师评析

本案是一起银行金融借款抵押合同引起的共有权人维护自己合法权益且在二审改判的少有的成功案例。一般来说，作为金融机构的银行，机构规模、操作程序规范性、人员素质都远比其他机构严谨得多，其抵押合同是经过了千雕万琢无数律师审核出来的格式合同，相对于普通的机构，想推翻银行的抵押合同，可谓两个字——“困难”。而本案恰是在这些困难的前提下，抓住了银行在审批过程中的漏洞，成功地维护了房屋共有权人的合法权益。

本案虽然是一起五年前的旧案，但在今天仍然有它的借鉴意义。本案的要点主要有两个：

第一，即物权中共有权人的处分权。

抵押是处分物权的一种方式，那么作为共有权人，是否应当经其他共有权人同意？这在《合同法》的第51条和《担保法》的司法解释中都作了明确的规定，即无处分权人处分共有财产时，应当经其他共有权人同意，否则无效。这是依据《合同法》与《担保法》的司法解释所得出的结论，但是2020年5月，随着《民法典》通过，这两部法律的司法解释完成了其历史使命，在2020年12月31日退出历史舞台。但《民法典》也同样规定了共有权人的处分权须经全体共有人同意，《民法典》第301条规定，处分共有的不动产或者动产以及对共有的不动产或者动产作重大修缮、变更性质或者用途的，应当经占份额三分之二以上的按份共有人或者全体共同共有人同意，但是共有人之间另有约定的除外。即将这种共同共有的处分权进行了约定优先原则，体现了民法的意思自治原则，没有约定的，按法定，即占有共有权三分之二以上的按份共有人或全体共同共有人的同意。这也同样规定了共同共有人的处分需要经全体共有人的同意，否则应当按无效处理的法律的基本原则，这与《合同法》无处分权人与《担保法》的司法解释共同共有人的处分，未经其他共有权人同意无效的规定是基本一致的。《民法典》的约定优先原则，是对共同共有人处分权全体同意的例外规定。

第二，本案的另一要点即是银行的审慎义务。

银行审慎义务的规定主要存在于《商业银行法》和中国人民银行颁布的《贷款通则》之中。因银行本身的盈利模式，使法律及中国人民银行对银行的信贷过程有严格的程序规定，包括对贷款人的信用、还款能力、婚姻状况等的调查，商业银行只有遵循这些程序，才能使银行贷出去的资金安全收回，完成其盈利的过程。而本案恰是给银行提了醒，任何不规范、不合规的操作，都可能导致银行的贷款血本无归。

50

房屋拆迁安置补偿合同纠纷中撤销权的认定

北京母树峰律师事务所　母树峰

裁判要点

在拆迁过程中，因拆迁人与被拆迁人就安置补偿不能达成一致意见，被拆迁人拒绝拆迁被公安机关以涉嫌妨碍公务罪予以刑事拘留，在被拆迁人刑事拘留期间，拆迁人在看守所与被拆迁人签订了《城市房屋拆迁货币补偿安置协议书》。该《城市房屋拆迁货币补偿安置协议书》是被拆迁人在被胁迫的情况下签订，不是其真实意思表示，被拆迁人能否要求人民法院撤销该协议。根据法律规定，合同成立后，因发生重大误解、显失公平订立合同或一方以欺诈、胁迫的手段或乘人之危，使对方在违背真实意思的情况下订立合同的特定情况，受损害的一方当事人有权要求人民法院或仲裁机构撤销合同，使合同不再具有法律效力。在本案中，拆迁人房地产开发公司在被拆迁人张××被羁押期间，在看守所与被拆迁人张××签订的《城市房屋拆迁货币补偿安置协议书》，属于被拆迁人张××在被胁迫的情况下签订的协议，应予撤销。

基本案情

被拆迁人张××在集体土地上自建二层楼房，建筑面积655.6平方米，土地面积337.24平方米，持有政府颁发的集体土地建设用地使用证和房屋所有权证。被拆迁人张××自2003年1月13日起在自家住宅处开办了旅社，并取得了个体工商户营业执照，有效期为2003年1月13日至2009年12月31日。

2008年5月23日，拆迁人房地产开发公司依据建设局批准的房屋拆迁许可证,对被拆迁人张××房屋所在区域实施拆迁,因拆迁补偿不能达成一致意见,双方发生争执,当日,被拆迁人张××的次子张×2被公安局以涉嫌故意伤害罪刑拘,5月24日,被拆迁人张××的长子张×1又被公安局以同一理由刑拘。5月25日,被拆迁人张××因涉嫌妨害公务罪被公安局刑拘。2008年5月31日,拆迁人房地产开发公司在看守所与被拆迁人张××签订了《城市房屋拆迁货币补偿安置协议书》及《补充协议书》。同日,被拆迁人张××的妻子韩××也在《城市房屋拆迁货币补偿安置协议书》及《补充协议书》上签字。

《城市房屋拆迁货币补偿安置协议书》载明:拆迁人房地产开发公司因项目建设需要,经审查批准,领取了《房屋拆迁许可证》,在规划范围内实施房屋拆迁。被拆迁人张××所有的房屋属于该《房屋拆迁许可证》核准的拆迁范围内。被拆迁人张××的房屋建筑面积363.14平方米,房屋所有权证载明的房屋设计用途为住宅。(1)有证房屋面积363.14平方米,其中:①206.10平方米(二层楼);②25平方米;③69.44平方米;④62.60平方米。(2)无证房屋面积198.366平方米:①38.93平方米;②89.5平方米(二层楼);③69.936平方米。以上房屋情况详见测绘图。(3)拆迁补偿金额:住宅房屋,①房屋的货币补偿金额363.14平方米×1600元/平方米=581,024元。②无证房屋补偿金额折99.18平方米×1600元/平方米=158,693元。③住宅搬迁补助费2000元。④楼房系数(增加补偿)206.10平方米×0.12=24.732平方米×1600元/平方米=39,571元。⑤金额总计人民币842,982元。被拆迁人保证在2008年6月6日前搬迁腾空被拆迁房屋,不得拆除损坏被拆迁房屋及其公共设施。本协议自双方签字之日起生效。

《补充协议书》载明:被拆迁人张××旧房有证房屋363.14平方米,经协商,房地产开发公司项目部同意给其增加房屋补偿费人民币57,018元,合计补偿被拆迁人张××人民币90万元。

签订协议的当天晚上,即2008年5月31日,拆迁人房地产开发公司即将被拆迁人张××的房屋拆除。

被拆迁人张××于2008年6月5日被公安局释放。拆迁人房地产开发公司于2008年6月5日将上述协议记载的款项合计人民币90万元提存公证处。被拆迁人张××于2008年6月10日从公证处支取房屋拆迁补偿款合计人民币90万元。

被拆迁人张××认为，因拆迁补偿未达成一致意见，一家父子三人先后被公安局刑拘，被关押在看守所，可能还要被判刑，所以，在被胁迫之下才在拆迁补偿协议上签字，且补偿协议中将自己开办旅社的经营用房按住宅价格补偿，显失公平，协议应予撤销。为此，被拆迁人张××于2009年5月26日向法院起诉，请求撤销双方签订的《城市房屋拆迁货币补偿安置协议书》及《补充协议书》，并赔偿损失。

拆迁人房地产开发公司答辩称：该公司依法取得《房屋拆迁许可证》，没有采取威胁、胁迫的手段威逼被拆迁人张××拆迁的事实。双方签订的《城市房屋拆迁货币补偿安置协议书》及《补充协议书》合法有效，该公司已按法定程序对被拆迁人张××的房屋进行了评估，并且该协议已实际履行。该协议是双方的真实意思表示。被拆迁人张××被拘留是公安机关的行政行为，不是我方行为。被拆迁人房产证是住宅，要求按营业用房补偿差价款没有根据。被拆迁人张××没有证据证明被拆迁房屋的实际损失，应依法驳回被拆迁人张××的诉讼请求。

本案经法院一审、二审及发回重审三次审理，法院最终判决撤销了双方签订的《城市房屋拆迁货币补偿安置协议书》。

代 理 词

尊敬的审判长、审判员：

北京母树峰律师事务所依法接受本案原告张××的委托，指派母树峰律师担任张××诉房地产开发公司房屋拆迁安置补偿合同纠纷一案的诉讼代理人。代理人在听取了张××有关案件陈述，查看了本案有关的案件材料并参加了本案的庭审后，根据本案事实和法律规定，发表代理意见如下：

一、被告在签订协议时，具有欺诈、胁迫和乘人之危的行为，合同内容显失公平，且原告对协议内容有重大误解，依法应予撤销

《民法通则》第3条规定，“当事人在民事活动中的地位平等”。第4条规定，“民事活动应当遵循自愿、公平、等价有偿、诚实信用的原则”。《城市房屋拆迁管理条例》第13条规定，拆迁人与被拆迁人应当依照本条例的规定，就补偿方式和补偿金额、安置用房面积和安置地点、搬迁期限、搬迁过渡方式和过渡期限等事项,订立拆迁补偿安置协议。

第一,本案中被告违反法律规定,在没有合法拆迁依据的情况下,对原告实施拆迁,因拆迁补偿标准太低,与原告不能达成补偿协议。被告为达到拆除原告房屋的目的,不是通过合法的途径对原告实施拆迁,而是违法利用公安机关的权力,以原告涉嫌妨碍公务为由,由公安机关将原告及其两个儿子予以刑事拘留,关押在看守所,有拘留通知书为证。而后,被告派人多次到看守所里胁迫戴着手铐、脚镣的原告签订协议。根据我国《刑事诉讼法》的规定,犯罪嫌疑人在侦查阶段,除办案人员和其委托的辩护律师可以会见外,其他任何人均无权会见犯罪嫌疑人。而本案被告作为一个从事房地产开发的地产商,是根据哪条法律规定可以随意到看守所会见所谓涉嫌犯罪的原告呢?又是谁给的特权呢?很显然,这是被告在利用公安机关的权力来威胁原告,以胁迫原告与其签订协议,达到拆除原告房屋的目的。经事实证明了这一点,在原告被迫签字后,房屋被拆除,之后便将原告予以释放,原告是无罪的,有释放证明为证。这一事实,充分证明了原、被告在签订协议时的地位是不平等的,被告的行为严重违反了当事人地位平等的基本民事原则。《最高人民法院关于贯彻执行〈中华人民共和国民法通则〉若干问题的意见(试行)》第 69 条规定,“以给公民及其亲友的生命健康、荣誉、名誉、财产等造成损害或者以给法人的荣誉、名誉、财产等造成损害为要挟,迫使对方作出违背真实的意思表示的,可以认定为胁迫行为”。因此,被告在看守所让原告戴着手铐、脚镣签订协议的行为,迫使原告作出违背真实意思的表示,属胁迫行为。

第二,被告在签订协议时,故意编造虚假的根本就不存在的房屋拆迁许可证,故意隐瞒没有合法拆迁依据的事实。《最高人民法院关于贯彻执行〈中华人民共和国民法通则〉若干问题的意见(试行)》第 68 条规定,“一方当事人故意告知对方虚假情况,或者故意隐瞒真实情况,诱使对方当事人作出错误意思表示的,可以认定为欺诈行为”。故被告故意告知虚假情况,隐瞒事实的行为,属欺诈行为。

第三,被告为了少给原告补偿款,获取最大的经济利益,乘原告在看守所关押之危,胁迫原告签订协议,作出违心的不真实的意思表示,严重损害了原告的利益。根据《最高人民法院关于贯彻执行〈中华人民共和国民法通则〉若干问题的意见(试行)》第 70 条的规定,“一方当事人乘对方处于危难之机,为牟取不正当利益,迫使对方作出不真实的意思表示,严重损害对方利益的,可以认定为乘人之危”。所以,被告胁迫原告在看守所签订协议的行为属乘人之危的行为。

第四,被告在签订协议时,既不向原告提供相关的拆迁法律规定让原告了解,又不对原告房屋依法进行评估。根据被告提供的对原告房屋补偿款的计算方式和结果,证明被告是以其自己制定的补偿标准为原告进行计算补偿数额。

根据《城市房屋拆迁管理条例》第24条的规定,“货币补偿的金额,根据被拆迁房屋的区位、用途、建筑面积等因素,以房地产市场评估价格确定。具体办法由省、自治区、直辖市人民政府制定”。《××省城市房屋拆迁管理办法》第20条规定,“实行货币补偿的,货币补偿金额根据被拆迁房屋的区位、用途、建筑面积、成新程度、建筑结构形式等因素,以房地产市场评估价格确定。其中住宅房屋由市、县房地产评估专家委员会(以下简称评估委员会)按照上一年度住宅房屋房地产市场交易价格,结合供求关系和环境变化等因素,确定不同区位、不同结构、不同类型的住宅房屋每平方米建筑面积的价格,并定期向社会公布。房地产评估机构(以下简称评估机构)按照评估委员会的评估结果,结合被拆迁住宅房屋的成新、楼层、朝向、环境、使用率等因素,确定被拆迁住宅房屋的补偿面积单价。被拆迁的住宅房屋货币补偿金额等于补偿面积单价乘以被拆迁住宅房屋的建筑面积。评估委员会由3名以上国家注册的房地产估价师组成”。

本案中,原告在对相关的拆迁法律规定不了解,既无评估报告,又无房地产市场评估价格的情况下,依据被告自己计算出来的补偿数额签订协议,理解有误。根据《最高人民法院关于贯彻执行〈中华人民共和国民法通则〉若干问题的意见(试行)》第71条的规定,“行为人因对行为的性质、对方当事人、标的物的品种、质量、规格和数量等的错误认识,使行为的后果与自己的意思相悖,并造成较大损失的,可以认定为重大误解”。故原告签订协议的行为属因重大误解而订立的。

第五,被告利用其地产开发商的自身优势和原告无经验,对原告的商业营业用房按每平方米1600元给予补偿,其中部分房屋按每平方米800元给予补偿,明显低于市场价格,违背了公平、等价有偿的民事原则,显失公平。《物权法》第42条规定,“征收集体所有的土地,应当依法足额支付土地补偿费、安置补助费、地上附着物和青苗的补偿费等费用,安排被征地农民的社会保障费用,保障被征地农民的生活,维护被征地农民的合法权益。征收单位、个人的房屋及其他不动产,应当依法给予拆迁补偿,维护被征收人的合法权益;征收个人住宅的,还应当保障被征收人的居住条件。任何单位和个人不得贪污、挪用、私分、截留、拖欠征收补偿费等费用”。而本案被告对原告室内外下水道、暖气沟延长、土地补偿费等未给予补偿。明显违法,显失公平。根据《最高人民法院关于贯彻执行〈中华人民共和国民法通则〉若干问题的意见(试行)》第72条的规定,“一方当事人利用优势或者利用对方没有经验,致使双方的权利与义务明显违反公平、等价有偿原则的,可以认定为显失公平”。故原告所签订的协议显失公平。

综上所述,被告在签订协议时,具有欺诈、胁迫和乘人之危的行为,合同内容显失公平,且原告对协议内容有重大误解。《合同法》第54条规定,“下列合同,当事人一方有权请求人民法院或者仲裁机构变更或者撤销:(一)因重大误解订立的;(二)在订立合同时显失公平的。一方以欺诈、胁迫的手段或者乘人之危,使对方在违背真实意思的情况下订立的合同,受损害方有权请求人民法院或者仲裁机构变更或者撤销”。所以,原、被告所签订的协议符合撤销的法定条件,故原告要求撤销既有事实根据,又有法律依据,依法应予撤销。

二、被告应依法承担因其过错造成协议被撤销的民事责任,补偿给原告造成的经济损失

《合同法》第58条规定,“合同无效或者被撤销后,因该合同取得的财产,应当予以返还;不能返还或者没有必要返还的,应当折价补偿。有过错的一方应当赔偿对方因此所受到的损失,双方都有过错的,应当各自承担相应的责任”。

本案中,被告明知自己没有合法的拆迁根据,在与原告不能达成协议的情况下,利用公安机关拘留原告的手段和方法,以欺诈、胁迫和乘人之危的方法与原告签订协议,内容显失公平,且存在重大误解,所以,被告具有主观过错。依法应承担因其过错造成协议被撤销的民事责任,补偿给原告造成的经济损失。

根据协议第4条规定,原告保证在2008年6月6日前搬迁腾空被拆迁房屋,然而,被告却在2008年5月31日强行责令原告在3个小时内将物品搬出,因物品太多,在未全部搬出的情况下,被告就将原告房屋强行拆除,将原告未搬出的物品砸到废墟里,被告方的项目负责人的书面证明已证实了此事实,故被告依法应对其违约给原告造成的砸坏物品损失承担赔偿责任。

有关具体的赔偿项目和数额,按原告向法庭提交的赔偿数据明细单计算,在此不再赘述。

以上代理意见望合议庭依法采纳。

谢谢尊敬的审判长、审判员、书记员！

代理人：母树峰 律师

裁判结果

××人民法院于2010年12月8日作出判决：撤销被拆迁人张××与拆迁人房地产开发公司于2008年5月31日签订的《城市房屋拆迁货币补偿安置协议书》。案件受理费由被拆迁人负担。

裁判理由

××人民法院认为：拆迁人房地产开发公司与被拆迁人张××因拆迁发生争执后，从争执当日被拆迁人张××父子三人连续三日被公安机关刑拘，客观上对被拆迁人张××产生了压力，且拆迁人房地产开发公司与被拆迁人张××的协议是在被拆迁人张××被羁押期间达成的，应认定被拆迁人张××与拆迁人房地产开发公司签订的协议属于被胁迫的行为。故被拆迁人张××在被胁迫的情况下所签订的协议，应予撤销。被拆迁人张××要求赔偿损失，没有充分证据证明，可另行起诉。被拆迁人辩称与拆迁人签订的补偿协议没有胁迫情形的理由没有充分的证据证明，不予支持。依照《合同法》第54条的规定，作出上述判决。

律师评析

本案系在拆迁过程中，因拆迁发生争执，被拆迁人张××被公安机关以涉嫌妨碍公务罪刑事拘留，拆迁人房地产开发公司是在被拆迁人张××在看守所被羁押期间签订的协议，而引发的一起合同撤销权纠纷。

所谓撤销权，是指撤销权人依其单方意思表示，使合同等法律行为溯及既往地消灭的权利。在实践中，合同撤销权通常发生在可撤销合同中。可撤销合同一旦被撤销即发生溯及力，使合同自始不发生效力。那么，当事人如何行使合同撤销权呢？我国《合同法》第54条规定，下列合同，当事人一方有权要求人民法院或者仲裁机构变更或者撤销：(1)因重大误解订立的合同；(2)在订立合同时显失公平。一方以欺诈、胁迫的手段或者乘人之危,使对方在违背真实意思的情况下订立的合同,受损害方有权请求人民法院或者仲裁机构变更或者撤销。根据该法律规定,可撤销合同中行使撤销权时,应当遵循下列规则:

1. 行使撤销权的主体要合格

行使撤销权的主体应是错误或瑕疵意思表示的一方当事人,即重大误解方(一方为主,有时也可是双方)、因显失公平的合同利益受到严重损害方,被欺诈、被胁迫、处于危难中的一方。

2. 行使撤销权的客体要合法

行使撤销权的客体须为《合同法》第54条所规定的几种合同:因重大误解而订立的合同、显失公平的合同(订立时)、一方以欺诈、胁迫的手段或者乘人之危,使对方在违背真实意思的情况下订立的合同。除此之外的合同,当事人不得行使撤销权。

3. 行使撤销权的方式要适当

依据我国法律规定,行使撤销权应以诉讼或仲裁方式为之,而直接向对方当事人为意思表示,并不发生撤销权行使的效力。即享有撤销权的当事人可以请求人民法院或者仲裁机构变更或撤销。

4. 行使撤销权须在法定期间内行使

根据《合同法》第55条第1款第1项之规定,行使撤销权的当事人自知道或者应当知道撤销事由之日起1年内行使,否则,法律不予保护,可撤销合同仍应为有效合同。

合同撤销权何时消灭,《合同法》第55条规定,有下列情形之一的,撤销权消灭:(1)具有撤销权的当事人自知道或者应当知道撤销事由之日起一年内没有行使撤销权。(2)具有撤销权的当事人知道撤销事由后明确表示或者以自己的行为放弃撤销权。因此,有下列情形之一的撤销权消灭:

第一,撤销权因除斥期间经过而消灭。

所谓除斥期间,为法定的权利存续期间,因该期间经过而发生权利消灭的法律效果。《合同法》第55条第1款第1项所规定的撤销权人自知道或者应当知道撤销事由之日起1年内没有行使撤销权的,该撤销权消灭即是对撤销权除斥期间的规定。

第二,当事人知道撤销事由后,明确表示放弃撤销权。

在上述除斥期间,当事人知道了撤销事由后,不但不提起诉讼或者申请仲裁,反而明示放弃撤销权的,该撤销权消灭。“明确表示”的方式是口头的或书面的均可。

第三,当事人知道撤销事由后,以自己的行为放弃撤销权。

在上述除斥期间,当事人知道了撤销事由后,虽然没有明确表示放弃撤销权,但以自己的行为放弃的,撤销权消灭。

5. 撤销权行使后的法律效果

根据《合同法》第56条的规定,撤销权人行使合同撤销权后,被撤销的合同自始没有法律约束力,处于无效状态。需要注意的是,合同被撤销后并不是不产生任何法律后果。根据《合同法》第58条的规定,合同被撤销后,当事人也要承担返还财产、折价补偿、赔偿损失的民事责任。这也是合同被确认无效或者合同被撤销后的共同处理原则。具体而言存在以下几种措施:

第一,返还财产。

适用于已经履行的合同,是指因该合同交付了财产的当事人对已交付给对方的财产享有返还请求权,而已经接受财产的当事人则负有返还财产的义务。因该合同取得的财产,包括所交付的财产及其孳息和所支付的费用。

第二,折价补偿。

是指当事人对应当返还而不能返还或者没有必要返还的财产,予以折价补偿。不能返还,包括事实上不能返还和法律上不能返还两种情况。事实上不能返还,是指属于无形财产的专有技术、信息资料等,即使返还也已失去其原有的价值;法律上不能返还,是指财产已经转让给善意第三人,善意第三人对该财产已取得所有权。没有必要返还,主要是指当事人相互协商,认为不采用返还财产的方式对双方都有利,因而没有必要返还。

第三,赔偿损失。

是指有过错的一方应当赔偿对方因合同无效或者被撤销所遭受的损失,双方都有过错的,应当各自承担相应的责任。合同被撤销后,因该合同取得的财产,应当予以返还,不能返还或者没有必要返还的,应当折价补偿。

有过错的一方应当赔偿对方因此所受到的损失,双方都有过错的,应当各自承担相应的责任。

在本案中,拆迁人系因被胁迫签订协议,该协议不是其真实意思表示,是瑕疵意思表示的一方,享有撤销权,并在法律规定的期限内,以诉讼的方式行使撤销权,符合法律规定,最终法院支持了其撤销权,撤销了协议。但法院对撤销后产生的法律后果,以没有证据证明为由,要求另案起诉。本案中,法院对撤销权和撤销后产生的法律后果未合并审理,从形式上看,是给当事人增加了诉累。但是,从判决的效果上看,更有利于纠纷的解决,将复杂的事情简单化,止争息诉,也让当事人从心理上真正地接受判决,并对撤销后产生的法律后果另行处理。

本案的经验告诉大家,今后无论在签订何种合同时,都要对合同的条款、各方当事人所处的环境、心理状态等严重影响撤销权的因素进行严格审查,确保当事人地位平等、自愿,不存在任何可撤销的情形,使合同签订后能够顺利履行,实现合同目的。如果合同签订后,发现了可撤销的特定情形,应当在知道之日起一年内向法定机构行使撤销权,以免造成撤销权消灭,影响其合法权益。

51

技术服务合同纠纷：未约定的合理费用承担问题

北京市首信律师事务所　彭丽萍

裁判要点

合同中虽未约定律师费等合理支出由败诉方承担,仍然可以由违约方承担。

基本案情

2013年1月,原告科技股份公司与被告商贸公司在北京市××区签订《××2012年度旗县级山洪灾害防治非工程措施建设项目监测预警平台软件合同》,合同价款为72万元。合同约定被告应在合同签订5日内支付原告合同价的30%作为预付款;软件平台系统搭建、现场部署完成后支付合同价的40%;联调测试完成后,支付合同价的15%;初步验收合格后,支付合同价款的15%。现原告已经根据合同约定提供山洪灾害监测预警系统,进行了联调测试,并通过了初步验收,但被告一直未支付任何合同款项,原告曾于2014年9月6日,2015年7月13日多次发函告知被告支付合同款项,但被告至今未予答复。

代理词

北京市首信律师事务所接受原告的委托,指派彭丽萍律师担任原告诉被告技术合同纠纷一案的一审代理人,现发表代理意见如下:

一、原、被告之间的合同与中×××的关系

招标公司发布《新增规划旗县山洪灾害防治非工程措施建设项目招标公告》,2013年4月8日,信息技术公司收到招标公司的中标通知书,在此公开项目招标中,经过评委会评定,信息技术公司中标编号0651－××××××第五标段,内容:××联合旗、××区山洪灾害防治监测设备采购及安装调试、山洪灾害防治预警设备采购及安装调试、山洪灾害防治监测预警平台应用软件开发部署和山洪灾害防治计算机网络系统采购和安装集成。中标金额:720.9757万元。

二、原、被告签订的合同真实有效

2013年4月,商贸公司与原告在北京签订了书面的《监测预警平台软件合同》,盖章生效。合同约定供货内容:山洪灾害监测预警系统V1.0,本案提供的是标准化的软件产品,不是需要原告方提供量身定做实施方案的软件。供货地点:供货范围内的各县区防汛抗旱办公室。项目完成后,由各县区业主进行验收。除提供约定平台以外,乙方还提供合同第7条约定的售后服务。合同第8条约定了合同价格为72万元,并且约定了经费支付方式。

双方是自愿达成合同内容,并就合同的必备条款进行了约定。合同内容并不违反法律法规,系真实有效。

三、原告依约定履行了合同义务

根据原、被告双方的约定,原告提供的平台软件具有基础信息查询、水雨情监测查询、气象信息服务、预警发布服务、应急响应服务、响应反馈服务、数据维护、系统管理等功能以及水情预报服务接口。

1. ××区

2013年5月18日,施工单位进驻现场,开始施工。

2013年8月5日、6日,依合同约定,原告在机房条件已建设完备后接到通知安装软件,按照被告要求,向农牧水利局指定的服务器安装了合同要求的山洪灾害监测预警系统V1.0,并委派工作人员对山洪软件WEB服务器端安装,客户端安装,集成调试;并进行数据库安装、基础数据入库、地理信息系统安装。配合的业主方负责人为项目经理和客户负责人。安装调试后,没有出现问题,由业主方负责人签字确认。

2013年9月3日,县级中心数据平台搭建完成。

2013 年 9 月 12 日,原告又提供了××区项目山洪灾害软件系统及相应配套产品。

原告除安装约定的平台软件以外,根据合同约定要对软件进行调试;且由公司工作人员赵××对××区农牧水利局的几位工作人员进行培训,并且一直提供售后服务。

2013 年 10 月 18 日,完成了软件系统的联调工作。

经过 2013 年 12 月 13 日的验收,山洪灾害防治非工程措施建设项目初步验收委员会对山洪灾害项目进行验收,并出具了《鉴定意见书》。其中,涉及原告建设的项目,旗级监测预警指挥中心一处,软件、硬件集成,达到雨水情实时监测,完工 100%。验收结论为:建设内容基本完成,工程质量合格,财务管理、资金使用基本合规,工程档案资料基本齐全,工程初期试运行基本正常,达到了设计目标。初步验收委员会同意山洪灾害防治非工程措施项目通过初步验收,并投入运行。原告作为合同乙方,已完成与被告约定的合同义务。

2. ××旗

对于××旗的预警系统,于 2013 年 8 月 7 日、8 日安装调试系统,签收设备,2013 年 9 月 9 日再次提供配套系统。2013 年 9 月 10 日,在××旗水务局会商室,由原告的工作人员赵××对业主方人员进行培训。

2013 年 12 月 13 日,××联合旗山洪灾害防治非工程建设项目初步验收委员会对××旗山洪灾害项目进行验收,并出具了《鉴定意见书》。其中,涉及原告建设的项目,旗级监测预警指挥中心一处,软件、硬件集成,达到雨水情实时监测,完工 100%;苏木镇、嘎查预警系统,12 个苏木镇级预警,32 个嘎查预警站,完工 100%。验收结论为:建设内容基本完成,工程质量合格,财务管理、资金使用基本合规,工程档案资料基本齐全,工程初期试运行基本正常,达到了设计目标。初步验收委员会同意××旗山洪灾害防治非工程措施项目通过初步验收,并投入运行。原告作为合同乙方,已完成与被告约定的合同义务。

四、被告未依约定履行付款义务

根据合同第 8 条,经费支付方式的约定,被告应于合同签订 5 日内,支付合同价的 30% 的预付款;并在软件平台系统搭建、现场部署完成后甲方支付乙方合同价的 40%;联调测试完成后,甲方支付乙方合同价的 15%;初步验收合格后,甲方支付乙方合同价的 15%。

被告未按约定履行付款义务,原告分别于2014年9月6日和2015年7月13日向被告催款,被告未予答复。

综上所述,恳请贵院依法支持原告的诉讼请求。

此致

××区人民法院

代理人:彭丽萍　律师

裁判结果

××区人民法院一审判决:

一、本判决生效之日起7日内,被告支付原告合同款72万元;

二、本判决生效之日起7日内,被告向原告支付利息损失(以72万元为基数,自2013年12月14日起至实际付清之日止,按同期中国人民银行贷款利率计算);

三、本判决生效之日起7日内,被告向原告支付合理支出3万元。

裁判理由

法院认为原、被告签订的案涉合同系双方真实意思表示,未违反法律法规的强制性规定,应属有效,当事人双方应当按照合作协议的约定履行合同义务。依据本案的案涉合同、《中标通知书》、案涉项目业主单位签字的到货验收手续、安装调试申请表、培训签到表及法院向两个案涉项目业主单位就案涉项目情况调查制作的询问笔录等证据,法院可以认定案涉项目中的山洪灾害监测预警平台确实为原告公司安装调试完成,业主单位认可前述平台运行正常,同时,根据案涉两份项目的《初步验收鉴定意见书》,原告具体实施的案涉项目中的工作已经通过初步验收,达到案涉合同约定的被告向原告支付合同价款的条件。原告有权要求被告按照合同的约定支付合同款并承担相应的经济损失,被告长期拖欠合同款的行为构成违约,故法院对原告要求被告支付合同款72万元及利息损失的诉讼请求予以支持,原告为维权支出的律师费系合理支出亦应由被告承担。

律师评析

根据我国现行相关司法解释,在以下九类中,明确规定由败诉方承担胜诉方合理的律师费:(1)人身损害赔偿、名誉侵权、交通肇事案件;(2)法律援助案件;(3)著作权侵权案件;(4)商标侵权案件;(5)专利侵权案件;(6)不正当竞争案件;(7)合同纠纷中债权人行使撤销权诉讼案件;(8)担保权诉讼案件;(9)仲裁案件。本案并非属于相关法律明确规定由败诉方承担律师费的范畴,合同中也未明确律师费由败诉方承担。但××区人民法院为了对非诚信行为的进行打击,利用诉讼费用、律师费用来调节当事人诉讼行为的杠杆作用,在审理本案后,对本案被告故意拖延承担合同义务,造成诉讼方直接损失,根据具体情况对无过错方依法提出的赔偿合理的律师费等正当要求予以了支持。

52

买卖合同纠纷："虚假公章"的合同效力及责任承担

北京市包律师事务所　戚咏梅

裁判要点

在协商退款的过程中，因申请退款的收条、函件、说明中所加盖的印章与原告所预留备案的印章高度相似难以分辨，且协商退款的具体经办人员为原告公司原股东，且无证据证明被告明知原告公司股东已经变更的事实，根据《合同法》第49条的规定，行为人没有代理权，超越代理权或者代理权终止后以代理人名义订立合同，相对人有理由相信行为人有代理权的，该代理行为有效。原告公司原股东代表原告与被告达成的退款事项的约定对原告发生法律效力。

基本案情

2009年4月2日，科技公司与A公司签订了《不动产转让协议》，约定科技公司在拍卖活动中凭其最高应价，成为房屋的买受人。后科技公司没有如约支付合同转让款，根据双方约定，A公司扣收其履约保证金1000万元。5月8日，科技公司完成了新旧股东的股权转让，但未告知A公司。5月18日，科技公司发函请求退还履约保证金1000万元。协商过程中，科技公司先后使用了两枚印章(2009年6月5日之前一枚，之后另一枚，开庭后经鉴定得知)，A公司在与科技公司协商后(由科技公司原股东出面经办)，同意退还履约保证金700万元，并依约将款项退还至原股东指定的另一公司账户。后科技公司声称没有收到退还的履约保证金700万元，起诉至法院，要求A公司退还履约保证金700万元。

北京市包律师事务所戚咏梅律师及其团队律师接受被告A公司的委托后,积极查找分析案件涉及的所有相关法律法规,明确了代理思路及代理方案,并得到A公司的一致认可。在我们的努力下,案件承办法官安排了重新开庭的机会,同时,与案件关键人物见面取证;开庭之后,在案件合议阶段,法院多次要求A公司与原告调解,经过律师的努力,完成了A公司的代理目标。2013年12月18日,××区人民法院下达了民事判决书,支持了A公司的全部意见,驳回了原告科技公司的全部诉讼请求。之后,科技公司不服一审判决,向第二中级人民法院提出上诉。在二审阶段,律师认真准备,尽职尽责地完成了代理工作。2014年5月20日,第二中级人民法院下达了终审判决书,驳回上诉,维持原判。本案自签订委托协议至终审判决下达,历经2年8个月,律师克服重重困难,圆满完成了代理工作,为公司避免了损失。

代理意见

××区人民法院:

我受本案被告A公司的委托,担任其与科技公司合同纠纷一案一审诉讼阶段的委托代理人,现发表代理意见如下:

一、本案的事实经过阐述如下:

(1)2009年4月2日,科技公司与A公司签订了《不动产转让协议》,约定科技公司在国际拍卖公司的拍卖活动中凭其最高应价,成为房屋的买受人。建筑面积4814.1平方米,协议总价款8750万元,5个工作日内(截至2009年4月10日),科技公司将剩余款项7750万元直接支付给A公司。逾期超过5日付款,A公司有权解除协议,扣收协议履约保证金1000万元。协议变更,必须双方协商一致达成书面协议方可。同时,协议附件3份,即《不动产转让清单》《不动产现状和瑕疵披露》《拍卖成交确认书》。

(2)2009年4月9日,A公司委托律师出具律师函催促科技公司按照协议履行付款义务。2009年4月14日,A公司致函科技公司,要求其支付款项,截止期至2009年4月15日17时前。而科技公司经催告仍未支付任何款项。2009年4月21日,A公司向科技公司发出解除买卖关系通知,并扣收协议履约保证金1000万元。

5月8日,科技公司完成了新旧股东的股权转让,3名旧股东将手中股权一次性全部转让给2名新股东。但是,科技公司没有将事实告诉A公司。

5月11日,科技公司支付了7750万元,但A公司已经将标的不动产重新拍卖。于是,科技公司于5月15日发函请求退还7750万元(真章)。

5月18日,科技公司发函A公司请求退还履约保证金1000万元(真章),并表示对于迟延付款造成的损失,愿意给予补偿。随后,A公司退回科技公司7750万元。

6月5日,科技公司致函A公司(真章),其中承认自己迟延付款行为是违约行为并请求退款。

(3)2009年6月25日,科技公司分别致函财政部(与真章不一致)、致函银监局(与真章不一致)、致函A公司总部(与真章不一致)、致函A公司(与真章不一致),内容为承认违约,表示歉意,申请退还履约保证金700万元。

6月29日,科技公司致函A公司(与真章不一致),关于退款账户说明,申请将退款退至原股东杨×的全资公司(投资顾问公司),同时3名股东签字,签字日期为7月8日。此时,3人均已经不是科技公司股东。

7月8日、9日,科技公司(与真章不一致)与投资顾问公司出具收条,收到资产公司款项700万元并已到账。

本案在第一次诉讼过程中贵院曾经委托鉴定机构对科技公司的印章进行了鉴定,结论已经在前面进行了阐述。

二、双方之间达成的退款协议为无效合同

本案中,A公司本无义务退还科技公司任何履约保证金,但最终A公司同意退还700万元并实际履行是基于双方协商之后达成了新的合意,即科技公司现起诉A公司核心依据并非之前的拍卖协议,而是双方经过协商之后达成的新协议(虽无书面协议,但已实际履行),即退还700万元的协议。而该协议的达成是在A公司受欺诈的情况下达成的无效协议。

首先,2009年6月5日之后,"科技公司"所发函件使用的均为假章;其次,杨×与其他两人已不是股东身份,也没有科技公司的授权,但仍以科技公司的名义、股东身份与A公司联络协商退款事宜;最后,科技公司在5月8日完成了股权变更登记后,没有履行向A公司及时通知的义务。在A公司尽到谨慎合理的注意义务之后,杨×等三人以私刻印章、虚构事实等欺诈手段冒充科技公司与A

公司达成退款协议，完全构成欺诈。根据我国《合同法》第52条第1项的规定：一方以欺诈的手段订立合同，损害国家利益的，合同无效。因此，所谓的"科技公司"与A公司达成的退款协议为无效协议。

三、A公司与真正的科技公司之间并未达成过任何有效的退款协议

尽管在2009年6月5日之前科技公司向A公司所发函件使用的为真章，即便认为是在更换股东之后代表科技公司的真实意志，但之后与A公司协商退款事宜的函件所用均为假章，且联系人均为杨×等老股东，可以认为科技公司在6月5日之后再没有与A公司进一步协商退款事宜，而A公司此时也没有同意退款，更没有商定金额等具体细节，因此A公司与科技公司之间没有达成退款协议。A公司与所谓的"科技公司"达成退款协议也是在之后因杨×等人假冒股东身份，利用假章与A公司进行长期协商之后达成的，而且资金金额、流向等也是按照杨×等人的意志办理，因此，所谓的协议也是A公司与杨×等人虚构的"科技公司"之间达成的，而非与真正的科技公司之间达成的。杨×等人的所作所为根本不能代表真正的科技公司的意志，只能说明杨×等人盗用科技公司名义欺骗A公司，骗得了700万元。科技公司因杨×等人以欺诈手段骗得700万元后理所当然地认为该权利应当由其享有，其以无效协议为基础而主张权利，显然没有任何法律依据。

综上所述，本案中，真正的科技公司在2009年6月5日之后放弃了与A公司的协商。因此，在所谓达成的协议中其也不是真正意义上的相对方。真正的科技公司与A公司之间并未达成任何协议。而A公司与所谓的"科技公司"之间达成的退款协议本身即为无效协议。现科技公司以一份与其无关的无效协议为依据主张权利，显然没有任何法律依据。

现我方请求法院依据我国相关法律规定，客观公正判决，驳回原告的全部诉讼请求，以维护A公司的合法权利。

此致

××区人民法院

被　告：A公司

代理人：戚咏梅　律师

裁判结果

××区人民法院认为:经双方均认可的鉴定结论,2009年6月5日之前科技公司向A公司送达的各项函件上印章为真实,而之后各项函件上印章与样本不一致(假章),但科技公司前后所用印章高度相似,且与A公司协商退款的经办人为公司原三个股东,无证据证明A公司明知科技公司股东变更的事实。根据《合同法》的相关规定,A公司已经向投资顾问公司账户内转账700万元,应视为其履行了其与科技公司达成的退款协议,科技公司主张A公司就同一理由再次退款的诉讼请求,法院无法支持,故驳回科技公司的诉讼请求。

宣判后,科技公司不服一审判决,向××中级人民法院提起上诉,××中级人民法院经过审理,认定原判正确,应予维持。

裁判理由

一审法院认为:根据《合同法》第49条的规定,行为人没有代理权,超越代理权或者代理权终止后以代理人名义订立合同,相对人有理由相信行为人有代理权的,该代理行为有效。

A公司已经向投资顾问公司账户内转账700万元,应视为其履行了其与科技公司达成的退款协议,科技公司主张A公司就同一理由再次退款的诉讼请求,法院无法支持,故驳回科技公司的诉讼请求。

二审法院认为:一审法院认定、裁判并无不当,故维持原判。

律师评析

公司公章是公司处理内外部事务的印鉴,加盖公司公章的合同及各种文件,通常是公司意志的体现,相应的法律后果应当由公司承担;同时加盖公司公章也是区分法定代表人或工作人员实施的行为是个人行为还是职务行为的重要依据。

《九民纪要》中相关规定:司法实践中,有些公司有意刻制两套甚至多套公章,有的法定代表人或者代理人甚至私刻公章,订立合同时恶意加盖非备案的公章或者假公章,发生纠纷后法人以加盖的是假公章为由否定合同效力的情形并不鲜见。人民法院在审理案件时,应当主要审查签约人于盖章之时有无代表权或者代理权,从而根据代表或者代理的相关规则来确定合同的效力。法定代表人或者其授权之人在合同上加盖法人公章的行为,表明其是以法人名义签订合同,除《公司法》第16条等法律对其职权有特别规定的情形外,应当由法人承担相应的法律后果。法人以法定代表人事后已无代表权、加盖的是假章、所盖之章与备案公章不一致等为由否定合同效力的,人民法院不予支持。代理人以被代理人名义签订合同,要取得合法授权。代理人取得合法授权后,以被代理人名义签订的合同,应当由被代理人承担责任。被代理人以代理人事后已无代理权、加盖的是假章、所盖之章与备案公章不一致等为由否定合同效力的,人民法院不予支持。

《九民纪要》中确立“看人不看章”之裁判规则。司法实践中,对于法定代表人或者代理人订立合同时恶意加盖了非备案公章或者假公章,发生纠纷后法人以加盖的是假公章为由否定合同效力的情形,《九民纪要》第41条对此明确了基本裁判规则,即人民法院在审理案件时,应当主要审查签约人于盖章之时有无代表权或者代理权,从而根据代表或者代理的相关规则来确定合同的效力,也就是通常所谓的“看人不看章”。

对于上述情形,最高人民法院民二庭明确解释为,只要签约人在盖章时具有代表权或者代理权,即使其在合同中加盖的公章是假章,只要合同中的签字是真实的,或者能够证明假章是有代表权或者代理权的人加盖的或者同意他人加盖的,该行为仍然属于公司行为,由公司承担法律后果;反之,如果盖章的人无代表权或者超越代理权,即便加盖的公章是真章,该合同仍然可能因为无代表权或者无代理权而最终归于无效。

故此,公章之于合同效力,关键在于加盖公章之人是否具有代表权或者代理权,而不在于公章的真假。由此,合同中加盖的公章之真假对于合同效力的判断,实质上演化为如何认定盖章之人是否具有代表权或者代理权的问题,进而认定合同行为是否属于职务行为,公司应否承担合同行为的法律后果。

53

抵押权纠纷：抵押合同效力认定问题

北京市普贤律师事务所　尚丽君

裁判要点

案涉房产登记在借款人梁××一人名下,基于物权登记的公示公信原则,担保公司有理由相信梁××对案涉房产有处分权。并且,担保公司收到的伪造的离婚证、离婚协议书、户口簿均载明梁××系离异状态,也可佐证担保公司构成善意。无证据证明担保公司当时知晓上述材料系虚假,要求担保公司有能力和义务认定上述材料真伪,既不符合实际,也无法律依据。

担保公司取得抵押权是以其对梁××向小额贷款公司借款提供担保作为对价的,若梁××不能偿还小额贷款公司借款,担保公司需承担担保责任。

案涉房产抵押合同已在登记机关办理了抵押权登记。

基于上述理由,担保公司取得抵押权系善意取得,刘××要求确认抵押权无效,撤销抵押权登记的请求不能成立。若因梁××擅自设定抵押权而给刘××造成损害的,双方可另案解决。

基本案情

2017年3月16日,梁××与小额贷款公司签订了《授信及借款合同》。合同约定:借款授信金额为人民币883,000元整;授信期限为60个月,自2017年3月16日至2022年3月15日;同日梁××与担保公司签订了《最高额抵押合同》,梁××提供自己一套房屋为担保公司的连带保证担保提供反担保,并在房地产登记部门办理了不动产抵押登记,抵押担保的数额为883,000元。

原告与梁××系夫妻关系,双方于2006年10月26日在民政局登记结婚,于2009年5月通过按揭贷款方式购买了上述房屋,贷款额26万元,该房屋登记在梁××名下,系原告与梁××的夫妻共同财产,该房屋的产权证一直由梁××保管。2018年5月,原告发现该房屋上设立了新的抵押权,权利种类为最高额抵押,权利价值为883,000元,抵押权人为担保公司。原告认为,二被告以原告共同共有的房屋设定抵押,没有告知并经过原告的同意,二被告的行为已经侵犯了原告的民事权益,因此要求确认在抵押物上设立的抵押权无效,并要求二被告协助原告办理撤销该抵押权登记。

一审判决后,原告向中级人民法院提出上诉,要求撤销一审判决,依法改判确认二被上诉人在抵押物上设立的抵押权无效,令二被上诉人协助上诉人办理撤销该房屋的抵押权登记。

代理意见

致××区人民法院:

北京市普贤律师事务所受担保公司的委托,指派我担任刘××与梁××、担保公司确认合同无效纠纷一案担保公司的委托代理人。经过庭前准备及开庭审理,现依法发表以下代理意见,供法庭参考。

一、担保公司对案涉房屋享有合法的抵押权,抵押担保的数额为883,000元

2017年3月16日,梁××与小额贷款公司签订了《授信及借款合同》。合同约定:借款授信金额为人民币883,000元整;授信期限为60个月,自2017年3月16日至2022年3月15日;同日梁××与担保公司签订了《最高额抵押合同》,梁××提供自己一套房屋为担保公司的连带保证担保提供反担保,并在房地产登记部门办理了不动产抵押登记,抵押担保的数额为883,000元。担保公司认为,《授信及借款合同》《最高额反担保抵押合同》均系当事人各方真实意思表示,属有效合同,对当事人各方均有约束力。小额贷款公司履行了出借义务,担保公司对抵押物有优先受偿权。

二、担保公司在与梁××签订合同的过程中,审核了相关的材料,尽到了足够的审查注意义务,无过失

根据现有的证据来看,担保公司在与被告梁××签订合同时,审核了房屋产权证、离婚证、离婚协议书等相关资料,已尽到了足够的审查义务,并有偿取得抵押权,办理了抵押登记,其抵押权应予保护,抵押合同应当确认有效。

三、担保公司应适用善意取得制度,取得抵押权

关于担保公司是否善意取得抵押权问题,认为抵押登记行为符合构成善意取得的一切要件:

(1)其是善意的。担保公司不知房产还有其他共有人,其在签订抵押借款合同及进行抵押权登记时对抵押物系梁××个人所有没有任何疑问,离婚证及离婚协议明确了房屋产权的归属;在签订授信及借款合同及反担保抵押合同时有理由相信梁××为房产的产权人,有权利处分个人所有的房屋,担保公司尽到了审查义务,并不存有过错。

(2)其支付了合理的对价,即向梁××支付了借款,设定抵押权即是为该债务进行担保。

(3)抵押权已予以登记。不动产物权登记具有公示公信效力,担保公司基于系争房屋的产权登记信息,与梁××签订《最高额抵押合同》,并依法进行了抵押登记,故担保公司取得系争房屋抵押权,符合善意取得的要件。而原告亦未提交证据证明担保公司取得该抵押权并非善意。

本案中,确认担保公司善意取得抵押权与对原告共同共有权的保护是相矛盾的,保护任何一方的利益,必将损害另一方的利益,这时就需要法律作出取舍。《物权法》对不动产善意取得制度的确立,就是法律对此作出的取舍。现代市场经济的基本理念是促进流通,尽量使物尽其用。因此,动态的交易安全的价值应高于静态的所有权安全。至于原告遭受损害的利益,可依据《最高人民法院关于贯彻执行〈中华人民共和国民法通则〉若干问题的意见(试行)》第89条的规定:"共同共有人对共有财产享有共同的权利,承担共同的义务。在共同共有关系存续期间,部分共有人擅自处分共有财产的,一般认定无效。但第三人善意、有偿取得该财产的,应当维护第三人的合法权益,对其他共有人的损失,由擅自处分共有财产的人赔偿。"原告可依此条款向梁××主张赔偿。

四、原告所要求确认抵押行为无效的诉请不符合《合同法》及相关法律法规关于合同无效的条件

我国《合同法》第52条规定,有下列情形之一的,合同无效:(1)一方以欺诈、胁迫的手段订立合同,损害国家利益;(2)恶意串通,损害国家、集体或者第三人利益;(3)以合法形式掩盖非法目的;(4)损害社会公共利益;(5)违反法律、行政法规的强制性规定。而梁××与担保公司签订的合同不符合《合同法》规定的关于合同无效的条件。

在本案中,正是由于善意第三人担保公司基于对房管部门颁发房产证及被告梁××提供的离婚证、离婚协议书的信赖,相信被告是房屋的产权人,而与之设立了担保物权,而法律应该承认担保公司与被告设立的担保物权有效,且有优先的效力。这就是物权变动的公信原则,保护了交易中的善意第三人,也维护了交易的安全和市场交易秩序。

综上所述,为维护被告的合法权益,请求法院依法驳回原告的全部诉讼请求。

此致

××区人民法院

被　告:担保公司

代理人:尚丽君　律师

裁判结果

一审法院认为,刘××的诉讼请求缺乏法律依据,判决驳回原告刘××的全部诉讼请求。

二审法院认为,一审法院认定事实清楚,适用法律正确,判决结果并无不当。法院依法驳回上诉,维持原判。

裁判理由

一审法院认为,梁××委托担保公司为其向小额贷款公司的借款提供连带责任保证担保,并同意以其名下的涉诉房屋设定抵押提供反担保,梁××与上述两公司签订的《授信及借款合同》《最高额反担保抵押合同》等均系当事人真实的意思表示,刘××未提供证据证明上述合同存在无效情形,上述合同合法有效。因涉诉房屋系梁××与刘××共有,梁××以涉诉房屋提供抵押担保应属无权处分,故本案的争议焦点为担保公司取得涉诉房屋抵押权是否构成善意取得。根据《物权法》第106条关于善意取得构成要件的规定,小额贷款公司已依约向梁××出借款项,涉诉房屋亦依法办理抵押登记,上述争议焦点的核心是认定担保公司取得涉诉房屋抵押登记的行为是否为善意。

在梁××与担保公司签订《最高额反担保抵押合同》时，担保公司已对梁××的房屋产权证、离婚协议书、户口簿载明梁××的婚姻状况系离异，房屋产权所有权人登记为梁××个人。上述材料虽经本院认定为虚假，但从形式上并无瑕疵，能够显示梁××系涉诉房屋的唯一权利人。刘××认为担保公司应至民政局实际调查，但担保公司的审查义务不应包括梁××在办理抵押担保过程中是否有伪造离婚证等违法行为，该项要求对担保公司而言过于苛刻，而且案涉抵押担保经行政机关审查后也办理了抵押登记，故本院认定担保公司与梁××签订《最高额反担保抵押合同》以及办理抵押登记已尽到了审慎审查义务，属于善意行为，该公司取得涉诉房屋抵押权构成善意取得。

综上所述，一审法院认为刘××的诉讼请求缺乏法律依据，判决驳回原告刘××的全部诉讼请求。

二审法院经审理认为：《物权法》第 97 条规定："处分共有的不动产或者动产以及对共有的不动产或者动产作重大修缮的，应当经占份额三分之二以上的按份共有人或者全体共同共有人同意，但共有人之间另有约定的除外。"第 106 条规定："无处分权人将不动产或者动产转让给受让人的，所有权人有权追回；除法律另有规定外，符合下列情形的，受让人取得该不动产或者动产的所有权：(一)受让人受让该不动产或者动产时是善意的；(二)以合理的价格转让；(三)转让的不动产或者动产依照法律规定应当登记的已经登记，不需要登记的已经交付给受让人。受让人依照前款规定取得不动产或者动产的所有权的，原所有权人有权向无处分权人请求赔偿损失。当事人善意取得其他物权的，参照前两款规定。"依照上述规定，未经其他共有人同意而擅自处分不动产的，属于无权处分，但受让人可基于善意取得制度取得包括抵押权在内的物权权利。

本案中，案涉房产的购买日期在上诉人刘××与梁××夫妻关系存续期间；上诉人刘××与被上诉人梁××均确认，案涉房产在设定抵押权时系双方共同财产，被上诉人梁××在设定抵押权时并未经上诉人刘××的同意。故被上诉人梁××的行为系无权处分行为。被上诉人担保公司是否取得抵押权取决于其是否构成《物权法》第 106 条规定的善意取得要件。首先，案涉房产登记在被上诉人梁××一人名下，基于物权登记的公示公信原则，被上诉人担保公司有理由相信梁××对案涉房产有处分权。并且，担保公司收到的伪造的离婚证、离婚协议书、户口簿均载明梁××系离异状态，也可佐证担保公司构成善意。无证据证明担保公司当时知晓上述材料系虚假，要求担保公司有能力和义务认定上述材料真伪，既不符合实际，也无法律依据。其次，被上诉人担保公司取得抵押权是以其对梁××向小额贷款公司借款提供担保作为对价的，若梁××不能偿还小额贷款公司借款，担保公司需承担担保责任。最后，案涉房产抵押合同已在登记机关办理了抵押权登记。基于上述理由，被上诉人担保公司取得抵押权系善意取得，上诉人刘××要求确认抵押权无效，撤销抵押权登记的上诉请求不能成立。若因被上诉人梁××擅自设定抵押权而给上诉人刘××造成损害的，双方可另案解决。

因此，二审法院认为，一审法院认定事实清楚，适用法律正确，判决结果并无不当。法院依法驳回上诉，维持原判。

律师评析

本人认为，本案争议的焦点为最高额抵押合同是否有效以及担保公司是否享有抵押权。

抵押合同是否有效，在实际审判中有两种不同的观点：

第一种观点认为：无处分权的人处分他人财产，经权利人追认或者无处分权的人订立合同后，该合同有效。共同共有人以其共有财产设定抵押，未经其他共有人同意，抵押无效。梁××与担保公司签订《最高额抵押合同》并办理了抵押权登记。现有证据无法证明原告知道或应当知道该抵押合同，原告对该合同亦不追认，因此认为抵押合同应属无效合同。

第二种观点认为：《最高额抵押合同》是双方真实的意思表示，原告主张《最高额抵押合同》无效，其有责任举证证明《最高额抵押合同》存在《合同法》规定的无效情形。而原告所提交的证据不足以证明其事实主张，应承担不利后果。房屋虽属于夫妻共同财产，梁××无权单独处分，但梁××在签订抵押合同和办理抵押登记时，向担保公司声称房屋属于其个人所有，并提供了房产证等相关材料予以证明，使担保公司足以相信其对案涉房屋具有独立处分的权利。根据现有证据，担保公司对梁××抵押人身份和处分权尽到了充分审查注意义务，不存在主观恶意或重大过失，且小额贷款公司已支付合理对价，并办理完毕抵押登记，担保公司构成善意取得，抵押权有效。

笔者同意第二种观点。具体分析如下:

第一,梁××构成无权处分。《合同法》第51条规定:无处分权的人处分他人财产,经权利人追认或无处分权的人订立合同后取得处分权的,该合同有效。夫或妻一方非因生活需要以自己的名义处分夫妻共同财产而订立的合同属于因无权处分而订立的合同,另一方未做明确表示的,不能以其未做否认表示而视为追认。本案中,梁××以其与原告共有的诉争房屋提供担保,并签署《最高额抵押合同》,无证据表明原告对此知情或作出过追认的明确表示,因此抵押合同属于因无权处分而订立的合同,对原告不具有约束力。

第二,因无权处分而订立的合同不因处分权的欠缺而无效。《最高人民法院关于审理买卖合同纠纷案件适用法律问题的解释》第3条规定:"当事人一方以出卖人在缔约时对标的物没有所有权或者处分权为由主张合同无效的,人民法院不予支持。出卖人因未取得所有权或者处分权致使标的物所有权不能转移,买受人要求出卖人承担违约责任或者要求解除合同并主张损害赔偿的,人民法院应予支持。"参照上述司法解释的精神,无权处分行为并非导致合同无效的法定事由。《物权法》第15条规定:"当事人之间订立有关设立、变更、转让和消灭不动产物权的合同,除法律另有规定或者合同另有约定外,自合同成立时生效;未办理物权登记的,不影响合同效力。"虽然本案中《最高额抵押合同》系因无权处分而订立的合同,但合同系双方协商一致达成,且双方已经依合同约定办理了抵押登记,抵押权依法设立,该合同并不存在《合同法》第52条规定的无效情形,故应为有效合同。

第三,担保公司构成善意取得。根据《物权法》第9条、第16条、第17条规定,不动产物权的设立、变更、转让和消灭,经依法登记,发生效力;未经登记,不发生效力,但法律另有规定的除外。不动产登记簿是物权归属和内容的根据。不动产登记簿由登记机构管理。不动产权属证书是权利人享有该不动产物权的证明。不动产权属证书记载的事项,应当与不动产登记簿一致;记载不一致的,除有证据证明不动产登记簿确有错误外,以不动产登记簿为准。从《物权法》的上述规定来看,不动产登记具有公示公信力,信任不动产登记完成登记的善意第三人,有权对抗不动产真实权利人。

《最高人民法院关于适用〈中华人民共和国物权法〉若干问题的解释(一)》第16条规定:“具有下列情形之一的,应当认定不动产受让人知道转让人无处分权:(一)登记簿上存在有效的异议登记;(二)预告登记有效期内,未经预告登记的权利人同意;(三)登记簿上已经记载司法机关或者行政机关依法裁定、决定查封或者以其他形式限制不动产权利的有关事项;(四)受让人知道登记簿上记载的权利主体错误;(五)受让人知道他人已经依法享有不动产物权。真实权利人有证据证明不动产受让人应当知道转让人无处分权的,应当认定受让人具有重大过失。”从《物权法》及其司法解释对于善意取得制度中第三人善意的认定来看,对第三人善意的判断,以其是否知道或应当知道转让人无权处分为标准。

就本案而言,虽然诉争抵押房产属于梁××的夫妻共有财产,但在不动产登记簿中未显示原告系权利人的情况下,梁××夫妻双方内部就夫妻财产归属的约定以及房屋真实的权利状况,很难为外界知晓。笔者认为,单独所有的登记本身即产生了公示公信力,一旦发生交易,不应要求交易相对人承担过重的审查义务,否则就背离了不动产登记公示公信力和善意取得制度对于维护交易安全、促进交易效率的初衷,而将本应共同共有的房产登记在一人名下,本身就是对不动产登记公示公信力和交易安全的潜在威胁,未登记的一方也应当承担不动产可能被他人善意取得的风险。鉴于本案案涉房屋登记在梁××一人名下,梁××保证并承诺其是案涉房屋的唯一所有权人,担保公司已尽到了合理的审查、注意义务,并且双方已就《最高额抵押合同》办理抵押登记,产生物权设立的法律效力,应当认定担保公司构成善意取得。

综合上述分析,笔者认为,《最高额抵押合同》系双方真实意思表示,不违反法律、行政法规强制性规定,当属合法有效。

54

租赁合同纠纷：合同法定解除权的行使

北京宏耀律师事务所　邵　昉

裁判要点

《合同法》第 94 条、第 96 条对合同的法定解除及解除权的行使进行了规定。在本案中，对《合同法》第 94 条第 4 项关于"当事人一方迟延履行债务或者有其他违约行为致使不能实现合同目的"的认定，除基于合同条文本身的约定及实际履行情况外，还应考虑合同签订的背景及守约一方的实际经营状况；对《合同法》第 96 条，"当事人一方依照本法第九十三条第二款、第九十四条的规定主张解除合同的，应当通知对方。合同自通知到达对方时解除。"其中对于通知的形式，以能够表明解除合同的意思即可。

基本案情

河北公司与天津公司系关联公司。

2014 年 9 月 5 日，北京公司与天津公司签订《厂房租赁合同》（以下简称原合同），约定由北京公司承租天津公司位于天津市的厂房。2017 年年底，天津公司单方提出解除原合同，并安排其关联公司河北公司与北京公司另行签订厂房租赁合同，同时河北公司加入了天津公司因违约而对北京公司承担的合同债务。

2018 年 3 月 20 日，北京公司与河北公司签订《厂房租赁合同》（以下简称新合同）及附件 1《河北公司与北京公司关于搬迁厂房事宜的备忘》（以下简称合同附件），双方在新合同中约定了由北京公司承租河北公司的厂房（包括厂房、油漆房、宿舍、办公室、展厅、食堂）并明确该租赁物的功能为"家具制作和有关工作的车间及办公、生活等”,双方约定“在签订租赁合同后出租方(即河北公司)全力配合并无偿提供给承租方(即北京公司)所需的政府文件及手续,办理好相关工厂注册及加工制造环评手续”。同时约定“如环评手续无法完成给承租方造成所有损失需要出租方承担;合同终止”;在合同附件中双方确定了河北公司加入的因天津公司违约而应向北京公司赔偿损失的具体债务金额并约定“北京公司搬到河北厂区后的环评由河北公司负责办理和承担所有有关费用”,双方同时还约定了有关北京公司与河北公司在履行新合同过程中双方可以及可能抵销的互负金钱给付义务的内容。同日,北京公司与天津公司签订《解除厂房租赁合同》,约定北京公司因履行原合同向天津公司缴纳的5万元押金转给河北公司作为北京公司履行新合同所缴纳的押金。

在新合同履行过程中,因河北公司迟迟未能给北京公司办理工厂注册及相关环评手续,北京公司客观上不能依法开展生产经营,北京公司的生产经营活动会因园区的频繁执法检查而停止甚至会面临行政处罚。

2018年5月14日,因北京公司承租工厂所在园区工作检查,明确要求北京公司办理营业执照及环评手续,北京公司的法定代表人知悉后及时向河北公司法定代表人(即刘××)反馈了该情形,但最终无果。

因河北公司怠于履行合同义务,致使北京公司无法在租赁厂房依法正常开展生产经营活动,为避免损失的进一步扩大,北京公司只得另行租赁其他厂房进行生产。

2019年3月27日,北京公司法定代表人向河北公司法定代表人发送邮件,正文内容为“根据你的意愿,我们公司同意与河北公司解除《厂房租赁合同》,根据合同相关条款和细则等,附上相关资料,请查看附件内容”。附件为《厂房租赁合同之解除协议》。

2019年3月31日,北京公司将承租的厂房腾退。

另据北京公司与河北公司签订的合同附件,根据新合同履行中实际抵销的情况,河北公司应向北京公司给付的剩余赔偿款应为人民币787,000元。

本案中,北京公司认为,河北公司违反了合同约定,未能给北京公司办理工厂注册及相关环评手续,致使北京公司无法在承租厂房合法经营,其承租河北公司厂房的合同目的无法实现。遂以通知方式解除了新合同并要求河北公司承担一系列责任,包括因违约产生的违约责任及在新合同中确认的因债务加入而应承担的责任。

2019 年 7 月 30 日,北京公司向廊坊仲裁委员会提起仲裁,请求:1. 确认北京公司与河北公司之间的《厂房租赁合同》于 2019 年 3 月 27 日解除;2. 依法裁决河北公司向北京公司退还租金押金人民币 5 万元,并以 5 万元为基数,自 2019 年 4 月 4 日起至实际给付之日止,按每日千分之五向北京公司支付逾期退还押金之违约金(以上违约金暂计算至 2019 年 7 月 30 日的金额为人民币 29,500 元);3. 依法裁决河北公司赔偿因违约给北京公司造成的经济损失人民币 579,438.4 元;4. 依法裁决河北公司向北京公司给付赔偿款人民币 787,000 元;5. 依法裁决河北公司向北京公司返还无故扣留的内燃平衡重式叉车 1 辆;6. 依法裁决河北公司赔偿北京公司为仲裁已支出的合理费用 51,020 元;7. 仲裁费由河北公司承担。

仲裁委员会于 2019 年 12 月 23 日作出裁决,几乎支持了北京公司的全部仲裁请求。

代理意见

致仲裁委员会:

本人受本案申请人北京公司的委托代理其参加本案的仲裁活动,代理人结合本案的事实及庭审情况,发表代理意见如下:

代理人认为本案(包含反请求)的焦点问题有以下四个:

(1) 申请人单方解除《厂房租赁合同》是否合法;

(2)《厂房租赁合同》于何时解除;

(3) 申请人关于要求被申请人赔偿经济损失的仲裁请求是否合法、有据;

(4) 申请人是否应当承担被申请人在反请求中所主张的赔偿责任。

一、申请人单方解除《厂房租赁合同》的行为合法

基于双方当事人在《厂房租赁合同》中的相关约定以及本案的事实,代理人认为申请人有权单方解除《厂房租赁合同》。

申请人行使单方解除权符合《合同法》第 94 条之规定。根据《厂房租赁合同》的约定,申请人承租标的厂房的目的是进行生产经营,标的厂房的具体功能为“家具制作和有关工作的车间及办公、生活等”。同时该合同还约定了“在签

订租赁合同后出租方全力配合并无偿提供给承租方所需的政府文件及手续,办理好相关工厂注册及加工制造环评手续”,结合双方订立合同的背景(即因被申请人的原因,致使申请人需要从一个已经步入正轨的正常生产经营状态转换到一个全部合法经营条件、手续需要从头开始申办的状态)以及对该合同约定的内容做基本客观语义分析可知,合同在该部分约定的被申请人的义务包括:“全力配合并无偿提供给承租方所需的政府文件及手续”以及为申请人“办理好相关工厂注册及加工制造环评手续”。代理人特别要说明的是,被申请人的第二项义务包括了为申请人办理好相关工厂注册以及为申请人办理好加工制造环评手续两个内容,该两项行政职能的履职单位分别为县市场监督管理局和市生态环境局分局。但是直到申请人解除《厂房租赁合同》时,被申请人始终未能为申请人办理好工厂注册及加工制造环评手续。因此致使申请人无法在标的厂房内进行合法生产经营,在办理好工厂注册及加工制造环评手续前申请人只得停工,显然申请人订立该《厂房租赁合同》的目的不能实现。综上,申请人有权依法行使合同的单方解除权。

二、本案的《厂房租赁合同》于2019年3月27日解除

根据《合同法》第96条之规定,“当事人一方依照本法第九十三条第二款、第九十四条的规定主张解除合同的,应当通知对方。合同自通知到达对方时解除。对方有异议的,可以请求人民法院或者仲裁机构确认解除合同的效力。法律、行政法规规定解除合同应当办理批准、登记等手续的,依照其规定。”

因此,申请人依法行使合同的法定解除权时只要将解除合同的通知送达对方,合同即告解除。如被申请人有异议的,同样可依法行使权利。另外,关于解除合同通知的形式,《合同法》及相关的司法解释均没有明确的规定。但代理人认为,通知系发出通知一方单方作出的意思表示,且本案中发出通知和接收通知的为双方当事人的法定代表人,可分别直接对外代表双方当事人,因此该解除合同的通知从内容到形式均无违法之处,符合法律的相关规定。此外,被申请人对收到该邮件通知的事实亦无异议。

综上,本案的《厂房租赁合同》的解除时间应为被申请人法定代表人收到申请人法定代表人以电子邮件方式通知解除合同的时间,即2019年3月27日。

三、申请人关于要求被申请人赔偿经济损失的仲裁请求符合法律规定及合同约定

申请人关于要求被申请人赔偿经济损失的仲裁请求包括两部分内容：第一部分的赔偿是因为被申请人履行《厂房租赁合同》时违约而给申请人客观上造成的经济损失；第二部分的赔偿是基于双方当事人在《厂房租赁合同》的附件1《河北公司与北京公司关于搬迁厂房事宜的备忘》中的约定。

1. 关于第一部分的赔偿

双方在《厂房租赁合同》第一部分明确约定了被申请人为申请人办理好环评手续的合同义务，对此前文已述不再赘言。合同同时约定了“如环评手续无法完成给承租方造成所有损失需要出租方承担”。

由于被申请人的违约行为，使得申请人无法在标的厂房内进行生产，只得另寻他处以满足生产工作之需要。基于此产生的另租厂房的房租等租赁相关费用、往返另租厂房及标的厂房之间的运输费用、安排工人在另租厂房住宿的费用均是由于被申请人的违约行为而产生的直接经济损失。依据前述《厂房租赁合同》的约定以及《合同法》第107条之规定，被申请人均应对申请人的相关损失承担赔偿责任。

2. 关于第二部分的赔偿

关于第二部分的赔偿项目和金额是经由双方当事人协商一致后以书面形式予以确认的，并以合同附件的形式作为本案案涉合同的一个组成部分。同时根据被申请人对于本案《厂房租赁合同》的实际履行情况，申请人据实提出了具体的赔偿请求。关于赔偿内容和金额的明细申请人在《申请书》的附页中有详细说明，且在庭上也逐项进行了阐述。故，申请人的该部分赔偿请求合理有据。

综上，申请人关于要求被申请人赔偿经济损失的仲裁请求符合法律的规定及合同约定，应当得到仲裁庭的支持。

四、申请人不应当承担被申请人在反请求中所主张的赔偿责任

被申请人在反请求中主张的赔偿责任包括三个部分：(1)申请人拖欠的电费、垃圾运输费以及前述拖欠费用的滞纳金；(2)涉及天津工厂的经济损失赔偿；(3)涉及河北工厂的经济损失赔偿。

1. 关于申请人拖欠的电费、垃圾运输费以及前述拖欠费用的滞纳金的问题

(1)关于电费及其滞纳金。

申请人自2018年5月开始就未在标的厂房内进行生产,后在霸州另租厂房进行生产后,工人也被安排到霸州工厂附近住宿,因此申请人在标的厂房内没有实际用电需求。

此外,申请人不存在拖欠被申请人电费的情形。通常而言,拖欠费用是指缴费义务主体明确知悉其应承担缴费义务以及缴费的内容、金额及期限,且无理由到期不缴纳相关费用的情形,但本案申请人不存在此类情形。结合被申请人的自认(见被申请人提交的本请求证据P21)以及申请人提交的反请求答辩证据(证据8-1),申请人在接到被申请人送达的电费单并确认后均如数缴纳了电费。但自2018年12月起,申请人就再未收到过被申请人送达的电费单,申请人也未接到过相关催缴通知。因此,被申请人所主张的电费申请人并未实际使用,也未收到过相关缴费通知,所以不存在拖欠电费的情形。

至于被申请人主张的电费滞纳金更是没有事实依据及合同依据。

综上,被申请人关于向申请人主张拖欠电费及其滞纳金的仲裁请求没有依据,不应得到仲裁庭的支持。

(2)关于垃圾运输费及其滞纳金。

首先,申请人自2018年5月起就未在标的工厂进行生产,因此不会产生相关的垃圾,更不存在运输垃圾的需求。

其次,双方虽然在《厂房租赁合同》中约定"承租方的范围垃圾费由承租方负责",但该约定并不明确,双方既没有约定由申请人委托被申请人选定第三人负责运输垃圾并授权其确定费用标准,也没有明确约定申请人应当以何标准向谁支付相关垃圾费用。此后双方关于垃圾的运输及费用问题也未另行约定。因此,被申请人主张的垃圾运输费及其标准并无依据。

最后,被申请人在本案前从未向申请人就垃圾运输费问题提出过任何主张。

综上,申请人不存在拖欠被申请人垃圾运输费的问题,被申请人关于拖欠垃圾运输费滞纳金的请求没有事实依据及合同依据。因此,被申请人关于向申请人主张拖欠垃圾运输费及其滞纳金的仲裁请求没有依据,不应得到仲裁庭的支持。

2. 关于涉及天津工厂经济损失赔偿的问题

首先,被申请人关于天津工厂经济损失赔偿的全部请求是基于申请人与案外第三人签订的《天津厂房租赁合同》产生的,其与本案无关,不属于本案审理的内容,也不属于廊坊仲裁委员会管辖。其次,被申请人所称的情况与事实不符,申请人对其陈述的事项均不认可。因此,被申请人向申请人主张的关于天津工厂经济损失赔偿的仲裁请求不应得到仲裁庭的支持。

3. 关于涉及河北工厂经济损失赔偿的问题

首先,被申请人所陈述的情况与事实不符,申请人均不认可,申请人不应当承担与此有关的赔偿责任。

其次,其所主张的赔偿标准并无依据。

综上,被申请人向申请人主张的关于河北工厂经济损失赔偿的仲裁请求不应得到仲裁庭的支持。

五、代理人的其他意见

关于双方当事人签订案涉《厂房租赁合同》及其附件的前因后果,在庭审时仲裁庭已向双方当事人进行了询问。代理人在此再简述一下,申请人之前承租天津公司(与被申请人具有同一实际控制人,系关联公司)。所出租的“天津工厂”,从事着与现在相同的生产加工活动。为了合法合规地进行生产,申请人在承租“天津工厂”期间投入了巨大的精力和成本并取得了合法进行生产经营的全部手续,但正当申请人的生产经营活动进入正轨后,“天津公司”以要卖厂房为由解除相关租赁合同并要求申请人尽快腾退“天津厂房”。而后,为了尽快将申请人从“天津工厂”进行清退,被申请人提出将标的厂房出租给申请人,并对搬厂、搬厂损失的赔偿及搬厂后相关手续的办理作出了承诺。双方协商一致后签订了本案案涉的相关合同。

尊敬的仲裁员,结合本案的事实以及证据来看,被申请人在履行合同过程中缺乏必要的诚信,且其违约行为客观上导致了申请人无法实现签订《厂房租赁合同》的合同目的,被申请人的违约行为也客观上给申请人造成了巨大的经济损失。无论是基于《合同法》第107条的规定,还是基于《厂房租赁合同》第一部分及合同附件的约定,被申请人均应承担赔偿申请人经济损失的责任。同时,被申请人提出的反请求缺乏事实和法律的依据,不应得到仲裁庭的支持。

以上代理意见请仲裁庭采纳为盼,并请仲裁庭根据本案事实依法裁决。

申请人:北京公司

代理人:邵　昉　律师

补充代理意见

致仲裁委员会:

本人受本案申请人北京公司的委托代理其参加本案的仲裁活动,代理人于2019年10月28日收到仲裁庭转交的被申请人于2019年10月18日提交的相关材料。鉴于仲裁庭决定后续程序采用书面审理的方式进行,因此代理人结合新收到的材料,补充发表代理意见如下:

一、被申请人对于合同"格式条款"的理解有误

《合同法》第39条对合同的格式条款进行了明确界定,即:"格式条款是当事人为了重复使用而预先拟定,并在订立合同时未与对方协商的条款。"本案争议条款显然不属于《合同法》所界定的格式条款。

首先,该合同文本直接沿用了被申请人提供的《天津厂房租赁合同》(见被申请人提交的证据P2),并非申请人为了"重复使用而预先拟定"。

其次,本案涉及的《厂房租赁合同》经过双方的协商(见申请人提交的证据P3),也不符合"在订立合同时未与对方协商"的情形。

因此,本案案涉合同中的争议条款不属于"格式条款"。而且结合案涉合同签订的背景、合同条款的语义,该争议条款实际上不存在歧义。关于该部分内容的详细意见在代理人之前提交的代理词中已有所述,不再赘言。

二、关于申请人在标的工厂停工的原因

申请人在标的工厂停工的原因系没有取得在当地的营业执照及环评手续,无法在标的工厂合法地开展生产经营。自2018年5月14日起,申请人停止在标的工厂的生产,并于2018年5月15日以微信、短信等书面形式再次要求被申请人办理工厂注册及环评手续。

自始至终,申请人仅知道只有完成在当地的工厂注册并取得环评手续后,才可在标的工厂合法、正常地开工生产。关于被申请人提出的"园区产业定位要求"及相关整改的通知、具体要求、整改内容、整改方案、验收等,申请人均不知情。

三、关于被申请人是否应当承担违约责任的问题

被申请人以申请人违约为由进行抗辩缺乏依据,不能成立,其应当承担违约责任。

综观被申请人提交的答辩意见及代理意见,被申请人认为的申请人违约行为包括(含涉及反请求部分):(1)“单方解除合同,擅自撤离”(见被申请人答辩书 P1);(2)拖欠垃圾清运费(见被申请人代理词 P5);(3)拖欠电费(见被申请人代理词 P5);(4)申请人未经被申请人同意并报政府部门同意对租赁物进行装修改建(见被申请人代理词 P5)。

对于以上四点提到的问题,代理人在庭审及前次提交的书面代理意见中均已明确陈述了意见。在此代理人特别再提一下关于第 4 点问题,申请人实际使用承租标的厂房时间极短(2018 年 4 月中旬搬入,同年 5 月搬离),期间并未对标的厂房进行装修、改建,何谈违反《厂房租赁合同》第 10.1 条之约定?

此外,结合被申请人提交的仲裁材料及本案事实,其所称申请人违约行为发生的时间依次为:(1)2019 年 3 月 27 日(解除合同);(2)2018 年 12 月(反请求主张之电费,实际提出时间为 2019 年 8 月 23 日);(3)2019 年 8 月 23 日(反请求主张之垃圾运输费);(4)2019 年 8 月 23 日(反请求之厂房设施赔偿)。可见,即便是依照被申请人的认识,那么发生于上述时间的行为又如何抗辩其在先的违约责任呢?而且,前述提到的问题并非被申请人履行“办理好相关工厂注册及加工制造环评手续”合同义务的前置条件。因此,代理人认为被申请人为免于承担违约责任而提出的抗辩理由不成立。

四、关于申请人第 3 项仲裁请求是否合理的问题

1. 申请人所主张的损失均为直接损失

因被申请人没有给申请人办理好环评手续,申请人无法在标的工厂开工生产。但无限期的停工会给申请人造成巨大且不可控的经济损失及商誉损失,因此申请人及时另行寻找暂代的工厂进行生产是止损的合理做法。同时,因为申请人生产加工涉及的工艺多样,短期内很难找到一家规模和设施兼具的适合厂房,所以分别租赁五金加工及油漆厂房也属无奈之举。

因生产物料及成品存放在××县标的厂房、五金加工及油漆环节又分别在×××市另外两处厂房进行,所以整个生产过程必然涉及几地之间的运输问题,这是无法避免的。为了尽量降低成本及损失,申请人在另寻生产厂房时已考虑到了位置因素并竭尽所能地找到了位置相对近的厂房。另外需要说明的是,申请人在第 3 项仲裁请求中所涉及的运输费与第 4 项仲裁请求中包含的搬厂费用不相关,不属于重复主张。

如果每天安排工人往返于标的工厂与另租的生产工厂之间,那势必会增加用工的时间成本,进而导致人力资源成本的增加。此外,每日安排接送工人的班车运输费用也很可观。基于此,申请人在另租的生产工厂就近安排工人住宿亦属于申请人为减损所采取的措施,因此产生的费用应属于申请人的损失。而且从申请人提交的证据5－13及证据5－14看,申请人为工人安排的住宿标准是很低的,已将损失控制在合理的范围内。

综上,申请人第3项请求均是在其合同目的不能实现的情况下,为减损而采取替代措施所实际支出的费用,系申请人因被申请人违约而遭受的直接损失。

2. 申请人所主张的损失没有超出被申请人的合理预见

被申请人作为出租人,同时也是从事家具生产加工的厂商,其应当知悉开工生产对于一家生产企业而言的重要性。当申请人承租被申请人出租的厂房但不能开工时,申请人不可能无限期地处于停工状态,另寻厂房以解决生产问题是包括申请人在内大多数生产厂商的必然选择,而申请人第3项仲裁请求的内容全部与另租厂房直接相关。

因此,申请人在第3项仲裁请求中所主张的损失没有超出被申请人的合理预见。

五、关于申请人第4项仲裁请求是否超过被申请人合理预见的问题

被申请人特别提到申请人关于公关费、装修费的主张超过其合理预见,并援引《合同法》第113条以试图降低其应承担违约责任的标准。代理人认为其主张不能成立。

申请人的第4项仲裁请求是双方经协商后达成的合意,并以书面形式由双方签署后作为本案《厂房租赁合同》的附件,其内容对赔偿的金额、条件约定得非常清楚,不存在被申请人不能预见的可能,因此其认为该第4项仲裁请求超出其合理预见的理由显然不能成立。

以上代理意见请仲裁庭采纳为盼,并请仲裁庭根据本案事实依法裁决。

申请人:北京公司

代理人:邵　昉　律师

裁判结果

仲裁委员会裁决：

一、确认北京公司与河北公司之间的合同于2019年3月27日解除；

二、河北公司向北京公司退还租金押金5万元；

三、河北公司赔偿因违约给北京公司造成的经济损失30万元；

四、河北公司向北京公司给付赔偿款787,000元；

五、河北公司向北京公司返还内燃平衡重式叉车1辆；

六、河北公司赔偿北京公司为仲裁所支出的合理费用51,020元；

七、驳回北京公司的其他仲裁请求。

裁判理由

合同解除问题是本案的关键焦点问题，就本案合同是否解除、解除的时点以及解除的原因和责任，仲裁庭认为：

本案合同第1条有如下约定："在签订租赁合同后出租方全力配合并无偿提供给承租方所需的政府文件及手续，办理好相关工厂注册及加工制造环评手续。如环评手续无法完成给承租方造成所有的损失需出租方承担；合同终止。"仲裁庭认为该条是对解除客观情形的描述，且本条中的"合同终止"对应于《合同法》第91条的情形应为合同解除。因此，在申请人未能办理工厂注册和环评手续，且申请人通过邮件已向被申请人发送解除合同协议书的方式表达了解除本案合同的意思的前提下，仲裁庭认定本案合同应予解除。

关于合同解除的时点，仲裁庭注意到，申请人法定代表人于2019年3月27日向被申请人法定代表人发送邮件，正文内容为"根据你的意愿，我们公司同意与河北公司解除厂房租赁合同，根据合同相关条款和细则等，附上相关资料，请查看附件内容"。附件为《厂房租赁合同之解除协议》。被申请人认可申请人向其发送邮件，但否认该邮件的内容已发生效力，仅是申请人单方的意思表示。仲裁庭认为，被申请人的观点适用于双方协商一致解除的情形，在本案中申请人系单方行使合同解除权，虽然申请人所发邮件附件为《厂房租赁合同之解除协议》，解除协议的内容并未经被申请人确认，但申请人通知解除的意思表示是明确的，且邮件正文中亦有"同意××厂房解除合同"的内容。根据《合同法》第96

条的规定："合同自通知到达对方时解除。"仲裁庭确认，本案合同于2019年3月27日解除。

关于合同解除的原因和责任，仲裁庭认为依照本案合同约定，不论是"全力配合"，还是"办理好"相关手续，被申请人在申请人办理工厂注册和环评手续过程中都有相应义务。被申请人未提供证据证明申请人拒绝提供支持的情况下，最终手续确实未能成功办理。仲裁庭认定被申请人应对此承担相应责任。至于被申请人提出相关手续未能办理，其原因是申请人自身经营不规范、责任不在被申请人的意见。仲裁庭综合多份证据认为，就此问题的判断，不能忽略本案合同签订的背景和申请人的实际经营状况。第一，申请人与被申请人的关联公司解除合同、申请人与被申请人签订本案合同系因被申请人的关联公司出售厂房所致；第二，申请人与被申请人的关联公司已有在先《天津厂房租赁合同》且已履行三年有余，申请人在天津工厂能够正常经营，被申请人及其关联公司对申请人的经营范围、生产要求等均有充分了解；第三，在庭审中，申请人和被申请人均确认将申请人厂房由天津迁至河北系被申请人提议；第四，就天津和河北针对申请人性质的企业关于环评等方面的政策，双方均确认并无实质差异。综合上述情形，仲裁庭认为，在申请人在天津工厂能够正常经营的情况下，被申请人及其关联公司因自身经济利益考虑与申请人解除《天津厂房租赁合同》，并提议申请人将工厂搬至河北，说明被申请人对于申请人工厂搬至河北能够正常办理环评手续和工商注册是有合理预期的，因此在本案合同第1条中将此作为被申请人的义务之一。在申请人经营范围、制造工艺并未发生实质变化的情况下，让申请人承担未能办理环评手续和工商注册不利后果并不公平。再结合本案其他证据，申请人最终未能在河北取得环评手续和工厂注册，仲裁庭认定本案合同解除的责任主要在于被申请人。

律师评析

本案虽然是北京公司与河北公司之间的合同纠纷，但涉及了三个主体，且因为证据中的合同文件存在形式上的瑕疵等问题，所以本案实际上还是较为复杂的。但去繁就简，层层剥离后案件的核心法律关系是比较清晰的。本案涉及的主要法律关系有两个，一个是房屋租赁的合同关系，另一个是债的加入。

律师在代理本案时认为,虽然合同在具体条款的行文上可能存在语义不周延的情形,但通过对合同签订背景,双方历史合作关系,相关主体之间的关联关系以及所涉及的数份合同文件的签署情况等进行梳理和分析,可以协助仲裁庭厘清本案所涉合同的订立目的到底为何?订立合同时双方对合同目的的认知为何?纠纷发生时的合同目的是否能够实现?以及据此进一步判断合同当事人履约的适当性及在合同履行出现障碍时应如何归责。

最终,对本案中几个关键问题的认定,仲裁庭采信了代理人的意见,并作出了支持仲裁请求的裁决。

55

建设工程施工合同纠纷：建设工程施工合同价款计算

北京金禹律师事务所　沈田丰

裁判要点

我国法律对于建设工程具有严格的审批制度，所以施工企业承建一些项目工程，由于施工企业对于工程项目的审批合法性没有审查义务，主要是根据双方的工程施工合同来调整双方关系，所以当在建项目因为审批不合法或者本身就属于违法建设被政府部门依法取缔或拆除时，施工企业可以依据已经完成的建设工程量向建设发包单位主张追索工程款，工程价款应根据双方的合同约定继续确定。如果合同约定按照固定价结算工程价款，则不应采取工程造价鉴定的方式确定工程款，但超出合同范围外的增项工程价款等，仍可以采取司法鉴定方式确定。

基本案情

2011年4月29日，原告建设公司与工程科技公司签订《公园球场施工总包合同》，约定由建设公司承担工程科技公司的公园项目总承包及施工管理等相关工作，工程范围包括2个18洞球场及练习场。合同工期为395天，自2011年5月1日至2012年5月31日。工程约定总价为8500万元，每两周由建设公司向工程科技公司报出完成形象进度及工程付款数额，双方在3日内确认计量结果，并在确认计量结果后7日内按应付进度款的80%支付建设公司，累计支付到合同总价的70%为止，在工程验收合格后向建设公司支付合同价款累计达到总额的95%,预留5%作为质量保证金,一年质保期满后15天内,将余款一次性支付给建设公司。双方对竣工验收及决算等内容作了约定。

2011年12月20日,工程科技公司、开发公司及建设公司签订《公园合同变更协议》,约定"公园项目"更名为"生态修复工程"。2011年4月29日工程科技公司与建设公司签订《公园球场施工总包合同》,经协商一致,自开发公司与建设公司签署新的协议生效之日起,合同中关于工程科技公司的权利义务全部转让给开发公司。工程科技公司、建设公司合同义务均为有效并延续到开发公司与建设公司新合同,对新合同生效前,合同履行过程中可能存在的瑕疵,工程科技公司与建设公司均不向对方提出违约责任或赔偿责任的请求。开发公司与建设公司签订《修复工程球场建设施工总包合同》,合同内容与2011年4月29日建设公司与工程科技公司签订的《公园球场施工总包合同》内容一致。

2015年3月30日,国土资源部在其官方网站发布取缔"球场",要求停止经营,土地恢复原状。

合同签订后,建设公司完成部分球洞建设,开发公司向建设公司支付施工费6043.927492万元,尚有施工费1631.572508万元未付。而且施工过程中,还产生了增项施工费、窝工损失及修复费用等。后本案经山西省运城市中级人民法院一审的审理过程中,建设公司向市中级人民法院提出鉴定申请,请求对"公园项目"增项工程、二次修复工程及窝工损失进行鉴定,市中级人民法院依法委托工程造价服务公司进行鉴定。2016年6月12日,工程造价服务公司作出司法鉴定意见书,鉴定意见为:1.经对原告建设公司诉被告开发公司建设工程施工合同纠纷一案涉及的公园增项工程、二次修复工程及停工损失鉴定汇总,工程造价为人民币813.986601万元;2.关于增项工程中及工程延期(停工)损失中项目共计人民币105.719878万元,依据现有资料无法准确计算其价值,待双方提供足够证据后由法院予以认定。2016年8月28日,运城市××工程造价服务有限公司分别出具三份发票,鉴定费共计20万元。

另查得:2013年3月14日,"开发公司"更名为"房地产开发公司",2013年4月17日,"房地产开发公司"更名为"开发公司"。

代理意见

尊敬的审判长、审判员:

北京金禹律师事务所接受原告建设公司委托后指派沈田丰律师担任本案的原告代理人,经过庭前的充分举证,向市中级人民法院一审法庭提交以下代理意见:

一、本案系合法有效的建设施工合同履行产生的纠纷,对于合同内双方约定的建设工程施工款应当依照合同的约定履行支付

(1)原告建设公司与被告开发公司签订的关于球场的建设施工合同是合法有效的,双方应按合同履行。根据合同第4条《合同价款》约定:"本工程固定合同总价计捌仟伍佰万元整。"双方签订的施工合同是我们通常所说的"包死价"的合同。

根据我国《合同法》及最高人民法院相关规定,工程价款竣工结算处理的一般原则是,合同有效的,按照合同约定;合同无效的,参照合同约定,但是违约金条款不适宜参照;合同没有约定的,由双方协商,协商不成的,司法鉴定,鉴定一般按照定额。《最高人民法院关于审理建设工程施工合同纠纷案件适用法律问题的解释》(以下简称最高人民法院司法解释)第16条规定,"当事人对建设工程的计价标准或者计价方法有约定的,按照约定结算工程价款。因设计变更导致建设工程的工程量或者质量标准发生变化,当事人对该部分工程价款不能协商一致的,可以参照签订建设工程施工合同时当地建设行政主管部门发布的计价方法或者计价标准结算工程价款"。因此"包死价"的工程结算就必须按照双方的合同约定价来确定。

本案中的未完工程不能由法院鉴定工程造价,理由是最高人民法院司法解释第22条规定:"当事人约定按照固定价结算工程价款,一方当事人请求对建设工程造价进行鉴定的,不予支持。"

因此原、被告双方在工程结算时只能依照合同的约定来进行,即根据双方合同中约定的计费支付办法来计算已经完工部分的工程价款。被告目前依约应付原告的工程款就是合同中约定的进度款的余额。即合同约定的除去应付80%以外的20%部分。但实际上被告显然没有依约在进度款支付中付至约定的80%,从原告提供的双方往来函件中就清楚地看到原告一直在催问被告支付应付进度款。

(2)最高人民法院司法解释第10条规定,“建设工程施工合同解除后,已经完成的建设工程质量合格的,发包人应当按照约定支付相应的工程价款;”目前由于被告的原因,导致该工程被政府停止下马,原告已经将全部的36洞的27洞完成竣工,剩余9洞也基本完工。工程实际完成进度已达到了95%以上。工程完成进度原告在双方往来函件中已经向被告阐明,被告在开庭中也认可签收的函件。因此原告主张的1631万余元的工程款是最后双方实际进度的未付款。由于被告在法庭上赖账对双方的实际进度不予承认。即便如此,依照合同的付款方式,被告向原告支付的进度款为6043.927492万元,那么原告可以按照双方合同约定的支付方式,已付进度款为实际进度款的80%,那么被告还尚欠原告1510.981873万元工程款未付。

(3)被告声称的所谓进度款付超或付清的理由是不能成立的,其应承担举证责任。

双方的合同通用条款第6条第21项21.1规定:“每两周由承包人向发包人报出完成形象进度及工程付款数额,双方应在3日内确认计量结果,并在确认计量结果后7日内按应付进度款的80%支付承包人。”

首先,被告没有任何证据证明双方在工程被政府停止后作了结算,那么被告怎么结清了双方的已完工部分工程款?

其次,被告认为其已全部付清了进度款与双方合同约定不符,也不符合实际施工习惯。被告也没有任何证据证明其已超出合同约定的部分支付了工程款。

最后,双方在往来函件中也明确了实际付款就是按照工程进度的付款,被告方从未付至合同约定的80%。现在基于结算的需要,工程现场已无法查验,原告认可被告的已付款达到了进度款80%的合同约定,被告只需依照合同约定付清剩余20%的工程进度款,即1510.981873万元。

二、本案中增项工程、修复工程及窝工损失等被告依照合同约定及法律规定应当承担

(1)关于增项部分工程款部分。原告是按照被告认可的设计方案进行施工的,在施工过程中被告出于自身考虑或需求,在施工合同以外要求原告另行施工的部分理应承担费用。原告是施工企业,按照施工图纸进行施工,超出图纸以外的部分就不属于原告必须承担的范畴。且原告的增项工程都在日常施工签证中让被告方予以了确认,被告在庭审时称由于设计单位与原告有关联,所以变更设计的增项费用被告不承担。这恰恰说明了被告也认可原告的施工工程中存在着增项的工程,因此被告无条件必须支付增项工程的费用。至于设计单位的问题被告完全可以另行主张自己的权益。

(2)关于二次修复费用,被告依照合同的约定也应当承担。原告和被告签订的施工合同周期是395天,但是截至被告的球场被政府停止时,已达到工期四年尚未全部完工。而这个责任在于被告,系被告的经常性的停工要求及达不到合同约定的施工条件及不及时支付工程进度款等因素,导致工期超出合同约定的近三倍时间。正如被告在庭上所称,其作为发包人依照合同约定可以要求停工。见合同的通用条款第3条"施工组织设计和工期"第9项《暂停施工的约定》,被告作为发包人可以要求暂停施工。但是合同中该条还规定"因发包人原因造成停工的,由发包人承担所发生的费用,赔偿承包人由此造成的损失,相应顺延工期"。

因被告的原因多次延误工期,导致已经建设好的场地一再出现自然性损坏,原告不得不多次重复施工,其产生的费用依照合同约定当然是由被告承担。所以在工程日常签证单上对产生的二次修复甚至三次修复的费用,被告签字认可了原告提出修复应承担的费用。被告也没有证据证明是原告的原因造成的,更没有证据提出是原告保护不当造成的,需要原告自行承担。所以被告对于该部分二次修复费用应当依照合同约定予以承担。

(3)关于窝工费用被告应当承担也系合同所约定。根据合同通用条款第3条"施工组织设计和工期"第9项暂停施工的约定,"因发包人原因造成停工的,由发包人承担所发生的费用,赔偿承包人由此造成的损失,相应顺延工期"。被告承担停工造成的费用,毫无疑问。而被告在庭上以三方变更合同中约定了不追究合同原甲方履行合同的瑕疵为由,认为原告无权就窝工费用再行主张。被告的观点是错误的,在于其错误地理解了合同约定。被告可以要求停工,这是合同赋予被告的权利,被告代理人也强调了这一点。那么之前的原甲方自然也可以要求停工,这不是履行合同的瑕疵,是原甲方正常行使合同权利。但是权利的行使就必然有义务的承担,那就是要承担停工产生的费用。而根据三方协议,被告是完全接受了原合同甲方的权利和义务。那么暂停施工所产生的费用被告自然也应当承担。原告在窝工费用中主张的是窝工产生的费用,并不是损失部分的主张。因此被告对于该部分的费用依照合同约定也应当承担。

(4)对于上述增项工程、二次修复工程及窝工费用的计算,原告申请法院进行工程造价鉴定。鉴定报告结论出来后原告另有书面意见已经提交法庭,庭审时原告也发表了鉴定报告中未尽事宜部分的意见。原告方认为虽然该鉴定报告不能完全反映原告建设施工的造价,但基于司法周期及经济角度考虑,原告决定认可该鉴定报告。被告一方在庭审时仅对鉴定项目是否属于被告应当支付发表了意见,对造价鉴定本身没有申请重新鉴定,也应视为对上述三项造价的鉴定结论的认可。故原告请求法庭在依据鉴定报告核算清楚的款项之外,对于留有问题的几个项目应充分考虑到原告方由于工程现场无法保全,证据补充确有困难。而相关项目也属于施工过程中及停工时必要产生的费用。原告希望法庭对此能酌情作出裁判。

代理意见发表完毕,谢谢!

代理人:沈田丰　律师

裁判结果

一审××中级人民法院充分听取了原告代理人的意见,作出民事判决书,裁判如下:

一、被告开发公司于本判决生效后15日内支付原告建设公司2445.559109万元。

二、驳回原告建设公司的其他诉讼请求。

一审判决后被告开发公司不服,上诉至省高级人民法院。经省高级人民法院二审法庭的审理和调解,原告建设公司也考虑到被告的工程系被国家取缔的项目,其本身也存在一定的损失,以及双方在工程施工期间的合作关系良好,最终经二审法庭调解达成了省高级人民法院民事调解书,调解结果如下:

一、上诉人开发公司支付被上诉人建设公司合同内已完工施工款、增项施工费、二次修复工程及窝工费用总计人民币1700万元;

二、上诉人分两次向被上诉人支付上述款项:本调解书生效后3日内支付350万元,剩余款项在2017年12月30日前一次性付清;

三、本案一、二审诉讼、鉴定费用已缴纳的部分各自承担;

四、若上诉人未按上述付款时间支付被上诉人款项,则上诉人按照本案一审判决的金额向被上诉人支付工程款并且承担全部诉讼、鉴定费用。

裁判理由

本案经过了一审判决和二审调解最终结案的过程。因此案件主要是一审法院听取了代理人意见后在判决中对案件的定性及认定对本案原告胜诉起了决定作用。

中级人民法院民事判决书认为，依法成立的合同，对当事人具有法律约束力。当事人应当按照合同约定全面履行自己的义务。当事人一方不履行合同义务或履行合同义务不符合约定的，应当承担赔偿损失等违约责任。本案争议焦点是被告应否支付原告施工费 1631.572508 万元；案涉工程是否存在增项费用、二次修复费用及窝工损失。

(1)本案工程在施工过程中，因被国土资源部取缔，整体工程显然无竣工可能，原、被告双方应就已完成工程据实结算。结合双方所签合同、被告已付款情况、分项验收单、竣工决算报告等，原告要求被告支付拖欠已完工程施工费 1631.572508 万元，本院予以支持。

(2)根据原告提供的工作往来函、增项工程决算报告，原、被告在函件中对增项工程作出了说明。被告辩称合同约定的是包死价，不应存在增项费用问题。本院认为，包死价是针对双方确定的工程范围的包死，针对合同约定待完成工程的包死，本案所涉工程在原有工程范围之上增加施工内容，产生增项费用。结合被告在二次修复工程签证单上签字及修复施工工程决算报告，本案确实存在二次修复费用。合同约定的施工日期为 395 天，自 2011 年 5 月 1 日至 2012 年 5 月 31 日，但实际施工期已超出上述约定，原告主张施工过程中存在延误工期情形，被告并未否认。

因工程造价服务公司已对增项施工费、二次修复费用及窝工费用作出鉴定，虽原、被告双方对鉴定意见中部分内容提出异议，但均未提供相应证据，故本院对鉴定意见书予以确认，增项施工费、二次修复费用及窝工费用工程造价为人民币 813.986601 万元。

律师评析

本案系一起在建设工程施工合同履行过程中，工程被国家依法取缔后引发的工程款追索纠纷。

首先,这个合同无法继续履行,应当解除,理由在于:(1)原告建设公司与被告开发公司的建设工程施工合同中的施工项目,因为违法违规被国家国土资源部取缔,并责令恢复土地原状。已经构成了不可抗力导致合同不能履行。这是双方在《合同专用条款》第 27.2 条规定的不可抗力行为。(2)我国《合同法》第 94 条规定:因不可抗力致使不能实现合同目的,当事人可以解除合同。而且该项目被取缔勒令恢复原状后,双方合同的施工标的物都没有了,合同也自然解除了。事实上原告方在国家取缔被告的高尔夫项目后就多次找被告方协商,鉴于国家的取缔行为导致双方合同解除,被告方应当支付原告方已完成部分的工程款。因为被告不予解决,双方才产生诉讼。(3)原告在法庭审理过程中也表明了合同虽然是有效的,但是原告提出了合同已经解除了,被告应当支付已经完工部分的工程款。原告在法庭的陈述以及追索工程施工款已经表明了原告方依法实施了合同解除权。

其次,对于未完工的工程且又被责令恢复原状无法评估的工程该如何计费是本案的焦点。

根据合同第 4 条"合同价款"的约定:"本工程固定合同总价计捌仟伍佰万元整。"双方签订的施工合同是我们通常所说的"包死价"的合同。

根据我国《合同法》及最高人民法院相关规定,工程价款竣工结算处理的一般原则是,合同有效的,按照合同约定;合同无效的,参照合同约定,但是违约金条款不适宜参照;合同没有约定的,由双方协商,协商不成的,司法鉴定,鉴定一般按照定额。《最高人民法院关于审理建设工程施工合同纠纷案件适用法律问题的解释》第 16 条规定,"当事人对建设工程的计价标准或者计价方法有约定的,按照约定结算工程价款。因设计变更导致建设工程的工程量或者质量标准发生变化,当事人对该部分工程价款不能协商一致的,可以参照签订建设工程施工合同时当地建设行政主管部门发布的计价方法或者计价标准结算工程价款"。因此"包死价"的工程结算就必须按照双方的合同约定价来确定。

本案中的未完工程不能由法院鉴定工程造价,理由是最高人民法院司法解释第 22 条规定:"当事人约定按照固定价结算工程价款,一方当事人请求对建设工程造价进行鉴定的,不予支持。”而且事实上由于政府取缔该项目并要求恢复原状,已建工程部分也已无鉴定的可能。

因此原、被告双方在工程结算时只能依照合同的约定来进行,即根据双方合同中约定的计费支付办法来计算已经完工部分的工程价款。被告目前依约应付原告的工程款就是合同中约定的进度款的余额。即合同约定的除去应付 80% 以外的 20% 部分。但实际上被告显然没有依约在进度款支付中付至约定的 80%,从原告提供的双方往来函件中就清楚地看到原告一直在催问被告支付应付进度款。如果依照合同约定付清剩余 20% 的工程进度款,即 1510.981873 万元,加上被告在工程签证中认可一些应当支付却没有支付工程进度款的费用,实际最终工程欠款 1600 余万元得到了一审法院的支持。

最后,关于工程增项和二次及多次修复的问题。工程增项导致工程建设费用增加,自然要追加建设款项。在合同没有相反的约定的情况下原告的主张得到法院的支持是正确的。而且在原告的举证中,被告方在工程的日常签证中均认可了增项及二次修复的事实。而且本案中的停工也系被告正式发出停工函导致已建项目出现二次甚至多次修复的现象。

本案系高尔夫球场建设工程纠纷,与一般的房屋建设工程纠纷不同的地方之一就是球场造型设计完成后,建设单位是按照设计要求和球场的国际标准进行建造。工程建设中出现停工的话,原有的造型设计完全是土方挖掘后靠植入草坪植物等自然保持,那么在草坪等植物植入前,很容易出现土方造型无法保持定型。因此作为特殊的建设工程,尤其是本案中实际建设场地在盐湖边的中条山下,该地形容易产生雨水冲刷。所以一旦停工后需要恢复造型就必须再次补充沙土。因此法院最终支持原告建设公司的修复工程款也是基于我们阐述本案的客观事实得到法庭的认可。我们都知道在诉讼过程中,审判法官对于客观的事实情况是可以作出自由裁判的。当然再结合工程日常签证的客观证据佐证,该主张获得法庭支持是符合法律规定的。

律师建议,一般来说建设工程完工后拖欠建设款的案例较多。像本案这种工程尚未完工就被取缔的工程款追索的案子目前随着中央政府加大监管地方违法乱建行为的力度,也会逐渐增多。这类合同对于建设单位来说要注意以下几点：

其一，签订合同时一定要明确政府政策行为不影响建设工程款的支付。近几年政府PPT项目也很多，涉及一些政策性的工程，地方政府出于政绩等考虑，往往私开口子打“擦边球”。但是这些工程一旦被国家查获，就是取缔恢复原状的处理结果。那么作为建设施工企业尤其要注意在合同中约定工程的合法性与否不影响工程款的支付。

其二，工程进度款支付的约定要明确，一旦已建工程部分无法鉴定评估价值时，可以作为追偿的重要参考依据。工程按进度付款也是目前投资开发单位常用的支付方式。但是实践中工程进度款也基本上是不会按约定付清。这时建设单位按时催款并保留催款记录就很重要了。不要因为对方是甲方而怕得罪，这些催款函以及催要记录将来都是法庭的呈堂证据，对于诉讼结果非常有利。如果能得到对方的盖有正式公章的回函那就更是充分有利的证据武器。

其三，工程日常签证一定要完备。在很多实践案例中工程甲方是不会轻易和乙方在施工过程中再签字盖章的。那么作为建设乙方的证据保全，很大程度上就依靠工程的日常签证来证明其实际施工部门。同时也有很多甲方不愿正面认可的问题也可以通过日常签证来达到实际上的证明目的。本案中原告留存的全部工程日常签证甲方均签字认可了，最终这些原始数据战胜了被告的无理辩驳。我们建议工程日常签证尽量细致，整个建设期间每天都进行记录签证，这是原始的数据不容否认。

其四，无论案件如何复杂，但是最终审理的结果还是反映了诉讼的实质还是在于证据决定裁判结果。证据是诉讼之王，在合同履行过程，养成有意保存合法有效的证据的习惯将会是当事人最终获益的行为。我们在代理许多涉及合同纠纷的案件中往往发现，很多当事人寄希望于一份完美的合同文本，而忽略了合同履行过程中的证据细节。这样的结果最终是在诉讼过程中发现很多证据的缺失导致不能形成完整的证据链而事实有理却法庭败诉。

总之，通过我们对建设单位在施工合同纠纷的诉讼经验，可以告诫广大施工企业，光有合格优良的工程质量是不够的，还要注意防患于将来可能产生的诉讼纠纷，注意留存一切可能成为证据的东西，必要时听取律师意见，在采取诉讼程序前补充获取必要的证据以保证合法权益得到法律的保护。

56

建设工程施工合同纠纷：欠付工程款

北京贝邦律师事务所　孙红彦

裁判要点

(1)建设工程施工合同中,对于欠付工程款问题,债权人仅依据工程款"欠款证明"索要工程款的情况下,法院一般要围绕工程款"欠款证明",要求当事人进一步举证,才会对欠付工程款的事实作出认定。法院一般不会仅依据"欠款证明"直接作出欠付工程款的判决。

(2)对于工程款"欠款证明"的真实性,法院一般要结合其他证据来认定该"欠款证明"本身是否真实、合法、有效。这与民间借贷中的欠款证明,在认定上是有区别的。

法院对工程款的"欠款证明"真实性认定后,案件的证据链已基本形成,法院才会认定工程款的欠款事实,进而达到当事人请求支付欠款的诉讼目的。

基本案情

2011年,C公司作为发包方,将某配套工程发包给B公司,B公司将1—4号楼的外墙保温工程,专业分包给A公司。后A公司与B公司签订两份《外墙保温工程合同协议书》,1、2号楼一份,3、4号楼一份。合同约定:B公司工程项目部将某配套工程一期1—4号楼的外墙保温工程分包给A公司。工程承包范围为某配套工程1—4号楼外墙保温及涂料,1、2号合同金额暂定210万元。3、4号楼的合同A公司因丢失无法提供。

1、2号楼的《外墙保温工程合同协议书》有发包人"B公司工程项目部"印章，委托代理人“文×”的签字；承包人处有“A”的公章，法定代表人“王×”的签字，委托代理人“马×”的签字。该协议之后，附有双方签订的《外墙外保温工程合同条款》，条款载明：“B公司按合同约定付款：外墙保温合同签订后付款30万元、2012年10月25日付50万元、工程完工验收合格后付50万元、本工程竣工验收合格后付款50万元、工程交工后，一年内付清余款。”后A公司按照约定进场施工，B公司向A公司共支付过工程款145万元。工程竣工后，B公司未向A公司支付其余工程款。后B公司的委托代理人，也是B公司派驻该工程项目部的负责人文×，在同一天即2013年1月19日，向A公司出具了三张欠款证明，分别是30万元、50万元、100万元，合计180万元。该三张欠款证明有文×的签字，有B公司项目部的盖章。工程完工后，A公司向B公司索要过该欠款，但B公司不予理睬。后A公司将B公司及C公司起诉到法院。

一审中，原告A公司诉讼请求为：1. 判令B公司立即支付工程款180万元；2. C公司承担连带责任；3. 诉讼费由被告负担。

一审中，A公司向法院提交的证据有：

（1）B公司与C公司签订的某配套工程的《建设工程施工合同》复印件。证明1—4号楼的建设工程的总承包方为B公司。

（2）A公司与B公司就外墙保温专业分包工程签订的1、2号楼的工程合同，未提交3、4号楼的工程合同。

（3）三份文×于2013年1月19日向A公司出具的证明。证明记载：“为完成C公司配套工程1—4号楼的施工任务，A公司（乙方委托代理人马×）与C公司工程项目部（甲方委托代理人文×）签订合同，进行外墙保温、涂料工程的施工工作。实际付款与合同价款仍存在差距，即尚余叁拾万元（30万元）工程款未付。特此证明。B公司工程项目部，负责人：文×。2013年1月19日。”

另外两份欠款证明的金额分别为伍拾万元及壹佰万元，三份证明除具体工程款金额不同外，其余内容、日期均一致，且有B公司项目部的盖章及文×的签字。

（4）B公司向文×出具的授权委托书的复印件，用以证明文×有权代表B公司负责配套工程一期1—4号楼的工程施工及管理。

一审法院认为，A公司主张180万元欠款的证据在于其向法院提交的三份证明，但三份证明均写明为完成配套工程1—4号楼的施工任务而签订合同，A

公司仅提供了1、2号楼的合同,未能提供3、4号楼合同,亦未能证明3、4号楼为其施工,且三份证明的形成时间及内容存在矛盾,A公司并未对上述矛盾进行合理解释,且A公司对于三张证明对应的具体工程内容的陈述三次均有不同,故法院对三份证明的证明内容不予采信。因C公司将配套工程发包给B公司,B公司将该配套工程中1、2号楼外墙保温工程发包给A公司,B公司应按照约定及时向A公司支付工程款,C公司应在其未结清的工程款项内承担连带责任。1、2号楼合同总价款约定为210万元,根据双方确认已经支付的款项为145万元,故未支付的工程款为65万元。

综上所述,一审法院判决如下:(1)B公司支付A公司工程款65万元,于本判决书生效后七日内给付。(2)C公司在其欠付B公司的工程款范围内对上述款项承担连带责任。(3)驳回A公司的其他诉讼请求。

A公司不服一审法院民事判决,上诉至二审法院,请求撤销原判,改判给付工程款180万元。

代理意见

×××中级人民法院:

贵院受理的上诉人A公司与被上诉人B公司、被上诉人C公司之间建设工程施工合同纠纷一案,我作为本案上诉人A公司的代理人,结合本案相关证据及庭审情况,现发表如下代理意见:

一、一审法院认定事实错误,判决错误,请求二审法院依法改判,判令被上诉人向上诉人支付工程款180万元

第一,一审法院在没有核实某配套工程1—4号楼总工程量及工程总价款的情况下,直接用1、2号楼合同中的暂定工程款210万元,减去原告A公司认可的已经支付的145万元工程款,就得出被上诉人对上诉人欠款65万元工程款的结论。属于认定事实错误。

被上诉人B公司出具的三张欠款证明,是经过与A公司结算以后确定的欠款金额,且每张欠款证明对欠款金额都写得非常清楚。而一审法院却对三张欠款证明不置可否,也不核实总工程款,进而直接用1、2号楼的暂定工程款,减去已付工程款,推算出欠款金额。故一审法院属于事实认定错误。

第二,一审判决,仅仅依据上诉人在一审中对三张欠款证明中,每张欠款证明欠的是哪号楼哪部分的款项解释有出入,就对三张欠款证明的真实性不予采信,故一审法院属于事实认定错误。

首先,上诉人提供的欠款证明真实、合法、有效,上诉人完全没有必要解释三张欠款证明哪张是欠的哪部分的款。本案中,总共欠款180万元写得很清楚,至于180万元都是哪个部分的款,与本案待证事实无关。退一步讲,即使上诉人A公司解释时有出入或者是当时的口误或书记员记录错误,这都不影响三张欠款证明的真实性。

其次,一审中,A公司之所以提供1、2号楼的合同,是为了证明上诉人与被上诉人B公司之间存在合同关系,证明外墙保温工程是A公司施工的。鉴于3、4号楼的合同丢失,一审法院并没有释明A公司需要提供其他证据予以证明。二审中,二审法院需要A公司提供新证据予以佐证3、4号楼的施工情况,我方提供了供货单位的供货单、收据、证明、工人工资单及被上诉人C公司工作人员的证人证言等新证据,足以证明3、4号楼系A公司施工。故,三张欠款证明是真实的,被上诉人B公司应当按三张欠款证明列明的金额向上诉人支付工程款180万元。

二、C公司是工程的发包方,应与B公司对欠付A公司的180万元工程款承担连带责任

根据《最高人民法院关于审理建设工程施工合同纠纷案件适用法律问题的解释》第26条第2款之规定,发包人在欠付工程价款范围内对实际施工人承担责任。故本案发包方C公司应当在承包方B公司欠付180万元工程款范围内承担连带责任。

综上所述,一审法院认定事实错误,判决错误。故请二审法院查清案件事实,依法改判,支持上诉人的全部上诉请求,维护上诉人的合法权益。

上诉人:A公司

代理人:孙红彦　律师

裁判结果

A公司上诉理由成立,二审法院予以支持。原审法院判决认定事实错误,应予更正。依照《民事诉讼法》第170条第1款第2项之规定,判决如下:

一、撤销一审法院民事判决第2项、第3项；

二、变更民事判决第1项为：B公司支付A公司工程款180万元，于本判决生效后7日内给付；

三、C公司在其欠付B公司的工程款范围内对上述款项承担连带责任。

裁判理由

A公司向二审法院提交了进料单据、证人证言等证据，证明1—4号楼的外墙保温工程均由A公司施工。A公司提交的三张证明，有文×的签字，足以证明双方就1—4号楼的相关工程均存在建设工程施工合同关系，A公司在二审期间对于三张证明的关系做了进一步陈述，虽与之前的表述不完全一致，但解释合理；而B公司未举证3—4号楼是由他人施工，因此本院对该三张证明予以采信，据此，本院认定1—4号楼的外墙保温工程均由A公司施工。考虑到仅1—2号楼的合同约定价款即为210万元，该三张证明所载欠款总数并未超过合理范围，本院予以采信。B公司应当按照三张证明的总数额，支付A公司工程款，C公司应当在其欠付工程款范围内承担连带责任。

律师评析

本案属于建设工程施工合同纠纷，根据我国法律规定，建设工程施工合同禁止承包方将工程再肢解分包。但本案中承包方B公司将1—4号楼外墙保温工程分包给A公司的工程合同，合法有效，不属于违法分包。因为外墙保温工程属于专业工程分包，我国法律允许对专业工程项目进行分包。

专业工程分包是指建筑工程总承包单位根据总承包合同的约定或者经建设单位的允许，将承包工程中的专业性较强的专业工程发包给具有相应资质的其他建筑企业完成的活动。

本案B公司欠付A公司工程款180万元，虽然有三张欠款证明，貌似可以用三张欠款证明来直接起诉，以达到要求B公司支付欠款的目的。但本案因为A公司仅有1、2号楼的施工合同，没有3、4号楼的施工合同，且案由为“建设工程施工合同纠纷”，而非民间借贷纠纷，故仅凭三张欠款证明无法让法院对欠付工程款事实予以认定。好在二审中A公司及时另行提供了其他证据来证明3、4号楼为A公司施工，才得以让二审法院认可三张欠款证明的真实性，从而达到 A 公司的上诉目的。

本案中，A 公司针对欠付工程款提起诉讼，要先明确欠款追偿的责任主体。

根据《最高人民法院关于审理建设工程施工合同纠纷案件适用法律问题的解释》的规定，发包人在欠付工程价款范围内对实际施工人承担责任，故本案的被上诉主体为 B 公司与 C 公司。

二审上诉时，针对一审法院认定事实部分要重点关注。本案中一审法院用 1、2 号楼合同的暂定金额减去已付款的确定金额，来认定工程欠款金额。一审法院的事实认定存在逻辑错误。本案在二审中，上诉人 A 公司紧紧抓住了一审裁判中的逻辑错误予以辩驳，对本案二审达到上诉人的上诉目的起到了重要作用。

57

借贷合同纠纷：借贷合同违约责任

北京市汉卓律师事务所　王春艳

裁判要点

根据我国相关法律规定，借贷双方对前期借款本息结算后将利息计入后期借款本金的，前期利率未超过年利率24%的部分可认定为后期借款本金，出借人可以一并主张逾期利息、违约金或者其他费用，但借款人在借款期间届满后应当支付的本息之和，不能超过借款本金与以借款本金为基数，以年利率24%计算的整个借款期间的利息之和。本案出借人与借款人签署《还款协议》对2017年12月31日之前的借款的资金占用费进行结算，资金占用费年利率在4.35%—5.6%，依法可以作为结算后的借款本金部分，与前期借款本金一并作为计算违约金的基数；法院判决支持出借人同时要求违约金和资金占用费的主张，但对于实际收取利息和违约金的总数超出年利率24%的部分不予支持。

基本案情

2007年2月15日，A公司向B公司出借款项人民币6000万元，双方签署《借款合同》约定借款期限6个月，以借款本金余额为基数，参照中国人民银行公布的同期贷款基准利率计算资金占用费。A公司将借款电汇给B公司。借款到期后B公司未能偿还借款本金和资金占用费，双方多次签署借款展期协议。

2015年1月13日，A公司与B公司签订《还款协议》，约定：(1)截至本协议签署之日,B 公司欠 A 公司的债务本金为 6000 万元。(2)借款区分不同时间段计算资金占用费:①2007 年 2 月 15 日至 2014 年 12 月 31 日资金占用费共计为 28,680,733.33 元。②自 2015 年 1 月 1 日起(含当日),以借款本金余额为基数,参照中国人民银行公布的同期贷款基准利率计算资金占用费。(3)B 公司应按以下计划进行还款:①在 2015 年 3 月 31 日之前向 A 公司偿还 500 万元,全部为本金;②在 2015 年 6 月 30 日之前向 A 公司偿还本金 1500 万元,全部为本金;③在 2015 年 9 月 30 日之前向 A 公司偿还 2000 万元,全部为本金;④在 2015 年 12 月 31 日之前向 A 公司偿还 3000 万元,其中的 2000 万元为本金,其余 1000 万元为资金占用费;⑤除上述 1000 万元资金占用费之外的其余资金占用费应在 2016 年 3 月 31 日之前向 A 公司全部清偿。(4)如果 B 公司未按还款计划偿还借款,则自逾期之日起,B 公司应按逾期未还款金额每日万分之五的标准向 A 公司支付违约金。(5)就 B 公司在协议下的还款义务,C 公司和陈 × 提供连带保证责任。

同日,C 公司、陈 × 分别向 A 公司出具《还款保证函》,为 B 公司偿还借款本金 6000 万元以及相应资金占用费、违约金和实现债权的其他相关费用提供连带保证。

B 公司于 2015 年 4 月 1 日、2015 年 4 月 20 日分别向 A 公司支付两笔款项各 250 万元,并于 2015 年 6 月 30 日向 A 公司支付 100 万元。其余 5400 万元本金及资金占用费均未支付。

2017 年 12 月,A 公司向市第一中级人民法院起诉,要求:B 公司向 A 公司支付借款本金 5400 万元、资金占用费 35,874,389.58 元、违约金 30,114,210.23 元(其中自 2015 年 12 月 31 日起,计算违约金的基数中包含了 B 公司应付未付的资金占用费)。C 公司、陈 × 对 B 公司上述债务承担连带保证责任。

B 公司、C 公司、陈 × 认可借款事实和《还款协议》,提出《还款协议》约定以逾期未还款金额每日万分之五的标准计算违约金,逾期未还款中包括借款本金和 2007 年 2 月 15 日至 2014 年 12 月 31 日资金占用费 28,680,733.33 元,属于将利息计入本金,违反法律规定,主张不应将资金占用费作为计算违约金基数,而是应以未清偿的本金 5400 万元为基数。

代理意见

××中级人民法院:

就贵院受理的原告A公司诉被告B公司、C公司、陈×借贷合同纠纷一案(以下简称本案),本人作为本案原告的代理人,结合本案庭审情况,发表如下代理意见:

一、本案A公司与B公司签订的《还款协议》系各方当事人的真实意思表示,协议内容未违反国家法律、行政法规的禁止性规定,合法有效

B公司未履行《还款协议》约定的还款义务,依法应返还欠款本金5400万元,并依约支付资金占用费及违约金。

二、本案诉争的6000万元系原告向B公司出借的借款,被告声称该款项系原告与B公司合作开发资金没有任何事实和法律依据

(1)被告已经认可原告与B公司所签《还款协议》的真实性,该协议中明确记载A公司于2007年2月25日向B公司提供借款6000万元;同时,该协议中多处对诉争款项系借款进行了明确;另外,该协议第2条"还款计划"中亦约定,该还款计划系对原借款协议项下还款期限的展期。充分证明本案诉争的6000万元款项性质为借款。

(2)C公司和陈×分别向A公司出具《还款保证函》,承诺就A公司向B公司出借的本金、资金占用费、违约金等承担连带保证责任。《还款保证函》不仅证明原告向金榜房地产提供的6000万元性质为借款,还证明保证人C公司和陈×也认可6000万元款项的借款性质。

(3)被告没有提供任何证据证明"本案诉争6000万元系项目合作资金"。

《最高人民法院关于适用〈中华人民共和国民事诉讼法〉的解释》第90条规定:"当事人对自己提出的诉讼请求所依据的事实或者反驳对方诉讼请求所依据的事实,应当提供证据加以证明,但法律另有规定的除外。在作出判决前,当事人未能提供证据或者证据不足以证明其事实主张的,由负有举证证明责任的当事人承担不利的后果。"

本案被告没有提供任何证据证明其关于"本案诉争6000万元系A公司因与B公司合作开发资金"的主张,依法应承担举证不能的不利后果。

三、被告依法应向原告支付资金占用费

其一,《还款协议》明确约定6000万元借款区分不同时间段计算资金占用费:(1)自A公司向B公司指定银行账户汇入之日,即2007年2月15日至2014年12月31日,以借款本金6000万元为基数,参照中国人民银行公布的同期贷款基准利率计算资金占用费,如遇中国人民银行调整基准利率的,自中国人民银行公布的利率调整之日起按调整后的基准利率计算资金占用费。据此计算,截至2014年12月31日,上述借款的资金占用费共计为28,680,733.33元。(2)自2015年1月1日起(含当日),以借款本金余额为基数,参照中国人民银行公布的同期贷款基准利率计算资金占用费,如遇中国人民银行调整基准利率的,自中国人民银行公布的利率调整之日起按调整后的基准利率计算资金占用费。按实际天数计算资金占用费,一年按360天计算,资金占用费的计算公式为:借款本金余额×同期基准利率×相应期间借款实际发生天数÷360天。该公式中的“借款本金余额”是指B公司未清偿的借款本金,公式中的“相应期间借款实际发生天数”系指从2015年1月1日计算至还款日的实际天数。若借款本金在相应期间发生变化,则分段进行计算。

《还款协议》第二条约定还款计划为:(1)在2015年3月31日之前向A公司偿还500万元,全部为本金;(2)在2015年6月30日之前向A公司偿还本金1500万元,全部为本金;(3)在2015年9月30日之前向A公司偿还2000万元,全部为本金;(4)在2015年12月31日之前向A公司偿还3000万元,其中的2000万元为本金,其余1000万元为资金占用费;(5)除上述1000万元资金占用费之外的其余资金占用费应在2016年3月31日之前向A公司全部清偿。

其二,B公司于2015年4月1日向原告支付250万元,2015年4月20日支付250万元,2015年6月30日支付100万元。根据《还款协议》上述约定,被告应向原告支付的资金占用费包括:

(1)2007年2月15日至2014年12月31日资金占用费28,680,733.33元。

(2)2015年1月1日至2015年3月31日资金占用费827,083.34元,以6000万元为基数,按照中国人民银行公布的同期贷款利率计算。

(3)自2015年4月1日至2015年4月19日资金占用费162,357.64元,以5750万元为基数,按照中国人民银行公布的同期贷款利率计算。

(4)自2015年4月20日至2015年6月29日资金占用费560,465.27元,以

5500 万元为基数,按照中国人民银行公布的同期贷款利率计算。

(5)自 2015 年 6 月 30 日至 2016 年 3 月 31 日资金占用费 1,865,755 元,以 5400 万元为基数,按照中国人民银行公布的同期贷款利率计算。

(6)自 2016 年 4 月 1 日起至实际付清之日止的资金占用费,以 5400 万元为基数,按照中国人民银行同期贷款利率计算。

其三,原告上述计算方式和计算结果符合《还款协议》约定,年利率并不超过年利率 24%,被告亦在庭审中表示无异议。

四、《还款协议》约定的违约金不存在过高情形

《最高人民法院关于审理民间借贷案件适用法律若干问题的规定》第 30 条规定:“出借人与借款人既约定了逾期利率,又约定了违约金或者其他费用,出借人可以选择主张逾期利息、违约金或者其他费用,也可以一并主张,但总计超过年利率 24% 的部分,人民法院不予支持。”

本案《还款协议》约定,B 公司如未按照约定还款,则自逾期之日起以逾期未还款金额为基数按照日万分之五的标准支付违约金。日万分之五折合年利率为 18.25%,并未超过前述规定的年利率 24% 上限,不存在违约金约定过高的情形。

五、被告应以包括资金占用费在内的全部未还款金额为计算基数向原告支付违约金

其一,《还款协议》明确约定:如果 B 公司未按本条第 1 款的还款计划偿还借款,则自逾期之日起,B 公司应按逾期未还款金额每日万分之五的标准向 A 公司支付违约金。

其二,根据上述约定,计算违约金的基数为“逾期未还款金额”,本案 B 公司应分期向 A 公司偿还借款本金和 2007 年 2 月 15 日至 2014 年 12 月 31 日资金占用费,故应该以借款本金和未付资金占用费共同计算违约金。

其三,《还款协议》约定将借款本金和资金占用费一并作为计算违约金的基数不属于将利息计入本金情况,符合相关法律的规定。

《最高人民法院关于审理民间借贷案件适用法律若干问题的规定》第 28 条规定,借贷双方对前期借款本息结算后将利息计入后期借款本金的,前期利率未超过年利率 24% 的部分可认定为后期借款本金,但借款人在借款期间届满后应当支付的本息之和,不能超过借款本金与以借款本金为基数,以年利率 24% 计算的整个借款期间的利息之和,超过的部分,人民法院不予支持。

本案双方签署《还款协议》,确认结算2017年12月31日之前的资金占用费为人民币28,680,733.33元,该资金占用费按照中国人民银行同期同类贷款基准利率计算(年利率4.35%至5.6%),不超过年利率24%,依法可以被认定为作为结算后的借款本金,与前期未借款本金5400万元一并作为计算违约金的基数。

资金占用费年利率为4.35%至5.6%,违约金的标准为日万分之五(折合年利率为18.25%),二者之和不超过年利率24%,故本案应将借款本金和资金占用费一并作为基数计算违约金,具体如下:

(1)2015年3月31日至2015年3月31日违约金2500元人民币,以500万元人民币为基数,每日按500万元的万分之五计算;

(2)2015年4月1日至2015年4月19日违约金23,750元人民币,以250万元人民币为基数,每日按250万元的万分之五计算;

(3)2015年6月30日至2015年9月29日违约金644,000元人民币,以1400万元人民币为基数,每日按1400万元的万分之五计算;

(4)2015年9月30日至2015年12月30日违约金人民币1,564,000元,以3400万元人民币为基数,每日按3400万元的万分之五计算;

(5)2015年12月31日至2016年3月30日违约金人民币2,912,000元,以6400万元人民币为基数,每日按6400万元的万分之五计算;

(6)自2016年3月31日起至实际付清之日违约金,以86,096,414.58元为基数,按照日万分之五的标准计算。

六、C公司、陈×应就B公司前述借款本金、资金占用费及违约金承担连带保证责任

(1)C公司和陈×分别向A公司出具《还款保证函》,承诺就A公司向B公司出借的本金、资金占用费、违约金等承担连带保证责任。《还款保证函》由C公司盖章和陈×签字,为C公司和陈×真实意思表示,协议内容未违反国家法律、行政法规的禁止性规定,合法有效,C公司和陈×应完全遵守履行。

(2)《还款保证函》约定,B公司和陈×的保证期间为《还款保证函》生效之日起至A公司债权的诉讼时效到期日另加两年止;根据《还款协议》的约定,B公司应在2015年12月31日前履行全部还款义务,故原告提起本案诉讼并未超过上述保证期间。

(3)C公司、陈×在庭审中明确表示对原告要求其就B公司未清偿的借款本金、资金占用费和违约金承担连带保证责任无异议。

综上所述,原告对被告的起诉具有法律和事实依据,请贵院支持原告的诉讼请求。

原　告:A公司

代理人:王春艳　律师

裁判结果

××中级人民法院于2018年8月29日作出判决:

一、B公司于本判决生效后10日内向A公司偿还借款本金5400万元。

二、B公司于本判决生效之日起10日内支付A公司资金占用费、违约金(其中资金占用费自2007年2月15日起至2016年3月31日止为32,096,414.58元,自2016年4月1日起至实际付清之日止,以5400万元为基数,按照中国人民银行同期贷款利率计算。其中违约金自2015年3月31日起至2016年3月30日止为5,146,250元;自2016年3月31日起至实际付清之日止,以86,096,414.58元为基数,按照日万分之五的标准计算。B公司支付的资金占用费和违约金的标准之和以年利率24%为限,上述资金占用费和违约金合计的数额,应以自2007年2月15日起至2015年3月31日止以6000万元为基数、自2015年4月1日起至2015年4月19日止以5750万元为基数、自2015年4月20日起至2015年6月29日止以5500万元为基数、自2015年6月30日起至款项实际付清之日止以5400万元为基数,均按照年利率24%的标准计算的数额总和为限)。

三、C公司、陈×对B公司上述第1项、第2项债务承担连带保证责任。

裁判理由

××中级人民法院判决认为:本案《还款协议》《还款保证函》均系各方当事人的真实意思表示,其内容均未违反国家法律、行政法规的禁止性规定,应属合法有效。B公司、C公司和陈×对B公司已收到A公司给付的6000万元款项并无异议。本案争议焦点在于:(1)本案诉争款项的性质是否为A公司向B公司出借的借款；(2)A公司要求B公司支付违约金的基数应否包括B公司未付的资金占用费，A公司与B公司约定的违约金标准是否过高。

关于本案诉争款项的性质。《还款协议》中明确记载A公司于2007年2月25日向B公司提供借款6000万元，该协议第2条“还款计划”中约定，该还款计划系对原借款协议项下还款期限的展期，同时，该协议中多处对诉争款项系借款进行了明确，在此情况下，应认定本案诉争款项系A公司向B公司出借的借款。B公司、C公司和陈×虽主张上述款项系A公司因与B公司合作开发相关项目而支付的合作资金，但就该项主张并未提供证据予以证明，应承担举证不能的不利后果，其该项抗辩缺乏事实和法律依据，不予采信。

关于A公司主张B公司应支付的违约金标准是否过高，法院认为，《最高人民法院关于审理民间借贷案件适用法律若干问题的规定》第30条规定：“出借人与借款人既约定了逾期利率，又约定了违约金或者其他费用，出借人可以选择主张逾期利息、违约金或者其他费用，也可以一并主张，但总计超过年利率24%的部分，人民法院不予支持。”《还款协议》约定，B公司应自2015年3月31日起分期向A公司清偿借款，如未按照约定还款，则自逾期之日起以逾期未还款金额为基数按照日万分之五的标准支付违约金。经计算，该约定标准折合年利率为18.25%，并未超过前述规定的上限，B公司、C公司、陈×主张上述违约金标准过高于法无据。

关于A公司主张B公司应支付的违约金是否应将资金占用费与本金一并计算违约金一节。根据《最高人民法院关于审理民间借贷案件适用法律若干问题的规定》第28条的规定，借贷双方对前期借款本息结算后将利息计入后期借款本金的，前期利率未超过年利率24%的部分可认定为后期借款本金，但借款人在借款期间届满后应当支付的本息之和，不能超过借款本金与以借款本金为基数，以年利率24%计算的整个借款期间的利息之和，超过的部分，人民法院不予支持。据此，出借人与借款人将借款本息一并计算计息的约定并不违法相关法律的规定，但出借人实际收取利息总数仍不应超出法律规定的上限。A公司计算B公司自2015年3月31日起至2016年3月31日资金占用费的标准在4.35%—5.6%之间；自2016年4月1日起至款项实际清偿之日止的资金占用费和违约金计算标准之和，因《还款协议》中约定违约金的标准为日万分之五，而约定资金占用费的标准为中国人民银行同期贷款利率，故在违约金标准为日万分之五的情况下,如中国人民银行公布的同期贷款利率进行调整,则二者之和有可能超过年利率24%的标准,故对于A公司要求B公司支付的违约金和资金占用费中,未超过上述标准的部分,予以支持,对于超过的部分,依法不予支持。

律师评析

本案是一起典型的借款合同纠纷案例,不常见之处在于双方既约定了利息,同时还约定了违约金。本案中法院援引《最高人民法院关于审理民间借贷案件适用法律若干问题的规定》第28条、第30条的规定,以"前期借款利率未超过年利率24%的部分可认定为后期借款本金,出借人可以一并主张逾期利息、违约金或者其他费用,但总计实际收取的利息不应超出法律规定的年利率24%上限"为理由,判决支持出借人要求借款人支付的违约金和资金占用费中未超过年利率24%部分。本案有两个关键点值得注意:一是逾期还款违约责任的上限为不超过借款本金年利率24%,超出部分不能获得支持。因此签署合同时务必要注意,资金占用费、违约金、其他费用均被视为隐形利息一并计算利息。二是对于既约定利息,同时约定违约金、资金占用费及其他费用的,一定要明确约定计算违约金的基数范围是否包含已经产生的利息、费用。

58

买卖合同纠纷：无法实现合同目的的合同可予解除

北京建豪律师事务所　王克德

裁判要点

"3·17 新政"具有公共政策的性质,其具体的限贷、限购、限售等措施,对部分房屋买卖合同的履行会造成成本增加或履行不能等障碍。对于合同订立后因"新政"的实施导致合同无法继续履行的,属于因不可归责于双方当事人的原因而导致合同目的无法实现。当事人要求解除合同的,除合同另有约定外,一般应予支持。

基本案情

经第三人房地产经纪公司居间服务,2017 年 3 月 5 日,原告许××与被告刘×签订了二手房房屋买卖合同,并与第三人签订了补充协议。该合同约定由原告许××购买被告刘×的房屋,房屋总价款为人民币 321 万元。合同约定付款方式为先支付定金人民币 10 万元,过户前 5 个工作日内通过建委资金监管支付人民币 102 万元,剩余人民币 200 万元拟通过银行贷款的方式支付。同时补充协议第 4 条第 4 款还约定:如出台新的限购政策且该政策导致本协议无法履行的,各方互不承担违约责任。

合同签订后,原告许××即按约定支付了定金人民币 10 万元,并按第三人的要求积极准备贷款手续。但 2017 年 3 月 17 日,北京市出台了新的楼市限购政策,实施"认房又认贷",明确规定购买普通自住房的首付比例不低于 60%。

这样原告许××首付款的数额就由人民币102万元增加至人民币1,729,360元,比之前增加了709,360元。同时贷款年限由以前的30年变为25年,贷款利率9折优惠变成1.1倍,再加上应付的税费、居间费等费用,这样就导致原告许××确实无能力支付被告刘×首付款,也无法再继续履行房屋买卖合同。后原告许××及时通过第三人多次通知被告刘×希望解除双方签订的买卖合同,并就解除事宜进行沟通,但被告刘×均置之不理。

综上所述,原告许××认为,因北京市出台新的购房政策,导致原告许××客观上无法继续履行合同,故原告许××与被告刘×签订的买卖合同及补充协议应当予以解除,被告刘×收取的定金10万元也应当返还原告许××。因协商未果,故诉至法院。

代 理 词

尊敬的审判员:

就贵院审理的原告许××诉被告刘×、第三人房地产经纪公司房屋买卖合同纠纷一案(以下简称本案),我是本案原告的代理人,结合本案庭审情况,及双方提供的证据,提出如下代理意见,请予以重视并采纳:

其一,本案原告许××与被告刘×、第三人签订的房屋买卖合同系三方真实意思表示,且未违反法律、行政法规的强制性规定,属合法有效的合同,应受法律保护。

其二,本案原告许××在买卖合同履行过程中并不存在违约行为。原告许××在房屋买卖合同签订后,及时支付了购房定金人民币10万元,并积极准备办理银行贷款所需要的各种材料,期间并不存在任何瑕疵履行的情形。

其三,本案原告许××客观上无法继续履行合同的原因在于2017年3月17日北京市住建委等四部门发布了《关于完善商品房销售和差别化信贷政策的通知》(以下简称"新政"),要求"居民家庭名下在本市已拥有1套住房,以及在本市无住房但有商业性住房贷款记录或公积金住房贷款记录的,购买普通自住房的首付款比例不低于60%,购买非普通自住房的首付款比例不低于80%"。因原告许××有过贷款记录,故根据"新政"之规定,原告许××应缴纳的首付款比例不低于60%,也就是说应付首付款比"新政"出台之前增加了67万元。而根据原告许××及其配偶的收入及积蓄，其无力支付增加的首付款。同时该“新政”对许××贷款审批、还贷等亦会造成影响。这也客观上造成了原告许××无法继续履行与被告刘×签订的房屋买卖合同。

综上所述，原告许××购买案涉房屋的贷款金额受“新政”影响，首付款增加了67万多元，而被告刘×对该政策及后果也是明知的。同时原告许××系工薪阶层，根据本案查明的事实，其不具有继续履行合同的能力，其合同目的也无法实现，故原告许××的诉讼请求应依法予以支持。

原　告：许××

代理人：王克德　律师

裁判结果

该案××区人民法院作出民事判决，支持了原告许××的全部诉讼请求。后刘×不服一审判决上诉至××中级人民法院，二审法院判决维持原判。

裁判理由

一审法院认为，原告购买案涉房屋的贷款金额受“3·17新政”影响，即使改为公积金贷款，首付款仍增加67万元，被告刘×对原告贷款受“新政”影响是知晓的。而原告夫妻作为工薪阶层，据常理判断，不具备继续履约的能力，被告也没有提供证据证明原告具备支付首付的能力，故本院认定原告不具有继续履约的能力，其以合同目的无法实现为由主张解除合同及补充协议的诉求，本院予以支持。

二审法院认为，对于合同订立后由于“3·17新政”的实施致使合同无法继续履行的，属于因不可归责于双方当事人的原因导致合同目的无法实现。当事人要求解除合同的，一般应予支持。合同能否继续履行的判断，应综合合同履行程度、成本增加比例、买受人资信情况等因素综合进行考量。本案被上诉人因“新政”影响而导致首付款增加幅度达到50%，在此情况下仍要求被上诉人继续履行合同显然是强人所难，故一审法院对本案处理并无不当，本院予以确认。

律师评析

本案实际上就是在“因不可归责的原因导致不能履行合同进而无法实

现合同目的”的情况下合同应否解除的问题。根据《合同法》第 8 条之规定，依法成立并生效的合同，受法律保护。各方应全面履行合同义务，不得擅自变更或解除。本案中，原告与被告及第三人签订了《房屋买卖合同》（主合同为房屋买卖合同，从合同为居间合同）后，正常情况下原告因自身原因不能履行合同和义务的，其无权要求解除合同。随着北京乃至全国房市价格的持续高涨，各地楼市火热异常。为抑制房屋价格，避免泡沫经济发生，全国各地均出台了严厉的“楼市调控政策”，也就是本案所涉及的“新政”。受“新政”影响，本案原告要贷款购买房屋履行合同，其首付款的数额就由人民币 102 万元增加至人民币 1, 729, 360 元，比之前增加了 709, 360 元。而根据原告家庭收入及经济状况，其显然无法支付高额的首付款，也就无法继续履行合同。且如继续履行，也对原告不公平。对此，《合同法》第 94 条、《最高人民法院关于适用〈中华人民共和国合同法〉若干问题的解释（二）》第 26 条也规定了当事人可以解除合同的情形。本案即属于上述法律、司法解除规定的“因不可归责于双方的原因导致合同目的无法实现，当事人要求解除合同的，一般应予支持”的情形，这实际上就是我国《合同法》“公平原则”的体现。故，本案原告可以主张解除《房屋买卖合同》，并无需承担违约责任。但需要注意的是，“新政”不属于不可抗力。同时当事人以“新政”为由提出解除合同，人民法院或仲裁机构也不必然予以支持。以下情形，当事人不能以“新政”为由解除合同：

（1）在“新政”实施前已经起诉且符合当时的购房、贷款条件的不能解除。

（2）“新政”对买方的出资成本影响不大的，也就是以买方及其家庭的经济状况可以支付房款（含首付款）的不能解除。

（3）存在明显利益重大失衡、显失公平等情形的，法院或仲裁机构在调查相关事实并征询相关行政机关意见后，可判定是否解除。

比如，买方已经交付大部分款项，且完成了贷款初审，出卖人将房款全部转移或消费，无法返还；如果不判决继续履行合同，将导致买方无法挽回的损失。如果经询问房屋交易登记管理部门，可以办理产权转移登记的，不应当解除房屋买卖合同。

（4）买卖双方在合同中明确约定“政策变化”导致购房成本增加的不得

解除合同的情形，不能解除。

（5）需要注意的是，在“新政”出台后，一方因其违约行为导致无法继续履行合同的，也可以要求解约，但必须要承担相应的违约责任。这与本案所涉及的无责解约是不一样的性质。这也涉及社会上争论已久的“违约方是否有合同解除权”的主张。按《合同法》及相关法律规定，违约方无权要求解除合同。但根据2021年1月1日施行的《民法典》第580条之规定，违约方也是可以要求解除合同的，也就是违约方在特定条件下有解约权，但不影响违约责任的承担。这其实也是“公平原则”在《民法典》中的体现，有利于打破“合同僵局”，使确实丧失履约能力的违约方也可以行使请求权解除名存实亡的“死合同”，避免损失的扩大及社会资源的浪费，进而实现物尽其用和社会经济效率的提高。个人觉得这也是《民法典》的重大创新及进步。

59

房屋买卖合同纠纷：夫妻一方卖房行为的认定

北京理道律师事务所　王　楠

裁判要点

夫妻一方与他人签订合同将夫妻共同所有房屋出售的，夫妻另一方如主张合同的签订未经过其同意且不同意卖房，则其并非合同的当事人，故其无权解除他人所签合同。如夫妻一方陈述将卖房事实告知了对方，在无证据显示卖房期间夫妻关系恶化的情况下，该等陈述可作为另一方态度的重要参考，法院可以结合查明的其他事实综合认定夫妻另一方构成对卖房债务的加入，房屋买卖合同应当继续履行。

基本案情

2016年7月，于×与刘×作为共同买受人与出卖人陆×（美国籍）的代理人方×签订了《房屋买卖合同》，约定陆×将其名下一处房屋出售给于×和刘×，总价款为人民币620万元，同时约定陆×委托方×卖房的公证认证手续办理完毕后推迟6个月，双方共同到房屋权属登记部门办理房屋权属转移登记手续。合同签订后，于×与刘×向陆×支付了购房定金10万元。后陆×迟迟不能办理委托公证手续，导致合同无法继续履行。于×与刘×多次催促方×及陆×均无果。

为避免陆×将房屋抵押或再次出售等情形发生，当事人向法院申请了诉前财产保全，随之向朝阳区人民法院提起诉讼，要求陆×继续履行合同，腾空房屋并配合办理房屋过户手续，同时承担违约责任。庭审中，陆×辩称：第一，其并未委托方×向于×和刘×出售涉诉房屋,案涉合同是方×在没有得到授权的情况下签署的,属于无权代理;第二,根据合同约定,公证认证并没有办理完毕,不符合过户条件;第三,该房屋是她和丈夫希×(美国国籍)的夫妻共同财产,希×不同意卖房,合同无法继续履行;第四,陆×同时提起反诉要求解除合同。后陆×申请法院将希×追加为本案第三人,希×当庭表示对陆×卖房一事不知情,不同意陆×卖房,并要求解除陆×与于×、刘×签订的房屋买卖合同。

法院经审理查明,在方×代陆×与于×、刘×签订合同之后,陆×签署过一份《收条》,内容为本人陆×收到于×购买案涉房屋定金10万元。同日,陆×签署《委托书》,内容为委托方×代理本人办理涉诉房屋的出售事宜。2016年11月,于×和刘×出具《催告函》,其内容为通知陆×于接函后立即敦促委托人方×与陆×于15日内办理完成委托公证手续,继续履行合同直至完成房屋过户登记手续,否则将视为陆×不再履行双方签订的合同,于×和刘×有权依据合同约定向法院提起诉讼。经询,证人方×到庭表示于12月中旬收到上述函件。陆×表示方×没有合法授权,陆×是在领取本案诉讼材料之后才知道此事的。另查,陆×与希×于1984年在中国香港注册结婚。案涉房屋为陆×婚后购买,登记在陆×个人名下。陆×婚后与希×常居美国,在办理卖房公证认证手续期间,陆×亦居住在美国家中,并和希×提到过卖房一事。

代理意见

××中级人民法院:

就贵院受理的上诉人希×上诉被上诉人于×、刘×、陆×,第三人北京某房地产经纪有限公司房屋买卖合同纠纷一案(以下简称本案),我是本案被上诉人于×和刘×的代理人,结合本案庭审情况,发表如下代理意见:

一、陆×与方×成立委托代理关系,方×所从事的一切与出售案涉房屋有关的行为应当由陆×承担民事法律责任

案涉房屋买卖合同签署的时间是2016年7月,在此之前,于×在中介公司的陪同下与陆×进行了视频通话,当时在场一起参加视频通话的还有本案证人方×。陆×在通话中向于×出示了案涉房屋产权证原件和其本人身份证明原件,并表示同意以620万元的价格出售案涉房屋给于×,但因其本人在国外不方

便,所以具体卖房事宜全部授权案外人方×处理。通过此视频可以看出,被告陆×对出售案涉房屋给原告是知情并同意的,对方×代理其本人办理出售案涉房屋事宜的授意是清楚明确的。

案涉合同签署后,陆×签署了授权方×卖房的委托书,并办理委托售房的公证手续,退一步讲,即使没有之前的授意,陆×此时的行为也已经构成对方×卖房行为的追认,陆×与方×之间成立委托合同关系,方×是陆×的代理人。方×代理陆×与于×、刘×签订的房屋买卖合同对陆×发生法律效力,由此产生的一切民事法律责任应由陆×承担。

二、案涉房屋买卖合同合法有效,合同签署至今已经长达半年的时间,陆×经催告后至今未能办理委托公证手续,陆×的行为构成违约

双方签订的房屋买卖合同系双方真实意思表示,且不违背法律法规强制性规定,该房屋买卖合同合法有效,双方均应全面、诚实地履行各自的合同义务,以保护市场交易秩序和交易安全。合同签订后,原告已经按照合同约定向被告陆×银行账户转账支付了定金10万元,且原告是将家庭名下唯一一套住房出售后与陆×签订的案涉房屋买卖合同,现原告一家仍在外租住房屋。原告早已准备好全款准备随时履行合同将剩余购房款支付给陆×本人或法院指定的账户提存。

从2016年7月签订合同到2016年11月,被告办理委托公证手续没有任何进展。原告无奈于2016年11月20日向被告陆×及其代理人方×发送了书面催收函,并同时以手机短信的形式向方×发送了催告通知,要求被告于15日内办理完毕委托公证手续并继续履行合同直至完成过户登记手续。但陆×至今没有办理完毕,其行为已经构成违约。另外,陆×于本案本诉审理过程中提出反诉,要求解除房屋买卖合同,陆×明确表示不履行合同的行为显属违约,故被告应按照房屋买卖合同第10条第5款的约定向原告支付违约金。原告将家庭名下唯一一套房产出售,目前名下没有住房,需要租房居住,必然会产生损失,该损失应当由陆×承担。

三、希×并未提交任何证据和法律依据证明案涉房屋是其与陆×的夫妻共同财产,即使是夫妻共同财产,结合合同履行情况和公证认证办理情况,希×关于其不知情、不同意卖房的陈述不可采信,其参与办理委托公证的行为构成对房屋过户登记债务的加入,案涉房屋买卖合同应当继续履行

首先,夫妻共同财产的认定问题,本案关于陆×和希×婚姻关系的证据仅为

1984 年在香港登记结婚的证明书,该证据不能证明二人婚姻的持续情况,更不能证明目前的婚姻状况。根据《涉外民事关系法律适用法》第三章第 24 条的规定:“夫妻财产关系,当事人可以协议选择适用一方当事人经常居所地法律、国籍国法律或者主要财产所在地法律。当事人没有选择的,适用共同经常居所地法律;没有共同经常居所地的,适用共同国籍国法律。”案涉房屋产权证上登记的所有权人只有陆×一人,陆×和希×均为美国籍,二人均不在中国居住,不能适用《中华人民共和国婚姻法》,即使双方仍为夫妻关系,目前并无证据和法律依据可以认定案涉房屋是其双方的共同财产。需要说明的是,希×负有证明案涉房屋是夫妻共同财产的证明责任,但陆×和希×没有选择适用法律的权利,因为在本案中,如果允许二人选择法律适用,二人势必会选择对自己有利而对买房人不利的法律,根据我国《民法总则》的规定,恶意串通损害他人合法权益的民事法律行为无效。

其次,关于希×不同意卖房主张的认定,本案庭审中,陆×明确表示之所以至今不能办理过户,是因为房子是其和希×的夫妻共同财产,陆×和希×多次到相关部门办理公证认证手续,但是最后就卡到希×的一个文件的印章上,中国领事馆要求在中文文件上盖章,美国公证处不同意在中文文件上盖章。希×的身体不好,不能老是跑公证处等等。本案证人方×在庭审中陈述,中国公证处要求本人亲自来,因为陆×丈夫身体不好,需要在美国办理公证,9 月份陆×就说已经办好了,通过她朋友带回来。以上证言也可以证明陆×在美国办理了她和希×的关于卖房的公证手续,当时陆×和希×并没有分居,也没有证据证明夫妻关系恶化,希×对陆×卖房一事不可能不知情、不参与。

再次,陆×主张其和爱人希×均是在涉诉之后才知道依据中国《婚姻法》的规定,案涉房屋是夫妻共同财产,但其提交的《登记结婚的证明书》出具时间是 2016 年 7 月 20 日,而且上面写明:“此文件仅限用于在北京市办理房产相关事宜之用。”因此,陆×至少在 2016 年 7 月 20 日之前就应当知道案涉房屋是夫妻共同财产。反之,如果陆×和希×在涉诉之前如其所述真的不知道案涉房屋是夫妻共同财产,那就说明二人一致认可案涉房屋是陆×的个人财产,在该等情况下,陆×卖房一事与希×无关,也就不存在希×不同意卖房的可能。

最后,本案当事人希×,从一审到二审整个诉讼程序中,没有通过任何途径向法庭亲自表明过态度,都是代理人替他陈述,陆×的态度就是希×的态度。在本案中,希×实际上就是陆×用来违约的借口。陆×看到房价上涨试图毁约,一开始是拖着不办过户手续;后来涉诉后先把责任推到代理人方×身上,辩称方×没有授权;后来发现这条路可能走不通又以丈夫希×不同意卖房为由要求解除合同。陆×在本案中试图利用法律、利用与希×的夫妻关系违约,谋取个人利益的意图显而易见。根据我国民法诚实信用、公序良俗等基本原则,本案应当判决继续履行合同。

综合以上,代理人认为:第一,证人方×的证言可以证明希×参与委托售房的公证办理;第二,陆×的陈述可以得知其向希×提过卖房的事情,希×并未明确反对;第三,本案未有证据证明希×与陆×的夫妻关系恶化,希×对卖房的事宜应当知晓并同意,希×构成对房屋过户债务的加入,因此案涉房屋买卖合同应当继续履行。为维护被上诉人于×和刘×的合法权益,体现法律的公正,同时给背信弃义的人以警示,代理人恳请贵院依法驳回上诉、维持原判。

此致

××中级人民法院

被上诉人:于×、刘×

代理人:王　楠　律师

裁判结果

一审法院判决:

一、于×、刘×与陆×继续履行2016年7月×日签订的《市存量房屋买卖合同》。

二、陆×于本判决生效后10日内将位于房屋腾空交付给于×、刘×,陆×、希×于本判决生效后10日内配合于×、刘×办理完毕房屋过户手续。

三、陆×于本判决生效后10日内支付于×、刘×违约金5万元。

四、于×、刘×于本判决生效后10日内支付陆×购房款及家具款612万元。

五、驳回原告的其他诉讼请求。

六、驳回被告的全部反诉请求。

二审法院判决驳回上诉,维持原判。

裁判理由

一审法院认为:第一,陆×办理委托公证的行为已经构成对方×代理行为的追认;第二,陆×在2016年7月至11月4个月的时间没有办理完公证认证手续,在于×和刘×催告后也没有办理完毕,构成违约;第三,综合考虑希×向陆×提供办理委托公证手续的材料、陆×及希×在庭审中的陈述、证人方×关于委托公证手续办理过程等因素,对希×不同意卖房的主张不予采信。鉴于陆×的行为已经构成违约,考虑到双方合同履行程度等因素,本院认为应当继续履行案涉合同,陆×应当配合于×、刘×过户及交房。

希×不服一审判决提起上诉要求解除合同,二审法院认为:第一,关于希×是否享有合同解除权,因希×认为合同的签订未经过其同意,则其并非合同的当事人,自然无权解除他人所签合同;如果希×同意出售房屋,则合同可约束己方,并不存在可解除合同的法定理由,故此,希×在本案中并无合同之解除权。第二,关于合同是否应当继续履行,其一,证人方×在证言中提到其到公证处咨询过夫妻双方共同委托公证手续的办理事宜并告知中介夫妻双方的委托公证手续正在办理中;其二,通过陆×的陈述可以得知其向希×提过卖房的事情,希×并未明确反对;其三,未有证据证明希×与陆×的夫妻关系恶化,因此陆×的陈述可作为希×态度的重要参考。综合以上因素,希×对卖房的事宜应当知晓并同意,希×构成对陆×卖房债务的加入,案涉合同应当继续履行。

律师评析

签订房屋买卖合同时,对于一些重要条款一定要约定明确,比如房款的支付时间,房屋过户手续的办理条件及时间等等,避免履行中产生争议。如果是代理人签署合同,要在签订之前取得书面授权。为了避免合同签署后卖房人配偶主张不知情、不同意卖房,最终导致无法过户,最好让卖房人配偶到场签字,如果无法到场,一定要在签订合同的同时取得配偶同意卖房的书面文件,最好是公证文本。如果售房人违约,买房人要求继续履行合同,一定要在第一时间申请财产保全。

60

计算机软件开发合同纠纷：电子证据认定

北京导法律师事务所　王忠新

裁判要点

案件事实是一个电子商务系统开发涉及了多个合同的约定，审理中把多个合同分别认定合同约定和履约情况，判决思路更清晰。

实践中，民营企业挂名法定代表人的情形比较常见，实际控制人是最终决策人往往在幕后起到决定性作用。审判实践中，认定实际控制人身份存在一定的举证困难和法律障碍；微信已经成为业务沟通的一部分，认定微信沟通的法律效力是现实需要。

本案对于微信聊天记录是否属于案件双方就合同款支付事宜达成的合意，法院认为，就马×的身份而言，在合同履行至原告追索剩余合同款期间，马×以直接与间接持股的方式成为被告公司的控股股东，且根据被告公司官网信息与宣传推广活动的信息亦印证了马×系被告公司实际控制人的身份。马×的此身份亦合理解释了其与原告公司法定代表人通过微信多次商洽合同结算金额一事。马×在与原告公司法定代表人商谈剩余合同款时具备代表被告公司的权利。其微信聊天记录对于剩余合同款的承诺，属于双方就剩余合同款金额与支付期限达成的民事合意。

基本案情

原告是专业电子商务平台建设的计算机软件开发公司，电子商务平台软件V1.5系原告原始取得的全部版权。该版权开发完成日期为2015年10月11

日,首次发表日期为2016年6月11日。该计算机软件著作权于2016年11月14日经中华人民共和国国家版权局计算机软件著作权登记。

2017年5月8日原告同艺术品投资公司签订《软件产品许可证销售合同》,约定原告许可该艺术品投资公司使用自有版权的电子商务平台软件V1.5,同时双方确定了软件系统的模块名称并对内容进行描述,合同价款总额为人民币100万元整。《软件产品许可证销售合同》第3条对合同价款及支付方式明确约定:合同签订之日起3日内,甲方支付价款总额的50%,即人民币50万元整作为首付款。生产环境上线之日(试运营之日)起14日内,支付价款总额的40%,即人民币40万元整。正常无故障运营之日起1个月内,支付价款总额的10%,即人民币10万元整。2017年5月10日被告支付首笔款。

原告依据合同约定在履行软件交付过程中,被告不顾合同约定不停地提出新需求,原告本着"客户就是上帝"的理念,为尽量满足需求,在电子商务平台软件V1.5基础上结合合同约定的内容,原告项目团队在办公室本地服务器环境下完成合同履行工作。

2017年10月30日被告法定代表人再次发起"网上商城艺术家数据库"需求,双方对新需求进行了确认,并对新需求的研究开发经费和报酬定为人民币30万元。原告项目开发团队在办公室本地服务器环境下完成了新需求的全部开发工作。

2017年11月20日被告的网站名称、网址通过工业和信息化部审核备案,原告2017年11月27日将被告网站绑定生产环境域名www.×××.com,并进行甲方上线前验收测试工作,还到被告公司对其员工进行培训;2017年12月5日被告向原告支付费用15万元,双方于2017年12月9日针对2017年10月30日新需求签订补充《技术开发合同》,将商定的研究开发经费和报酬写入合同第2条,同时合同第6条第1项明确约定:甲方测试周期应控制在1周内,运营测试周期控制在1个月内。测试中,被告多次提出超出合同约定的新需求,原告本着服务客户的原则,力所能及地予以配合,2017年12月19日原告完成全部开发工作并正式上线。2017年12月31日被告网站对外运营,被告安排员工到原告所在地进行了二次培训。

被告没有合理理由,在规定的期限内未验收确认。根据签订的补充《技术开发合同》第6条第6项的约定,自2018年1月1日起视为技术开发项目验收合格。之后被告以各种借口不予验收也不支付剩余款项构成违约。

原告多次给被告方法定代表人和项目联系人发送电子邮件,要求结算合同尾款和因需求增加和变更而增加的开发费用,被告不予理睬;之后原告公司法定代表人同被告公司实际控制人通过微信就合同款项问题进行了沟通。

2018年10月31日原告公司法定代表人就剩余合同款项同被告公司实际控制人马×的微信聊天记录显示:2018年10月31日在原告公司就剩余合同款项多次作出价格减让并提出当月结账的请求后,马×明确回复同意了原告法定代表人提出的减让后的剩余合同款总价与支付期限。

2019年7月的庭审中,被告公司直接提出反诉,提出解除合同并要求违约金的反诉请求,申请法院一并审理。

代 理 词

尊敬的××法院合议庭成员:

受互联网科技公司的委托,本律师受律师事务所指派,就贵院受理的原告互联网科技公司(以下简称原告)诉被告××公司(以下简称被告)计算机软件开发合同纠纷一案(以下简称本案),结合本案庭审证据和法庭陈述等事实,发表如下代理意见:

一、项目合同的构成

原告方提交了证据1、证据2、证据3和证据4,被告提交了证据1-1、证据1-2、证据1-3和证据3-1。这些证据构成了双方合同约定的全部内容,即2017年5月8日双方签订的《软件产品许可证销售合同》及《项目艺术家数据库UE与UI确认书》和后来补充的《技术开发合同》系原告建设项目的全部合同约定。双方应当依据这些约定充分履行。

二、合同履行证据的真实性、合法性

(1)被告证据2-4　2017年×月×日,×××发送邮件“项目开发工作启动确认”。能够证明:

①×××系原告提供的软件产品的开发负责人。

②7×××××4@qq.com、2××××8@qq.com、4××××8@qq.com、3×××2@qq.com、9××××7@qq.com系被告公司领导和项目负

责团队邮箱。

③被告公司同××的直接联系人邮箱是4×××××8@qq.com。

运用这些事实来审查原告提交的证据7(2017年×月×日电子邮件):该邮件正是4×××××8@qq.com同×××之间的沟通,同时抄送了相关领导,该证据的真实性、合法性和关联性及证明目的应当得到认定。被告在庭审中否认该证据的真实性系虚假陈述,被告如果能够将全部邮件完整呈现给法庭,其虚假陈述就会直接得到揭露。如果被告坚持虚假陈述,原告向法庭提交申请调查。

该证据表明2017年×月×日,项目经理已经按照被告要求将网站替换到生产环境。

被告提供的证据2-5　2017年×月×日××发送的邮件能够证明此时同××的联系人已经是被告公司媒体部的员工,其邮箱号为7××××8@qq.com,而原来开发的经办人的邮箱4××××8@qq.com已经成为邮件的抄送人。说明原告开发的软件,被告已经使用。

(2)被告提供的证据1-4　《公证书》反而能证明原告已经履行了合同义务,×××系被告公司人员。原告证据8人员培训证明中×××正是被告公司人员,被告否认事实的抵赖不成立。

三、合同的履行情况

原告证据9《公证书》系原告2019年上半年完成,距2017年×月×日系统替换到生产环境有一年以上,公证的网页虽不能反映原告开发工作的全部,但可以反映出原告开发的基本成果。被告证据1-4《公证书》系被告公司于2019年5月14日10时12分操作的,此时已经距2017年11月28日系统替换到生产环境近一年半之久,公证内容也能体现出部分功能。因为2017年×月×日系统替换到生产环境后,2017年12月31日前被告已经使用网站,根据《软件产品许可证销售合同》中第4.7条的约定,乙方未经甲方授权,不得对甲方系统进行包括但不限于登录的任何操作,系统账号、密码等信息应由甲方自行输入。系统替换到生产环境后,其风险已经转移到甲方被告,原告乙方无法控制。

根据被告提交的证据2-5,2017年×月×日×××发送的邮件可以证明如下:被告提供的邮件同×××之间的联系人已经是被告公司媒体部的员工,其邮箱号为7××××8@qq.com,而原来开发的经办人的邮箱4××××8@qq.com(《技术开发合同》记载的该邮件对应的人员正是被告公司项目联系人)已经成为邮件的抄送人。被告网站系统交由媒体部管理，表明技术开发工作已经完成，已经进入了系统的维护阶段。

原告提交的证据5（被告给原告的支付情况）被告支付了第二笔款项15万元也表明被告对投入生产的事实认可，补签《技术开发合同》时，项目已经投入到生产环境，被告已经实际使用系统。此时确认的甲方联系人为××，其电子邮箱为4××××8@qq.com；乙方联系人是×××（×××系原告公司的销售人员而不是项目负责人，表明此时项目负责人已经完成了开发工作）。

原告已经充分履行了合同义务。

四、纠纷产生的原因

被告证据3-2、证据3-3、证据3-4被告和原告业务人员×××的电子邮件，问题系被告在接受开发成果后提出的新需求，也正是纠纷产生的原因。原告本着客户至上的理念，为客户不断提出的新需求进行了持续的开发工作，至今未能收到报酬，原告可以提供补充证据证明被告需求范围外开发的需求列表。

被告提出的需求问题在合同约定的需求中不存在，新需求的问题，双方应当依据《软件产品许可证销售合同》第4.7条的约定和《技术开发合同》第6条第9款的约定，协商一致，甲方另行支付相应费用，另行结算。

综上，原告已经履行了合同义务，于2017年12月31日为被告切换到了生产环境，并在后续又为被告开发了许多新需求工作。由于被告总是提出需求，又没有合同依据，原告已经承受了巨大的人力资源开发成本，无力再投入人力、物力。如果被告不停主张需求，应当重新协商另行签订合同。

被告不应以新需求得不到满足为由，拒绝付款，其这种行为系严重的违约行为，应当继续付款并承担违约责任。

五、2019年×月×日下午××法院再开庭又对以下要点审核，代理人再补充相应意见，供参考

(1)两个合同的关系：两个合同中约定的付款条件、验收办法不一致，以哪个约定为准？

2017年×月×日签订的《软件产品许可证销售合同》第9.3条明确约定：本合同的所有修改和变更需要通过双方共同签署书面文件才生效。2017年×月×日签订的《项目艺术家数据库UE与UI确认书》系客户对《软件产品许可证销售合同》个性化需求，该数据库在软件产品系统支撑下才能运行，数据库本身无法形成一个网站；双方签订的补充《技术开发合同》同《软件产品许可证销售合同》两个合同不可分割融为一体才能够形成客户的一个电子商务平台系统（即网站）。因此两个合同紧密关联，不可分割，补充的《技术开发合同》对《软件产品许可证销售合同》中相关条款进行了修改和变更。

补充的《技术开发合同》第 6 条进一步明确了网站验收的标准和方式。原告也按照第 6 条第 3 项的约定为客户提供了网站培训，从网站培训的内容来看也是针对网站整体的而不是只针对数据库。因此两个合同涉及的付款条件和验收办法是一致的。

（2）合同文本的范围，UI 和 UE 数据库成为合同范围的依据。

（3）第一项请求商城合同×万元，要解释生产环境上线之日（试运营之日）的内涵和证据，证明已经达到付款条件。

（4）商城合同尾款×万元，要找到依据已经达到付款条件。

（5）数据库合同×万元，要找到付款条件，验收时间、流程、验收标准，交付时间。

（6）关于违约责任：要找到付款期限的起点、合同依据的条款，违约金约定过高的依据。

（7）公证费、律师费主张的依据。

虽然相关合同中没有明确约定公证费和律师费的承担，但是本案涉及计算机软件版权以及在版权支撑下的技术开发。对方在没有付清款项、没有得到我司版权许可的情况下使用网站不仅违反合同约定，违反诚实信用；也涉及著作权侵权；根据《著作权法》第 48 条的规定，侵犯著作权或与著作权有关的权利的，侵权人应当按照权利人的实际损失给予赔偿，赔偿数额还应当包括权利人为制止侵权行为所支付的合理开支（公证费和律师费系这里所说的合理开支）。《最高人民法院关于进一步推进案件繁简分流优化司法资源配置的若干意见》（法发〔2016〕21 号）第 22 条规定，当事人存在滥用诉讼权利、拖延承担诉讼义务等明显不当行为，造成诉讼对方或第三人直接损失的，人民法院可根据具体情况对无过错方依法提出的赔偿合理的律师费用等正当要求予以支持。本案中对方没有法定理由，没有解除合同的事实当庭提出反诉，又不停提出验收阶段没有提出的问题，其行为显然属于拖延诉讼、滥用诉讼权利的行为，导致本案拖延至今仍不能判决，将导致即使法院支持我司诉讼请求，我司也无法执行的风险。

(8)关于对方反诉部分(合同解除)：合同解除的范围、解除的时间、解除的要件、解除的依据。

六、关于原告提交的双方实际控制人之间的微信聊天记录问题

(1)微信语音可以作证据使用

微信语音作为证据，符合《民事诉讼法》的合法性要求。证据按照法定要求和法定程序取得，具有证据合法性，主要有以下几个方面：证据形式符合法律规定；证据的收集过程符合法律规定；证据必须经过法定程序审查。《民事诉讼法》第63条规定："证据有下列几种：(一)书证；(二)物证；(三)视听资料；(四)证人证言；(五)当事人的陈述；(六)鉴定结论；(七)勘验笔录。"微信语音是录音证据，属于证据类别中视听资料这一类，形式符合法律的规定。《最高人民法院关于民事诉讼证据的若干规定》规定："以侵犯他人合法权益或者违反法律禁止性规定的方法取得的证据，不能作为认定案件事实的依据。"这是民事案件中的非法证据排除规则，强调了证据取得的合法性是能否成为证据的先决条件。非法证据不具有证据能力，不能被法院采纳作为认定案件事实的依据。对于这种证据的限制主要有二：一是不得侵犯他人合法权益，亦不能违反社会公共利益、社会公德；二是不得违反法律禁止性规定，如采取暴力、胁迫等非法手段取得的证据。

因此，以非法拘禁、暴力、欺骗、威胁等方法获取的言词证据应一律排除，而以偷拍、偷录的形式取得证据是否构成对他人权益的侵犯却是有争议的。现行实务做法是，在不构成对他人隐私的侵犯的情形下，秘密录制的录音资料可以作为证据。本案中原告法定代表人同被告实际控制人马×之间的微信语音是诉讼双方对录音这一事实知情的情况下所录，可以作为证据认定事实。

(2)该微信语音证据具有客观性和关联性

客观性是客观存在的事实材料，不能是主观臆测。关联性与待证事实相关，是判断证据证明力的重要标准。本案微信语音具备证明效力，符合以下条件：

一是用微信中的"收藏"功能，保存有原始记录。微信是依附特定手机终端的软件，其聊天记录非常容易灭失，如不小心删除、手机丢失或格式化等，都可能导致语音资料的灭失，本案中保存有原始记录。同时，录音未经过处理，具有连续性、真实性。因此，不管是使用何种设备录制的音频资料都应该保存原始载体。

二是微信语音资料中记载的内容清晰、准确，双方就所谈论的问题及表态均有明示。另外，由于微信账号可以以手机号码、QQ号等非实名注册，导致在证据认定过程中难以核实主体身份。因此，语音的各方当事人身份在微信语音中有所体现。主体先确定下来了，才能确定能够通过微信语音证明双方存在什么关系，发生了哪些事实。本案中人员身份客观，被告无法否认。

综上，本案证据充分，客观事实清楚，结算数额达成了合意，请贵院依法及时判决，支持原告的全部诉讼请求。

原告代理人：王忠新　律师

裁判结果

××法院在审查证据、认定事实和法理分析后判决如下：

一、被告于本判决生效之日起10日内，向原告支付合同款78万元及延期付款违约金；

二、驳回原告的其他诉讼请求；

三、驳回被告的全部反诉请求。

裁判理由

该案件是一个网站系统涉及了多个合同事实，××法院在查明事实时分别按照四个部分对事实予以认定：(1)关于案涉合同关系成立的事实，包括①关于商城合同订立的事实及合同约定的内容；②关于数据库合同成立的事实及合同约定的内容。(2)关于商城合同及数据库合同履行的事实。(3)关于商城系统及艺术家数据库是否符合合同约定的事实。(4)其他事实。

对于微信聊天记录是否属于双方就剩余合同款支付事宜达成的合意，法院认为，被告实际控制人马×以直接与间接持股的方式成为被告公司的控股股东，且根据被告公司官网信息与宣传推广活动的信息亦印证了马×系被告公司实际控制人的身份。马×的此身份亦合理解释了其与原告公司法定代表人通过微信多次商洽合同结算金额一事。马×在与原告公司法定代表人商谈剩余合同款时具备代表被告公司的权利，其在微信中做出的同意原告公司提出的剩余合同款项的承诺，属于就剩余合同款项金额与支付期限达成的民事合意。因此法院对合同的尾款和违约金予以支持。

律师评析

计算机软件开发合同案件涉及法律和计算机专业问题较多，开发工作中团队之间的沟通存在大量往来电子邮件，涉及很多电子证据的使用，专业性强；案件中借助公证处做好《公证书》往往是重要的步骤，认定重要事实离不开《公证书》证明的内容，本案原告虽胜诉但判决未支持原告为案件而支出的公证费和律师费不利于原告合同利益充分保护。为此，在新时代法治环境下，律师建议业务合同约定完整明确、履行合同中取得和管理履行证据是现代经营单位必须重视的合规工作内容，各业务部门要通过优化管理流程提高依法治企的能力。

本案合同履行中争议发生前，被告公司从未有同原告公司解除合同的意思表示，在开庭时直接主张解除合同。在《民法典》出台后明确了该解除程序符合法律规定：《民法典》第565条规定，当事人一方依法主张解除合同的，应当通知对方。合同自通知到达对方时解除；通知载明债务人在一定期限内不履行债务则合同自动解除，债务人在该期限内未履行债务的，合同自通知载明的期限届满时解除。对方对解除合同有异议的，任何一方当事人均可以请求人民法院或者仲裁机构确认解除行为的效力。当事人一方未通知对方，直接以提起诉讼或者申请仲裁的方式依法主张解除合同，人民法院或者仲裁机构确认该主张的，合同自起诉状副本或者仲裁申请书副本送达对方时解除。

被告公司以其需要另行委托其他互联网技术公司开发网站，不再需要原告公司开发的电子商务系统为由，请求解除合同不符合《民法典》第533条关于情势变更的规定：合同成立后，合同的基础条件发生了当事人在订立合同时无法预见的、不属于商业风险的重大变化，继续履行合同对于当事人一方明显不公平的，受不利影响的当事人可以与对方重新协商；在合理期限内协商不成的，当事人可以请求人民法院或者仲裁机构变更或者解除合同。人民法院或者仲裁机构应当结合案件的实际情况，根据公平原则变更或者解除合同。因此北京知识产权法院在本案判决中直接驳回被告公司解除合同的请求符合法律规定。

本案涉及大量电子邮件证据认定，涉及实际控制人的认定，还认定了微信语音的法律效力；并同《民法典》规定的内容相符合，具有明显的新时代法律特征和技术发展背景,具有典型性。

新时代法治建设和诚信社会建设不断发展,律师在工作中运用大数据进行尽职调查是必要的技能和程序,本案中代理律师向法庭提供了被告公司工商登记信息和被告公司官网信息为法院认定马×的实际控制人身份起到了关键作用。

61

合同纠纷：口头借名买房协议的认定

北京市众鑫律师事务所　谢　罡

裁判要点

虽然没有书面的借名买房协议，但一方证明形成借名买房合意的举证更充分，更具有优势地位，可以认定双方之间存在口头借名买房协议。

基本案情

2005年，文化传媒公司拟购买部分房产，为方便办理贷款，公司决定借用公司员工的名义购买房产。

公司征得员工同意后，以16位员工的名义购买了17套房屋。该17套房屋由公司选定，房屋买卖合同和按揭贷款合同以16位出名人的名义与出卖人及贷款人签订，但合同的主要内容由公司分别与出卖人及贷款银行协商确定，购房首付款、契税及公共维修基金由公司支付，按揭贷款由公司偿还，房产证以及各种交易文件全部由公司持有，房屋所有权登记在16位出名人名下。购房之后，部分房屋由出名员工无偿居住使用，部分房屋作为公司员工集体宿舍。

后公司拟将借名购买的房屋收回，但在借名的16人中，有13人认可借名买房的事实，同意交还房屋，另有3人（刘××、李××、吴××）不认可借名买房的事实，不同意交还房屋。

为了妥善处理这一问题，认可借名买房事实的13人向公司出具了《购房证明》，确认了双方之间的借名买房关系，公司并通过诉讼方式，以法院判决的形式确认了公司与该13人之间存在借名买房关系，并判决将相关房屋过户至公司名下。

随后,文化传媒公司以不认可借名买房事实的刘××、李××、吴××3人为被告提起诉讼,请求该3人将公司借其名义购买的房屋过户至公司名下。文化传媒公司诉刘××合同纠纷一案就是这三起诉讼之一。

在诉讼中,文化传媒公司提交了13套房屋的生效判决,以此证明,13套房屋已由法院生效判决确认出名人与公司之间存在借名买房合同关系,该17套房屋系公司统一购买,公司与刘××之间也是借名买房关系。

刘××主张,由文化传媒公司出资购买并登记在其名下的房屋,系文化传媒公司向其提供的员工福利房屋,为此,刘××提供了其与公司法定代表人张××录音,吴××、李××也出庭作证。

一审法院认为:文化传媒公司对刘××名下603号房屋的购买确实存在出资关系,就此,文化传媒公司虽表示属借名买房合同关系,但未就此举证,文化传媒公司同时购买17套房屋,虽部分房屋已由法院生效判决书确认双方存在借名买房合同关系,并判决过户至文化传媒公司名下,但考虑到房屋登记所有权人均系文化传媒公司职工,刘××表述为职工待遇差异,存在合理性,可认定文化传媒公司就其与刘××之间存在借名买房合同关系,未完成举证责任,对其诉讼请求,法院不予支持。故判决:驳回文化传媒公司的诉讼请求。

文化传媒公司不服一审判决,向××中级人民法院提起上诉。

二审法院认为:借名买房合同是指,当事人约定一方以他人名义购买房屋,并将房屋登记在他人名下,借名人实际享有房屋权益的合同。本案中,文化传媒公司主张与本案603号房屋同时期购买的其他13套房屋已经由法院生效判决确认借名买房关系成立,因该案件中文化传媒公司均与原登记房屋所有权人签署了《购房证明》,以证明双方为借名买房合同关系,但本案中并无相关书证,该案的关键事实与本案存在明显区别,故该案件的判决对本案不具有关联性和借鉴意义。鉴于此,虽然603号房屋由文化传媒公司出资、房屋所有权登记在刘××名下并由刘××实际使用,在刘××否认双方存在口头借名买房约定的情况下,文化传媒公司亦未就双方存在借名买房合意完成举证责任,因此其应承担举证不利的后果。文化传媒公司主张的借名买房合同关系,证据不足,法院不予采信;对其上诉请求,法院不予支持。综上所述,文化传媒公司的上诉请求不能成立,应予驳回;一审判决认定事实清楚,适用法律正确,应予维持。故判决:驳回上诉,维持原判。

文化传媒公司不服一审、二审判决,向××市高级人民法院申请再审。

××市高级人民法院经再审审查,裁定提审该案,并在再审审理之后,依法改判,支持了文化传媒公司的诉讼请求。随后,文化传媒公司与吴××、李××的借名买房纠纷也得到顺利解决。

代理意见

致××市高级人民法院:

在北京文化传媒有限公司诉刘××合同纠纷一案中,文化传媒公司原审提供的证据以及再审新证据均明确表明:文化传媒公司与刘××之间存在口头形式的借名买房协议,案涉17套房屋,包括本案诉争603号房屋,均系文化传媒公司借公司员工名义购买。详述如下:

第一,从房屋买卖合同和按揭贷款合同的缔约过程来看。

首先,文化传媒公司二审提供的《买卖双方临时合约》(以下简称"临时合约")证明:2005年7月22日、8月3日以及9月8日,文化传媒公司员工殷××代表公司与出卖人房地产开发公司签订了17份临时合约,约定文化传媒公司购买房地产开发公司案涉17套房屋。

其次,文化传媒公司二审提供的房地产开发公司员工雷×的调查笔录、文化传媒公司的出纳柴××的《关于交付借名买房款项的说明》,以及再审新证据华夏银行贷款见证律师出具的《说明》证明:案涉17套房屋系文化传媒公司购买;为了能够获得银行贷款等原因,文化传媒公司在中介人员的建议下统一借用公司员工名义购买;16位出名人从未选房、看房,从未参与与出卖人、贷款人的谈判、协商。

总之,从房屋买卖和按揭贷款的缔约过程来看,案涉17套房屋由文化传媒公司选定,房屋买卖合同与按揭贷款合同的主要条款由文化传媒公司分别与出卖人和贷款人协商确定,文化传媒公司确系该17套案涉房屋的实际购买人;该16位出名人从未参与与出卖人、借款人的协商谈判,其与出卖人签订房屋买卖合同,与贷款人签订按揭贷款合同,并非其本人真实的意思表示,均系受文化传媒公司指派而履行其出名人的义务,该16位出名人不是该17套案涉房屋的实际购买人。

第二,从交房过程来看。

首先,再审新证据《授权书》《入驻证明》以及《面积及差价结算单》证明:2006年7月8日,文化传媒公司向刘××出具授权书,该授权书载明"物业:兹授权刘××办理赵×军等16人(17户)房屋入驻有关手续的签字事宜,具体业主名单详见地产入驻证明";同日,刘××在向房地产开发公司提交该授权书之后,代16位出名个人办理了案涉17套房屋的面积及差价结算,并办理了入驻手续。

其次,再审新证据《E区前期物业服务协议》证明:2006年7月8日,文化传媒公司与物业服务中心签订《E区前期物业服务协议》一份。在该协议中,文化传媒公司作为甲方,系物业服务的委托人,物业服务中心作为乙方,系物业服务的受托人。该协议第2条载有"甲方所购房屋基本情况……86号院(具体房屋清单见附件)"字样;而在合同附件"业主房屋资料清单"中,则包含了全部案涉17套房屋,603号房屋亦在其中。而且,刘××作为文化传媒公司的授权代理人在该协议上署名。

总之,从案涉17套房屋的交房、收房环节来看,刘××持文化传媒公司出具的授权书,为案涉17套房屋统一办理了结算和入驻手续,并以文化传媒公司授权代理人的身份,以公司名义与物业公司统一签订物业服务合同;16位出名人中,无一人以其个人名义参与收房、结算和物业服务协议的签订。该事实表明:案涉17套房屋的实际购买人确系文化传媒公司而不是16位出名人,而且,刘××在该环节中所实施的行为表明,刘××对案涉17套房屋(包括603号房屋)由公司购买、系公司资产这一事实是认可的。

第三,从支付购房款项和偿还按揭贷款来看。

首先,文化传媒公司在原审中提交的证据以及再审新证据证明:文化传媒公司统一支付了案涉17套房屋的首付款;2006年8月31日,文化传媒公司为案涉17套房屋统一交付了住宅公共维修基金;2008年1月30日,文化传媒公司为案涉17套房屋统一缴纳了契税;自2006年3月20日起至今,文化传媒公司为案涉17套房屋按月统一偿还住房按揭贷款。

其次,自始至终,文化传媒公司从未要求16位出名人偿还公司所付任何款项;该16位出名人中从未有任何人向文化传媒公司表示过愿意偿还公司所付款项。而且，即使是在与刘××发生纠纷之后，603号房屋的按揭贷款仍然是由文化传媒公司与其他16套房屋一起统一偿还，刘××没有表示过愿意偿还公司已付款项，或者愿意偿还剩余按揭贷款的意思。

总之，从购房款项的支付以及按揭贷款的偿还上来看，无论是文化传媒公司还是16位出名人本人，均不认为案涉17套房屋的购房款应由出名人自己支付，均不认为案涉17套房屋的按揭贷款应由出名人自己偿还。该事实明确表明：案涉17套房屋的实际购买人确系文化传媒公司，而不是16位出名人。

第四，从房产证及交易文件的持有和使用来看。

首先，案涉17套房屋的各种交易文件和权利证明，包括购房合同、购房发票、公共维修基金专用收据、契税完税证、个人住房抵押借款合同、还款凭据以及房产证等等，全部由文化传媒公司统一领取，统一持有，而且，在长达12年的时间内，16位出名员工，包括刘××本人，无任何一人要求文化传媒公司返还其名下房屋的房产证及交易文件。

其次，2015年6月9日，刘××在报纸上刊登603号房屋房产证遗失声明，随后，刘××以房产证遗失为由，向房管局申请补办房产证，并于2015年11月23日领取了新的房产证。

最后，文化传媒公司一审提交的603号房屋的契税完税证和以刘××名义签订的编号为YYB15P1012006××××的《个人房屋抵押借款合同》载明：2013年10月28日，刘××为办理住房公积金手续，向文化传媒公司借用该契税完税证和住房抵押借款合同，并在用完之后又交回了文化传媒公司。

房产证是房屋所有权的物权证明，购房发票、公共维修基金专用收据、契税完税证等交易文件是房屋再次交易的必备文件。因此，如果刘××确系603号房屋的所有权人，他完全有权利要求文化传媒公司返还房产证及全部交易文件，没有任何必要通过虚构房产证遗失的虚假事实来骗取房地产管理机关补发新的房产证，在其使用相关交易文件时，无须办理任何借用手续，也根本不需要重新交回文化传媒公司。因此，案涉17套房屋的房产证和交易文件一直由文化传媒公司持有之事实，刘××虚构事实骗取房产证之行为，以及刘××借用契税完税证和住房抵押借款合同之行为，均明确表明：在实施上述行为时，刘××对文化传媒公司借名购买603号房屋的事实是认可的。

第五，从刘××提供的证据《刘××与张××对话录音》来看。

张××:“我今天告诉你,你的房子你要不走。”刘××:“我要不走,你得给我有其他说法,我不能说我走了,我的后半生没了,我这就走了?”刘××:“我就说了那句话,你就说我算计你呢?”张××:“因为你要说你不交房,我才说这个话。”张××:“你走了之后,把房子交了之后,你买房子,在北京买房子,要800万,恁哥拿800万,要1000万拿1000万,恁哥要说个不字,我不是恁哥。”刘××:“好,你要说这,房子一定给你交了,我不能因为我住这儿,把公司扰乱了不行,那不行,我得维护你,你是我哥,我就认你这个哥了。”上述对话内容明确表明:在刘××离职之后,文化传媒公司的法定代表人张××曾要求刘××返还房屋,同时表明,刘××认可603号房屋系文化传媒公司借用其名义购买,并且同意交还房屋。

综上所述,案涉17套房屋(包括603号房屋)由文化传媒公司选定;房屋买卖合同和按揭贷款合同的主要内容由文化传媒公司分别与出卖人及贷款人协商确定;购房首付款、契税及公共维修基金由文化传媒公司支付;按揭贷款由文化传媒公司偿还;房产证以及各种交易文件全部由文化传媒公司持有;在交房环节,由公司授权代表持公司授权书,统一结算,统一收房,并以公司名义与物业公司统一签订物业服务协议;16位出名人(包括刘××本人)从未参与房屋买卖合同和按揭贷款合同的协商谈判,也从未以个人名义参与案涉17套房屋的收房、结算。上述事实明确表明:文化传媒公司确系该17套房屋(包括603号房屋)的实际购买人。

而且,刘××持文化传媒公司出具的授权书,为案涉17套房屋统一办理了结算和入驻手续,并以文化传媒公司授权代理人的身份,以文化传媒公司名义签署《E区前期物业服务协议》;借用603号房屋的契税完税证和房屋抵押借款合同并在随后交回文化传媒公司;明知603号房屋的房产证在文化传媒公司处,不要求文化传媒公司返还,却虚构事实骗取房地产管理机关颁发新证,其所实施的种种行为以及其提交的对话录音证据,也明确表明:对于文化传媒公司确系该17套房屋的实际购买人,对于文化传媒公司确系603号房屋的实际购买人,刘××本人对该事实是认可的。

总之,文化传媒公司原审提供的证据和再审新证据以及刘××自己实施的行为均明确表明:文化传媒公司与刘××之间存在口头形式的借名买房协议,案涉17套房屋,包括本案诉争的603号房屋,均系文化传媒公司借公司员工名义购买，文化传媒公司有事实依据和法律依据，依法应予支持。

再审申请人：文化传媒公司

代理人：谢　罡　律师

裁判结果

××市高级人民法院经再审审理，判决如下：

一、撤销中级人民法院民事判决书及××区人民法院民事判决书；

二、文化传媒公司于本判决生效之日起7日内向银行清偿603号房屋的剩余全部贷款。银行于收到房屋全部贷款后7日内办理上述房屋抵押权解除手续。在上述房屋抵押权解除后7日内，刘××协助文化传媒公司办理房屋权属转移登记手续，将房屋转移登记至文化传媒公司名下。

裁判理由

再审法院认为：综观本案证据，房产手续由文化传媒公司持有，刘××办理涉及房屋有关事项均从文化传媒公司处借出，事后返还；刘××明知房屋产权证在文化传媒公司，却以丢失为名补办了产权证；在刘××提交的录音证据里，张××表示“我给你房，我给你车，我给你贝贝出国的费用”，而刘××同样在录音里表示“房子一定给你交了，我不能因为我住这儿，把公司扰乱了不行，那不中”。结合部分房屋已由法院生效判决确认双方存在借名买房合同关系，本案中当事人虽然没有借名买房书面协议，但文化传媒公司证明双方形成借名买房的合意举证更充分，更具有优势地位。刘××就案涉房屋表述职工待遇有差别，603号房屋为福利分房，但未能提供充分证据予以证明，应承担不利后果。综上，原审法院认定借名买房不成立错误，本院再审予以纠正。文化传媒公司再审请求有事实及法律依据，本院予以支持。

律师评析

借名买房人主张存在借名买房法律关系，必须提供充分的证据证明：当事人之间存在借名买房的约定。如果不能证明存在借名买房的约定，仅能证明出资关系，在目前的司法实践中，借名人的主张往往难以得到支持。但在一般情况下，借名买房纠纷往往因为事发久远，相关证据难以找寻，且在借名买房时,通常因为私人关系较好、顾忌情面等因素,没有签订书面协议,因此,在相关诉讼中,借名人常常处于不利境地。

在本案中,文化传媒公司在原审提供的证据,仅能证明案涉房屋的购房款系由其支付,但不能证明双方存在借名买房协议,因此,其诉讼请求不能得到支持。

在申请再审之前的准备工作中,代理律师主要完成了以下两项工作:

第一,协助文化传媒公司认真梳理购房全过程,努力寻找能够证明借名买房合同关系的相关证据:先是在开发商处找到了再审新证据《授权书》《入驻证明》《面积及差价结算单》,该份证据证明:2006 年 7 月 8 日,刘 × × 拿着文化传媒公司出具的授权书,以文化传媒公司的名义办理了案涉 17 套房屋的面积及差价结算,并办理了入驻手续;后来公司又联系上开发商售楼处的员工雷 × 和贷款银行见证律师张 × ×,其二人可以证明:公司系为了办理贷款而借公司员工的名义购买了案涉 17 套房屋。《授权书》《入驻证明》《面积及差价结算单》以及《E 区前期物业服务协议》,均系客观证据,均由刘 × × 本人持有、提交,均有不可否认的客观性和真实性,该系列证据确能证明:案涉 17 套房屋的实际购买人确系文化传媒公司而不是 16 位出名人,而且,刘 × × 在该环节中所实施的行为表明,刘 × × 对案涉 17 套房屋(包括 603 号房屋)由公司购买、系公司资产这一事实是认可的。

第二,协助文化传媒公司对原有证据进行重新组织和梳理,着重突出了两份证据:一是标有刘 × × 为办理住房公积金手续向文化传媒公司借用并保证返还的字样的案涉房屋的契税完税证明,该完税证明系刘 × × 为办理住房公积金手续,向文化传媒公司借用契税完税证和住房抵押借款合同,并在用完之后又交回了文化传媒公司。二是在纠纷发生后,刘 × × 以房产证遗失为由,向房管局申请补办房产证。刘 × × 借用契税完税证和住房抵押借款合同之行为,刘 × × 虚构事实骗取房产证之行为,均明确表明:在实施上述行为时,刘 × × 对文化传媒公司借名购买 603 号房屋的事实是认可的。

在本案中,无论是在再审审查过程中,还是在再审审理过程中,代理律师始终突出再审新证据的地位和作用,尤其是客观证据地位和作用:《授权书》《入驻证明》《面积及差价结算单》系由刘 × × 签名、提交并保存在第三方处的客观证据，案涉房屋的契税完税证的借用、返还及其上的标注，以及以房产证遗失为由申请补办房产证，上述行为均由刘××实施，具有不可否认的证明力。最终，在原审提供证据明显不足，原审判决并无严重错误的情况下，依据再审新证据，成功办理本案，委托人的诉讼请求全部得到支持。

62

房屋买卖合同纠纷：显失公平的认定

北京崇学律师事务所　熊渝萍

裁判要点

《最高人民法院关于贯彻执行〈中华人民共和国民法通则〉若干问题的意见(试行)》第72条规定,一方当事人利用优势或者利用对方没有经验,致使双方的权利义务明显违反公平、等价有偿原则的,可以认定为显失公平。

判断是否显失公平,既要从一般的社会观念角度考察权利义务是否对等,同时也要考虑到行为人对其权利依法处分的因素。依照《民事诉讼法》第13条的规定,当事人有权在法律规定的范围内处分自己的民事权利和诉讼权利。如果行为人完全能够理解行为的内容并预见到行为的后果,出于真实意思表示而对权利义务予以处分,那么对行为人来说,应当不存在显失公平的情形。

基本案情

2012年原告胡××将其孙子陈×2和儿媳李××起诉到××区人民法院,请求××区人民法院依法撤销她与陈×、陈×2签订的《存量房屋买卖合同》。胡××诉称,她与陈×为母子关系,李××与陈×系夫妻关系,陈×2系陈×与李××之子。胡××和陈×对案涉房产(建筑面积60.53平方米)按份共有,胡××占80%份额,陈×占20%份额。胡××一直居住使用该房产。2011年5月10日,陈×带她到××区房产大厅办理手续,胡××不明真相,陈×欺骗她在与陈×2签订的《存量房屋买卖合同》上摁手印。合同主要内容为:房产以10万元的价格卖给陈×2;出卖人胡××、陈×;买受人陈×2,买受人的委托代理人陈

×。但合同签订后至今,陈×2、李××并未支付购房款给原告。

李××于2011年5月10日书写承诺书,承诺让胡××与其共同生活,照顾好胡××。

陈×于2011年11月因病去世。

2012年2月,李××不让胡××居住楼房,并殴打胡××致伤,胡××才知道房子被卖的事,现胡××已经没有房屋居住,且李××未履行其照顾老人安度晚年的承诺。房价10万元远远低于市场价格,显失公平,要求撤销双方签订的存量房屋买卖合同。

陈×2在一审法院辩称:我是胡××的孙子。第一,胡××诉称其受欺骗将诉争房屋登记在我名下,这与事实不符。我从小与奶奶一起生活,奶奶一直很疼爱我。我父亲患癌症后,几乎花光了所有积蓄。在父亲病重时,因奶奶怕房子出现纠纷,自愿将她名下80%的房屋产权份额变更到我名下。奶奶当时亲自到房屋登记部门,办理了房屋过户手续。第二,房屋产权依法登记在我名下,其无权要求撤销。第三,诉争房屋一直有一间房屋留给奶奶居住,我在成年后,愿意赡养奶奶,至其百年。

李××在一审法院辩称:第一,我不是诉争合同的签订人,故不是本案适格被告;第二,我与胡××共同生活了20多年,胡××持有诉争房屋的钥匙,其物品也在诉争房屋处;第三,我从未不让胡××居住,愿意照顾她,也从没有动手打她。

2012年,××区人民法院经审理,以原告主张存量房屋买卖合同系陈×、李××以欺诈手段欺骗其所签,未提交相关证据,其应承担举证不能的不利后果。且原告系陈×2的奶奶,存在亲属关系,双方之间的成交价格不应以市场价格来衡量,双方签订的存量房屋买卖合同不存在法定撤销之情形为由,驳回了原告的诉讼请求。

胡××不服××区人民法院民事判决,向××市第一中级人民法院提起上诉。其上诉理由是:房屋买卖合同约定的交易价格明显大大低于市场交易价格,而且购房款也没有给付,根据《合同法》第54条的规定,该房屋买卖合同在订立时显失公平,房屋买卖合同违背了胡××的真实意思表示,属于可撤销的合同,因此请求二审法院依法改判。

陈×2、李××同意一审判决,不同意胡××的上诉请求和理由。

代理意见

××中级人民法院：

就贵院受理的上诉人胡××(以下简称上诉人)诉被上诉人陈×2、李××(以下简称被上诉人)房屋买卖合同纠纷一案(以下简称本案),我是本案被上诉人的代理人,结合本案庭审情况,发表如下代理意见：

一、一审判决认定实事清楚,适用法律正确,应予维持

一审法院在查明上诉人没有任何证据证明是在受欺骗的情况下签订《存量房屋买卖合同》,又查明上诉人是被上诉人陈×2 的奶奶,据此认定上诉人对其是受欺骗举证不能,同时认定双方之间的成交价格因存在亲属关系不应以市场价格来衡量,认定双方签订的合同不存在法定撤销之情形,判决驳回上诉人诉讼请求是完全正确的。

二、上诉人与被上诉人陈×2 及陈×所签订的《存量房屋买卖合同》,系双方真实意思表示,不存在重大误解或显失公平的撤销事由

本案没有争议的事实是,上诉人系被上诉人陈×2 的亲奶奶,在陈×2 父亲陈×在世时,一直和陈×2 一家共同生活了二十余年。2011 年 5 月 10 日,在陈×2父亲陈×身患癌症数年,病情加重的情况下,作为陈×的母亲即上诉人胡××,为了防止其占有一定份额的房产将来在其他子女之间发生纠纷,亲自到房屋登记部门办理了过户登记手续,将其房产合法有效地变更到了被上诉人陈×2的名下。这一事实充分说明,上诉人将其名下房屋份额全部过户登记在被上诉人陈×2 名下,是明知而且是自愿的,没有被欺骗或存在重大误解的事实存在。上诉人在一审及二审中没有提供其将房屋过户登记在被上诉人陈×2 名下,存在重大误解,或显失公平的证据。

《合同法》第 54 条规定,下列合同,当事人一方有权请求人民法院或者仲裁机构变更或撤销：(1)因重大误解订立的；(2)在订立合同时显失公平的。

根据以上事实及法律规定,上诉人行使撤销权,没有事实及法律依据,不应得到法院支持。

综上所述,代理人认为,双方所签订的《存量房屋买卖合同》是双方真实意思表示,没有可撤销的事实,而且该房屋已经登记在被上诉人陈×2 名下,陈×2

已取得该房屋的所有权,一审判决认定事实清楚,适用法律正确。请二审法院依法驳回上诉,维持原判。

此致

××中级人民法院

代理人:熊渝萍　律师

裁判结果

判决驳回上诉,维持原判。

裁判理由

××中级人民法院认为:胡××系陈×2之祖母,双方是近亲属,双方之间的成交价格不能以市场价格来衡量,胡××主张其与陈×、陈×2签订的《存量房屋买卖合同》因显失公平而撤销的诉讼请求不能成立。本院不予支持。

律师评析

房屋买卖在人们生活中较为普遍发生,因此而产生的纠纷及诉讼也较多,本案是一起奶奶起诉自己亲孙子的房屋买卖合同纠纷。本案的争议焦点有两点,一是显失公平的认定。二是双方约定的房屋买卖价格明显低于市场价格,是否属于显失公平,合同是否可以撤销。

争议焦点一:显失公平的认定。

《最高人民法院关于贯彻执行〈中华人民共和国民法通则〉若干问题的意见(试行)》第72条规定,一方当事人利用优势或者利用对方没有经验,致使双方的权利义务明显违反公平、等价有偿原则的,可以认定为显失公平。

显失公平合同实质是一方当事人在订立合同时利用其优势或利用对方当事人没有经验而与对方当事人订立的对对方当事人明显不利的合同。其构成要件包括主观和客观两方面,不仅要有客观上利益的重大失衡,还要有主观方面一方具有利用对方轻率、无经验等而与对方成立法律行为的故意。

争议焦点二:本案是否属于显失公平,合同是否可以撤销。

根据《最高人民法院关于适用〈中华人民共和国合同法〉若干问题的解

释(二)》第19条的规定:"对于合同法第七十四条规定的'明显不合理的低价',人民法院应当以交易当地一般经营者的判断,并参考交易当时交易地的物价部门指导价或者市场交易价,结合其他相关因素综合考虑予以确认。转让价格达不到交易时交易地的指导价或者市场交易价百分之七十的,一般可以视为明显不合理的低价。"

本案中,上诉人及被上诉人双方为近亲属,双方之间的成交价格不能以市场价格来衡量。2011年5月,在上诉人胡××的儿子陈×病重,随时有生命危险的情况下,胡××害怕以后房屋出现纠纷,也是因为心痛患癌症的儿子,愿意在其儿子生前将自己的房屋份额卖给孙子,这是对儿子的一种承诺,是她的真实意思表示。客观上,胡××没有提供任何证据证明陈×2、李××以欺诈手段欺骗其签订房屋买卖合同,虽然房屋登记在陈×2名下,但陈×2一直保留一间房给胡××居住,且承诺会照顾她安度晚年,并不存在胡××客观上利益的重大失衡,故本案不属于显失公平可变更、可撤销的情形。因此显失公平的认定要结合当事人的意思表示在交易当时是否是自愿、真实的,交易价格不是衡量亲属间房屋买卖合同的唯一标准。

63

借记卡合同纠纷：银行应承担资金被盗刷的责任

北京市中淇律师事务所　徐　颖

裁判要点

我国《合同法》在违约责任归责原则上采取严格责任原则，不论违约的当事人主观上有无过错，只要不存在合同约定或者法律规定可以免责的事由，就应当承担违约责任。

基本案情

2011 年 5 月，安××申请开办借记卡业务，银行经审核后发放了"×业通"借记卡，该卡背面注明：(1)本卡为银行"×业通"客户的专属借记卡。(2)本卡属银行所有，使用本卡须依照银行"×业通"章程及相关业务规定办理。(3)本卡不得转借他人使用，卡密码应妥善保管。(4)拾获本卡请交当地银行。安××同时在卡背面"持卡人签名栏"留有"安××"签名。截至 2016 年 6 月 15 日，安××在该借记卡账户内共有资金总额为×××××元。

2016 年 6 月 11 日 23 时左右，安××通过银行短信得知其持有的上述借记卡通过跨行转账方式支出了 3 万余元。安××立即拨打银行客服电话进行挂失以免损失扩大，并就借记卡被盗刷向"110"报警，打完上述电话后，安××立即携上述借记卡到公安机关报案，公安机关经调查，发现安××的借记卡是在茂名市办理的跨行转账业务。安××遂多次与银行协商赔偿问题，均遭到拒绝。

安××认为，自己与银行之间存在合法有效的银行卡合同法律关系，银行作为借记卡的发卡银行应当对储户尽到保障其银行卡内资金安全的合同义务。现安××的卡内资金在安××妥善保管银行卡和密码的情况下,被他人在异地以跨行转账的方式使用,银行未尽到对银行卡内资金安全的保障义务,银行应承担相应的责任。在双方协商未果的情况下,安××向××区人民法院起诉,请求法院判令银行赔偿自己的损失3万余元及利息。

代　理　词

致××区人民法院:

就贵院受理的原告安××诉被告银行借记卡合同纠纷一案(以下简称本案),我是本案原告的代理人,结合本案庭审情况,发表如下代理意见:

一、银行未尽到保障安××借记卡内资金安全的合同义务,违反了应当为储户提供必要的安全、保密的环境的合同义务

安××在银行处办理了借记卡,即与银行建立了借记卡服务合同法律关系。根据合同性质,银行负有按照安××的指示,将存款支付给安××或者安××指定的代理人,并保证安××借记卡内存款安全的义务。《商业银行法》第29条第1款规定:“商业银行办理个人储蓄存款业务,应当遵循存款自愿、取款自由、存款有息、为存款人保密的原则。”为安××保密,保障安××的合法权益不受侵犯,是银行的法定义务。银行的保密义务不仅是对储户已经提供的个人信息保密,也包括为储户提供必要的安全、保密的环境,银行违反了上述合同义务。

二、安××已完成举证证明责任,银行应当承担举证不利的法律后果

本案为合同纠纷,根据我国《合同法》在违约责任归责原则上采取的严格责任原则,安××仅需证明银行没有完全履行合同义务导致损失发生即可,无须证明银行是否存在过错即可以完成举证责任。事发时,安××收到银行的短信提醒后立即通过客服电话进行账号挂失,防止损失继续扩大,立即拨打“110”报警并持借记卡前往公安机关报案,从安××住所地点和取款地点的时空判断,异地交易非安××持真借记卡所为。这足以证明事发时真借记卡由安××妥善保管,异地取款行为系他人持伪卡进行的。

银行主张安××对其持有的借记卡被盗刷系因自身没有妥善保管、合理使用或出借他人使用所致,对此主张的举证责任在于银行,银行没有证据证明安×

×在保管借记卡和密码的过程中存在过错,应当承担举证不利的法律后果,故银行该主张不能成立。

三、银行应当承担安××借记卡被盗刷的责任

银行向安××发放的借记卡及其内储存的信息,是安××在ATM机等终端向银行做出交易请求的唯一合法有效介质,而使用伪造的借记卡做出的交易请求及银行的转账、付款行为对持卡人不存在法律上的效力,银行对持卡人负有的支付其存储于银行内款项的债务,不因伪卡交易而相应免除。在真借记卡由安××持有的情况下,他人窃取安××信息后复制伪卡盗刷安××存款,该行为并非直接侵害了安××的财产所有权,而是侵犯了银行的财产所有权。安××与银行建立的合同关系合法有效,双方的债权债务关系仍然存在,银行仍负有支付义务。借记卡章程关于"凡使用密码进行的交易均应视为本人行为"的条款,应以真卡交易为适用的前提,本案不能采用此条款。

对借记卡真伪进行识别责任的主体在银行,安××持有的借记卡被盗刷,表明该借记卡不具有唯一的可识别性,证明了银行卡背面的磁条信息容易被复制、存在一定的安全隐患。银行没有为储户提供必要的安全、保密的环境,导致安××借记卡信息和密码被他人所窃取,由此造成的盗刷,由银行承担损失。

四、银行不能以"先刑后民"的原则抗辩要求法院不予受理或者中止审理本案

安××与银行之间存在借记卡服务合同法律关系,伪卡使用者与银行之间存在侵权损害赔偿法律关系,两种法律关系相互独立。伪卡使用者对银行的侵权行为如果构成刑事犯罪,应当按相应程序追究其刑事责任,不能以伪卡交易涉嫌刑事犯罪为由对原银行之间的借记卡纠纷不予受理或者中止审理。

综上所述,本案事实清楚,安××证据确凿,银行应当承担安××借记卡被盗刷的赔偿责任,安××的诉讼请求应当得到法律的支持。

原　告:安××

代理人:徐　颖　律师

裁判结果

依照《商业银行法》第6条,《合同法》第107条之规定,判决被告银行于本判决生效之日起10日内赔偿原告安××存款损失3万余元,并按照中国人民银行同期活期存款利率标准赔偿自 2016 年 6 月 11 日起至实际给付之日止的利息损失。如果未按本判决指定的期间履行给付金钱义务,应当按照《民事诉讼法》第 253 条之规定,加倍支付延迟履行期间的债务利息。案件受理费 582 元,由被告银行负担。

裁判理由

××区人民法院认为,安××在银行开立账户并申领借记卡,双方之间形成借记卡服务合同关系,该合同关系是双方当事人的真实意思表示,亦不违反国家法律、行政法规的强制性规定,应属合法有效,双方均应按照合同约定履行各自的义务。

根据本案查明的事实,案涉交易发生于深夜,深夜时分正是常人处于熟睡中,不易于及时发现交易发生。在交易发生后安××及时对该借记卡进行了挂失并报案,安××已经积极努力地减少损失。根据银行提交的交易明细,可以初步推断交易地点在茂名市,银行未能提供相应反证,应当承担举证不能的法律后果。由于案涉交易发生时,安××持有案涉银行卡,故从交易的时空距离上看,应非安××本人持银行卡进行操作。此外,银行不能证明案涉交易形式,亦应承担不利的法律后果。在没有证据证明安××与他人恶意串通损害银行的利益的情况下,本院认定案涉款项是被他人盗取。

我国《合同法》在违约责任归责原则上采取严格责任原则,不论违约的当事人主观上有无过错,只要不存在合同约定或者法律规定可以免责的事由,就应当承担违约责任。银行未能保证安××的存款安全,致使安××的存款被盗,应当赔付安××因此而造成的损失。现安××要求银行赔偿存款及利息损失,有事实及法律依据,本院予以支持。

律师评析

对于银行来讲,为储户保密不仅是指银行应当对储户已经提供的个人信息保密,也包括应当为到银行办理交易的储户提供必要的安全、保密的环境。银行如果没有履行上述义务,即构成违约,应当承担相应违约责任。对于储户来讲,建议银行卡持有人开通信息提醒服务,做到防患于未然,及时了解账户内资金动向,一旦收到资金异常变动的信息,立即通过拨打银行客服电话的方式办理临时挂失手续,电话挂失能保护卡内资金安全,防止损失进一步扩大。不能及时挂失的,应找最近的银行或者 ATM 机在最短的时间使用自己的银行卡进行存、取款操作,打印相应凭证。完成电话挂失或者存、取款操作后应立即拨打“110”报警,并持身份证、银行卡第一时间赶到就近的公安机关报案,领取报案回执。进行存、取款操作和报案的时间非常关键,能从时间和空间上判断银行卡是否脱离持卡人的控制以及盗刷银行卡的行为是否系他人持伪卡所为。完成上述操作后,持卡人可以到开户行要求查询被盗刷的银行流水明细,与银行协商赔偿事宜,在协商未果的情况下,也可以委托律师向法院提起诉讼,要求银行赔偿因卡内资金被盗刷造成的损失。

64

合同纠纷:合同解除后双方责任的承担

北京市华泰律师事务所　延　林

裁判要点

合同解除有法定解除和协议解除,本案中王××提出生物公司违反合同约定的义务,导致签订合同的目的无法实现,请求依法解除双方签订的合同,生物公司在庭审过程中明确同意解除合同,法院认定为协议解除,合同解除的时间为生物公司当庭同意解除合同的意思表示作出的时间;因生物公司在履行合同过程中存在履约瑕疵,合同解除后生物公司应当将收取王××的加盟款全部返还,王××对于货物质量问题未在合理的时间内提出异议,王××也应承担合同履行过程中的商业风险。

基本案情

原告王××通过网络了解到被告生物公司有"产后修复项目"与生物公司取得联系。2016年2月19日双方签订《美容养生经销合同书》,约定:王××有权在店中使用生物公司许可的"美容养生调理中心"字样,VI系统标识及生物公司经营管理模式、策略的使用权,协议期限一年。合同中约定生物公司的义务如下:生物公司运营区域督导可根据王××的申请,免费上门协助王××开业,进行人员培训、开业设计方案等指导服务。同时协助王××进行市场环境评估、商铺投资等相关指导,费用由生物公司承担;生物公司应为王××提供完整、系统的培训,开业前课程、店长课程及主题培训、区域集中培训等;生物公司有义务不定期向王××传授新的产品知识和经营技术等;生物公司还承诺在王××开店之初保证王××业绩回收达到4万元以上。王××在签订合同当日向生物公司支付加盟费99,800元。2016年4月18日王××向生物公司支付8万元货款。王××发现生物公司提供的多台仪器无产品质量合格证,无产品使用说明书(且王××发现生物公司提供超生刀凝胶进货日期竟然早于生产日期数月,产品明显存在质量问题)王××向生物公司提出异议,生物公司表示其提供的仪器均有产品质量合格证书和产品使用说明书,但至开庭前王××也未收到仪器的相关资料;王××开店之初,生物公司也曾派过两名工作人员来店,对王××雇员进行简单的指导,生物公司所派的员工竟然不会使用向王××提供的仪器。由于生物公司的行为致使王××无法开展经营活动,王××的经营活动被迫停止。王××向生物公司支付加盟费及货款179,800元,筹备开店事宜,租房、装修花费12万元,生物公司也明知王××主要以经营产后修复项目为主,生物公司却违反合同约定的义务,导致原告签订合同的目的无法实现,基于以上事实和理由特向法院提起诉讼,请求人民法院依法支持王××的诉讼请求。生物公司在收到王××起诉后提起了反诉:"王××违反合同约定自行停止经营,致使生物公司品牌信誉度下降,丧失在区品牌发展机遇,给生物公司造成较大的损失,要求王××向生物公司支付违约金44,910元。"法院决定本诉和反诉合并审理,2018年5月16日某区人民法院作出一审判决,本案从立案至判决经过18个月,王××决定不再提起上诉,一审判决已生效。

代　理　词

审判长:

贵院受理的原告王××(反诉被告)诉被告(反诉原告)生物公司合同纠纷一案,我是本案原告王××的代理人,结合本案庭审情况,发表如下代理意见:

一、生物公司存在违约行为,没有履行信息披露义务

生物公司提供给王××的仪器在本案开庭前未提供仪器生产厂家的相关信息、未提供产品生产许可证及有权生产产品的批准文件,未提供仪器的产品质量合格证和产品使用说明书。仅凭电器厂的一纸合格证不能证明生物公司向王××提供的仪器质量合格,生物公司没有提供与电器厂所签订的合同已经履行的相关证据。生物公司提供给王××的超声刀标识为全英文字母,产地显示为美国,如果该产品为电器厂就应标注真实信息;如果该产品为进口产品,也应有中文标识,在本案中电器厂超声刀合格证这一证据和本案无关联性;生物公司提供了精细化学公司全国工业产品生产许可证复印件却未提供化妆品明细,同样不能证明生物公司提供给王××的化妆品为合格产品。

生物公司没有履行如下合同约定的义务:免费协助王××开业,进行人员培训、开业设计方案等指导服务,协助王××进行市场环境评估、商铺投资等相关指导,费用由生物公司承担;为王××提供完整、系统的培训,开业前课程、店长课程及主题培训、区域集中培训等;不定期向王××传授新的产品知识和经营技术等;在王××开店之初保证王××业绩回收达到4万元以上(合同约定"0"成本开业条款,证明生物公司在王××开店之初赠送4万元业绩)。《商业特许经营管理条例》中规定生物公司应提前30天向王××提供合同文本、有12项内容属于生物公司应向王××披露的信息,本案中王××在2016年2月18日向生物公司交纳项目合作金1000元,同年2月19日生物公司向王××提供了营业执照副本复印件,没有向王××披露相关信息,双方签订《美容养生经销合同书》后王××向生物公司又交纳了99,800元。

二、王××有权解除《美容养生经销合同书》

根据《合同法》相关规定:当事人一方主张解除合同应当通知对方,合同自通知到达对方时解除。本案中生物公司存在多项违约行为,王××向法庭出示了在起诉之前王××试营业期间与生物公司经理李女士的微信聊天记录能证实生物公司存在多项违约行为,王××要求其改正,但生物公司置之不理,生物公司的违约行为直接影响王××合同目的的实现,生物公司构成根本违约。王××在起诉状中明确表达了解除合同的意思表示,在第一次开庭时也明确表示行使解除权,生物公司同意解除本合同且生物公司在收到王××起诉状副本后提起反诉,也提出解除《美容养生经销合同书》,要求王××承担违约责任,本代理人认为:本案中王××、生物公司都提出解除《美容养生经销合同书》,《美容养生经销合同书》在生物公司收到王××起诉状副本时解除。

三、合同解除后的法律后果

合同解除是使合同关系归于消灭,主要表现为返还不当得利,赔偿损失等民事责任。因生物公司的违约行为致使本合同解除,生物公司应返还王××交纳的加盟费、货款、向王××支付违约金并赔偿给王××造成的房屋租金损失、装修损失、人工费用支出等项损失。

以上代理意见请法庭予以考虑。

原　告:王××

代理人:延　林　律师

裁判结果

一、原告(反诉被告)王××与被告(反诉原告)生物公司签订的《美容养生经销合同书》于2016年10月11日解除;

二、被告(反诉原告)生物公司于本判决生效之日7日内返还原告(反诉被告)王××加盟款99,800元;

三、驳回原告(反诉被告)王××的其他诉讼请求;

四、驳回被告(反诉原告)生物公司的全部反诉请求。

如果被告(反诉原告)未按本判决指定的期间履行给付金钱义务,应当按照《民事诉讼法》第253条之规定,加倍支付延迟履行期间的债务利息。

裁判理由

本院认为,当事人协商一致,可以解除合同。合同解除后,合同权利义务终止。合同解除后,尚未履行的,终止履行;已经履行的,根据履行情况和合同性质,当事人可以要求恢复原状、采取其他补救措施,并有权要求赔偿损失。当事人对自己提出的诉讼请求所依据的事实或反驳对方诉讼请求所依据的事实,应当提供证据加以证明,但法律另有规定的除外。在作出判决前,当事人未能提供证据或证据不足以证明其主张的,由负有举证证明责任的当事人承担不利的后果。

本案中,王××与生物公司之间签订的合同是双方当事人真实的意思表示,应属合法有效。合同签订后,王××在合同履行期间将生物公司诉至法院,请求判令解除双方签订的合同,生物公司在2016年10月11日的庭审中,明确同意解除与王××签订的合同。现双方已就合同解除达成一致意见,本院不持异议。因此,对于王××要求解除与生物公司之间合同的诉讼请求,本院予以支持。合同解除的时间,应为生物公司当庭同意解除合同的意思表示作出的时间。

关于王××认为生物公司违约的诉讼主张,第一,王××虽称生物公司未按合同约定向其提供正规的培训和指导,但生物公司提交有王××签字确认的工作日志,其中有生物公司为王××开店工作人员提供的培训和指导的相关记录;第二,王××主张生物公司提供的6台仪器没有合格证和说明书因而无法正常使用,而根据生物公司提交的相关证据可以证明其提供的6台仪器设备有合格证和使用说明,并由厂家一并交付王××;第三,王××认为生物公司提供的美容版超声刀仪器中附带的凝胶的生产日期晚于进货日期,因此属于假冒伪劣产品,但王××不能证明该凝胶系生物公司提供,且即便该凝胶系生物公司提供,仅凭该凝胶可能存在瑕疵,也不足以认定生物公司构成根本违约;第四,关于4万元业绩成果保障的问题,从合同约定来看,王××开设的店铺与生物公司互为独立的民事主体,自负盈亏,且双方在合同履行期未届满的情况即协商一致解除合同,因此王××据此认为生物公司违约,依据不足。因此对于王××认为生物公司违约而应当承担相应违约责任并支付违约金并赔偿开设店铺发生的费用及损失的诉讼请求,本院不予支持。但是,综合双方提交的证据及当庭陈述,本院认为生物公司在履约过程中,作为品牌的持有者和相关经营业务的指导方,与作为加盟方的王××沟通不够,提供的培训、经营指导和管理帮助方面并不足以使王××能够持续稳定地经营,其履约行为虽未构成违约,但确有瑕疵。因此,对于生物公司认为王××在开店后单方关店行为属于违约,因而应支付其相应违约金的请求,本院不予支持。合同解除后,合同权利义务终止,对于王××要求生物公司返还其加盟款9.98万元的诉讼请求,考虑到生物公司存在履约瑕疵,且同意解除合同,因此对此项请求予以支持;关于王××要求公司返还货款8万元的诉讼请求,因王××未在合理时间提出异议,且利用部分货品开设店铺并经营了一段时间,王××也应负担合同履行过程中的商业风险,对此项请求,本院不予支持。

律师评析

本案中王××认为生物公司违反合同约定的义务,导致原告签订合同的目的无法实现,向法院提起诉讼要求解除双方签订的合同,返还王××交纳的加盟费、货款、向王××支付违约金并赔偿给王××造成的房屋租金损失、装修损失、人工费用支出等项损失;生物公司提起反诉:认为王××违反合同约定自行停止经营,致使生物公司品牌信誉度下降,丧失在区品牌发展机遇,给生物公司造成较大的损失,要求王××向生物公司支付违约金。法院认为生物公司未构成根本违约,但确有瑕疵;王××在开店后单方关店行为不构成违约,因此法院驳回了生物公司的反诉请求,判决生物公司全额返还王××交纳的加盟款,王××也应承担合同履行过程中的商业风险。

65

房屋买卖合同纠纷：房屋买卖的违约责任

北京竞商律师事务所　严青伍

裁判要点

二手房买卖中的违约责任是指一方违反合同约定或法律规定构成违约的，须依法承担违约责任。

本案中，买方多次以短信、微信方式直接或者通过中介表明自己可能没有购房资格（需要卖掉自有两套房才具备再买房的资格）及无法支付余款，但又不明确表示不想继续履行合同，并多次带中介看房想直接转手，卖方为了房屋安全需要，更改入户门密码。

买方怠于出售自己的房屋导致没有购房资格构成违约，依据《购房资格协议》承担违约责任100万元，卖方更改入户门钥匙是基于买方早有不想购房的意思表示及带中介看房构成安全隐患，因此卖方不构成违约。

卖方作为反诉人，请求获赔100万元违约金的主张得到法院支持。

基本案情

2019年8月，卖方找我代理其为被告的房屋买卖纠纷诉讼，经研究相关证据资料，当事人与买方于2019年1月5日签订《存量房屋买卖合同》《购房资格协议》，约定买方购买卖方位于×小区房屋一套，房屋总价为2550万元，支付方式为定金200万元，其中2019年1月5日前支付50万元，2019年1月31日前支付150万元。2019年2月28日前支付首付款500万元，物业费用保证金20万元，户口迁出保证金20万元（买受人于房屋内原有户籍迁出且收到出卖人告知后2日内支付),余款1810万元(2550万元-200万元-500万元-20万元-20万元)应于2019年8月28日支付完毕。

因买方想重新装修房屋,于是当事人与买方按约定于2019年2月28日交接了房屋,买方不知出于何种原因,一直没有装修的行动,在同年3月开始对中介讲各种没有购房资格、没有尾款支付能力等话语,甚至要求另寻买家替代其购房,在此种情况下,当事人断定买方已经没有购房的意愿,为了保护房屋安全,于2019年6月修改了入户门的电子密码,并提示中介如买方装修的话随时配合开门,随后买方在同年8月13日对入户门密码被修改的事实进行了公证,买方以入户门密码被修改为由起诉我方违约,经我与当事人达成一致意见后决定提起反诉让买方承担违约责任。

代理词

致××区人民法院:

就贵院受理的原告买方诉被告卖方房屋买卖合同纠纷一案(以下简称本案),我是本案被告(反诉人)的代理人,结合本案庭审情况,发表如下代理意见:

一、《存量房屋买卖合同》是反诉人和被反诉人双方的真实意思表示,具有法律约束力

反诉人和被反诉人于2019年1月5日签订《存量房屋买卖合同》,约定将反诉人位于该市的一处房屋出售给被反诉人,该合同是双方的真实意思表示,具有法律约束力。

二、被反诉人自2019年3月就有了不想履行合同的意思表示

(1)反诉人和被反诉人于2019年1月5日签订《存量房屋买卖合同》,应被反诉人的装修要求,2019年2月28日交房准备装修,但交房后被反诉人至其起诉之日没有任何的装修行动,包括物业装修备案、装修公司进场、装修材料的购买等任何装修准备。

(2)被反诉人自3月开始通过中介试探性地询问如不履行合同的法律责任及解决方法,自此被反诉人将双方的合同关系置于不稳定的状态,给反诉人造成了极大的困扰。

(3)2019年4月28日中介公司A的刘×给反诉人发微信,说被反诉人不想购房并询问后续处理的方式，该证据事实已经得到第三人中介公司 A 的证实。

（4）2019 年 5 月 2 日买方给卖方发手机短信，明确表达无法付购房尾款及无法进行下去的意思表示。

综合上述四点情况，被反诉人从试探性地询问不想履行合同到明确表示无力履行合同的意思表示将双方的合同关系置于极不稳定的状态并给反诉人造成了极大的困扰。

三、反诉人于 2019 年 6 月 2 日修改房屋密码不构成违约

（1）被反诉人自 2019 年 3 月开始试探性地表示不想再履行合同到 4 月 28 日、5 月 2 日明确表示无法进行下去、无力付购房尾款的表示，将双方的买卖合同关系置于不稳定的状态。

（2）被反诉人自己提供的中介证人证实在被反诉人买方的许可下带客户到反诉人的房屋进行随意查看拍照（其中 4 月中介公司 B 一次、5 月中介公司 C 两次、5 月 30 日中介公司 D 一次），被反诉人在没有反诉人授权许可的情况下擅自做主让中介带客户非法进入反诉人房屋，给反诉人造成极大的不安，反诉人装修豪华的房屋极有可能被破坏或盗窃。

（3）物业在单元门口贴出的提示业主防盗的告示，反诉人有理由怀疑房屋装修豪华的设施可能会遭到破坏以及重要物品被盗，被反诉人在庭审中也认为反诉人房屋装修豪华。

综合上述三点情况，反诉人为了保护房屋内的财产与中介商量准备修改密码，于是在 6 月 2 日对房间密码进行了修改，同时将密码修改的情况及时告知中介公司 A，并表示改密码是为了保护房屋内的财产，如被反诉人装修或者找人看房反诉人会及时配合开门，被反诉人 9 月 23 日提供的补充证据第二组证据也证实了中介公司 A 于 6 月 2 日当天将密码修改的情况告知了被反诉人。被反诉人得知密码修改后至被反诉人起诉期间，被反诉人没有对反诉人修改密码的问题与中介或反诉人进行过任何交涉，甚至中介公司 A 无法联系上被反诉人，对此在庭审中被反诉人也没做出合理的解释，被反诉人得知密码修改后，不仅没有主动与反诉人交涉，而是在 2019 年 8 月 13 日到北京市中信公证处进行密码被修改的公证，为其第二天即 2019 年 8 月 14 日提起诉讼做证据保全的准备工作。

因此反诉人修改密码是因为被反诉人明确表示不想继续履行合同以及频繁带中介客户非法进入反诉人房屋，反诉人修改密码不构成任何违约。

四、被反诉人在2019年8月28日未向反诉人支付购房余款1810万元构成违约

被反诉人在2019年8月14日以我方修改密码为由起诉反诉人,实则是被反诉人想逃避即将到来的8月28日支付购房尾款的合同约定,反诉人9月底才得知被起诉。被反诉人以此为由起诉反诉人,逃避自己的法律责任,被反诉人即便是在8月28日前提起诉讼,也无法避免其应该承担的违约责任。

五、被反诉人应向反诉人承担510万元的违约责任

(1)依据《存量房屋买卖合同》第11条第3项规定,被反诉人应向反诉人承担房屋成交总价20%的违约责任即510万元。

(2)本案不适用《购房资格协议》中的100万元的违约责任条款。

双方签订的《购房资格协议》第3条约定,被反诉人签约时不具备购房资格,可以选择将其名下2套房产出售、赠与或更名至他人名下,但被反诉人故意抬高房价导致无人购买,被反诉人与反诉人房屋在同一小区同一栋楼,反诉人房屋比被反诉人房屋装修豪华,被反诉人房屋面积为164.87平方米,反诉人房屋面积为186.25平方米,被反诉人房屋出售价格按照其提供的证据和中介公司E签订的合同中房屋价格为2550万元,与本案中的反诉人房屋总价一样,但反诉人房屋面积比被反诉人面积大21.38平方米,按照反诉人房屋成交价格每平方米为136,912元计算,21.38平方米×136,912元=2,927,195元,意味着被反诉人的房屋在没有反诉人房屋装修豪华的情况下,以多出市场价格2,927,195元的价格出售证明被反诉人恶意抬高房价导致无人购买的情况。

因此被反诉人没有购房资格的后果是其自己故意造成,遵守《购房资格协议》需要双方的诚实信用,而不能利用《购房资格协议》相关条款逃避自己的违约责任。

如果被反诉人按照市场价格无法出售自己的房子或者无法赠与或者无法更名的客观情况下可以适用《购房资格协议》相关违约条款,但本案中被反诉人属于故意为之,恶意违约,处心积虑提起诉讼,因此关于被反诉人的违约责任应该适用《存量房屋买卖合同》第11条第3项的规定。

综上所述,被反诉人自从2019年3月开始试探性不想履行合同到4月28日明确表示不想履行合同至2019年8月28日到期没有履行支付尾款1810万元构成根本违约,被反诉人应该向反诉人承担510万元的违约责任。

被反诉人严重违背契约精神，毫无诚实信用，恶意提起诉讼逃避自己的法律责任，恳请法庭依法判决，支持反诉人的诉讼请求。

被告(反诉人)：卖方

代理人：严青伍　律师

裁判结果

××区人民法院于2020年2月17日作出民事判决，依照《合同法》第8条、第94条第2款、第97条，《民事诉讼法》第64条之规定，判决如下：

一、解除原告买方与被告卖方签订的《北京市存量房屋买卖合同》《购房资格协议》《房款支付协议》；

二、自本判决生效之日起3日内，被告卖方退还原告买方购房款720万元；

三、自本判决生效之日起3日内，原告买方给付被告卖方违约金100万元；

四、驳回原告买方的其他诉讼请求；

五、驳回被告的其他反诉请求。

裁判理由

法院认为，依法成立的合同受法律保护。原、被告签订的《存量房屋买卖合同》《房款支付协议》及《购房资格协议》是双方当事人的真实意思表示，不违反法律、行政法规的强制性规定，应属有效，双方均应按照合同约定履行自己的义务。

一、关于卖方(被告)是否构成违约的问题

买卖合同签订后，原告依约向被告支付了定金和房屋首付款，被告亦按合同约定向原告交付了案涉房屋。原告在庭审中主张被告交房后又将房屋擅自收回，构成根本违约，双方买卖合同应当予以解除。根据本案查明的事实可知，原告于2019年4月28日以后，分别向第三人的工作人员和被告表达了未能取得购房资格，不能继续购买案涉房屋的意愿，原告也曾委托中介机构转售案涉房屋，中介机构多次带新的客户到案涉房屋看房，但在合同履行过程中，原、被告就变更合同买受主体和原告应否承担违约责任的问题并未达成一致意见，被告出于保护案涉房屋安全的考虑于2019年6月2日更改了门锁密码，并告知第三人其随时可以配合原告看房和装修。原告知道后对此并未提出异议，通过上述事实可以认定原告在合同义务履行期限届满前作出了不再继续履行合同的意思表示,因此,被告更改案涉房屋门锁密码的行为不属违约。原告要求解除合同,并要求被告支付违约金的请求,缺乏事实依据,本院不予支持。

二、关于买方是否违约的问题及违约责任

原、被告签订买卖合同时,被告对原告没有购房资格的情况明知,被告在此情况下与原告签订了《购房资格协议》,对原告不能取得购房资格致使买卖合同不能履行的后果进行了专门性约定,故原告应当按照《购房资格协议》的专门约定承担违约责任。

被告主张原告未采取积极方式获得购房资格促进合同履行,属于恶意逃避合同责任的违约行为,但双方在《购房资格协议》中对于不能取得购房资格的原因未作限制性或排除性约定,因此原告未取得购房资格的原因不在讨论之列。被告在订立合同之初应当预见到买卖合同因原告不能取得购房资格而存在潜在的履行风险。对被告主张按照双方签订的《存量房屋买卖合同》约定的条款解除合同和支付违约金的意见,本院不予采纳。双方在《购房资格协议》中约定,原告在2019年8月20日前未取得购房资格或原告指定的新产权人不具备购房资格,则被告有权解除案涉买卖合同并从已付购房款中扣除100万元作为违约金。基于双方上述约定,对被告要求解除合同并要求原告支付违约金的请求予以支持。

律师评析

本案的事实还原很重要,原告起诉的原因是被告修改了入户门的密码导致房屋被收回而无法居住,围绕着原告的诉点需要对整个事件进行还原,短信、微信、中介的证言都是很好的证据,庭审中原告还提供了找其他中介看房的证据,该证据反而对我方有利,正好证明了原告不想购房的意思表示。

本案在原告承担多少违约责任上有争议,我仍然认为应该按照双方签订的房屋买卖合同承担550万元的违约责任,理由是原告恶意违约,其不具备买房资格是因为其不积极卖掉自己两套房的缘故,但判决按照双方签订的《购房资格协议》中规定的100万元违约责任判定,至于是否是恶意还是善意并没有在协议中写明,也可能是法官认为按550万元违约金判决明显过高，需要适当降低，正好《购房资格协议》中又约定了违约责任，因此认为这100万元对双方都有说服力，公平合理。事实证明，最后双方均未上诉而且也执行完毕，也许这是最好的结果吧！

66

恢复执行程序中申请追加被执行人案例评析

北京市中治律师事务所　杨淑莉

裁判要点

申请追加被执行人是指申请执行人在执行程序中,为了实现生效法律文书所确定的债权,申请追加第三人为被执行人的一项法律规定。本案中,××区人民法院就是依据该法律规定支持了申请执行人的追加申请,申请执行人才收回了全部的工程款及逾期付款利息。

基本案情

A公司申请恢复执行后,成功申请追加E公司为被执行人并收回全部工程款及逾期付款利息,以下是案件过程:

一、申请强制执行的法律依据

依据××区人民法院(2003)××××号民事判决书及中级人民法院(2005)×××××号民事判决书(判决生效时间为2005年2月23日),B公司应于判决生效后10日内给付尚欠A公司工程款1,144,900元及该款的逾期付款利息(自2002年8月1日起至该工程款付清之日止,按中国人民银行同期逾期付款利率计算)。

二、申请执行后法院查封

B公司没有按期履行上述给付义务,2005年3月16日A公司向××区人民法院申请执行,2005年7月11日××区人民法院向B公司发出(2005)×××号强制执行裁定书,查封了B公司坐落于××区××镇的房屋(该房屋仍在其开办单位C公司名下)。

三、查封房屋被盗,执行搁置

B公司希望法院解封,出租或使用该房屋尽快付款,A公司同意。2007年11月30日,双方在解封现场交接材料,发现现场被盗。B公司向公安分局报案。执行搁置。

四、申请恢复执行

2011年3月7日,A公司向××区人民法院申请恢复执行。

五、第一次申请追加被执行人

因B公司的开办单位C公司划拨出资的固定资产并未变更到B公司名下,且B公司无财产可供执行,工商资料显示B公司的主办单位由C公司变更为D公司,于是2011年6月29日,A公司申请追加D公司为被执行人;2012年2月15日,A公司重新提交追加被执行人申请,××区人民法院作出(2012)××××号执行裁定书,支持了A公司的追加申请;B公司向××中级人民法院申请复议;复议期间,A公司经综合考虑,于2012年7月31日向××中级人民法院提交撤回追加被执行人申请书;2012年8月6日,××中级人民法院准许了A公司的撤回申请,通过(2012)×××号执行裁定书撤销了××区人民法院(2012)××××号执行裁定书。

此次追加,A公司代理人跟××区人民法院的法官曾一同到中编办查询调取了D公司的相关证据。D公司在其住所说明中明确表示,其住所位于××区××镇,提供的“C公司”的房产证为其主要建筑的房产证。

六、第二次申请追加被执行人

2013年11月28日,A公司第二次申请追加D公司为被执行人,2014年5月28日,A公司第二次撤回追加申请。

此次追加,A公司代理人跟××区人民法院的法官曾一同到教育部查询调取了相关证据。证据显示:因国务院部门(单位)所属学校管理体制和布局结构调整,C公司变更为D公司。

七、B公司起诉A公司,B公司最终败诉

A公司第二次申请追加被执行人期间,2014年2月26日,B公司以装修物损毁灭失为由起诉A公司,要求赔偿;2014年4月2日又增加诉讼请求;2015年3月11日,B公司又变更了诉讼请求;2015年8月17日,B公司换案号重新提交起诉状；一审诉讼过程中，B公司提交的证据认可××区人民法院查封的××区××镇的房屋是B公司的（该房屋仍在C公司名下）。2016年11月3日，B公司一审败诉，见××区人民法院（2015）××××号民事判决书。

2016年11月18日，B公司上诉。2016年12月30日，二审维持原判，见中级人民法院（2016）××××号民事判决书。

B公司向北京市高级人民法院申请再审。

八、继续寻找证据，没有结果

A公司第二次撤回追加申请后，也是在B公司起诉A公司期间，A公司也在不停地寻找进一步的证据，为第三次申请追加被执行人做准备，但是，由于C公司及D公司的相关档案只有某部系统内才有，××区人民法院的法官曾两次给D公司上级单位发机要函件，均无回复。

九、第三次申请追加被执行人

在D公司上级单位无回复的情况下，无奈，A公司只能寄希望于通过再次申请追加被执行人的程序，由对方自己说明其主体是否存在以及各主体之间的关系。考虑到B公司的开办单位是C公司，划拨出资的固定资产也一直在C公司名下并未变更到B公司名下，于是A公司于2016年3月16日第三次提出追加被执行人的申请，申请追加C公司为被执行人。此时，A公司还在被诉损害赔偿的一审程序中，B公司经历一审、二审，最终败诉。2017年1月17日，A公司第三次的追加申请增加了新的法律规定的内容。

此次追加，××区人民法院的法官亲自到D公司上级单位调查了解情况，2017年11月10日，党校和E公司到××区人民法院，向法院提交了证据。党校明确表明：根据相关文件C公司改为D公司，转企后，现为E公司。

至此，A公司根据党校提交的证据材料，于2017年11月20日，向××区人民法院提交了《追加被执行人变更申请书》，变更追加E公司为被执行人。2018年4月20日，××区人民法院（2018）××××执异××号执行裁定书裁定追加E公司为被执行人。

十、E公司执行异议之诉

E公司不服××区人民法院（2018）××××执异××号执行裁定书，于2018年6月7日提起执行异议之诉。2018年8月8日，××区人民法院（2018）×××××号民事判决书驳回E公司的执行异议之诉的全部诉讼请求。至此，

A公司申请追加被执行人一案取得了决定性的胜利。

十一、申请恢复执行、收回全部工程款及逾期付款利息

2018年4月20日，××区人民法院裁定追加E公司为被执行人后，2018年5月30日，A公司再次向××区人民法院申请恢复执行；2018年8月8日，××区人民法院驳回E公司执行异议之诉的全部诉讼请求后，B公司、E公司与A公司，于2018年9月4日签订《执行和解协议》，2018年11月9日，A公司从××区人民法院领取了全部执行案款。

十二、B公司撤回再审申请

2018年11月16日，A公司收到高级人民法院准许B公司撤回再审申请的（2017）××××号民事裁定书。

本案历经多个法律程序，仅将决定性的申请书发表于此：

追加被执行人申请书

申请人：A公司

被申请人：C公司

事实与理由：

申请人依据北京市××区人民法院（2003）××××号民事判决书及中级人民法院（2005）×××××号民事判决书，已向贵院申请执行B公司。B公司于1992年11月9日注册成立，注册资金500万元（其中固定资金460万元、流动资金40万元），资金来源为其开办单位C公司划拨。然而C公司划拨的设备厂房等固定资产并未变更到B公司的名下，属注册资金不实。

执行过程中，被执行人B公司没有向法院提供任何可供执行的财产和证明；贵院通过××高级人民法院对被执行人B公司财产状况的调查，也证明其无可供执行财产。

《最高人民法院关于人民法院执行工作若干问题的规定（试行）》第80条规定："被执行人无财产清偿债务，如果其开办单位对其开办时投入的注册资金不实或抽逃注册资金，可以裁定变更或追加其开办单位为被执行人，在注册资金不实或抽逃注册资金的范围内，对申请执行人承担责任。"

《最高人民法院关于民事执行中变更、追加当事人若干问题的规定》第17

条规定:作为被执行人的企业法人,财产不足以清偿生效法律文书确定的债务,申请执行人申请变更、追加未缴纳或未足额缴纳出资的股东、出资人或依公司法规定对该出资承担连带责任的发起人为被执行人,在尚未缴纳出资的范围内依法承担责任的,人民法院应予支持。第18条规定:作为被执行人的企业法人,财产不足以清偿生效法律文书确定的债务,申请执行人申请变更、追加抽逃出资的股东、出资人为被执行人,在抽逃出资的范围内承担责任的,人民法院应予支持。

综上,申请人为了维护自己的合法权益,申请追加C公司为被执行人,请法院依据事实和法律作出公正的裁定。

此致

××区人民法院

申请人:A公司

代理人:杨淑莉　律师

追加被执行人变更申请书

申请人:A公司

被申请人:E公司

事实与理由:

一、基本事实

申请人依据××区人民法院(2003)××××号民事判决书及××中级人民法院(2005)×××××号民事判决书,已向贵院申请执行B公司。B公司于1992年11月9日注册成立,注册资金500万元为其开办单位C公司划拨(其中固定资金460万元、流动资金40万元)。

二、申请追加E公司为被执行人的理由

(1)执行过程中,被执行人B公司没有向法院提供任何可供执行的财产和证明;贵院通过北京市高级人民法院对被执行人B公司财产状况的调查,也证明其无可供执行财产。

(2)C公司向B公司划拨出资的设备、厂房等固定资产并未变更到B公司名下,出资不到位,属注册资金不实。

(3)被执行人B公司的开办单位C公司后变更为D公司,转企后也就是现在的 E 公司,出资不到位的财产也由 E 公司占有、使用。

三、申请追加被执行人的法律依据

《最高人民法院关于人民法院执行工作若干问题的规定(试行)》第 80 条规定:“被执行人无财产清偿债务,如果其开办单位对其开办时投入的注册资金不实或抽逃注册资金,可以裁定变更或追加其开办单位为被执行人,在注册资金不实或抽逃注册资金的范围内,对申请执行人承担责任。”

《最高人民法院关于民事执行中变更、追加当事人若干问题的规定》第 17 条规定,作为被执行人的企业法人,财产不足以清偿生效法律文书确定的债务,申请执行人申请变更、追加未缴纳或未足额缴纳出资的股东、出资人或依公司法规定对该出资承担连带责任的发起人为被执行人,在尚未缴纳出资的范围内依法承担责任的,人民法院应予支持。第 18 条规定,作为被执行人的企业法人,财产不足以清偿生效法律文书确定的债务,申请执行人申请变更、追加抽逃出资的股东、出资人为被执行人,在抽逃出资的范围内承担责任的,人民法院应予支持。

综上,申请人为了维护自己的合法权益,变更申请追加 E 公司为被执行人,请法院依据事实和法律作出公正的裁定。

申请人:A 公司

代理人:杨淑莉　律师

裁判结果

××区人民法院(2018)××××执异××号执行裁定书裁定如下:

一、追加 E 公司为(2011)×执字××××号执行案件的被执行人;

二、E 公司于本裁定生效之日起 10 日内在(2003)××××号民事判决书确定的义务范围内承担连带责任。

××区人民法院(2018)×××××号民事判决书判决如下:

一、驳回 E 公司的全部诉讼请求;

二、案件受理费 50 元,由 E 公司负担(已交纳)。

裁判理由

作为被执行人的企业法人,财产不足以清偿生效法律文书确定的债务,申请执行人申请变更、追加未缴纳或未足额缴纳出资的股东、出资人或依《公司法》

规定对该出资承担连带责任的发起人为被执行人,在尚未缴纳出资的范围内依法承担责任的,人民法院应予支持。

律师评析

本案裁判要点如下:第一,根据《公司法》的有关规定,股东以非货币财产出资的,应当依法办理其财产权的转移手续。结合本案,C公司作为B公司的出资人,其作价出资的460万元的厂房并未办理所有权转移手续,法院认定该部分固定资金未缴纳。现B公司的财产不足以清偿生效法律文书确定的债务,而其出资人C公司未缴纳固定资金,故C公司应在未缴纳出资的范围内承担责任。第二,C公司作为B公司的出资人,因国务院部门(单位)所属学校管理体制和布局结构调整,改为D公司;随后,D公司作为某部机关服务中心的事业单位之一转为企业,并于2016年6月16日正式成立E公司。根据相关文件,D公司的业务、资产、人员等,现由E公司承继。因此,E公司系继续履行C公司职能的主体,对于C公司在未缴纳出资的范围内应承担的责任应由E公司继续承担。

本案是我律师生涯中非常经典的执行案例,中间经历了多个法律程序之后最终取得了胜利。自我评价为教科书级的案例。

作为律师,虽说代理案子是天职,但在这近8年漫长的过程中,我真的想过放弃,真的有过迷茫。但是每次想放弃的时候,想到当初选择律师这个职业,不就是想去帮助别人吗,怎么遇到困难自己反而退缩了呢,于是就静下心来,寻找案件推进的突破点,一次不行两次,两次不行三次,就这样,因着律师的责任和使命,在看不到前路的时候,鼓足勇气一次又一次地重新起航。不得不说代理此案的过程中,不仅锻炼了我的耐心和毅力,同时也让我在专业知识上不断地进取。

67

买卖合同纠纷与借款合同纠纷:“名为买卖实为借贷”的认定

北京市通商律师事务所　杨　亭

裁判要点

“名为买卖实为借贷”纠纷中,各方成立连环买卖关系属虚假意思表示,而成立借款关系才是各方隐藏的真实民事法律行为。但在司法实践中,如何论证连环买卖是各方之间的虚假意思表示,乃该类案件的难点所在。结合本案法院判决,应当认为,对“名为买卖实为借贷”的性质界定,不应限于合同的外观和名称,而应基于当事人的真实意思和合同的实质内容加以确定,即根据买卖合同履行过程中有无真实货物流转、上下游主体关联程度、交易模式是否有悖商业常理等方面综合论证。本案中,当事人之间虽签订销售合同,但在整个交易中仅发生了资金流转,未发生真实的货物流转,且在整个交易中,上下游主体间关联关系密切、交易本身不具有商业上的合理性,不符合买卖合同的基本特征。当事人签订销售合同的目的是借买卖之名、行借贷之实,因此应按照借款关系处理。

基本案情

2016年4月,A公司与B公司签订《销售框架协议》,约定A公司向B公司指定的供应商采购产品,再由B公司指定的供应商直接发货给B公司。2016年4月28日,C公司与A公司、B公司签订《最高额抵押合同》,C公司以其享有所有权、处分权的房产为B公司提供最高额抵押担保。2016年5月9日,鲁×宇、江×贝向A公司出具《担保函》,承诺以其个人资产及信用为B公司所负债务承担不可撤销的连带保证责任。2017年3月6日,鲁×科向A公司出具《担保函》,承诺以其个人资产及信用为B公司所负债务承担不可撤销的连带保证责任。

2016年5月至2017年2月,在上述协议实际履行期间,B公司要求A公司向其指定供应商D公司采购品牌产品,共计发生交易21笔。在上述交易中,A公司向D公司付款后,B公司在账期内向A公司付款,付款金额为A公司向D公司支付的款项金额上浮1.2%,交易过程中无真实货物流通。2017年3月至7月,B公司要求A公司向其指定的供应商E公司采购品牌产品,共计发生交易18笔。在上述交易中仍延续D公司时期的交易模式,即A公司向E公司付款后,B公司在账期内向A公司付款,付款金额为A公司向E公司支付的款项金额上浮1.2%,交易过程中仍无真实货物流通。其中,各方就最后4笔交易发生争议,原因是A公司向E公司付款后,B公司仅向A公司支付了保证金,其余合同款始终未付。

本案中,A公司认为,各方订有买卖合同,但从合同约定及实际履行的角度讲,各方之间应属借贷关系,根据约定,A公司已向B公司指定的供货商支付借款资金,而B公司未在约定期限内向A公司还款,已构成违约,因此A公司诉至法院,请求:(1)判令B公司向A公司支付款项1100余万元及相应的违约金;(2)B公司向A公司支付为实现债权支出的合理费用15万元;(3)由其余被告就B公司的签署付款义务承担连带责任。B公司提起反诉,请求判令A公司退还保证金180余万元。

代理意见

尊敬的合议庭:

北京市通商律师事务所杨亭律师依法接受A公司的委托,在原告A公司与被告一B公司、被告二C公司、被告三鲁×宇、被告四江×贝、被告五鲁×科、第三人E公司借款合同纠纷一案中,作为A公司的诉讼代理人参加了本案庭审程序。我们现结合本案双方提交的证据、相关事实及庭审的情况,针对本案争议焦点发表代理意见如下:

一、本案基本事实

(1)2016年4月28日,A公司与B公司签订《销售框架协议》,约定A公司向B公司指定的供应商采购产品,再销售给B公司。产品由B公司指定的供应商直接发给B公司或B公司指定的收货方,A公司对产品质量、售后服务不承担责任,因交货、退换货、售后服务、质量保障等环节出现的问题均由B公司与其指定的供应商协商解决,与A公司无关。《销售框架协议》的有效期为三年,自2016年4月28日起至2019年4月27日止。

(2)2016年4月28日,C公司与A公司、B公司签订《最高额抵押合同》,C公司以其享有所有权、处分权的房产为B公司提供最高额抵押担保,在B公司到期不履行、不完全履行或迟延履行付款义务时,A公司可以直接要求C公司承担连带担保责任。上述不动产抵押已办理抵押权登记。2016年5月9日,鲁×宇、江×贝向A公司出具《担保函》,承诺以其个人资产及信用为B公司在2016年4月28日至2018年4月27日与A公司签署合同所负债务承担不可撤销的连带保证责任,在B公司到期不履行、不完全履行或迟延履行付款义务时,A公司可以直接要求鲁×宇、江×贝承担连带保证责任。2017年3月6日,鲁×科向A公司出具《担保函》,承诺以其个人资产及信用为B公司在2017年3月6日至2019年3月5日与A公司签署合同所负债务承担不可撤销的连带保证责任,在B公司到期不履行、不完全履行或迟延履行付款义务时,A公司可以直接要求鲁×科承担连带保证责任。

(3)2016年5月至2017年2月,B公司要求A公司向其指定供应商D公司采购品牌产品,共计发生交易21笔。各方签订的合同中约定,A公司向D公司付款后,B公司在账期内向A公司付款,付款金额为A公司向D公司支付的款项金额上浮1.2%。该等交易履行过程中未发生争议。

(4)2017年3月至7月,B公司要求A公司向其指定的供应商E公司采购品牌产品,共计发生交易18笔。各方签订的合同中约定,A公司向E公司付款后,B公司在账期内向A公司付款,付款金额为A公司向E公司支付的款项金额上浮1.2%。其中,最后4笔交易(以下简称案涉交易)中,A公司向E公司付款后,B公司仅向A公司支付了保证金,其余合同款至今未付。上述合同均约定,如果B公司未能在合同约定的期限内履行付款义务,每逾期一日按应付金额的千分之一向A公司支付违约金。

(5)2017年7月13日,A公司支付的2,811,000元款项通过E公司支付至B公司。2017年8月4日,A公司支付的2,811,900元款项通过E公司、F公司支付至B公司。2017年8月7日，A公司支付的2,811,000元款项通过E公司、F公司支付至B公司。2017年8月10日，A公司支付的2,811,000元款项通过E公司、F公司支付至B公司。

（6）B公司分别于2017年7月13日、2017年8月4日、2017年8月7日、2017年8月10日向A公司支付100万元、284,565元、284,470元、284,480元保证金，但未向A公司支付除保证金以外的其他款项。

二、本案中各方争议的焦点问题

我们认为，本案的争议焦点为：（1）案涉交易的法律性质是买卖合同关系还是借款合同关系；（2）案涉四份采购合同、销售合同的效力及担保关系应当如何认定。现就各方争议的焦点问题，分述如下：

（一）案涉交易的法律性质是买卖合同关系还是借款合同关系

《合同法》第130条规定："买卖合同是出卖人转移标的物的所有权于买受人，买受人支付价款的合同。"买卖合同作为双务有偿合同，买卖双方互负给付义务，出卖人负有向买受人交付买卖物并使其取得该物所有权的义务，买受人负有向出卖人支付价金的义务。本案中，A公司与B公司在双方签订的《销售框架协议》项下，分别与B公司指定的D公司、E公司签订39组《采购合同》与《销售合同》，形成由D公司、E公司作为出卖人将产品出卖给A公司，A公司将相同的产品溢价转售给B公司的连环购销协议。关于上述交易的法律性质，A公司主张上游出卖人及下游买受人均为B公司及其指定的关联公司，案涉交易为闭环贸易，A公司与B公司之间形成的真实法律关系为借贷关系。B公司主张，其与A公司之间为真实的买卖关系并以A公司收取保证金后未交货为由要求解除合同返还货款。我们认为，A公司、E公司和B公司之间的法律关系是借贷关系，理由如下：

首先，D公司、E公司系B公司指定，与B公司为相同主体实际控制，具有极强的关联性。第一，从股权关系上看，D公司持有B公司40%的股权，且根据（2018）沪0112民初6××2号民事判决书的内容可知，D公司与E公司同为部×所实际控制。第二，从人物关系上看，D公司、E公司在《采购合同》中明确的授权代表均为邓×钰，而根据（2018）沪0112民初6××2号民事判决书、（2018）沪0112民初6××5号民事判决书记载，邓×钰是B公司及C公司的诉讼代理人，在案涉合同的履行过程中，邓×钰同时代表D公司、E公司及B公司与A公司接洽合同签订及履行相关事宜,根据工商登记信息,邓×钰系F公司的股东和监事。第三,从担保关系上看,C公司、鲁×宇、江×贝、鲁×科为B公司提供担保,根据(2018)沪0112民初6××2号民事判决书记载,B公司、鲁×科、D公司及郜×为E公司提供担保,根据(2017)沪0112民初3××9号民事判决书、(2018)沪0112民初6××5号民事判决书记载,C公司、鲁×宇、江×贝、郜×为D公司提供担保。由此可见,B公司、C公司、鲁×宇、江×贝、鲁×科、E公司、D公司以及F公司之间存在极强的关联关系。

其次,案涉交易不具有商业上的合理性。第一,本案中虽然各方签订的采购合同和销售合同的条款均体现了货物买卖的意思表示,并载明了买卖货物的具体内容、数量、价款等基本要素,但是从整个连环贸易形成的资金及货物流向上来看,案涉四份采购合同和销售合同项下的货物系由E公司销售给A公司,再由A公司销售给B公司,资金由A公司支付给E公司,再由E公司通过F公司支付或者直接支付给B公司,B公司作为资金的最终接收方、货物的实际出卖人以及最终买受人,使得整个连环贸易形成了自买自卖的闭环贸易。第二,从四份采购合同和销售合同约定的合同价款来看,B公司指定的E公司最初销售给A公司的价格最低,销售价格随着货物交易升高,B公司作为最终买受人的买受价格最高,形成了"低卖高买"的不合商业常理的贸易模式。第三,从B公司与A公司约定供货商由B公司指定来看,B公司完全可以直接向其指定的E公司采购,而不必通过A公司购买,增加交易成本。第四,从合同约定的内容来看,A公司作为《销售合同》的卖方,对于货物质量、交付、售后等基本卖方义务无需承担任何责任,有违买卖关系的基本特点。第五,从合同签订的时间来看,A公司与上游的E公司签订的采购合同以及A公司与下游的B公司签订的销售合同的时间基本在同一日,不符合"先采后销"或"以销定采"的商业惯例。第六,从交易标的来看,四份采购合同和销售合同项下的产品名称、型号、配置、数量完全相同,属同一批货物。第七,从交易价格来看,尽管合同项下的产品不同,但每笔交易的加价率均稳定在1.2%,没有任何市场波动。

再次,案涉协议的履行过程中并无真实的货物流转。《销售框架协议》约定产品由B公司指定的供货商直接发至B公司,并不经过A公司。在合同实际履行的过程中,A公司与B公司均未提交证据以证明发生过真实的货物流转,交易过程中不存在任何货物交接清单或其他相关凭证。因此,无法认定案涉交易中存在真实的货物流转。

最后,B公司对案涉合同的签订并非真实的买卖合同关系应属明知。第一,从卖方义务来看,根据合同约定,作为卖方的A公司的唯一义务即为付款,除此之外对货物交付、货物质量、售后服务等买卖关系项下的卖方核心义务概不负责。第二,从款项支付来看,在案涉合同的履行过程中,B公司向A公司付款的时间与A公司交货的时间不挂钩,B公司重点关注的是A公司向E公司付款的时间,可见B公司向A公司付款与货物是否交付并无关联。根据上述事实,B公司明显知道各方当事人签订案涉合同的目的并非真实地进行货物交易,而是借买卖之名行借贷之实。

综上,A公司与B公司之间虽签订销售合同,但该合同并非单一、独立的买卖合同,而是整个闭环交易链条中的一个环节,在整个交易中仅发生了资金的流转,而未发生真实的货物流转,并不符合买卖合同的基本特征,因此A公司与B公司之间并不存在买卖合同关系。

(二)案涉四份采购合同、销售合同及担保关系的效力应当如何认定

《民法总则》第146条规定,行为人与相对人以虚假的意思表示实施的民事法律行为无效。以虚假的意思表示隐藏的民事法律行为的效力,依照有关法律规定处理。据此,当事人以通谋虚伪意思表示实施的民事法律行为,因欠缺真实意思表示而无效。

(1)关于案涉合同的效力。本案中,案涉合同约定了买卖标的物的名称、规格、数量、价款、付款期限等,在形式上属于买卖合同,但根据现有证据及相关事实可知,A公司与B公司指定的E公司签订采购合同购入货物,又与B公司签订销售合同,将货物卖给B公司,除单价略有上浮外,合同签订的时间、内容、数量等基本相同,且不存在货物流转凭证,结合E公司直接或间接将A公司支付的款项打给B公司的情况,可知当事人之间均无成立买卖合同的真实意思表示,其真实目的是A公司出借资金给B公司使用,故案涉合同名为买卖合同,实为企业融资借款。根据《最高人民法院关于审理民间借贷案件适用法律若干问题的规定》的规定:"法人之间、其他组织之间以及它们相互之间为生产、经营需要订立的民间借贷合同,除存在合同法第五十二条、本规定第五十四规定的情形外,当事人主张民间借贷合同有效的,人民法院应予支持。"据此,本案"买卖关系"是当事人虚假的意思表示,各方隐藏的真实法律关系为借贷关系,该等借贷关系并不违反法律、行政法规的强制性规定,应确认为有效。

在司法实践中,“名为买卖实为借贷”的情形并不鲜见。在最高人民法院于2019年11月8日发布的《全国法院民商事审判工作会议纪要》(法〔2019〕254号)中还专门就类似的问题处理给出指导意见:“69.【无真实贸易背景的保兑仓交易】保兑仓交易以买卖双方有真实买卖关系为前提。双方无真实买卖关系的,该交易属于名为保兑仓交易实为借款合同,保兑仓交易因构成虚伪意思表示而无效,被隐藏的借款合同是当事人的真实意思表示,如不存在其他合同无效情形,应当认定有效。保兑仓交易认定为借款合同关系的,不影响卖方和银行之间担保关系的效力,卖方仍应当承担担保责任。”

(2)关于案涉担保关系的效力。本案中,担保人被告二C公司与被告一B公司在交易履行期间的股东完全相同,即被告三鲁×宇及其兄弟鲁×杨;而被告四江×贝与被告三鲁×宇是夫妻关系;被告五鲁×科既是被告三鲁×宇的父亲,又是被告一B公司的现任股东及法定代表人。可见,被告三、四、五实为被告一、被告二的实际控制人,各担保人对于A公司与B公司之间的资金往来和借贷关系应属明知。C公司、鲁×宇、江×贝、鲁×科在明知案涉买卖合同实为借款关系,仍为B公司提供担保,说明其出具的《最高额抵押合同》和《担保函》的真实意思是为B公司的债务进行担保。同时,根据前述最高人民法院《全国法院民商事审判工作会议纪要》第69条的规定,案涉交易认定为借款合同关系,买卖合同关系无效但借款合同关系有效,这并不影响A公司与C公司、鲁×宇、江×贝、鲁×科之间担保关系的效力,因此C公司、鲁×宇、江×贝、鲁×科仍应当承担担保责任。因此,根据《物权法》第171条、第173条、第203条,《担保法》第18条、第21条,结合各担保人签订的《最高额抵押合同》和《担保函》,C公司、鲁×宇、江×贝、鲁×科对B公司不能清偿的借款,应在主债务、利息及违约金的范围内承担连带责任。

综上所述,在A公司已经支付出借资金,且资金已由B公司收取的情况下,B公司应承担还款义务。同时,各担保方,即C公司、鲁×宇、江×贝、鲁×科对于各方的真实法律关系系属明知,在B公司不履行还款义务的情况下,各担保方应履行担保责任。恳请贵院查明事实,判如所请。

诉讼代理人:杨　亭　律师

裁判结果

法院于2019年12月27日作出判决:

一、被告B公司于判决生效之日起10日内偿还原告A公司借款本金9,391,385元、利息112,692元及逾期还款违约金(以9,391,385元为基数,自2017年9月11日起至实际付清之日止,按年利率14.4%的标准计算);

二、被告C公司、鲁×宇、江×贝、鲁×科对被告B公司的上述付款义务承担连带清偿责任;

三、驳回原告A公司的其他诉讼请求;

四、驳回被告B公司的全部反诉请求。

裁判理由

法院认为:本案的争议焦点为:(1)案涉交易的法律性质是买卖合同关系还是借款合同关系;(2)案涉四份采购合同、销售合同的效力及担保关系应当如何认定。

(一)关于本案《销售框架协议》及其项下连环采购合同的签订是否在各方之间形成真实的买卖合同关系

法院认为:A公司、E公司和B公司之间并未依法成立买卖合同关系,理由如下。首先,D公司、E公司系B公司指定,与B公司为相同主体实际控制,具有极强的关联性。其次,案涉交易是自买自卖的闭环贸易,且“低卖高买”,交易价格在长期的交易过程中没有任何波动,不具有商业上的合理性。最后,案涉协议的履行过程中并无真实的货物流转。因此,A公司与B公司之间虽签订销售合同,但该合同并非单一、独立的买卖合同,而是连续发生的数十次交易的整个闭环交易链条中的一个环节,在整个交易中仅发生了资金的流转,而未发生真实的货物流转,并不符合买卖合同的基本特征,因此A公司与B公司之间并不存在买卖合同关系。结合E公司直接或间接将A公司支付的款项打给B公司的情况,可知当事人之间均无成立买卖合同的真实意思表示,其真实目的是A公司出借资金给B公司使用,故案涉合同名为买卖合同,实为企业融资借款。本案“买卖关系”是当事人虚假的意思表示,各方隐藏的真实法律关系为借贷关系,该等借贷关系并不违反法律、行政法规的强制性规定,应确认为有效。

(二)案涉四份采购合同、销售合同及担保关系的效力应当如何认定

法院认为:本案中,案涉合同约定了买卖标的物的名称、规格、数量、价款、付款期限等,在形式上属于买卖合同,但根据现有证据及相关事实可知,A公司与B公司指定的E公司签订采购合同购入货物,又与B公司签订销售合同,将货物卖给B公司,除单价略有上浮外,合同签订的时间、内容、数量等基本相同,且不存在货物流转凭证,结合E公司直接或间接将A公司支付的款项打给B公司的情况,可知当事人之间均无成立买卖合同的真实意思表示,其真实目的是B公司出借资金,故案涉合同名为买卖合同,实为企业融资借款。本案"买卖关系"是当事人虚假的意思表示,各方隐藏的真实法律关系为借贷关系,该等借贷关系并不违反法律、行政法规的强制性规定,应确认为有效。

同时,法院认为:本案中,担保人C公司与B公司在交易履行期间的股东完全相同;而担保人江×贝与担保人鲁×羽是夫妻关系;担保人鲁盈×既是担保人鲁×羽的父亲,又是B公司的现任股东及法定代表人,实为B公司、C公司的实际控制人。可见,各担保人对于A公司与B公司之间的资金往来和借贷关系应属明知。各担保人在明知案涉买卖合同实为借款关系,仍为B公司提供担保,说明其出具的《最高额抵押合同》和《担保函》的真实意思是为B公司的债务进行担保。案涉交易为借款合同关系,买卖合同关系无效但借款合同关系有效,这并不影响A公司与各担保人之间担保关系的效力,因此各担保人仍应当承担担保责任。

律师评析

"名为买卖实为借贷"纠纷,是披着连环买卖关系外衣的借款纠纷。在该类案件中,出借人大多扮演中间商的角色,而借款人则具有双重身份,借款时是上游出卖人,还款时是下游买受人。该情形下,出借人基于买卖关系要求借款人归还借款,往往只能以中间商的身份要求上游出卖人归还货款。但是,上游出卖人大多是借款人为转移资金设立或寻找的皮包公司,并无实际支付能力。而出借人要求下游买受人支付货款,又常由于没有真实的货物流通依据而无法获得救济。因此,作为出借人的代理人,在处理"名为买卖实为借贷"纠纷时,应当跳出买卖关系陷阱,结合《民法总则》第146条

(《民法典》第146条)的规定，以论证双方之间隐藏行为为切入点，重点论证连环买卖关系中的不合理之处，进而达到揭示真实的借款关系之目的。本案中，法院在"本院认为"部分大篇幅引用我方代理意见，即为上述思路最好的例证。

68

建设工程施工合同纠纷：未签书面施工合同且无定额情况下的结算依据

北京元合律师事务所　杨　洋

裁判要点

建设工程合同是承包人进行工程建设，发包人支付价款的合同。建设工程合同包括工程勘察、设计、施工合同。近年来，随着我国社会经济的发展，建筑行业发展迅猛，已经成为我国国民经济的支柱产业。但是在建筑业快速发展的同时，随之而来的建设工程施工合同纠纷逐年增多，由于建设工程施工合同履行期间长、影响因素多，司法实践中往往涉及合同效力、工程造价鉴定、损失赔偿等事实认定与法律适用问题，争议较大。

本案中A电力工程公司与B电力安装公司未签订书面协议，故双方未书面或口头约定结算依据。且案涉大部分具体工程在建设工程计价依据预算定额中没有相应的定额子目，审理过程中双方对此部分工程如何结算争议较大：A电力工程公司认为应以同类施工市场价格进行计算；施工单位B电力安装公司认为应以A电力工程公司当时投标时的价格进行计算。本案历经一审、二审、再审，最终法院认定应以同地区、同时间可供参考的市场价格确定案涉工程造价。

基本案情

2013年×月，A电力工程公司与B电力安装公司达成口头协议，约定A电力工程公司将其中标的某工程部分土建项目交由B电力安装公司施工，双方未就此签订书面合同。A电力工程公司于2013年7月向B电力安装公司预付上述工程款200万元。B电力安装公司于2013年8月初至2014年11月进行了上述工程施工,2014年年底该工程投入使用。2014年7月,A电力工程公司向B电力安装公司转账支付工程款200万元。

2014年11月×日,A电力工程公司向B电力安装公司发送电子邮件,附件为《给B电力安装公司函》,正文主要内容为:"贵公司分包外电源工程,实际完成工程量:现浇电缆井××座,砖混电缆井×座,12×φ160+2×160M-PP拉管××延米,院内电缆管敷设包封(10×φ150PVC-C电缆管+2×D162九孔格栅管)××延米,10×φ150+2×φ150无缝镀锌钢管××延米,以上工程量已经监理确认。现请贵司于2014年11月前按实际完成工程量,将工程款结算文件以书面形式报送我公司,我公司将尽快予以审核。超出我公司要求时间,我公司将以结算完毕处理。"

2015年1月,B电力安装公司委托杜某通过邮政速递物流公司向A电力工程公司寄送《关于外电源工程分包工程结算文件的函》及其附件,其中《关于外电源工程分包工程结算文件的函》的内容为:"我司收悉贵公司《关于外电源工程分包工程结算文件的函》,贵公司函中明确我司实际完成工程量对此我司无异议。按贵司函件要求,我司已于2014年11月7日将结算文件做出并以电子邮件的方式发送到贵公司邮箱,11月8日贵公司刘某到我公司收取结算文件即《工程概预算书》一份。截至今日,贵司对我司上述结算文件没有任何反馈,现再次向贵司送达结算文件一份,请尽快审核付款为盼。注:①应为《工程结算书》,本次文件已修正,内容没有变化。"工程结算书中显示:工程名称:某外电源工程。工程总造价:2000余万元单方造价:元/m^2。施工单位B电力安装公司已签字盖章,建设单位签章处为空白。

B电力安装公司要求A电力工程公司按照上述结算数额扣除400万元后,支付剩余工程款,A电力工程公司不同意。双方为此发生争议,2015年3月,B电力安装公司为主张工程款,将A电力工程公司以建设工程施工合同纠纷为案由诉至××区人民法院。

该案在审理过程中,双方仍无法就B电力安装公司实际施工的工程量及造价达成一致意见。经双方当事人共同申请,法院随机确定由北京某工程咨询有限公司对B电力安装公司就某工程量及工程造价进行鉴定。

该鉴定机构出具的《造价鉴定意见书》载明:该鉴定机构在A电力工程公

司、B 电力安装公司双方提供资料的基础上，结合现场勘查本着公平合理的原则，依据2012年《市建设工程计价依据——预算定额》及相应取费标准和相关的工程造价管理文件进行鉴定。

鉴定意见书第5项中关于“工程造价鉴定相关问题的说明”具体内容如下：因本工程A电力工程公司、B电力安装公司之间没有合同，经质证A电力工程公司、B电力安装公司双方一致同意本工程除拉管外其他工程均按2012年《市建设工程计价依据——预算定额》及相应的取费标准进行计算，工程造价、人材机价格采用2014年5月北京市信息价。(1)人材机价格：除拉管外均采用双方确认的2014年5月北京市信息价计算，人工单价按信息价平均值计算。(2)关于拉管工程量：实际勘察时，存在井起点与终点拉管个数不一致情况。A电力工程公司认为存在拉管未拉通的现象，现场无法勘查此部分实际拉管数量，本鉴定将拉管起点与终点数量是否一致分为工程量已确定的拉管工程与工程量有争议的拉管工程。(3)关于拉管单价：双方存在较大争议，B电力安装公司认为应按投标报价扣除6%计算，而A电力工程公司坚持按其提供的3家询价记录的平均值计算，因A电力工程公司、B电力安装公司双方无合同约定拉管价格计取方式。因此，本鉴定将这两种价格分别列出。(4)双方工程量已确定的拉管工程：以三家询价平均值作为单价计算合价较低即为确定项，确定项合价为200余万元，单价按投标报价扣除6%计算合价为800余万元，两价之差即为争议金额为600余万元，若法庭认可B电力安装公司意见，拉管单价按投标报价扣除6%计算，则确定项增加该争议金额，否则确定项不做增减。(5)双方工程量有争议的拉管工程：按A电力工程公司意见(以三家询价平均值作为单价计算)合价为80余万元，B电力安装公司意见(单价按投标报价扣除6%计算)合价为300余万元，因工程量有争议，若法庭不认可有争议的工程量，则确定项不做增减；若法庭认可有争议的工程量，且认可A电力工程公司的意见按三家询价平均值计算，则确定项增加80余万元，若法庭认可有争议的工程量，且认可B电力安装公司的意见按投标价扣6%计算，则确定项增加300余万元。

该鉴定意见送达后，B电力安装公司于2017年1月向法院申请撤诉获法院准许。2018年B电力安装公司再次以同样事实和理由将A电力工程公司诉至法院要求其支付拖欠工程款900余万元及违约金。A电力工程公司认为工程总价为300余万元，因其已付款400万元，故反诉要求B电力安装公司返还多支付的工程款70余万元。在审理过程中，双方对此前案件的审理过程及鉴定意见书的真实性均认可。

一审法院认为，因双方未就案涉工程分包及施工签订书面合同，亦未明确有关工程的单价计价原则，在鉴定过程中，双方对拉管工程的单价分歧较大，考虑该工程系A电力工程公司通过招投标程序取得，相关单价按照招投标报价更为科学、合理，据此作出一审判决。A电力工程公司不服，提起上诉，二审法院驳回上诉，维持原判。A电力工程公司仍然不服，向××高级人民法院申请再审。再审过程中，法院委托原鉴定机构就同地区、同时间可供参考的拉管工程进行补充鉴定。鉴定机构依据2012年《市建设工程计价依据——预算定额》、相应的标准取费（含企业管理费、利润、规费、税金）以及施工期北京市造价信息及市场价进行鉴定，最终确定拉管工程确定项金额为300余万元，争议项金额为100余万元。

代理意见

××高级人民法院：

贵院审理的再审申请人A电力工程公司与被申请人B电力安装公司建设工程施工合同纠纷一案，我作为本案再审申请人的代理人，结合本案再审庭审情况，针对本案的争议焦点，发表如下代理意见：

代理人认为，本案的争议焦点为：(1)A电力工程公司、B电力安装公司之间因案涉工程造价及结算引发的争议，在双方没有约定的情况下，能否以A电力工程公司与第三人之间招投标的价格作为计算依据。(2)在双方未签订施工合同，未明确约定计价及结算原则，没有定额的情况下，应如何确定工程造价。

一、原审法院以A电力工程公司与第三人招投标过程中的中标价格作为本案A电力工程公司与B电力安装公司的结算依据没有事实和法律依据

(1)原审法院违反了合同相对性原则，将A电力工程公司与第三人之间形成的合同关系，延伸到了A电力工程公司与B电力安装公司之间，属适用法律错误。

A电力工程公司经过招投标程序中标了整个电力工程，后与第三人签订了施工合同。A电力工程公司中标后将电力工程中管井部分的土建工作交由B电力安装公司施工,这是A电力工程公司与B电力安装公司合意的结果,双方虽未签订书面施工合同,但A电力工程公司与B电力安装公司之间形成了独立的、事实上的施工合同关系。在没有书面合同和口头约定的情况下,工程款结算应按实际完工的工程量,依据市场价格确定。A电力工程公司与第三人签订的合同或招投标报价与本案无关,不能作为A电力工程公司与B电力安装公司之间的结算依据。

A电力工程公司与第三人之间的招标、投标、中标过程实质上是A电力工程公司与第三人之间的协商过程,是A电力工程公司与第三人之间合意的结果,与B电力安装公司无关。投标、中标的价格或者某些单价仅在A电力工程公司与第三人之间具有约束力,是A电力工程公司与第三人之间的结算依据,与他人无关。更不能在没有任何协商一致的前提下,成为A电力工程公司与B电力安装公司之间的结算依据或鉴定依据。

(2)A电力工程公司的投标过程或者说投标报价是将整个工程作为整体进行综合考虑后的商业决策,对不同施工内容有不同的报价策略,最终形成一个整体投标价格。招投标过程中的拉管单价对本案无任何参考价值。

案涉工程电力管线最初施工方式为明挖方式,后因为施工占路影响交通等问题,在相关部门的要求下改为全部拉管施工方式。在原招投标文件中,都是以最初设计的明挖方式进行的招投标,拉管部分仅有极少的施工量。

由于《市建设工程预算定额(电气工程)》中没有拉管定额,投标文件中在《工程量清单综合单价分析表》中,将拉管部分作为补充子目进行报价,子目编号为“补子目1”和“补子目2”。因为拉管施工的特殊性,其价格不只是施工过程中发生的实体施工费用,还包括办理相关手续、组织、协调前期评估、施工完毕后的后期监测等必不可少的工作费用,所以在补充子目中,A电力工程公司当时是综合考虑整体工程前期、施工、后期监控及投标策略的前提下,直接在综合单价明细中填写了材料费、管理费和利润两项。其他的人工费、机械费均未单独填写是因为许多实体施工工作以外的工作无法细化组价,因此以固定单价形式报出了综合单价。

这充分证明了投标价是A电力工程公司在综合考虑各方面因素的基础上以“一口价”形式的报价。作为招标方也是将工程整体进行招标,对整体投标文件进行综合评标,现A电力工程公司中标,即是A电力工程公司与第三人形成的合意。而B电力安装公司仅仅做了实体工程施工部分(即只负责干活),因此投标文件中的这部分单价对本案单价没有任何借鉴或证明效力,不能作为A电力工程公司与B电力安装公司的结算依据。

二、在双方未签订书面施工合同,未明确约定计价及结算原则,案涉拉管工程又没有定额的情况下,应依据市场价格确定工程造价

建设工程施工本身为市场行为,正常合理的市场价格能够体现B电力安装公司的工作价值,能够保障B电力安装公司合理利润,符合各方的利益,应当作为法院确定工程造价的依据。作为经法院依法摇号选定的第三方鉴定机构,以市场价格作为鉴定依据进而得出确定项的造价,代理人认为是合法、合理的,应该作为法院判决的依据。经鉴定本案工程造价确定项仅为325万余元,而A电力工程公司已支付400万元,不仅没有欠付工程款,反而已经超付,B电力安装公司应依法返还超付部分。

本案在审理过程中,A电力工程公司单方委托一家法院鉴定机构名录中有资质的鉴定机构,就案涉工程造价进行鉴定,其最终鉴定结果与本案法院委托鉴定机构鉴定结论的确定项基本一致,法院也应依据鉴定机构按市场价格确定本案工程造价裁判。

三、案涉工程B电力安装公司部分拉管数量与设计图纸不符,没有按施工图纸完成设计的工作量,A电力工程公司对于这部分工程款没有支付义务,原判对于这部分工程款判决A电力工程公司分担系认定事实和法律依据错误

这些与设计图纸不符的部分,完全是由于B电力安装公司的施工工艺及技术能力不足造成的。B电力安装公司没有提供任何证据证明数量不符系非B电力安装公司原因造成的。这些质量问题是客观存在的,B电力安装公司的主观因素如何,不能改变B电力安装公司施工部分存在重大质量问题的事实。在这种情况下,原审法院仍判决电力公司对于这部分工程造价承担支付义务,明显系认定事实和适用法律错误。

综上,代理人认为原审法院以A电力工程公司与第三人之间的招投标价格作为本案A电力工程公司与B电力安装公司的结算依据,适用法律错误。本案在未签订书面合同情况下,应以市场价格确定的工程造价作为裁判依据,请求法院支持再审申请人的再审请求。

此致

××高级人民法院

再审申请人:×××

代理人:杨 洋 律师

裁判结果

××区人民法院一审判决:

一、A电力工程公司于判决生效后15日内支付B电力安装公司工程款7,263,230.56元;

二、驳回B电力安装公司的其他诉讼请求;

三、驳回A电力工程公司的全部反诉请求。

××中级人民法院二审判决:

驳回上诉,维持原判。

××高级人民法院再审判决:

一、撤销××中级人民法院××号民事判决及××区人民法院××号民事判决;

二、A电力工程公司于判决生效后10日内支付B电力安装公司工程款1,429,330元;

三、驳回A电力工程公司的其他诉讼请求;

四、驳回B电力安装公司的全部反诉请求。

裁判理由

一审、二审法院认为,A电力工程公司与B电力安装公司就案涉工程的工程量及工程造价发生分歧以致未能最终结算。法院委托鉴定机构进行了工程量及造价鉴定,对该鉴定意见法院予以采信。因双方未就案涉工程分包及施工签订书面合同,亦未明确有关工程的单价计价原则,在鉴定过程中,双方对拉管工程的单价分歧较大,法院考虑该工程系A电力工程公司通过招投标程序中标取得,相关单价按照招投标报价更为科学、合理,故法院按照投标报价扣除6%确定工程造价。

再审法院认为,A 电力工程公司就某外电源工程的投标文件包括东线和西线工程,B 电力安装公司分包的是西线工程的部分工程。因拉管工程没有定额,原审委托的鉴定机构以三家厂家询价的平均价格作为拉管单价计算出拉管工程的确定项,以招标文件的投标价格扣除 6% 作为拉管工程争议项。再审庭审中,A 电力工程公司申请鉴定人出庭,鉴定人出庭接受双方问询作出补充鉴定意见,现鉴定机构参考电信工程中的拉管定额结合同地区、同时间市场价格计算出的拉管工程造价更具合理性和科学性,可以作为工程造价的计算依据。因双方对没有签订书面协议均存在过错,对拉管工程争议项金额各自负担 50%。综上,确定案涉工程总造价为 500 余万元,扣除 A 电力工程公司已支付的 400 万元工程款,还应向 B 电力安装公司支付剩余工程款 140 余万元。原审法院就拉管工程单价按照投标报价扣除 6% 计算不妥,导致案涉工程款计算有误,本院再审予以纠正。

律师评析

本案案情比较特殊,A 电力工程公司与 B 电力安装公司之间未签订书面协议,亦未口头约定结算依据。且在建设工程计价依据预算定额中没有案涉具体施工工程相应的定额子目,导致双方对于该部分工程造价计算依据争议较大。鉴定过程中,鉴定机构依据 A 电力工程公司主张的三家施工单位询价价格平均值,出具了确定项工程造价;依据 B 电力安装公司主张的 A 电力工程公司当时进行招投标时的投标报价出具了争议项工程造价。

本律师认为,A 电力工程公司经过招投标程序中标了整个电力工程,并与第三人签订了施工合同。A 电力工程公司中标后将电力工程中管井部分的土建工作交由 B 电力安装公司施工,A 电力工程公司与 B 电力安装公司虽未签订书面施工合同,但双方之间形成了独立的、事实上的施工合同关系。因此,A 电力工程公司投标、中标的价格,系其与第三人之间的约定,该单价在 A 电力工程公司与 B 电力安装公司之间没有约束力。不能突破合同相对性的基本原则,将 A 电力工程公司与招标人确定的部分工程单价,适用到了 A 电力工程公司与 B 电力安装公司之间。

本案再审期间,再审法院认可了 A 电力工程公司的观点,亦认为采取投标价格作为计算依据不妥,鉴于本案情况应采取同地区、同时间的市场价格作为计算依据。但该询价方式系A电力工程公司单方进行,法院考量程序公证等问题亦未直接采信A电力工程公司的询价金额。再审过程中,再审法院要求原鉴定机构,依据同地区、同时间市场价格,对案涉工程造价进行了补充鉴定。并最终以此作为定案依据。该案指导意义在于,在无定额的情况下如何确定工程造价的计算依据。随着我国社会经济的发展,建筑行业飞速发展,市场巨大。建设工程市场本身形成了能为建设单位与施工单位认可的市场化的价格体系。随着市场越来越成熟,价格越来越明晰与合理,实践中具有同地区、同时间、同类工程的进行类比性、可行性与合理性。因此,在没有定额的情况下,采取同地区,同时间的市场价格更加公平合理、更有效地平衡了施工方与建设方的利益,能够有效地维护各方权益。

同时我们也应该注意到,我国建筑市场在飞速发展的同时,也还存在着施工资质、挂靠、转包、垫资、拖欠工程款等诸多问题亟待解决。《民法典》的颁布与实施,使我国法治建设迈上了新台阶,它将在民事活动中发挥巨大的制约和引导的作用,成为规范建筑市场运行,解决争议的基本法律。在有了法律保障的前提下,建筑市场参与主体也应该相应增强法律意识,依托法律保障自身合法权益。结合本案看,A电力工程公司与B电力安装公司未签订书面合同,导致双方各执己见,为双方争议埋下伏笔,也给法院审判及鉴定机构的鉴定工作带来一定影响,导致本案审理历时数年。如双方最初能够依法签订书面合同,明确各方权利义务、明确结算依据,本案可能就不会发生。在此,也希望借助本次《民法典》的颁布与实施,让律师不断加深法律法规、行业规则的探讨学习,让各个市场参与主体增强法律意识、指导社会实践,推动整个社会的法治进程。

69

租赁合同纠纷：约定合同生效的条件未达到合同不生效

北京市中银律师事务所　杨智昌

裁判要点

租赁合同是出租人将租赁物交付承租人使用、收益,承租人支付租金的合同。商铺租赁合同是指出租方与承租方就商铺租赁所达成的书面合同,围绕着商铺使用权所形成的民事租赁关系。

本案是商铺租赁合同,并且在合同中约定了合同生效的条件:租赁合同自双方签字盖章并在商业公司收到餐饮公司交纳的履约保证金后生效。合同签订后因餐饮公司其他股东嫌合同中商业公司的条件太苛刻,担心不能盈利,不同意履行这个合同,也就没有再交纳履约保证金。《合同法》第 45 条规定:当事人对合同的效力可以约定附条件。附生效条件的合同,自条件成就时生效。附解除条件的合同,自条件成就时失效。因此,本合同没有生效。

但餐饮公司法定代表人、大股东魏×本人想做这个项目,随后和几个朋友包括刘×、张×、范×、罗×一起注册成立了 A 公司及第一分公司。魏×兼做 A 公司经理兼法定代表人。经过和商业公司协商就由 A 公司作为承租方对原出租场地进行承租经营,双方没有再重新签订书面合同。后在经营过程中因为商业公司内部装修设立围挡,影响 A 公司的经营,公司利润下滑、亏损,A 公司为此多次和商业公司交涉,都没有结果。无奈 A 公司被迫停止营业,人员回家休息。商业公司人员也多次更换。二审中经法庭主持调解双方达成协议。

二审双方让步调解结案,调解书内容如下:

一、餐饮公司于2016年3月31日一次性支付商业公司房屋租金、管理服务费、一次性促销费及违约金共计人民币5万元整(已执行)。

二、一审案件受理费6388元,由商业公司负担2308元(已交纳),由餐饮公司负担4080元(于本调解书送达之日起7日内交至原审法院);二审案件受理费3194元,由餐饮公司负担(已交纳)。

三、双方关于本案租赁合同纠纷再无其他争议。上述协议,符合有关法律规定,本院予以确认。

基本案情

2012年原告商业公司与被告餐饮公司签订《商业租赁合同》,合同约定:租赁合同自双方签字盖章并在商业公司收到餐饮公司交纳的履约保证金后生效。合同签订后因餐饮公司其他股东嫌合同中商业公司的条件太苛刻,担心不能盈利,不同意履行这个合同,也就没有再交纳履约保证金。但餐饮公司法定代表人、大股东魏×本人想做这个项目,随后和几个朋友包括刘×、张×、范×、罗×一起注册成立了A公司及第一分公司。魏×兼做A公司经理兼法定代表人。经过和商业公司协商就由A公司作为承租方对原出租场地进行承租经营,双方没有再重新签订书面合同。后在经营过程中因为商业公司内部装修设立围挡,影响A公司的经营,公司利润下滑、亏损,A公司为此多次和商业公司交涉,都没有结果。无奈A公司被迫停止营业,人员回家休息。商业公司人员也多次更换。

2015年5月商业公司向法院起诉请求餐饮公司:(1)给付租金、物业费及管理费共计人民币284,388.17元;(2)依照合同约定缴纳履约保证金54,750元;(3)承担本案全部诉讼费用。商业公司向法院提交了《商业租赁合同》催收通知书等证据。立案后被告餐饮公司委托北京市中银律师事务所杨智昌律师作为委托诉讼代理人代理诉讼。接受委托后杨智昌律师认真研究了商业公司的起诉状和其提交的证据,认为《商业租赁合同》没有生效;与餐饮公司履行合同的是A公司,不是餐饮公司,商业公司起诉餐饮公司履行租赁合同,缴纳有关费用没有合同依据和事实依据,请求法院驳回原告商业公司的诉讼请求。因一审法院的办案人员主观上带有倾向性没有采纳杨智昌律师的代理意见,间断的经过了5、6次的开庭审理,历时7个月,法院的判决支持了原告商业公司的诉讼请求。但杨智昌律师坚信其代理意见是正确的,经与委托人商定继续上诉。经过杨智昌律师的据理力争,二审法院和商业公司内部认可了其理由意见,在此基础上经法官主持调解双方作出了让步并达成了调解协议,其中魏×为了简化程序以上诉人餐饮公司的名义签订调解协议,实际是魏×代表A公司的股东签订调解协议,并实际履行。二审以调解结案。

代理意见

代 理 词

致××中级人民法院:

就贵院受理上诉人餐饮公司与被上诉人商业公司租赁合同纠纷一案(以下简称本案),我是本案上诉人的委托诉讼代理人,结合本案庭审情况,发表如下代理意见:

一审判决认定事实错误,依法应予撤销;被上诉人商业公司起诉上诉人餐饮公司履行租赁合同,缴纳有关费用没有合同依据和事实依据。其诉讼请求依法应当驳回!

事实和理由如下:

第一,一审判决认定事实错误。

从本案的证据来看,被上诉人商业公司起诉上诉人餐饮公司履行租赁合同,缴纳有关费用没有合同依据和事实依据;其租赁合同并未生效,被上诉人也没有履行交付案涉商铺的义务。其诉讼请求应当驳回。

首先,商业公司请求餐饮公司履行合同提供的证据是《商业租赁合同》。该租赁合同第25条明确写明:“租赁合同自双方签字盖章并在甲方收到乙方缴纳之履约保证金后生效。”现在商业公司请求餐饮公司“交纳履约保证金54,750元”,说明该合同并没有生效。

其次,商业公司也没有将案涉商铺交给餐饮公司,一审中商业公司也没有提供证据证明将案涉商铺交给了餐饮公司。从商业公司提供的证据来看反而证明了履行合同的不是餐饮公司,而是案外人A公司。

商业公司提供的证据有A公司缴纳装修保证金的证明,A公司股东张×为缴纳商铺租金等费用的付款单证，A公司的减免店租申请、A公司的合同终结通知书，与商业公司商谈“A公司租赁合同的解除事宜”是“A公司法人”魏×；A公司以案涉商铺为注册地注册成立的A公司第一分公司和餐饮公司的营业执照。以上证据都证明了商业公司是和A公司履行租赁合同，而不是和餐饮公司履行租赁合同；A公司与餐饮公司是两家相互独立的完全不同的法律主体。尽管魏×同时是两家公司的股东和负责人，但依然改变不了两家公司具有相互独立的法人资格这一法律事实。

同时餐饮公司也向法庭提供了A公司及第一分公司、餐饮公司的工商登记信息，有商业公司给A公司提供的以案涉商铺为注册地的场地使用证明，包括案涉商铺在内的房产登记证等证据；提供了商业公司给A公司出具的《施工押金收据》、北京市公安局消防局给商业公司出具的关于A公司餐厅装修《建设工程消防设计审核意见书》和《建设工程验收意见书》《A公司第一分公司餐饮许可证》。

这些证据都证明了商业公司已将案涉商铺交给了A公司，是在和A公司履行商铺租赁合同，而不是和餐饮公司履行租赁合同。

尽管A公司第一分公司是在2013年3月才取得营业执照，但并不妨害A公司在拿到第一分公司营业执照之前与商业公司履行租赁合同在该商铺进行经营。餐饮公司还提供了A公司股东刘×、张×的证言，A公司在案涉商铺的装修合同。也从餐饮公司角度证实了，是A公司在和商业公司履行租赁合同，两家公司是相互独立的不同法人公司。

当然，商业公司还提供了餐饮公司与商业公司双方签订的“租赁合作意向书”，意向书中有：品牌是A公司。首先，说意向书不是合同，不具有法律上的约束力；其次，品牌不是公司名称，A公司是股东自己成立的公司，与餐饮公司是没有法律上的隶属关系的，更不能等同于餐饮公司；最后，餐饮公司不承租案涉商铺，A公司承租后当然也可以用A公司的品牌经营，法律上并无禁止和不妥。一审法院以此作为餐饮公司履行租赁合同的依据，显然是存在逻辑上的错误的。

商业公司还提供了停业通知书、没送达的律师函，自己制作的写有餐饮公司名称的一些单据，这些东西是商业公司自己写的，又没有送达给餐饮公司，与餐饮公司以及本案没有关系；商业公司自己管理混乱发生错误，总不能让餐饮公司负责吧，依法不具有法律上的关联性；并且很多单据只能看到半幅，日期或单位被遮掩,无法辨别真伪,根本就不具备证据的条件。二审中商业公司提到个别催缴通知书是刘××签收的,但经庭审已经查明:刘××是A公司工作人员,而不是餐饮公司的工作人员,与餐饮公司没有任何关系。至于商业公司提供的盖有餐饮公司印章的《停业通知书》是在A公司停业,人员被辞退的情况下魏×让餐饮公司工作人员代A公司拟定发送的,这个工作人员因不了解情况和理解错误,就误以餐饮公司名义给商业公司发送了该《停业通知书》。这是餐饮公司的失误,不是餐饮公司和商业公司履行合同的证据。

总之,从餐饮公司、商业公司双方提供的证据看商业公司与餐饮公司签订的租赁合同并没有生效,商业公司也没有将案涉商铺交给餐饮公司经营;而是交给了A公司,是在和A公司履行合同。商业公司的诉讼请求应当被驳回。在这个案件的根本问题上尽管有些证据需要解释,但是从公正的角度出发,用法律的规则去衡量,从案件证据的总体来看,餐饮公司的主张具有绝对的证据优势,具有高度的盖然性,而不可否定。一审法院判决置这些有力的证据于不顾,脱离案件事实,违反事实和法律,主观臆断,凭空认定租赁合同生效,并已实际履行,进而判决餐饮公司向商业公司承担责任,是认定事实错误的一份错误判决,缺乏证据支持,又违反案件基本事实和证据,依法应予撤销。

第二,一审法院判决事实认定无证据支持,存在混淆概念、曲解证人证言、主观臆断、虚构事实的错误违法情形,并以此来达成其错误认定合同已生效、餐饮公司违约,承担责任之目的。

一审判决写明【第7页第12—17行】:“餐饮公司的法定代表人与A公司的法定代表人,且合同约定的‘经营项目’(应该是品牌)为A公司。由于餐饮公司与案外人A公司存在特殊的关系,餐饮公司提供的证人证言也未能否定承租人为餐饮公司的事实,被告提出案外人A公司为实际承租人,其并非案涉租赁合同承租人意见,本院不予采纳。”

这里存在以下错误:

首先,一审判决混淆了“A公司名称”与“A品牌”“合作项目”的概念。尽管商业公司和餐饮公司在签订《商业租赁合同》中将经营品牌设定为“A”,但此处的“A”不是公司名称;而“A公司”是魏×和刘×、张×、罗×、范×五位股东注册成立的公司,不是餐饮公司的经营品牌,也不是“合作项目”,和餐饮公司没有关系;同时餐饮公司不承租案涉商铺,A公司承租后当然也可以用A的品牌经营,法律上并无禁止和不妥;更不能证明餐饮公司在履行《商业租赁合同》。

其次,歪曲证人证言。这里餐饮公司证人张×、刘×所证明的案件事实是,(1)张×是A公司的实际股东;(2)张×所交费用是代表A公司交的,不是代表餐饮公司交的,和餐饮公司没关系。是用来否认商业公司在二次庭审中所举缴费证据,是餐饮公司所交费用的问题。目的明确,事实清楚,没有疑问! 进一步证实了,餐饮公司没有和商业公司履行合同。而且商业公司自己已经证实了是A公司与其履行租赁合同。这足以证明了餐饮公司不是承租人。

最后,用餐饮公司与案外人A公司的特殊关系,即使魏×同时是两家公司的股东和法定代表人,违法否定两家公司法律上的独立性。但是即使这样也不能将两家公司混同为一家公司。这是因为这是两家相互独立的、完全不同的公司,这可从下面的对比列表看出:

A公司	餐饮公司
注册地:	注册地:
××区××里3×2号院F.1-×3;	××区××镇××路××时尚购物中心一层L-1×3a;
注册号:1101050153237×8;	注册号:1101130140508×2;
股东:刘×和魏×	股东:赵×慧和魏×
(另有隐名股东张×、罗×、范×)	

这一点上诉人在一审中已多次强调。

一审判决还混淆了实际履行的概念和谁在履行合同的问题。

首先,一审判决写明【第7页第3—5行】:"商业公司与餐饮公司就案涉商铺先签订了租赁合作意向书,之后签订租赁合同系双方当事人的真实意思表示,且不违反法律规定,双方均应按照合同约定履行义务"。

双方签订《商业租赁合同》是真实意思。但是合同约定:"自双方当事人签字盖章并在甲方收到乙方之履约保证金后生效。"附条件生效,更是双方的意思表示。既然商业公司没有收到餐饮公司之履约保证金,合同当然没有生效。何来法律约束力? 何来按照合同履行义务之说? 合作意向书更是依法不具有合同效力。

其次,一审判决还写明【第7页第10—11行】:"案涉租赁合同的签订人为餐饮公司,合同签订后已实际履行。"

是谁在履行? 商业公司自己举证证实:以案涉商铺为住所地,注册第一分公司并且在案涉商铺经营的是A公司、缴纳装修保证金和商铺租金的是A公司、提出减免租金的是A公司、解除合同的是A公司、协商解除合同事宜的是A公司和A公司的法定代表人魏×。这哪里有餐饮公司的影子,如何会是餐饮公司在履行合同,怎么又是实际履行? 是谁在实际履行?

而且商业公司自己将案涉商铺作为注册、经营场地提供给A公司注册第一分公司,并协助A公司申报餐厅装修工程消防设计审核、消防验收,协助办理餐饮服务许可证。

这又是谁和谁在履行租赁合同。显然是其他人在履行,是商业公司在和其他人在履行租赁合同,不是餐饮公司在实际履行。

此外还存在歪曲和虚构事实问题。

首先,一审判决写明【第7页第11—12行】:“商业公司为案涉商铺出具的发票均系开具给餐饮公司,期间并无争议。”

商业公司既没有将发票交给餐饮公司,何来争议之说? 庭审中餐饮公司质证意见是:是商业公司自己写的也没有送达给餐饮公司,和餐饮公司没关系,其证明目的不成立。这叫不叫争议?

其次,一审判决写明【第7页倒数第6—4行】:“合同签订后,案涉商铺已经交给被告使用,被告也向商业公司缴纳了数月的租金,合同已实际履行。”不知道一审法院这样认定的证据在哪里? 谁是被告? 案涉商铺交给了谁? 谁交的租金? 谁又实际履行? 如何履行? 被上诉人提供的证据证实:接受案涉商铺、交纳租金、实际履行合同均是A公司,而不是餐饮公司。一审法院这样认定餐饮公司实际履行,除去想当然外,没有任何证据。纯属虚构事实。

最后,违法认定赔偿数额。合同解除之后不应再产生新的租金等费用,赔偿数额认定违反事实和规定。

退一步讲,即便一审认定的实际履行合同成立,但一审法院判决对商铺租金等费用的认定也不符合实际,且违背法律。一审判决写明【第8页第2—4行】:“现原告商业公司要求被告餐饮公司支付2013年5月1日至2015年4月30日的房屋租金,管理费用及一次性促销费,理由正当,本院予以支持。”

商业公司提供的证据证实A公司已在2013年5月30日向商业公司提交了《合同终结通知书》通知商业公司,因“与你方(商业公司)介绍时的情况严重不符致使我方(A公司)严重亏损,我方提出与你方解除合同”。即2013年5月30日《商业租赁合同》已经解除。又何来“商铺租金、管理费用、和促销费用”?从上诉人提供的A公司第一分公司的工商登记信息看,A公司第一分公司注销时间是2013年8月23日。公司注销商铺还在经营,不知是谁在经营;不知一审判决认定的依据是什么。14万元租金、39,000元管理服务费及一次性促销费、1万元违约金,不知一审法院是如何计算出来的。对商业公司所说的2013年5月1日至2015年4月30日被告餐饮公司还在案涉商铺内继续经营,原告商业公司没有提供证据证实【第6页第三段第2—6行】,法院也没有现场勘验,调查取证,就直接判决让被告餐饮公司承担租赁费等费用,是完全违背法院以事实为依据的法律原则的。

总之,因为一审法院置客观证据于不顾,违背客观公正的原则,在没有证据支持的情况下用混淆概念,虚构事实等违法手段,错误认定事实,错误判决。

因此,一审判决认定事实错误,依法应予撤销;商业公司起诉餐饮公司履行租赁合同、缴纳有关费用,没有合同依据和事实依据。其诉讼请求依法应当驳回!

以上代理意见,敬请合议庭评议时参考并采纳。

谢谢审判长、审判员

此致

××中级人民法院

上诉人:餐饮公司

代理人:杨智昌　律师

裁判结果

民事调解书

二审双方让步调解结案,调解书内容如下:

本案在审理过程中,经本院主持调解,双方当事人自愿达成如下协议:

一、餐饮公司于2016年3月31日一次性支付商业公司房屋租金、管理服务费、一次性促销费及违约金共计人民币5万元整(已执行)。

二、一审案件受理费6388元,由商业公司负担2308元(已交纳),由餐饮公司负担4080元(于本调解书送达之日起7日内交至原审法院);二审案件受理费3194元,由餐饮公司负担(已交纳)。

三、双方关于本案租赁合同纠纷再无其他争议。上述协议,符合有关法律规定,本院予以确认。

本调解书经各方当事人签收后,即具有法律效力。

裁判(调解)理由

第一,调解是法院办理民商事案件的基本原则,贯穿于案件审理的始终;

第二,被上诉人提供的证据不足以支持其诉讼请求和一审法院的判决;

第三,上诉人餐饮公司之法定代表人魏×系与被上诉人商业公司实际履行的合同的A公司的大股东、法定代表人和实际控制人,A公司也确实存在待付款的问题;调解处理也可以减少诉累,免去被商业公司另行起诉增加诉累;虽然以上诉人名义调解,但是其法定代表人魏×完全可以在调解结案后,让A公司去实际履行该调解协议,并通过协议等方式协调此事给上诉人餐饮公司带来的后果。

律师评析

《合同法》第45条规定:当事人对合同的效力可以约定附条件。附生效条件的合同,自条件成就时生效。附解除条件的合同,自条件成就时失效。就是说合同生效可以附条件,附生效条件的合同只有在条件成就时才能生效;如果所附条件没有成就,合同就不生效。本案商铺租赁合同是附条件的合同,所附条件是:商业公司收到餐饮公司交纳之履约保证金后生效。由于餐饮公司没有向商业公司缴纳履约保证金,商铺租赁合同就没有生效。

本案的关键是合同是否生效、谁是履行主体和证据的运用,尤其是分析利用对方的证据否定对方的主张。

第一,合同是否生效、谁是履行主体。

合同约定:"租赁合同自双方签字盖章并在商业公司收到餐饮公司交纳之履约保证金后生效。"而商业公司在起诉状中又明确写明:"请求餐饮公司按照合同约定交纳履约保证金54,750元。"显然餐饮公司没有向商业公司交纳履约保证金,合同没有生效。

合同的履行,从原告提交的证据看:都是在和案外人A公司履行合同,而不是在和餐饮公司履行合同。比如交付租赁商铺,交纳商铺租金等合同主要义务。因此，不能以实际履行而认定原、被告的《商业租赁合同》已生效，不能张冠李戴。只能说是和案外人A公司的事实租赁合同已成立并履行。

证据方面：支持这些基本事实的成立，进而否定商业公司主张的正是商业公司自己提交的证据；巧妙利用商业公司提供的证据证实餐饮公司的主张，是本案的一大特色。

第二，通过这次办案可以看到：

(1)办案的诉前工作尤其是证据的准备和诉状的书写很重要。首先，要收集整理所有的证据，然后要对搜集到的证据进行认真分析、提炼、归纳，制定恰当的诉讼方案；其次，要剔除和诉讼方案相矛盾的证据，保留和诉讼方案相一致的，能够支持诉讼主张的证据；所有证据要指向同一个核心，能够形成一个证据链，不能出现相反的证据；最后，再书写诉状或答辩状，将诉状或答辩状和筛选后保留的证据提交法院。这样才能保证你提交的证据不会为对方当事人作证，你的诉讼主张才能被法院所支持。

(2)办理案件中善于从对方提交的证据中寻找证据，支持自己的主张，反驳对方的主张，是一种十分有效的诉讼技能。因此在诉讼中要不惜下大力气仔细研究对方的证据，然后以子之矛攻子之盾，会收到事半功倍的效果。

(3)面对法院的错误判决要敢于据理力争，敢于依据证据、事实和法律去争取公平和正义，相信正义终会战胜邪恶，冲破黑暗就是光明。

(4)委托人的理解信任与配合很关键，没有委托人的理解和信任就没有受托律师所代理的二审，很可能就没有二审的调解结案。

70

买卖合同纠纷：公司公章的效力

天津益清(北京)律师事务所　尹静萍

裁判要点

不被公司认可的盖章行为是否具有法律效力。公司公章是公司处理内外部事务的印鉴,公司对外的正式信函、文件、报告使用公章,盖章即代表经过公司的授权,代表公司的行为,盖了公章的文件具有法律效力。如公司以其不知情为由进行对抗,需承担相应的举证责任。

基本案情

2017年1月10日,甲公司与乙公司签订《协议证明》,约定甲公司向乙公司开出支票总金额为27万元的材料款,承诺其所开支票真实有效,并承诺到期支付。2017年1月17日,李×向乙公司出具《协议证明》承诺甲公司所开上述支票的真实有效性,并承诺到期支付,若到期支票无法支付,李×继续承担欠款27万元的法律责任及违约损失,并用车辆作为抵押。

乙公司承兑出其中两张支票(合计15万元)后,因甲公司账户内无款,其余两张支票(合计12万元)未进行承兑,乙公司找到甲公司要求其支付剩余货款,但遭到甲公司的拒绝。乙公司在多次催讨货款无果的情况下,为维护自身合法权益,只能将甲公司及李×起诉至法院,要求甲公司支付剩余材料款及利息,李×对此承担连带责任。

本案中,乙公司认为:其向甲公司供货,甲公司就应支付货款。《协议证明》盖有甲公司的公章,盖公章就代表甲公司的行为,甲公司的法定代表人不能以其不知情否认公章的效力。

甲公司认为：李×不是我公司员工，与甲公司法定代表人只是朋友关系，李×向乙公司进货的事我公司不知情，《协议证明》上的公章是李×偷盖的，均系李×的个人行为，与我公司无关。

李×认为：我在乙公司处购买砂浆材料款，50万元左右，现下余款12万元未付，我要求乙公司开具材料款专用发票。2016年年底，乙公司的厂长带人扣留了我，我在身不由己的情况下写的抵押车的协议。

法院经审理查明：2017年1月10日，甲公司出具《协议证明》，内容为：甲公司向乙公司开出支票总额为27万元的材料款，现承诺所开支票共计4张，日期为2017年6月20日，总金额27万元，详见后附支票复印件的真实有效性，并承诺到期支付。2017年1月17日，李×出具协议证明，内容为：李×及甲公司因欠乙公司材料款，现承诺还款所开支票的真实有效性，并承诺到期支付。若到期支票无法支付，李×继续承担欠款27万元的法律责任及违约损失，现用车辆作为此笔欠款的抵押物。

甲公司出具的转账支票共四张，其中两张已承兑共计15万元，剩余两张无法承兑，票面金额共计12万元。

法院认为，《协议证明》盖有甲公司公章，并载明所开支票为材料款，故乙公司与甲公司之间存在买卖合同关系。甲公司关于《协议证明》系因该公司管理不善导致李×进入公司办公室并私自加盖公章，但甲公司未提供证据证明，应承担举证不能的法律后果。

代理意见

××区人民法院：

就贵院受理的原告乙公司(以下简称原告)诉被告甲公司、被告李×买卖合同纠纷一案(以下简称本案)，我是本案原告的代理人，针对本案的争议焦点被告甲公司不认可《协议证明》上公司公章盖章行为，以此为由拒绝承担相应法律责任，该盖章行为是否具有法律效力的问题，我结合本案庭审情况，发表如下代理意见：

一、原告提交的证据足以证明被告甲公司与原告之间存在材料买卖合同关系及被告尚欠原告12万元的材料款

(1)原告提交的原告与被告甲公司签订的《协议证明》证明被告甲公司开出的四张转账支票(备注有支票号码及总金额)是用于支付其所欠原告材料款。

(2)原告提交的两张金额共计12万元的转账支票及发货单,证明被告甲公司尚欠原告12万元材料款未进行支付。

二、被告甲公司法定代表人在庭审时辩称其不知情,以此推脱其应承担的法律责任,其抗辩理由不能成立

(1)原告与被告甲公司签订的《协议证明》盖有被告甲公司的公章。

被告甲公司法定代表人庭审时辩称其对《协议证明》不知情,系被告李×个人行为,与其公司无关,但对《协议证明》上所盖其公司公章的真实性认可;并且一开庭就欲撇清与被告李×的关系,称与其只是朋友关系,被告李×既不是其公司员工,也不是其公司合作伙伴,这无疑是“此地无银三百两”;后又称被告李×在其他项目中负责其公司清工工作,又与其公司存在合作关系,就唯独这个项目没合作;又称被告李×有其公司办公室的钥匙,可以自由进出办公室,可以随意使用公章等等。这些陈述足以证明:被告李×与被告甲公司有着密切的关系,且担任该公司重要领导职务。

根据《企业法人登记管理条例》第16条第1款和《合同法》第32条的规定,一个企业领取营业执照以后,就可以刻制公章、财物专用章,并在工商局备案。这两枚公章是具有代表企业法人行为的、具有法律效力的印鉴。根据《国务院关于国家行政机关和企业事业单位社会团体印章管理的规定》第25条的规定,盖章即代表经过公司的授权,代表公司的行为。《协议证明》上的盖有被告甲公司的公章,表明合同内容为被告甲公司的真实意思表示,并据以享有合同权利、履行合同义务,尤其具有使合同相对人确信交易对方、从而确定合同当事人的作用。

如果盖有公司公章材料的法律效力都不能被法院认可的话,势必会造成社会经济的混乱,因为这样一来,所有企业的法定代表人都可以站出来辩称,这不是我盖的印章,与我公司无关,以此来推脱其应承担的法律责任。公司法人是独立的民事主体,法定代表人只是公司的代表而不是法人主体,这两者不能混为一谈,故被告甲公司的法定代表人辩称他对《协议证明》不知情,不承认与原告存在材料买卖合同关系和欠款,与事实不符,其抗辩理由不成立。

(2)被告甲公司出具给原告的转账支票上盖有被告甲公司的财务专用章及法定代表人的印章。

被告甲公司法定代表人辩称,其公司的转账支票不是向原告出具的,但在其公司与原告签订的《协议证明》里,明确指明四张转账支票(备注有支票号码及总金额)均是向原告出具,并明确了是用于支付其公司所欠原告材料款。四张转账支票上均盖有被告甲公司的财务专用章及法定代表人的印章。故被告甲公司法定代表人的抗辩理由不成立。

(3)被告甲公司向原告开具总金额为27万元的转账支票支付其公司所欠原告材料款的事实,双方已通过电话确认。

被告甲公司的法定代表人庭审中承认,原告就被告甲公司向原告开具总金额为27万元的转账支票支付其公司所欠原告材料款的事实与其进行过电话确认,故被告甲公司对此事是知情的,其法定代表人抗辩其不知情的理由不成立。

综上所述,被告甲公司尚欠原告12万元的材料款,其抗辩理由不成立,依法应承担相应的偿还义务。

原告代理人:尹静萍　律师

裁判结果

××区人民法院于2018年12月28日作出一审判决:

一、被告甲公司于本判决生效之日起7日内支付原告材料款12万元,并支付利息(以12万元为基数,按照中国人民银行同期贷款利率,自2017年6月20日计算至实际支付之日止);

二、被告李×对上述债务承担连带清偿责任。

裁判理由

法院认为:当事人对自己提出的诉讼请求所依据的事实或者反驳对方诉讼请求所依据的事实,应当提供证据加以证明。原告提供的《协议证明》盖有被告甲公司公章,并载明所开支票为材料款,原告据此主张其与被告甲公司之间存在买卖合同关系,本院对此予以确认。被告甲公司关于《协议证明》系因该公司管理不善导致被告李×进入公司办公室并私自加盖公章的答辩意见,因无证据证明,本院不予采信。被告李×出具的《协议证明》里载明“若到期支票无法支付,李×继续承担欠款27万元的法律责任及违约损失”,对于原告要求被告李×对上述货款及利息承担连带责任的诉讼请求,本院予以支持。

律师评析

本案办案思路:本案中包含有两个法律关系,一个是票据关系,另一个是买卖合同关系。如果依据票据关系,乙公司依法享有票据付款请求权,因票据具有无因性,原因关系的无效或瑕疵,不影响持票人行使票据权利,票据债务人也不得以此抗辩。虽然甲公司否认与乙公司存在买卖合同关系及欠款的事实,但并不影响乙公司收到支票后正当享有票据权利,即使银行对该支票拒绝承兑,也不妨碍乙公司票据追索权的行使。乙公司只需证明其所取得的支票为甲公司开具的真实有效的票据,而不用证明双方之间存在的买卖合同关系及甲公司欠款的事实。从举证方面来讲,如乙公司以票据付款请求权纠纷提起诉讼,承担举证责任明显小于以买卖合同关系纠纷提起诉讼。但遗憾的是,乙公司在支票无法从银行进行承兑的情况下,一直未向甲公司行使票据追索权。且乙公司在委托律师办理该案时,已超过票据追索期,不能以票据付款请求权纠纷提起诉讼,只能以买卖合同纠纷提起诉讼。

本案的争议焦点为:本案中,甲公司一直否认与乙公司存在买卖合同关系及欠款的事实,并试图将该笔债务转化为李×的个人债务,但对于《协议证明》上盖有其公司公章的真实性予以认可,只是否认盖章的行为,认为该盖章行为不是公司行为,公司对此并不知情,拒绝支付乙公司欠款。

不被公司认可的盖章行为是否具有法律效力。代理律师认为:《企业法人登记管理条例》第16条第1款规定:“申请企业法人开业登记的单位,经登记主管机关核准登记注册,领取《企业法人营业执照》后,企业即告成立。企业法人凭据《企业法人营业执照》可以刻制公章、开立银行账户、签订合同,进行经营活动。”《合同法》第32条规定:“当事人采用合同书形式订立合同的,自双方当事人签字或者盖章时合同成立。”所以,一个企业领取营业执照以后,就可以刻制公章、财物专用章,并在工商局备案。这两枚公章是具有代表企业法人行为的、具有法律效力的印鉴。《国务院关于国家行政机关和企业事业单位社会团体印章管理的规定》第25条规定："国家行政机关和企业事业单位、社会团体必须建立健全印章管理制度，加强用印管理，严格审批手续。未经本单位领导批准，不得擅自使用单位印章。"所以，盖章即代表经过公司的授权，代表公司的行为。

公司公章是公司处理内外部事务的印鉴，公司对外的正式信函、文件、报告使用公章，盖了公章的文件具有法律效力，公司不能以其不知情为由进行抗辩。

71

农村房屋买卖合同纠纷的例外：有效的农村房屋买卖合同情形

北京市中盾律师事务所　张景胜

裁判要点

宅基地使用权是农村集体经济组织成员享有的权利，与享有者特定的身份相联系。本案原、被告在签订《售房协议》时，均非××镇××村村民，原告将自己继承取得的农村房屋出售给在此打工的被告，双方意思表示真实，其售房行为得到了村集体经济组织的认可。且被告已经居住使用诉争房屋多年，再无其他住所。现原告起诉要求其与被告签订的《售房协议》无效，有违公平、诚实信用原则，对此本院不予支持。

基本案情

原告A村人，1972年原告董××参加工作后转为非农业户口，原告董××父母去世后原告继承了位于A村其父母遗留的房屋、宅院，1993年原告董××取得了《集体土地建设用地使用证》。

因原告董××在××县城有其他住房，农村房屋处于闲置状态，而在此打工的外省农民被告程××需要住房，故原告董××于2006年5月30日将位于A村的从父母处继承的一处农村房屋、宅院卖给了在此打工的外省农民被告程××，买卖时双方签订了《售房协议》：本次农村房屋、宅院买卖包括北房四间、西房两间、南棚子三间及西跨院一处，购买这些农村房屋、宅院的价格为76,000元，买卖此农村房屋、宅院当时得到了村民委员会的同意并在《售房协议》上签字盖章。

2010年原告董××感觉有利益可图、赚钱的机会到了,被买卖农村房屋、宅院在不久的将来即将发生拆迁,房屋现值或拆迁补偿价会远远高于原房屋买卖的价格,即房屋所有权人会因此而获得大量的补偿,会得到很多的房子和钱。所以原告董××试图利用被告程××历史上不是本集体经济组织成员的身份,不能取得本村宅基地使用权的状况,利用诉讼作为手段讨要回当年出卖给被告程××的农村房屋、宅院。因此起诉至人民法院,要求确认双方签订的《售房协议》无效,要求被告程××返还该农村房屋、宅院。

代理意见

针对本案具体情况,代理律师提出如下代理意见:

(1)原告董××在出卖其继承取得的农村房屋、宅院时就已是城镇户口,本不享有农村宅基地的使用权,其如果没有出卖而保留其继承取得的农村房屋、宅院,根据"地随房走"的原则其可以享有农村宅基地的使用权,原告一旦出卖了该农村房屋、宅院就丧失了农村宅基地的使用权,并且根据我国《土地管理法》的规定不能再次取得农村宅基地的使用权;

(2)原告董××依据继承关系取得农村房屋、宅院所有权后,又出卖了该房屋、宅院就丧失了房屋、宅院的所有权,此时被告取得了该房屋、宅院的所有权,所有权转移后未经被告程××同意或法律的强制性规定是不能轻易流转回原告董××处的,因为所有权是物权、是对世权、是绝对权;

(3)原告董××历史上自始至终都不具有农民身份,中国《土地管理法》、国务院办公厅《关于加强土地转让管理严禁炒卖土地的通知》和北京市高级人民法院《农村私有房屋买卖纠纷合同效力认定及处理原则研讨会会议纪要》《北京市高级人民法院民事审判实务疑难问题研讨会会议纪要(关于农村房屋买卖部分)》等相关政策、文件、会议纪要所要保护的是农民的利益,原告董××没有农民身份不是被保护主体,也就没有本案原告的主体资格;

(4)原告董××和被告程××之间签订的《售房协议》是双方之间真实的意思表示已经由A村村民委员会签章,并且不损害他人利益、不违背公序良俗、不违背公共利益,故是真实有效的;

(5)原告董××的行为违反了诚实信用原则、公平原则，原告董××受到拆迁利益的驱动而利用诉讼作为攫取他人财产的手段，是完全错误的，不能让原告利用诉讼作为手段在其没有农村宅基地使用权的状态下取得宅基地使用权，如果这样必然是错误的。故此，请求人民法院驳回原告的诉讼请求。

代理人：张景胜　律师

裁判结果

根据《合同法》第6条、第8条的规定，判决如下：

驳回原告董××的诉讼请求。

裁判理由

本院认为，宅基地使用权是农村集体经济组织成员享有的权利，与享有者特定的身份相联系。本案原、被告在签订《售房协议》时，均非A村村民，原告将自己继承取得的农村房屋出售给在此打工的被告，双方意思表示真实，其售房行为得到了村集体经济组织的认可。且被告已经居住使用诉争房屋多年，再无其他住所。现原告起诉要求其与被告签订的《售房协议》无效，有违公平、诚实信用原则，对此本院不予支持。

律师评析

司法实践中非本集体经济组织成员购买本集体经济组织成员的房屋，一般都是按照合同无效处理。本案判决结果为不予支持合同无效的原告主张其主要原因为：

(1)本案原告主体不适格，根据《民事诉讼法》第119条的规定，“起诉必须符合下列条件：(一)原告是与本案有直接利害关系的公民、法人和其他组织；(二)有明确的被告；(三)有具体的诉讼请求和事实、理由；(四)属于人民法院受理民事诉讼的范围和受诉人民法院管辖”。这里规定“原告是与本案有直接利害关系的公民、法人和其他组织”当然包括原告的主张必须是合法权利，本案原告董××因是城镇户口不可能取得农村宅基地的使用权，也就出现了重大的权利缺陷，会产生不合法的主张。虽然其原来通过继承取得了农村的房屋、宅院，曾经因“地随房走”的原则拥有当时的农村宅基地使用权，但随着其出卖了通过继承取得的农村的房屋、宅院，也就丧失了农村宅基地使用权，法律不允许其通过诉讼的手段，通过判决再次给没有农村宅基地使用权的原告董××以农村宅基地使用权。根据《土地管理法》第62条的规定：农村村民一户只能拥有一处宅基地，其宅基地的面积不得超过省、自治区、直辖市规定的标准。

农村村民建住宅，应当符合乡（镇）土地利用总体规划，并尽量使用原有的宅基地和村内空闲地。

农村村民住宅用地，经乡（镇）人民政府审核，由县级人民政府批准；其中，涉及占用农用地的，依照本法第44条的规定办理审批手续。

农村村民出卖、出租住房后，再申请宅基地的，不予批准。

（2）农村宅基地的使用权只能在具有农村宅基地使用权的主体之间流转，不能在没有农村宅基地使用权的主体之间流转。本案被告也没有本案农村宅基地的使用权，但不能将农村宅基地的使用权从没有农村宅基地使用权的被告程××处拿来而给予没有农村宅基地使用权的原告董××，维持现状才是社会最佳状态。只有这样才能维护交易的安全、社会的稳定、社会的公平正义，维护一个诚实信用的社会状态。

（3）本案的原告董××的房屋、宅院在出卖给被告程××后，被告程××就对该房屋、宅院做了全面、全部的拆除翻建，本案所涉及的全部房屋、宅院都是被告程××的，被告程××享有全部的所有者的权益。虽然我国农村的房屋、宅院尚未进行所有权的登记，无法进行变更登记的手续，但原告董××的所谓物的权利已经全部消失，不再具有物权人的权利。因此，判决驳回原告董××的诉讼请求，也是最好地维护了社会的公平与正义。

本案原告董××见财起意，在看到棚户有改造拆迁的可能在土地增值、房屋价值远远高于出卖时价格的利益驱动下提起诉讼，试图利用诉讼作为手段非法攫取被告程××的财产，违背了公平原则、违背了诚实信用原则，破坏了社会价值体系、侵害了社会公益、侵害了被告程××的利益、违背了社会的公序良俗、违背了人们善良的观念，应当受到社会的否定性评价和法律的制裁。

人民法院依法判决驳回了被告董××的诉讼请求是非常正确的，得到了广大人民群众的赞扬，维护了法律的公正和尊严。

本案很好地维护了当事人的合法权益、维护了法律的正确实施、维护了社会的公平与正义。

72

土地租赁合同纠纷：合同守约方解除权的行使

北京提顿律师事务所　赵浩杰

裁判要点

依据我国法律，合同解除权是指合同当事人依照合同约定或法律规定享有的解除合同的权利，它的行使直接导致合同权利义务消灭的法律后果。实践中，合同中守约的一方，在对方迟延履行主要债务的情况下，往往不知道如何行使解除权。首先，我们应当先明确对方的违约行为是否达到己方行使解除权的条件。也就是说，明确是否符合合同约定解除的情形，是否达到法律规定的解除条件。其次，行使解除权的应在合理期限内通知对方解除合同。在本案中，出租方未能按照约定完成合同主要债务，双方在多次沟通未果后，出租方仍然迟迟无法履行合同主要债务，承租方经催告后行使了合同的解除权，致使双方的合同权利义务消灭。

基本案情

2013 年 3 月 29 日，生态农业园公司与村民委员会签订了《土地租赁意向书》，双方就土地租赁有关事项达成一致意向。该意向书确定了租赁土地的位置及四至范围，面积约为 650 亩，用于生态文化农业项目。同时约定，生态农业园公司预先支付给村民委员会 1500 万元人民币，作为村民土地流转补偿费和地上物补偿费使用，如回收土地未完成，造成延期，村民委员会应退回原款。还约定了村民委员会收到 1500 万元以后在 1 个月内完成与村民之间的土地流转及补偿,在相关手续齐备后,双方再签订正式的土地租赁合同。《土地租赁意向书》签订后,生态农业园公司分别于2013年3月29日、4月2日、4月3日分三次共向村民委员会汇款人民币1500万元。村民委员会在收到以上款项后,也积极地与村民协商土地流转及补偿事宜,但迟迟未能完成所有涉及项目土地的流转,无法履行意向书的约定义务。

2015年4月21日,生态农业园公司向村民委员会发送了《关于解除〈土地租赁意向书〉的通知》的函件,主要内容为:生态农业园公司在向村民委员会支付人民币1500万元以后,村民委员会并没有如期完成相关土地的回收,经生态农业园公司多次催告,直到2015年4月13日,村民委员会仍有13亩土地未与村民签订流转合同,已经严重超出《土地租赁意向书》双方约定的期限,特提出解除双方之间的《土地租赁意向书》,并要求返还生态农业园公司1500万元款项及支付相应的利息损失。该函件于2015年4月23日送达村民委员会处。同时,生态农业园公司将本次邮寄送达进行了公证,由北京市方正公证处出具了(2015)京方正内经证字第04484号公证书。

本案中,生态农业园公司认为,与村民委员会签订的《土地租赁意向书》是双方真实意思的表示,并且自己已经按照约定履行了合同义务。对于村民委员会迟迟无法完成土地的回收,无法达到双方合同的真实目的行为,生态农业园公司也一再给予宽限期限,但村民委员会仍然无法履行合同主要债务,迫于无奈向村民委员会发出解除通知的行为符合法律规定,对于生态农业园公司确认解除时间和返还款项等的诉讼请求应当予以支持。

代理意见

××区人民法院:

就贵院受理的原告生态农业园公司诉被告村民委员会土地租赁合同纠纷一案(以下简称本案),我作为本案原告的代理人,结合本案庭审情况,发表如下代理意见:

一、本案事实清楚

首先,原告生态农业园公司与被告村民委员会于2013年3月29日签订的《土地租赁意向书》,是双方真实意思表示,并且内容合法,属于有效合同,双方应当共同遵守履行。

其次，根据《土地租赁意向书》的约定，被告村民委员会在收到原告生态农业园公司支付的1500万元后，应在1个月内完成对村民土地的回收，并完善相关手续，双方再正式签订《土地租赁合同》。但事实上，自2013年4月3日，原告生态农业园公司支付完1500万元以后，被告村民委员会至今都没能完成土地的回收，更无法达到签订正式土地租赁合同的条件。被告村民委员会在庭审中也承认了至今案涉土地中仍有村民不予配合土地回收，无法签订正式租赁协议，更不能交付土地以供原告生态农业园公司使用的事实。

再次，《土地租赁意向书》已经于2015年4月23日解除。在《土地租赁意向书》签订后，被告村民委员会并没有按照约定期限回收案涉土地，因此还被本村某一些村民起诉至法院，长期无法进一步推进。经原告生态农业园公司多次催促，被告村民委员会既不同意解除《土地租赁意向书》，也不退还1500万元的款项，还要求原告生态农业园公司无限期等待。迫于无奈，原告生态农业园公司于2015年4月21日正式向被告村民委员会发出解除《土地租赁意向书》的书面函件，并对该次邮寄进行了送达公证。

最后，被告村民委员会的答辩及陈述没有任何理由反驳原告生态农业园公司的主张。被告村民委员会以村委领导班子变更，以本案相关合同材料被区纪检部门带走为由，不同意原告生态农业园公司的请求没有任何法律依据。庭审中，被告村民委员会认可了《土地租赁意向书》上面的盖章真实性，同时对土地的回收情况也认可了原告生态农业园公司的陈述。

二、法庭应当支持原告生态农业园公司的诉讼请求

(1)法庭依法应当确认双方签订的《土地租赁意向书》已于2015年4月23日解除的事实。

鉴于被告村民委员会迟迟无法履行该意向书约定的内容，原告生态农业园公司经多次催告，仍无法履行，故于2015年4月21日向被告村民委员会发送了《关于解除〈土地租赁意向书〉的通知》的函件，被告村民委员会于2015年4月23日收到解除函件。因此，依据《合同法》第94条第3款“当事人一方迟延履行主要债务，经催告后在合理期限内仍未履行”的规定，原告生态农业园公司行使了解除权。依据《合同法》第96条“当事人一方依照本法第九十三条第二款、第九十四条的规定主张解除合同的，应当通知对方。合同自通知到达对方时解除。

对方有异议的，可以请求人民法院或者仲裁机构确认解除合同的效力”的规定，原告生态农业园公司向被告村民委员会发出了解除通知，为此请求法院予以确认该解除通知的效力。

(2)法院应当支持原告生态农业园公司请求返还土地流转补偿费和地上物补偿费共计1500万元，同时支付自2013年4月29日起至实际返还之日止的同期贷款利息损失的主张。

原告生态农业园公司与被告村民委员会签订的《土地租赁意向书》之所以无法履行，完全归责于被告村民委员会，依据《合同法》第97条“合同解除后，尚未履行的，终止履行；已经履行的，根据履行情况和合同性质，当事人可以要求恢复原状、采取其他补救措施，并有权要求赔偿损失”之规定，被告村民委员会应当返还已经收取的1500万元，并赔偿因该笔款项的支付受到资金占用的利息损失。

综上，本案事实清楚，原告生态农业园公司的诉讼请求合理，于法有据，请法庭予以支持。

原　告：生态农业园公司

代理人：赵浩杰　律师

裁判结果

本案由××区人民法院于2017年11月29日作出民事判决书，后双方均未提起上诉，该判决书已经生效。判决内容如下：

一、确认原告生态农业园公司与被告村民委员会于2013年3月29日签订的《土地租赁意向书》于2015年4月23日解除；

二、被告村民委员会退还原告生态农业园公司所支付的土地流转补偿费和地上物补偿费共计1500万元，于本判决生效之日起7日内执行完毕；

三、被告村民委员会赔偿原告生态农业园公司自2015年4月23日起至实际付清之日止的利息损失，以1500万元为基数，按照中国人民银行同期贷款利率计算，于第2项判决内容执行完毕之日起3日内执行清；

四、驳回原告生态农业园公司的其他诉讼请求。

裁判理由

××区人民法院认为,对于生态农业园公司要求解除意向书的诉讼请求,村民委员会未按照意向书的约定完成约定的义务,致使在生态农业园公司发出解除通知的函件前未能签订正式的土地租赁合同,故对于生态农业园公司要求解除合同的诉讼请求,于法有据,本院对此予以支持,具体以解除通知到达村民委员会的时间为准,应为2015年4月23日。关于生态农业园公司要求村民委员会返还土地流转补偿费和地上物补偿费共计1500万元的诉讼请求,在意向书中有约定,本院对此予以支持。关于生态农业园公司要求村民委员会赔偿其所支付款项利息损失的诉讼请求,于法有据,本院对此予以支持,但具体的起算时间,结合该意向书的履行情况,本院认为自该意向书解除之日起给付利息损失为宜,故对于生态农业园公司要求自2013年4月29日起计算利息的主张,本院不予支持。

律师评析

本案是一起守约方行使合同解除权的民事纠纷案件,因本案原告依据合同约定和法律规定行使权利,最终法院才能支持原告的诉讼请求。本案被告无法完成土地的回收,直接导致双方无法签订正式的土地租赁合同,以后更不可能完成土地的移交,从而可以认定被告迟延履行合同主要债务的情形。在被告超出约定期限仍未完成合同约定义务,原告多次催促,视为已进行了合理催告。原告将书面的解除通知采取公证邮寄送达给被告的方式,是一种合法有效地解除通知,一方面可以公证解除通知书上面的内容,另一方面可以使得该通知行为符合法律规定的形式。本案为大家展示了一次清晰的合同解除权行使过程,仅供大家参考。

73

投资合同纠纷：风险自担的前提是双方全面履行合同义务

北京百朗律师事务所　赵宏伟

裁判要点

近年来各种各样的“投资”大行其道,无数投资人血本无归。发生亏损之后接受投资方以“投资有风险”“风险自担”为由就试图敷衍了事。司法实践中如何裁量投资方与接受投资方的权利义务进而作出公平的裁决考验着律师和法官。

本案中虽然案涉协议中未约定协议履行期限以及解除条款,但依据法庭已经查明的事实,被告在履行协议的过程中存在严重的懈怠行为,导致原告的合同目的迟迟无法实现,有违公平原则。被告以协议未约定履行期限为由,怠于履行合同义务,置原告的合法利益于不顾,有违诚信原则。因此,原告要求解除案涉协议,具有事实和法律依据,法院予以支持。

被告关于案涉协议中双方为共同投资、风险共担、利益共享的主张,应以各方依约全面履行案涉协议义务为前提,现被告怠于履行合同义务,原告有权起诉要求单方解除协议。本案中法官的审理思路值得借鉴。

基本案情

2015年1月26日,被告(甲方)与原告(乙方)签订《联合投资电影协议书》,主要内容约定:双方经友好协商决定就联合投资电影(以下简称该片)有关事实,达成如下条款,以资共同遵守……第二条:投资条款。该片由甲方与影业公司共同投资、风险共担、利益共享。该片总投资人民币1.2亿元,由甲方负责影片的承制、营销、宣传等主要工作。甲方同意乙方以 230 万元投资甲方,占该片总投资额的 1.92%,按投资比例享有全球与该片相关全部收益所得。乙方应于本合约签订后 10 个工作日内,全额汇入投资额……第九条:违约责任。本协议签订生效后,投资各方均应严格履行协议相关条款,协议签订后任何一方无论何原因违约致使该剧不能正常拍摄或发行的,违约方承担全部经济损失。因为甲方故意或者其他非客观因素导致影片无法建组进行正常拍摄的,甲方应当退回乙方投资款项;如果因为乙方未按约定期限将投资款打入账户,致使项目进展受到影响的,乙方应当对甲方因此受到的实际损失进行赔偿。2015 年 2 月 9 日,原告将 230 万元投资款汇入被告账户。

原告支付款项后多次询问被告电影拍摄进展情况,被告每次都回复剧本还在修改中,让原告等等。等了一年多也没有等到任何建组拍摄的进展,原告无奈提出退出投资,要求被告退还投资款。被告同意退款,但称公司账上没有资金,让原告再等等。自 2019 年 1 月起,被告不再接原告电话。2019 年 2 月原告向法院起诉要求:1. 解除《联合投资电影协议书》;2. 被告退还全部投资款本金 230 万元及利息。

法院审理后查明:至今该片尚未建组拍摄。到目前为止,被告未提供最终定稿的剧本,也未提交任何证据证明其实施了邀请监制、男一号、反一号等剧组主要成员的工作以及工作进度。关于拍摄电影所需引进的投资,除原告投入的 230 万元外,被告未能实际引进任何其他投资。此外,签订上述协议时被告的股东、法定代表人高 × 等人全部退出公司。法庭询问被告现案涉电影项目由谁负责、该片还能否拍摄、何时开始拍摄时,被告均拒绝回复。

代理意见

× × 区人民法院:

就贵院受理的原告马 × 诉被告投资文化公司合同纠纷一案(以下简称本案),我是本案原告的代理人,结合本案庭审情况,发表如下代理意见:

一、被告根本违约导致原告合同目的无法实现,原告有权要求解除《联合投资电影协议书》

(1)原告与被告《联合投资电影协议书》签订至今已近 5 年,被告也已收到原告支付的投资款230万元,但至今被告不但没有按承诺实现2017年元旦上映,而且根本没有组建剧组,没有确定导演和主要演员,没有开机拍摄。被告显然已构成根本违约。

(2)原告与被告《联合投资电影协议书》签订至今已近5年,被告在《联合投资电影协议书》中约定的总投资12,000万元完全没有到位。本案庭审过程中,被告向法庭陈述仍未筹到任何资金。《联合投资电影协议书》没有继续履行的可能。

(3)2016年至今,电影拍摄相关工作已完全停滞,被告没有采取任何措施推进电影拍摄工作。该事实证明被告早已放弃拍摄合同约定的电影。

(4)被告实际控制人高某已于2018年至2019年将负责投资制作电影的两个公司都低价转让,而且受让方没有拍摄制作电影的能力。该事实也证明被告早已放弃拍摄合同约定的电影。

综上,根据《合同法》第94条第4项的规定:“有下列情形之一的,当事人可以解除合同:……(四)当事人一方迟延履行债务或者有其他违约行为致使不能实现合同目的。”原告请求解除《联合投资电影协议书》有事实和法律依据。

二、原告要求被告退还全部投资款和利息有事实和法律依据

(1)《联合投资电影协议书》第9条约定:“协议签订后任何一方无论何原因违约致使该剧不能正常拍摄或发行的,违约方承担全部经济损失。因为甲方故意或者其他非客观因素导致影片无法建组进行正常拍摄的,甲方应退回乙方投资款项。”

被告迟迟未能筹集到拍摄资金导致该电影不能正常拍摄,而且被告以实际行为表明其主观上已放弃拍摄该电影。根据上述约定,被告应退还原告全部投资款项,并向原告赔偿占用资金的利息损失。

(2)证人梁×的证言证明被告于2016年4月向原告作出承诺,同意退还原告全部投资本金230万元及按年利率10%计算的利息。

梁×曾担任被告股东和副董事长,和高×相识更早,更为熟识,关系更为密切。因此梁×不可能偏袒原告。梁×由于客观原因无法出庭作证,但向法庭提交了其本人亲笔书写的证言和本人身份证复印件,并摁手印和签字进行确认,还提供了电话号码备查。因此,梁×的证言是真实可信的。被告仅以梁×和原告相识为由否认其证言的真实性,是不能成立的。

三、原告要求被告承担诉讼费、保全费和财产保全担保费有事实和法律依据

《联合投资电影协议书》第9条约定:“协议签订后任何一方无论何原因违约致使该剧不能正常拍摄或发行的,违约方承担全部经济损失。”原告为主张权利支付了诉讼费32,560元、保全费5000元以及财产保全担保费3220元合计40,780元。上述费用均属于被告违约给原告造成的经济损失,应当由被告赔偿。

综上,被告全部诉讼请求有事实和法律依据,请贵院予以支持。

此致

××区人民法院

原　告:马　×

代理人:赵宏伟　律师

裁判结果

一、原告与被告于2015年1月26日签订的《联合投资电影协议书》自2019年9月23日起解除;

二、被告返还原告投资款230万元并支付利息损失(以230万元为基数,自2019年9月24日起至款项实际付清之日止,按照全国银行间同业拆借中心公布的贷款市场报价利率计算),均于判决生效之日起10日内付清。

被告不服提起上诉,二审法院维持原判。

裁判理由

原、被告签订的《联合投资电影协议书》系当事人真实意思表示,协议内容未违反我国相关法律、行政法规的强制性规定,当属有效。

《联合投资电影协议书》约定被告负责影片的承制、营销、宣传等主要工作,因此被告应当积极推进电影拍摄项目的进度。关于拍摄电影所需引进的投资,除原告投入的230万元外,被告未能实际引进任何其他投资,相较于协议中约定的影片总投资1.2亿元,显属怠于履行引资义务。此外,被告至今未能确定剧本定稿,未提交证据证明其开展过洽谈电影监制、主演等相关人员的工作。签订上述协议时被告的股东、法定代表人高×等人全部退出公司。法庭询问被告现案涉电影项目由谁负责、该片还能否拍摄、何时开始拍摄时,被告均拒绝回复。以上事实表明被告在履行协议的过程中存在严重的懈怠行为。该片至今未能建组拍摄，被告须承担不可推卸的责任。原告的款项投入被告公司至今已将近5年，电影项目至今无法确定能否拍摄、何时拍摄，该现状已经远远超出投资人的合理预期。被告怠于履行合同导致原告的合同目的迟迟无法实现，有违公平原则。被告以协议未约定履行期限为由，怠于履行合同义务，置原告的合法利益于不顾，有违诚信原则。因此，原告要求解除案涉协议，具有事实和法律依据，法院予以支持。

二审法院进一步阐述：被告关于案涉协议中双方为共同投资、风险共担、利益共享的主张，应以各方依约全面履行案涉协议义务为前提，现被告怠于履行合同义务，原告有权起诉要求单方解除协议。

案例分析

（1）本案是法院依据《合同法》中公平原则、诚实信用原则审理合同纠纷的一个典型案例。

本案中被告主要的抗辩理由有两点：一是双方签订的《联合投资电影协议书》中没有约定协议履行期限。因此，被告以电影拍摄通常周期较长为由辩称其并未违约。二是《联合投资电影协议书》中约定“因为甲方故意或者其他非客观因素导致影片无法建组进行正常拍摄的，甲方应当退回乙方投资款项”，因此，被告以其没有故意等主观过错为由拒绝退还投资款。客观上来看，《联合投资电影协议书》确实存在漏洞，对关键条款没有进行约定或者约定内容存在减轻被告责任，对原告非常不公平的情形。

法院经过审理查明案件事实后，认定被告怠于履行合同导致原告的合同目的迟迟无法实现，有违公平原则；被告以协议未约定履行期限为由，怠于履行合同义务，置原告的合法利益于不顾，有违诚信原则。法院没有拘泥于具体的协议约定，而是在综合全案事实的情况下依据《合同法》基本原则作出上述认定，说理充分，掷地有声。

（2）投资合同中风险共担、利益共享是有适用前提的，即应以各方依约全面履行案涉协议义务为前提。

近年来各种各样的“理财”“投资”大行其道，结果却是众多投资平台爆雷，无数投资人血本无归。其中一些是由于集资诈骗、合同诈骗故意犯罪导致的，还有很多是披着合法的外衣却不尽职尽责地履行合同义务导致的。发生亏损之后接受投资方以“投资有风险”“风险共担”为由就试图敷衍了事。本案二审法院明确指出“投资合同中风险共担、利益共享应以各方依约全面履行案涉协议义务为前提”，恰中要害，指出了投资领域存在的错误导向。

(3)投资人不能只听信口头承诺，一定要严格审阅合同，防止出现不应有的合同漏洞给将来维权留下隐患。

本案中双方签订的《联合投资电影协议书》中对投资人的出资期限和违约后果都作出了严格的约定，但对项目运作方却少有约束，连最起码的履行期限也没有约定。此外，协议书对项目运作方承担违约责任的情形作了严格限定。从上述这些方面可以推测被告从一开始就没有认真对待自己的合同义务，就在为以后的违约做准备。投资者签订这种投资合同切记慎之又慎。

74

融资租赁合同纠纷：违约的认定、合同解除效力及计算

北京市京都律师事务所　赵岐龙

裁判要点

《补充协议》的终止执行需要满足“承租人连续二期、累计四期迟延支付租金的情形”，连续两期、累计四期并非同时具备，而是列举的两种违约情形，具备其中之一即构成违约。

融租租赁合同中的押金在承租人违约时何时进行冲抵租金，是出租方的权利，出租方既可以在违约发生时进行冲抵，也可以在主张权利时行使。

合同因自动解除而终止后，应该向后发生效力，对合同解除前没有溯及力，已经履行的租金仍应按照原协议进行计算。

基本案情

2014年A公司与B公司签署《融资租赁合同》，A公司按照B公司的指定从第三人C公司处购买融资租赁物航天专利设备(航天炉)出租给B公司，租赁期为4年，融资金额为1.26亿元。承租人支付押金1260万元和手续费630万元。承租人支付了部分租金后出现逾期，双方签署《补充协议》对租金支付进行了调整，并约定承租人如出现连续两期、累计四期迟延支付租金则《补充协议》自动终止，双方继续履行《融资租赁合同》。B公司的母公司D公司及其实际控制人孟××对上述《融资租赁合同》《补充协议》提供连带保证。签署《补充协议》后承租人仅支付1个月的租金，后出现迟延履行直至无法履行，出租人A公

司通知承租人其行为构成违约，按照融资租赁合同的约定宣布未到期租金提前到期，要求支付已到期租金、未到期租金、违约金等费用。

一审判决支持原告A公司的绝大部分请求，仅在违约金部分做了部分调整，被告D公司不服提起上诉。上诉人认为：(1)一审程序违法，一审在被上诉人增加诉讼请求时未给予上诉人新的举证期限，一审未追加出卖人长城公司为第三人；(2)一审事实不清，部分融资租赁事实是名为融资租赁实为借贷；(3)一审认定押金冲抵时间错误、违约金计算标准错误；(4)对于《补充协议》的终止时间认定错误；(5)对《补充协议》终止后，恢复执行《融资租赁合同》认定错误。

代 理 词

××高级人民法院：

就贵院受理的上诉人D公司诉被上诉人A公司融资租赁合同纠纷一案(以下简称本案)，我是本案被上诉人的代理人，结合本案庭审情况，发表如下代理意见：

一、一审审判程序合法，不存在上诉人所称的未给予新的举证期限、未依法追加第三人的程序违法情形

一审开庭时，被上诉人只是明确了诉讼请求，变更了诉讼请求金额，没有变更任何法律关系或请求权所依据的事实，因此，一审法院无须再给予上诉人答辩期。该情形，一审法院已经向上诉人释明，上诉人没有提出异议，现上诉人认为该情形属于程序违法于法无据。

本案出租人(被上诉人A公司)与承租人(原审被告B公司)之间仅就租金的支付产生争议，而对租金总额、租赁标的物本身没有任何异议，第三人C公司与本案的处理结果没有任何实质性影响，不符合《最高人民法院关于审理融资租赁合同纠纷案件适用法律问题的解释》第24条可以追加出卖人为第三人的情形，一审法院没有追加C公司为第三人是正确的。

二、本案关于融资租赁的租金金额非常清楚，不存在上诉人所猜测的实际融资租赁8600万元，实际借贷4000万元的事实

A公司与B公司签署《融资租赁合同》后，根据合同约定，将购买租赁物的总价款1.26亿元直接支付给了出卖人C公司，付款金额也得到了C公司及承租人B公司的认可(有出卖方、承租方出具付款申请书),B公司收到租赁物后,出具《接受租赁物证书》,其中的设备清单也载明设备的价款为1.26亿元,因此,汇款凭证、付款申请书以及《接受租赁物证书》中载明的价款能相互印证是A公司支付了1.26亿元的融资租赁款,不存在上诉人D集团所称的8600万元融资租赁款、4000万元借款的事实。

三、一审法院认定押金冲抵时间、违约金计算标准、《补充协议》终止时间等事实正确

1. 一审法院认定押金冲抵时间正确

根据合同的约定(附表7.2)是否用押金冲抵租金是A公司的权利,一旦A公司选择冲抵,有权要求B公司补足押金,承租人不能补足的,A公司有权以每次交付的款项先行补足押金。A公司在B公司迟延支付,构成根本违约的情况下,于2017年12月12日发送《租赁业务违约通知书》通知B公司履行已到期债务,因此,一审法院认定A公司以发出的《租赁业务违约通知书》到达对方之日(2017年12月15日)为主张押金冲抵租金之日是正确的。

2. 一审法院认定违约金标准正确

A公司与B公司约定的租金的构成为租金本金+租金利息(按照中国人民银行同期贷款利率计算),融资租赁合同不同于金融借款合同,融资租赁的租金是合同的对价,或者是合同的价款。B公司违反了支付价款的约定,应当依照约定承担违约责任,双方约定的迟延履行金为未付租金的日万分之五,没有超过民间借贷所规定的借款利息上限24%的规定,该约定为有效。

3. 上诉人诉称《补充协议》应自2017年1月26日终止没有事实及法律依据

因上诉人迟延付款,构成违约,双方签署《补充协议》,A公司给予了B公司按月定制付款的优惠还款方案,但是该方案附有条件,即在一年内(2016年8月21日至2017年8月21日)依照约定按月支付租赁本金80万元及租金利息,但是如果承租人在执行期内出现了连续二期、累计四期延迟支付租金的情况,则本补充协议自动终止,提前终止后,双方继续履行《融资租赁合同》,按照《融资租赁合同》约定的履行方式继续履行。连续二期与累计四期迟延履行属于并列情形[中华人民共和国国家标准《标点符号用法》(2011年12月30日发布,2012年6月1日开始实施)顿号是用于并列词语之间的符号],具备上述情形之一则具备《补充协议》自动终止的情况。B 公司在履行《补充协议》时，于 2017 年 9 月 21 日、10 月 21 日连续两期没有支付租金，因此，一审法院认定《补充协议》提前终止，双方继续履行《融资租赁合同》是正确的。

《补充协议》一经终止视为自始不存在，具有溯及力，B 公司应继续履行《融资租赁合同》，按照合同约定的付款金额及付款期限进行付款。另外，一审法院没有认定《补充协议》终止的时间，只是认定了《补充协议》提前终止，双方应继续履行《融资租赁合同》。

综上，一审法院认定事实清楚，适用法律正确，程序合法，请求二审法院依法驳回上诉人的上诉请求。

被上诉人：A 公司

委托代理人：赵岐龙　律师

裁判结果

一、B 公司于本判决生效之日起 10 日内给付 A 公司租金 84, 559, 710. 92 元及违约金（以 54, 971, 152. 07 元为基数，自 2018 年 1 月 1 日起至实际支付之日止，按日万分之五的标准计算；以9, 862, 852. 95元为基数，自 2018 年 2 月 21 日起至实际支付之日止，按日万分之五的标准计算；以 9, 862, 852. 95 元为基数，自 2018 年 5 月 21 日起至实际支付之日止，按日万分之五的标准计算）；

二、B 公司于本判决生效后 10 日内给付 A 公司律师费 10 万元、保险担保费 84, 613 元；

三、D 公司、孟 × × 就本判决第 1 项、第 2 项确定的 B 公司的债务承担连带保证责任，D 公司、孟 × × 承担清偿责任后，有权向 B 公司追偿；

四、A 公司就本判决第 1 项、第 2 项确定的 B 公司的债务，对工商行政管理局颁发的《动产抵押登记书》项下的动产享有优先受偿权。

裁判理由

一、关于押金冲抵时间的认定

D 公司上诉认为，根据《租赁协议》（附表 7. 2）的约定，出现未能足额支付租金时，A 公司就应当对押金进行抵扣。A 公司则认为《租赁协议》（附表7. 2）的约定是："若承租人未能足额支付本附表项下应付租金或其他任何应付款项，出租人有权以押金抵扣该等款项。”据此,A 公司认为是否用押金冲抵是 A 公司的权利。本院采信了 A 公司的答辩意见,对 D 公司的相关上诉主张不予采信。

二、关于《补充协议》终止时间的认定

D 公司上诉认为,依据《补充协议》的约定,需要同时满足“承租人连续二期、累计四期迟延支付租金的情况”时,《补充协议》才终止执行。A 公司则主张“承租人连续二期、累计四期迟延支付租金的情况”属于并列情形,具备情形之一即自动终止。对此,本院认为,从《补充协议》的订立目的和违约条款约定的意义看,连续两期、累计四期支付是列举的两种违约情形,是一种选择关系,只要具备其中之一就构成违约,并非同时具备。故 D 公司的此项上诉理由不成立,本院不予采信。

三、关于《补充协议》终止后,恢复《租赁协议》履行时间的认定

案涉《补充协议》约定,若承租人出现连续二期、累计四期迟延支付租金的款项,《补充协议》自动终止。但《补充协议》并未明确协议终止的法律性质及法律后果,双方并未就《补充协议》终止具有溯及力进行约定。在该《补充协议》中还约定,若承租人违反约定,出租人有权终止本协议,有权根据《融资租赁合同》的约定向承租人就《融资租赁合同》及《补充协议》项下的租金及其他各项损失进行索赔。即双方约定《补充协议》终止后,出租人依然可以就该协议项下租金及损失索赔。A 公司主张《补充协议》一经终止即视为自始不存在,但是按照《补充协议》的上述约定,仍然确认了出租人在《补充协议》终止后仍然可以就该协议约定的租金进行索赔。A 公司在合同履行中亦未作出解除《补充协议》的意思表示。故本院认为,《补充协议》的终止并没有溯及力。该协议终止后,已经履行部分的租金仍应按照《补充协议》的约定计算。本案应以《补充协议》终止的时间作为《租赁协议》继续履行的时间。D 公司关于《补充协议》终止后,恢复《租赁协议》履行时间的上诉理由成立,本院予以支持。一审判决适用法律有误,本院予以纠正。

律师评析

融资租赁合同中一般为金融机构制定的格式合同,其中的押金、手续费、违约金、租赁模式、违约情形、合同解除、继续履行等都具有类似性,所以,金融机构在制定格式合同时要避免合同权利义务失衡,避免约定的违约情形不清及违约责任过重,更要约定好合同解除或终止后合同的效力问题,特别是对合同解除是否有溯及力进行约定。我国合同没有区分合同解除与合同终止的概念,导致实践中出现理解上的偏差。在德国法中,合同解除具有溯及既往效力,即合同一旦被解除,自始没有约束力,解除前的履行要恢复原状。合同终止只是向后解除,对已经履行的部分没有影响。而我国没有这样区分,统称合同解除,只是根据实际情况是否要恢复原状,对一次性履行的合同具有溯及力,双方要恢复原状,对持续性履行合同没有溯及力,已经履行仍然有效,未履行的部分不再履行。在本案中,双方对《融资租赁合同》的履行签署了《补充协议》,在《补充协议》中对因承租人的违约导致《补充协议》的终止没有约定向前解除还是向后解除,最后导致法院认定只能向后解除,没有溯及力。在违约情形的约定上,由于出租方约定违约情形时约定不清,约定了"连续两期、累计四期迟延支付租金"的情形,容易让人误认为两种违约情形是并列关系而不是选择关系,后来代理人通过目的解释的方式才消除法官的疑虑。另外关于押金的冲抵时间,原则上应是违约发生之时,因为押金具有一定的债权担保的性质,但是由于双方约定押金冲抵时间不清,最后,法院采取了对出租方有利的方式,加大了违约的惩罚力度。这也是符合约定不清有利于守约人利益保护的原则,是对违反诚信原则的当事人进行的惩罚。

75

特许经营合同纠纷：特许人的信息披露义务

北京华沛德权律师事务所　赵新春

裁判要点

根据我国《商业特许经营管理条例》《商业特许经营信息披露管理办法》的规定，特许人应当依照国务院商务主管部门的规定，建立并实行完备的信息披露制度。特许人应当在订立特许经营合同之日前至少30日，以书面形式向被特许人提供特许人基本情况、知识产权情况、费用情况、培训和扶持情况、网点投资预算、重大诉讼和仲裁情况等信息，并提供特许经营合同文本。特许人向被特许人提供的信息应当真实、准确、完整，不得隐瞒有关信息，或者提供虚假信息。特许人隐瞒有关信息或者提供虚假信息的，被特许人可以解除特许经营合同。

基本案情

2012年中旬，黎×经朋友介绍得知"×××英语"项目在招商加盟。同年11月5日，黎×到该公司考察该项目，据公司业务人员介绍，×××教育集团是来自美国的专业教育机构，专注中国孩子的美国原创教育体系，拥有国际认证的教育专家团队。×××教育集团1991年成立于美国，是国际专业的教育培训机构，1996年将业务拓展至中国。外教是其品牌的特色，拥有专业的海外招聘渠道，直通海外人才市场，针对储备外籍教师，进行为期6个月的TEFL的学习流程，获得认证的教师，才可进入中国加盟学校上岗授课。加盟商签约后，不用担心专业和经营，公司可提供全程的扶持和服务。

黎×在听完公司的介绍后，与之签订《特许经营合同》，成为该公司在湖北省××市的加盟商，并向公司缴纳加盟费25万元，保证金3万元。合作签订后，黎×承租并装修了店面、招聘员工，前后投入资金100余万元。但在经营过程中，黎×才发现公司所承诺的全程培训和扶持很难做到，同时经调查发现，公司所宣称的“美国专业教育机构”“1991年成立于美国”等多为虚假信息。该公司作为特许人在与黎×签约之前，不但没有按照《商业特许经营管理条例》的规定履行充分的信息披露义务，且提供了大量虚假信息诱导黎×与之签订加盟合同；此外，在合同履行过程中，该公司也没有按照约定提供相应的指导扶持、外教招聘等服务。

黎×遂起诉至法院要求解除合同，退还加盟费并赔偿全部损失。

代 理 词

尊敬的审判长、审判员：

依据法律规定，受原告黎×委托和北京华沛德权律师事务所指派，我担任本案原告代理人出庭参与诉讼，庭审过程中我们认真听取了被告答辩意见，现针对本案争议的焦点问题发表如下代理意见：

一、被告在招商过程中存在虚假宣传行为，该虚假宣传内容足以导致原告作出错误的意思表示

原告在与被告签约前，对被告信息的了解主要通过被告公司网站、招商手册及被告招商人员的介绍，在被告的公司网站及招商手册中，存在大量虚假宣传内容，具体包括：

(1)×××教育集团是来自美国的国际专业教育机构。

(2)×××不仅成功地将其与教育和培训相关的核心业务落户至中国，同时也在美国、新加坡、越南等地开始了与教育和培训资源拓展相关的业务运营。

(3)×××历程纪事：1997年，美国教育服务公司成立；2004年，×××兼并了有十多年国际英语教学历史的美国英语语言学院；2008年，×××环球成立。

(4)2010年，×××英语正式被美国波士顿教育服务中心(BES)授权，成为托普(SLATE)考试和ITEP考试中国地区代理服务商。

(5)品牌介绍：×××英语是中国唯一一家来自美国，专为中国孩子研创，拥有最丰富的少儿英语教育经验和教育资源,保持持续性创新,以求提供最优质教育的中国少儿英语培训品牌。

(6)×××特许经营业务:全球性的师资聘用体系,×××在美国设有专门的师资选聘及培训的部门,从世界各地招聘以英语为母语的优秀教师。

(7)百万学员,24年品牌铸就。

(8)×××的主营业务包含:×××英语学校、巴尔博亚城市学校、美国巴尔博亚学校中美高中双学历项目、×××越南、×××美国、加华语言学校、×××海外。

(9)1991年,巴尔博亚城市学校在美国加利福尼亚州圣地亚哥市正式成立,这是一所成熟的国际K12学校,也是×××历史最悠久的教育机构。

但实际上,通过原告证据并结合被告提交的证据来看,"×××英语"教育类(41类)商标只是由被告于2011年1月28日在国内注册的商标,被告所宣称的"24年品牌铸就""中国唯一一家来自美国的少儿英语培训品牌"等为虚假信息。且在庭审过程中,被告也未提交其在美国设有专门的师资选聘及培训部门、×××集团来自美国等方面的证据材料。由此可见,被告作为一家以少儿英语培训为主要业务的连锁经营机构,其通过上述虚假宣传使加盟商误以为其英语培训品牌来自美国,公司具有美国背景,业务遍布全世界,实力雄厚。对于从事英语培训业务的加盟商来说,"美国品牌""美国背景"无疑对其具有极大的诱惑力,英语背景的公司在英语培训方面显然也更有优势。因此,被告的上述虚假宣传内容对于原告作出与之签约的意思表示具有重要影响,被告正是抓住了加盟商的上述心理,欺骗原告与之签订加盟合同。

二、被告在签约前,未按照法律规定向原告履行信息披露义务,原告有权要求解除合同

根据《商业特许经营管理条例》《商业特许经营信息披露管理办法》的规定,特许人在与被特许人签约前至少30日,应当以书面形式向被特许人履行信息披露义务,具体内容包括企业的注册情况、知识产权、财务情况、培训和扶持情况、被特许人分布情况、诉讼情况等等。而且,企业不仅要在签订特许经营合同前真实、完整地向被特许人披露有关信息,还要在合同履行过程中保持信息的准确性和完整性,否则,被特许人可以随时请求人民法院解除合同。法律之所以这样规定,主要是基于特许人和被特许人获取信息的不对称性,被特许人主要依据特许人提供的加盟信息来判断、决定是否加盟经营。因此,在特许经营合同缔约即履行过程中,特许人负有提供准确、完整的有关加盟信息的义务,其目的在于使被特许人在掌握真实加盟信息的基础上对投资经营事项做出正确、合理的商业判断。

本案中,被告作为特许人,在与原告签订特许经营合同前,除向原告提供了关于公司品牌、背景的虚假信息外,未向原告披露其他信息,比如原告在加盟后才知道,培训学校在设立一年以后才有资格聘用外教。被告上述行为违反了《商业特许经营管理条例》规定,原告有权要求解除合同。

三、被告在合同签订后存在严重的违约行为

首先,被告没有按照合同约定向原告提供相应的培训和经营指导;其次,通过原被告提交的往来邮件来看,被告承认自身也存在外教不足的问题,而被告解决问题的办法,就是不顾国家关于外教聘用的法律规定,要求加盟商使用临时外教异地工作,而这些临时外教也只能在休闲时间到原告处工作,不能按照原告的工作计划执行,致使原告的教学计划根本无法实现。原告多次将这个问题的严重性告知被告,但被告只是承诺"制定一个计划,确保同样的情况不再发生",但并没有采取有效措施为原告解决外教问题,并告诉原告其他学校也存在这样的问题。被告上述拖延、敷衍的行为违反了合同约定,也与被告所宣称的"强大的招聘体系、直通海外人才市场"不符,并最终导致学生家长集体退费,原告陷入经营困难。

综上所述,被告在与原告签约前披露大量虚假信息,诱导原告与之签约,签约后又未按照合同约定履行相关义务。被告行为既违反了《商业特许经营管理条例》的法律规定,也违反了双方合同约定。请合议庭综合考虑上述情况,依法支持原告的诉讼请求,维护原告合法权益。

以上代理意见请合议庭参考!

原告代理人:赵新春　律师

裁判结果

××区人民法院一审判决:

一、解除黎×与北京×××教育咨询有限公司于2012年11月5日签订的案涉《特许经营合同》;

二、北京×××教育咨询有限公司于本判决生效之日起10日内退还黎×加盟费、咨询服务费共计21万元;

三、北京×××教育咨询有限公司于本判决生效之日起10日内退还黎×保证金3万元;

四、北京×××教育咨询有限公司于本判决生效之日起十日内赔偿黎×经济损失10万元;

五、黎×于本判决生效之日起立即停止使用北京×××教育咨询有限公司拥有所有权的商标、服务标识及版权,并于本判决生效之日起30日内将案涉《特许经营合同》附录C所列手册资料返还北京×××教育咨询有限公司。

二审维持原判。

裁判理由

商业特许经营是指特许人将其拥有的注册商标、企业标志、专利等经营资源以合同形式许可给被特许人使用,被特许人按照合同约定在统一的经营模式下开展经营,并向特许人支付特许经营费用的经营活动。从案涉合同的内容来看,×××公司将其拥有的"×××英语"品牌等经营资源许可给黎×使用,黎×需在统一的运营模式下经营,交纳相应的加盟费用,该合同完全符合商业特许经营合同的基本特征,为商业特许经营合同。

我国《商业特许经营管理条例》第7条第1款规定,特许人从事特许经营活动应当拥有成熟的经营模式,并具备为被特许人持续提供经营指导、技术支持和业务培训等服务的能力。第14条规定,特许人应当向被特许人提供特许经营操作手册,并按照约定的内容和方式为被特许人持续提供经营指导、技术支持、业务培训等服务。在特许经营合同法律关系中,被特许人与特许人签约目的在于借鉴特许人较为成熟的经营模式并使用其经营资源,特许人则应具备持续提供这种资源和服务的能力,而非简单的商标授权或提供物品。对没有相关从业经历的被特许人而言,特许人的服务支持和技能输送显得尤为重要。

案涉合同明确约定×××公司需向黎×提供业务培训、教师培训、场地查看、装修指导、市场调研等多方面支持,委派现场督导或总部高级顾问,等等。这些工作对于加盟店持续正常运营具有十分重要的影响,有赖于×××公司给予支持。而本案中,×××公司提供的证据不足以证明其在签订合同后履行了上述义务,无法证明黎×接受了相关指导和服务,导致黎×被迫停业,无法利用×××公司的特许经营资源,该行为已构成违约。关于外教选聘工作,黎×多次催促×××公司给予外教支持,但×××公司未予以有效解决。

此外,×××公司提供的商标均在我国注册,注册人均系中国法人,而×××公司却宣称其是"中国唯一一家来源于美国,专为中国孩子研创,拥有最丰富的少儿英语教育经验和教育资源,保持持续性创新,以求提供最优质教育的中国少儿英语培训品牌",同时×××公司也没有就其属于"美国原创教育体系"进行举证,故在品牌和教育体系方面存在明显虚假宣传。同时,×××公司没有依照行政法规规定履行信息披露义务。上述行为违反了《商业特许经营管理条例》第21条、第23条有关信息披露和禁止提供虚假信息的规定。

综上,基于×××公司的案涉违约和违法行为,黎×有权要求解除合同、×××公司退还相关费用并赔偿损失。但是,鉴于黎×已经利用×××公司的特许经营资源从事经营,对于加盟费、咨询费的退还数额,一审法院将综合考量剩余特许经营期限、×××公司的过错程度等因素酌情确定。对于保证金,×××公司应予全额退还。关于经济损失,法院根据相关证据合法性、必要性、关联性酌情予以支持。

律师评析

商业特许经营,即我们俗称的"特许加盟",其核心是特许人在具备成熟的经营模式和持续指导能力的情况下,通过合同形式将其知识产权授予被特许人使用,被特许人在特许人统一的模式下开展经营活动,并向特许人交纳相关费用。自从1987年第一家国外特许企业肯德基进驻我国开始,我国已成为发展最快、市场空间最大、特许经营体系最多的国家。在此过程中,相关法律制度与规制规则也在探索中逐步发展完善。2007年5月1日起施行的《商业特许经营管理条例》(以下简称《条例》)与2012年2月1日起施行的新《商业特许经营备案管理办法》、2012年4月1日起施行的新《商业特许经营信息披露管理办法》共同构成了我国商业特许经营制度的主体框架。

《条例》对特许人从事商业特许经营活动的条件作了严格的限制,同时规定了特许人的信息披露制度。《条例》第21条规定,特许人应当在订立特许经营合同之日前至少 30 日，以书面形式向被特许人提供本条例第 22 条规定的信息，并提供特许经营合同文本。第 23 条规定，特许人向被特许人提供的信息应当真实、准确、完整，不得隐瞒有关信息，或者提供虚假信息。特许人向被特许人提供的信息发生重大变更的，应当及时通知被特许人。特许人隐瞒有关信息或者提供虚假信息的，被特许人可以解除特许经营合同。而《条例》第 22 条对企业需要披露的信息做了详细充分的列明，具体包括企业的注册情况、知识产权、财务情况、被特许人情况、诉讼情况等等。

《条例》之所以要求特许人需向被特许人履行信息披露义务，主要是基于特许人和被特许人获取信息的不对称性。被特许人主要依据特许人提供的加盟信息来判断、决定是否加盟经营。因此，在特许经营合同缔约过程中，特许人负有提供真实、准确的有关加盟信息的披露义务，其目的在于使被特许人在掌握真实加盟信息的基础上对投资经营事项做出正确、合理的商业判断，防止商业欺诈，促进公平交易。因此，对于特许人来说，按照《条例》规定进行信息披露，既是市场主体诚信原则的具体体现，也是减少企业与加盟商纠纷、促进自身特许经营体系健康发展的重要任务。特许经营企业应当注意，其在与被特许人签订特许经营合同过程中，所披露的信息应当真实、准确、完整，不得隐瞒重要信息，更不得提供虚假信息。本案中，北京×××教育咨询有限公司正是因为提供了虚假信息，违反了《条例》的规定，才导致合同被解除。

76

买卖合同纠纷：违约责任

北京市中伦文德律师事务所　赵讶利

裁判要点

申请人与被申请人签订的《采购合同》系双方当事人真实意思表示，于法不悖，合法有效，对合同双方均有约束力。合同签订后，双方当事人理应根据合同约定履行合同义务，申请人应依合同约定，在收到申请人支付的预付款后，及时交付货物，被申请人则应于收到货物后及时依约支付相关的合同款项，因双方在合同履行中，均未能严格按照合同约定履行义务，申请人存在迟延交货，被申请人则存在迟延付款的违约行为，故对双方关于违约金的仲裁请求均不予支持。

基本案情

2014年6月3日，甲公司与乙公司签订了《采购合同》，约定：甲公司向乙公司采购某减震座铸造加工金属件200套，每套单价7500元，合计货款150万元(含税17%，到厂价)。

2014年5月30日，双方签署的《技术协议》对某减震座铸造加工金属件的技术要求、发货要求等内容作出了约定，并约定保质期为5年。

双方约定交货期限为分批加工方式交货，首批68套预付款到45天交货，其他以甲公司书面通知为准。

交货地点为需方指定地点，具体发货地点及收货人信息发货前另行通知。

支付方式为首批68套预付30%，合同生效后甲公司支付乙公司，在设备到现场并收到最终用户到货签收回执单及与该批货物等额发票后付 30%,设备验收且成功收到最终用户验收款后付 35%;质保金 5%,设备保质期满双方义务和权利履行完毕,甲公司支付给乙公司。

违约责任为合同任何一方没有履行或不完全履行或擅自更改合同内容,应承担违约责任,并按有关法律或规定处理,双方的违约金为合同总价的 0.3%/日,最多不超过合同总价;技术附件或协议与合同具有同等效力;设备发货前或提货前 10 天乙公司需分别通知甲公司订货部门和收货部门;双方对争议解决约定,在执行本合同过程中的一切争议,双方应通过友好协商,双方不能解决时,提交上海仲裁委员会申请仲裁。

2014 年 6 月 10 日,甲公司向乙公司支付了 68 套某减震座铸造加工金属件的 30% 价款 153,000 元。

2014 年 7 月 15 日,乙公司向甲公司发货 1 套,同年 7 月 29 日向甲公司发货 19 套,9 月 1 日向甲公司发货 10 套,9 月 4 日发货 10 套。

2015 年 11 月 17 日,甲公司向乙公司支付货款 37,500 元,2016 年 6 月 15 日支付乙公司 37,500 元。

此后,双方均未再履行各自的合同义务。

2018 年 10 月 27 日,乙公司向上海仲裁委员会申请仲裁,请求:甲公司向其支付剩余货款 282,000 元、甲公司向乙公司承担违约金 101,520 元、甲公司承担仲裁费用。

2018 年 12 月 20 日,甲公司向乙公司发送了《合同解除告知函》。

代 理 词

致××仲裁委员会:

就贵会受理的申请人乙公司申请被申请人甲公司合同纠纷一案(以下简称本案),我是本案被申请人的代理人,结合本案庭审情况,发表如下代理意见:

一、案涉合同及技术协议项下收货和付款基本情况

1. 关于申请人供货情况

(1)被申请人收到 40 套减震座铸造加工金属件;

(2)其余 28 套,并未向被申请人交付。

2. 关于被申请人付款情况

(1)2014 年 6 月 10 日,被申请人支付 153,000 元预付款;

(2)2015 年 11 月 17 日,被申请人支付 37,500 元货款;

(3)2016 年 6 月 15 日,被申请人支付 37,500 元货款。

被申请人累计向申请人付款 282,000 元。

二、合同约定的付款条件未成就

1. 被申请人已按照合同约定支付了第一批 68 套 30% 预付款

双方签署的《采购合同》第 11 条约定:"首批 68 套预付 30%,合同生效后甲方支付乙方。"2014 年 6 月 10 日,被申请人向申请人支付了 68 套预付款 15.3 万元。

2. 第二批到货款付款条件未成就,被申请人享有先履行抗辩权

《采购合同》第 11.1 条约定:"在设备到现场并收到最终用户到货签收回执单及与该批货物等额发票后付 30%。"

《合同法》第 67 条规定:"当事人互负债务,有先后履行顺序,先履行一方未履行的,后履行一方有权拒绝其履行要求。先履行一方履行债务不符合约定的,后履行一方有权拒绝其相应的履行要求。"

本案中到货款支付条件是最终用户签收回执单且申请人开具货物等额发票,但申请人至今未向我公司开具等额发票,支付条件未成就,被申请人享有先履行抗辩权。

3. 质保金未达到支付时间条件

双方签署的《技术协议》5.1 条款约定质保期为 5 年,案涉产品质保期至 2019 年 9 月届满,目前尚未届止,质保金支付时间条件尚未成就。

三、被申请人有权拒绝 28 套未交付设备的付款请求

《合同法》第 67 条规定:"当事人互负债务,有先后履行顺序,先履行一方未履行的,后履行一方有权拒绝其履行要求。先履行一方履行债务不符合约定的,后履行一方有权拒绝其相应的履行要求。"

《采购合同》第 11.1 条约定:"首批 68 套预付 30%,合同生效后甲方支付乙方;在设备到现场并收到最终用户到货签收回执单及与该批货物等额发票后付 30%;设备验收且成功收到最终用户验收款后付 35%;质保金 5%,设备保证期满双方义务和权利履行完毕,甲方支付给乙方。"

从以上合同约定可以看出,28套设备的到货款及后续其他款项的支付条件是到货且经最终用户验收,但申请人并未交付其余28套设备,且诉争未能交付的28套设备是否是产成品,尚存在不确定性,申请人向仲裁庭所提交的设备照片并不能够证明是双方争议项下28套设备的产成品。因此,被申请人享有先履行抗辩权,有权拒绝支付28套设备的货款,且不承担违约责任。

四、申请人迟延供货的违约行为,给被申请人造成了损失,应按照合同约定承担违约责任

1. 双方签署的《采购合同》约定有违约责任条款

双方签署的《采购合同》第13.2条约定:"合同的任何一方没有履行或不完全履行或擅自更改合同内容,应承担违约责任,并按有关法律或规定处理。甲乙双方的违约金均为合同总价的0.3%/日,最多不超过合同总价。"

2. 申请人存在交货迟延的情形

申请人已交付的40套设备,晚于合同约定的到货时间。合同约定预付款到45天到货,2014年6月10日被申请人向申请人支付了15.3万元预付款,申请人应按照合同约定,在2014年7月25日之前全部到货,但事实上,申请人已经到货的部分设备迟延,尚有28套至今未能交付,申请人应向被申请人支付相应的违约金。

3. 申请人迟延交货给被申请人造成了实际损失

经过被申请人与最终用户华锐多方协调和沟通,华锐只同意接收其中20套设备。2014年9月12日被申请人向最终用户发货20套,华锐风电于2014年10月8日对该20套设备做了签收。

其他20套设备因申请人延迟交货,华锐拒绝接收。申请人迟延供货的违约行为,给被申请人造成了很大的存货损失以及库房租金损失。

五、关于合同的解除

1. 申请人迟延交付40套设备,未交付设备28套,致使被申请人合同目的不能实现,被申请人可以就该28套以及后续132套设备买卖予以解除

《合同法》第166条对分批交付标的物的合同解除作出了明确规定,该条第2款规定:"出卖人不交付其中一批标的物或者交付不符合约定,致使今后其他各批标的物的交付不能实现合同目的的,买受人可以就该批以及今后其他各批标的物解除。"

本案,申请人迟延交付40套设备,未交付设备28套,致使被申请人合同目的不能实现,被申请人可以就该28套以及后续132套设备的买卖予以解除。

2. 申请人迟延交付40套设备,未交付设备28套,符合法定解除的情形

合同约定了首批设备在首付款到后45天到货,迟延发货、不发货的违约行为致使被申请人不能实现合同目的,依据《合同法》第94条第4款的规定,被申请人可以解除合同。

基于上述情形,被申请人于2018年12月21日,向申请人发出了案涉合同解除通知,申请人已签收,请求仲裁庭裁决解除双方2014年6月3日签署的《采购合同》。

综上所述,被申请人认为,被申请人有权拒绝28套未交付设备项下的付款请求权;对于已经到货的40套设备款,合同约定的付款条件未成就;申请人迟延供货的违约行为,给被申请人造成了损失,应按照合同约定承担违约责任。申请人迟延交付40套设备,不交付设备28套,致使被申请人合同目的不能实现,请求仲裁庭裁决予以解除。

被申请人:甲公司

代理人:赵讶利　律师

裁判结果

2019年7月10日,仲裁委员会作出裁决书:

一、确认申请人与被申请人于2014年6月3日签订的《采购合同》于本裁决作出之日予以解除。

二、被申请人应于本裁决作出之日起10日内向申请人支付货款人民币57,000元。

三、申请人应于本裁决作出之日起10日内向被申请人开具40套货物的增值税专用发票。

四、对申请人的其余仲裁请求,不予支持。

五、对被申请人的其余仲裁反请求,不予支持。

六、本次仲裁请求案费用人民币16,422元(已由申请人预缴),由申请人自行承担。

裁判理由

申请人与被申请人签订的《采购合同》系双方当事人真实意思表示，于法不悖，合法有效，对合同双方均有约束力。合同签订后，双方当事人理应根据合同约定履行合同义务，申请人应依合同约定，在收到申请人支付的预付款后，及时交付货物，被申请人则应于收到货物后及时依约支付相关的合同款项。

本案中，根据双方合同对第一批 68 套货物的交货期限的约定，申请人应当在被申请人预付款到 45 天交货，申请人交付了 40 套设备，余 28 套设备，申请人称因被申请人未通知发货，故未能发货，但未能举证其履行通知义务后，被申请人拒绝接受货物的事实，故其要求被申请人支付未交付的 28 套货物的剩余款项，不能予以支持。

被申请人反请求要求解除双方合同，庭审中，双方就解除合同达成一致，仲裁庭予以支持。

根据《合同法》第 98 条的规定，对于申请人已交付的 40 套货物的剩余款项，鉴于双方合同已解除，该款项应与预付款一并予以结算，即 40 套货物合计货款为 30 万元，被申请人已支付预付款 153, 000 元，货款 75, 000 元，剩余未付货款为 72, 000 元，其中质保金为 15, 000 元。由于质保期尚未期满，申请人要求支付质保金的条件尚未成就，故申请人要求被申请人支付包括质保金在内的剩余款不能予以全部支持，被申请人应支付申请人未付货款为 57, 000 元；对被申请人要求申请人开具增值税专用发票的请求，仲裁庭认为符合合同约定，应予支持。

对于双方当事人均要求对方承担违约金的请求，仲裁庭认为，双方在合同履行中，均未能严格按照合同约定履行义务，申请人存在迟延交货，被申请人则存在迟延付款的违约行为，故对双方关于违约金的仲裁请求均不予支持。鉴于此，本案仲裁请求案及反请求案件的费用由双方各自承担。

律师评析

本案焦点是合同双方的违约行为及责任分配，我国《合同法》对于违约责任的归责原则确定为无过错责任原则，但也存在过错责任原则。我国《合同法》规定承担违约责任的方式主要是支付违约金、损害赔偿、继续履行等，就违约金和损害赔偿在实践中的适用，常常存在争议：

1. 违约金和损害赔偿能否同时主张

(1)存在法院认为可以无条件地同时主张,理由如下:"违约金责任与违约损害赔偿责任,均为违反合同的民事责任形式,且都具有补偿的性质,即违约金请求权与损害赔偿请求权之间的关系不是选择之债,而是不同权利请求权的选择性竞合关系。"损害赔偿责任和其他违约责任可以并用。

(2)存在法院认为在未约定排斥适用的情况下,可以同时主张,理由如下:"违约金和违约损害赔偿是合同违约的两种责任承担形式,违约损害赔偿其本质上是交换关系的反映,一方违约之后,违约方应当赔偿对方因违约而遭受的全部损失,而违约金则是当事人在合同中或者合同订立以后约定一方如果违约则应当向另一方支付一定数额的违约金,在双方未约定违约金和违约损害赔偿排斥适用的情况下,守约方既可以要求违约方承担违约损害赔偿,又可以要求其承担合同项下的违约金责任。"

(3)存在法院认为不可同时主张,理由如下:"违约损害赔偿以填平损失为基本原则,而违约金本身即属于赔偿损失的一种形式,故针对同一违约行为,守约方不能同时主张损失和违约金。"防止出现债权人双重获益的结果。

(4)在学术上有观点认为惩罚性违约金可以和损害赔偿并用,补偿性违约金和损害赔偿规范目的相同,不可以并用。

2. 约定违约金的情形下,是否必须优先适用违约金条款

(1)必须优先适用。

理由如下:"在指向同一种损害场合,虽然债权人有填补损害赔偿请求权,但违约金请求权与损害赔偿请求权并非债权人可自由选择的,而是有违约金请求权场合必须行使违约金请求权;如果约定的违约金金额不足以填补债权人所受损失的,则债权人可以请求人民法院或者仲裁机构予以增加。"

(2)不须优先适用。

违约金和损害赔偿是对违约责任的不同主张方式,当事人具有选择权。

以上可见违约金和损害赔偿的主张方式及顺序存在较大差异,因存在合同约定违约金可能存在过高或过低的现实因素,为防止当事人在诉讼时处于被动地位,可在签署合同时约定:当违约金不足以弥补损失时,保有主

张损害赔偿的权利。

该约定在违约金约定过低时，如果申请法院调高违约金，此时要承担证明责任，不如直接主张损害赔偿，也免去了法院认定需优先适用违约金条款的风险，但在主张损害赔偿时还应注意，损害赔偿还受到可预见规则、减轻损失规则、与有过失规则、损益相抵规则等多方面的限制，损害赔偿足以弥补损失即可，无须主张过多，否则不但不会被法院支持，还要承担不必要的诉讼费用支出。

77

债权债务合同纠纷：债权债务的抵销

北京金诚同达律师事务所　郑　影

裁判要点

债权债务的抵销，是指债权债务合同的双方互享债权、互负债务，双方可以行使抵销的权利。在实践中存在诸多问题，包括债权债务抵销的要件、抵销的实现等相关问题在司法实践中较为常见。

在本案中，法院的审判充分体现了程序与实体并重、在充分查明案件事实的基础上解决相关纠纷的司法实践工作方法。一方面，在程序问题上，法院根据事实细节，结合法律关于诉讼文书送达方式的规定，认定被告孙×向原告张×代理人提供了其送达地址，法院在诉讼程序中向该地址寄送诉讼文书，由该处保安人员代为签收，并签署了孙×准确、完整的身份证号的整体行为应视为文书已为受送达人签收。另一方面，在实体问题上，法院充分结合相关事实基础，认定本案当事人及其他相关方通过债权债务转移的方式将案涉债务与原始债务的产生交易（即股权转让交易）进行了切割，在争议合同中明确了各款项的给付方式、条件及争议解决方式，故付款条件是否成就、争议解决的方式应根据争议合同约定判断，不应再根据原始交易项下的交易文件进行确认。

基本案情

一、诉争交易的产生背景

2017年10月16日，A公司与B公司签署了《股权转让协议》（以下简称《C公司转让协议》），A公司向B公司转让其持有的C公司84%的股权，B公司应向A公司支付等值于8000万元(指人民币，下同)的股权转让款。

2017年10月16日，原告张×、被告孙×与A公司、B公司、A基金、B基金、C咨询公司签署了《协议书》，该协议约定了上述C公司84%股权转让交易项下债权债务的转移事宜，并对A基金、B基金、C咨询公司在以往交易中遗留的历史债权债务的解决方案作出了约定，即相关主体之间进行债权债务转移及抵销。

根据《协议书》第1条的约定，B公司将其在《C公司转让协议》项下向A公司支付8000万元股权转让款的义务转让给了被告孙×，A公司将其在《C公司转让协议》项下的债权(即收取8000万元股权转让款的权利)转让给了原告张×。

2018年2月7日，原告张×、被告孙×与A公司、B公司、A基金、B基金、C咨询公司签署了《〈协议书〉之变更协议》。

根据《〈协议书〉之变更协议》第2条的约定，被告孙×应以现金方式在2018年2月28日前或D医药于2018年3月31日与转让方签署的《股权转让协议》项下的E公司7%的股权(以下简称"7%股权")交割完成(因转让方为与被告具有关联关系的主体，故原告及被告协商一致同意将转让方完成该股权交割作为付款条件)后3个工作日内(以较早发生为准)一次性向原告张×支付2797万元。被告孙×已于2018年3月21日向原告张×支付了2797万元。

根据《〈协议书〉之变更协议》第3条的约定，被告孙×应以现金方式在2018年3月31日前一次性向原告张×支付4000万元，如因D医药原因导致7%股权未能在2018年3月31日前完成交割的，则被告孙×应在7%股权交割完成后3个工作日内以现金方式一次性向甲方支付4000万元。

2018年3月7日，7%股权事宜完成了工商登记变更登记手续。被告孙×在《协议书》项下向原告张×支付4000万元的付款条件已成就，但截至本诉状提交之日，被告孙×迟迟未履行付款义务。

原告张×委托本所于2018年6月4日向被告孙×发送了律师函，要求被告孙×偿还4000万元欠款，并承担因被告孙×违约而给原告张×造成的全部经济损失，包括但不限于支付违约金等。

原告张×认为，被告孙×违反《〈协议书〉之变更协议》的约定，应当立即偿还原告张×4000万元欠款，并按照《协议书》第6条"如乙方届时未能按本协议第二条之约定向甲方支付款项的，则每逾期一日，乙方应按应付未付款项的万分之五向甲方支付违约金，直至款项清偿之日违约金停止计算”的约定向原告张×支付自2018年2月28日起至被告孙×实际给付款项之日的违约金（暂计算至2018年6月30日，共计182万元）。

根据前述交易背景，本案的股权交易路径和债权债务转让过程总结如下：

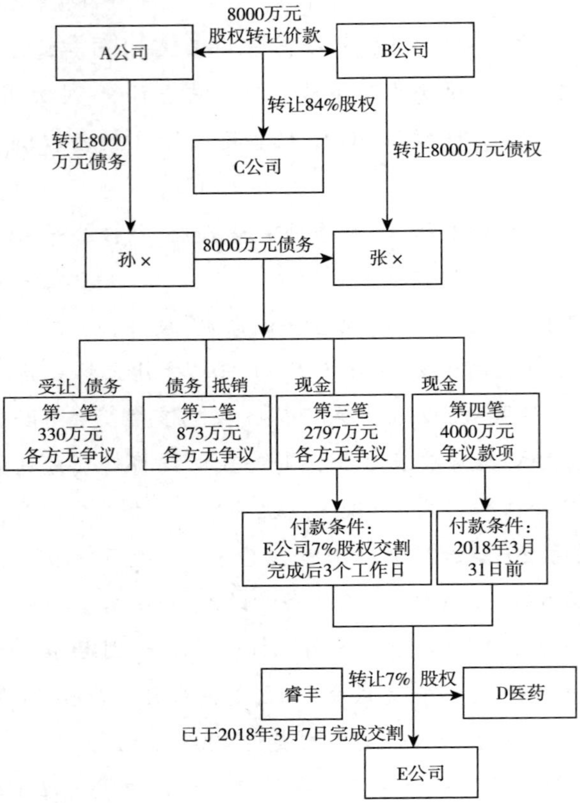

二、诉争的程序问题

孙×于2018年10月9日寄送管辖权异议申请书，而该等时间已过管辖权异议期。被告孙×主张其于2018年10月8日从居住小区保安处收取本院邮寄送达的开庭传票及起诉状副本等材料，且EMS回执上“孙×”签名不是其本人所签，进而主张2018年10月9日邮寄管辖权异议申请书并未超过提起管辖权异议期间。

原告张×主张，法院向被告孙×邮寄送达诉讼材料的地址系被告孙×本人提供，并提交了2018年9月10日、10月12日、10月13日、10月15日、10月23

日原告张×代理人与被告孙×的微信聊天记录，证明被告孙×送达地址系被告孙×本人提供。

一审法院立案部门于2018年9月10日向被告孙×邮寄送达起诉状副本、开庭传票等诉讼文书，EMS法院专递邮件回执联显示了被告孙×手机号码，地址为原告张×代理人提供的地址。EMS法院专递邮件回执联显示邮件2018年9月14日签收，收件人或代收人栏手写身份证号码。

庭审中，被告孙×认可其手机号码信息、EMS法院专递邮件回执联上手写身份证号码信息与被告孙×身份信息一致。

二审阶段答辩意见

答辩人张×：

就孙×（以下简称上诉人）上诉张×（以下简称被上诉人）二审诉讼案，现就上诉人提交的上诉状所述的下述问题，出具如下答辩意见：

一、关于一审法院是否给予上诉人充分答辩期限，及上诉人在一审中提出管辖权异议是否超期的问题

（一）一审法院第一次按起诉状所列上诉人地址寄交一审诉讼文件

被上诉人于2018年8月1日起诉时，向法院提供的上诉人地址为哈尔滨市××区××街××号、深圳市××××大厦××座××室。经法院分别向两个地址发送传票，未能妥投。其中“深圳市××××大厦××座××室”，为代理人向上诉人寄送律师函的地址，即在被上诉人起诉上诉人前2个月时，上诉人可联系的地址；“哈尔滨市××区××街××号”，不但系上诉人户口簿所载地址，更是其于上诉状中自行提供的地址。由此可见，上诉人拒收一审法院第一次寄交的一审诉讼文件，存在主观故意。

（二）上诉人通过微信方式持续与被上诉人代理人沟通，并指定了送达地址

一审法院立案庭于2018年9月10日联系本代理人，要求提供上诉人可送达的地址，本代理人与上诉人直接进行联系。如被上诉人提交的证据显示，2018年9月10日9时2分，代理人通过微信方式与上诉人确认地址，上诉人于2018年9月10日9时17分提供了其收件地址，即“上海市××区××路××弄××号××”，此亦是一审法院寄交民事诉讼文书的地址。且上诉人还通过微信语

音方式向被上诉人代理人说明（原文记录如下）“那个我这边就这你按这个地址发给我就行，然后我的电话和名字都可以，好，就这个，多谢了”（详见被上诉人提交的关于《针对管辖异议申请的反驳意见》证据的说明）。根据被上诉人代理人与上诉人微信沟通的内容可知，该微信号的使用人为上诉人本人，微信图像是上诉人本人。据此，上诉人向被上诉人代理人提供了接收本案民事诉讼文书的指定地址。

（三）上诉人于2018年9月14日签收了一审法院送达的被上诉人起诉状副本，上诉人对诉讼案件情况全部知悉

2018年9月10日，被上诉人代理人向一审法院提供了上诉人指定的上述收件地址信息，即“上海市××区××路××弄××号××”。一审法院按此地址向上诉人寄送了被上诉人提交的民事起诉状副本等民事诉讼文书。根据一审法院开庭时查阅的签收记录，2018年9月14日，上诉人指定的代收人代收了法院寄送的前述文件，且签署了上诉人准确、完整的身份证号。

根据《最高人民法院关于以法院专递方式邮寄送达民事诉讼文书的若干规定》第7条“受送达人指定代收人的，指定代收人的签收视为受送达人本人签收”的规定，第9条“受送达人指定的代收人签收的”即为送达的规定，应视为上诉人于2018年9月14日签收。根据上诉人与被上诉人代理人2018年9月10日下午14时22分、14时35分的微信沟通记录可知，上诉人在2018年9月10日已知悉本案的诉讼情况，而非在2018年10月9日才了解本案诉讼情况。因此上诉人主张其在2018年9月14日未签收本案起诉状副本，于2018年10月9日才收到本案一审起诉状副本，无事实及法律依据。上诉人一审答辩期限、提交管辖权异议申请的期限应从2018年9月14日起算。

（四）上诉人提出管辖权异议的时间已超过法定期限，一审法院未受理上诉人提交的管辖权异议，符合法律规定

根据《民事诉讼法》第127条“人民法院受理案件后，当事人对管辖权有异议的，应当在提交答辩状期间提出”的规定，及第125条“人民法院应当在立案之日起五日内将起诉状副本发送上诉人，上诉人应当在收到之日起十五日内提出答辩状”的规定，上诉人于2018年9月14日收到本案起诉状副本，应于2018年9月29日之前向法院提出管辖权异议。上诉人实际向法院提出管辖权异议的时间为2018年10月9日，已超过提出管辖权异议的法定期限。

（五）诉争协议约定了清晰的争议解决条款，本案一审应由山东省烟台市中级人民法院管辖

《协议书》第8条（详见被上诉人提交证据1－2）约定，“本协议适用中华人民共和国法律。各方同意由于本协议或执行本协议引起的争议，各方应通过友好协商进行解决。如无法通过友好协商解决，任何一方均有权向合同签订地具有管辖权的人民法院提起诉讼”；《〈协议书〉之变更协议》第5条（详见被上诉人提交证据1－3）约定，“凡因本协议引起的或与本协议有关的任何争议，任何一方均可依照中国法律在合同签订地具有管辖权的人民法院通过诉讼方式解决”。前述两份本案诉争协议的签署地均为烟台市芝罘区。本案诉争合同约定了清晰的争议解决条款，本案一审应由山东省烟台市中级人民法院管辖。

综上所述，上诉人于2018年9月14日收到本案起诉状副本，其于2018年10月9日向法院提出管辖权异议，已超过提出管辖权异议的法定期限。被上诉人认为，一审法院给予了上诉人充分的答辩期，一审法院未受理上诉人提交的管辖权异议，符合法律规定。

二、关于上诉人支付4000万元的付款条件是否已成就、本案是否需要追加诉讼当事人的问题

（一）4000万元的支付条件已成就，且该支付条件与C公司84%股权交割无关

根据《〈协议书〉之变更协议》第3条（详见被上诉人提交证据1－3）约定，“乙方应以现金方式在2018年3月31日前一次性向甲方支付4000万元。如因D医药原因导致《7%股转协议》项下的股权未能在2018年3月31日前交割完成，则乙方应在标的股权交割完成后3个工作日内以现金方式一次性向甲方支付4000万元”，据此可知，与本案诉争的4000万元的支付有关的条件是：“根据转让方与D医药签署的《股权转让协议》，转让方与受让方完成E公司7%股权的交割。”事实上，E公司7%股权已于2018年3月7日完成了交割（详见被上诉人证据2－2），上诉人应以现金方式在2018年3月31日前一次性向被上诉人支付4000万元。

（二）上诉人已经按《〈协议书〉之变更协议》第2条实际支付了2797万元

除付款日期有所区别外，《〈协议书〉之变更协议》第2条（详见被上诉人提交证据1－3），所述的2797万元与第3条所述的4000万元付款条件相同，上诉人已于2018年3月21日向原告支付了2797万元，并非基于假象错误支付款项，并不属于不当得利，而是上诉人基于对《〈协议书〉之变更协议》第2条付款条件成就的认可，而向被上诉人支付的款项。

(三)上诉人就其主张事项未能履行举证义务，其主张与本案无关

上诉人在《上诉状》中所主张的A公司向B公司转让其持有的C公司84%股权交易的程序问题、交割问题、抵销问题等，均与本案诉争事项无关。

1. 上诉人主张C公司84%股权的变更文件不合法、股权变更未完成，导致支付条件未成就。根据《最高人民法院关于民事诉讼证据的若干规定》第2条规定，"当事人对自己提出的诉讼请求所依据的事实或者反驳对方诉讼请求所依据的事实有责任提供证据加以证明。没有证据或者证据不足以证明当事人的事实主张的，由负有举证责任的当事人承担不利后果"，上诉人对此负有举证义务，但上诉人未提交任何证据支持其主张。

根据中国委托公证人(香港)吴律师公证的C公司84%股权的变更文件(详见被上诉人证据7)，A公司已于2017年11月15日将其持有的C公司的84%股权转让于B公司，此事项在上诉人自行提交的文件中已有所印证。而该份《证明书》具有《民事诉讼法》中规定的公证文书的证明效力和执行效力：(1)中国委托公证人(香港)吴律师具有委托公证人资格；(2)吴律师出具的《证明书》加盖了火漆封印，并由中国法律服务(香港)有限公司加盖转递专用章。

2. 根据被上诉人提交的证据5(第44—53页)，被上诉人也已按照《协议书》第5条的约定向上诉人、B公司、A基金、B基金发出了C公司84%股权已完成交割的书面通知文件，且相关方确认标的股权已交割完成。

3. 330万元、873万元的支付方式、涉及主体的债权债务抵销方式与本案诉争有所区别，《协议书》第3条已明确约定330万元由上诉人与A基金之间解决、第4条已明确约定873万元于《协议书》生效且C公司84%的股权交割完成之日在上诉人与被上诉人之间抵销，该两笔款项的履行情况并不影响本案诉争标的4000万元的支付，即与本案诉争事项无关。

据此，上诉人前述种种主张并不成立。

(四)诉争合同其他当事人与本案诉争事项无关，本案无需增加诉讼当事人

本案的争议事项不涉及除上诉人、被上诉人之外的《协议书》其他当事人，仅涉及上诉人向被上诉人的债务履行问题，故法院无需追加《协议书》其他协议主体作为本案当事人。

基于此,被上诉人认为,本案案件事实清楚,上诉人向被上诉人支付4000万元的条件已成就,上诉人应于2018年3月31日之前付款,被上诉人未按期足额支付款项,应当按照《协议书》"如乙方届时未能按本协议第二条之约定向甲方支付款项的,则每逾期一日,乙方应按应付未付款项的万分之五向甲方支付违约金,直至款项清偿之日违约金停止计算"的约定(详见被上诉人提交证据1-2),向被上诉人支付自2018年4月1日起至上诉人实际给付款项之日的违约金(暂计算至2018年6月30日,共计182万元)。

综上所述,被上诉人认为一审程序合法,一审人民法院认定事实清楚、适用法律正确,恳请贵院依法驳回上诉人上诉,维持原判。

代理人:郑　影　律师

裁判结果

法院一审认为,原告张×的诉讼请求有事实及法律依据,予以支持。依照《合同法》第60条、第107条、第114条,《民事诉讼法》第127条第1款之规定,判决如下:被告孙×于本判决生效之日起10日内向原告张×支付股权转让款4000万元,并以4000万元为基数,自2018年4月1日之日起至实际给付之日止,按照日万分之五向原告张×支付违约金。如果未按本判决指定的期间履行给付金钱义务,应当依照《民事诉讼法》第253条之规定,加倍支付迟延履行期间的债务利息。案件受理费250,900元,由被告孙×负担。

宣判后,被告孙×不服一审判决,向高级人民法院提起上诉,请求撤销一审判决,依法改判驳回张×的诉讼请求。后高级人民法院判决认定一审判决认定事实清楚,适用法律正确,判决驳回孙×的上诉,维持一审原判。

裁判理由

一审法院认为,双方当事人争议的焦点问题:一是被告孙×提起的管辖权异议是否超过法定期间;二是被告孙×向原告张某支付4000万元股权转让款的条件是否成就。

二审法院在前述两个争议焦点的基础上,又补充一个争议焦点,即一审是否应当追加其他五方参与者作为第三人参加诉讼。

一、关于第一个焦点问题

关于第一个焦点问题，一审和二审法院均从两个角度来进行阐述。

其一，是提出管辖权异议的期限问题，根据《民事诉讼法》第127条第1款的规定："人民法院受理案件后，当事人对管辖权有异议的，应当在提交答辩状期间提出。"一审法院认为，被告孙×所称对法院专递邮件中诉讼材料不知情不合逻辑和生活常识，被告孙×未在规定期限内提出管辖权异议，也就无权要求一审法院对管辖权异议进行审理。

其二，是诉讼文件的送达方式问题。依据《最高人民法院关于以法院专递方式邮寄送达民事诉讼文书的若干规定》第7条的规定："受送达人指定代收人的，指定代收人的签收视为受送达人本人签收。"一审法院认为，即使EMS法院专递邮件回执联上"孙×"签名及手写的身份证号码不是被告孙×本人所写，亦系被告孙×指定的代收人所签。

二审法院认为，根据一审法院查明的事实，足以认定孙×的通信联系地址。该处保安人员代孙×签收一审法院寄送的本案起诉状副本等诉讼文书，应视为送达行为已完成。同时根据法律规定，孙×已超出提出管辖权异议的法定期间，应视为没有对受理法院提出管辖权异议。综合这两个方面，孙×要求一审法院就管辖权异议进行审理，没有法律依据。

二、关于第二个焦点问题

关于第二个焦点问题，一审和二审法院均以认定的相关事实为基础，结合法律规定，作出相关阐述。

一审法院和二审法院认定的事实基础均为，在2018年2月7日的《〈协议书〉之变更协议》中约定：孙×应以现金方式在2018年2月28日前或标的股权交割完成后3个工作日内（以较早发生为准）一次性向张×支付2797万元；如因D医药原因导致E公司7%股权转让协议项下的股权未能在2018年2月28日前交割完成，则孙×应在标的股权交割完成后3个工作日内以现金方式一次性向张×支付2797万元。另约定：孙×应以现金方式在2018年3月31日前一次性向张×支付4000万元。如因D医药原因导致E公司7%股权转让协议项下的股权未能在2018年3月31日前交割完成，则孙×应在标的股权交割完成后3个工作日内以现金方式一次性向张×支付4000万元。D医药与转让方于2018年3月7日就D医药受让7%股权事宜完成了工商变更登记手续，孙×于2018

年3月21日向张×支付了股权转让款2797万元。案涉合同各方亦已知晓C公司84%股权交割完毕事宜。

根据法律规定,当事人对自己的主张应承担举证责任,否则应承担举证不能的责任。二审法院认为,认定股权转让款的支付条件已成就有事实依据。孙×主张案涉股权没有转让,但没有提交相应的证据予以证实,故二审法院对其该上诉理由不予采信。

三、关于第三个焦点问题

本案的争议事项不涉及除孙×、张×之外的《协议书》其他当事人,仅涉及孙×向张×的债务履行问题,故法院无需追加《协议书》其他协议主体作为本案当事人。二审法院认为,根据一审法院查明的事实,可以反映整个案件的情况,案涉的其他五方参与者并非法律意义上的应该参加诉讼的第三人,一审法院没有通知七方参与者参加诉讼并不违反法律规定,且孙×作为被告在一审期间也没有向法院提出追加其他五方参与者参加诉讼的申请,故孙×的该上诉理由二审法院不予采纳。

律师评析

首先,在司法实践应对方面,从法院相关判决当中可以看到,现如今司法审判的整体态势是,更注重对于案件事实细节的查明与认定,对于程序问题和实体问题同等重视。作为律师,尤其是在遇到合同相关纠纷时,更应当关注到每一份合同签约的背景事实、了解到每一次合同变更的具体情况、同时对于每一个合同条款都能做到了然于心,这样在合同纠纷解决中才能够做到真正的游刃有余。

其次,在未来工作展望方面,结合当今《民法典》颁布和司法体制改革大力推进的背景,法院工作在未来必定是更加注重程序的公正性以及审判的科学性,这也就意味着当事人在诉讼中更要注意相关的程序性问题,例如一些相关的时间节点、法定期限、行为准则等等。当然,作为律师,更要进一步提高执业能力和水平,做到对于程序问题的更精准、更全面的把握。

78

买卖合同纠纷：合同解除权

北京天驰君泰律师事务所　周　杰

裁判要点

合同解除权，是合同当事人依照合同约定或法律规定享有的解除合同的权利，它的行使直接导致合同权利义务消灭的法律后果。根据《合同法》第93条、第94条之规定，合同解除权分为约定解除权和法定解除权。实践中，合同当事人往往因继续履行合同或是解除合同产生争议，裁判的主要依据为主张解除合同的一方当事人是否享有合同解除权。

本案中，卖方是按照买方的要求发货，虽然买方以卖方存在供货数量短缺、货物质量有瑕疵等问题、合同长期没有履行导致其合同目的已经不能实现为由主张解除合同，但是，并无证据证明卖方的发货数量及质量存在违约情形，且根据卖方已经供货的情况可以推定卖方已经为履行合同做了必要的准备，故买方不具有解除合同的权利。

基本案情

2016年12月26日，乙公司（买方）与甲公司（卖方）签订《产品购销合同书》，约定甲公司向乙公司提供相关货物，合同总价为800万元。合同项下货物分批次发货，具体发货批次、收货地址买方提前15天以邮件方式向卖方发出发货通知书。卖方应在合同生效、收到预付款及买方邮件发货通知书及买方支付的每批次货物对应的发货款后10个工作日内交付该批货物。买方承诺按照合同约定的付款方式付清相关款项，并于2017年5月30日前提清全部货物。

2016 年 12 月 27 日,乙公司向甲公司支付货款 80 万元。2017 年 12 月 21 日、2018 年 1 月 26 日,乙公司分别向甲公司支付货款 17 万元、27.2 万元,同时乙公司向甲公司发出《货物发运委托书》,要求甲公司向指定地点发货组串式逆变器 10 台、16 台,甲公司随即按指令发货,乙公司于 2017 年 12 月 26 日、2018 年 2 月 3 日收货后签收了签收单。之后乙公司未再支付款项及发出发货要求。

2018 年 5 月 10 日,乙公司、甲公司、丙公司签订《三方代付款协议》,约定《产品购销合同书》(原合同)项下乙公司已向甲公司支付 1,242,000 元,剩余 6,758,000 元货款未付。甲公司已向乙公司交付了附件二中的全部货物并经验收合格,剩余货物(附件三)乙公司一直未提货。乙公司指定丙公司代其向甲公司支付原合同的剩余款项 6,758,000 元,丙公司同意代乙公司向甲公司支付剩余货款。协议生效后,丙公司应一次性以电汇方式向乙方支付 6,758,000 元,甲公司收到丙公司代付的货款后将剩余货物(附件三货物)发货到指定地址。乙公司、丙公司均对本协议及原合同项下的全部付款义务承担连带责任,甲公司有权依据原合同或者本协议向乙公司、丙公司双方或任一方主张债权。

协议签订后,丙公司未在约定期限内付款,乙公司未要求甲公司发货,甲公司亦未提供任何货物。

丙公司称为履行《三方代付款协议》于 2018 年 10 月 15 日、2019 年 1 月 14 日向甲公司付款 138,791 元及 30 万元。甲公司认可其中 40 万元为《三方代付款协议》货款,38,791 元为调解书执行款项,该调解书确认丙公司应向甲公司支付货款,甲公司并据此申请法院强制执行,款项总额为 440,441.6 元,双方认可该调解书已执行完毕。

甲公司将乙公司、丙公司诉至北京市海淀区人民法院,诉请:

(1)丙公司向甲公司支付剩余货款 6,358,000 元,并按中国人民银行同期贷款利率四倍的标准向甲公司支付违约金(以 6,758,000 元为基数,自 2018 年 5 月 18 日起计至 2018 年 10 月 14 日;以 6,658,000 元为基数,自 2018 年 10 月 15 日起计至 2019 年 1 月 13 日;以 6,358,000 元为基数,自 2019 年 1 月 14 日起计至实际付清全款之日);

(2)乙公司就丙公司的付款义务向甲公司承担连带支付责任;

(3)乙公司、丙公司赔偿甲公司律师费 6 万元;

(4)由乙公司、丙公司承担本案全部诉讼费用。

丙公司辩称,《三方代付款协议》签订后未实际履行过,期间我公司曾向甲公司支付了40万元,但甲公司未发货。履行期间,我公司及乙公司共支付了100余万元货款,但甲公司仅提供了50万元的货物。三方协议是在审查不严格的情况下签订的,合同目的已无法实现,所以不同意继续履行。由于甲公司与乙公司在购销合同履行中均有违约行为,甲公司供货不足,我公司的履行受双方履行的影响,所以不应当承担违约责任。即便承担违约责任,鉴于甲公司实际损失小,我公司请求调整违约金数额,按中国人民银行同期存款利率的标准支付资金占用费的损失。关于连带责任的问题,我公司认为已超过法定期限,具体意见由乙公司陈述。甲公司提出的赔偿律师费的诉请,因其通过的证据与本案无关,所以不同意。

乙公司辩称,《产品购销合同书》签订后,甲公司履行中存在供货数量短缺,货物质量有瑕疵等问题,我公司有权行使不安抗辩权,且由于该合同长期未履行,合同目的已无法实现。由于我公司与甲公司在供货问题上有重大争议,我公司不同意丙公司继续代付货款,也不同意承担连带责任。

代　理　词

尊敬的审判长、合议庭:

贵院受理的甲公司诉丙公司、乙公司买卖合同纠纷一案,北京天驰君泰律师事务所接受甲公司的委托,指派周杰律师担任甲公司的代理人参加本案诉讼。现代理人依据事实和法律,针对三方争议的焦点问题发表如下代理意见,恳请合议庭予以充分考虑并采纳。

其一,甲公司并不存在交货数量短缺的情形,且因乙公司违约在先,甲公司有权逾期发货而无需承担任何违约责任。况且,乙公司和丙公司已经在《三方代付款协议》中对甲公司的交货数量进行了确认且未提出任何异议,无论甲公司交货数量是否存在短缺,乙公司均无权再以此为由主张甲公司违约。

第一,甲公司不存在交货数量短缺的情形。

(1)乙公司主张,其于2017年12月21日、2018年1月26日分两笔共向甲公司支付货款442,000元,甲公司应向其提供约736,666.67元的货物,但甲公司仅交付约484,600元的货物,交货数量严重短缺。代理人认为,甲公司并不存

在交货数量短缺的情形,理由如下:

甲公司与乙公司签订的《产品购销合同书》第3条第1款约定:“本合同项下货物分批次发货,具体发货批次、收货地址买方(指乙公司,下同)提前15天以邮件方式向卖方(指甲公司,下同)发送发货通知书……卖方在本合同生效、收到预付款及买方邮件发货通知书及买方支付的每批次货物对应的发货款后10个工作日内交付该批货物”,乙公司向甲公司发送的发货通知书仅要求甲公司交付26台组串式逆变器和2套智能子阵控制器,甲公司严格按照乙公司的指示发送货物,不存在发货数量短缺的情形。

(2)丙公司主张,其在《三方代付款协议》项下代乙公司付款后甲公司并未相应发货,故甲公司构成违约。

《三方代付款协议》第4条约定:“乙方(指甲公司,下同)收到丙方(指丙公司,下同)代为支付的6,758,000.00元货款后将剩余货物(附件三货物)发到如下地点……”丙公司仅代为付款40万元,尚未付清全款,无权要求甲公司发货。

第二,无论甲公司是否存在发货数量短缺的情形,因乙公司违约在先,甲公司有权迟延发货且不承担任何违约责任。

《产品购销合同书》第3条第1款约定:“买方承诺:按合同约定的付款方式付清相关款项,并于2017年5月30日前提清全部货物”。第2款约定:“如因买方原因造成卖方未能在2017年5月30日前将本合同项下全部货物发出,则卖方有权按本合同第6条第2款第6项追究买方的违约责任”。合同履行过程中,乙公司仅于2016年12月27日向甲公司支付预付款80万元,未依约在2017年5月30日前向甲公司支付60%的发货款(计480万元)并提清全部货物,乙公司已经构成严重违约。

《产品购销合同书》第6条第6款约定:“如买方对卖方有超期欠款(包括但不限于因合同产生的超期欠款、买方与卖方在以往合作过程中产生的超期欠款),卖方有权迟延发货,并不承担任何违约责任”。因此,无论甲公司是否存在发货数量短缺的情形,因乙公司违约在先,甲公司有权迟延发货而无需承担任何违约责任。

第三,甲公司与乙公司、丙公司已经通过《三方代付款协议》书面确认《产品购销合同书》项下的已交货物和未交货物,且乙公司和丙公司在签订协议时未提出任何异议,无论甲公司交付的货物是否数量短缺,乙公司均无权以此为由主张甲公司违约。

《三方代付款协议》第 1 条约定:“乙方已向甲方(指乙公司,下同)交付了附件二中的全部货物并已经甲方验收合格;剩余货物(附件三)甲方一直未提货”。通过本条约定可以证实:

(1)乙公司仅要求甲公司交付 26 台组串式逆变器和 2 套智能子阵控制器,其余货物并未要求甲公司交付,可以印证甲公司在《产品购销合同书》项下并不存在交货短缺的情形;

(2)乙公司和丙公司已经书面对《产品购销合同书》项下已交货和未交货部分进行了确认,这说明乙公司和丙公司对甲公司的交货数量是认可的、没有异议的,甲公司的交货是符合合同约定的,乙公司现无权以交货数量短缺为由主张甲公司违约。

综上,乙公司主张甲公司交货数量短缺的抗辩意见不应予以采纳。

其二,甲公司交付的货物不存在任何质量问题,《产品购销合同书》项下开具质保保函的条件未成就,且《三方代付款协议》已经变更了开具质保保函的约定,乙公司无权以此为由主张甲公司违约。

首先,根据《三方代付款协议》第 1 条“乙方已向甲方交付了附件二中的全部货物并已经甲方验收合格”之约定,甲公司交付的货物不存在任何质量问题。

其次,根据《产品购销合同书》第 2 条第 2—5 款之约定,乙公司需先行支付 20% 的到货款再支付 10% 的质保金,在支付 10% 的质保金的同时甲公司提供质保保函。而且,支付 10% 的质保金和提供质保保函是同时进行的,并非甲公司先行提供质保保函。乙公司并未向甲公司支付 20% 的到货款,更未向甲公司支付 10% 的质保金,故交付质保保函的条件尚未成就,乙公司无权要求甲公司交付质保保函。

最后,《三方代付款协议》第 2 条约定:“本协议生效后 7 日,丙方应一次性以电汇方式向乙方支付 6,758,000 元”。第 10 条约定:“原合同(指《产品购销合同书》)与本协议不一致的,以本协议约定为准”,因此,《三方代付款协议》已经变更了《产品购销合同书》中关于付款的约定,乙公司无权再要求甲公司向其开具质保保函。

综上,乙公司主张甲公司交货存在质量瑕疵且质量亦无保障的抗辩意见不应予以采纳。

其三,乙公司不享有不安抗辩权,且未及时通知甲公司中止履行,不符合法定行使条件。

根据《合同法》第68条第1款之规定,乙公司应举证证明甲公司存在"(一)经营状况严重恶化;(二)转移财产、抽逃资金,以逃避债务;(三)丧失商业信誉;(四)有丧失或者可能丧失履行债务能力的其他情形"之情形,才有权行使不安抗辩权,但甲公司并不存在上述情形,且乙公司亦未举证证明,故乙公司不享有不安抗辩权。

而且,根据《合同法》第69条之规定,乙公司行使不安抗辩权中止履行的应当及时通知甲公司,但在乙公司提交书面《答辩意见》之前从未通知过甲公司中止履行,不符合法定的不安抗辩权的行使条件。

其四,《产品购销合同书》和《三方代付款协议》并非长时间未实际履行,而是乙公司和丙公司违约不履行付款义务,其应承担相应的违约责任。而且,不存在乙公司和丙公司合同目的不能实现之情形,其无权要求解除《三方代付款协议》。

(一)《产品购销合同书》和《三方代付款协议》并非长时间未实际履行

《产品购销合同书》签订后,乙公司向甲公司支付了预付款及部分发货款,甲公司向乙公司交付了对应货物,合同已经实际履行。之后乙公司一直未依约付款,这是乙公司违约的表现,并非双方未实际履行合同的表现。

同理,《三方代付款协议》签订后,丙公司代乙公司向甲公司支付了部分款项,未依约向甲公司付清全部款项,这亦是丙公司违约的表现,并非各方未实际履行合同的表现。

(二)乙公司和丙公司不存在合同目的不能实现之情形

如上述代理意见,甲公司在《产品购销合同书》项下不存在任何违约行为,反而是乙公司违约在先且严重违约,在丙公司或乙公司付清全款后甲公司会向乙公司交付全部货物,不存在乙公司合同目的不能实现之情形。

丙公司在《三方代付款协议》项下仅承担代付款义务和担保义务,并不享有任何权利,且甲公司在履行《产品购销合同书》时并无任何违约行为,故丙公司不存在合同目的不能实现之情形,其无权要求解除《三方代付款协议》。

其五,丙公司未依约向甲公司付款,其应立即向甲公司付清全款并承担逾期付款违约责任,乙公司应承担连带支付责任。

第一,如上述代理意见,甲公司在合同履约过程中不存在任何违约行为,乙公司和丙公司无权以合同目的不能实现为由要求解除《三方代付款协议》,丙公司应当立即向甲公司付清全部欠款。

第二,因丙公司未依约付款,其应向甲公司承担逾期付款的违约责任。《三方代付款协议》第5条约定的违约金标准为日0.1%,甲公司已经主动降低了违约金计算标准。丙公司关于降低违约金标准的抗辩意见不应予以采纳,理由如下:

(1)《民事诉讼法》第64条第1款规定,"当事人对自己提出的主张,有责任提供证据",丙公司提出违约金过高的主张,就应该提供证据予以证明。

而且,违约金计算标准是当事人在签订合同时对违约造成损失的预定,《最高人民法院关于适用〈中华人民共和国民事诉讼法〉的解释》第91条规定:"人民法院应当依照下列原则确定举证证明责任的承担,但法律另有规定的除外:……(二)主张法律关系变更、消灭或者权利受到妨害的当事人,应当对该法律关系变更、消灭或者权利受到妨害的基本事实承担举证证明责任。"丙公司主张违约金过高,其实质是要求对《三方代付款协议》的合意进行变更,举证责任应当分配给丙公司。

(2)《最高人民法院关于当前形势下审理民商事合同纠纷案件若干问题的指导意见》(法发〔2009〕40号)第8项规定:"人民法院要正确确定举证责任,违约方对于违约金约定过高的主张承担举证责任。"根据上述规定,丙公司应举证证明违约金过高。

因此,丙公司应举证证明其违约金过高的主张,但丙公司并未提交任何证据,其应承担举证不能的不利后果。

第三,根据《三方代付款协议》第7条之约定,乙公司应当对丙公司的付款义务承担连带支付责任。根据《担保法》第26条第1款"连带责任保证的保证人与债权人未约定保证期间的,债权人有权自主债务履行期届满之日起六个月内要求保证人承担保证责任"之规定,主债务履行期间届满之日为2018年5月17日,甲公司于2018年6月20日起诉要求乙公司承担连带保证责任,未超过保证期间。

综上所述,甲公司严格履行了合同义务,不存在任何违约行为,乙公司和丙公司的相关抗辩意见均不能成立,恳请合议庭采纳上述意见,支持甲公司的全部本诉请求,驳回丙公司的全部反诉请求,维护甲公司的合法权益。

此致

××区人民法院

原　告:甲公司

代理人:周　杰　律师

裁判结果

××区人民法院一审判决:

一、自本判决生效之日起10日内,被告丙公司向原告甲公司支付货款6,358,000元及违约金(以6,758,000元为基数,自2018年5月18日起计至2018年10月14日,按照中国人民银行同期同类贷款利率计算;以6,658,000元为基数,自2018年10月15日起计至2019年1月13日,按照中国人民银行同期同类贷款利率计算;以6,358,000元为基数,自2019年1月14日起至2019年8月19日止,按照中国人民银行同期同类贷款利率计算;以6,358,000元为基数,自2019年8月20日起至实际支付之日止,按照同期全国银行间同业拆借中心公布的贷款市场报价利率计算);被告乙公司就此承担连带支付责任;

二、驳回原告甲公司的其他诉讼请求。

裁判理由

依据各方当事人提交的证据并结合各方当事人的庭审陈述显示,甲公司与乙公司实际履行情况中,其中26台货物的付款、委托发货、签收等均符合约定并能相互印证,其余2台货物由各方在代付款协议中予以确认,且各方在庭审中均不持异议。根据《产品购销合同书》的约定,甲公司是按照乙公司的要求发货,现无证据证明甲公司的发货数量及质量有违约行为,因此丙公司及乙公司此类答辩意见无事实依据,本院不予采信。而且,虽然甲公司提供的为履行与乙公司的《产品购销合同书》而向第三方购买实现合同义务必要的货物的合同无证据原件予以证明,但依据甲公司已向乙公司提供货物的情况可以推定,甲公司已经为履行《产品购销合同书》做了必要的准备,故乙公司不具有解除《产品购销合同书》的权利,因而丙公司亦同样不具有解除《三方代付款协议》的权利。

鉴于丙公司系作为新债务人加入原合同,在原合同双方就履行产生争议,应原债务人的要求中止付款的，故甲公司要求丙公司依据《三方代付款协议》支付货款及逾期支付违约金的诉讼请求，本院予以支持。丙公司及乙公司认为合同长期没有履行致合同目的无法实现的答辩意见，没有事实和法律依据，本院不予采信。

律师评析

合同解除权在性质上属于形成权，相对人必须接受权利主体行使权利产生的法律后果。但是，为保障相对人的合法权益免受不公平的损害，法律法规亦对合同解除权制定了限制性的规定。其中最为重要的限制性规定为，一般情况下违约方不享有单方解除合同的权利（长期性合同符合相关情形的除外）。另外，2021 年 1 月 1 日施行的《民法典》规定合同解除权的除斥期间为一年，填补了以往法律关于合同解除权除斥期间的空白。

79

建设工程施工合同纠纷非法转包等情形导致合同无效

北京群拓律师事务所　庄洪勇

裁判要点

第一,承包人非法转包、违反分包建设工程或者没有资质的实际施工人借用有资质的建筑企业名义与他人签订建设工程合同无效;

第二,在建设施工合同无效,涉诉工程施工完成,经验收合格已投入使用的情况下,实际施工人请求参照合同约定支付工程价款的,应予支持;

第三,根据法院查明事实,作为涉诉项目的总承包方,认定谭×挂靠被告C公司名下,借用C公司名义进行案涉工程施工,故对外关系上,应由C公司承担责任。

基本案情

谭×因承揽建设单位A公司开发建设B路工程项目施工需要,涉诉工程D区以被告C公司名义承揽工程,后谭×以C公司名义将D区涉诉工程发包给本案原告E公司施工,后工程施工完成,经验收合格并交付使用,并就工程价款予以结算,并签署结算《台账》,作为实际施工人E公司依法向法院提起诉讼索要剩余未付工程款。

代理意见

致××中级人民法院:

就贵院受理上诉人C公司与被上诉人E公司建设工程施工合同纠纷一案

(以下简称本案),我是本案被上诉人E公司代理人,结合庭审情况,发表如下代理意见:

(1)本案事实。

谭×因承揽建设单位A公司开发建设B路工程项目施工需要,涉诉工程D区以被告C公司名义承揽工程,后谭×以C公司名义将D区涉诉工程发包给本案原告E公司施工,后工程施工完成,经验收合格并交付使用,并就工程价款予以结算,并签署结算《台账》,作为实际施工人E公司依法向法院提起诉讼索要剩余未付工程款。

(2)原审法院认定谭×系挂靠C公司承揽涉诉D区工程,认定事实清楚,适用法律正确,依据C公司同谭×签署的《联营协议书》,名为联营实为挂靠,庭审中C公司、谭×亦认可为挂靠关系,系谭×借C公司资质承包案涉工程。

(3)该结算《台账》真实、合法、有效,系当事人真实意思表示,一审审判法官亲临涉诉工程项目部,面见谭×核实施工及结算《台账》情况,谭×认可其真实性。且涉诉工程由谭×本人负责,当然有权签署结算确认手续。

(4)上诉人C公司歪曲事实,将案涉D区同其他案件C区等工程施工混为一谈,B路涉诉项目施工,E公司除了涉及本案D区工程施工,还涉及C区工程、企业会所下沉庭院工程;A8区施工,6#、7#、9#、1#站点房心回填;合同外土方工程;机械台班租赁施工;多项临时、零星工程施工等;工程根据施工需要存在变更和增项,本案涉及的仅仅是D区工程款,与另案在诉的C区及其他工程施工无关,C区施工单独有合同和结算。

工程施工存在变更、增加、拆除重做等情形,工程量、工程价款支付情况,最终以双方结算为准。

综上所述,原一审判决,认定事实清楚,适用法律正确,上诉人上诉请求没有事实和法律依据,请求法院依法驳回上诉,维持原判。

被上诉人:E公司

代理人:庄洪勇　律师

裁判结果

(1)××区人民法院依法作出民事判决书,判令:被告C公司支付原告工程款××万元,并支付逾期利息;

(2)××中级人民法院作出民事判决书,判决:驳回C公司上诉,维持原判;

(3)市高级人民法院作出民事裁定书,裁定:驳回C公司再审申请。

裁判理由

第一,承包人非法转包、违法分包建设工程或者没有资质的实际施工人借用有资质的建筑企业名义与他人签订建设工程合同行为无效;建设施工合同无效,涉诉工程施工完成,经验收合格已投入使用的情况下,实际施工人请求参照合同约定支付工程价款的,应予支持;

第二,本案中,根据C公司与谭×签订的《联营协议书》及当事人当庭陈述,能够认定谭×挂靠被告C公司名下,借用C公司名义进行案涉工程施工,故对外关系上,应由C公司承担责任;

第三,工程施工完成经验收合格并交付使用,实际施工人有权主张剩余未付工程款,工程结算《台账》真实性及内容予以采信。

律师评析

建设工程施工、房地产开发建设中,存在大量没有资质的施工人借用有资质的建筑企业名义与他人签订建设工程合同,或施工单位承揽工程后,违法将工程转包他人施工,或违法分包给不具有资质的施工人建设,虽然以上挂靠、非法转包、违法分包违反国家强制性规定,但是工程施工完成并验收合格,应当按照约定支付工程款,作为违法发包人、被挂靠企业还应当对工程质量和欠付工程款承担责任。

附录：《中华人民共和国合同法》与《中华人民共和国民法典》合同编对照表[1]

合同法	民法典
第 1 条	第 463 条
第 2 条	第 464 条
第 3 条	（删除）
第 4 条	（删除）
第 5 条	（删除）
第 6 条	（删除）
第 7 条	（删除）
第 8 条	第 465 条
第 9 条	（删除）
第 10 条	第 469 条
第 11 条	
第 12 条	第 470 条
第 13 条	第 471 条
第 14 条	第 472 条
第 15 条	第 473 条
第 16 条	第 474 条
第 17 条	第 475 条
第 18 条	第 476 条
第 19 条	

续表

合同法	民法典
第 20 条	第 478 条
第 21 条	第 479 条
第 22 条	第 480 条
第 23 条	第 481 条
第 24 条	第 482 条
第 25 条	第 483 条
第 26 条	第 484 条
第 27 条	第 485 条
第 28 条	第 486 条
第 29 条	第 487 条
第 30 条	第 488 条
第 31 条	第 489 条
第 32 条	第 490 条
第 33 条	第 491 条
第 34 条	第 492 条
第 35 条	第 493 条
第 36 条	第 490 条
第 37 条	
第 38 条	第 494 条

〔1〕 本表经授权转载自李昊主编:《〈中华人民共和国民法典〉与既有民事法律对照表》,北京大学出版社 2020 年版,第 431—435 页。

续表

合同法	民法典
第 39 条	第 496 条
第 40 条	第 497 条
第 41 条	第 498 条
第 42 条	第 500 条
第 43 条	第 501 条
第 44 条	第 502 条
第 45 条	第 158 条
	第 159 条
第 46 条	第 160 条
第 47 条	第 19 条
第 48 条	第 71 条
第 49 条	(删除)
第 50 条	第 504 条
第 51 条	(删除)
第 52 条	第 144 条
	第 146 条
	第 153 条
	第 154 条
第 53 条	第 506 条
第 54 条	第 152 条
第 55 条	
第 56 条	第 155 条
第 57 条	第 507 条
第 58 条	第 157 条
第 59 条	(删除)
第 60 条	第 509 条
第 61 条	第 510 条

续表

合同法	民法典
第 62 条	第 511 条
第 63 条	第 513 条
第 64 条	第 522 条
第 65 条	第 523 条
第 66 条	第 525 条
第 67 条	第 526 条
第 68 条	第 527 条
第 69 条	第 528 条
第 70 条	第 529 条
第 71 条	第 530 条
第 72 条	第 531 条
第 73 条	第 535 条
第 74 条	第 538 条
	第 539 条
	第 540 条
第 75 条	第 541 条
第 76 条	第 532 条
第 77 条	第 543 条
第 78 条	第 544 条
第 79 条	第 545 条
第 80 条	第 546 条
第 81 条	第 547 条
第 82 条	第 548 条
第 83 条	第 549 条
第 84 条	第 551 条
第 85 条	第 553 条
第 86 条	第 554 条

续表

合同法	民法典
第 87 条	（删除）
第 88 条	第 555 条
第 89 条	第 556 条
第 90 条	第 67 条
第 91 条	第 557 条
第 92 条	第 558 条
第 93 条	第 562 条
第 94 条	第 563 条
第 95 条	第 564 条
第 96 条	第 565 条
第 97 条	第 566 条
第 98 条	第 567 条
第 99 条	第 568 条
第 100 条	第 569 条
第 101 条	第 570 条
第 102 条	第 572 条
第 103 条	第 573 条
第 104 条	第 574 条
第 105 条	第 575 条
第 106 条	第 576 条
第 107 条	第 577 条
第 108 条	第 578 条
第 109 条	第 579 条
第 110 条	第 580 条
第 111 条	第 582 条
第 112 条	第 583 条
第 113 条	第 584 条

续表

合同法	民法典
第 114 条	第 585 条
第 115 条	第 586 条
第 116 条	第 588 条
第 117 条	第 590 条
第 118 条	
第 119 条	第 591 条
第 120 条	第 592 条
第 121 条	第 593 条
第 122 条	第 186 条
第 123 条	（删除）
第 124 条	（删除）
第 125 条	第 466 条
第 126 条	（删除）
第 127 条	（删除）
第 128 条	（删除）
第 129 条	第 594 条
第 130 条	第 595 条
第 131 条	第 596 条
第 132 条	第 597 条
第 133 条	（删除）
第 134 条	第 641 条
第 135 条	第 598 条
第 136 条	第 599 条
第 137 条	第 600 条
第 138 条	第 601 条
第 139 条	第 602 条
第 140 条	（删除）

续表

合同法	民法典
第 141 条	第 603 条
第 142 条	第 604 条
第 143 条	第 605 条
第 144 条	第 606 条
第 145 条	第 607 条
第 146 条	第 608 条
第 147 条	第 609 条
第 148 条	第 610 条
第 149 条	第 611 条
第 150 条	第 612 条
第 151 条	第 613 条
第 152 条	第 614 条
第 153 条	第 615 条
第 154 条	第 616 条
第 155 条	第 617 条
第 156 条	第 619 条
第 157 条	第 620 条
第 158 条	第 621 条
第 159 条	第 626 条
第 160 条	第 627 条
第 161 条	第 628 条
第 162 条	第 629 条
第 163 条	第 630 条
第 164 条	第 631 条
第 165 条	第 632 条
第 166 条	第 633 条
第 167 条	第 634 条

续表

合同法	民法典
第 168 条	第 635 条
第 169 条	第 636 条
第 170 条	第 637 条
第 171 条	第 638 条
第 172 条	第 644 条
第 173 条	第 645 条
第 174 条	第 646 条
第 175 条	第 647 条
第 176 条	第 648 条
第 177 条	第 649 条
第 178 条	第 650 条
第 179 条	第 651 条
第 180 条	第 652 条
第 181 条	第 653 条
第 182 条	第 654 条
第 183 条	第 655 条
第 184 条	第 656 条
第 185 条	第 657 条
第 186 条	第 658 条
第 187 条	第 659 条
第 188 条	第 660 条
第 189 条	
第 190 条	第 661 条
第 191 条	第 662 条
第 192 条	第 663 条
第 193 条	第 664 条
第 194 条	第 665 条

续表

合同法	民法典
第 195 条	第 666 条
第 196 条	第 667 条
第 197 条	第 668 条
第 198 条	（删除）
第 199 条	第 669 条
第 200 条	第 670 条
第 201 条	第 671 条
第 202 条	第 672 条
第 203 条	第 673 条
第 204 条	（删除）
第 205 条	第 674 条
第 206 条	第 675 条
第 207 条	第 676 条
第 208 条	第 677 条
第 209 条	第 678 条
第 210 条	第 679 条
第 211 条	第 680 条
第 212 条	第 703 条
第 213 条	第 704 条
第 214 条	第 705 条
第 215 条	第 707 条
第 216 条	第 708 条
第 217 条	第 709 条
第 218 条	第 710 条
第 219 条	第 711 条
第 220 条	第 712 条
第 221 条	第 713 条

续表

合同法	民法典
第 222 条	第 714 条
第 223 条	第 715 条
第 224 条	第 716 条
第 225 条	第 720 条
第 226 条	第 721 条
第 227 条	第 722 条
第 228 条	第 723 条
第 229 条	第 725 条
第 230 条	第 726 条
第 231 条	第 729 条
第 232 条	第 730 条
第 233 条	第 731 条
第 234 条	第 732 条
第 235 条	第 733 条
第 236 条	第 734 条
第 237 条	第 735 条
第 238 条	第 736 条
第 239 条	第 739 条
第 240 条	第 741 条
第 241 条	第 744 条
第 242 条	第 745 条
第 243 条	第 746 条
第 244 条	第 747 条
第 245 条	第 748 条
第 246 条	第 749 条
第 247 条	第 750 条
第 248 条	第 752 条

续表

合同法	民法典
第 249 条	第 758 条
第 250 条	第 757 条
第 251 条	第 770 条
第 252 条	第 771 条
第 253 条	第 772 条
第 254 条	第 773 条
第 255 条	第 774 条
第 256 条	第 775 条
第 257 条	第 776 条
第 258 条	第 777 条
第 259 条	第 778 条
第 260 条	第 779 条
第 261 条	第 780 条
第 262 条	第 781 条
第 263 条	第 782 条
第 264 条	第 783 条
第 265 条	第 784 条
第 266 条	第 785 条
第 267 条	第 786 条
第 268 条	第 787 条
第 269 条	第 788 条
第 270 条	第 789 条
第 271 条	第 790 条
第 272 条	第 791 条
第 273 条	第 792 条
第 274 条	第 794 条
第 275 条	第 795 条

续表

合同法	民法典
第 276 条	第 796 条
第 277 条	第 797 条
第 278 条	第 798 条
第 279 条	第 799 条
第 280 条	第 800 条
第 281 条	第 801 条
第 282 条	第 802 条
第 283 条	第 803 条
第 284 条	第 804 条
第 285 条	第 805 条
第 286 条	第 807 条
第 287 条	第 808 条
第 288 条	第 809 条
第 289 条	第 810 条
第 290 条	第 811 条
第 291 条	第 812 条
第 292 条	第 813 条
第 293 条	第 814 条
第 294 条	第 815 条
第 295 条	第 816 条
第 296 条	第 817 条
第 297 条	第 818 条
第 298 条	第 819 条
第 299 条	第 820 条
第 300 条	第 821 条
第 301 条	第 822 条
第 302 条	第 823 条

续表

合同法	民法典
第 303 条	第 824 条
第 304 条	第 825 条
第 305 条	第 826 条
第 306 条	第 827 条
第 307 条	第 828 条
第 308 条	第 829 条
第 309 条	第 830 条
第 310 条	第 831 条
第 311 条	第 832 条
第 312 条	第 833 条
第 313 条	第 834 条
第 314 条	第 835 条
第 315 条	第 836 条
第 316 条	第 837 条
第 317 条	第 838 条
第 318 条	第 839 条
第 319 条	第 840 条
第 320 条	第 841 条
第 321 条	第 842 条
第 322 条	第 843 条
第 323 条	第 844 条
第 324 条	第 845 条
第 325 条	第 846 条
第 326 条	第 847 条
第 327 条	第 848 条
第 328 条	第 849 条
第 329 条	第 850 条

续表

合同法	民法典
第 330 条	第 851 条
第 331 条	第 852 条
第 332 条	第 853 条
第 333 条	第 854 条
第 334 条	（删除）
第 335 条	第 855 条
第 336 条	第 856 条
第 337 条	第 857 条
第 338 条	第 858 条
第 339 条	第 859 条
第 340 条	第 860 条
第 341 条	第 861 条
第 342 条	第 862 条
	第 863 条
第 343 条	第 864 条
第 344 条	第 865 条
第 345 条	第 866 条
第 346 条	第 867 条
第 347 条	第 868 条
第 348 条	第 869 条
第 349 条	第 870 条
第 350 条	第 871 条
第 351 条	第 872 条
第 352 条	第 873 条
第 353 条	第 874 条
第 354 条	第 875 条
第 355 条	第 877 条

续表

合同法	民法典
第 356 条	第 878 条
第 357 条	第 879 条
第 358 条	第 880 条
第 359 条	第 881 条
第 360 条	第 882 条
第 361 条	第 883 条
第 362 条	第 884 条
第 363 条	第 885 条
第 364 条	第 887 条
第 365 条	第 888 条
第 366 条	第 889 条
第 367 条	第 890 条
第 368 条	第 891 条
第 369 条	第 892 条
第 370 条	第 893 条
第 371 条	第 894 条
第 372 条	第 895 条
第 373 条	第 896 条
第 374 条	第 897 条
第 375 条	第 898 条
第 376 条	第 899 条
第 377 条	第 900 条
第 378 条	第 901 条
第 379 条	第 902 条
第 380 条	第 903 条
第 381 条	第 904 条
第 382 条	第 905 条

续表

合同法	民法典
第 383 条	第 906 条
第 384 条	第 907 条
第 385 条	第 908 条
第 386 条	第 909 条
第 387 条	第 910 条
第 388 条	第 911 条
第 389 条	第 912 条
第 390 条	第 913 条
第 391 条	第 914 条
第 392 条	第 915 条
第 393 条	第 916 条
第 394 条	第 917 条
第 395 条	第 918 条
第 396 条	第 919 条
第 397 条	第 920 条
第 398 条	第 921 条
第 399 条	第 922 条
第 400 条	第 923 条
第 401 条	第 924 条
第 402 条	第 925 条
第 403 条	第 926 条
第 404 条	第 927 条
第 405 条	第 928 条
第 406 条	第 929 条
第 407 条	第 930 条
第 408 条	第 931 条
第 409 条	第 932 条

续表

合同法	民法典
第 410 条	第 933 条
第 411 条	第 934 条
第 412 条	第 935 条
第 413 条	第 936 条
第 414 条	第 951 条
第 415 条	第 952 条
第 416 条	第 953 条
第 417 条	第 954 条
第 418 条	第 955 条
第 419 条	第 956 条
第 420 条	第 957 条
第 421 条	第 958 条
第 422 条	第 959 条
第 423 条	第 960 条
第 424 条	第 961 条
第 425 条	第 962 条
第 426 条	第 963 条
第 427 条	第 964 条
第 428 条	（删除）

图书在版编目（CIP）数据

合同纠纷案例评析／北京市律师协会组织编写．--
北京：北京大学出版社，2022.1
ISBN 978-7-301-32827-9

Ⅰ．①合…　Ⅱ．①北…　Ⅲ．①合同纠纷—案例—中国
Ⅳ．①D923.65

中国版本图书馆CIP数据核字（2022）第005946号

书　　名	合同纠纷案例评析 HETONG JIUFEN ANLI PINGXI
著作责任者	北京市律师协会　组织编写
责任编辑	刘文科　刘　照
标准书号	ISBN 978-7-301-32827-9
出版发行	北京大学出版社
地　　址	北京市海淀区成府路205号　100871
网　　址	http://www.pup.cn　http://www.yandayuanzhao.com
电子信箱	yandayuanzhao@163.com
新浪微博	@北京大学出版社　@北大出版社燕大元照法律图书
电　　话	邮购部010-62752015　发行部010-62750672 编辑部010-62117788
印 刷 者	天津中印联印务有限公司
经 销 者	新华书店 787毫米×1092毫米　16开本　37.25印张　604千字 2022年1月第1版　2022年1月第1次印刷
定　　价	98.00元